云在阁经藏

莲池大师文集

〔明〕莲池大师　著
张景岗　点校

九州出版社 JIUZHOUPRESS｜全国百佳图书出版单位

图书在版编目（CIP）数据

莲池大师文集 / （明）莲池大师著；张景岗点校．
—北京：九州出版社，2012.12（2022.10 重印）
ISBN 978-7-5108-1862-2

Ⅰ．①莲… Ⅱ．①莲… ②张… Ⅲ．①净土宗—
中国—明代—文集 Ⅳ．①B946.8-53

中国版本图书馆 CIP 数据核字（2012）第 292454 号

莲池大师文集

作　　者	（明）莲池大师 著　张景岗 点校
责任编辑	张万兴　周红斌
装帧设计	李永刚
出版发行	九州出版社
地　　址	北京市西城区阜外大街甲 35 号（100037）
发行电话	（010）68992190/3/5/6
网　　址	www.jiuzhoupress.com
印　　刷	三河市兴博印务有限公司
开　　本	720 毫米 ×1020 毫米　16 开
印　　张	45.5　插　页　4P
字　　数	600 千字
版　　次	2012 年 12 月第 1 版
印　　次	2022 年 10 月第 2 次印刷
书　　号	978-7-5108-1862-2
定　　价	348.00 元

莲池大师画像

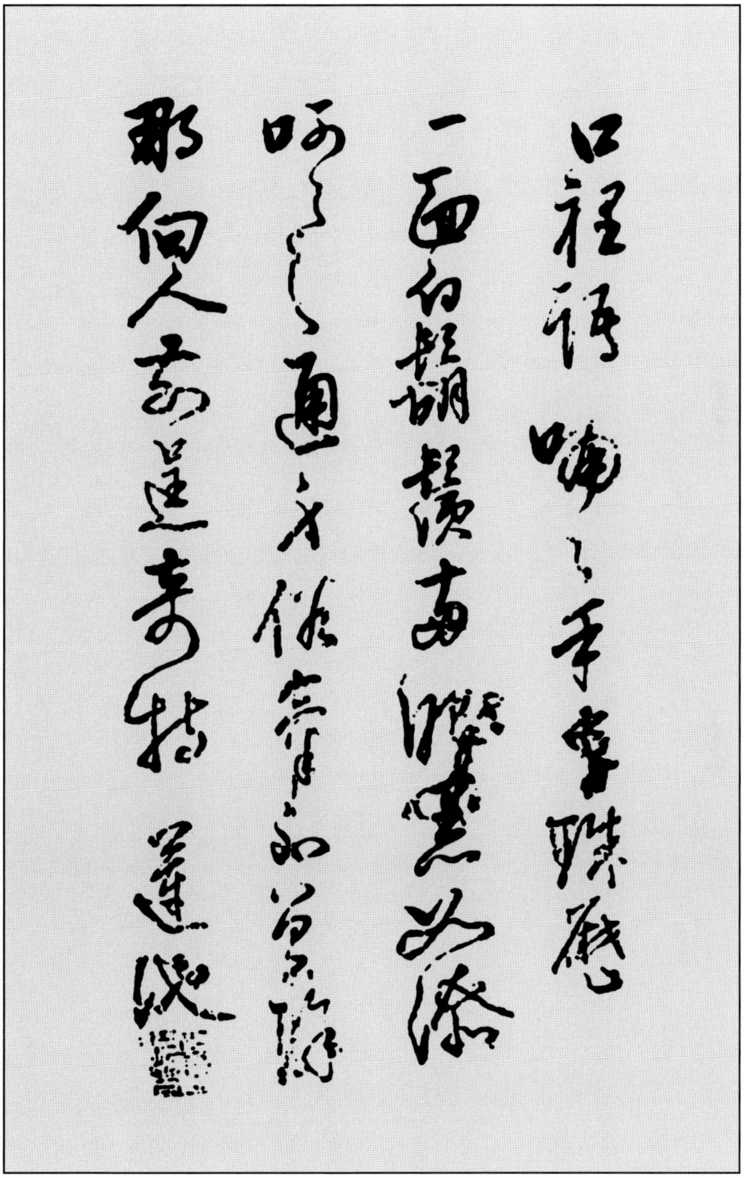

莲池大师墨宝

出版说明

莲池大师（1535～1615），名袾宏，字佛慧，号莲池，明末四大高僧之一，中国净土宗第八祖。俗姓沈，杭州人，世为名族。十七岁举诸生，其学识、德行即为时人所称誉。二十七岁父亲辞世，幼子及妻张氏相继病故，二十九岁奉母命再娶汤氏，三十一岁其母亦亡。嘉靖四十五年（1566），大师三十二岁，决志出家修行，与续妻汤氏诀别。受戒后，北上参谒遍融、笑岩等禅师，悟明心地。游五台山，访憨山大师，彼此相契甚欢。三十七岁南还杭州，见云栖山水幽寂，即结茅安居，孤身苦修，颇多灵验，一时僧众云集，逐渐成为举世闻名的净土道场。

时值末法，释尊当年传授的诸多法门，由于时代久远，大多演变为名相戏论，唯有净土一法勤修可获解脱妙果。大师察时鉴机，虽禅净并举，而独以念佛一法以自修，并以教人。其所著《佛说阿弥陀经疏钞》，详述净宗纲要与修行妙义，包罗禅、教，指归净土，是一部影响深远的净土宗巨著。所撰《西方发愿文》及略解，事理圆融，词义周备，为后世澫益、省庵、印光等净土祖师所推崇，至今仍为净土宗行人早晚回向发愿所常用。

大师领众清修，十分重视佛教戒律与史传的整理，其所撰《禅关策进》、《僧训日纪》、《缁门崇行录》等，辑录历代高僧大德言行事略，策励后学，用心良苦。他还编订《自知录》，撰写《戒杀放生文》，使大众明辨善恶，进德修业，以自利利他。他还将自己的日常修学心得、见闻所感，著为《竹窗随笔》三册，驾重若轻，侃侃道来，为学人辨明真伪，指点迷津。其余所著序跋、记疏、偈赞、诗歌等，则由门人编为《山房杂录》两卷。书信、答问、开示、警策等，编为《云栖大师遗稿》三卷。这些珍贵文献对于人们全面了解大师的生平与思想，准确把握明清之际净土宗理论与实践的发展脉络，有着十分重要的价值。

本书的编纂以金陵刻经处《云栖法汇》为底本，以明《嘉兴藏》刻本为主要参校本，兼及《清藏》、《卍续藏》、《大正藏》所收版本，选取其中流通最广的精华内容，并作了详尽的校勘与标点，希望能得到广大读者和佛学研究爱好者的喜爱。

九州出版社

二〇一三年四月

目　录

佛说阿弥陀经疏钞

西方愿文解

禅关策进

僧训日纪

缁门崇行录

自知录

戒杀放生文

竹窗随笔

竹窗二笔

竹窗三笔

山房杂录

云栖大师山房杂录卷一

● 序

● 跋

● 记

● 疏

云栖大师山房杂录卷二

● 说

● 偈颂

● 赞铭

● 诗歌

附

云栖大师遗稿

云栖大师遗稿卷一

● 书一

云栖大师遗稿卷二

● 书二

云栖大师遗稿卷三

● 答问

● 摘答

● 杂答

● 开示

● 警策

● 补遗

云栖大师塔铭颂赞

佛说阿弥陀经疏钞

明古杭云栖寺沙门袾宏述

佛说阿弥陀经疏钞卷一

△ 此经疏钞，大文分三：初通序大意，二开章释文，三结释咒意。为顺诸经序、正、流通三分，亦顺净业信、行、愿故。

● 初、通序大意：初明性，二赞经，三感时，四述意，五请加。

△ 初、明性

【疏】灵明洞彻，湛寂常恒，非浊非清，无背无向。大哉真体，不可得而思议者，其唯自性欤！

【钞】通序经意，大文分五：自初明性，乃至五请加。今初明性。此经盖全彰自性，又诸经皆不离自性，故首标也。

灵者灵觉，明者明显。日月虽明，不得称灵。今惟至明之中，神解不测，“明”不足以尽之，故曰“灵明”。彻者通也，洞者彻之极也。日月虽遍，不照覆盆，是彻而未彻。今此灵明，辉天地，透金石，四维上下，曾无障碍，盖洞然之彻，靡所不彻，非对隔说通之彻，云“洞彻”也。

湛者不染，寂者不摇。大地虽寂，不得称湛。今惟至寂之中，莹净无滓，“寂”不足以尽之，故曰“湛寂”。恒者久也，常者恒之极也。大地虽坚，难逃坏劫，是恒而未恒。今此湛寂，推之无始，引之无终，亘古亘今，曾无变易，盖常然之恒，无恒不恒，非对暂说久之恒，云“常恒”也。

非浊者，云有则不受一尘。非清者，云无则不舍一法。无背者，纵之则无所从去。无向者，迎之则无所从来。言即此灵明湛寂者，不可以清浊向背求也。举清浊向背，意该善恶、圣凡、有无、生灭、增减、一异等。

“大哉”二句，赞辞。“大”者当体得名，具“遍”、“常”二义，以横满十方，竖极三际，更无有法可与为比，非对小言大之大也。“真”者不妄，以三界虚伪，唯此真实，所谓非幻不灭，不可破坏，故云真也。“体”者，尽万法不出一心之体，体该相、用，总而名之曰“真体”也。

“不可思议”者，如上明而复寂，寂而复明，清浊不形，向背莫得，则心言路绝，无容思议者矣。不可思者，所谓法无相想，思则乱生，经云“汝暂举心，尘劳先起”是也。又法无相想，思亦徒劳，经云“是法非思量分别之所能及”是也。故曰心欲缘而虑亡也。不可议者，所谓理圆言偏，言生理丧，经云“凡有言说，皆成戏论”是也。又理圆言偏，言不能尽，经云：“一一身具无量口，一一口出无量音，如善天女，穷劫而说，终莫能尽。”是也。故曰口欲谈而词丧也。又此经原名“不可思议”，故用此四字总赞前文，盖是至理之极名也。

末句结归，言如是不可思议者，当是何物？唯自性乃尔。言性有二：兼无情分中，谓之法性；独有情分中，谓之佛性。今云“自性”，且指佛性而言也。性而曰自，法尔如然，非作得故，是我自己，非属他故。此之“自性”，盖有多名，亦名“本心”、亦名“本觉”、亦名“真知”、亦名“真识”、亦名“真如”，种种无尽。统而言之，即当人灵知灵觉本具之一心也。今明不可思议者唯此心耳，更无余物有此不思议体与心同也。

若就当经，初句即无量光，洞彻无碍故。二句即无量寿，常恒不变故。三、四句即灵心绝待，光寿交融，一切功德皆无量故。五句总赞，即经云“如我称赞阿弥陀佛不可思议功德”。末句结归，言阿弥陀佛全体是当人自性也。

又初句明无不照，即用大。二句静无不含，即相大。三、四句迥绝二边，即体大。五句总赞，所谓即三即一，双泯双存，辞丧虑亡，不可思议。末句亦结归自性也。

又初句言照，即般若德。二句言寂，即解脱德[1]。三、四句言寂照不二，即法身德。五句总赞，末句结归，例上可知。

又以四法界会之，则清浊向背，是事法界。灵明湛寂，是理法界。灵明湛寂而不变随缘，清浊向背而随缘不变，是理事无碍法界。不可思议，是事事无碍法界。以此经分摄于圆，亦得少分事事无碍故。末言自性，亦是结属四法界归一心也。

△ 二、赞经：初总赞，二别赞。

△ 初、总赞

【疏】澄浊而清，返背而向。越三祇于一念，齐诸圣于片言。至哉妙用，亦不可得而思议者，其唯《佛说阿弥陀经》欤！

【钞】上言灵明湛寂之体，本无清浊向背，毕竟平等，唯是一心。今谓约生灭门，以不如实知真如法一故，不觉心起而有其念，则无明所覆，失本流末，浑乱真体，故名曰浊。如澄泥沙，复使净洁，斯之谓清，即指转五浊而成清泰也。无明所引，弃觉逐尘，违远真体，故名曰背。返其去路，复使归还，斯之谓向，即指背娑婆而向极乐也。然此且就众生一期从迷得悟而言，似有澄之、返之之迹。而于自性，实无得失，亦无增损。是故时浊时清，水非易性。忽背忽向，人无二身。所谓“修证即不无，污染即不得”也。

“三祇”者，三阿僧祇劫也。“僧祇”解见后文。言“三”者，以释迦成道，从古释迦至尸弃，历七万五千佛；从尸弃至燃灯，历七万六千佛；从燃灯至毗婆尸，历七万七千佛，云三祇也，备经多劫，远之又远。而今不越一念，疾超生死。“一念”者，即能念阿弥陀佛之一念也。“诸圣”者，佛及菩萨也。自凡望圣，隔之又隔，而今不出片言，直登不退。

---

① “初句言照，即般若德。二句言寂，即解脱德。”嘉兴藏本、金陵刻经处本作：“初句言照，即解脱德。二句言寂，即般若德。”今据乾隆大藏经《弥陀疏钞》、卍续藏《弥陀疏钞演义》订正。

“片言”者，即所念“阿弥陀佛”之片言也。

“至哉”二句，赞辞。至，极也，至极而无以加也。妙者，即上四句总明妙义。用者，力用也。夫垢心难净，混若黄河。妄想难收，逸如奔马。历恒沙无数量之劫，轮转未休。攻三藏十二部之文，觉路弥远。而能使浊者清，背者向，一念顿超，片言即证。力用之妙，何可思议！用从体、相而出，故只言妙用也。

末句结归，言如是妙用，当是何经？唯《佛说阿弥陀经》足以当之。

或问：小乘且置，只如诸大乘经，广如山积，云何妙用偏赞此经？

答：修多罗中虽具有此义，未有如此经之明且简者。故夫称性而谈，正直而说，非不圆顿，而澄浊返背，方便未彰。其余法门，或浩博而难持，或幽深而罔措。今但片言名号，便入一心。既得往生，直至成佛。即方便而成圆顿，神功胜力，不归此经，将谁归乎？

又前是性德，今是修德。前是自性清净，今是离垢清净。乃至性净[①]、障尽等，互融不二，如教中说。

△ 二、别赞：初先出说经所以，二统论净土功德，三特示持名为要，四广显持名所被。

△ 初、先出说经所以

【疏】故我世尊，乍说三乘，终归一实。等颁珍赐，更锡殊恩。

【钞】承上，此经具有如是不可思议功德，故佛说此经，良有以也。乍者暂也，暂时之说，非究竟也。三乘者，乘本无三，权说有三，谓声闻、缘觉、菩萨也。终者对乍而言，实者对权而言。言世尊始成正觉，演《大华严》。大教难投，随众生根，说三乘法。后乃会权归实，悉与大车，故曰“等颁珍赐”。此如来一代时教之大致也。而于其中，复出念佛一门，不论大根小根，但念佛者，即得往生。亦不待根熟，方乃会之归

① “性净”，嘉兴藏本、金陵刻经处本作“性尽”，据乾隆大藏经《弥陀疏钞》、卍续藏《弥陀疏钞演义》订正。

实，但往生者，即得不退。喻如不次之擢，荫序之官，恩出非常，名“殊恩”也。又“殊恩”复含二义：一者念佛是恩中之殊；二者持名念佛，又殊恩中之殊也。

△ 二、统论净土功德

【疏】指四十八之愿门，开一十六之观法。愿愿归乎普度，观观宗乎妙心。

【钞】上赞净土法门之胜。今于净土，先出余经，然后较量此经更为殊胜。

愿门、观法，具在二经。言从初愿以至愿终，无非尽摄众生同生净土。自初观以至观末，悉是空、假、中道，圆极一心。由此一心，出生大愿，而成正觉。即以本愿，还度众生，而归一心净土法门。二经大较，意盖如此。

△ 三、特示持名为要：初较论要约，二究明利益。

△ 初、较论要约

【疏】又以愿门广大，贵在知先。观法深玄，尤应守约。知先则务生彼国，守约则唯事持名。举其名兮，兼众德而俱备。专乎持也，统百行以无遗。

【钞】即前《大本》、《观经》，较而论之，知持名尤为要约也。

广大者，以四十八愿，帡包幽显，统括圣凡，广大恢宏，茫无畔岸。入之必有由渐，故贵知先。传曰：“知所先后，则近道矣。”

深玄者，以门分十六，事匪一端，而复妙观精微，初心靡及。操之必得其要，故应守约。轲氏曰：“守约而施博者，善道也。”

云何知先？由生彼国，近事如来，如是大愿，庶可希冀。但得见弥陀，何愁不开悟。故以求愿往生为先务之急也。

云何守约？良以观虽十六，言佛便周。佛虽至极，唯心即是。今闻佛名，一心执持，可谓至简至易，功不繁施。而万法唯心，心清净故，何事不办？刹那运想，依正宛然。举念欲生，便登彼国。是则难成之观，不习而成。故以持名念佛，所守尤为要约也。天如谓：“大圣悲怜，直劝专持名号。”是也。

举名者，佛有无量德，今但四字名号，足以该之。以弥陀即是全体一心，心包众德，常乐我净、本觉、始觉、真如、佛性、菩提、涅槃，百千万名，皆此一名摄无不尽。

专持者，众生学佛，亦有无量行法，今但持名一法，足以该之。以持名即是持此一心，心该百行，四谛、六度，乃至八万四千、恒沙微尘一切行门，摄无不尽。故名守约。

△ 二、究明利益：初因成，二果证，三总结。

△ 初、因成

【疏】从兹而万虑咸休，究极乎一心不乱。

【钞】不念佛前，念念尘劳，所谓一刹那间，九百生灭。生住异灭，分剂头数，无量无边，天眼莫觑，名“万虑”也。此万虑者，甲灭则乙生，俄去则倏返，百计除之，终莫能得。今以持名之力，正念才举，杂想自除，喻如狮子出窟，百兽潜踪；杲日照霜，千林失白，名“咸休”也。故永明谓：“有人数息，觉观不休。念佛称名，即破觉观。”此其验也。休之又休，穷其源本，故云“究极”，至于一心不乱，是为成就念佛三昧。

△ 二、果证

【疏】乃知匪离跬步，宝池涌四色之花。不出户庭，金地绕七重之树。处处弥陀说法，时时莲蕊化生。珍禽与庶鸟偕音，琼院共茆堂并彩。

【钞】既得一心不乱，始知莲花、行树、种种庄严，并非心外。何必耳听金言，方是弥陀说法；娑婆印坏，始名净土文成者哉？然则珍禽、庶鸟，琼院、茆堂，何劣何优？何净何秽？故曰西方在目前也。

△ 三、总结

【疏】盖由念空真念，生入无生。念佛即是念心，生彼不离生此。心、佛、众生一体，中流、两岸不居。故谓自性弥陀，唯心净土。

【钞】承上殊因妙果，正由念佛至于一心，则念极而空，无念之念，谓之真念。又念体本空，念实无念，名真念也。生无生者，达生体不可得，则生而不生，不生而生。是名以念佛心，入无生忍，如后“教起”中辩。故知终日念佛，终日念心。炽然往生，寂然无往矣。

心、佛、众生者，经云：“心佛及众生，是三无差别。”盖心即是佛，佛即是生，诸佛心内众生，念众生心中诸佛也，故云一体。中流、两岸者，娑婆喻此，极乐喻彼，始焉厌苦欣乐，既焉苦乐双亡，终焉亦不住于非苦非乐。所谓二边不着，中道不安也。

自性弥陀，唯心净土，意盖如是。是则禅宗、净土，殊途同归。以不离自心，即是佛故，即是禅故。彼执禅而谤净土，是谤自本心也，是谤佛也，是自谤其禅也，亦弗思而已矣！

△ 四、广显持名所被

【疏】此则理之一心，全归上智。亦复通乎事相，曲为钝根。

【钞】理、事一心，详见后文。今谓自性唯心，正指经中理一心不乱言耳，上智乃克承当，钝根未能领荷。故此一心，不专主理，而亦通事。以事一心，人皆可行，所谓夫妇之愚不肖，而与知与能者也。如天普盖，似地普擎。大造之中，无弃物故。

△ 三、感时：初总叹，二别叹，三结叹。

△ 初、总叹

【疏】奈何守愚之辈，着事而理无闻。小慧之流，执理而事遂废。着事而迷理，类蒙童读古圣之书。执理而遗事，比贫士获豪家之券。

【钞】上言佛慈双被智愚，今言众生不体佛意，有善教，无善学，故可叹也。守愚者，愚而甘愚。小慧者，慧而不慧。良以事依理起，理得事彰。事理交资，不可偏废。着此执彼，厥弊等耳。

“蒙童”喻全愚，昏稚未开，仅能读文，了不解义，所谓终日念佛，不知佛念者也。“贫士”喻小慧，昔有窘人，路获遗券，见其所载田园宫室、金帛米粟种种数目，大喜过望，自云巨富，不知数他人宝，于己何涉。所谓虽知即佛即心，判然心不是佛者也。

是故约理，则无可念。约事，则无可念中吾固念之。以念即无念，故理事双修，即本智而求佛智，夫然后谓之大智也。

△ 二、别叹

【疏】然着事而念能相继，不虚入品之功。执理而心实未明，反受落空之祸。

【钞】上文双揭二病。今于二病，别举其尤。谓着事而信心不切，固无足论。假使专持名号，念念相继，无有间断，虽或不明谛理，已能成就净身，品位纵卑，往生必矣。所谓士人作榜尾登科亦不恶，但恐榜上无名耳，安得以守愚病之？乃至执理而心实了明，亦不必论。假使骋驰狂慧，耽着顽虚，于自本心，曾未开悟，而轻谈净土，蔑视往生，为害非细。所谓“豁达空，拨因果，莽莽荡荡招殃祸”者也。

问：何故不咎钝人，反抑利者？

答：利者恃才高举，常谓远胜钝人。今为此说，使知画虎弗就，反落一筹。冀彼知非，回心念佛。非曰抑之，实惜之耳。

△ 三、结叹

【疏】遂使垂手徒勤，倚门空望。上孤佛化，下负己灵。今生以及多生，一误而成百误。甘心苦趣，束手死门。无救无归，可悲可痛！

【钞】垂手者，古云：“嫂溺援之以手。”倚门者，王孙贾母云：“汝朝出而不还，则吾倚门而望。”今谓众生没于苦趣，佛援之如垂手深渊。众生背觉合尘，佛念之如倚门望子。援之虽殷，念之虽切，深沉不起，远逝无还，是孤佛化也。下负者，凡厥有心，定当作佛，故佛教持名，欲人念我自心，成我自佛，而漠然不信，宁不负己灵乎？今生多生者，生生堕落，无有穷已也。一误百误者，此生蹉过，多劫难逢也。入苦趣，似蝇蛆饫于厕中。赴死门，类牛羊就乎屠肆。莫为救拔，无可归凭，岂不哀哉！

△ 四、述意：初愧己不德，二明己所尚，三原己释经。

△ 初、愧己不德

【疏】袾宏，末法下凡，穷陬晚学。罔通玄理，素鄙空谈。画饼何益饥肠，燕石难诬贾目。

【钞】上明念佛获如是益，不念佛招如是损。故述己意，唯崇念佛。

今初先以钝根自量也。末法，则生之不时。下凡，则报之不胜。穷陬，则见之不广。晚学，则智之不深。事且未能，况复知理？明所言不足取信于人也。素鄙者，自知浅劣，愧鄙空谈，所谓耻其言而过其行也。画饼可知，喻空谈也。燕石者，似玉而非玉者也。贾胡者，西域贾人善别宝者也。昔有得燕石者，自谓瑜瑾，骄眩俗目。冀得重售，以示贾胡，曰："石也。"大惭而返。喻依稀见道，仿佛不真。明眼人前，堪作一笑。

△ 二、明己所尚

【疏】祗承先敕，笃奉斯经。望乐国为家乡，仰慈尊如怙恃。

【钞】既揣钝根，事必师古。祗者，敬也。世主玉音，法王金口，均名曰敕。笃奉者，奉之至也。乐国言家乡者，寂灭净土，乃当人安身立命处。而舍离故里，飘泊他乡，游子伶仃，唯有思归一念而已。慈尊言怙恃者，父曰吾怙，母曰吾恃。佛以大慈大悲，接引众生，是怀我以圣胎，饲我以法乳。即今内外身心，莫不荷其恩力而得成立。劬劳之德，昊天罔极。而乃叛弃本生，螟蛉异姓。唯应怀慕终身，左右无方，定省不违而已。

△ 三、原己释经

【疏】仍以心怀兼利，道贵弘通。慨古疏鲜见其全，唯数解仅行于世，辞虽切而太简，理微露而不彰。不极论其宏功，俦发起乎真信？顿忘肤见，既竭心思。总收部类五经，直据文殊一行。而复会归玄旨，则分入《杂华》。贯穿诸门，则博综群典。无一不消归自己，有愿皆回向菩提。展此精诚，乞求加被。

【钞】未能自利，先能利人者，菩萨发心。故不忍独善其身，心怀兼利也。兼利之道，弘法为先。而此经注疏，今多泯没，稽古无由。虽一二仅存，略举大端，未畅厥旨。宏功者，即不可思议功德也。不知此经具有如是功德，则疑而不信，信亦不真。《疏钞》之作，不容已也。

肤见者，肌肤在表，所入不深，喻浅见也。浅见奚能测佛深义？而以救世心殷，顿忘其陋也。心思者，心之官则思。尧舜之圣，尚竭心思。我何人斯，庸可忽也？

"部类"者，专谈极乐，《大本》等五经也。"文殊"者，《文殊般若经》，专称名字，一行三昧也。《杂华》者，以华严性海为宗，明教非权浅也。“群典”者，引诸经论以证明，言非臆见也。详如“义理”、“部类”二门，及后经文中辩。

“消归自己”者，明不专事相，究其归着，悉皆消化融会，归于我之本性。良由世出世间，无一法出于心外。净土所有依报、正报，一一皆是本觉妙明。譬之瓶环钗钏，器器唯金。溪涧江河，流流入海。无不从此法界流，无不还归此法界也。“回向菩提”者，凡所修为，咸愿往生，是名回向。而向无他向，回向西方者，回向自性也。

末二句，蹑前起后。欲兴善事，必仗佛加。菩萨且然，况复凡品。精者无二，诚者不虚。古谓：“精诚之极，鬼神与通。”而况三宝大慈，悯念众生，犹如赤子。但有利于众生，精诚求之，宁不加被？

△ 五、请加

【疏】归命娑婆说法主，西方接引大慈尊，不可思议佛护经，舍利文殊诸圣者。二土六方遍尘刹，过去现在及当来，无尽三宝咸证知，唯愿慈悲摄受我。我今妄以秽土见，蠡测如来清净心，仰承三宝大威神，加被凡愚成胜智，使我言言符佛意，流通遐迩益含灵，见闻随喜悉往生，同证寂光无上果。

【钞】“归命”，如“波罗蜜”例，倒语法也。“归”义有二：一者“归投”义，言世人至重者身命，举身命而归依，诚敬之至，无二心也；二者“归元”义，举身命而归依，即是总摄六根还归一心也。

娑婆言释迦，西方言弥陀。先释迦者，教所由兴也。孺子封侯，尚不背本。凡夫入圣，岂得辜恩？古有临终焚香，先供养释迦者，正此意也。“说法主”者，说法度生，一土之中，无二佛故。接引者，众生念佛，佛垂接引，喻如行路，弱者接而济之，迷者引而导之也。复有二义：现生接引，则资其道心；临终接引，则摄其神识。“大慈尊”者，如母忆子，名之曰“慈”。慈无以加，名之曰“大”。“尊”即“主”义。交互言之，亦可释迦此土之尊，弥陀彼土之主也。兼二如来，是谓佛宝。

“不可思议佛护念经”，此经原名也，是谓法宝。

舍利、文殊等，闻经众也，是谓僧宝。

称之为宝，略有六义：一希有义，二离垢义，三势力义，四庄严义，五最胜义，六不改义。具如《要集》中说。

推而极之，极乐、娑婆二土，四维上下十方，以至微尘佛刹，则遍一切处。过、现、未来，则遍一切时。于中三宝，横该竖彻，无穷尽也。又三宝者，复分事理，有别有同，如后文辩。今是内外自他悉归命也。

古云："佛灭度后，凡诸弟子，所有著述，皆归三宝。"良由圣境高玄，佛言微妙。而欲以凡夫毫末之智，罔自评量，是乃用蠡测海，持管窥天，漫自疲劳，所得几何？故必归命三宝，冥希加被。威神者，如经言："佛力不可思议，法力不可思议，贤圣力不可思议。"仗三宝力，能使愚衷，忽成胜智，凡口所述，冥通圣心也。

"遐迩"者，兼处与时。处则由一隅以至周遍十方，时则由刹那以至尽未来际，皆名自迩及遐也。"含灵"者，拣非木石，谓一切有情也。"见闻随喜"者，但于此经，目览耳听，以至暂尔随顺生欢喜者，皆植善根，同生彼国也。"寂光"者，如来真净土。生彼国已，见佛闻法，悟无生忍，得自本心，寂照不二，名常寂光。"无上果"者，佛证圆满大觉，超越二乘及诸菩萨。此果之上更无过者，名"无上果"，是证佛一切种智也。经云："皆得不退转于阿耨多罗三藐三菩提"。则知但得往生，毕竟成佛，故云"同证寂光无上果"也。乞求加被，意盖如此。

以上通序一经大意竟。

● 二、开章释文：初略标，二详释。

△ 初、略标

【疏】将释此经，总启十门：一教起所因，二藏教等摄，三义理深广，四所被阶品，五能诠体性，六宗趣旨归，七部类差别，八译释诵持，九总释名题，十别解文义。

【钞】此例《华严疏》旨，略为十门。前八义门，后二正释。又此与天台"五重玄义"，大同小异。盖开之成十，束之成五，稍有详略云尔。

△ 二、详释：初、教起所因；（至）十、别解文义。

△ 初、教起所因：初总，二别。

△ 初、总

【疏】先明总者，谓如来唯为一大事因缘出现于世，则一代时教，总其大意，唯欲众生开示悟入佛之知见。今此经者，直指众生以念佛心入佛知见故。

【钞】“大事因缘”者，引《法华经》文。彼经以如来出世，本欲度诸众生，悉皆成佛。不得已故，权说三乘。后至机熟，会三归一，方酬本意。故知《华严》以后，《法华》以前，虽有种种法门，浅深不一，无非为此大事因缘。除此一大事外，更无二事。今但一心持名，即得不退，此乃直指凡夫自心究竟成佛。若能谛信，何须遍历三乘，久经多劫。不越一念，顿证菩提，岂非大事！

△ 二、别

【疏】别则专就此经，复有十义：一、大悲悯念末法为作津梁故；二、特于无量法门出胜方便故；三、激扬生死凡夫令起欣厌故；四、化导二乘执空不修净土故；五、勉进初心菩萨亲近如来故；六、尽摄利钝诸根悉皆度脱故；七、护持多障行人不遭堕落故；八、的指即有念心得入无念故；九、巧示因于往生，实悟无生故；十、复明径路修行，径中之径故。

【钞】释见下文。而生起有序，喻如钩锁。初以众生迷溺，为作津梁。二、所以能为津梁者，为有最胜方便故。三、何名最胜方便，以能直度凡夫故。四、岂独凡夫，亦度二乘圣人故。五、岂独二乘，亦度菩萨故。六、岂独人中，亦普度一切众生故。七、岂独平处度生，偏度障难故。八、虽云度生如是广大，实不离众生一念，得入无念故。九、既即念得无念，亦即生得无生故。十、通该前九，知此持名念佛，径中之径故。又由是径中之径，乃能津梁末法故。则后先次第，终始循环，故云钩锁。

【疏】初、大悲悯念末法为作津梁者。佛成道时，已当浊世。况今末法，正入斗争。转展陵夷，后之又后，皆赖此经神力，救拔余生。岂非至极悲心，预垂济度。

【钞】已当浊世者，人寿二万岁时，即入劫浊。释迦出时，人寿百岁，久经浊世，已为可悯。正入斗争者，前五百年，解脱坚固；渐次五百，禅定、多闻而及塔寺；今当斗争坚固之时，更为可悯。后之又后者，乃至法灭，倍更可悯。故佛说此经，略而计之，大悲有三：一者，佛在世时，怜此五浊，说难信法，是为第一重大悲悯念众生。二者，佛灭度后，福慧日浅，罪障益深。故说此经，咸令未来虽不见佛，佛灭法存，但有信者，速超生死，是为第二重大悲悯念众生。三者，如《大本》言："佛灭久远，当来之世，经道灭尽。独留此经住世度生，最后方灭。"则知滔天之际，尚作慈航。大夜方沉，犹称法炬。是为第三重大悲悯念众生也。譬之慈父，忧念后昆，心无尽故，置为生计，能使远裔残支，至于家破身贫，犹堪资藉。故曰至极悲心，预垂济度。

【疏】二、特于无量法门出胜方便者。入道多门，本无拣择。险夷曲直，难易攸分。则无量门中，念佛一门，最为方便。略陈有四：一、不值佛世，得常见佛方便；二、不断惑业，得出轮回方便；三、不修余行，得波罗蜜方便；四、不经多劫，得疾解脱方便。

【钞】法门者，道体幽玄，从门始入。为门不同，故云无量。权巧接引，令得入门，名为方便。而言"胜"者，方便中方便也，即《观经》所谓"异"也。多门者，或谓门门可以入道，何必念佛往生？而有易有难，不妨无拣择中而说拣择。险者崎岖难行，曲者纡回难到，喻余门也。夷坦则易行，喻念佛人皆可为。直捷则易到，喻念佛速超生死。如韦提希，亦遍观十方世界，而唯愿生极乐也。

"得常见佛"者，《起信论》既示真如三昧，及二门止观竟，复云："有初学是法，其心怯弱，以娑婆不常值佛，惧谓信心难就。如来有胜方便，摄护信心，谓专意念佛，即生佛土，常见于佛。如修多罗说，专念西方极乐世界阿弥陀佛，即得往生，终无有退。"此经则七日一心，佛现在前是也。故知灵山已过，龙华未来，无佛世中，而得见佛，是名最胜第一方便。

"得出轮回"者，由惑起业，由业感报，往来六道，轮转无穷。依余法修，直至惑尽，始得出离。而托质世间，升沉未保。唯兹念佛，带惑往生。以己念力，及佛摄受大神力故，一生彼国，即超三界，不受轮转，经云“众生生者，皆是阿鞞跋致”是也，是为最胜第二方便。

“得波罗蜜”者，诸菩萨众，有恒沙劫中修六度万行，未能满足。而今一心念佛，万缘自舍，即布施波罗蜜；一心念佛，诸恶自止，即持戒波罗蜜；一心念佛，心自柔软，即忍辱波罗蜜；一心念佛，永不退堕，即精进波罗蜜；一心念佛，余想不生，即禅定波罗蜜；一心念佛，正念分明，即般若波罗蜜。推而极之，不出一心，万行具足。如《大本》法藏愿云：“若我成佛，国中有情，不获神通自在波罗蜜多，不取正觉。”是为第三最胜方便。

“得疾解脱”者，《智论》云：“有诸菩萨，自念谤大般若，堕恶道中，历无量劫，虽修余行，不能灭罪。后遇知识，教念阿弥陀佛，乃得灭障，超生净土。”又《十住断结经》云：“是时座中，有四亿众，自知死此生彼，牵连不断，欲为之源，乐生无欲国土。佛言：‘西方去此无数国土，有佛名无量寿，其土清净，无淫怒痴，莲花化生，不由父母。汝当生彼。’”故《大本》云：“菩萨欲令众生速疾安住无上菩提者，应当起精进力，听此法门。”是知蚁山风水，迟疾天殊。古谓：“欲得一生取办，便于是法留心。”是名最胜第四方便。

【疏】三、激扬生死凡夫令起欣厌者。以诸众生沉迷自性，甘受轮回，旷劫至今，曾无省励。故示苦乐两土，爰开折摄二门，激之扬之，俾欣俾厌。胜心既发，净业斯成。

【钞】若据平等法门，非垢非净，则欣厌无地，折摄何施。但今生死凡夫，迷心逐境，备历轮回，头出头没，甘心忍受，曾无一念省发奋励，求愿出离。而复遮其欣厌，欲令直悟自心。是犹田蛙、井鲋，不与之水，而反责以冲霄。只益沉沦，于事何济？于是无苦乐中，示苦示乐，苦以折伏，乐以摄受。折则激其顽迷，而令起厌离。摄则扬其懈怠，而俾生欣乐。然后久在泥途，始嫌污秽。乍闻净妙，浚起愿求。此大火聚，彼清凉池。炎烧众生，不得不避此而趋彼矣。方便度生，法自应尔。生彼国已，见佛闻法，得无生忍，方悟此心本来平等。

【疏】四、化导二乘执空不修净土者。良以乍得我空，即生耽滞。闻说净佛国土，教化众生，心不喜乐。故令回小向大，发意往生。

【钞】“乍得我空”者，小乘但悟蕴中无我，不知蕴亦是空，执境为有，唯欲避境趋寂，故闻净土化生，心不喜乐。如诸声闻，不见舍那神力，不与菩萨大会，以本不赞说十方佛刹清净功德故。古谓：“小乘无他佛之说，大教有刹海之谈。”斯名独善之流，亦号钝阿罗汉。是以教令回断灭心，修净土行。乃知诸佛菩萨，悲智行愿，如是广大，如是无尽。心不碍境，境不碍心。一切诸法，本性自空。终日度生，终日无度。而单修禅定，不愿往生，是为大失矣。

【疏】五、勉进初心菩萨亲近如来者。初发心菩萨，大心虽建，胜忍未成。所谓弱羽只可缠枝，婴儿犹应傍母。入正定聚，亲彼世尊，方得忍证无生，终成佛果，乘大愿筏，苦海度生。如《智论》中说。且夫六心堕落，尘劫声闻。鱼子、庵罗，足为明镜。故知念佛，菩萨之父，生育法身。乃至十地始终，不离念佛。何得初心自足，不愿往生？

【钞】《智论》云：“具缚凡夫，有大悲心，欲生恶世救苦众生，无有是处。何以故？烦恼强故，未得忍力，心随境转，声色所缚，自堕三途，焉能救彼？假令得生人中，圣道难得。以施戒福力，或作王臣，富贵自在。纵遇知识，不肯信从。荒迷放逸，广作众罪，由此堕落。又喻二人救溺，直入水救，彼此俱溺。有方便者，往取船筏，乘之救接，皆得免难。新发意菩萨，亦复如是，要须近佛，得无生忍已，方能苦海救度众生，如得船者。”又云：“譬如婴儿离母，或堕坑井，或渴乳死。又如弱羽，只可依树缠枝，翅翮成就，方能飞空自在无碍。”凡夫无力，唯应专念阿弥陀佛，使成三昧。临终正念，决定往生。见佛得忍，还来三界救度众生。

“正定聚”者，拣异邪定、不定。以凡夫邪外已定。初心进退未定。今生安养，无论高下，皆不退转故。聚者会也，即文中诸上善人之会。今谓入此聚中，见佛闻法故。

“六心堕落”者，身子发菩萨心，已证别教六住，因逢乞眼，遂退大心，沉沦五道。“尘劫声闻”者，有于大通佛世发心，皆因退大，尘点劫来，堕声闻位。故经云：“鱼子庵罗花，菩萨初发心，三事因中多，及其结果少。”引此以明初心菩萨犹宜亲近如来，得所依归，终无退转故。

“菩萨父”者，《华严》十一经，威光童子睹如来相，获十种益，首云：“得念佛三昧，名无边海藏门”。《疏》谓：“以念佛三昧，菩萨之父，故首明之。”良由菩萨以方便为父，念佛即真涉事，是方便故。又念佛成佛，是亲种故。（注：《华严》十一经，即《华严经》第十一卷。）

“十地始终”者，十地文中，从初至末，地地皆云：“一切所作，不离念佛。”又云：“远行地菩萨，虽知一切国土犹如虚空，而能以清净妙行，庄严佛土。”《如来不思议境界经》云：“菩萨了知诸佛及一切法，皆唯心量，得随顺忍，或入初地，舍身速生妙喜世界、极乐净佛土中。”故龙树以初地往生，摩差末以得忍往生，至如文殊、普贤等诸大菩萨，发愿往生，莫可胜数。况初心乎？

永明谓：“欲托质莲台，永离胎藏，生极乐等诸佛国土，游戏神通者，皆能了达自心，无不化往。”天如谓：“汝若悟心，则净土往生，万牛不能挽矣。”然则初心菩萨，虽曰了明，去佛尚远，正尔求生，不可后也。

【疏】六、尽摄利钝诸根悉皆度脱者。诸余法门，高之则下机绝分，卑之则不被上根，是以华藏如盲，萤光增结。唯此一法，上下兼收，可谓万病愈于阿伽，千器成于巨冶，岂不慈门广大，普度无遗。

【钞】如盲者，如来于逝多林中，演《大华严》，彼时上德声闻，身子、目连等，如盲如聋，杜视绝听。乃至积行菩萨，犹云曝腮。明高之则道大机小故。

增结者，《净名经》云：有二比丘犯根本戒，发露求忏，优波离为依律定罪，疑心不释。净名言：“汝毋以常法扰乱其心，重增此二比丘罪。”永嘉拟之萤光，谓不能开其迷暗，而反增益之也。明卑之则机深教浅故。

他若不净错施炉鞴，数息不利冢人。彼此为门，亦复各异，而浅深小大，势不兼宜。唯此念佛法门，三辈九品，悉皆度脱。彻上，则三心圆发，直入无生。彻下，则十念成功，亦生彼国。所谓不离一法，巧被诸根。豪杰无下抑之羞，庸愚有仰攀之益。盖无机不收，有情皆摄者也。

“阿伽陀”者，西域药名，能以一药总治诸疾。喻但持佛名，五欲、三毒、无量烦恼，乃至偏乘、外道、一切见病，悉断除故。巨冶者，一冶之中，陶铸万物，各成其器。喻但持佛名，随彼根行，九品往生，皆不退故。

广大者，《周易》乾曰“大生”，坤曰“广生”。今无所不度，喻如天覆地载，并育兼容，至慈无择，名普门也。

【疏】七、护持多障行人不遭堕落者。末世修行，多诸障难，一亏正见，即陷群邪。彼佛愿力威神加被行人，大光明中，不遭魔事。能为护念，直至道场。故知泽图辟怪，宝镜遁妖。正念分明，无能娆者。

【钞】多诸障难者，行人于禅观中，击发阴魔，如《楞严》开五十种，皆云：“不作圣心，名善境界。若作圣解，即受群邪。”故知正见稍亏，邪魔遂炽，无益更损，求升反沉，由此浅根怖道不学。今念佛者，以佛大愿摄受，大力匡持，威莫敢干，神不可测。虽有魔事，行将自消。又经云：“念佛之人，有四十里光明烛身，魔不能犯。以阿弥陀佛及十方佛常护念故，从今发心，直至道场，自始至终，吉无不利。”良由正念分明，纵魔来者，易识易遣。非比耽静着空，中无主宰，逢魔不觉，遂至入心者也。

“泽图”、“宝镜”者，以此二喻，明非但佛力，即是自己念力也。有神兽名白泽，能人言，辨万物之情，诸邪望影而避。故曰家有白泽之图，必无如是妖怪。又山精野魅，能变形种种，诳惑于人，而不能变镜中之形。喻念佛者，正念现前，智照精朗，一切天魔、心魔不得便故。

【疏】八、的指即有念心得入无念者。心本无念，念起即乖。而众生无始以来，妄想惯习，未易卒遣。今教念佛，是乃以毒攻毒，用兵止兵。病愈寇平，则舍病体更无自身，即寇盗原吾赤子。

【钞】《起信论》云："心体离念。"而起念念佛，岂不反扰其心？《佛藏经》云："无觉无观，名为念佛。无想无语，是名念佛。"而起念念佛，岂不反背于佛？

今谓灭诸觉观，实相念佛，理则诚然。但以心虽离念，而无明染心，念念相续。如七年之病，久乱之民，故曰惯习。兹欲勉强遏捺，立使空寂，而止动归止，止更弥动。纵粗念暂息，细念犹存，便谓相应，错谬非小。既居凡地，未能绝虑忘缘，何不即缘虑而作修进？故以念还攻于念，念一佛名，换彼百千万亿之杂念也。而妄从真起，波逐水生。即念即空，居然本体。非于念外，别得菩提。故云"万法虚伪，唯是一心。了悟自心，触目菩提"矣。喻如病体瘳时，便名健体。乱民定后，即是良民。去念而求心，是医必灭身而疗病，将必屠国而安民也，岂理也哉？

【疏】九、巧示因于往生，实悟无生者。七地仅名现相，八地乃得无生。而亟欲灭生以求无生，弥求弥远。今以求生净土，乃悟无生。入有得空，即凡成圣。可谓通玄秘诀，换骨神丹。

【钞】仅名现相者，《华严》地地皆曰无生，而正得乃归八地。其七地云："净无量身口意，得无生法忍光明。"《疏》谓："无生法忍，八地所得。今兹七地，于彼法忍，明相现前，未为真得。"如《观经疏》，以无生即属初住，意略同此。乃至八地，离一切心意识分别，始名真得无生法忍也。故知无生，圣且难之，况凡辈乎？

弥远者，厌生为患，亟欲灭生以归于无。而灭非真灭，只益劬劳，终成轮转。如牛坏车，古有明喻。

今专念佛，发愿往生，生彼国已，花开见佛，识自本心。本自不生，生亦何碍？所谓炽然求生，而不乖于无生之理，终日生而未尝生者，乃所以为真无生也。有生而悟无生，故云入有得空。生属凡夫，而因生无生，故云即凡成圣。就路还家，潜超密度，难思难议，故云通玄。倏尔转移，如平地升仙，白衣骤贵，故云换骨。舍秘诀而耕空言，弃神丹而服狂药，岂不大可哀哉！

【疏】十、复明径路修行，径中之径者。此有二义：一者，余门学道，万里迢遥。念佛往生，古称径路。而念佛一法，复有多门。今此持名，是为径路之中，径而又径。鹤冲鹏举，骥骒龙飞，不疾不行，而速而至，径中径矣。

【钞】二义者，一是较量于多种净业，二是拣别于本部《大本》，故云径路之径路也。

径路者，路小而捷名径。小喻念佛为力之简易，捷喻念佛成功之迅速。善导大师偈云："唯有径路修行，但念阿弥陀佛。"是也。故云：余门学道，名竖出三界。念佛往生，名横出三界。如虫在竹，竖则历节难通，横则一时透脱。余门之比念佛，则念佛为速矣。

念佛复有多门者，如后文中所开实相念佛四种，乃至万行回向等。实相之佛，虽云本具，而众生障重，解悟者稀。下此数门，观像则像去还无，因成间断；观想则心粗境细，妙观难成；万行则所作繁多，重处偏坠。唯此持名一法，简要直捷，但能继念，便得往生。古人谓："既得见弥陀，何愁不开悟。"则不期实相而实相契焉。故念佛为修行径路，而持名又念佛中之径路也。

鹤冲已过凡禽，争如鹏举？骥骒虽超群马，未及龙飞。皆上喻念佛，下喻持名念佛也。"不疾不行"者，《易·系辞》曰："《易》无思也，无为也。寂然不动，感而遂通天下之故。非天下之至神，其孰能与于此！唯神也，不疾而速，不行而至。"意谓疾而后速，行而后至者，物之常也。蓍卦之体，寂无思为，而有感即通，是不疾而速，不行而至，妙万物而谓之神也。引此以明诸门念佛，虽同曰往生，而为力稍难，为时稍久，是须行须疾，乃至乃速也。今则不稽岁月，不假作为，七日一心，即生彼国，何其神妙一至是也！故《普贤行愿品钞》云："《大藏》中数百余本，或经或论，说修彼因，然皆勤积，乃得往生。"今但称名，便登不退，岂非径而复径者哉！

【疏】二者，《无量寿经》广陈依正，备载修持。今此经者，崇简去繁，举约该博，更无他说，单指持名，但得一心，便生彼国。可谓愈简愈约，愈妙愈玄，径中径矣。

【钞】《无量寿经》，详见“部类”、“译释”二门。以对今经，世称《大本》，盖部同而广略异也。彼为乐广者说，此为乐略者说，然辞简而理益明，事约而功倍胜。如《大本》广谈诸福，而此经谓但持名号，即为多福多善。《大本》犹分三辈，而此经谓但生彼国，俱得不退菩提。是则不独为种种念佛门中之要，又于本部中转更为要。可谓妙中之妙，玄中之玄，径而复径者矣。

【疏】如上别中十义，复以前九为通，后一为别。兼前总义，为此经教起之所因故。

【钞】通者，通明净土诸经，皆同此因故。别者，别明此经专重持名，以持名为因故。总者，即前总明一切诸经皆一大事以为因故，言佛说此经，为教众生念佛，为教众生持名念佛，为教众生持名念佛而入佛知见，以了此一心大事而已。合之为此经教起之所因也。

△ 二、藏教等摄：初藏摄，二教摄，三分摄。

△ 初、藏摄

【疏】已知佛说此经，有如是因。未知此经，藏、教、分中，各何摄属？言藏有二：一、三藏；二、二藏。且初三藏者，一修多罗藏、二毗奈耶藏、三阿毗达磨藏。今此经者，是修多罗摄。诸经亦有互相摄者，今非彼故。

【钞】梵语“修多罗”，此云“契经”，名为经藏。解见后“释题”中。“毗奈耶”，此云“调伏”，即律藏。“阿毗达磨”，此云“对法”，即论藏。上二俱有多义，非急不引。

修多罗摄者，此经在经、律、论三藏中，属经藏故。互摄者，如《华严》则经摄而兼律、论，以《十藏》等品显戒律，《问明》等品显论议故。《梵网》则律摄而兼经，以《心地品》之上，广谈菩萨阶位故。余可例知。此经不兼戒律，亦无论议。自始至终，专说念佛求生净土，故云今非彼也。

【疏】二藏者：一菩萨藏，二声闻藏。今此经者，菩萨藏摄。亦有互摄，今非彼故。

【钞】菩萨、声闻，详见后释文中。藏分二者，以经有大乘、小乘，故二藏分摄。若约人有三乘，亦合分三。以缘觉人多不藉教，摄归声闻，故只二藏。

今菩萨藏摄者，此经演说大乘，如依正庄严、信愿往生等，皆自利利他菩萨净佛国土、教化众生之道故。互摄者，如《华严》菩萨藏摄，亦通声闻，以能包含无量乘故。今经二乘种不生，故云非彼。

或问：何得文中，彼佛有声闻弟子？

答：此暂有终无，至下释文中当辩。

又问：厌苦趋乐，似专自利，何名菩萨？

答：求生净土，正为见佛闻法，得无生忍已，还来此世，救苦众生。是菩萨行，非声闻道，如天台《十疑论》中说。

△ 二、教摄

【疏】教者，依贤首判教分五，谓小、始、终、顿、圆。今此经者，顿教所摄，亦复兼通前后二教。

【钞】五教者：一、小乘教，所说唯是人空，纵少说法空，亦不明显。以依六识三毒，建立染净根本，未尽法源故。二、大乘始教，由第二时但明于空，第三时定说三乘，不许定性、阐提成佛，未尽大乘至极之说，故名为始。有成佛，有不成佛，复名分教。所说则广谈法相，少及法性。其所云性，亦是相数，以依生灭八识，建立生死及涅槃因诸义类故。三、大乘终教，由出中道妙有，定性、阐提皆当作佛，方尽大乘至极之说，故名为终。称实理故，复名实教。所说则多谈法性，少及法相。其所云相，亦会归性，以依如来藏八识，随缘成立诸义类故。四、顿教，总不说法相，唯说真性。一念不生，即名为佛，无渐次故。五、圆教，统该前四，圆满具足。所说唯是无尽法界，性海圆融，缘起无碍，相即相入，帝网重重，主伴交参，无尽无尽故。以上详如《华严玄》中，恐烦不叙。

言顿教摄者，如后“义理”中辩。亦通前后者，通前终教，以一切众生念佛，定当成佛，即定性、阐提皆作佛故；通后圆教者，亦“义理”中辩。

△ 三、分摄

【疏】分者，十二分教，如修多罗、祇夜等。今此经者，修多罗、优陀那二分摄故。

【钞】分者，分齐。以一代时教，别其分齐，各有所属也。“祇夜”，此云“重颂”。“优陀那”，此云“无问自说”。十二部，恐烦不叙。

言二分摄者：一、修多罗摄，以是契经故。二、优陀那摄，以不待请问，自告身子故。

△ 三、义理深广：初摄顿，二分圆，三旁通。

△初、摄顿

【疏】已知此经，摄于顿教，少分属圆。未知所具义理，当复云何？先明此经摄于顿者，盖谓持名即生，疾超速证，无迂曲故，正属于顿。

【钞】正属顿义者。以博地凡夫，欲登圣地，其事甚难，其道甚远。今但持名，即得往生。既往生已，即得不退。可谓弹指圆成，一生取办。如将宝位，直授凡庸，不历阶级，非渐教迂回屈曲之比，故属顿义。

【疏】或难：顿教一念不生，即名为佛。五法、三自性皆空，八识、二无我俱遣。今持名念佛，是为有念，云何名顿？答：以一心不乱，正谓无念。若有念者，不名一心。但得一心，何法不寂？

【钞】五法者，谓一名、二相、三妄想、四正智、五如如。三自性者，名、相是妄计性，妄想是缘起性，正智、如如是圆成性。八识者，赖耶、末那，及眼等六，合之成八。二无我者，人无我、法无我。以上亦皆入五法中，详见《入楞伽》诸经。

悉空悉遣，所谓佛身无为，不堕诸数，一念不生，即名为佛者，顿教之旨也。今言念佛，则所称佛号属名，所对佛身属相，忆念彼佛属妄想。纵使净念相继，入三摩地，亦属正智、如如。而复分别是佛，属识情。能念所念，属人、法。尚未遣有我，况无我亦遣耶？彼教所空所遣，此皆有之。以其有念，故难非顿。

正谓无念者，良由一心不乱，则不以有心念，不以无心念，不以亦有亦无心念，不以非有非无心念。离此四句，更有何念？虽名念佛，盖无念之念也。念而无念，是名一心。如是之心，心无其心，强名曰一。尚无一相，安求所谓五者、三者、八者、二者？然则一心不乱，不异一念不生，焉得非顿？

△二、分圆

【疏】分属圆教者。圆之为义，谓四法界中，前三通于诸教，后一独擅乎圆。今此经者，圆全摄此，此分摄圆，得圆少分，分属圆故。

【钞】四法界者：一、事法界；二、理法界；三、事理无碍法界。此三诸教所有。四、事事无碍法界，唯《华严》一经有之，名为别教一乘。以事理无碍，同顿同终。事事无碍，不同彼二，拣乎同教一乘，故名为“别”。非藏、通、别、圆之“别”也。

今谓分摄乎圆者，以《华严》全圆，今得少分。略说有十：

一、《华严》器界尘毛，形无形物，皆悉演出妙法言音。此则水鸟树林，咸宣根、力、觉、道诸法门故。

二、《华严》一微尘中，具足十方法界，无尽庄严。此则如《大本》云“于宝树中，见十方佛刹，犹如镜像”故。

三、《华严》不动寂场，遍周法界，故云：“体相如本无差别，无等无量悉周遍。”此则如《大本》云“阿弥陀佛常在西方，而亦遍十方”故。

四、《华严》喻药王树，若有见者，眼得清净，乃至耳、鼻六根无不清净。众生见佛，亦复如是。以见圆觉佛，闻普门法，神力乃尔。此则阿弥陀佛道场宝树，见者闻者，六根清净故。

五、《华严》八难超十地之阶。此则地狱、鬼、畜，但念佛者，悉往生故。

六、《华严》一即一切，故如来能于一身，现不可说佛刹微尘数头；一一头，出尔所舌；一一舌，出尔所音声；乃至文字句义，充满法界。此则如《大本》云“彼国无量宝花，一一花中，出三十六亿那由他百千光明。一一光明，出三十六亿那由他百千佛，普为十方说一切法”故。

七、《华严》舍那、释迦，双垂两相。此则如《观经》云：阿弥陀佛现六十万亿那由他恒河沙由旬之身，而又现丈六之身于池水上故。

八、《华严》以卢舍那佛为教主。此则如清凉云：“阿弥陀佛即本师卢舍那”故。

九、《华严》名大不思议，《净名》诸经名小不思议。此则亦名不可思议功德故。

十、《华严》为教，即凡夫心，便成诸佛不动智。此则不越称名，佛现前故。

是则齐等《净名》诸经，同为《华严》流类。圆教全摄此经。此经分摄圆教，以少分义，故名分圆也。

△ 三、旁通：初《观经》，二诸经。

△ 初、《观经》

【疏】先明通《观经》者。有言：“十六观门，名为定善。执持名号，名为散善。”今为通之，于中有二：一总、二别。先明总者。彼经妙观，宗乎一心。此经“一心”，正符彼意。一心作观，一心称名。何得同归一心，扬彼抑此？详如《净觉疏》中说。

【钞】旁通者，不别顿、圆，但取诸大乘经义理相通。以《十六观》是净土专经，故先举也。

定散者，孤山判《十六观》为定善，此经持名为散善。今谓一心不乱，有事有理。即事一心，已非全散，何况理一？“正符彼意”者，彼经三观，即空即假即中，超乎次第，是为一心。今经执持名号，一心不乱，则能持所持，了不可得，是名空观；正当空时，能所历然，是名假观；非假非空，常空常假，不可思议，是名中观。良以单提圣号，直下一心，有何次第？正三观圆修之义也。是则彼经以心观为宗，此经以心念为宗。观即念也，念即观也。两经所说，既同一心，何独此经抑之为散？故此法门名“念佛三昧”，亦名“一行三昧”，亦名“诸佛现前三昧”，亦名“般若三昧”，亦名“普等三昧”。“三昧”之言定也，既通多种三昧，何得为散？大要观想若非一心，观亦成散。持名若得一心，持即成定。不在观想、持名，而在一心与不一心也。

“如《净觉疏》”者，《疏》云：“智者大师于《观经》，以三种净业属散，十六妙观属定，未闻以持名为散也。孤山判此经为散善，予不毬彼说。且《普门品疏》释‘一心称名’，有事有理。存念观音，无有间断，名事一心。若达此心，四性不生，与空慧相应，名理一心。《普门》无‘不乱’二字，智者尚作空慧释之。今云‘一心不乱’，何得贬为散善？”愚按：智者入灭，唱三宝名。章安临终，亦称弥陀及二大士。彼师资自行如斯，必不散判称名，于是益信。

【疏】次明别者。或谓此经但闻佛名，或谓此经佛是劣应，或谓此经花局车轮，或谓此经五逆不生，或谓此经只属下品。不知二经实一义故，不知此经尤独要故。

【钞】但名者，或谓：“《观经》教想彼佛相好。此经但持四字空名，则不见佛身，故名散善。”然经云：“阿弥陀佛，与诸圣众，现在其前。”既佛现，则宁无相好？况与众，则主伴齐彰。盖彼以作观见佛，此以持名见佛。为因不同，见佛则一。

劣应者，或谓：“《观经》言佛身高六十万亿那由他恒河沙由旬。此经不说，疑是劣应，故名散善。”然《大本》云：“尔时阿弥陀佛放大光明，普照一切世界。阿难见佛容体巍巍，如黄金山，高出一切诸世界上。”则《观经》所说，犹一世界。今言一切世界，则更为高大，何得言劣？又《大本》言：“阿弥陀佛道场宝树，纯以众宝，自然合成。”则非木菩提树下之身，何得言劣？又《观经》言：“彼佛或现丈六八尺，或现大身，满虚空中。”则随机所见，大小无定。故古谓即劣即胜，生法不二。而况今经，不出大小，何得定指为劣？

花局车轮者，或谓：“《观经》花大十二由旬。此经车轮，花局于小，故名散善。”不知“车轮”之义，大小无定。《大本》车轮大至百千由旬，何止十二，详如后文中辩。

五逆不生者，或谓：“《观经》言五逆得生。《大本》唯除五逆，则济度功狭，故名散善。”不知“唯除五逆”下，有“诽谤正法”四字。五逆而兼谤法，乃在所除。虽具五逆，不谤法者，未必不生也。良由谤则不信，不信不生，故所谓“疑则花不开”是也。《观经》不言谤法，如兼谤者，亦不生也。又《观经》下下品五逆文中，谓其人十声称名，遂得往生。则观想未成，唯资十念。五逆之生，正称名得生耳。况《大本》云："地狱鬼畜生，亦生我刹中。"堕地狱者，非五逆人而何？

只属下品者，或谓："《观经》下之三品，初言：'智者教令合掌叉手，称南无阿弥陀佛。'三言：'善友教云：汝若不能念彼佛者，应称名号。'则持名往生，似唯下品。"不知持有事、理，理复浅深。今下生者，仅是事善。若成理观，则与彼经三观圆修，冥契不二，何虑品位之不高也？况下品文中，乃指恶人愚人，非谓善人智人持名亦居下品也。故知二经，其义一也。

独要者，略有三意：一者，《观经》所明佛身，虽云即报即法。而那由恒沙，不无数计。生身、尊特，犹待辩疑。此经但曰"光明无量"、"寿命无量"，则不属诸数，直指法身，独要一也。二者，十六妙门，虽云即观即心。而先日，次水，次地，次树，次座，方入佛观，则不无次第，犹觉繁长。此经不修余业，单事持名，倏尔一心，便得佛现，独要二也。三者，上三品生，乃能游历十方，承事诸佛。中、下二品，皆无此文。今持名往生，便得供佛诸方，食时还国，独要三也。

闻说一义，尚恐生疑。更闻独要，必致深骇。故云"难信之法"，又云"不可思议功德经"也。

△ 二、诸经

【疏】复明通诸经者，与诸大乘经意义相通，如《净名》、《法华》等。旁通如是，乃知此经，义理所该，深邃广远。不应视同浅近，自取愆尤。

【钞】《净名》、《法华》等者，此一心持名，得生彼国，即"随其心净，则佛土净"，是《净名》义。又此一心持名，即"以深心念佛"，乃至"独入他家，一心念佛"，"乞食无侣，一心念佛"，"一称南无佛，皆已成佛道"，是《法华》义。

等者，略举余经。如文殊所云"一行三昧"，《大品》所云"若人散心念佛，乃至毕苦，其福不尽"，是《般若》义。如"经三七日，稽首十方诸佛名字"，是《圆觉》义。如"五百长者子，称七佛名，遂得见金色之身，成阿罗汉”，是《观佛三昧》义。如“菩萨六念，念佛第一”，又云“系念思惟因缘力故，得断烦恼”，是《涅槃》义。如佛告父王：“汝今当念西方极乐世界阿弥陀佛，常勤精进，当得佛道。”又云：“十心向往，命终必生彼佛国土。”是《宝积》义。至如《华严》，圆义相通，已见前文。念佛之义，不可胜举。

如上且就一经大旨而言。泛论经义，则维摩丈室，容八万四千狮子之座。今此净土，十方往生，犹如雨点，皆生七宝池中，曾无窄隘，即《净名》义。《如来神力品》，释迦与十方诸佛，同出广长舌相，乃至梵天，为赞叹《法华》故。今此六方赞叹，亦复如是，即《法华》义。略举少分，通诸大乘，余不繁叙。

又《起信》“因缘分”，《疏》明信位初心，有四种机：以礼忏灭罪被初机，以修习止观被中机，以求生净土被上机。初谓业障众生，中谓凡夫、二乘。则知净土是大乘菩萨所修矣。

“义理所该”，总结上文。“愆尤”者，轻毁此经，即轻毁大乘，获罪无量故。

△ 四、所被阶品：初料简，二总收。

△ 初、料简

【疏】已知此经，文略义丰，言近旨远。未委被何根器？有何阶等？先明料简：前三非器，谓无信者、无愿者、无行者。反是皆器。

【钞】先明根器，有是有非。次别阶等，有胜有劣。欲令舍非从是，弃劣取胜也。

信，谓信生、佛不二，众生念佛，定得往生，究竟成佛故，如经所云“汝等皆当信受我语”是也。愿，谓信非徒信，如子忆母，瞻依向慕，必欲往生故，如经所云“应当发愿，生彼国土”是也。行，谓愿非虚愿，常行精进，念念相续，无有间断故，如经所云“执持名号，一心不乱”是也。此之三事，号为资粮。资粮不充，罔克前进。又复此三，如鼎三足。或俱无，或具一缺二，或具二缺一，皆不可也。

又以喻明：譬之五谷，其无信者，不信即种是谷，栽培此种，定得成谷者也。信而无愿者，虽知佳种，无心求谷者也。愿而无行者，虽望得谷，不事耕耨者也。俱无、互缺，准上可知。此三者，皆羸劣破漏之器，不堪承受甘露法味，故名非器。

又复世人虽行众善，于彼佛土，无信、行、愿，亦名非器。虽有诸过，于彼佛土，有信、行、愿，亦名为器。

“反是皆器”，如下所明。

【疏】于是器中，辈之品之，成三成九。九之又九，三之又三，又细分之，复应无量，如二部中说。

【钞】次明阶等也。“辈”者，《大本》三辈。“品”者，《观经》九品。故曰三、九。三辈之中，复三辈之，则成九辈。九品之中，复九品之，则成八十一品。辈之无穷，品之不已，则成百千万亿辈品，故曰复应无量。所以然者，均名念佛，同一往生，而修有事理，功有勤惰，随因感果，地位自别。

故《涅槃》说：“十二因缘，曾无二法，而下智观者，得声闻菩提；中智观者，得缘觉菩提；上智观者，得菩萨菩提；上上智观者，得佛菩提。”是则诸天共器，食有精粗。三兽同河，渡分深浅。焉可诬也？倘其自负利根，闻说念佛若将浼焉，宁知辈品天渊，存乎其人而已，终不念佛钝置汝也。好奇负胜之士，幸平气而思之。

△ 二、总收

【疏】总收者，但持佛名，必生彼国。则或高或下，或圣或凡。乃至或信或疑，或赞或毁，知有彼佛，便成善根，多劫多生，俱蒙解脱。

【钞】高下者，以上品即登彼岸，下品犹胜天宫，则品位虽殊，皆得不退故。圣凡者，以具缚凡夫，但得往生，即与诸大菩萨俱会一处，则终当成圣故。此专举其顺者。下言信疑赞毁，则兼违顺，无不获益也。

问：信赞应尔，云何疑毁亦曰善根？

答：常不轻授记诸人皆当作佛。人疑不信，乃至打骂，因堕地狱。从地狱出，终得成道。岂非骂打从疑而生，疑从知生，知从闻生。闻知有佛，然后生疑。曾未闻知，疑从何发？因闻知故，佛之一字，已蕴识田。

投种土中，雨露忽滋，终有生日。彼毁佛者，义亦如是。故曰：但知有佛，皆成善根，毕竟解脱。不闻不知，则不成种。

△ 五、能诠体性：初随相，二唯识，三归性，四无碍。

△ 初、随相

【疏】已知此经，被机普遍。未知能诠，何为体性？依古展转十门推本，约之成四。先明随相，于中复二：一谓声名句文，二谓所诠义。以文与义，皆属相故。

【钞】十门展转，详见《华严玄谈》。圭峰复于中约而束之，遂为四门。

初、声名句文者。据大小乘教，或以声为教体，或以名、句、文身而为教体。今依清凉大师，通收四者。以声为教主；名者次第行列，诠法自性；句者次第安布，诠法差别；文者次第联合，上二所依。此名、句、文三者，屈曲为声上诠表。唯声，则不能诠义。唯名、句、文，则无自体。兼此四事，是谓教体，以假实体用兼资也。

二、所诠义者，此声、名、句、文，若无所诠之义，则同乎篇韵，殊无意况。若徒义无文，妙理凭何而得显示？良以文随于义，义随于文，文义相资，乃成教体。故今此经，从“如是我闻”，至“作礼而退”，是声名句文体。而其中所说依正二报、信愿往生等，是所诠义也。以是二者，交相随故，而为教体。

【疏】又若据法所显义，则无非佛事，如香饭、光明等，当知法法皆为教体。

【钞】法能显义，则法法自彰，不俟文字。如《华严》云台宝网、毛孔光明，皆能说法。《净名》云：“有佛世界，以香饭而作佛事。有佛世界，以光明而作佛事。”乃至一色一香，一举一动，无有一法而非佛事等。今此经者，水鸟、树林，咸宣妙法。则随举一法，皆成教体。

△ 二、唯识

【疏】唯识者，此文此义，皆识所变，而有“本影”四句。

【钞】四句者：一、唯本无影，即小乘教。不知教法皆唯识现，谓如来实有说法故。二、亦本亦影，即始教。以佛自宣说，若文若义，皆从妙观察智净识所现，名本质教。闻者识上所变文义，名影像教。诸佛、众生互为增上故。三、唯影无本，即终教。以离众生心，更无有佛。唯大悲大智为增上缘，令彼根熟众生，心中现佛说法，是故佛教全是众生心中影像。四、非本非影，即顿教。非唯心外无佛，众生心中影像亦空。以性本绝言，即不教之教。所谓："尊者无说，我乃无闻。说听皆无，唯识而已。"是以识为教体也。

今此经者，且约终、顿二教，则众生心乐出离，自于心中见佛，为说极乐依正、信愿往生，而实无说无听，故识为教体。

△ 三、归性

【疏】归性者，前以所变之万境，摄归能变之八识。今以所现之八识，复摄归能现之一心，则性为教体。

【钞】一心者，即真如自体也。从此真如，流出教法，故会相归性。则所谓重颂如、授记如，十二分教，一切皆如。以上展转推寻真实之理，极至于此。譬之物不离梦，梦不离人。《圆觉疏》云："生法本无，一切唯识。识如幻梦，但是一心。"则以自心为教体也。

今此经者，依正、信愿等法，若文若义，究极皆归一心真如。故古德云："诸大乘经，皆以一实相印，为经教体。"此经"一心不乱"，即是实相，即是真如。则合前二种，会归一心，而为教体。

△ 四、无碍

【疏】无碍者，心、境、理、事，本自交彻。境及事者，是名随相。心者唯识，理者归性。俱交彻故。

【钞】交彻者，以一心原有真如、生灭二门。真如即是生灭，故理不碍事、境、心。生灭即是真如，故事、境、心不碍理。

今此经者，心即是土，则一念无为，而不妨池楼鸟树，昭布森列；众生信乐，随愿往生。土即是心，则七宝庄严，而不妨全体空寂，不立一尘，实无众生生彼国者。则心、境、理、事，互相融摄，而为教体也。

△ 六、宗趣旨归：初总陈，二异解，三正意。

△ 初、总陈

【疏】已知此经能诠之体，如是该罗。未审所宗，当在何者？夫语之所尚曰宗，宗之所归曰趣，而有通别。通论佛教，因缘为宗。别则依古十门，自“我法俱有”，至“圆融具德”，后后前前，次第深浅。是故诸经，各有宗趣。

【钞】尚者崇也。圣人立教，一部语言，何所崇尚？所崇尚者，名之曰宗。归者至也。立此为宗，为求何事？究所归至，名之曰趣。

因缘者，拣异无因、邪因。一代时教，不出因缘。如所谓：“因缘故生灭，因缘故即空，因缘故即假，因缘故即中。”佛教所宗，因缘摄尽，故云通也。

十门者。第一、我法俱有宗，内执有我，外执有法，名为附佛法外道。第二、法有我无宗，则异外道。由是从前至后，由浅入深，乃至第十、圆融具德。十门分别，详具《华严玄谈》。若约之为五，不出有、空、法相、法性、圆融。

今此经者，宗乎法性。以净土依正信愿等，皆归一心。一心不乱，即法性故。

△ 二、异解

【疏】今明此经，古有多解。有谓信愿为宗，有谓超过三界二种清净为宗，令诸众生得不退转为趣。

【钞】信愿为宗者，诸解多同。以经中屡言“若有信者，应当发愿，生彼国土”故。二种清净者，《论》言极乐世界依正二报，清净庄严，非三界所及，故以为宗。而要其所归，为令众生生彼清净极乐国土，生彼国已，即不退转，以此为趣。

△ 三、正意：初总举，二别明。

△ 初、总举

【疏】此经宗乎法性。于法性中，复分总、别。总而合之，谓是依正清净、信愿往生，以为宗趣。

【钞】取前二说兼合言之，总为宗趣。以前说不该依正，后说未详信愿，故须兼合，始得无遗。良由依正、信愿，兼备交资而得往生，皆不出自心故。其总为宗趣者，如《华严》例，彼经亦兼众说，总因果缘起、理实法界以为宗趣故。若欲分之，上句为宗，下句为趣，义亦自明。若欲加之，彼经加“不思议”，今经亦尔。

△ 二、别明

【疏】又别明之，则成五对：一教义、二事理、三境行、四行寂、五寂用，以为宗趣。

【钞】一、教义一对者，以教为宗，令达义为趣。言崇尚此念佛往生之教，其意云何？正欲晓会经中所说阿弥陀佛正报、依报清净庄严，信之愿之，则生彼国。教中有如是义，是其趣也，不徒为语言文字而已。

二、事理一对者，以事为宗，令显理为趣。承上一经言教，俱约所诠之义，而义中复有事理。言崇尚此依正、信愿等事，其意云何？正欲显发事中所具至理，是其趣也，不徒为事缘之迹而已。

三、境行一对者，以境为宗，令起行为趣。境即是所观之理，对能观之智，故名为境。言崇尚此理，其意云何？既知弥陀自性，净土唯心。正欲即此以为真境，而起观行，执持名号，一心不乱，是其趣也，不徒为晓达此理而已。

四、行寂一对者，以行为宗，令至寂为趣。言崇尚此念佛观行，其意云何？良由心虽本寂，多生习染，触境生心。若不修观行，纵令强抑妄心，终非定慧平等。今依正观，执持名号，至于一心，则复还空寂之体，是其趣也，不徒为有作妄计而已。

五、寂用一对者，以寂为宗，令发用为趣。言崇尚此寂，其意云何？良由妄想执着，无由解脱。妄尽心一，则净极光通，喻如尘尽镜明，无像不现。所谓既生本国，得无生忍已，还入生死，以无数方便，大作佛事，度脱众生，妙用恒沙，是其趣也，不徒为沉空滞寂而已。

如是十门，展转生起，以为宗趣。

△ 七、部类差别：初明部，二明类，三非部非类。

△ 初、明部

【疏】已知此经，宗趣冲深。未审当部等类，为有几种？初先明部者，部有二种：一谓《大本》，二谓此经。

【钞】部者，以是总归一部，而有详略。详为《大本》，略为此经。

《大本》有六：一名《无量清净平等觉经》[①]，后汉支娄迦谶译。二名《无量寿经》，曹魏康僧铠[②]译。三名《阿弥陀经》，与今经同名，吴支谦译。四名《无量寿庄严经》，宋法贤译。五出《宝积》第十八经，名《无量寿如来会》，唐[③]菩提流志译。六名《佛说大阿弥陀经》，宋龙舒居士王日休者，总取前之四译，参而会之。唯除《宝积》，彼所未及。

然上五译，互有异同。汉、吴二译，四十八愿，只存其半，为二十四。其余文中，大同小异。王氏所会，较之五译，简易明显，流通今世，利益甚大。但其不由梵本，唯酌华文，未顺译法。若以梵本重翻而成六译，即无议矣。故彼不言“译”，而言“校正”也。又其中去取旧文，亦有未尽。如三辈往生，魏译皆曰“发菩提心”。而王氏唯中辈发菩提心，下曰不发，上竟不言，则高下失次。且文中多善根，全在发菩提心。而三辈不同，同一发心，正往生要旨。乃反略之，故云未尽。

然今《疏钞》所引，义则兼收五译，语则多就王文，以王本世所通行，人习见故。余五间取，而概以《大本》标之。故上六种皆名《大本》。今此经者，名为《小本》。文有繁简，义无胜劣，判属同部。

△ 二、明类

【疏】二明类者，自有三种：一、《观经》；二、《鼓音王经》；三、《后出阿弥陀偈经》。

---

① 《无量清净平等觉经》，原本作《无量平等清净觉经》。

② “铠”，原本作“恺”。

③ “唐”，原本误作“元魏”。

【钞】类者，不同其部，而同其类。如从昆弟，虽不同父，而同其祖。亦名比肩，相为等夷，故曰同类。

《观经》者，《观无量寿佛经》，具谈十六妙门，一心三观，详本《疏钞》。

《鼓音王经》者，佛在瞻波大城，伽伽灵池，与比丘百人说。中云："若有四众，受持阿弥陀佛名号，临命终时，佛与圣众，接引往生"等。

《后出偈经》者，始终唯偈，是伽陀部。中云："发愿喻诸佛，誓二十四章。"愿只存半，与汉、吴二译同。而四十八愿，自古及今，传扬已久。二十四者，或梵本缺略，未可知也。

或问：《鼓音》亦说持名，云何不与今经同部？

答：以有咒故。彼经虽说持名，重持咒故。

△ 三、非部非类

【疏】三明非部类者，带说净土，如《华严》、《法华》，及《起信》等。又非部类，而中说专持名号，如《文殊般若》。

【钞】带说者，诸同部同类之外，复有诸经，虽不专谈净土，其中带及劝赞往生也。《华严》，如《行愿品》，既明十大愿王，而末言："以此十愿，导归极乐。"是也。《法华》，如云："诵斯经者，命终当生阿弥陀佛极乐世界。"是也。《起信》，如前教起中所明是也。等者，如《观佛三昧》、《十住断结》诸经，带说净土，层叠非一，详如后释文中杂引。《文殊般若》，详后执持名号文中。

△ 八、译释诵持：初明译，二明释，三明诵，四明持，五结劝。

△ 初、明译

【疏】已知此经，为部为类，详略同别。未委译自何时，凡有几译。以至注释阐扬，读诵受持，有何灵验。初明译者，有二：一名《佛说阿弥陀经》，即今经，姚秦三藏法师鸠摩罗什译。

【钞】"姚秦"者，周有嬴秦，南北朝有苻秦、姚秦。今言"姚"者，拣非余秦也。

"三藏"者，通经、律、论，兼善华梵故。"法师"者，佛法所属，演扬诲众，为表范故。

“鸠摩罗什”者，梵语具云“鸠摩罗耆婆什”。上五字，此云“童寿”。“什”者，深善此方文字之什。华梵合举，称“罗什”也。

“译”者，易也，易梵成华也。《周礼》掌四方之语，各有其官，北方曰“译”。今经自西来，而言“译”者，汉之北官，兼善西语。摩腾始至，遂称为“译”，今仍之也。

按本传，师，中天竺国人。父名鸠摩罗琰，家世相国，弃荣出游，龟兹王以妹妻之，生师。师生而神灵，七岁随母入寺，见铁钵，试取加顶。俄念：“此钵甚重，我何能举？”即不胜重，遂悟万法唯心。博学强记，人莫能及。以冲年高德，故云“童寿”。既通三藏，东游龟兹，王设金狮子座处之。苻坚据秦，将事西讨。适太史奏：“异星现于西域分野，当有大德智人，入辅中国。”坚云：“朕闻龟兹有罗什者，得非此耶？”遣将吕光，临发，谓曰：“朕非贪地用兵。闻罗什深解法相，为后学宗。若克龟兹，即宜驰驿送什。”及破龟兹，载什以归，中道闻坚已为姚苌所害，遂止不返，什师因不至秦。后苌亦闻师名，要请，而光不允。苌亡，子兴复请，亦不允。因遣兵伐光，光侄降秦，方得迎师入关，奉为国师。师阅旧经，义多纰僻，不与梵本相应。乃集沙门肇、叡等，八百余人，新译经论三百九十余卷，并畅神源，发挥幽致。师未终少日，集众谓曰：“愿所宣译，传之后世，咸共流通。今于众前，发诚实誓：若所传无谬，当使焚身之后，舌不焦烂。”以弘始十一年八月二十日，卒于长安。阇维，薪灭形尽，舌根俨然。

今此经者，译于什师，而舌根不坏。与诸佛出广长舌，赞叹此经。合而观之，佛语不虚，于是益信。

【疏】二名《称赞净土佛摄受经》，唐三藏法师玄奘译。二经联比，小异大同。时所宗尚，皆弘秦本。

【钞】玄奘法师者，唐洛州缑氏人，姓陈氏。少罹患难，随兄长睫法师，出家于净住寺。年十一，诵《维摩》、《法华》。卓然自立，不偶时流。年二十一，讲《心论》，不窥文相，涌注不穷，时号神人。贞观三年，往西域取经，备经险难，历百五十国，遂至舍卫。取经六百余部，贞观十九年还京，于玉华台翻译经论，总一千三百三十卷。既卧疾，见大白莲花，及佛相，右胁累足而逝。两月，色貌如生。先是西行之日，抚灵岩寺松而作誓言："吾西去，汝西长。吾东归，汝东向。"师去，松西长至于数丈，一日忽东回。门弟子喜曰："师归矣！"已而果然，时号"摩顶松"云。按师誓言自要，不爽如是。真语实语，亦什师舌根不坏，诸佛舌相广长意也。所译此经，焉可不信？

联比者，先后重译也。小异大同者，梵音稍别，及语有繁简，如恒河、殑伽，六方、十方之类，而大意一无相乖也。皆弘者，《法华》三译，秦本盛行。此经二译，亦复如是。

△ 二、明释

【疏】次明释此经者，论则有天亲菩萨《无量寿经论》，解则有慈恩《通赞》、海东《疏》、孤山《疏》，乃至大佑《略解》等。

【钞】天亲菩萨者，常入日光定，升兜率天宫内院，亲觐慈氏，造《无量寿经优婆提舍》。"优婆提舍"者，此云"分别义"。

慈恩法师者，讳窥基，姓尉迟氏，敬德犹子也。奘师度之出家，学通大小，造疏计可百卷。释《弥勒下生经》，笔锋得舍利二七粒。复示西方要义，有《弥陀经通赞》一卷。

海东法师者，讳元晓，其疏此经，大率依《论》为主。孤山圆法师者，十疏流通，此疏居一。义渊、净觉、越溪等历代诸师，种种解释，率多散没。至元大佑师者，乃有《略解》。

今唯海东、越溪、大佑所解仅存而已。世远人亡，经残教弛。遂令如是广大深远法门，不得人人晓了，宁不悲夫！

【疏】若夫远承佛旨，弘阐秘宗，为论为文，为集为录，为传为偈，为赋为诗，交赞互扬，其丽不亿。莫不叮咛恳告，感慨悲歌，普劝迷流，同归觉路。一曾过目，可弗铭心。

【钞】上文专指注释此经。今谓其余赞咏净土，所有言辞，不可胜纪。为论，如《十疑》、《宝王》等。为文，如龙舒、无尽等。为集，如

《决疑》、《指归》等。为录，如《净土自信》等。为传，如《净土略传》等。为偈，如“径路修行”等。为赋，如《神栖安养》等。为诗，如诸家《怀净土》等。

告而曰恳，真诚之语，冀其信受而奉行也。歌而曰悲，凄楚之辞，或能感发而兴起也。丽，数也。不亿者，亿不足以尽之，言多也。

此皆净土圣贤，千言万语，不厌繁重，直欲生死海中，尽挈众生于彼岸而后已。我等应当衔恩报德，镂骨铭心，展转流通，递相劝导。如其置而不览，览而不信，不曰愚蒙之训，则曰寄寓之谈，独且奈之何哉！

△ 三、明诵

【疏】次明诵此经者。如舌根不坏，天乐西迎。方解冤而往生，未终卷而坐脱。归如入定，终睹白莲。银台而易金台，粗乐而来细乐。

【钞】舌根不坏者。《智论》云：有比丘诵《弥陀经》，命欲终时，语弟子言：“阿弥陀佛，与诸大众，俱来迎我。”后从火化，舌根不灰，色相自若。

天乐西迎者。宋唐世良，诵《弥陀经》十万过。一日谓家人曰：“佛来迎我。”言已，作礼坐逝。其夜有利行人，在道味山上，梦西方异光，幡花缤纷，音乐嘹亮。空中声云：“唐世良已生净土！”

解冤往生者。宋上虞民冯珉，少事游猎，见巨蛇，持稍将往刺之。时蛇在岩下，欲噬黄犊。珉推岩石压之至死，蛇屡为祟。珉修忏念佛经年，蛇不能害。一日请同社净侣，诵《弥陀经》，合掌而化。

未终坐脱者。晋智仙法师，号真教，住白莲寺，十三年西向十念，十二时不暂废。一夕微疾，命观堂行人诵《弥陀经》，未终卷，安然坐脱。

归如入定者。宋释处谦，精修净土。一夕，诵《弥陀经》毕，称赞净土，告众曰：“吾以无生而生净土。”如入禅定，奄然而化。

终睹白莲者。宋嘉禾郡钟妪，日诵《弥陀经》十遍，念佛不辍。一日语其子曰：“见白莲花无数，众圣迎我。”遂端坐耸身化去。

银台、金台者。怀玉禅师，台州人，布衣一食，常坐不卧，精进念佛，诵《弥陀经》三十万遍。一日见西方圣众，多若恒沙。一擎银台，从窗而入。玉曰："吾一生精进，誓取金台，何为得此？"银台遂隐。玉感激，倍复精进。三七日后，见佛满空中。乃谓弟子曰："金台来迎，吾生净土矣。"说偈含笑而逝。郡守段公异之，作诗赞美，有"枝低只为挂金台"之句云。

粗乐、细乐者。元子华禅师，大历九年，于润州观音寺，诵《弥陀经》六月。忽得疾，夜闻香气乐音，空中告曰："粗乐已过，细乐续来，君当往生。"良久念佛而化，异香连日不散。

【疏】又若书写则化被苍生，讲演则祥符白鹤。

【钞】书写者。唐善导大师，凡得賩施，用写《弥陀经》十万卷，劝人受持。亦有读诵至十万遍者，五十万遍者。僧俗归仰，至有感极焚身供养。得念佛三昧者，不可胜纪。

讲演者。宋沈三郎，晚岁回心念佛。因病，请僧讲《弥陀经》，易衣而终。缩膝欲起，二子局于名教，以易箦为难，曳其胫直之。将入殓，忽举首出衣被，矍然而坐。举家大惊，二子急前扶卫，乃以肘节捶之。子曰："助父坐脱耳。"竟坐逝。荼毗，有白鹤二十九只，飞鸣云表，久之西去。

【疏】现前感应，则宝地遥观。克取往生，则《涅槃》非比。如斯感应，屡见古今。

【钞】宝地遥观者。唐大行禅师，初修"普贤忏"，后入《大藏》，随手取卷，得《弥陀经》，日夜诵咏，至三七日，睹琉璃地上，佛及二大士现前。僖宗闻其事，诏入内庭，赐号"常精进菩萨"。后琉璃地复见，即日命终。异香经旬，肉身不坏。

《涅槃》非比者。梁道珍法师，讲《涅槃经》。天监中，憩锡庐山，慕远公净业。禅坐中，忽见海上数百人乘宝舫前迈。师问："何之？"答曰："往极乐国。"因求附载。报云："法师虽善讲《涅槃经》，亦大不可思议。然未诵《弥陀经》，岂得同往？"师遂废讲念佛，诵《弥陀经》及二万遍。将终四七日前，夜四鼓，见西方银台来至。空中皎如白日，声云："法师当乘此台往生。"时众咸闻天乐异香，数日香犹未散。其夜峰顶寺僧，遥见谷口火炬数十，明燎彻夜，次日乃知师逝。

如上所录，皆修因证果，此感彼应，叠见层出。自古及今，未及枚举。

△ 四、明持

【疏】若持名者，或一念而飞一光，或一声而出一佛。或响弥林谷，或音彻宫闱。或六时系念，而依正盈空。或十字标心，而圣贤入会。洎乎昭代，续有名流。

【钞】此正明执持名号也。净业诸贤，多不繁载，姑举昭灼世人耳目者一二，以为激劝。

飞光者。唐善导大师，人问："念佛得生净土否？"答曰："如汝所念，遂汝所愿。"于是导乃自念"阿弥陀佛"一声，则有一光从其口出。十声至百，光亦如之，光明满室。帝闻其事，敕所居为"光明寺"。后登柳树端坐而化。

出佛者。少康法师，在乌龙山建净土道场，劝人念佛。众见师念佛一声，口出一佛。至于十念，十佛次出，犹若连珠。临终之日，口旋异光数道，奄然而逝。

响弥者。唐道绰禅师，平居为众讲《无量寿经》，将二百遍。人各掐珠，口称佛号。或时散席，声播林谷。

音彻者。唐法照，于并州五会念佛，感代宗皇帝宫中闻念佛声，遣使遥寻，见师劝化之盛，遂诏入宫。宫人念佛，亦及五会。号"五会法师"。

六时者。晋慧远法师，居庐山，制莲花漏。六时念佛，澄心系想。后十九年，七月晦夕，于般若台，方从定起。见阿弥陀佛，身遍虚空。圆光之中，无量化佛，及菩萨众。水流光明，演说妙法。佛言："我以本愿力故，来安慰汝。汝七日后，当生我国。"至期，端坐而逝。

十字者。宋长芦宗赜禅师，禅理洞悟，宗说兼通，而远遵庐阜之规，建莲花胜会。其法，日念阿弥陀佛，或千声万声，各于日下以十字记之。一夕，梦一男子，乌巾白衣，风貌清美，谓赜曰："欲入公弥陀会，乞书一名。"赜问："公何名？"曰："普慧。"又云："家兄普贤，亦乞登名。"言讫遂隐。赜觉而语诸尊宿，皆云《华严·离世间品》，有二菩萨名。乃知圣贤幽赞，以二大士书于录首。

昭代者，今代也。如西斋、空谷、天奇、毒峰等，皆近世高僧，笃信精修，匹休前古，相续不绝，稍详《往生集》中。盖千万中，纪其一二而已。

【疏】至于感护则宿冤得度，恶鬼不侵。灵应则瞽目重明，俘囚脱难。

【钞】冤度者。唐邵彪，镇江人。为诸生时，梦至一公府，主者问："汝知所以不第否？"彪对："不知。"因使人引彪前行，见大镬中，有蛤蜊作人语，呼彪名。彪怖，遂念阿弥陀佛，蛤蜊变黄雀飞去。彪后及第，官至安抚使。

鬼却者。佛世有一国邻于罗刹，罗刹食人无度。王约，自今国中，家以一人，次第送与，勿得枉杀。有奉佛家，只生一子，次第充行。父母哀号，嘱令至心念佛，以佛威力，鬼不得近。明晨往视，见子尚在，将之而还。自是罗刹之患遂息。

目明者。宋崇氏女，双瞽。念佛三年，精勤不替，双目重明如故。

难脱者。元末张士诚攻湖州，江浙丞相与战，擒四十人，囚槛送戮，夜宿西湖鸟窠寺。大猷谋禅师，徐步廊下。囚见师神观闲雅，持诵不辍，因求救拔。师教令至心念"南无救苦救难阿弥陀佛"。中有三人信受其语，念不绝口。天晓发囚，易枷锁，至三人，刑具不足，唯系以绳。既而审鞫，知良民被虏者，遂得释。

【疏】又复恶人则善和十念，地狱现而化佛空迎。畜生则鸲鹆称名，形骸掩而莲花地发。何况身无重慝，报在最灵，信愿熏修，宁成虚弃？

【钞】恶人者。唐张善和，屠牛为业。临终，见群牛索命，于是大怖，唤其妻云："速延僧为我念佛。"僧至，谕云："经中说临终恶相现者，至心念佛，即得往生。"和云："地狱至，急取香炉来！"即以右手擎火，左手拈香，面西专切念佛，未满十声，自言："佛来迎我！"即化去。

畜生者。宋黄岩正等寺观公，畜鸲鹆，常念佛不绝，一日立化笼上。观葬之，已而土上出紫莲花一朵。寻土中，则花从舌端而发。灵芝照律师为之赞，有"立亡笼闭浑闲事，化紫莲花也太奇"之句。

如上持名所举，自飞光、出佛至此，亦千万中纪一而已。

慝者，恶之匿于心者也。最灵者，人为万物之灵也。末复结言，恶人念佛，尚得往生，何况恶未必如善和。畜生念佛，尚得往生，何况灵而号为人类。以此比况，知必生也。信愿熏修，所作唐捐，无有是处。

△ 五、结劝

【疏】是以一音始唱，千佛同赓。三学高僧，九流名德，若幽若显，若圣若凡，如万水无不朝东，似群星悉皆拱北。方之捷径，号曰普门，岂虚语哉！决志求生，无容拟议者矣。

【钞】此总结净土法门，一切众生所皈依也。

唱者导也，赓者续也。始唱者，释迦开示西方，众生始知净业，是引而导之也。同赓者，六方赞叹，详如经文中说，是续而和之也。

三学者，谓禅、教、律三宗也。禅如永明，以宗门柱石，而上上品生；圆照以独秉单传，而标名莲境。教如僧叡，弘辅什师，而莲花出榻；四明中兴台教，而西向坐亡。律如灵芝，生弘毗尼，而死生安养；清照大阐律学，而说偈西归。若广举者，不可胜数。

九流者，谓儒、道、农、工、医、卜等也。儒如文潞公，德业满朝，而结十万同生之缘；苏长公文行绝世，而有西方公据之说。道如葛济之舍仙学而回心净业，鸾法师焚《仙经》而专修《观经》。乃至子章之业岐黄而念佛，张铨之荷耒耜而称名。

幽如冥君敬礼，罗刹休心。圣如文殊求生，普贤愿往。况显与凡，不待论矣。

朝东者，会极义。拱北者，宗本义。喻净土为真际所诣，势必向往，非强之使然也。捷径、普门，解见前文。重言结之，明不虚也。

决志者，《大本》云："设有大火，充满三千大千世界，要当过此，生彼国土。"则决定其志，无退怯也。拟议者，《易》曰："拟之而后言，议之而后动。"今谓不须拟议。昔人有言："卜以决疑，不疑何卜？"念佛往生，但谛信不疑而已，何复拟议为哉！

佛说阿弥陀经疏钞卷二

△ 九、总释名题：初题义，二译人。

如上八门叙义，已知一经大旨。今欲释文，先明总题，使有纲领，故次之以总释名题。

△ 初、题义

【经题】**佛说阿弥陀经**

【疏】题义有四：初能说佛，二正明说，三所说佛，四结说名。言此土释迦牟尼佛，说彼土阿弥陀佛依正庄严、信愿往生之经也。统括大意，次乃离释。

【钞】 统括者，先且略表全文，使血脉贯通，意义具足。次乃一一离而释之。题只佛名，而言依正等者。《观经》言佛便周。今举佛名，摄无不尽故。

【疏】次离释也。“佛”者，梵语具云“佛陀”，此云“觉者”，备三觉故；又云“智者”，无不知故。又“佛”者，十号之一。又《佛地》明十义佛，天台明六即佛，《华严》明十身佛。故佛者，天中天，圣中圣。凡单言“佛”者，即本师释迦牟尼也。

【钞】 梵者，净也。对华名梵，文质之谓也。具者，具足。梵语当云“佛陀”，不言“陀”者，省文也。译以震旦之言，则云“觉者”，对迷者得名也。三觉者，自觉异凡夫，觉他异二乘，觉满异菩萨。三觉俱圆，故曰自他觉满之者。又离心名自觉，离色名觉他，俱离名觉满，亦三觉义。又云“智者”，智即觉义，无不知者。《智论》云：知一切众生数非数，常非常等，是智无不知，所谓得一切种智是也。即“觉满”义也。

十号者，万德世尊，举莫能尽，略而言之，“如来”至“佛”，共有十号。十号之中，“佛”当其一。具兹十德，世出世间之所宗主，故名

“世尊”。

十义者，具二智，断二障，觉二谛，得自他二利，如梦觉、花开二喻，合之为十义也。

六即者，始乎“理即”，终乎“究竟”。盖始则全觉全迷，中则觉而未尽，末乃无所不觉。今称“佛”者，指究竟也。

十身者，一、正觉佛，至十、随乐佛，详具《离世间品》。此十身佛，唯《华严》有之。然约其大要，不出“觉满”之义。故曰十身初满，正觉始成，名圆满佛也。

天中天者，天有四：一、世间天，诸国王是；二、生天，欲、色、无色诸天是；三、净天，四果、支佛是；四、义天，十住菩萨是。佛并超之，是天而又天也。圣中圣者，声闻、缘觉、菩萨，入圣域而未优。唯佛居极果，是圣而又圣也。

即释迦者。过去、未来，须标某佛。释迦见坐道场，一土之中，无二佛故。喻如前朝帝主，须称国号。当今天子，直曰至尊，亦以一国之中无二主故。是知单言“佛”者，即悉达所成贤劫第四佛也。

【疏】“说”者，悦也。悦所怀故，四辩宣演故。十二部等，至四悉檀，皆是说义。

【钞】悦所怀者，本愿度生，得机而说，所怀畅悦。如《大本》，世尊欲说此经，先且诸根悦豫，颜色异常。况今持名念佛，得机而说，悦可知矣。

“四辩”者，曰义、曰法、曰词、曰乐说也。四皆无碍，名之曰说。《中论》云：“诸佛依二谛，为众生说法。”词无碍智，以世智差别说。乐说无碍智，以第一义智善巧说。不言义、法者，后后兼于前前，词及乐说，摄义、法故。

十二部等，指所说也。“悉檀”者，合华梵云“遍施”。以世界、为人、对治、第一义四门，作欢喜、生善、灭恶、入道四益。十二部经一切诸法，随宜而说，无量方便，要归作“世界”等四说，使人得“欢喜”等四益而已。鉴机授法，其文繁广，略举不悉。

【疏】“佛说”者，说拣五人故。

【钞】五人者，一佛、二菩萨、三天、四仙、五化人，此五皆能说经。今显此经是至圣立言，金口亲出。不同菩萨在因，天属凡类，仙杂外道，化人非真也。如天子诏，不同百官、宰相、诸王等语也。

【疏】“阿弥陀”者，是标显彼佛。梵语“阿”，此云“无”。梵语“弥陀”，此云“量”。言佛功德不可穷尽，故云无量。如经寿命、光明，是无量中姑举二事，摄余功德也。

【钞】无量者，有二义：一者众多无有数量，二者广大无有限量。复有二义：一者十大数中之无量，二者更无穷尽之无量。姑举二事者，以无量不只寿命、光明也，详如后文中辩。

【疏】“经”者，梵语“修多罗”，此云“契经”，有通、别二义。“契”复二义。“经”复多义。“经”虽多义，不出贯、摄、常、法四义。

【钞】通别者，佛所说教，总名“修多罗”，是之谓通。析之则经名“修多罗”，律名“毗奈耶”，论名“阿毗昙”，是之谓别。

“契”复二义者，一者契理，则合道之言。二者契机，则逗根之教。今略“契”字，但名曰“经”者，省文也。

“经”复多义者，《华严疏》引《杂心》五义，谓：一出生，二显示，三涌泉，四绳墨，五结鬘。《佛地》二义，谓：一贯穿，二摄持。此方四义，谓：一常，二法，三径，四典。故云多义。

不出四义者，指贯、摄、常、法四字也。良以“经”字，西域正翻为“线”，线有贯持义，贯则贯穿所说之理，持则摄持所化之生，此二足该“出生”五义。而此方经典，亦名曰“经”。“经”是线义，此方不贵线，故直取“经”字，而加以“契”，古称最为允当。又“常”者，古今不易。“法”者，近远同尊。常则久而行之，有共由义，即名为“径”。法则轨而正之，有定据义，即名为“典”。亦二足该四。则彼方贯、摄，此方常、法。合而言之，四字之中，尽“经”义矣。

【疏】又经复有通别二义。“经”之一字，是为通名。“佛说阿弥陀”五字，是为别名。如教、行、理，通别亦尔。此三即配三德，圆融具足。如天台所称："闻首题名，功德无量。"若配三大，则佛是体大，无量寿是相大，无量光是用大，如教中说。

【钞】教、行、理者，本理立教，依教修行，从行显理。诸经皆具教、行、理三，故名为通。专指此经，则佛说是教，执持名号是行，阿弥陀是理，局此异余，故名为别。配三德者，理即法身，教即般若，行即解脱。又理通行、教，法身即般若、解脱。乃至行通理、教，教通理、行。举一即三，例上可知。

体、相、用者。体者，总体。言佛便周，故佛为体。相者，体中所具之相。体无尽，相亦无尽，故无量寿为相。用者，体中所发之用。体无不照，用亦无不照，故无量光为用。若通若别等，亦如上例。

【疏】诸经立名，皆以人、法、喻，或单或复。此经单人，人复有二，两土果人故。实则三皆融通故。

【钞】"单复"者，如《大方广佛华严经》，具足人、法、喻三。《大方便佛报恩经》，人、法，无喻。《妙法莲华经》，法、喻，无人。《菩萨璎珞经》，人、喻，无法。《大般若经》，单法，无人、喻。《梵网经》，单喻，无人、法。今此经者，单人，无法、喻。他皆例此。

两土果人者，菩萨在因，如来在果，故佛号果人。今是此方之佛，说彼方佛故。

融通者，举一即三故。如今经虽属单人，而法从人说，喻以人举，言偏义圆，通融交彻，理固然也。

【疏】此经本名《称赞不可思议功德一切诸佛所护念经》。今名是什师改定，自有二义：一者佛摄无尽义故，二者彼佛人所乐闻故。

【钞】摄义无尽者，如前云"言佛便周"，则一切功德皆从佛出，佛即不思议故。又弥陀万德洪名，十方三世一切众生之所喜乐，上至诸佛赞叹，下至鬼畜归依，正谓不思议功德故。

【疏】云"疏钞"者，《疏》以释《经》，《钞》以释《疏》，冀易晓也。

【钞】"疏"者，古云"条陈"也，又"记注"也。今谓经义得此，条陈而不隐晦，记注而不遗忘也。“钞”者，古云“略取”也，又“写录”也。略取，则条陈之切要。写录，即记注之显明。冀，望也。《经》难明，《疏》通之。《疏》难明，《钞》出之，望人人晓了经义也。

【疏】称理，则自性觉，是“佛”义。自性觉无量，是“阿弥陀”义。自性本、始二觉，是两土果人义。自性觉体遍照，是说经义。后皆例此。

【钞】“称理”者，以即事即理，所谓总该万有，即是一心，则依报、正报，何非自性？又即理者，事依理成，如《净名》云：“随其心净，则佛土净。”今经言“一心不乱”，即自性弥陀，唯心净土，为一经大旨也。冥理而谈，云“称理”也。

“觉”是总义。觉体之中，广大悉备，无穷无尽，是为别义。“本始”有二：约先后，则弥陀古佛，此佛新成，是彼本此始。即自性本来是佛为本；无明所覆，今方破惑证智为始也。约因果，则此佛教令往生，乃得见阿弥陀佛，是此本彼始。即自性本有成佛之智为本；依本智而求佛智，乃得成佛为始也。本始互融，常觉不昧，辉天鉴地，耀古腾今，常说如是经，百千万亿座。

问：疏钞此经，正为发挥持名功德，普劝诸人求生彼土也。何乃一一消归自性，翻成极则之谈？依然净土是心，奚必舍此愿彼？

答：此正双被二根，双破二惑，如前序中所明。良以钝根者，守事相而自足，观此，使知事有理存，毋滞事而迷理。利根者，崇理性而着空，观此，使知理在事中，毋越事而求理。又此经，本为托彼名号，显我自心，与《十六观经》同意，则欲悟心者，正应念佛求生。又菩萨犹宜近佛，如前教起中说，则已悟心者，亦正应念佛求生，何足疑也！又《维摩经》云：“虽知诸佛国，及与众生空，而常修净土，教化于众生。”故患不悟自心耳。悟心，则无一法出于心外，即心即境，即境即心。往生净土，愿见弥陀，不碍唯心，何妨自性？

又问：昔人谓《华严》极教，可得皆约观行，明诸法门。《方等》而下，何得亦约观行？

古德答云：“诸了义、不了义教，皆是了义，以唯一心故。”据此，则圆机对教，何教不圆？理心涉事，何事不理？

△二、译人

【译人】**姚秦三藏法师鸠摩罗什译**

【疏】“姚秦”标代，“三藏”显德，“罗什”出名。“译”之一字，结成能翻人也。

【钞】出处始末备前，兹不重录。古称什师，七佛以来译经师也。犹是略举，且以七佛为言耳。夫毗婆至于释迦，首尾只经二劫。而弥陀成佛十劫，则庄严劫前，更上九劫，所历已几万佛。既六方诸佛，靡不赞叹此经。则万佛以来，亦必皆说此经，亦必皆有译者。而经称母佛者曰：“世世佛生，我为其母。”子佛者曰：“世世佛出，我为其子。”以是例之，什师译经，何啻七佛？而此经流通久远，于是益信。

【疏】称理，则自性融通隐显，是华梵翻译义。

【钞】即梵可以成华，则显非密外。方华未尝不梵，则密在显边。当暗中有明，当明中有暗。互相掩映，涉入重重。妙体融通，不一不异。

△ 十、别解文义：初序分，二正宗分，三流通分。

△ 初、序分：初五句证，二列众证。

△ 初、五句证

【经】**如是我闻，一时佛在舍卫国祇树给孤独园。**

【疏】别解文义者，已知一题总意，未审经中自始至终，为何等文，阐何等义。今乃章分句解，俾文字般若达乎实相，以有尽之言，略彰无尽故。于中分三，今属序分。

“序”者“叙”也，又“绪”也。未入正文，先叙列此经之端绪也。有证信、发起二序，今唯证信。凡证信者，皆以六种成就。今顺文便，均其繁简，且分为二：先明五句，后明列众。合之成六。

兹复例前统括大意，次乃离释。言如是之法，我从佛闻。彼一时释迦牟尼佛，在舍卫国之祇园也。盖是佛示阿难故。“如是我闻”有三义：一断疑故，二息诤故，三拣邪故。

【钞】文字般若，谓般若无言，赖言而显。故佛以文字说经，今还以文字解释。然文字性空，即是实相。故三种般若，相为融通，不碍文字也。略彰者，言不尽意，故云略也。

六种成就，分合二科者。例如五蕴、六根，或合色开心，或合心开色，随其所宜，无定法也。

佛示者，《智论》云：佛涅槃时，示阿难言："一切经初，皆云：如是我闻，一时佛在某国某地。"盖是遵佛遗敕故。

断疑者，阿难结集时，众起三疑：一疑佛重起，二疑阿难成佛，三疑他方佛来。今曰"如是我闻"，三疑顿释。息诤者，曰"我闻"，则非臆见自作故。拣邪者，曰"如是"，则异外道"阿忧"故。如《佛地论》云："如是之法，我昔曾闻，意避增减异分过失。"亦息诤义也。

【疏】"如是"者，信成就也，如《智论》中说。又二字复为二义，有多种解。若以宗拣定，约当宗，则一心不乱曰"如"，唯此无非曰"是"。

【钞】《智论》云："佛法大海，信为能入。信者言是事如是，不信者言是事不如是。"肇公曰："如是者，信顺之辞也。"故世人允可，亦曰"如是"。

复二义者，又离"如"、"是"二字各释也。多解者，有以圣人说法，但显于"如"，唯"如"为"是"，如刘虬所说。有以"如"者，当理之言；"是"者，无非之称，如生公所说。有以如来顺机为应名"如"，众生无非为感名"是"，如融公所说。有以实相之理，始终不异名"如"，如理而说名"是"，如天台所说。有以"如"为真空，"是"为妙有，敌破外道断常二见，如清凉折衷诸家所说。余说尚多，恐繁不引。以上各有意义，小异大同，并无相碍。

以宗拣定者，"如"、"是"二义，随宗以定。今此经宗乎一心，良由执持名号，一心不乱。一心，则非生非灭，无去无来，湛然常住，故名曰"如"。又此一心，四过离，百非绝，故名曰"是"。异此所明，不得称"是"。

【疏】"我闻"者，闻成就也。"我"者自我，"闻"者亲闻。自我亲闻，非私淑故，非读古故。

【钞】自我亲闻者，自拣非己，亲拣非面，盖是己躬面受之说也。私淑者，孟子云："予未得为孔子徒也，予私淑诸人也。"释曰："以孟子非亲见孔子，乃受业孔子之后人，而私其道，以善其身者也。"读古者，齐桓公读书于堂上，轮人以为所读者，古人之糟粕耳。释曰："以桓公非面对古人，古人已往，为徒读其遗言者也。"今阿难躬逢至圣，非私淑也，合上自我。阿难耳聆至教，非读古也，合上亲闻。自我亲闻，今以告众，便应信受，更复何说。

【疏】圣人无我，今何称我？《智论》有三：一随世间故、二破邪见故、三不着无我故。以是三者，不碍说我。又法身真我，亦得称我。

【钞】此下复分"我闻"为二，离释同前。

一云随世间者，谓世法中说我，非第一义中说我，随顺世间而说，无有实体，则不乖于第一义也。二云破邪见者。谓邪我、慢我、名字我。世俗人具前二我。学道人具后二我。圣人唯最后我，顺俗称我，但是名字，实无邪、慢，故无过咎。三不着无我者，诸圣人知一切法空，实相无我，而不着空，不着无我。又《瑜伽》有四义，大略同此。第三义言："若定无我，谁为修学？人则生怖，故不着无我。"又《观经疏》云："无我则无闻，无闻则化道绝。为传化不绝，假名说我。"

法身真我者，约本而言，阿难亦通法身我也。以无我法中，有真我，即法身我。如涅槃常、乐、我、净之我，何碍于无我？

【疏】"闻"者耳根发识，废别从总，故云"我闻"。大乘中三，始教无闻，终教闻而不闻，顿教无闻不闻。约当宗，则传法圣人，以我、无我不二之真我，根、境非一异之妙耳，闻娑婆、极乐无障碍之法门也。

【钞】废别从总者，以不云耳闻，而云我闻。良由我则统收诸根识等，以总该别，故云我闻。始教等者，若云我既无我，闻亦无闻，是大乘初门，始教意也。若云从缘故空，不坏假名，即不闻而闻，闻而不闻，终教意也。若云能所双寂，无闻不闻，离念顿显，顿教意也。我无我者，生而不生，不生而生，即法身故。根境者，闻说阿弥陀佛，能闻所闻，非一异故。娑婆、极乐者，所谓娑婆依正，全处极乐之自心故。以此经分摄于圆，应归法性故。

【疏】或疑佛成道久，阿难方始出家，何得俱言我闻？古谓有四义故，曰闻无碍。又阿难有三，或闻不闻，亦无碍故。

【钞】疑者，佛成道已历年二十，阿难出家。又十年，方命为侍者。虽亲侍佛，而三十年前，佛所说经，何得俱称我闻？

古答四义者：一展转闻，如《报恩经》言："阿难所不闻经，从诸比丘边闻，或诸天子说。"如《涅槃经》，乃弘广菩萨之所流通故。二者佛重说，如《报恩经》言：阿难因佛命为侍者，乃求三愿。其三，所未闻经，请佛重说故。三者阿难自通，如《金刚华经》言："阿难得法性觉自在三昧，所未闻经，自能忆持。"《涅槃》亦云"若在若不在，自然能解了"故。四者，清凉折衷上三，言阿难乃大权菩萨，影响弘传。如《不思议境界经》言："舍利、目连，乃至阿难等，皆大权菩萨现声闻身。"何滞于迹，言不闻也？

三阿难者：一名欢喜，结声闻藏；二名喜贤，结缘觉藏；三名喜海，结菩萨藏。则阿难以大神力，随机示教。是知一代时教，此阿难不闻者，彼阿难闻之，又何闻与不闻而为碍也？

【疏】"一时"者，时成就也。师资相合，当时说听事毕，即名一时，以说听无定故。不言某年月日者，十方时分不一，两土正朔不同故。约当宗，则即说听顷，心境泯，凡圣会，依正融，一多等，此诸二法，皆一之时，名一时也。

【钞】说听无定者，或说者得陀罗尼，一刹那顷，一字之中说一切法门。或听者得净耳根，于一刹那，闻一字时，于余一切悉无障碍。或说者时少，听者时多。或说者时多，听者时少。说者神力延促随宜，听者根器利钝不一。古谓三乘凡圣，所见佛身报化，年岁短长，成佛久近，各各不同故。今只取佛及弟子师资机感相遇之顷，说听事毕，便名"一时"也。

十方时分者，以十方遍于横竖。竖则该乎天上，四天一日，人寿五旬；横则遍乎四洲，赡部三更，俱卢日午，不可定也。两土正朔者，岁首之日，名为正朔。震旦、五天，不相统属。周正建子，夏正建寅。彼时震旦属周，而佛在舍卫，舍卫建寅，乃用夏正。则五天正月，震旦三月。五天二月，震旦四月也。亦不可定。故只言“一时”也。

心境者，一心不乱，无能念所念故。凡圣者，与诸上善人同会一处故。依正者，佛及水鸟树林，同说妙法故。一多者，一佛说经，六方齐赞故。如上种种二法，皆成一味，即以此时为“一时”也。

【疏】“佛”者，主成就也。“佛”义，解见前文。以是一期众生所共宗故，名之曰主。又六种成就中，最为主故。

【钞】共宗者，佛出世为一期，一期之中，六凡三圣，一切众生，同所宗主。如万姓百辟，归一人故。六成就中主者，望前，则际主之会成时，聆主之语成闻，受主之教成信。望后，则主之所居成处，主之所化成众。是六种共成，而归重于佛，亦“言佛便周”意也。

【疏】“在舍卫国祇树给孤独园”者，处成就也。“在”者，天台谓“在”即“住”意，别之有四：曰天住、梵住、圣住、佛住。随宜佛住，乃至天住。实则佛身无在无不在。

【钞】“在”即“住”者，《大品论》明佛在某所，已而言暂在久住，总成“在”意。今谓无论久暂，但就当时说经之处，即名为“在”。如天子所至，即名“行在”也。

四住者，佛摄众生，随宜而住。或现天住，谓六欲天因，即以施戒善心住。或现梵住，谓初禅至非想因，即以四无量心住。或现圣住，谓三乘因，即以三三昧住。或现佛住，即以《首楞严》百八三昧，力、无畏、不共住。上三随他意住，后一随自意住。

问：佛何以天住？

答：屈至尊在至劣处，为度生故也。

无在无不在者，体寂寥，故无在；体圆通，故无不在。《华严》云：“佛身非至非不至。何以故？虚空无身故。如来亦尔，遍一切法，遍一切众生国土，非至非不至。”即此意也。然则佛在舍卫，以就劣机，故名天住。如实而论，即舍卫名梵住、圣住、佛住，亦何不可？

【疏】“舍卫”，梵语，亦云“室罗筏悉底”，华言“闻物”，以德名故。一云：“闻”者，以人名故。

【钞】德者，以国丰四德：一者尘德，五尘之境，多美丽故；二者财德，七宝珍奇，无弗有故；三者圣德，三藏圣法，皆具足故；四者解脱德，人多解脱，不染欲故。以是誉动五天，名“闻物”也。以人名者，多贤人故，国以人为重故。

【疏】“祇树给孤独园”者。梵语“祇陀”，亦云“逝多”。言“祇”者，省文也。此云“战胜”。“给孤”，表德，即须达多。“园”者，梵语“僧伽蓝摩”，此云“众园”，安众僧故。盖祇陀施树，给孤买园，兼二为名，故云“祇树给孤独园”也。

【钞】“战胜”者，波斯匿王太子生时，王与外国交战得胜，喜而立名。

“须达多”者，梵语，此云“乐施”，胜军王大臣也，喜乐行施，遂成令名。“给孤独”者，幼而无父曰“孤”，老而无子曰“独”。今但无倚无养，即名“孤独”。偏言孤独者，孔恩周急，岐政先茕，非不普慈，有缓急故。

众居曰园者，林荫清幽，学道之人，应栖止故。

施树买园者，《涅槃经》说：须达长者，本舍卫人，初未知佛。为娉妇故，入王舍城，因珊檀那，见佛生信，请归舍卫。佛令身子选众居处，得祇陀园。长者问价，太子戏答：“金布地满，即当卖与。”长者布金，太子感叹，遂与易地。地所有树，并以施佛，因立精舍。长者、太子交相发心，成此美事，故双标也。

【疏】若喻当经教理，各有所表，如《法华》、《华严》释例。

【钞】喻当经者，如舍卫国，国之胜，表此净土法门，广大宏远，法之最上故。即慈恩言：“王舍城，城之胜，城胜余城，表《法华》法胜余法故。”下皆例此。祇树，树之胜，表净土荫盖众生，永离热恼故。给孤园，园之胜，表净土安隐众生，恒受诸乐故。祇陀太子，种之胜，表净土生者，毕竟成佛，绍隆佛种故。须达长者，人之胜，表净土生者，入正定聚，俱上善人故。如《华严》种种表法，以显一心，皆此意也。

【疏】称理，则自性洞彻十方，是阿难闻佛义。自性不离当处，是佛在祇园义。

【钞】心闻洞十方，则庆喜现今方结集。真佛屋里坐，则释迦原不住西乾。反闻自闻，反佛自佛。当知祇园一会，俨然未散，岂独灵山？

△ 二、列众证：初声闻众，二菩萨众，三人天众。

△ 初、声闻众：初明类数，二表位德，三出名号。

△ 初、明类数

【经】**与大比丘僧，千二百五十人俱。**

【疏】自此而下，至“诸天大众俱”，众成就也。

“与”者共义。“大”者拣小，具有三义，谓大、多、胜，异余比丘故。《佛地》亦具三义。“比丘”，梵语，此云有三：一乞士，二怖魔，三破恶。“僧”者，梵语，具云“僧伽”，不言“伽”者，省文也，此云“众和合”。“千二百五十人”者，三迦叶、目连、舍利五人弟子，共合成故。上明类属声闻，下明数有若干也。“俱”者，合上共义。

【钞】共义者，天台以七一释“共”，谓处一、时一、心一、戒一、道一、见一、解脱一也。佛与大众共居祇园，是经正意。广之如上。

拣小者，明非初心比丘，即下所称“长老”等是也。大、多、胜者，天王大人所共敬仰，非小德也，名“大”。内典、外籍无不博通，非寡解也，名“多”。超出九十六种之上，非劣器也，名“胜”。皆小乘中极也。《佛地》三义者：一、最极利根，波罗蜜多种性，故名为大；二、皆得无学果位，故名为大；三、皆得小果已，趋大菩提，故名为大。则通大乘言也。

比丘三者：一、乞士，谓乞食、乞法。乞食，则离四邪命，合四正命，无事经营，不勤蓄积，万缘顿息，一志清修。僧宜以此活命，故曰乞食资身也。乞法，则参师访友，恳苦翘诚，询求妙法，期成圣果，故曰乞法资心也。二、怖魔者，若人发心出家，魔王闻之，生大怖畏。以魔乐生死。出家离欲，趋向无生。魔失党与，生怖畏故。三、破恶者，能破烦恼九十八使，悉皆断绝故。或加净戒、净命，则成五义。今三义者，以乞食摄净命，以破恶摄净戒故也。

众和合者，四人以上，多至无量，悉皆同一羯磨，不相违诤，如水乳合，名和合众。

三迦叶者：一、优楼频螺，于火龙窟，有五百弟子；二、伽耶，于象头山，有三百弟子；三、那提，于希连河，有二百弟子。后皆归佛，故有千众。目连、舍利者，二人共有二百五十弟子，亦来归佛，成千二百五十人也。一说度耶舍等五十人，及陈如等五人，共成此数。

【疏】独举千二百五十人者，以常随故。

【钞】常随者，谓佛出世间，所度罗汉比丘，甚多无量，何独举此？以此千二百五十人者，最先归佛，又常不离佛，直至佛灭，故独举也。其他散在四方，虽千里面谈，而据迹成文，常法应尔。如仲尼之门，贤达之士，盖三千焉，而独举七十子者，以久在泗滨，相依陈蔡，亦常随故。

△ 二、表位德

【经】**皆是大阿罗汉，众所知识。**

【疏】上句表位，下句表德。“大”者，拣余小声闻故。梵语“阿罗汉”，此有三义：一应供、二杀贼、三无生。即前乞士、怖魔、破恶果也。“知识”者，闻名钦德曰知，睹形敬奉曰识。一云：见形为知，见心为识。一云：知即是识。亦可众中知识，为众导故。

【钞】拣余者，初果至四果，皆声闻位。今曰“大阿罗汉”者，表是四果声闻也。

应供者。凡夫无德，前三果有德而未大，未名应供。今梵行已立，超出三界，应受人天供养故。《俱舍》云：供养阿罗汉，得现在福报。是人天植福之良田，受施无惭，故曰应供。始焉持钵，期福众生，今已证道，理应受供，云乞士果也。然佛亦名“应供”，罗汉局于人天，佛则人、天、声闻、缘觉、菩萨所应供也。

杀贼者。烦恼劫功德财，伤智慧命。前三果见惑虽断，思惑尚存。今断思惑七十二品俱尽，如乱流悉殄，天下太平，故曰杀贼。始焉以恶为敌，今恶已灭，云破恶果也。

无生者。凡夫生死无量，初果七返生死，二果一生欲界，三果不来欲界，犹生色界。今生缘已尽，不受后有，故曰无生。始焉愿出生死，令魔起怖，今证无生，云怖魔果也。

闻名睹形者，是亲疏一对。知者耳闻，则思慕愿见。识者目击，则奉事不违也。见形见心者，是浅深一对。知者则面对光仪，识者则神交意地也。如二僧觐佛，其一道亡，佛以亡者为先见我，即见心之谓也。知即识者，犹言相知相识也。德高望重，名满天下，人人知之，人人识之，故曰“众所知识”也。

一说：举众之中，此为多知多识，人天眼目，云众导也。今人称“善知识”，亦具二义：一者对恶而言，以我所知识，有善有恶，今是善之知识故；二者此人有了然之知，卓然之识，人所不及，是知识之善故。

【疏】称理，则自性无漏，是“罗汉”义。自性无迷，是“知识”义。

【钞】心源本寂，则诸漏全空。心体本明，则群迷安在。《法华》谓是真阿罗汉，《起信》号曰真实识知。彼沉空为寂，作念而知者，名字罗汉，虚妄知识也。是故邪见与正见一体，众妙与众祸同门。息心达本源，庶几可以为沙门矣。

△ 三、出名号：初众名，二总结。

△ 初、众名

【经】**长老舍利弗、摩诃目犍连、摩诃迦叶、摩诃迦旃延、摩诃俱绨罗、离婆多、周利槃陀伽、难陀、阿难陀、罗睺罗、憍梵波提、宾头卢颇罗堕、迦留陀夷、摩诃劫宾那、薄拘罗、阿㝹楼驮。**

【疏】“长老”者，德长腊老。又德、腊具一，亦通称“长老”。贯下十六尊宿。

【钞】腊者，出家一岁名一腊。周岁之中，唯一腊故。亦云一夏，意正同也。通称者，上云德腊俱尊，此谓独德冠众、单腊先人，亦得名为长老。如《毗婆沙论》法性上座、生年上座之类是也。又唐译“具寿”，则双备德腊。魏译“慧命”，则专就德言。虽曰二可通称，尤必以德为重。今经所列，盖有有德而无腊者，未有有腊而无德者也。贯下者，“长老”

之称，不独舍利弗，乃至阿㝹楼驮，皆名长老，皆上首弟子也。

【疏】“舍利弗”者。梵语“舍利”，此云“鹙鹭”。梵语“弗”，此云“子”。故云“鹙子”，亦云“身子”，亦云“珠子”。更有多号，恐繁不引。诸弟子中，智慧第一。称第一者，姑显一德。《语》云：“君子不器。”况复罗汉？

【钞】“鹙子”者，其母身形端正，眼净如鹙鹭，连母得名，云是鹙鹭之子也。“身子”即身端意。“珠子”即眼净意。更有多号，非今所急，故不繁引。下皆例此。

智慧者，在母胎时，已能令母辩胜其舅。八岁登座，十六大国，议论无双。七日之内，遍达佛法，故云智慧第一。

姑显一德者，明非身子之外，诸阿罗汉皆为劣慧。亦非身子只具智慧，余则不兼。盖是各举一德，以表法门无量。又以引诸偏好耳。如经言：“舍利弗宴坐，目连欲起其定，竭尽神力，不能动其衣之一带。”常言目连神通第一，孰知舍利弗神通，乃至是乎！“君子不器”者，孔子语。如舟不可陆，车不可水，是器也。君子具足多能，不滞一器。岂得谓颜、闵无文，游、夏缺行？君子尚尔，况超凡入圣，三明皎然，六通清彻，号漏尽阿罗汉耶？故曰姑显一德也。

【疏】首举舍利弗，以此经唯智所解故。

【钞】经中谓佛为众生说此难信之法。难信，则唯智慧深远者始信不疑，是以首举。或难：“《般若心经》，独告身子。则知身子之智，在乎解空，不在净土。”噫！“色即是空，空即是色。”独不曰“净土即空，空即净土”乎？若拨净土，则非真空。不解真空，则非正智。身子之智，必不如是。

【疏】“摩诃目犍连”者。“摩诃”，此云“大”。“目犍连”，此云“采菽氏”，一云“莱菔”。神通第一。

【钞】“目犍连”，姓也。名“拘律陀”。拘律陀者，树名，祷树神而生，因以为名。其族众多，故别以“大”。

神通者，如佛升忉利，毒龙障佛，诸比丘请降龙，佛皆不许。目连化身大小，龙惧遂服。又如外道移山，制之不动。一城释种，举之梵天。及止车、烧堂等。故云神通第一。

【疏】“摩诃迦叶”者，此云“大龟氏”，一云“饮光”，头陀第一。

【钞】“大龟”者，先世学道，有灵龟负图而出，因以为姓。名“毕钵罗”，亦树也。称“大”，以别同名，如三迦叶等。“饮光”者，由宿生为冶金师，与一女人同以金严佛像，遂感世世身如金色。金色晃耀，吞乎余色，名“饮光”也。

“头陀”者，梵语，此云“抖擞”，或云“淘汰”，有十二行，谓：一、阿兰若；二、常乞食；乃至十二、但三衣。以斯苦行，扫除尘累，澄净身心也。迦叶年老，不舍头陀。佛悯其衰，劝令休息。迦叶头陀如故。佛乃深赞：“有头陀行，我法久存。”故云头陀第一。

【疏】“摩诃迦旃延”，姓也，此云“文饰”，一云“不定”，一云“扇绳”，一云“离有无”等。南天竺婆罗门族也，论议第一。

【钞】“文饰”者，文采修饰也。凡人论议，心虽晓了此理，若直遂而不文，汗漫而不饰，则辞不达意，非善于论议者也。“不定”者，纵横善巧，是善论议意。“扇绳”者，子系母故。又破热、弹曲，为“扇绳”。不堕断常，发挥中道，为“离有无”也。如外道问：“人死不还，知无他世。”谓人死受苦，应当回还，甘受不还，故无他世。答言：“如世罪人，被驻牢狱，宁得归否？”又问：“天何亦不归？”答言：“堕厕得出，肯再入否？”如是种种妙说诸义。《增一阿含》赞云：“善分别义，敷演教道。”故曰论议第一。

【疏】“摩诃拘绨罗”者，此云“大膝”，舍利弗舅，答问第一。

【钞】“大膝”者，从状得名。舅者，与身子母是姊弟故。往论胜姊，姊怀身子，机辩迅发，弟不能及。发愤游学，誓不翦爪，读十八种经。答问者，由精勤故，得四辩才，触问能答，故云答问第一。

【疏】“离婆多”者，此云“星宿”，一云“室宿”，无倒乱第一。

【钞】“星宿”者，从星乞子而生，因以为名。“室宿”者，室为二十八宿中第十三宿，或祷此星故。无倒乱者，心正故不颠倒，心定故不散乱，故云无倒乱第一。

【疏】“周利槃陀伽”者，此云“继道”，一云“大路边”。仅持半偈，得悟证果。

【钞】“继道”者，其母孕时还家，于中路诞子，继续于途路之间，故云继道。“大路”者，母生二子，皆于路边，言大以别小也。半偈者，出家愚暗，久无所解。兄先入道，怪其无知，遣使归俗。倚佛寺门，嗟叹流涕。佛怜而录之，使诵“扫帚”。每日诵之，记一忘一，久之忽悟，垢净惑除，得阿罗汉。

【疏】“难陀”者，此云“善欢喜”，放牛难陀也。

【钞】放牛难陀者，难陀有三：阿难陀，孙陀罗难陀，兼此为三。以“放牛”别余二故。

【疏】“阿难陀”者，此云“庆喜”，又云“无染”，佛之从弟，多闻第一。就当经，则阿难与众同闻净土之教，而独以总持力，忆念不忘，成结集也。

【钞】“庆喜”者，佛成道日诞生，王及臣民既闻太子成佛，又闻宫中诞子，双美二难，一时毕具，举国忻庆，因以立名。又见其相者，闻其声者，睹其威仪者，无不欢喜故。“无染”者，随佛入天宫、龙宫，心无乐着，亦其事也。佛从弟者。佛，净饭王子。阿难，白饭王子。二王昆季故。多闻者，阿难侍佛二十五年，佛所说法，不忘一字。《涅槃》称：“阿难多闻士”。又迦叶赞曰：“佛法大海水，流入阿难心。”是也。同闻独忆者，正表强记超乎等夷也，故曰多闻第一。

【疏】“罗睺罗”者，此云“覆障”，或云“执日”，密行第一。

【钞】“覆障”者，本阿修罗名，能以手障日月，故名“覆障”，亦曰“执日”。障有二义：一云：佛为所障，不即出家。以未有子，父王不许出家。后以指腹怀妊，方遂本志。则佛被其障也。一云：六年在胎，以宿生曾塞鼠穴，幽之六日，今报六年，则己自被障也。密行者，经云：“罗睺罗密行，唯我能知之。”唯佛能知，则菩萨、声闻皆所不知，况凡夫乎？积行而人不知，故曰密行第一。

【疏】“憍梵波提”者，此云“牛呞”，受天供养第一。

【钞】牛呞者，过去世中，轻弄沙门，今报牛呞。又五百世曾为牛故，牛虽不食，恒事虚哨，余报未尽，故称此名。天供者，马麦之报，彼独于天上尸利沙园受供。又凡夫睹形，不知观德，多轻之者。恐人讥笑遭愆，常居天上，诸天敬奉，故云受天供养第一。

【疏】“宾头卢颇罗堕”，上三字，此云“不动”，名也；下三字，此云“利根”，姓也。

【钞】先名后姓者，其族凡十八，称名在先，别其余也。《奈耶律》云：树提长者以栴檀钵置刹顶上，号于众云：“神力能取者即与。”尊者现通取钵。佛呵责已，敕令不得入灭，留身久住，应末世供，为大福田也。

【疏】“迦留陀夷”，此云“黑光”。

【钞】“黑光”者，颜容粗黑故。又黑色光耀，异常黑故。夜行乞食，人见惊骇。佛禁夜行，由此制也。

【疏】“摩诃劫宾那”者，此云“房宿”，知星宿第一。

【钞】“房宿”者，二十八宿中第四宿也，父母祷此星而生子。一云：初出家时，将欲诣佛，中路值雨，寄食陶舍。俄有比丘来共宿止，彼比丘者，即佛化现，闻法得道。则房宿者，以于陶家房舍而旅宿故，亦一义也。知星宿者，不假玑衡，通晓天象，故云知星宿第一。

【疏】“薄拘罗”者，此云“善容”，寿命第一。

【钞】“善容”者，颜貌端正故。寿命者，寿年百有六十，故云寿命第一。由昔持不杀戒，九十一劫，寿不中夭。又昔曾施一病僧诃黎勒果，感五不死：初生现异，母以为怪，置之熬盘不死。复置釜中不死。复置水中，巨鱼吞之。鱼为人获，刀破子现，一无所损。火不能炮、汤不能煮、水不能淹、鱼不能噬、刀不能割，名五不死。又闲静少欲，收摄六根。灭度之后，塔犹却贝。故常乐闲居，不处众中，亦称第一。

【疏】“阿㝹楼驮”者，一名“阿那律陀”，此云“无贫”，亦云“无灭”，亦云“如意”，天眼第一。

【钞】“无贫”者，昔于饥世，曾以稷饭施辟支佛，九十一劫资用充足，至今不灭，所求如意，故有“无贫”等三译。天眼第一者，出家喜眠，佛说法时，昏睡不觉。佛乃呵责，比之螺蛤。发愤精进，经七昼夜，眼不交睫，失其双目。佛教修习乐见照明金刚三昧，遂得天眼，观大千界如睹掌果，故云天眼第一。

△ 二、总结

【经】**如是等诸大弟子。**

【疏】“如是”者，结上。“等”者，例余。“大”者，收前“大”义。“弟子”者，学在师后曰“弟”，解从师生曰“子”。如斯胜会，可谓难弟难兄，善作善述。

【钞】结上例余者，前结十六尊者，后例千二百人也。收前“大”义者，此“大弟子”即前“大比丘”、“大阿罗汉”，以一“大”字摄前二也。学在师后者，先觉后觉，如兄先弟后故。解从师生者，启发育养，而成法器，所谓从佛口生，当绍佛种，如父母生子故。

难弟难兄者，古称：“元方难为兄，季方难为弟。”言兄豪弟俊，无可优劣。今不取彼意，略喻佛为兄，诸阿罗汉为弟，二俱难得故。善作善述者，古称：“文王以王季为父，父作于前。以武王为子，子述于后。”今亦不取彼意，略喻佛为父，诸阿罗汉为子，师资道协故。

【疏】称理，则自性王数融通，是佛与弟子俱义。

【钞】台教云：心王如来，心数弟子。今释谓“王”者，八识也。此八识者，善恶轮转，由之主宰，如王御臣，如师率弟子故。“数”者，五十一心所也。此五十一，一则恒依心起，二则与心相应，三则系属于心。其于八识，如臣向君，如弟子奉师故。又智觉云：“十大声闻，皆是自心十善法数。”《毗昙》偈云：“欲想更乐慧，念思及解脱，作意于境界，三摩提以痛。”是知大迦叶者，心欲数，以志存出要，善欲心发，舍世恶欲故。富楼那者，心想数，以想则分别，辩才无碍故。迦旃延者，更乐数，以问答往复，更相涉入，论议不穷故。乃至慧舍利弗，念优波离，思罗睺罗，解脱善吉，作意那律，三摩目连，痛阿难等。痛者，受也，领纳意也。王必具数，数必归王。此二相扶，而取开悟。若王若数，不出自心。但得一心，王、数俱尽。

△ 二、菩萨众：初明类，二列名，三总结。

△ 初、明类

【经】**并诸菩萨摩诃萨。**

【疏】“并”者，承前言佛说此经，不但声闻与会，大士亦所同闻也。“菩萨”者，梵语，具云“菩提萨埵”，今举二字，省文也，此云“觉有情”。觉情复有三义。又勇猛求义。“摩诃萨”者，此云“大道心众生”，以具四种大故。又《法华》六大，《佛地》三大，不出四故。“菩萨摩诃萨”，犹云“菩萨中大菩萨”也，拣非诸小菩萨故。

【钞】不但声闻者，言小乘、大乘，一切贤圣，共闻此经，毋谓净土为菩萨所不屑也。“觉有情”者，同佛所证之谓“觉”，无明未尽之谓“情”也。复有三义者：一、悲智所缘义，言觉是所修佛道，情是所化众生，上以智求，下以悲度也。二、能所合目义，言觉是所求之果，有情是能求之人，以己之心，悟佛之理也。三、利生为急义，言广觉一切有情，所谓“未能自度，先能度人”是也。勇猛求者，声闻趋寂自安，名为懈怠。大士克志菩提，所谓大强精进勇猛也。

大有四义者，《清凉疏》谓：一者愿大，求大菩提故；二者行大，二利成就故；三者时大，经三无数劫故；四者德大，具足一乘诸功德故。《法华》六大者：信大法、解大义、发大心、趋大果、修大行、证大道。而信、解、发三，第一愿大中摄。趋者，第三时大中摄。修者，第二行大中摄。证者，第四德大中摄。《佛地》三大者：一数大、二德大、三业大。德大可知，数即愿意，业即行意。故云不出四意也。

拣非小者，如文殊、弥勒等，皆是等地位中菩萨，非初心、五品、信、住、行、向故。

【疏】称理，则自性真妄融，是“菩萨”义。

【钞】真不变而随缘，是之谓觉有情。妄成事而体空，是之谓有情觉。真妄不立，唯是一心。成此大道心，号曰“摩诃萨”。

△ 二、列名

【经】**文殊师利法王子、阿逸多菩萨、乾陀诃提菩萨、常精进菩萨。**

【疏】“文殊师利”者，此云“妙首”，亦云“妙吉祥”，亦云“妙德”。“法王子”者，佛为法王，菩萨入法正位，名法王子。又首举文殊者，例前舍利弗义。

【钞】文殊师利，亦云曼殊室利。言“妙首”等者，准华严宗，表三法门，曰信、行、智。“妙首”者，信也，信为万行万德之头首故。“妙吉祥”者，行也。《佛地经》言：“一切世间亲近供养赞叹，名妙吉祥。”又真谛云：“于怨亲中，平等利益，不为损恼，名妙吉祥。”又生时有十种瑞：一、光明满室，乃至十、象生六牙，名妙吉祥。是即解之行故。“妙德”者，智也。经云：“诸佛之母，释迦之师。”岂非妙德。是即行之解故。

入法正位者，如来据中道第一义，而菩萨入于此地，是谓绍隆佛种，当继佛位。如大君体元居正，所生王子，今在东宫，当绍王位。名法王子，又名佛子，其意亦尔。凡菩萨皆法王子，独称文殊者，荆溪云：“于王子中，德推文殊。”又诸经，文殊常为一切菩萨上首故。

例舍利弗者，身子智慧第一，文殊大智独尊。如前所明，此经唯智方能信受故。又分别而论，则身子权智，文殊实智。权智明有生净土，实智明无生净土。钝根则从权入实，利根则权实双融。若推本而论，《不思议境界经》云：“复有百千万亿菩萨，现声闻形，亦来在坐，其名曰舍利弗等。”则文殊、身子，同一甚深智慧。益知此经非浅智所能信矣。

【疏】“阿逸多”者，此云“无能胜”，即弥勒菩萨也。

【钞】“弥勒”，此云“慈氏”，姓也。“阿逸多”，名也。具足当云“慈无能胜”。以在母胎中，即有慈心，故以名族。又过去生中，遇大慈如来，愿同此号，即得慈心三昧。又昔为婆罗门，号“一切智”，于八千岁，修习慈行。又弗沙佛时，与释迦如来同发菩提心，常习慈定。又《思益经》云：“众生见者，即得慈心三昧。”又《悲华经》云：“发愿于刀兵劫中拥护众生。”是则慈隆即世，悲臻后劫。至极之慈，超出凡小，故无能胜。

【疏】又弥勒既闻此经，龙华必说此经，当知此经流通无尽。

【钞】问：何知必尔？答：《法华》称："古佛放光，为说此经。今佛放光，知必说此。"则佛佛说《法华》也。而此经者，度生最急，诸佛共赞。既为诸佛共赞，必为诸佛所说。龙华之会，必说此经，何疑之有？

【疏】"乾陀诃提"，此云"不休息"。

【钞】不休息者，行诸梵行，历恒沙劫，然后授记。经此多劫，曾不休息故。

【疏】"常精进"者二义：一者，天台云："见法性常住，行无作正勤故。"二者，《宝积经》云："此菩萨为一众生，经无量劫，随逐不舍，犹不受化，曾无一念弃舍之心。"乃精进之至极也。

【钞】二义者：一是自利。未生善增长，已生善保持，未生恶预防，已生恶速灭，名四正勤。而言见性、无作，则了知法性本非善非恶。虽云修善，不修而修。虽云去恶，不去而去。所谓"一念不生，是真精进"故。二是利他。为多众生，犹未为难，今曰为一众生。少时为一众生，犹未为难，今曰无量劫。多劫而易可化度，亦未为难，今曰犹不受化而不弃舍。不弃舍犹未为难，今曰无一念弃舍。如是精进，更无退堕，故名曰常。

又不休息，必常精进。常精进，必不休息。此二菩萨，亦名殊而德一者也。

△ 三、总结

【经】与如是等诸大菩萨。

【疏】结上例余同前。就当经，则表信、行、愿三，成净土因故。

【钞】同前者，结上文殊、弥勒等。例余，则普贤、观音一切菩萨也。

信、行、愿者：妙首表信，求生净土，信为最先，经云"若有信者"是也。精进表愿、行。精者不杂，进者不退。不杂者，经云"一心不乱"。不退者，经云"不退转菩提"是也。不休息者，即不退义。又弥勒慈行，乾陀梵行，《观经》云"慈心不杀，具诸戒行"是也。成净土因，则列诸菩萨，非无因故。

【疏】称理，则自性无不照，是文殊智义。自性无不容，是弥勒慈义。自性无穷无尽，是不休息、常精进义。余可类知。

【钞】类知者，自性广大是普贤义，自性圆通是观音义等。如上随举一门，以标名字，若各具者，即名字互通，故谓心即名也。如是解者，即于正观心中，见一切菩萨也。今见凡夫，不见菩萨者，以失正观故。故曰："菩萨清凉月，常游毕竟空。众生心垢净，菩提影现中。"

△ 三、人天众

【经】**及释提桓因等，无量诸天大众俱。**

【疏】"及"者，承前言净土法门，不但诸圣与会，一切凡众皆同闻故。"释提桓因"，此云"能天主"。曰"等"，又曰"无量"者，尽一切诸天故。曰"大众"者，尽一切众生故。"俱"者，通结"并诸菩萨"以下文也。

【钞】上并菩萨，是小大一对。今及诸天大众，是圣凡一对。圣凡共闻此经，毋谓净土为凡夫所不能也。

"释提桓因"者，具云"释迦提婆因提"。"释迦"者，此云"能"。"提婆因提"者，此云"天主"。详有五种名，恐繁不叙。迦叶佛灭时，一女人发心修塔，三十二人佐之。今王忉利，统四方三十二天。又《阿含》云："本为人时，行于顿施，堪能作主，故曰天主。"

"等"者，等三十二，以及其余也。"无量"者，又增词以尽，则概欲、色、无色诸天也。"天"有多义，或名"昼"，以昼长故；或名"无愁恼"，以常乐故；或名"灯明"，以无黑暗故。

"大众"者，诸天而下，人及修罗，尽六道一切众生也。一云：兼前菩萨、声闻，同名"大众"。

通结者，上言与大比丘众俱。今此"俱"者，言亦与诸菩萨、诸天大众俱也。

或难："无色，则无耳无身。鬼、狱，则极幽极苦。何容与会而闻此经？"然无色者，无粗色，非无细色也。佛涅槃时，无色天人，泪下如雨。则身至耳闻，亦复何碍？地狱、饿鬼，重者或隔不通，轻者未可例判。又佛光所触，地狱天子得证顿圆。然则佛说此经，光照十方，安知鬼、狱不得闻也？

【疏】称理，则自性彻上彻下，是罗汉、菩萨、诸天大众俱义。

【钞】是法平等，无有高下。上而彻乎诸圣也，上亦与之俱。下而彻乎六凡也，下亦与之俱。良以四谛、十二因缘、四等、六度、五戒、十善，万行纷然，乃至八万四千诸尘劳门，唯是一心，真实性中无差别故。龙蛇混杂，凡圣交参。此间佛法住持，本来如是。

△ 二、正宗分：初详陈依正令生信乐，二正示愿行令知修证，三交引佛言令断疑惑，四互彰难事令切感发。

△ 初、详陈依正令生信乐：初对机，二示法。

△ 初、对机

【经】尔时，佛告长老舍利弗：

【疏】此下文属正宗。以前是序引，后是流通，唯此为一经所宗之正义也。“尔时”者，当彼六种成就时也。“佛告”者，经无发起，佛自说故。良由此经救世最急，不俟请故。

【钞】凡言“尔时”，必上有缘起，故云当彼时也。佛自说者，诸经皆有通、别二序，通则证信，别则发起。如《法华》则白毫放光，启一乘之教。《维摩》则毗耶示疾，开不二之谈。《圆觉》、《金刚》，以及诸经，多因有问在先，然后佛为宣演。今经不然，故无发起。

救世最急者，末世众生，根钝障深。解脱、禅定，甚难可得。佛以大悲出此一门，横截生死。急救众生，唯恐不及，故不待请。譬如有人，卒患恶疡，命在呼吸。比有良方，依之修制，延缓日时，药未及成，命已先殒。现有成药，入口即活，有仁心者即应速与，尚何俟其礼聘殷勤，然后投剂？佛救众生，意亦如是。

【疏】问：诸经无论。只如本教二经，皆有发起。今经何独不然？答：意弥切故，亦是不发起之发起故。

【钞】本教二经者，《十六观经》，与此经《大本》，皆专说净土，故称本教。《观经》则韦提伤子恶逆，厌浊求净，而曰：“我愿生清净世界，不乐此阎浮提浊恶世也。”是以阇王母子为发起故。《大本》则世尊一日容颜异常，阿难问言：“我从侍佛，未曾获睹威容，有如今日。岂非念过去诸佛，或念未来诸佛，故致然耶？”佛言：“善哉阿难！有诸天教汝来问？汝自问耶？汝所问者，胜布施一四天下声闻、缘觉、诸天人民，乃至蜎蠕，经于累劫，尚百千万倍，不可以及。所以者何？诸天人民，乃至蜎蠕，皆因汝问而得度脱。”是以如来颜容为发起故。

今难：“诸经发起，且置勿论。只如二经，是净土本教，皆有发起。此经不异二经，何以独无？”故为此通。言佛说二经，虽亦大悲心切，特示往生。然而观法精微，愿门广大，如前序中说。未若此经，但事持名，即生彼国，尤为要而又要。故佛意于斯，亦复切而又切，为诸众生作不请友也。

不发之发者，现前众生，乐着生死，不求出离。自能发起佛之大悲，说此经故。

【疏】独告舍利弗者，例前唯智所信故，又一告一切告故，又净觉云：合四悉故。

【钞】例前者，即首举身子意。以甚深智慧，洞察于净秽之机，融通于事理之际，方能信受不疑。如般若会上，首举须菩提者，以般若谈空，须菩提解空第一故也。一切告者，告身子一人，即是告现前一切声闻、菩萨、人天大众，及未来一切诸众生也。

四悉者：一、身子乃左面弟子，经多居首，法应尔故，是世界悉檀；二、身子智慧第一，众所宗仰，彼信净土，众亦信之，是为人悉檀；三、为不信净土者，自鄙不如，转其邪执，是对治悉檀；四、为令习小法者，效其向大，求生净土，究竟成佛，是第一义悉檀。

【疏】又不独智为能信，佛果成就，皆由智故。

【钞】《华严》二十二，经云：“一切诸佛庄严清净，莫不皆以一切智故。”则知阿弥陀佛，亦以此智成就净土功德。而诸众生修净土者，以智生信，则为正信。以智发愿，则为弘愿。以智起行，则为妙行。乃至成佛，恒必由之。盖通因彻果，成始成终之要道也，岂独为信解之门而已哉！

【疏】称理，则自性自然智，是佛自告舍利弗义。

【钞】无缘而照，弗虑而知，妙性天然，不从他得。是故犍椎未动，启请无人，炽然说，无间歇。

△ 二、示法：初总标，二别释。

△ 初、总标：初标土显依，二标主显正。

△ 初、标土显依

【经】**从是西方，过十万亿佛土，有世界名曰极乐。**

【疏】土是所依，名依报。佛是能依，名正报。今先举依也。

"是"者，指此界言。从此娑婆世界，向西而去，名"过"。"佛土"者，一大千界名一佛土。过如是佛土，至十万亿，言去此方远之远也。非《坛经》十万八千之土也。若据事据理，亦未为远。"世"以时言，"界"以处言。"极乐"者，梵语"须摩提"，此云"安乐"，亦云"安养"，亦云"清泰"，亦云"妙意"。名虽小殊，皆"极乐"义。

然土有多种，四土之中，今此极乐是同居土，而亦通前三土。又受用、法性、变化三土，亦同此意。又十种土，亦同此意。又佛虽无土，为化众生，不妨说土。

【钞】依报者，身藉土居，故名所依。随所作业，依有胜劣，故名为报。

言从是娑婆者，娑婆、极乐，在华藏中，二土相望。今云"过"者，从此西向横亘而过也。一大千者，三千大千世界也，至下"六方"中辨。"十万亿"者，从此过西之程，以亿计之，当有十万，谓过一佛土、十佛土，乃至亿佛土，又从一亿佛土、十亿佛土，乃至十万亿佛土，故曰远之远也。然"亿"有四种：十万、百万、千万、万万，皆得名"亿"。今之所指，未可知也。《坛经》十万八千者，讹指今西域也，亦详辨下"六方"中。

言未为远者，自有二义：一者据事，《法华》明东方世界之多，而以抹土点尘计之。则十万亿者，特至少耳。《华严》一世界种，娑婆之外，围绕十三刹尘世界。今极乐只过十万亿土，何足为远？二者据理，则所谓十万亿者，对凡夫生死心量言耳。净业若成，临终在定之心，即净土受生之心也，又谓“分明在目前”是也，亦何尝远？

时谓过、现、未来，处谓四维上下。单时单处，世界不成。合时与处，名“世界”也。“极乐”译有多名，而“极”之为言，显至极之乐，非人天一切诸乐之比，故特标也。

四土者：一曰常寂光土。经云：“毗卢遮那，遍一切处。其佛住处，名常寂光。”是极果人所居。二曰实报庄严土。行真实法，感殊胜报，七宝庄严，具净妙五尘故。亦云“无障碍土”，以色心不二，毛刹相容故。是法身大士所居。三曰方便有余土。断四住惑，属方便道，无明未尽，名曰有余，是三乘圣人所居。四曰凡圣同居土，是四圣六凡之所共居。

四土虽胜劣不同，亦可各分净秽。今极乐国，既曰菩萨、声闻、诸天人民，是与娑婆均名同居。而此方则土石荆棘，四趣纭纭。彼国则八德七珍，人天济济，是同居净也。

亦通前三者，随其机异，所见亦异。有于同居见寂光土，有于同居见实报土，有于同居见方便土，有于同居但见本土。如《法华》云：“我此土安隐，天人常充满。”《像法决疑经》云：“今日坐中无央数众，或见此处山林、地土、砂砾，或见七宝，或见是诸佛行处，或见即是不思议诸佛境界。”皆随机异见耳。

三土同上者。一、法性土，即是寂光。二、受用土，复分自他，同乎实报。三、变化土，同前三四方便、同居。则极乐者，虽当“变化”，亦可“受用”及“法性”也。

十种土者，枣柏所分十种权实。虽极乐是权非实，然是且据权实对待分别言耳。若论随机，权实无定。所以者何？彼云：“弥陀佛土，为一分取相凡夫，未信法空实理，以专忆念，其心分净，得生净土，是权非实。”则知就取相者，非就入理者。若理一心，即权即实，故云无定。

又上四土，亦法尔具足，不可但执寂光。若证寂光，于下三土，随心寄托，自不拨无。未证寂光，拨无下三，则无复所居之土，错之甚矣。故不信他方有金色世界，《楞严》所深呵也。

佛无土者，《十四科净土钞》云：“八地以上，永脱色累，照体独立，神无方所，用土何为？”况复诸佛。佛实无土，而言有者，以众生解微惑重，故以福乐引之行善，盖圣人接物之近迹耳，故曰不妨说土。

【疏】偏指西方者，定趋向故。西方偏指极乐者，如后文无苦有乐，及《往生经》中说。

【钞】恐有难言：“十方世界皆有净土，何为独示西方，教生彼国？”良由道以多歧亡羊，射以专注中鹄。心无二用，功戒杂施。上都仪云：“归命三宝，要指方立相，住心取境。以凡夫系心，尚乃不得，况离相耶？”若夫遍供十方诸佛，还国犹在食时，是生西方以后事。所谓见卵而求时夜，何太早计乎！

又问：然则《华严》何以普礼刹尘如来？答：《华严》一即是多，多即是一。若知此义，或普或偏，常异常同，无足疑也。

无苦有乐，详见后文。又《随愿往生经》言：“佛国无量，专求极乐者何？一以因胜，十念为因，即得往生故。二以缘胜，四十八愿普度众生故。”

【疏】问：《观经》云极乐不远，今言十万亿土。二经远近，何以不同？答：以是即远之近，即近之远故。若依《佛地》，则净土远近，不可思议。

【钞】去此不远者，《观经》云：“尔时佛告韦提希言：汝今知否？阿弥陀佛，去此不远。”今谓即远即近者，良以去此不远，是明过十万亿之极乐，去此不远也。过十万亿，是明去此不远之极乐，过十万亿也。心包法界，何近而非远？法界唯心，何远而非近？交互言之，固无碍也。

不可思议者，《佛地论》云：“如是净土，超过三界所行之处。为与三界同一处所，为各别耶？答云：有说在净居天，有说在西方等。然亦周圆无际，遍法界故。不可说言离三界处，即三界处。但随菩萨所宜现者，或在净居，或西方等。”则知极乐净土，超出常情，非方不方，无在不在，未可概以同居而为定论。

【疏】称理，则自性坚固清净，是西方义。自性离障绝非，是过十万义。自性横该竖彻，是世界义。

【钞】坚固者，西属金体，有坚固义，即自性真常不易，万古如如故。清净者，复有二义：西当肃气，有澄清义，即自性诸妄本空，体露金风故；西当白色，有洁净义，即自性诸染不生，本来一色故。离障绝非者，自性本无烦恼，如十苦、十恶、十缠、十使等，并超越之，有远过义。是知坚净为西，方尽西矣，岂必专标日落？迥绝为过，无弗过矣，谁能更计途程？横亘十方，竖穷三际，非近非远，绝中绝边。则从是过不可说不可说微尘佛土，无世界不名极乐，何但有世界名为极乐也。

△ 二、标主显正

【经】**其土有佛，号阿弥陀，今现在说法。**

【疏】“其”者，承上。土必有人，指能依之人曰“佛”。佛必有号，出本佛之号曰“阿弥陀”。三世皆有佛，拣过、未之佛曰现在佛。佛皆度生，指度生之轨曰“说法”。现在说法，如《大本》及《大云》中说。

【钞】《大本》云：“彼佛非过去、非现在、非未来，但以酬其志愿，现在西方，其世界名曰极乐，佛号阿弥陀。”《大云》者，《大方等大云经》云：尔时世尊熙怡微笑，从其面门出无量光。大云密藏菩萨问故。佛言：“西方世界，有国名安乐，佛号无量寿，现在说法，告一菩萨言：‘娑婆世界释迦牟尼佛，今说《大云经》，汝可往听。’今彼菩萨将来至此。”则正当释迦说法时，弥陀亦在彼说法。故知非过、非未，现在说法。

【疏】凡言“现在”，复有二义。如释迦、弥陀，均名“现在”，而小不同。

【钞】小不同者，释迦贤劫四佛，是名现在。而双林示灭，相好难亲，徒仰嘉名，仅存像教。阿弥陀佛，则今日今时，正于彼国现在说法。是释迦现在之过去，弥陀现在之现在也。古人云：“佛在世时我沉沦，今得人身佛灭度。懊恼自身多业障，不见如来金色身。”感慕伤嗟，一至于此。今释迦虽灭，弥陀现存。但得往生，便能亲炙。而不信不愿，徒为无益之悲，亦惑矣。

【疏】又此“现在”，且据释迦当时而言。实则彻于前后，亦复后后无尽，皆名“现在”。

【钞】前后者，释迦未出世前，弥陀亦现在说法。释迦既灭度后，弥陀亦现在说法。乃至今日，犹云现在。后后无尽者，以释迦说法，止于四十九年。迦叶而上，弥勒而下，纵年数多，亦有限量。未若弥陀说法，至为久远，诸佛莫及。是故不唯今日犹名现在，后后无尽，皆可名为“现在说法”也。

问：弥陀之后，次补观音，安得无尽？

答：弥陀住世几劫，观音补之，曾有数否？彼观音尚云住无央数劫、无央数劫、不可复计劫、不可复计劫，乃授势至。则弥陀可知矣，岂非亦是有尽之无尽耶？况势至之补观音，永无般泥洹时。虽云势至，实弥陀说法无异也。谓之后后无尽，夫奚不可？

【疏】又此“现在”，且据释迦对彼而言。实则弥陀现在，即释迦现在。

【钞】智觉云：“总持教中，说三十七佛，皆毗卢遮那一佛所现。谓遮那内心，证自受用，成于五智，自当中央法界清净智。次从四智，流出四方四如来。其妙观察智，流出西方极乐世界无量寿如来。”则一佛而双现二土也，故清凉云：即本师也。

【疏】然诸佛说法，多种不同。今是依正皆说，详如此经，及《大本》、《观经》中说。

【钞】多种者，如言说、瞻视，乃至香饭等。故极乐世界，不但金口说法，依正悉尔。如《大本》云：“阿弥陀佛为诸菩萨、声闻、诸天世人，广宣大教，敷演妙法。莫不欣然悦适，心得解悟，各有所得。”又云：“东方恒河沙数诸佛，各遣无量菩萨、声闻，至阿弥陀佛所，听说妙法。四维上下，亦复如是。”是正报说法。此经水鸟树林演畅妙法，及《大本》、《观经》，如后文中详引，是依报说法。又《大本》云：“彼国莲花，出无量光，光中出无量佛。一一诸佛，皆说妙法。”是依正俱时说也。

【疏】有谓说法是应身、报身，有谓三身齐说，各随机见。

【钞】应身说者，有云：“法身一向不说，报身具说不说，应身定说。则彼佛说法，当是应身，然亦兼报。如《大本》高出一切世间之身，《观经》六十万亿那由恒沙由旬之身，则岂定丈六？”然经云：“报化非真佛，亦非说法者。”何得定言法身不说？当是随机所见，自不同耳。

【疏】所惜者，万里百城，为参知识。梯山航海，云礼道场。岂可万德如来现在说法，漠然不顾，甘堕城东，是则名为可怜悯者。

【钞】万里者，僧问大随：“劫火洞燃，未审这个坏不坏？”答云：“坏。”僧曰：“恁么则随他去也。”答云：“随他去。”僧疑不决，往还万里，广参知识，始得大悟。百城者，善财南游百一十城，参五十三善知识。引此以况阿弥陀佛，是最上知识也。梯山航海，如峨嵋、普陀等。引此以况西方极乐世界，是最胜道场也。

然古之跋涉，盖为亲炙圣贤。今日奔驰，只是遥瞻影像。而且备经险阻，不惮劬劳。何得现在慈尊，舍之不往？城东老母，与佛同生而不见佛，非此之流耶？过、未之佛，势所难逢，现在空过，故可怜悯。

【疏】称理，则自性体自灵知，是“其土有佛”义。自性即今显现，是“现在说法”义。

【钞】终朝侍佛侧，不见金容。竟日坐法筵，罔闻妙道。遂使魔王混于佛殿，邪法乱乎真宗。但能返照心源，佛法一时双足。

△ 二、别释：初依报，二正报。

△ 初、依报：初总名极乐，二别示庄严。

△ 初、总名极乐

【经】**舍利弗，彼土何故名为极乐？其国众生，无有众苦，但受诸乐，故名极乐。**

【疏】先释依者，顺上文故，亦令众生生忻乐故。苦者，逼恼之义，为四谛首。众苦者，诸经论开有三苦、八苦、十苦、百一十苦。又约二种生死，则变易亦苦，况其余者。以苦事非一，故曰“众苦”也。诸乐者，如经所陈二种清净庄严，亦以乐事非一，故曰“诸乐”也。“极乐”者，以诸国苦乐有其四种，有苦多乐少者，有苦乐相半者，有苦少乐多者，有无苦纯乐者，今当第四故。

【钞】四谛者，苦、集、灭、道。苦居最先。知苦，乃断集、修道、证灭也。

三苦者：一、苦苦，谓受有漏身，已名为苦，更加种种逼恼，则苦而复苦也，是为欲界苦；二、坏苦，谓当乐坏时，不胜忧恼也，是为色界苦；三、行苦，此苦处中，即不苦不乐，念念迁流也，是为无色界苦。又欲界具三，色兼后二，无色唯行，为三苦也。而彼国离欲清净，则无苦苦；依正常然，则无坏苦；超过三界，则无行苦。

八苦者：生居胎狱，老厌龙钟，病受痛疴，死悲分散，爱则欲合偏离，冤则欲逃偏遇，求则欲得偏失，乃至五阴炽盛，总成上七，名八苦也。而彼国莲花化生，则无生苦；寒暑不迁，则无老苦；身离分段，则无病苦；寿命无量，则无死苦；无父母妻子，则无爱别离苦；诸上善人同会一处，则无冤憎会苦；所欲自至，则无求不得苦；观照空寂，则无五阴盛苦。

十苦者，《菩萨藏经》谓：一生苦、二老苦，乃至十生死流转苦。百一十苦者，《瑜伽论》：一无差别流转苦，二欲苦痴苦，乃至五十五苦；次九种苦，于九种中，又次第叠开成五十五，合之为百一十苦。今彼国皆无也。然约之不出三苦、八苦，摄种种苦。

二种生死者，谓分段、变易。分段者，四大所成，有分齐段落，如上八苦中说。变易，则二乘、菩萨，虽离分段，未免四相迁流，因移果易，亦名为苦。彼国莲花化生，一生不退，何虑二种苦也。《大本》云："彼国不闻苦名，何况实苦？"故云"无有众苦"。

二种清净者，《论》明一者器世间清净，二者众生世间清净。即依正二报，功德庄严。如下文中，及《大本》、《观经》详辩。

问：《净名》云："一切众生即寂灭相，不复更灭。"则一切国土即极乐相，何更有乐？今开苦乐，似违彼经。

答：贤首大师释彼经意，谓是但以迷倒，妄见生死，名在此岸；悟生死空，本来圆寂，即名彼岸。今谓亦以迷倒，妄见五浊，名住娑婆；悟五浊空，本来清净，即名极乐。国土常净，众生自迷。迷多悟寡，示苦示乐，不容已也。

【疏】苦乐相对，正以彼此二土，较量胜劣，令生忻厌。如难易十种等。

【钞】相对者，以此极苦对彼极乐，一胜一劣，天壤较然，忻厌自生，取舍自定。

十种者，慈云忏主开此土彼土难易十种。今以苦乐对之：一者此土有不常值佛苦，彼土无之，而但有花开见佛，常得亲近之乐。二者此土有不闻说法苦，彼土无之，而但有水鸟树林皆宣妙法之乐。三者无恶友牵缠苦，而有诸上善人俱会一处之乐。四者无群魔恼乱苦，而有诸佛护念，远离魔事之乐。五者无轮回不息苦，而有横截生死，永脱轮回之乐。六者无难免三途苦，而有恶道永离，名且不闻之乐。七者无尘缘障道苦，而有受用自然，不俟经营之乐。八者无寿命短促苦，而有寿与佛同，更无限量之乐。九者无修行退失苦，而有入正定聚，永无退转之乐。十者无尘劫难成苦，而有一生行满，所作得办之乐。

等者，如《安国钞》开为二十四乐，《群疑论》广为三十益。皆举乐明苦，举益明损。大意同前，兹不繁载。

【疏】四土苦乐，略如天台教中说。

【钞】所谓见思轻重，同居苦乐。体析巧拙，方便苦乐。次第、一心，实报苦乐。分证、究竟，寂光苦乐。文繁不叙。

【疏】问：菩萨捐弃五欲，虽轮王不以为乐。悯念众生，虽地狱肯代其苦。何得舍苦众生，自取乐土？答：智者《十疑论》中详明。又更有取舍多说，不可不辩。

【钞】《论》云："菩萨未得无生法忍，不能度生。喻如破舟拯溺，自他俱陷。求生净土，得无生忍已，还来此世，救苦众生，乃克有济。故初心菩萨，必先舍此苦处，生彼乐处。"据此，则舍苦者，正欲拔众生之苦。取乐者，正欲与众生以乐也。自利利他，是菩萨道，岂二乘独善之可俦乎？

又多说者，圭峰释《圆觉》"种种取舍，皆是轮回"，谓："如舍此娑婆，取彼净土。"而大梅亦云："舍垢取净，是生死业。"故今辩云：

此等语言，非不极致，但得旨则号醍醐，失意则成毒药。尽令而行，何但舍娑婆垢，取极乐净，为取舍也。纵谓我土唯心，而舍境取心，亦取舍也；纵谓我无取舍，而舍此有取舍，取彼无取舍，亦取舍也，亦轮回生死业也。宁知理无分限，事有差殊。理随事变，则无取舍处，取舍宛然。事得理融，则正取舍时，了无取舍。故菩萨虽知一切法平等不二，而示苦乐境，开取舍门，权实双行，理事无碍。

斯论且置。今汝自审，果能糟糠臭腐以为饮食，不异膏粱否？厕溷坑阱以为床榻，不异华堂否？木皮草叶以为衣服，不异罗绮否？虎兕熊罴以为伴侣，不异父母兄弟否？冬坐冰雪，不异缯纩否？夏曝烈日，不异凉风否？乃至地狱中锉烧舂磨，不异入第三禅否？异类中行，不异游戏否？如其不然，宛尔凡夫，何得妄以大圣人过量境界而为己有，取快一时，流害无尽。应闻此语，生大悔恨，起大觉悟，涕泪悲泣，求生净土。

故苕水评《圭峰疏》，谓："忻厌取舍，虽谓迷真起妄，亦能顺教成功。但知全修即性，则忻厌本空。"况安养一门，诸佛共赞。往来法界，弥显唯心。托彼胜缘，速登宝觉。实生物归栖之正路，乃圣人汲引之妙权也。

【疏】称理，则自性无染，是"无有众苦"义。自性常净，是"但受诸乐"义。

【钞】染是苦义，净是乐义。自性无染常净，是无苦常乐也。《华严》六地，观察无明，以无明至六入是行苦，触受是苦苦，余是坏苦。我今此心，无无明，乃至无老死等，成无苦义。无此十二支，即真解脱，成受乐义。经云："无上菩提觉法乐，无上涅槃寂静乐。"皆乐义也。

以上且顺经文苦乐对待。如实而说，染既不立，净亦何存。净秽双忘，苦乐平等。如斯之乐，乃所以为极乐也。圣解还成魔境，佛见早堕铁围。是故我观极乐，实无可乐。若有可乐，与苦何别？

△ 二、别示庄严：初栏网行树，二池阁莲花，三天乐雨花，四化禽风树。

△ 初、栏网行树：初详陈，二总结。

△ 初、详陈

【经】又舍利弗，极乐国土，七重栏楯，七重罗网，七重行树，皆是四宝，周匝围绕。

【疏】此正明乐事也。栏楯围于树外，罗网覆于树上，重重相间，其数有七也。“四宝”者，七宝前四也。“周匝”者遍满，“围绕”者回护，言重重皆四宝所严饰也。

【钞】“栏楯”者，横曰栏，直曰楯。此方花木，亦作栏楯，一防物损，二示美观。彼土虽牛羊绝牧，玩好无心，而万行功德之所庄严，任运成就也。“罗网”义同此。“行树”者，次第成行，无错乱也。“七重”者，一重栏、网，围覆一重行树，故曰重重相间也。三事虽此方亦有，而质唯木石，彼纯以宝也。七宝前四者，金、银、琉璃、玻璃也。

“周匝围绕”者，如《瑞相经》云：“无量宝网，皆以金缕珍珠，百千杂宝，庄严较饰。周匝四面，垂以宝铃。光色华耀，罗覆树林。”《大本》云：“其网柔软，如兜罗绵。”则非世宝必待雕琢矫揉而为严饰也。栏楯宝饰，例此可知。

《大本》云：“诸宝崖上，有无数栴檀香树、吉祥果树，行行相值，茎茎相望，枝枝相准，叶叶相向，花花相顺，果果相当。如是行列，数百千重。”是名为行。又云：“七宝诸树，遍满世界。”所谓金根、金茎，枝、叶、花、果亦皆以金，则名一宝。金根、银茎，枝、叶、花、果亦分金、银，则名二宝。如是三宝、四宝，其宝间错，展转增多，乃至七宝。又云：“诸佛净国殊胜庄严，于宝树中，悉皆出现，犹如明镜。”《观经》云：“七宝行树，一一树，高八千由旬。一一花叶，作异宝色。琉璃色中出金色光，玻璃色中出红色光”等。又云：“妙真珠网，弥覆树上。一一树有七重网。一一网间，有五百亿妙花宫殿，如梵王宫。诸天童子，自然在中。”又云：“一一树叶，纵广正等二十五由旬，其叶千色。有众妙花，作阎浮檀金色，如旋火轮，宛转叶间，涌生诸果，如帝释瓶。有大光明，化成幢幡、无量宝盖。是宝盖中，映现三千大千世界，一切佛事，亦于中现。”又《大本》云：“佛讲堂、阿罗汉舍宅，各各内七宝池，外七宝树，数千百重。”

据此，则三经详略为别。此但言七重，彼言数千百重。此但言罗网，彼言罗网之中，出天宫殿。此但言行树，彼言行树之中，现大千界。又此言四宝，彼言七宝。盖今经略示，彼经详陈。以简摄繁，取文省故。文虽不足，义实无欠。如灵芝云："七重栏楯，凡佛菩萨住处皆然，非谓一国只七重也。"则知数百千重者，多种七重积而成之，七七相重，重重无尽也。余可例见。

【疏】又皆言七者，表七觉支、七圣财等。

【钞】七觉见后。七圣财者，一信、二戒、三闻、四舍、五慧、六惭、七愧。前五如宝，后二如人，善守财故。

【疏】又《大本》言："阿弥陀佛道场树，高十六亿由旬。四布枝叶，八亿由旬。树本隆起，五千由旬。一切众宝，自然合成。复垂众宝，以为璎珞。复有宝网，罗覆其上。"据此，则行树之外，别有佛道场树。今文省便，即行树中摄。又《论》中"功德草"，亦树中摄。《大本》其树有香，亦宝中摄。

【钞】道场树，即菩提树，如释迦佛亦坐树下而成正觉是也。十六亿由旬者，王氏《大本》云"一千六百由旬"，夫行树尚及八千，佛树何得反劣？今所引，《宝积》本也。即行树摄者，以道场树亦复根茎枝叶花果，行行相次，故"行树"足以摄之也。

功德草者，《论》云："宝性功德草，柔软左右旋，触者生胜乐，过迦旃邻陀。"今不言者，以木摄草故。

树香者，《大本》法藏愿云："我作佛时，国中花树，俱以无量杂宝，百千种香，而共合成，其香普熏十方世界，众生闻者，皆修佛行。"今不言者，异宝必有奇香，以宝摄香故。

△ 二、总结

【经】**是故彼国名为极乐。**

【疏】结前例后。

【钞】结前者，由此栏、网、行树，清净庄严，所以珍域别于泥沙，琼树异于荆棘，无一切苦，有一切乐，名极乐也。例后者，后文"功德庄严”下，虽无“名为极乐”之句，义则有之。此中“名为极乐”下，虽无“功德庄严”之句，义亦有之。文互见也。

【疏】称理，则自性万德纵横，是“栏楯”义。自性包罗法界，是“宝网”义。自性长养众善，是“行树”义。

【钞】纵横者。六度万行，不离自性。如自性本无悭贪，是名布施。以施为纵，施无染心，则横成戒度；施无傲心，则横成忍度；施无倦心，则横成进度；禅定、智慧，亦复如是。余之五度，例上可知。众妙毕具，是即美观。诸妄不干，是即防损。

包罗者，自性弥满清净，包法界故。

长养众善者，如《华严·离世间品》云：“菩萨妙法树，生于直心地，信种慈悲根，智慧以为身，方便为枝干，五度为繁密，定叶神通花，一切智为果。”又《净名·佛道品》云：“无漏法林树，觉意净妙花，解脱智慧果。”皆根本于心地，而发生无尽者也。

奈之何栏楯毁而斧斤入，罗网颓而荫覆疏，尚枯瘁其根枝，况发荣于花果？然而觉林如故，道种非遥，何不猛与滋培，重加整饰。便见庭前柏树，槛外药栏，行行般若真如，面面菩提佛性。

△ 二、池阁莲花：初池水，二阶阁，三莲花，四总结。

△ 初、池水

【经】**又舍利弗，极乐国土，有七宝池。八功德水，充满其中。池底纯以金沙布地。**

【疏】“又”者，承上。不但陆地庄严，有如是栏、网、行树。池水庄严，亦复胜妙无比也。七宝池者，七宝所成，池中之水亦七宝故。

【钞】七宝所成者，拣异此方土石所成。故《大本》云：“内外左右，有诸浴池，或十由旬，或二十、三十，乃至百千由旬，犹如大海。一宝、二宝乃至七宝所共合成。”又云：“若彼佛池，其方倍此，皆七宝成。”今经不言佛池，总摄池中故。

水亦宝者，《观经》云：“一一池水，七宝所成。其宝柔软，从如意珠王生，分十四支，作七宝妙色，黄金为渠。”又云：“其摩尼水，流注花间，寻树上下。”今只言宝池，不言水亦宝成，及流注上下，总摄水中故。水本就下，从下上流，此方所无故。如《下生经》云：“兜率陀天，有水游梁栋间。”即其类也。

【疏】“八功德”者，唐译云：一澄净、二清冷、三甘美、四轻软、五润泽、六安和、七除饥渴、八长养诸根。具八种功德，利益众生也。《观经疏》开八德，与此小异。池底金沙者，金沙为底，无泥滓也。

【钞】一、澄净者，谓澄渟洁净，离污浊故。二、清冷者，谓清湛凉冷，无烦热故。三、甘美者，谓甘旨美妙，具至味故。四、轻软者，谓轻扬柔软，可上下故。五、润泽者，谓津润滑泽，不枯涩故。六、安和者，谓安静和缓，绝迅泛故。七、除饥渴者，谓水仅止渴，今兼疗饥，有胜力故。八、长养诸根者，谓增长养育身心内外故。

《观疏》八德者：一轻、二清、三冷、四软、五美、六不臭、七饮时调适、八饮已无患。与上大同小异。

此合轻软，彼分为二。此无不臭，彼缺润泽，及与安和，然义则互见。以澄净清冷，必无臭恶。既轻且软，岂不安和。略少润泽，故云小异。又彼配六入，此则澄净色入，甘美味入。至云“长养诸根”，则耳、鼻、身、意，皆摄之矣。又《大本》云：“大河之下，金沙布地。有诸天香，世无能喻。随水散馥，杂水流芳。”皆香入之证也。下文说法，是声入与法入证也。

问：甘美、轻软、除饥、长根，此方所无，则诚然矣。凡水悉皆清冷，悉皆润泽，何彼水以二独称功德？

答：此水虽亦清冷，逢日则炎，遇火则沸。彼纵劫火临之，清冷自如，终不炎沸故。此水虽亦润泽，日晒则干，火逼则涸。彼纵劫火临之，润泽自如，终不干涸故。

金沙者，《观经》云：“真金为渠，渠下皆杂色金刚而为底沙。”《大本》云：“纯一宝池，底沙亦以一宝。黄金池者，白银底沙。水晶池者，琉璃底沙。二宝为池，底沙亦二。乃至七宝，亦复如是。”今只金沙，文省便故。

【疏】又《大本》叙宝池水毕，复开三种殊胜妙用：一水能随意，二水能说法，三浴毕进业。

【钞】随意者，《大本》云："诸上善人入七宝池，澡雪身体，意欲令水没足，水即没足。欲令至膝，水即至膝。欲令至腰、至腋、至颈，及灌其身，悉如其意。欲令还复，水即还复。调和冷暖，无不顺适。开神悦体，涤荡情虑。清明澄洁，净若无形。"是水本无心，能随人心意所欲也。

说法者，《大本》云："微澜洄流，转相灌注，不迟不疾，安详徐逝。波扬无量自然妙声，或闻佛声，或闻法声，或闻僧声、寂静声、空无我声、大慈悲声、波罗蜜声、十力、无畏、不共法声、诸通慧声、无所作声、不起灭声、无生忍声，乃至甘露灌顶，众妙法声。称其所欲，无不闻者。发清净心，成熟诸根，永不退于无上菩提。"是水本无情，善能说诸妙法也。

浴毕进业者，《大本》云："既皆浴已，或各坐于莲花之上。"又云："有在地讲经者、诵经者、自说经者、授经者、听经者、念经者、思道者、坐禅一心者、经行者，有在虚空中讲经者，乃至坐禅、经行者，各随其质而有所得。未得四果者，因得四果。未得不退转地菩萨，得不退转。"是水不但以可浴为功，又能利益于既浴之后也。

以上三种殊胜，皆摄宝池德水中故。又《后出经偈》云："但有河水流，音响如说经。"是也。

【疏】称理，则自性汪洋冲融，是"宝池"义。自性悉备一切功德，是"德水"义。

【钞】汪洋冲融者。汪，深貌，自性深玄无尽，如池底故。洋，广貌，自性广远无际，如池量故。冲融者，中和貌，自性非真非俗，纯粹至善，如池纯以宝成故。

备诸功德者，自性无染，即澄净德；自性无烦，即清凉德；自性无恶，即甘美德；自性无我，即轻软德；自性无竭，即润泽德；自性无暴，即安和德；自性无乏，即除饥渴德；自性出生一切万善，即长养德。又自性顺万物而无情，上行则入圣流，圣无所增；下行则入凡流，凡无所减。

不变随缘，周遍法界。所谓流注花间，及诸梁栋者也。永明云："水有十德，同真性故。"意正如是。定水湛然满，浴此无垢人，无垢亦无净，是名八功德。

△ 二、阶阁

【经】**四边阶道，金、银、琉璃、玻璃合成。上有楼阁，亦以金、银、琉璃、玻璃、砗磲、赤珠、玛瑙，而严饰之。**

【疏】四边者，中为池水，周围四边为阶道也。金者，梵语"苏伐罗"。银者，梵语"阿路巴"。琉璃者，此云"青色宝"。玻璃者，此云"水玉"。砗磲者，此云"大贝"。赤珠者，梵语"钵摩罗伽"。玛瑙者，梵语"钵摩罗伽隶"。以斯七宝庄严较饰也。

【钞】阶道者，离地曰阶，坦途曰道。楼阁者，重屋曰楼，岑楼曰阁。如《观经》言："黄金地上，一一宝中，五百色光。其光如花，成光明台。楼阁千万，百宝合成。"《大本》云："阿弥陀佛讲堂、精舍、宫殿、楼阁，皆以七宝。胜于此界第六天上天帝所居，百千万倍。菩萨所居，亦复如是。诸天及人，宫宇楼阁，称其形色、高下、大小，或以一宝、二宝，至无量宝。"又《佛地论》云："且说七宝，其实净土无量妙宝。"故知曰"四宝"者，文省便也。又《华严·入法界品》云："危楼迴带，阁道傍出，栋宇相承，窗闼交映，阶墀轩槛，种种满足，一切皆以妙宝庄严。"即斯义也。

又《大本》云："是诸楼阁，有随意高大，浮于空中，若云气者。有不能随意高大，只在地上者。以求道时，德有厚薄所致。"又云："楼观栏楯，璎珞覆上，皆作五音。"又《观经》云："楼阁两边，各有华幢。无量乐器，以为庄严。八种清风，鼓此乐器，演说苦、空、无常、无我之音。"以是推之，则此只言楼阁，不分佛及菩萨、天、人，亦不分在空在地，亦不言乐音演法，悉文省也。

金者四义：一色无变、二体无垢、三转作无我、四能令人富。银四义同，而功稍劣。

琉璃，青色是其正译，又名"不远"者，"不远"，山名，山出此宝，以近波罗奈城故。

水玉者，今水晶也。

砗磲，言大贝者，贝为海中介虫，大者名宝。一云非梵语，以其似车之渠。渠者，辋也。

赤珠者，《佛地论》云："赤虫所出，有天赤珠，名因陀罗，非世所有。"《大论》："真珠或出鱼腹，或出蛇脑，或出蚌胎，或生竹中。"则色非定赤。故以前译为正。

玛瑙者，或云丹丘之野，鬼血所化，一云如马脑故。

庄严者，有整齐义。较饰者，有文彩义。以斯严饰，则如前或以一宝、二宝，乃至七宝之类是也。又此七宝，姑取名同此方，实则不类。如天金、天银，已非人世所有，何况彼土？

【疏】又七宝者，常喻取贵重义，如《梵网》中说。

【钞】贵重者，《梵网经菩萨心地品》言："弃舍大乘经律不学，而学外道、二乘邪见等者，如舍七宝，反取瓦砾。"对瓦砾言，故知宝者取贵重义。正明二土净秽不同，令忻厌故。

问：尧处茆茨，箕谏象玉。世间王臣，且崇素朴。净土菩萨，何贵宝严？

答：此有二义：一者，上智之士，知心净则土自净，正胜则依必强，理固有然，心实无着。喻如舜在畎亩，躬荷犁锄。一承尧禅，警跸冕旒，不期自办，舜何乐焉？故曰有天下而不与也。二者，曲为钝根凡夫，须示苦乐，令生忻厌。先以欲钩牵，后令入佛智。喻如正厄饥寒之国，忽闻饱暖之乡。方沉幽暗之崖，乍睹光明之境。岂不身心踊跃，舍故即新？但得往生，终成解脱。方便接引，当如是耳。

【疏】称理，则自性平直，是"阶道"义。自性高邃，是"楼阁"义。自性具足功德法财，是"七宝"义。

【钞】平直者，自性解脱自在，离诸垢污，旷阔坦夷，无有偏陂，是名阶道。

高邃者，自性迥超尘境，观照不遗，囊括虚空，广博无尽，是名楼阁。

功德法财者，自性常而不迁，净而不染，我而随缘不碍，乐而富有不亏，是名金银；自性内外明彻，无障无碍，是名琉璃；自性本体洁白，离过绝非，是名砗磲；自性光明炽然，是名赤珠；自性坚实不易，是名玛瑙。众美毕具，资成法身，是名严饰也。

且善财遍历重城，博参群彦，最后于弥勒楼阁，弹指而登。今但持名，不涉回途，便居妙境。其如终日宝阶行，自称迷路汉，可谓倚门弹指，不知身在玉楼中者也，惜哉！

△ 三、莲花

【经】**池中莲花，大如车轮。青色青光，黄色黄光，赤色赤光，白色白光，微妙香洁。**

【疏】上言池外，今表池中。莲花，梵语“芬陀利”，亦云“优钵罗”，亦云“钵特摩”，亦云“拘勿头”。

【钞】梵语“芬陀利”，此云白莲花。未开名“屈摩罗”，将落名“迦摩罗”，处中正开名“芬陀利”。“优钵罗”者，青莲花也。“钵特摩”者，红莲花也。“拘勿头”者，黄莲花也。

【疏】车轮者，言其形也。大小无定，《婆沙》等说。种种不同，各随机见。

【钞】车轮大小者，《婆沙论》云：“轮王千辐金轮，周圆十五里。”《华严钞》云：“金轮大一由旬。”《观经》云：“一一池中，有六十亿七宝莲花，团圆正等十二由旬。”《大本》云：“池中莲花，或一由旬，乃至百由旬、千由旬。”而人世车轮，大不逾丈，不可以此而为定准。又云：“众宝莲花，周遍世界。一一宝花，有无量百千亿叶。”按经别莲花胜劣三种，十叶、百叶、千叶。今曰“无量百千亿叶”，叶既无量，则花之大，亦无量矣。又《如来藏经》云：“尔时世尊于栴檀重阁，正坐道场，而现神变。有千叶莲花，大如车轮。花中化佛，各放无数百千光明。”故知车轮不可思议，宁得局以人世常所御车而为限量？

随机者，以或小或大，由其因地念佛，功有胜劣，机感自致耳。乃有以花如车轮，抑此经为散善，盖未考于轮义。

【疏】大如车轮，且喻形体。以轮喻德，亦有多义。

【钞】形体者，轮体围圆，有莲象也。多义者，又轮有转义，此莲花者，托孕众生，易凡成圣，即转义故。又轮有辗义，此莲花者，不染污浊，破除烦恼，即辗义故。又轮有飞行义，圣王金轮，一日之中，绕四天下。此莲花者，遍至十方，接彼念佛众生，归于极乐，即飞行义故。余不烦举。

【疏】青黄赤白，言其色也。不唯举色，而言光者，此土莲花有色无光故。但举四色者，省文也。

【钞】四色解见前疏。光者，从色而发。如珠莹洁，则能发光。彼土莲花至为清净，故有光也。《大本》云："青色青光，白色白光。玄、黄、朱、紫之色，其光亦然。炜烨焕烂，明耀日月。一一花中，出三十六百千亿光。一一光中，出三十六百千亿佛。一一诸佛，又放百千光明，普为十方众生说微妙法。"据此，则青、白、玄、黄、朱、紫，已成六色。而《佛地论》复云七宝。故知四色，其文省故。其实莲花具无量色，具无量光也。又不言说法者，亦文省故。

【疏】微妙香洁，言其德也。举四德者，亦文省故。

【钞】四德者，离垢是莲花正义，推广其义，略说为四：

一、言"微"者，复有四义，二同二别：一者，根潜池底，不可窥视，是为幽微。二者，不生高原陆地与繁花丽蕊而争妍艳，是为隐微。三者，《观经》言："一一叶上有八万四千脉，犹如天画。"是为细微。四者，七宝所成，珍奇粹美，是为精微。前二通于此方，后二彼国独擅，故二同二别。

二、言"妙"者，复有十二义，四同八别：一者，方花即果，不待花落，是为因果同时妙。二者，染而不染，不染而染，是为垢净双非妙。三者，一花遍围于子外，众子罗列于花中，是为总别齐彰妙。四者，昼则开敷，夜则还合，是为隐显随宜妙。五者，巨莲在中，而有百千万亿莲花以为眷属，是为主伴相参妙。六者，上中下品，各三成九，九九无量，随其宿修，不相错谬，是为胜劣分明妙。七者，大一由旬，乃至百千万亿由旬，是为小大无定妙。八者，不以春生，不以秋瘁，亘古常新，是为寒暑不迁妙。九者，朱、紫、玄、黄，或复纯白，杂色杂光，亦复如是，是为彩素交辉妙。十者，生于彼国，而能从空来至此土，迎取当生，是为动静一源妙。十一者，诸佛菩萨结跏其中，念佛众生托质其内，是为凡圣兼成妙。十二者，此方念佛，花即标名；勤惰才分，荣枯顿异，是为感应冥符妙。前四后八，同别可知。

三、言“香”者，此方、彼国相较胜劣，亦有二义：一者，此方则出污泥中，宜为所溷，而清馨澹然，是为秽中香。二者，彼国则如《大本》言：“光色既异，香气亦异。芬芳馥郁，不可胜言。”故“青莲花香，白莲花香”，诵斯偈者，尚致口出莲花之香。超一切香，香无与比，是为香中香。则知此方之香，已胜余花。彼国乃胜而又胜者也。

四、言“洁”者，此彼胜劣，亦有二义：一者，此方则出污泥中，宜为所染，而莹然清净，是为垢中洁，二者，彼国则根自金沙，异浊土故。生从德水，异常流故。质成妙宝，异凡卉故。超一切洁，洁无与比，是为洁中洁。胜而又胜，例上可知。

以上从其切近，略表四德。若广演之，亦应无量。

问：有谓下品下生，生铁莲花，其说然否？

答：未见佛说。如上所明，色不止四。有七宝花，则知金莲花者，黄色所摄；玻璃、砗磲，及与银莲，白色所摄；赤珠、玛瑙，红色所摄；乃至琉璃，亦黄色摄。推而广之，帝青莲花，青色所摄。如真珠等，亦白色摄。以是参合，应无铁莲。铁于五金，金所贱故。铁于七宝，宝所无故。九品下生，犹胜天宫。天宫皆以宝成，不闻有铁。况在西方，何得有此？

【疏】又莲花者，往生彼国托质之所。念佛之人，特宜知此。

【钞】托质者，未证无生，生必有托。六趣众生，则中阴之身，自求父母。往生善士，则一弹指顷，莲花化生。下文“一心不乱，即得往生阿弥陀佛极乐国土”，即是生此莲花中也。是莲花者，乃卸凡壳之玄宫，安慧命之神宅。往诣之国，号曰莲邦。同修之友，号曰莲社。约禅诵之期，号曰莲漏。定趋向之极，号曰莲宗。重其事也。

修净土者，若礼佛时，当想己身在莲花中作礼，佛在莲花中受我礼敬。若念佛时，当想己身在莲花中结跏趺坐，佛在莲花中接引于我，然后一心持名。昔有二僧，作莲花开合想，遂得往生。况复加之一心持名而不生者？

问：此经不兼色像，今胡乃尔？

答：有专主故，兼亦无碍。如菩萨偏行六度时，以施为专主，余非不修，但随力随分。今念佛亦然。专主于观想者，少时持名；专主于持名者，少时观想，亦随力随分之意也。所谓不兼色像者，盖恐一心执持名号，又一心观想色像，不唯心无二用，而两事双行，轻重不分，俱无成就耳。苟明于正助之义，则一心持名，以为其正。少时之助，助亦归正。如火益薪，复有何碍？

【疏】称理，则自性清净光明，是“莲花”义。

【钞】清净，表色，自性纤尘不立故。光明，表光，自性万法朗然故。《佛地论》云：“如是假实之色，皆不离佛净心。即此净心，能显假实之色。”故经云“青色青光，黄色黄光”等，是光色不二，寂照双融也。又自性寂，是花合义。自性照，是花开义。自性具足一切善法，是微妙香洁义。然则不离尘境，未浴宝池，常在莲花中，经行及坐卧。

△ 四、总结

【经】舍利弗，极乐国土成就如是功德庄严。

【疏】如上栏、网、行树、池、阁、莲花，种种庄严，皆是阿弥陀佛因中所发大愿，及愿后所修大行，无量功德之所成就也。如《华严》中愿行，亦同此意。

【钞】愿以起行，行以实愿。菩萨因地，莫不皆然。行满愿遂，名为成就。因中者，为法藏比丘时也。

言“愿”者，所发四十八愿也。有愿云：“我作佛时，生我刹者，皆于七宝水池，莲花化生。”又愿云：“我作佛时，我刹中自地以上，至于虚空，皆有宫殿楼阁、池流花树，悉以无量众宝、百千种香而共合成。”又云：“若我成佛，周遍国中诸庄严具，无有众生能总演说。”是为大愿。

言“行”者，《大本》云：“法藏比丘，于世自在王佛所，摄取二十一亿佛刹清净之行，如彼修持。”又云：“法藏比丘，发四十八愿已，住真实慧，勇猛精进。阿僧祇劫修菩萨行，护身口意，修行六度，了空、无相、无作，以行教化，致无量众生发菩提心。”是谓大行。

言“功德”者，即此行愿，名为功德。《大本》云：“如是积功累德，无量千万亿劫，功德圆备，方得成就斯愿，而入佛位。”

《华严》愿行者，《华藏世界品》云：“此华藏庄严世界海，是毗卢遮那往昔微尘数佛所，修微尘数大愿之所严净。”又下云：“普贤智地行悉成，一切庄严从此出。”例法藏愿行，亦犹是也。

【疏】又功德者，无漏性功德也。复有胜劣，今是胜功德故。

【钞】无漏功德者，初祖以营修世福为有漏之因，不名功德，又云功德在法身中。则此之大行大愿，皆自性无漏功德，非事上人天小果有漏之因也。

胜劣者，声闻、菩萨，乃至于佛，皆有功德，小大悬殊。今是彼佛因地修无量愿行之所成就，崇功至德，不可思议，故云胜也。

【疏】问：《金刚般若》谓：“庄严佛土者，实非庄严，是名庄严。”今乃广陈依正，云何二经意义相背？答：性相不殊，所宗异故。

【钞】性相不殊者，全性起相，全相归性，性相本非二物。而当经各有所宗。彼经以无相为宗，故唯明第一义相，不取形相。实则清净心中，身土自现。喻如磨镜，尘尽像生。其专言性者，盖即相之性，非弃相而取性也。今经以劝生净土为宗，故于极乐依正种种庄严，反复开明，令起忻慕。实则相本自空，唯心唯识。其广陈相者，盖即性之相，非离性而言相也。为门各别，究竟是同。故知二经，义不相背。

【疏】问：诸天宫殿园苑，亦以宝严，与此何别？答：粗妙异故。

【钞】粗妙者，如世珠玉，虽均名宝，而质有粗妙，价有重轻。故诸天自下而上，依正庄严，从粗渐妙，胜劣迥殊。何况极乐超越三界，宁不宝严之中，独为最胜？经云：“轮王亦有三十二相，而不及佛。”即此意也。

【疏】又此功德，虽佛力成就，亦兼由众生，以心净土净故。

【钞】兼由众生者，《维摩经》云："直心是菩萨净土，菩萨成佛时，不谄众生来生其国。深心是菩萨净土，菩萨成佛时，具足功德众生来生其国。"乃至万行，悉亦如是。是以此方念佛，彼土莲成，则极乐种种清净庄严，虽彼佛为菩萨时之所成就，而谓勤修净业众生共与成就亦可也。故曰："随其心净，则佛土净。"

【疏】称理，则自性能生万法，是庄严义。

【钞】六祖云："何期自性能生万法。"《华严经》云："一切宝铃网，解一切法如幻心所生。一切宝楼阁，无着善根、无生善根所生。"乃至衣、盖、幢、座等，莫不皆然。又云："此华藏庄严世界海中，若山河，乃至树林尘毛等处，一一皆是称真如法界，具无边德。"是故当知净土唯心，更无外境。

佛说阿弥陀经疏钞卷三

△ 三、天乐雨花：初天乐，二金地，三雨花，四总结。

△ 初、天乐

【经】**又舍利弗，彼佛国土，常作天乐。**

【疏】上叙宝池，此谈金地之上，花、乐交辉也。天乐者，异世乐故。常作者，无间歇故。

【钞】异世乐者，《大本》云："第一四天王天，及诸天人，百千香花，百千音乐，以供养佛，及诸菩萨、声闻之众。于是第二忉利天王、欲界诸天，以至第七梵天，一切诸天，香花、音乐，转相倍胜。"又云："亦有自然万种伎乐，无非法音。清畅嘹亮，微妙明雅。一切音声，所不能及。"《观经》云："无量诸天，作天伎乐。又有乐器悬处虚空，如天宝幢，不鼓自鸣。"以是天人所作之乐，非人间所有，故云异世乐也。

无间歇者，世乐须人，有作有辍。天乐自鸣，故云常作也。今人念佛，临终之日，天乐迎空，正唯净土常作天乐故。

【疏】称理，则自性万德和融，是"天乐"义。

【钞】自性如实空，则不立一尘。如实不空，则交罗万德。调和而克谐不悖，融液而一味无乖。忍进相与低昂，则埙鸣篪奏。止观双成定慧，则玉振金声。慈悲，则哀矣不伤。喜舍，则乐而不泆。如斯天乐，非唯不鼓，兼复无声。羽寂宫沉，响天震地。

△ 二、金地

【经】**黄金为地。**

【疏】此蹑前起后，谓极乐世界，上则乐作于天，下则金严其地，而居此黄金地上，不独耳闻天乐，亦且眼见天花也。黄金者，谓琉璃地上，间以黄金。然亦众宝无定。

【钞】间以黄金者，如《观经》云："见琉璃地，内外映彻。下有金刚七宝金幢，擎琉璃地。其幢八棱，百宝所成。一一宝珠放千光明，一一光明八万四千色，映琉璃地，如亿千日。琉璃地上，以黄金绳，杂厕间错。界以七宝，分齐分明。"据此，则地本琉璃。而黄金者，又地面之庄严也。

《大本》云："彼刹自然七宝，体性温柔，相间为地，或纯一宝。光色晃耀，超越十方。恢廓旷荡，不可穷尽。地皆平正，无有须弥及诸山、海、坑坎、井谷、幽暗之所。"据此，则亦可专以黄金为地。良由彼国广大，非止一隅。黄金、琉璃，且以一宝、二宝言之。众宝为之，当亦无尽。

【疏】称理，则自性真如平等，是"金地"义。

【钞】真如，则无杂无秽，无变无迁，历万劫而常新。平等，则不增不减，不高不下，为千圣所共履。毗舍如来谓："当平心地，则世界平。"如舍利弗，心有高下，乃见丘陵坑坎是也。是故人人行处是黄金，何待如来以足指按地。

△ 三、雨花：初天雨妙花，二持以供佛，三供已自适。

△ 初、天雨妙花

【经】**昼夜六时，雨天曼陀罗花。**

【疏】言此黄金地上，常雨天花也。彼无须弥、日月，而言六时者，以花鸟为候也。庐山莲漏，盖仿此意。

【钞】此土日月旋环，绕须弥而分昼夜。如赡部正当须弥之南，昼则始东洲半，经乎南洲，终西洲半。夜则始西洲半，经乎北洲，终东洲半。配十二支，六时成昼，六时成夜，为一日也。彼国既无须弥，又无日月，常明不昏，昼夜无辨。唯以花开鸟鸣而为昼，花合鸟栖而为夜也。

然日月有无，诸本不同。汉译云日月处空，吴译仍汉。王氏复云处空而不运转。曹魏不言有无。唐[①]及宋，直云无有。若和会之，当是日月虽存，以佛及圣众光明掩映，与无同耳。而以理揆之，无者为正。何者？切

---

① "唐"，《无量寿如来会》译者年代，原本误作"元魏"。

利而上，尚不假日月为明，何况极乐？或汉译“日月”上，缺“无有”二字，未可知也。高明更详之。

莲漏者，远祖于庐山，集众念佛。刻木为莲，具十二叶。引流泉入池，每度一时，水激一叶。昼夜六时，禅诵不辍。与会诸贤，往生甚众。今人六时净业，本于远祖，远祖本此。

【疏】“曼陀罗”，天花名也，此云“适意”，又云“白花”。天雨者，赞叹道德，如空生、帝释事。

【钞】白花者。天花多种，如曼殊沙，则云赤花。今只白花，文省便也。亦可西方属金，取白业义。适意者，天花妙好，适悦人意也。《大本》云：“一切诸天，皆赍天上百千花香，来供彼佛，及诸菩萨、声闻之众。”是也。

赞叹者，世人行善，诸天欢喜。何况彼国，如来、菩萨、贤圣上善之所集会。赞叹雨花，理固应尔。如空生、帝释者，须菩提宴坐，帝释散花。须菩提问：“空中散花，当是何人？”答曰：“我乃天帝，以尊者善说般若故。”是知净土往生之众，一心不乱，则诸念不生，万法空寂，即是善说般若。感动诸天，又何疑哉？

【疏】又花有二种，一者天花，二者树花。今是天花，以天摄树故。

【钞】天花者，从天而下，义如前释。树花者，《大本》云：“四方自然风起，出五百音声，吹诸树花。花生异香，随风四散，散诸菩萨、声闻大众。花堕地者，积厚四寸。极目明丽，芳香无比。及至小萎，自然乱风吹去。”是彼土亦雨树花，故曰以天摄树。

【疏】称理，则自性开觉，是“花”义。

【钞】自性在迷，如花尚蕊。自性忽悟，如花正开。又妙色焕烂，不绘而成。妙香馥郁，不行而至。花雨自空，不种而生，不采而下。自性神灵通达，亦复如是。

△ 二、持以供佛

【经】其土众生，常以清旦，各以衣裓，盛众妙花，供养他方十万亿佛。即以食时，还到本国。

【疏】此言天所雨花，众生持取供佛也。众生者，除佛而言也。清旦者，六时之一也。衣裓者，盛花之器也。供毕还国，犹在食时，以神足故。

【钞】除佛者，唯佛一人，独称大觉。菩萨而下，以至往生彼国初心凡夫，皆名众生也，以生、佛相对故。

六时之一者，清旦，于昼时为最先。以旦供佛，表至敬也。又旦是夜气清明之际，清旦供佛，取心净也。彼国众生，虽昼夜一心，固无清浊。而未登佛地，犹有无明，触事涉缘，不无少动。亦以平旦号清明心，亦可随顺此方言清旦也。

"常"者，日日恒然，不疲厌故。"各"者，人人皆然，无勤惰故。盛花器者，真谛谓衣裓为外国盛花之器。或言衣襟，亦以襟盛花也。

他方，自本国而他方也。不言本国者，文省也。"十万亿佛"，一佛一大千土，言广远也。食时者，晨斋时也。清旦至于晨斋，为时至少。以至少时，供至多佛，明其速也。如《大本》言："诸大菩萨，承佛威神，一食之顷，遍至十方无量世界，供养诸佛。花香伎乐，衣盖幢幡，无数供具。若欲献花，则于空中化成花盖，周四十里，乃至六百、八百里。各随大小，停于空中，势皆下向，以成供养。复以妙音歌叹佛德，听受经法。既供养已，忽然轻举，还到本国，犹为未食之前。"据此，则有种种诸供养具，又化花成盖，又供毕听法。今只言以花供养，皆文省也。

神足者，如《大本》法藏愿云："我作佛时，我刹中人，皆得神足。如一念顷，过百千万亿那由他世界。"又愿云"即得宿命"，又云天眼，又云天耳，又云他心。则生彼国者，六通自在，不只飞行。今不言者，亦文省也。

【疏】按此神足，住位、行位菩萨所有，如《华严》中说。

【钞】《华严经》云："八住菩萨，一刹那顷，游行无数世界。"又十行颂云："佛刹无边无有数，无量诸佛在其中。菩萨于彼悉现前，亲近供养生尊重。"则今之神足，岂易及哉！

问：此于三种意生身，当属何等？

答：《楞伽》三种，分属声闻、菩萨、大圣。则生彼国者，随其所修，各有所证，如九品例。

【疏】称理，则自性自严，是“盛花供养”义。自性自遍，是“十万亿佛”义。自性自空，是“食时还”义。自性自住，是“本国”义。

【钞】自严者，心本具含万德，还以万德严心。德无所德，严无所严，是真供养。《思益经》云：“谁能供养佛，通达无生者。”《宝雨经》云：“如理思惟，即是供养如来。”是也。

自遍者，以心遍一切处，即是一一承事，无空过者。故《维摩经》言：“无前无后，一时供养。”

自空者，心体本空，空无来往。是故以食时还，聊对此方跋涉耳。实则不越刹那，还国已竟。

自住者，心源湛寂，常住不迁，是当人故乡田地，安身立命处。《金刚经》“还至本处”，即此经“还到本国”也，此之谓务本。

△ 三、供已自适

【经】**饭食经行**。

【疏】承上食时，故次言食。经行者，循环不断义。返已而食，食已而行，彷徉自适也。

【钞】饭食者，《大本》云：“诸往生者，其饭食时，银钵、金钵、种种宝钵，随意现前。百味饮食，充满其中。酸咸甘淡，各如所愿，不余不缺。不以美故过量而食，食已自消，而无遗滓。或见色闻香，意以为食，自然饱适，无所味着，身心轻利。食毕化去，时至复现。”

循环者，如经贯纬，络绎连绵，往来无已也。食已而行，一以调身，使无凝滞；一以调心，使不放逸也。彷徉者，优游自得意。世人食已，非奔走尘务，则增长睡眠。彼国饭食经行，解脱之风，逍遥之状，可想见也。

【疏】唯言饭食，不及衣等，唯言经行，不及坐等，亦文省故。

【钞】衣者，《大本》法藏愿云：“我作佛时，我刹中人，所欲衣服，随念即至，不假裁缝、擣染、浣濯。又复有无量上妙衣服，宝冠、环钏、耳珰、璎珞、花鬘、带锁，诸宝庄严，百千妙色，自然在身。”又云："复有无量如意妙香，涂香末香，其香普熏彼佛国界。"故不言衣，以食摄衣及一切资生之具故。

不及坐者，教开四种三昧：一曰常行，二曰常坐，三曰半行半坐，四曰非行非坐。就此文中，则唯第一。然二部中，皆言往生者，坐莲花中。《般舟三昧》则复言立。当知以行摄坐及四威仪故。

【疏】称理，则自性常定，是"饭食"义。自性常慧，是"经行"义。

【钞】禅悦为食，故定有食义。智能运转，故慧有行义。如《论》颂云："爱乐佛法味，禅三昧为食。"又《佛地论》："净土中诸佛菩萨，能说、能受大乘法味。又正体智，受真如味，能住持身命，使不断坏，长养万法，故名为食。"又《阿含》、《唯识》等，说出世五食：一禅悦、二愿、三念、四解脱、五法喜。谓禅定资神，轻安适悦，即为食义；愿力持法，法身增长，即为食义；念力明记，圣道现前，即为食义；解脱除障，居然资益，即为食义；法喜内充，极喜乐故，即为食义。今只言定者，举一兼四。禅定之中，无不摄故。《维摩经》云："未发大乘意，食此食者，至发意乃消。已发意者，得无生忍已乃消。得忍者，至一生补处乃消。"《华严》具足优婆夷云："一生所系菩萨，食我食者，皆于菩提树下成等正觉。"皆自性真如无尽之理而为食也。

经行者，《持世经》云："如来行处，是无行处。无行处者，真慧也。"故知拈匙放箸，口口不离。举足动身，步步踏着。何得埋头吃饭，空过一生。玩水观山，徒劳万里。

△ 四、总结

【经】**舍利弗，极乐国土成就如是功德庄严。**

【疏】结上天乐、天花等种种庄严，皆本佛愿行功德所成就也。

【钞】愿者，如《大本》法藏愿云："我作佛时，自地以上，皆无量杂宝、百千种香而共合成。"又愿云："我作佛时，十方无央数世界，诸天人民，闻我名号，燃灯散花。"又愿云："我作佛时，刹中菩萨，以香花等种种供具，欲往他方世界供养诸佛。一食之顷，即可遍至。"又愿云："我作佛时，我刹中人，欲食之时，宝钵之中，百味饮食化现在前，食已自去。”今来成佛，一一所愿，皆悉成就。

行者，如《大本》云：“法藏比丘既发愿已，天雨妙花，而散其上。”又云：“或为比丘，或为天王，或为轮王，或为大臣，恒往佛所承事供养。”又云：“手中常出衣服、饮食、幢幡、宝盖、一切音乐。”今来成佛，如上天乐、天花等报，自合成就。

△ 四、化禽风树：初化禽演法，二风树演法，三总结二严。

△ 初、化禽演法：初正示法音，二释无恶道。

△ 初、正示法音：初宣音，二获益。

△ 初、宣音

【经】**复次舍利弗，彼国常有种种奇妙杂色之鸟，白鹤、孔雀、鹦鹉、舍利、迦陵频伽、共命之鸟。是诸众鸟，昼夜六时，出和雅音。其音演畅五根、五力、七菩提分、八圣道分，如是等法。**

【疏】上言诸天献瑞，此言禽树成音。又上言供养之胜，今言闻法之胜也。“种种”言非一。“奇妙”言异常。“杂色”言美观。白鹤等者，多种中举一二也。白鹤、孔雀、鹦鹉，常见可知。舍利，解见前文。迦陵频伽，此云“妙音”。共命，一云“命命”。如是种种，悉皆奇妙，非凡鸟比。

【钞】奇妙者，形殊众鸟名奇，音能说法名妙。

白鹤者，此土鹤有四种，玄、黄、苍、白，以白为胜。然鹤虽白，自无纯白，非真白鹤也。

孔雀、鹦鹉，皆此土所贵，故独举也。

频伽，此云“妙音”，未出壳时，已有音声超众鸟故。《正法念处经》云：“此鸟音声，若人、若天、紧那罗等，无能及者，唯除如来，故云妙音。”

共命，亦云“命命”，亦云“生生”，梵语“耆婆耆婆迦”，二首一身，报同识异，谓是释迦、调达宿因。又雪山有二头鸟，一曰迦娄嗏，一曰优波迦娄嗏，是也。仿佛如二头之蛇、九头之鸟、千头之鱼。今刻绘作人身二首，恐非也。

上文数鸟，四通震旦，二局西乾。在此土者，已称珍异。若在彼国，形体色音，转更奇妙。今姑取名同，而实则异。例如栏、网、行树等，皆以宝成，非人世所有也。

举一二者，多不悉陈。如《观经》中有凫、雁，及鸳鸯等。今以少摄多，亦文省也。

【疏】然此土诸鸟，唯鹦鹉解作人言，而亦仅称学语。彼国则昼夜出音，且和且雅，为能演畅根、力、觉、道，一切道品，非漫鸣也。

【钞】仅称学语者，谓但依人语，未能知义。记曰："鹦鹉能言，不离飞鸟。猩猩能言，不离禽兽。"则人道未通，何况佛法？鹦鹉且然，余可知矣。

"和雅"者，和与暴对，如鸱、鸦等，是名暴音；雅与俗对，如莺、鹂等，是名俗音。优柔平中，无有粗厉，能令听者躁心自释，是名和音。正大谨严，无有邪靡，能令听者欲心自平，是名雅音。由之瑟，尚缺于和。郑之声，大背于雅。鸟兼二美，是黄钟、大吕所不及也。

"演"者，张而广之，义无尽故。"畅"者，敷而达之，意无滞故。如是演畅根、力、觉、道，三十有七诸道品也。"道品"者，以是入道之品类故。

【疏】然此三十七品，属小乘法，实通大乘，随其心行，如诸经论中说。

【钞】通大乘者，《瑜伽》四十四云："大乘菩提分，乃有多种。三十七品，是其中别义，通于大小。"《智论》云："三十七品，无所不摄。即无量道品，亦在其中。"《净名》云："道品是道场。"又云："道品是法身因。"《摄大乘》云："道品是菩萨宝炬陀罗尼。"《涅槃》云："若人能观八正道，即见佛性，名得醍醐。"皆约大说。

随心行者，如《涅槃》云："智有二种，一者中智，二者上智。观诸阴苦，是名中智。分别诸阴有无量相，非声闻、缘觉所知，是名上智。"则知道品是一，观智大小，固无定也。

【疏】五根者，一信、二进、三念、四定、五慧。能生圣道，故名为根。又如《俱舍》具三义故。

【钞】根有二义：一者能持义，持其所已得，而自分不失也。二者生后义，生其所未得，而胜进上求也。

言信根者，谓于谛理深忍乐欲，是名信根。此一为总，余四承上。进根者，既信此理，勤求不息，是名为进。念根者，既求此理，念兹在兹，明记不忘，是名为念。定根者，既念此理，系缘一境，相应不散，是名为定。慧根者，既定心在道，复正观分明，决择是非，是名为慧。

能生圣道者，以此五法，调治其心。譬如阴阳和适，一切种子皆得发生故。

《俱舍》三义者，《俱舍论》明最胜、自在、光显为根。最胜者，根体胜故。自在者，根用胜故。光显者，体用双彰故。于中开二十二根，有信等五根故。

【疏】五力者，即前五根增长，具有大力，故名为力。

【钞】力有二义：一者不为他伏，二者又能伏他。如《瑜伽论》："此五力者，能于后后所证出世间法，生深胜解，难制伏故。又具大威势，摧伏一切诸魔军故。"

信力者，深信谛理，转更增长，能遮疑惑，不为动摇；能拒邪外，不为迷乱；能破烦恼，不为侵害故。一总余承，如上根例。进力者，进根增长，能破身心种种懈怠，成办出世种种事业故。念力者，念根增长，能破邪念，成就一切出世正念故。定力者，定根增长，能破一切诸杂乱想，发起事理诸禅定故。慧力者，慧根增长，能破一切邪外等见，能断一切偏小等执故。

【疏】七菩提分者，即七觉支。亦由前根、力，得此慧用。谓：一念、二择法、三精进、四喜、五猗、六定、七舍。一云：一择法、二精进、三喜、四除、五舍、六定、七念。今依后释。

【钞】觉支者，觉即菩提，支即是分，谓分分随宜而用也。由前者，《瑜伽》云："诸已证入正位者，如实觉慧，用此为支。"故知根、力既固，后须觉慧，合宜则用。依后释者，以天台所释，意明显故。又《华严疏》亦以择法为自体，余分为分故。

一、择法者，观诸法时，善能觉了，拣别真伪故。二、精进者，修道法时，善能觉了，不谬行于无益苦行故。三、喜者，心得法喜时，善能觉了，不随颠倒之法而生喜故。四、除者，除诸见烦恼时，善能觉了，断绝虚伪，不损真正善根故。五、舍者，舍所见念着之境时，善能觉了取舍虚伪，永不追忆故。六、定者，发诸禅定时，善能觉了诸禅虚假，不生见爱故。七、念者，修出世道时，善能觉了，常使定慧均平。若心沉没，当念用择、进、喜三支，察而起之。若心浮动，当念用除、舍、定三支，摄而伏之。念念调和，使中适故。

【疏】八圣道者，亦名八正道。由前择法，故入正道。谓：一正见、二正思惟、三正语、四正业、五正命、六正精进、七正念、八正定。

【钞】一、正见者，《杂集》云：若觉支时，所得真觉，以慧安立，谛理分明，无有错谬故。二、正思惟者，见此理时，无漏心相应，思惟筹量，为令增长入涅槃故。三、正语者，不唯心无邪思，以无漏智，摄口四业，住四善语故。四、正业者，以无漏智，除身三种一切邪业，住清净身业故。五、正命者，以无漏智，通除三业中五种邪命故。六、正精进者，以无漏智，应勤行精进，趋涅槃道故。七、正念者，以无漏智，于应念正道法，及助道法，心不动失故。八、正定者，以无漏智相应，正住于理，决定不移故。皆言“正”者，以不依偏邪名“正”。能至涅槃名“道”。

若《华严·离世间品》，则八正俱菩萨道：正见者，远离一切诸邪见故；正思惟者，舍妄分别心，随顺一切智故；乃至正定者，善入菩萨不思议解脱门，于一三昧中，出入诸三昧故。释云：据此文证，岂不深玄？以例推之，七觉、根、力，三十七品，皆随众生因地所修，机见不同，证大证小，各有所得。

【疏】言“如是等法”者，等四念处、四正勤、四如意足，成三十七品，及等余一切法故。

【钞】三十七品，上唯二十有五，故等以摄之。

四念处者，所谓观身不净，观受是苦，观心无常，观法无我。而云“念处”者，以不净，是观身者所当念处之所也。苦、无常等，亦复如是。

四正勤者，解见前文。以生善灭恶，不懈弛故，名之为“勤”。勤所当勤，合于理故，名“正勤”也。

四如意者，亦名四神足，所谓欲如意足、心如意足、勤如意足、慧如意足。良由念处、正勤以来，精进增多，定心稍弱。修此四种定力摄心，则智定均等，能断结使，所愿皆遂，名“如意足”也。

合此七类，则为三十七品。《婆沙》、《智论》，皆以喻显：念处如种子，正勤如栽植，神足如抽芽，五根如生根，五力如茎叶，觉支如开花，圣道如结果，故名道树。

余一切法者，如四心、六度、无量法门等。

【疏】问：何不先叙念等，而首举根？答：以重信故。又上三科至此，始有根、力故。

【钞】据七类次第，闻法先当念持，次即勤修，勤故摄心调柔，柔故成根，根增成力，乃七觉分别，八道正行。今重信者，此经以信为主，而根、力二俱首信，信持余四，是道之元，德之母也。如五位之中，信亦居初。十信之中，信亦居初。十一善法，信亦居初故。

上三科者，从念处、正勤、如意，修为至此，方得根力坚固，能使前所得法，无有退失故。又后当得法，毕竟能得，亦由乎信，故首举也。

【疏】称理，则自性变化，是“众鸟”义。自性出生一切法门，是根、力、觉、道义。

【钞】下文言彼佛变化所作。今谓妙色雅音，全体是自心显现，何得高推圣境？又心地含诸种，则五根等，全体是自心培植，何得向外驰求？故先德谓“信心坚固，湛若虚空”，即五根、力。“觉心不起”，即七觉支。“直了心性，邪正不干”，即八正道。故云：“海生万物，无物不海。心生万法，无法不心。”

△ 二、获益

【经】其土众生，闻是音已，皆悉念佛、念法、念僧。

【疏】闻音无益，则同世音，只取娱乐。今念三宝，正明益也。三宝者，略有三相：一住持相、二别相、三同相。可尊贵故，名之曰宝。

【钞】住持相者，雕铸塑画，名为佛宝；黄卷赤轴，名为法宝；比丘五众，和合无争，名为僧宝。即世间三宝也。

别相者，略有三义：一者三宝自别，二者三宝大小乘别，三者三宝名相各别。括其大意，则常身、尊特，示现不同，名为佛宝；教、行、理、果，为门不同，名为法宝；三贤、十圣、四果、四向、缘觉、独觉，阶位不同，名为僧宝。即出世间三宝也。

同相者，若约五教，则一者立事就义门、二者会事归理门、三者理事融显门、四者绝相理实门、五者融通不碍门，虽前浅后深，而同归一原。括其大意，则性体灵觉，照了诸法，名为佛宝；恒沙性德，皆可轨持，名为法宝；性相不二，冥合无违，名为僧宝。即出世间最上三宝也。

尊贵者，佛两足尊，法离欲尊，僧众中尊。依之修行，则出三界。世间珍重，无与为伍，故名为宝。《通书》亦云："至尊者道，至贵者德。"况三宝道德之极，岂不称宝。

【疏】闻念三宝，自有四义：一者鸟音之中，赞三宝故；二者说法有方，善入人故；三者昼夜无间，熟耳根故；四者鸟尚解说，激胜心故。

【钞】赞三宝者，虽上根、力、觉、道，种种诸法，为品不同。约而言之，皆三宝摄。演畅此法时，或明含灵本具觉性，众生闻者，得自本心，乃知有佛；或明性具种种诸相，众生闻者，解入深义，乃知有法；或明性相和合不二，众生闻者，事理无碍，乃知有僧。故念三宝。

善入人者，虽谈妙法，不善为辞，闻则扞格。今唯和雅之音，优柔调适，理义悦心，听者生喜，故念三宝。

熟耳根者，虽善说法，一曝十寒，心则懈废。今唯六时相续，习听饫闻，浃髓沦肌，熏陶成性，故念三宝。

激胜心者，鸟能说法，人胡不如？惭耻一生，精进自发，故念三宝。

【疏】称理，则自性真心一体，是佛、法、僧义。

【钞】如上同相所陈，则知唯一真心，更无别体。心体本自觉照，即佛宝。心体本自性离，即法宝。心体本自不二，即僧宝。故曰自归依佛，自归依法，自归依僧。但令归自，不说归他。念念还归自心，是名真念三宝。

△ 二、释无恶道

【经】**舍利弗，汝勿谓此鸟实是罪报所生。所以者何？彼佛国土无三恶道。舍利弗，其佛国土尚无恶道之名，何况有实？是诸众鸟，皆是阿弥陀佛欲令法音宣流，变化所作。**

【疏】恐疑净土何因而有畜生，不符法藏本愿，故明彼国实无恶道。以彼佛欲令法遍人耳，神力变化，非真畜生故，又不同天鸟能说法故。

【钞】何因者，愚痴暗蔽以为之因，生畜生趣；悭贪嫉妒以为之因，生饿鬼趣；十恶五逆以为之因，生地狱趣，名三恶道。以六道中，天为最善，人道次之，修罗介乎善恶之中。故独此三，最名为恶。夫因于净心，生于净土，何由净土而有恶道？如其有者，是杂秽处，不异娑婆，何名极乐？故有疑也。

本愿者，《大本》法藏愿云："我作佛时，刹中无饿鬼、畜生，以至蜎蠕。"又愿云："我刹中人，皆不闻不善之名，何况有实。不得是愿，终不作佛。"云何佛道已成，顿违宿愿？故明彼国原无恶道。非唯目所未睹，亦复耳所不闻。良由耳之所闻，唯是诸佛如来万德洪名，菩萨、声闻及诸天、善人种种嘉号，曾无三恶名字历耳根故。

变化所作者，复自难言："既无畜生，今白鹤、孔雀等，何所从来，而在彼国？"乃出其由，是佛化作，非真实有。如《观经》云："如意珠王，涌出金色微妙光明，化为百宝色鸟。"是也。

法音宣流者，宣则宣布，自上遍下，犹如王言；流则流通，自近及远，犹如逝水。佛欲法音普周无间，故不独以人说法，使彼鸟音皆说妙法，无处无时而不闻听。此则大神通力之所变化，岂同愚暗为因，而感报畜生之真鸟耶？然此变化，自有二义：一者如佛遣化人说种种法；二者性具诸法，依性起修，果上自能色心互融，依正不二，皆悉说法。是则鸟音演畅，法尔自然。非佛有心，特为变作也。

不同天鸟者，《正法念处经》云："诸天游乐，池中凫雁等皆出音声，宣扬偈颂，开示五欲毕竟无常，不可耽玩。诸天闻已，有涕泪者。"此则实鸟，由在世时，口说妙法，不务真修，报作诸鸟，处于天宫，以其宿习，犹能说法，非如净土佛所变化，故不同也。

【疏】问：法藏偈云："地狱鬼畜生，皆生我刹中。"何言彼无恶道？答：偈意自明，不俟疑辩。女人生者，义亦如是。

【钞】偈意自明者，法藏比丘愿后说偈，先云："地狱鬼畜生，皆生我刹中。"次即云："一切来生者，修习清净行，如佛金色身，妙相悉圆满。"则知必于娑婆已植净缘，故得往生。既生彼国，失本恶道，皆成上善，相好如佛。尚何地狱、鬼、畜旧日之形体耶？

女生亦然者，《论》谓：女及根缺，俱不生彼。故援上例，亦由女人宿修净行，一生彼国，具丈夫相，无复女形矣。今绘九品，犹存女人，谬也。当是娑婆念佛时相，不可谓是极乐得生时相也。抑或表其因地，以明一切皆得往生耳。达者审之。

【疏】称理，则自性本无贪瞋痴等，是"无三恶道"义。自性本具如幻法门，是"变化所作"义。

【钞】若据不二门中，贪瞋痴即戒定慧。则善道、恶道，悉皆如幻。幻无自性，唯是一心。一心不生，万法俱息。

△ 二、风树演法

【经】舍利弗，彼佛国土，微风吹动诸宝行树，及宝罗网，出微妙音。譬如百千种乐，同时俱作。闻是音者，自然皆生念佛、念法、念僧之心。

【疏】前言行树、罗网。今言此诸树、网，因风出音，如上鸟鸣，化导众生，利益无尽也。风曰"微"者，风之美也。音曰"微妙"者，音之美也。微妙即和雅意。百千种乐者，以少况多。赞其至美，极人天乐，所不能及。其音亦宣根、力、觉、道，种种道品。不言者，文省也。又《大本》云："微风触身。"今不言者，亦文省也。

【钞】微风为美者，此土飓风吹动，则出倾湫倒峡，可战惧声；猛风吹动，则出撼屋拔木，可厌恶声；乃至毗岚风吹动，则出摧山碎岳，坏诸世界，无可避声。即令明庶清明等风，虽亦称美，只是披拂山林，生长百物而已。彼国之风，似有似无，非寒非热，轻细醇和，不可云喻。《观经》云"八种清风"，清即微意。况彼行树，及诸罗网，皆是七宝。被以微风，互相敲叩，自然而出微妙音声，如百千乐，同时并作。则六律交畅，八音克谐，和之极也，雅之至也。彼风树既非丝竹，谁为宫商，而能与百千种乐，同此洋洋，诚谓稀有。

人天莫及者，如《大本》言：“世间帝王之乐，百千万种，不如忉利天宫一音之美。忉利天宫百千种乐，不如夜摩天宫一音之美。展转诸天，乃至不如极乐国中，风吹树林，出妙音声之美。”是超出人天也。

亦宣道品者，以经中但称妙音，其实意含说法。若非法音，何能使人忆念三宝？故《大本》云：“微风徐动，吹诸宝树，或作音乐，或作法音。”是其证也。以前例后，皆文省故。

言触身者，《大本》云：“彼国一切有情，为风吹身，安和适悦，犹如比丘得灭尽定。”则亦不说法之说法也。

【疏】又此宝树等，三种宝中，今是最胜，能作佛事故。

【钞】《智论》言：“宝有三种：一、人宝者，轮王之宝，能雨诸物；二、天宝者，诸天之宝，能随使令；三、佛宝者，能于十方而作佛事。”今能说法，是为宝中最胜，出过人天故。

【疏】又佛道树说法，今不言者，亦文省故，例前池水皆说法故。又《华严》、《般若》等，皆有此义。

【钞】道树者，《大本》言：“佛道场树，众宝庄严，宝网覆上。微风徐动，出无量妙法音声，遍诸佛刹。众生闻者，得深法忍，住不退转，以至成就无上菩提。”今不言者，如前疏引摄行树中，谓行树尚能说法，佛树宁独不然？故曰文省。

又例推之，如前只说宝池，疏引二部经文，则宝水流衍，皆说妙法故。又例推之，如《大本》言：“其道场树，众生见者，无其眼病。闻其香者，亦无鼻病。食其果者，舌亦无病。树光照者，身亦无病。观想树者，心得清净，无复贪、瞋、烦恼之病。”又云：“见此树者，得三法忍。”则知树色、香、味，皆亦演畅根、力、觉、道，如是等法。众生闻者，咸念三宝。

又例推之，彼国金沙、彼国阶道、彼国楼阁、彼国莲花、天乐、天花、衣裓、食器、一切诸物，皆亦演畅根、力、觉、道，如是等法。众生闻者，咸念三宝。如《华严》香云台网，皆出颂言。又忉利天鼓，演莫测之真诠。雷音宝林，说无生之妙偈。又《大般若》云："净土树林等内外物中，常有微风冲击，发微妙音，说一切法皆无自性等。"同此义也。

【疏】善会之者，此土有情、无情，亦皆说法。如闻莺、击竹等，况复净土。

【钞】善会者，谓不以境为境，而会境即心。则物物头头，皆祖师意。今姑举二事也。

闻莺者，一僧因疑《法华》云："诸法从本来，常自寂灭相。"久参未悟，忽闻莺声，遂得大彻，颂云："诸法从本来，常自寂灭相。春到百花香，黄莺啼柳上。"

击竹者，香岩以不会"父母未生前"句，发愤住山。一日治地次，抛石击竹，铿然有声，忽尔大悟。作颂有"一击忘所知，更不假修持。动容扬古路，不堕悄然机"等语。

如是，则檐前鹊噪，野外松声，一蚊一蝇，一草一叶，莫不演扬妙法，鼓发道心。况清净佛土乎？

问：教中圣说法、圣默然，二不偏废。今水鸟树林演法无已，则有动无静。

答：《大本》云："其欲闻者，辄独闻之。其不欲闻者，辄独不闻"也。则寂用随心，即动即静。

【疏】称理，则自性理智交融，是风、树义。

【钞】理含万法如树，智周法界如风。智与理冥，理随智显。然而风、树各不相知，理、智原无二本。百千种乐，不是风作，不是树作，仁者心作。

△ 三、总结二严

【经】**舍利弗，其佛国土成就如是功德庄严。**

【疏】结上化禽、风树二种庄严，皆彼佛因地愿行功德所成就也。又变化功德、大乘功德等四种成就。如《论》中说前后功德，繁不各系条下。

【钞】愿所成者，《大本》法藏愿云："我作佛时，我刹中人，随其志愿，所欲闻者，自然得闻。"故鸟、树皆成妙法音也。

行所成者，《大本》愿后修行，如云："常以和颜爱语，饶益众生。"是以得成风吹林树，皆出妙音故。如云："于佛法僧，信重恭敬。"是以得成众生闻者，咸念三宝故。

变化功德者，如《论》颂云："种种杂色鸟，各各出雅音。闻者念三宝，忘相入一心。"是也。大乘功德者，如《论》颂云："大乘善根界，等无讥嫌名。女人及根缺，二乘种不生。"是也。等者，等虚空及性也。

前后"如是功德庄严"下，不各系《论》颂。以今颂一缺化作，二缺恶道，故特明之。言众鸟出音，若非佛作，焉能听者忘相一心也？不云恶道，以人中尚无女人，圣中尚无小圣，况复有恶道也？前后明显可知，故不繁系。又正报二功德，在如是庄严条外，故亦不系。

【疏】称理，则自性般若周遍法界，是鸟树说法义。

【钞】《首楞严钞》云："若能转物，即同如来。以心外无物，物即是心。但心离分别，即是正智般若，周遍法界，无有障碍。"是故西方水鸟树林，悉皆说法。今不见鸟树说法，以未离念故。《起信》云："离念相者，等虚空界。"是故虚空界中，普皆说法。

△ 二、正报：初化主，二化伴。

△ 初、化主：初征名，二显德。

△ 初、征名

【经】舍利弗，于汝意云何，彼佛何故号阿弥陀？

【疏】上明依报之胜。而依从正生，故次明正报。于意云何，审其解否也。已知彼佛号阿弥陀，未知其义。以彼佛乃一经正主，故须审问。

【钞】正主者，报有依、正，佛居其正故。正有主、伴，佛为其主故。义须审者，以弥陀万德之号，其义深广，应为开阐，使人晓了，生向慕故。

【疏】称理，则自性正思惟，是"于意云何"义。

【钞】筹量名意，世人起于意识，念念逐外筹量，是邪思惟也。旋其意识，扣己而参，思之又思，思尽还源，思无所思，全身即寿即光，何论彼佛此佛。

△ 二、显德：初名含多义，二道成远劫。

△ 初、名含多义：初光明无量，二寿命无量。

△ 初、光明无量

【经】**舍利弗，彼佛光明无量，照十方国，无所障碍，是故号为阿弥陀。**

【疏】“无量”已如前释，然未知“无量”得名之故。今谓是光明、寿命，二皆无量也。光明者有二：一者智光，二者身光。复有二义：一者常光，二者放光。又光所因，复有二义：一是万德所成，一是本愿所致。

【钞】先释光明也。智光、身光者。如卢舍那，此云“光明遍照”。自受用身，照真法界，是名智光。他受用身，遍照大众，是名身光。又《涅槃》云：“琉璃光菩萨，放身光明。文殊言：‘光明者，名为智慧。’”则事理圆融，身智不二也。

常光、放光者。常所显光，无放不放，如圆光一寻等是也。放光者，或于眉间，或于顶上，或口、或齿、或脐、或足之类是也。今言光者，正意在常，而亦兼放，及与身、智。如《大本》言：“尔时阿弥陀佛，从其面门，放无量光。”又云：“我以智慧光，广照无央界”故。

万德所成者，《华严・贤首品》开四十四门光明，各出其因，或归三宝，或发四弘，三学六度之所成就，一一结云：“是故得成此光明。”又《般若经》，佛言：“我于一切法无所执，故得常光一寻。”则知今佛光明，非一德所致也。

本愿所致者，《大本》法藏愿云：“我作佛时，顶中光明，胜于日月百千万亿倍。”又愿云：“愿我作佛时，光明照无央数天下。幽冥之处，皆当大明。诸天人民，以及蜎蠕，见我光明，莫不慈心作善，来生我国。”又愿前偈云：“能使无量刹，光明悉照耀。”故今成佛，得如所愿。

【疏】“无量”者，言所照之广也。“十方”者，不同他经照一方故。“无障碍”者，不同日光犹有碍故。

【钞】不同他经者，如《法华》东照，则不说余方。万八千，则不该余国。义各有取故。今则四维上下，一切国土，无不照故。

不同日光者，日虽有光，修罗掩之则碍，铁围两间则碍，覆盆之下则碍。又阎浮明，则单越碍。瞿耶明，则弗于碍。今则彻山透壁，通幽达冥，无能遮障使光隐没，无能隔碍使光断绝故。

如《大本》云："彼佛光明，最为远著，诸佛光明所不能及。十方诸佛顶中光明，有照一里者、二里者。如是渐远，有照二百万里者，有照一世界者、二世界者。如是渐远，有照二百万世界者。唯阿弥陀佛光明，照千万世界，无有穷尽，故号无量光佛、无边光佛、无碍光佛，乃至超日月光佛。"皆光明无量义也。

《观经》云："彼佛圆光，如百亿三千大千世界。"又云："彼佛有八万四千相。一一相，有八万四千随形好。一一好，有八万四千光明，遍照十方念佛众生，摄取不舍。"又《大本》言："阿难头脑着地，称佛名号，礼未起际，佛放大光明，遍十方上下。"皆光明无量义也。

或难：日犹有碍，世所共知。佛光无碍，当有何据？

答：须达老女，不愿见佛，避入深闺。佛光所及，垣壁俱彻。内外四方，恒与佛对。即无碍之征也。

△ 二、寿命无量

【经】**又舍利弗，彼佛寿命，及其人民，无量无边阿僧祇劫，故名阿弥陀。**

【疏】光明无量，是"无量"之一义，今言寿命亦无量也。佛寿有三：法寿、报寿、应寿。如《法华》及《观经》疏中说。然佛寿无量，随机所见。今之"无量"，亦可即无量之无量。

【钞】寿命者，寿之所历，有短有长。今当减劫，寿仅百年。彼增劫时，亦只八万。纵轮王、天帝、诸佛住世，亦有限量。唯彼佛寿命，至为久远，不局常数，云"无量"也。

三寿者，《法华·寿量品》，《疏》云："寿者受也。若法身，真如不隔诸法，故名为受。若报身，境智相应，故名为受。若应身，一期报得，百年不断，故名为受。法身以如理为命，报身以智慧为命，应身以因缘为命。”《观经疏》云：“示同生灭，有始有终者，应身寿也。一得永得，有始无终者，报身寿也。非寿非不寿，无始无终者，法身寿也。”又谓：“彼佛寿命，实有期限，人天莫数，是有量之无量也。”越溪解云：“此经虽云无量，乃是三十二相常所见身，非《观经》胜应尊特之身。”亦同上意。

今谓随机所见者，此经佛身无定，前义理中已辩。况经文但言阿弥陀佛现在其前，未曾指定现何等身。越溪安得判属三十二相？必谓劣应，则劣机自见，非此经专以劣应而被劣机也。《大本》法藏愿云：“我作佛时，假令十方众生，皆作缘觉、声闻，皆坐禅一心，欲计我年寿几千亿万劫，无能知者。”岂亦常所见身之无量乎？是故入灭双林，或见灵山未散。舍那千丈，或见丈六金身。佛本不移，机自异故。则谓彼佛寿命，即无量之无量，亦何不可？

【疏】“及其人民”者，巧用倒语故。言“人民”者，佛如王故。“阿僧祇”，此云“无数”，倍之名“无量”、“无边”。人寿有二：一佛本愿力故，二自功德力故。

【钞】倒语者，正语当云：“佛及人民，寿命无量”。如“波罗蜜”，云“彼岸到”，当是“到彼岸”耳。以意会之，无以辞害。

佛如王者，彼国虽无君臣父子，然佛为法王，有君主义。生彼国者，依佛学佛，有人民义。非如此土，版籍所统，实编氓也。

“僧祇”者，入十大数之首。从百洛叉，倍倍积累而生。又僧祇僧祇为一无量，无量无量为一无边。今合言者，自有二义：一是实明其数，以僧祇计之，有无量无边僧祇也。二是极赞其多，无复边量，无复穷尽之僧祇也。

佛力者，《大本》法藏愿云：“我作佛时，我刹中人，寿命皆无央数劫，无有能计其数者。”是承佛愿力，有此寿故。自力者，一心念佛，心清净故，莲花化生。清虚之身，不同质碍肉身有老病死。是自精进力，有此寿故。

【疏】问云：此无量亦可即无量之无量者，还有证否？答：例如《华严》中说。

【钞】上引《观疏》云“此无量是有量之无量”，而言“亦可即无量之无量”者，以今文正似《华严》故。彼经《十回向文》云“无量阿僧祇”，释云：“此非数中之一，但是无数之言。若定是数，便当局限。”今经亦云“无量无边阿僧祇”。二经文势，意极相类。故言彼佛寿命，亦可即是更无限量之无量也。

问：《华严·寿量品》谓：“娑婆世界一劫，为极乐世界一昼夜。极乐世界一劫，为袈裟幢世界一昼夜。展转劫日相对，乃至百万阿僧祇世界，极于胜莲花。”则极乐仅胜娑婆，劣后殊甚，安得为更无限量之无量乎？

答：彼《钞》释云：“三身既融，三寿无碍。即长能短，即短恒长。无长无短，长短存焉。一一圆融，言思斯绝。”其义自明，不劳更辩。

【疏】又寿命、光明者，约而言之，少摄多故。二部名题，只曰“无量寿”者，约之又约，体摄用故。若具说者，依报、正报，悉皆无量。

【钞】约言者，佛具万德，今只举寿命、光明者，如《华严》八地，言“身相无量、智慧无量、方便无量、光明无量、清净音声无量”等，则知举二事者，以少摄多也。

体摄用者，或难：“既光寿双举，云何《大本》及《观经》题，皆只云‘无量寿’，不言‘光’者，复是何义？”良以一真如心，无去无来，亘古亘今。其寿无量，其光亦尔。金体金光，不相离故。《起信》云：“心性不起，即是大智慧光明，周遍法界。”不起，寿也。智慧，光也。言“寿”，则“光”在其中，故单举也。

依正无量者，自佛一身所有功德，及如下文声闻、菩萨，乃至前之栏、网、行树等，种种庄严，悉无量故。

【疏】称理，则自性常照，是“光明”义。自性常寂，是“寿命”义。自性寂照不二，是“阿弥陀”义。

【钞】灵明洞彻，光绝涯涘。湛寂常恒，寿何筹算。常恒而复洞彻，故即寿而光。洞彻而亦常恒，故即光而寿。如是，则阿弥陀佛，虽过十万亿刹之外，而实于此娑婆世界众生心中，结跏趺坐，俨然不动。何乃佩长生之诀，枉自殇亡。负杲日之明，翻成黑暗。心本是佛，自昧自心。佛本是心，自迷自佛。

△ 二、道成远劫

【经】舍利弗，阿弥陀佛成佛以来，于今十劫。

【疏】已知彼佛得名之义，未审彼佛成佛至今，经几何时。“劫”者，具云“劫波”，此云“时分”。十劫者，一云大劫，一云小劫。今谓明远，应是大劫。又十大劫，亦是一期赴机之说。究极而言，成佛以来，亦应无量，如《法华》中说。

【钞】一大劫者，成、住、坏、空各二十小劫，八十劫终，方成大劫。云十大劫，是八百小劫也。经意为明成佛久远。而曰小劫，未见其远。今依唐译，云“十大劫”。

亦应无量者，如《法华》中，众疑世尊成佛未久，云何旷劫菩萨是所教化？佛言：“我实成佛以来，无量无边劫。”则弥陀成佛，其可量乎！

【疏】若考阿弥陀佛成佛以前因地，不但法藏一因，有多种因，如诸经中说。

【钞】法藏因者，《大本》云：“定光佛前五十三佛，名世自在王。法藏时为国王，舍位出家，发四十八愿。”今阿弥陀佛，是法藏所成之佛也。

多种因者：

一、《法华经》，大通智胜如来时，十六王子出家，净修梵行，求无上菩提。佛灭度后，常乐说是《妙法华经》，后悉成佛。第九王子于西方成佛，彼王子者，今阿弥陀佛是。

二、《悲华经》云：无量劫前，有转轮王，名无诤念，供养宝藏如来。时王发愿，愿成佛时，国中种种清净庄严。佛与授记：过恒河沙劫，西方世界作佛，国名安乐。彼国王者，今阿弥陀佛是。

三、《大乘方等总持经》云：无垢焰称起王如来时，有净命比丘，总持诸经十四亿部，随众生愿乐，广为说法。彼比丘者，今阿弥陀佛是。

四、《贤劫经》云：云雷吼如来时，有王子名净福报众音，供养彼佛。彼王子者，今阿弥陀佛是。

五、彼经又云：金龙决光佛时，有法师名无限量宝音行，力弘经法。彼法师者，今阿弥陀佛是。

六、《观佛三昧》第九，经云：空王佛时，有四比丘，烦恼覆心。空中教令观佛，遂得念佛三昧。彼第三比丘，今阿弥陀佛是。

七、《如幻三摩地无量印法门经》云：狮子游戏金光如来时，有国王名胜威，尊重供养彼佛，修禅定行。彼国王者，今阿弥陀佛是。

八、《一向出生菩萨经》云：阿弥陀佛，昔为太子，闻此微妙法门，奉持精进。七千岁中，胁不至席，不念爱欲、财宝，不问他事，常独处止，意不倾动。复教化八千亿万那由他人，得不退转。彼太子者，今阿弥陀佛是。

以上略举数端。若其多劫多因，亦应无量。

【疏】称理，则自性本来成佛，是“十劫”义。

【钞】《华严》举十，是表无尽。即今自性成佛以来，何止威音那边更那边，尘沙劫又尘沙劫也。若定执十劫，昔人道：“犹是王老师儿孙。”

△ 二、化伴：初现在，二往生。

△ 初、现在：初声闻，二菩萨，三总结。

△ 初、声闻

【经】又舍利弗，彼佛有无量无边声闻弟子，皆阿罗汉，非是算数之所能知。

【疏】主必有伴，先声闻，次菩萨，明皆贤圣之侣也。今初声闻。声闻者，闻四谛声教而得证果。阿罗汉者，拣非前三也。不言缘觉，摄声闻中故。非算数者，甚言其多也。

【钞】闻四谛者，世尊为憍陈如等五人，转苦、集、灭、道法轮，初示，二劝，至三则证，诸漏已尽，成阿罗汉。因闻声教，以得开明，故名“声闻”。“声闻”之号，通前三果，今四果也。

缘觉摄者，缘觉观十二因缘而得开悟。虽十二支，而束之不出四谛。虽有利生之心，而亦未广，故摄声闻中也。

算数者，世间算数，尽于九章。佛说算数，如《阿僧祇品》，则非世人心力所计。今云“算数”，通世、出世间而言也，以其多多无尽，超出算数之外，虽洛闳、一行，无所施其巧者也。上言“无量”、“无边”，十大数中当其二、三，是有算数。而今言“非是算数所知”，故知“无量”乃赞叹极多之语，未可以常数泥也。如《大本》云：“假使比丘满亿那由他百千数量，皆如目连神通，欲共计算彼佛初会声闻，尽其神力，百分中不能知一，乃至邬波尼杀昙分，亦不能知一。”又云：佛告阿难：“假使有人，出一身毛，碎为微尘。以一一尘，投海出水。毛尘水多？海中水多？”阿难答言：“毛尘出水，不及半合。海水无量。”佛言：“彼佛刹中声闻弟子，有知数者，如毛尘水。数未尽者，如海中水。”

【疏】《论》言二乘不生。今言声闻者，以惯习小，不久证大，终无小故，如《观疏》说。若据变化，小亦无碍。

【钞】终无小者，《观经疏》谓：“习小之人，本不得生。由彼临终，发大乘心，亦乃得生。以惯习小，才闻苦、空、无常等法，顺其先习，遂证小果。而向大之心已成，况得近佛，自当不久证大，安在其为声闻乎？”是则《经》举声闻，以暂有故。《论》明二乘不生者，以终无故。

小亦无碍者，净土尚容众鸟，声闻岂不鸟如？鸟既变化所成，声闻宁独实有？纵使彼国久有声闻，亦复何碍。

△ 二、菩萨

【经】诸菩萨众，亦复如是。

【疏】承上不独小乘，诸大乘菩萨无不生故。“亦复”者，亦无量无边不可算数也，又复具无量无边功德，如《大本》中说。

【钞】菩萨者，自初心以至地尽。前如“教起”中辩，后如“补处文”中所引。甚多无量，何可数计？

功德者，《大本》佛赞彼国菩萨种种功德，为二十三喻：一、坚固不动，如须弥山；二、智慧明了，如明日月；三、广大如海，出功德宝故；四、炽盛如火，烧烦恼薪故；五、忍辱如地，一切平等故；六、清净如水，洗诸尘垢故；乃至二十三、如慈氏观，等法界故。末复结云：“今为汝等举要言之。若广说者，一劫不尽。”则知菩萨之数无量无边，菩萨功德亦无量无边也。

【疏】如《华严》云：“如来所都，诸清净众，于中止住。”正同此义。

【钞】《华严》二十五，经云：“一切诸佛国土庄严，如来所都，不可思议。同行宿缘诸清净众，于中止住。未来世中，当成正觉。”如来所都，即阿弥陀佛极乐国土。清净众者，即诸菩萨。未来成佛，即下文“一生补处”。

【疏】称理，则自性即空即假，是佛有声闻、菩萨义。

【钞】性空，则一真凝寂。性假，则万用恒沙。凝寂，则杳莫边涯。恒沙，则广无际限。曾何算数可得评量者哉？是则贤圣三乘，共宗一佛。真俗二谛，同出一心。一心了然，福足慧足。

△ 三、总结

【经】舍利弗，彼佛国土成就如是功德庄严。

【疏】结上声闻菩萨弟子庄严，皆彼佛宿因愿行功德之所成就也。《论》云：“如来净花聚，正觉花得生。”是也。

【钞】愿者，《大本》法藏愿云：“我作佛时，刹中菩萨，神通、智慧、辩才、相好、威神，悉皆如佛。”今来成佛，得遂所愿也。

行者，《大本》言：“尔时法藏教化众生，修行六度，广行教化，致无量众生，发菩提心。”行今成就，有斯庄严也。

净花聚者，如《净名经》七种净花：一者戒净，三业净故；二者心净，烦恼结漏尽故；三者见净，见法真性，不起妄想故；四者度疑净，见深疑断故；五者分别道净，是道宜行，非道宜舍故；六者行断知见净，所行所断通达故；七者涅槃净，以无学故。海东谓《论》颂声闻。今谓亦可兼通菩萨，如道品亦通大小乘故。

自栏、网、行树至此，依正共五番庄严。极乐之义，略尽于是。下文“众生生者”，及“补处”等，亦正报中摄。

△ 二、往生：初大众，二上首。

△ 初、大众

【经】**又舍利弗，极乐国土，众生生者，皆是阿鞞跋致。**

【疏】承上不独现在彼国，无非贤圣。但有生者，悉皆不退也。“众生”者，统摄一切。“阿鞞跋致”者，此云“不退转地”，如《大本》及《论》所明。复有多种因缘，故得不退。如《十疑》五种，《通赞》十胜，《群疑》三十益等。

【钞】生皆不退者，恐疑彼国固多贤圣，然是久修上士。其新生者，未必不退。故言不论圣凡，但往生者，即不退转，以决其志也。

《大本》所明者，如云：“生彼国者，处仁迁义，不妄动作。终无淫怒之心，愚痴之态。”又云：“生彼国者，皆悉具足三十二相，诸根明利。乃至成佛，不受恶趣。”又《论》颂云：“天人不动众，清净智海生。”不动即不退也。良由念佛之力，得依如来智海含润而生，有进无退故。

五种者，《十疑论》云：有五因缘，故得不退。一者，弥陀大悲愿力摄持，故不退。今释，谓如《大本》法藏愿云：“我作佛时，闻我名号，皈依精进，即得第一忍、第二忍、第三忍。于诸佛法，永不退转。”譬如涉海，得乘巨航，不沉溺故。二者，佛光常照，故菩提心增进不退。今释，谓如《大本》言：“见佛光明，而生慈心。”又念佛之人，佛放光明，摄受此人。譬如日月，照烛暗途，不堕坑堑故。三者，水鸟树林，风声乐响，皆说苦空。闻者常起念佛法僧之心，故不退。今释，谓如此经，及二部中说。譬之亡者，闻钟磬声，增其正念故。四者，纯诸菩萨，以为胜友。外无魔邪，内无烦恼，故不退。今释，谓如此经言：“诸上善人，同会一处。”譬之置子庄岳，不复楚语故。五者，寿命永劫，与佛齐等，故不退。今释，谓如经言：“佛及人民，寿命无边。”譬之涉万里途，假以时日，终至宝所故。

十胜、三十益，大约同此，恐繁不引。

【疏】又“不退”三义：大乘不退、已得不退、未得不退。例如《弥勒问经》说。

【钞】大乘不退者，往生彼国，趋入大乘，更不退转复作二乘故。已得不退者，但生彼国，凡所已得，更不退转丧失本有故。未得不退者，但生彼国，凡所未得，更不退转阻其前进故。

又《弥勒问经》云："自分坚固名不退，胜进不坏名不转。"今以大乘、已得、未得三义参之，则前二同乎自分，后一同乎胜进也。

【疏】又同名不退，而有浅深。如《起信》、《妙宗》，及慈照所说等。

【钞】《起信论》云："生彼国者，常见佛故，终得不退。"《疏》明不退有三位：一者信行未备，未得不退，以无退缘，名不退；二者信位满，入十住，得少分法身，名不退；三者贤位满，入初地以去，证遍满法身，名不退。

又《妙宗钞》云："不退有三：若破见思，名位不退，则永不失超凡之位。伏断尘沙，名行不退，则永不失菩萨之行。若破无明，名念不退，则永不失中道正念。"

又慈照宗主《四土图说》，以未断烦恼，生同居土，为愿不退；破见思，生方便土，为行不退；破尘沙，分破无明，生实报土，为智不退；破三惑尽，生寂光土，为位不退。则不退名同，而浅深自别，如九品义。

【疏】又四教不退，非今经义。

【钞】四教各明不退，谓藏教别相念不退，通教性地不退，别教七住不退，圆教七信不退。则知自此以前，进退未定。今念佛者，但生彼国，虽恶人、畜生，即得不退。岂不胜妙直捷，异乎诸教。

【疏】称理，则自性常住，是"不退转"义。

【钞】譬如虚空，自古及今，不曾退转。纵欲退转，退至何所？

△ 二、上首

【经】其中多有一生补处，其数甚多，非是算数所能知之，但可以无量无边阿僧祇说。

【疏】承上言生彼国者，岂唯不退，复有补处菩萨不可胜纪，深劝求生也。"补处"者，只此一生，次补佛位，即等觉菩萨也。

【钞】深劝求生者，生皆不退，已超余国，复多补处，可谓超越殊胜，极其至也。

只此一生者，此土修行，舍身受身，千生万生，未有穷已。乃至证三果者，犹尚有生。阿罗汉地，方断后有。虽断后有，不得成佛。今此唯余一生，次即补佛。前如护明，后如慈氏，菩萨之极位也。又《大本》云："生彼国者，皆具三十二相，究竟深入妙法要义，皆当一生遂补佛处。"据此，则如储君暂在东宫，必绍南面。非余百官展转升进，只是位极人臣之比也。此等菩萨，咸皆往生。薄劣西方，不揣甚矣！

【疏】问：彼处观音，次当补佛。次乃势至。势至之后，不闻补者。今言补处甚多，何日当补？又补处者，菩萨地尽，住等觉位，如星中月，何得甚多，而在彼国？

答：补处不必定补弥陀之处。十方世界无尽，诸佛涅槃无尽，补处菩萨亦无尽。住彼国中，而待补处，奚为不可？又诸佛尚如微尘，无有穷尽。况复菩萨，其数甚多，无足疑也。如《大本》中说。

【钞】《大本》云：佛告弥勒："此世界中，有七百二十亿菩萨生彼，一一已曾供养无央数佛，如弥勒者。诸小菩萨，不可胜纪。他方世界，第一光远照佛所，有八十亿菩萨，皆当往生。第二宝藏佛所，有九十亿。第三无量音佛所，有二百二十亿。展转至十四佛刹，以及无量佛刹，往生者不可复计。但说佛名，穷劫不尽，况其菩萨当往生者。"言如弥勒，则甚多补处，益可为证。

【疏】如上依正二报，或经文中有，本愿中无。或本愿中有，经文中无。互见无碍。

【钞】若据慕佛发愿，满愿成佛。则彼方种种所有，皆彼佛愿愿所成，悉应契合。今明互为有无者，以文虽小殊，而意则具足也。又如法藏愿云："我作佛时，刹中诸天人民，一切万物，皆严净光丽，形色殊特，穷微极妙，无能称量者。虽得天眼，不能辨其名数。"观此，则正报、依报，摄无不尽。不可拘文而限义也。

【疏】称理，则自性决定成佛，是"一生补处"义。

【钞】圭峰云："今知心是佛心，定当作佛。"然而本来成佛，非作得故。则但见始觉新来，不知本觉固有。可谓补则决定补，成则实不成。

△ 二、正示愿行令知修证：初发愿，二起行，三感果，四结劝。

△ 初、发愿：初劝发愿心，二出其所以。

△ 初、劝发愿心

【经】**舍利弗，众生闻者，应当发愿，愿生彼国。**

【疏】上陈依正二报。今言众生得闻此者，应当发起大愿，愿生彼国。是为第一重劝，后乃反复申明。

【钞】第一重劝者，经中反复劝闻、劝信、劝愿，约有四重。今当最初，是闻依正庄严胜妙功德之说而发愿也。二言“闻是说者”，是闻一心持名、决定往生之说而发愿也。三言“闻是经者”，是闻持名佛护、不退菩提之说而信受也。不言愿者，信受即愿故。四言“若有信者”，是总结闻已深信，信有愿者无一不生之说而发愿也。闻闻转深，愿愿倍切。语虽反复，义不雷重。悯物情深，诲人不倦。

【疏】又闻摄信义，愿摄行义。三事资粮，悉备于此。

【钞】闻然后信，匪闻则信自何生？愿然后行，无愿则行何由起？下文信行，此为本原。信、行、愿三，净土资粮，充足无欠。

【疏】又愿之为力，不可思议。彼佛净土，亦由愿故。临终往生，唯仗愿故。三界因果，悉随愿故。诸大菩萨，皆愿生故。

【钞】彼佛净土者，法藏以因中四十八愿，今成佛道，广度众生。则如来无尽功德，皆从愿生，故云不可思议。

临终往生者，《行愿品》言：“是人临命终时，一切诸根，悉皆败坏。以致亲属威势、象马珍宝等，悉皆散灭。唯有愿王不相舍离，一切时中引导其前，一刹那间，即得往生极乐世界。”故云不可思议。

三界因果者，愿受天乐，则贫母上生。愿作冥王，则岳神治鬼。种种随愿，莫为而为，故云不可思议。

菩萨愿生者，普贤颂云：“愿我临欲命终时，尽除一切诸障碍，面见彼佛阿弥陀，即得往生安乐刹。”乃至愿蒙授记，广利众生等。至如文殊发愿往生所说之偈，亦云：“愿我命终时，灭除诸障碍，面见弥陀佛，往生安乐刹。”与普贤若合符节。他如天亲、龙树等，多难悉陈，故云不可思议。

【疏】称理，则自性还归本体，是“愿生彼国”义。

【钞】若知本体不离当处，则非生彼国，乃生此国耳。虽云十万亿程，何曾咫尺动步？故谓“不劳弹指到西方”也。如其真如不守自性，五道随缘，则是穷子旅泊他乡，应归故里。

△ 二、出其所以

【经】所以者何？得与如是诸上善人，俱会一处。

【疏】此蹑前征起，何故教人发愿生彼，以彼国是诸上善人同会之处，得生彼国，则入如是胜会，故当求生。

【钞】征有二义：一者，娑婆亦是佛邦，何必远离故国？二者，十方无尽佛刹，若为偏向西方？故征其由。

今融而答之，复有三义：一者，或有国土，人、畜、鬼、狱之所共居，未必皆人故；二者，或有国土，虽纯人所居，未必皆善故；三者，或有国土，虽纯善人所居，未必皆上善故。今曰“诸上善人”，则不独为人中之善，亦复善中之善也。如上所列声闻、菩萨，乃至补处，此等诸上善人。今得往生，即与俱会一处，所谓“观音、势至，把手共行。文殊、普贤，亲为胜友。”喻如登龙与瀛，世所希故。是以大士求登莲录，况复凡夫？卜居犹择里仁，矧云学道？如斯胜会，可勿愿欤！

【疏】问：生极乐者，其类不一，何得概称上善？答：以皆得不退转故。

【钞】类不一者，谓有圣有凡，有大有小。上中下品，分位秩然。乃略其中下，概曰上善，故为此难。今明众生生者，皆是阿鞞跋致，则究竟皆成无上正觉，是佛境界，故无别也。

【疏】称理，则自性万善同归，是同会一处义。

【钞】百川会于一海，众景会于一空。诸上善人，不会此之一处，而将奚会？

△ 二、起行：初拣余行，二示正行。

△ 初、拣余行

【经】舍利弗，不可以少善根福德因缘，得生彼国。

【疏】承上言凡群易就，善聚难亲，何况最上善人之会，岂可以少善少福而得生也。于中灵芝以善根为正行，属之持名；以福德为助行，属之净业三福。海东则总以多善多福为正行，云是发菩提心；以少善少福为助行，云是执持名号。二义相违。今双为和会，谓欲生彼国，须多善多福。今持名，乃善中之善，福中之福，正所谓发菩提心，而为生彼国之大因缘也。

【钞】相违者，一以持名属正，一以持名属助，二说矛盾。而此经大旨，正重持名。若持名为助行，则下文“闻说阿弥陀佛，执持名号”，义云何通？助行持名，断无此理。又灵芝以《观经》“三福”，配此“福德”。则第三福“发菩提心”，乃成助行。与海东菩提心为正行，二亦矛盾。而《观经》以三福为净业正因，则助行菩提，亦无此理。今双为和会者，还以持名为正行，复以持名为发菩提心。则双取两家，而和会其义也。

善根者，《观经》则如上第三福“发菩提心”，《大本》则三辈往生，皆言“发菩提心”。据此，则发凡夫心，是谓无善根。发声闻心，不发菩提心者，是谓少善根也。

福德者，《观经》则“孝养父母”等，《大本》则“修诸功德”等。据此，则施、戒等，乃至立寺、造像、禅诵、苦行，一切福业，舍置不作，是谓无福德。但作此福，种人天小果有漏之因，是谓少福德也。

善中善者，自有五义，以具《智论》五菩提心故：一、发心菩提，谓于无量生死中，发大菩提心也。而持名，正于凡夫生死心中，起大觉故。二、伏心菩提，谓断诸烦恼，降伏其心也。而持名，则正念才彰，烦恼自灭故。三、明心菩提，谓了达诸法实相也。而持名，正即此一心，明了一切诸法实相故。四、出到菩提，谓得无生忍，出三界，到萨婆若也。而持名，即得一二三忍，捷超生死，趋一切智故。五、无上菩提，谓坐道场，成最正觉也。而持名，则得不退转地，直至成佛故。

又《海东疏》引《菩萨心地品》云：“诸菩萨初发心，能摄一切菩提分法，殊胜善根。”《瑜伽》第三十七云：“菩萨所集善根，以纯一净妙信心，回向无上菩提。”《梁摄》第十云：“所作善根，悉以回向无上菩提。”则皆以菩提为善根。而今经持名，正回向无上菩提之善根也。以阿弥陀佛，即无上菩提故。是则善中之善，名多善也。

福中福者，亦有二义：一者，弥陀乃万德名号，一名才举，万德齐圆。不期于福，福已备故。二者，以持念力，自然诸恶不作，众善奉行。以之修福，福易集故。是则福中之福，名多福也。

【疏】因缘者，清凉以亲能发起为因，假之助发为缘。今此复有二义：一者善根为因，福德为缘；二者善福各有因缘。

【钞】善因福缘者。菩提善根，入道正因。如诸经言：“不发正觉菩提之心，虽行六度万行，经恒沙劫，终不成佛。”故知万善之所根本，是之谓因。然须一切福德，助成菩提。以福济慧，以事实理，辅翼入道，是之谓缘。

各有因缘者，善根、福德，其所由来，从何发心，均名曰因。而善根发起，必有种种善缘为助；福德发起，必有种种福缘为助，是各有其缘也。

【疏】问：何故《观经》“发菩提心”在第三福？答：以福有事理，不专事故。

【钞】《观经》三福：一者孝养父母，奉事师长，慈心不杀，修十善业；二者受持三归，具足众戒，不犯威仪；三者发菩提心，深信因果，读诵大乘，劝进行者。

难谓：“云何发菩提心，而与上之二者同名曰福？”今明福有事理，此菩提心，是《般若》中如虚空不可思量之福，非达摩所斥人天有漏之福也。故前二福犹共凡小，此独擅大乘耳。然今疏不以配福，而属之善根者何？良以善之与福，别之则二，总之则一。别而言之，则菩提心偏属善根。总而言之，则菩提心亦可云福。《观经》总举，言福无碍。

问：《宝积大本》云：“欲见无量寿佛者，应发无上菩提心。复当专念彼国，积集善根。”则菩提、善根，似为二事。今何直以善根属菩提心？

答：彼但言“善根”，此乃云“多善根”。“多”之一字，非菩提心，何以当此？

【疏】问：即持名为多善根、福德，此经之外，别有证据否？答：历历可证，如《大悲》、《大品》等说。

【钞】证善根者，《大悲经》云："一称佛名，以是善根，入涅槃界，不可穷尽。"又云："我灭度后，北天竺国，有比丘名祈婆伽，修习无量最胜善根。已而命终，生于西方过百千亿世界，无量寿佛国。以后成佛，号无垢光如来。"又《大庄严经论》：佛世一老人来求出家，舍利弗等诸大弟子俱不肯度，以观彼多劫无善根故。佛自度之，即证道果。因告大众："此人无量劫前，为采薪人，猛虎逼极，大怖上树，称：'南无佛。'以是善根，遇我得度。"《华严》第十回向云："愿忆念无量无边世界，去、来、现在一切诸佛。"而次云："以此念佛善根"。凡此，皆持名为多善根之明证也。

证福德者，《大品般若经》云："若人散心念佛，亦得离苦，其福不尽，况定意念。"《称扬诸佛功德经》云："若有得闻无量寿如来名者，一心信乐，持讽诵念。此人当得无量之福，永离三途。命终之后，往生彼刹。"《智论》云："譬如有人初生堕地，即能日行千里。满一千岁，七宝奉佛。不如有人，于后恶世，一声称念阿弥陀佛，其福胜彼。"《增一阿含经》云："四事供养阎浮提一切众生。若有称佛名号，如搆乳顷，功德过上，不可思议。"凡此，皆持名为多福德之明证也。

又《宝积》十九，经云：时一比丘，闻佛赞扬不动如来佛刹功德，心生贪着，而念生彼。佛言："不以爱恋之心遂得往生，唯有植诸善本，修诸梵行，得生彼刹。""善本"即善根，"梵行"即福德。此又双显持名，为多善多福之明证也。诸经交赞，可弗信受？

【疏】问：此土单修圆顿，不愿往生者，宁可谓之少善根耶？答：圆顿行人，虽悟一心，尚余后有，正宜求生彼国，亲近弥陀。喆老、青公，皎然覆辙。若其自负圆人，不愿往生，当知亦是善根薄故，如《华严》中说。

【钞】后有者，后阴也，即来生也。圆人见地，虽与佛齐。然而粗细无明，犹未尽除。恒沙性德，犹未悉备。有惑润生，宁无后有？既存后有，则有生方，不离六道。除彼已登实报，余或未免人天。而天上多欲，人间杂苦，堕落者众，解脱者稀。不生净土，而将焉往？喆老、青公，俱称有悟。而喆老后身，耽恋富贵。青公后身，多历苦忧。皆由不慕往生，自失善利，致使淹滞多生，旷菩提路。岂非善根凉薄，乃致如斯？

言《华严》者，《入法界品》云："遮那会上，诸大声闻不见佛者，以善根不同故，本不修习见佛自在善根故。"

故知执持名号，愿见弥陀，诚多善根、大善根、最胜善根、不可思议善根也。

【疏】称理，则自性出生一切法，是"善根"义。自性富有一切法，是"福德"义。

【钞】何期自性，能生万法。何期自性，本自具足。

△ 二、示正行

【经】舍利弗，若有善男子、善女人，闻说阿弥陀佛，执持名号。若一日、若二日、若三日、若四日、若五日、若六日、若七日，一心不乱。

【疏】承上多善多福乃生彼国，而善根难植，福德难修，况复云多？累劫劬劳，莫之能办。如《宝积》十心，《华严》十愿等。今有一法，直捷简易，即为多善多福，故显持名功德殊胜。

【钞】善根难植者，如前身子发大乘心，因婆罗门乞眼退失等。福德难修者，如《涅槃》三十四，经云："五品心修十善，谓下、中、上、上中、上上，各十善而成五十。始修终修，方成百福。"则福之不易修明矣。

《宝积》十心者：一、于众生起大慈，无损害心；二、于众生起大悲，无逼恼心；三、于佛法不惜身命，乐守护心；乃至十、于诸佛舍离诸相，起随念心。具此十心，往生净土。

《华严》十愿者：一者礼敬诸佛，乃至十普皆回向。亦以此十生彼国土。

以上皆菩萨广大智行，非可易植易修。今持名功德，就使十心未备、十愿未齐，净业一成，便生彼国。既得往生，此心此愿，自然成就。岂非多善根福德乎？不经迂曲，是谓直捷。无诸烦琐，是谓简易。直捷而深造，简易而广获，诸余法门之所不及，是谓殊胜。

【疏】善男子女人者。善有二义：一是宿生善因，一是今生善类。男女者，通指缁素、利钝，及六道一切有缘众生也。

【钞】宿生善因者，《大本》云："世间人民，前世为善，乃得闻阿弥陀佛名号功德。一闻佛名，慈心喜悦，志意清净，毛发耸然，泪即出者，或宿世曾行佛道，或他方佛所菩萨，固非凡人。"则信心念佛者，皆宿修善本者也。

今生善类者。如《华严》云："宁在诸恶趣，恒得闻佛名。不欲生善道，暂时不闻佛。"夫不以人天为善，而以得闻佛名为善。则信心念佛者，皆善人之俦类也。

缁素、利钝者。净土法门，一切收摄。如《大本》云："其上辈者，舍家离俗而作沙门。"亦有不舍家离俗者。即出家五众、在家二众也，但念佛者，俱得往生，是通缁素。又莲分九品，上该盛德菩萨，下及悠悠凡夫，乃至恶人等，但念佛者，亦得往生，是通利钝。又鬼、畜、地狱，雌雄牝牡，亦可均名男女，但念佛者，俱得往生，是通一切众生也。《往生集》中，稽古验今，颇载一二，愿详览焉。

【疏】次文有三，谓弥陀名号，是标念境；执持一心，是明念法；一日七日，是克念期。

【钞】非境，则法无所施。非法，则境为虚立。非期，则虽境胜法强，懈怠因循，功不速建。三事具故，能令净业决定成就。

【疏】标念境者，彼佛万德成就净土摄生，故以"阿弥陀佛"四字洪名，为所念之境，依之修行，有所诣故。

【钞】极乐依正，言佛便周。佛功德海，亦言名便周。故以四字名号为境，依于此境，而加执持，然后向往有地。诣，至也，谓至于彼国也。

或谓："心外无境，观心即足，何以境为？"不知心境一如，亦复互发。先德谓："有三昧直观三道，显本性佛。有三昧兼持咒，有三昧兼诵经，有三昧兼念佛等。"今标念境，即是兼念佛三昧，皆助显本性之佛也。或直显，或助显，其致一也。况初学凡夫，障染浓厚。全资胜境，发我妙心。实为修行要术，不可忽也。

【疏】明念法者，谓既闻圣号，要在执持。执者，闻斯受之，勇猛果决，不摇夺故。持者，受斯守之，常永贞固，不遗忘故。

【钞】“执持”分释如上。单言“持”，则摄“执”，总之为专念不忘意也。又持复有数种：一者明持，谓出声称念；二者默持，谓无声密念；三者半明半默持，谓微动唇舌念，咒家名“金刚持”是也。又或记数持，或不记数持。具如密教中说，随便皆可。而各分事理：忆念无间，是谓事持；体究无间，是谓理持。下当详辩。以是为因，后一心不乱，亦有事理。其不解此意者，以念佛是被钝根，参禅乃能悟道。初机闻此，莫能自决。不知体究念佛，与前代尊宿教人举话头、下疑情，意极相似。故谓“参禅不须别举话头，只消向一句阿弥陀佛上着到。”妙哉言乎！

【疏】又“执持”，即“归命”义。

【钞】“归命”者，梵语“南无”，解见前序。若不委身归命，焉能一心执持？故义同也。“归”复二义，亦如前序中说：一者归投义，执持名号，一心向往，即事一心；二者归元义，执持名号，还归一心，即理一心也。

【疏】以上境、法二中，复有三义：一者闻说佛名，是为闻慧；二者执受在怀，是为思慧；三者持守不忘，是为修慧。

【钞】闻慧者，阿弥陀佛虽有无量功德，而此功德，非闻不知，非说不闻。故《华严》云：“得无生慧，先赖多闻。”又云：“佛法无人说，虽慧不能了。”或闻经论之所宣扬，或闻知识之所开示，一历耳根，永为道种，是之谓闻。而言慧者，闻即是慧。对木石说，顽不闻故。对愚人说，闻不餐采，如不闻故。故曰闻慧。

思慧者，既入乎耳，须存乎心，谛审谛观，是何法门，是何义理，是之谓思。而言慧者，思即是慧。禽畜虽闻，不解思故。愚人虽闻，入耳出口，不忆想故。故曰思慧。

修慧者，既深思之，宜力行之，是之谓修。而言慧者，修即是慧。狂人虽思，敝精役神，不实践故。

问：此指三慧，有何证据？

答：《佛地论》云：“菩萨履三妙慧，净土往还。”释云：“以闻思修，得入净土。”故知念佛必有三慧。

【疏】复有三义：闻说佛名，心不疑贰，是之谓信；信已而执，心起乐欲，是之谓愿；愿已而持，心勤精进，是之谓行。

【钞】信、愿、行，下文中当辩。

【疏】名号者，“阿弥陀佛”四字洪名，不兼色像等。如《文殊般若》，及《毗婆沙论》中说，以色像等摄名中故。

【钞】不兼色像等者，正明此经专主执持名号也。

《文殊般若经》云：佛告文殊：“欲入一行三昧者，应处空闲，舍诸乱意。不取相貌，系心一佛，专称名字。随彼方所，端身正向。能于一佛念念相续，即是念中，能见过去、未来、现在诸佛。念一佛功德，与念无量佛功德无二。阿难所闻佛法，犹住量数。若得一行三昧，诸经法门，一一分别，皆悉了知，昼夜宣说，智慧辩才，终不断绝。阿难多闻辩才，百千等分，不及其一。”

龙树《毗婆沙论》云：“佛法有无量门。如世间道，有难有易。易行疾至，应当念佛，称其名号，阿弥陀佛本愿如是。”

摄名中者二义：一者名必有相故，二者名相皆不离一心故。则一举佛名，正报、依报摄无不尽，何疑色像？

【疏】今人闻佛不肯执持者，约有四障。四障破除，方能执持，乃至一心故。

【钞】障者，遮也。以此四种，遮障念心，不肯执持，故须破除。

四障者：一谓即心是佛，何必舍己念彼？不知即佛是心，不妨念佛故。良由即心是佛，岂不即佛是心？但执念心，不许念佛，则心佛是二，即义不成。是以念佛念心，两不碍故。

二谓何不遍念诸佛，而唯念一佛？不知心专志一，乃成三昧故。良由众生智浅，繁则不胜，故用志不分者神凝，役心多歧者功丧。如普广大士问佛：“十方俱有佛土，何以独赞西方？”佛言：“阎浮提人，心多杂乱。令其专心一境，乃得往生。以诸佛同一法性身，念一佛，即念一切佛故。”

三谓佛佛可念，何不随念一佛，而必念阿弥陀佛？不知彼佛与诸众生，偏有因缘故。良由彼佛名号，人所乐称。就令恶人，有时不觉失声念佛。乃至人逢善事，不觉念佛，欢喜赞叹。人逢恶事，及与苦难，不觉念佛，伤悲痛切。机感因缘，莫或使之而自然故。

四谓何不念佛功德智慧、相好光明，而但念名号？不知持名，于末法中最逗机故，不思议故。逗机者，《文殊般若经》云："众生愚钝，观不能解。但令念声相续，自得往生。"不思议者，如前所明一行三昧，则不但逗乎钝机，神用不测故。如《遗教经》言："心者制之一处，无事不办。"今制心佛号，而至一心，何可思议！

【疏】克念期者，一日至七日，是所克定之期要也。七日者，世出世间，重其事者，恒以七故。七日称佛，免地狱故。又七日之期，复有二义，各分利钝。又多则《大本》十日，《声王》十日，《大集》七七日，《般舟》九十日等。少则《大本》一日，《观经》十念等。言"日"者，以经天道晦明之一周故。

【钞】期要者，若据如来得菩提，实不系于日，则非日非劫，焉有七日？若据菩萨修行，动经尘劫，则无穷无尽，何止七日？今立期要者，以末法众生修诸功德，精进恒难，废弛恒易。应须克限，乃发胜心也。七为世重者，如礼忏曰七夜，持咒曰七遍，此经栏、网、行树曰七重。乃至国家祀祖曰七庙，教民曰七年，竭诚曰七日斋戒之类，是也。

免地狱者，《经律异相》云：有王害父，七日当堕地狱。一尊者教其称"南无佛"。王便一心称佛，七日不懈。命终，至地狱门，称"南无佛"，遍狱罪人，皆得解脱。

利钝者，有谓利根一日，钝或至七。今谓利钝二根，各一至七。利根者，性敏捷故，一日功成，即得一心，便无所乱。其稍钝者，或二、或三，乃至七日，方得纯一。亦有利根，经于七日，端然一心，终不少乱。其稍钝者，仅六、仅五，乃至一日，或便散乱。是故各有利钝，不应偏属。

十日者，《大本》云："斋戒清净，一心常念，十昼夜不绝者，命终必生我刹。"又《鼓音王经》云："若受持彼佛名号，坚固其心，忆念不忘，十日十夜，除舍散乱，必得见彼阿弥陀佛。"

七七日者，《大集经》云："若人专念一方佛，或行或坐，至七七日，现身见佛，即得往生。”

九十日者，《般舟三昧经》云：“若人自誓，九十日中常行常立，一心系念，于三昧中得见阿弥陀佛。”又《文殊般若》云：“九十日中，端坐西向，专念于佛，即成三昧。”

一日者，《大本》法藏愿云：“一心系念于我，虽只一昼夜不绝，必生我刹。”

十念者，《观经》下下品云：“其人苦迫，不遑念佛，十声称佛”等。

则知一日至七，随日多少，皆往生期，顾力行何如耳。

晦明一周者，从子至午，乃自晦而明；从午至子，乃自明而晦，是为天道一昼夜。夫心固刹那生灭，况昼夜乎？于此一心，所谓二六时中，念念无间者也。

【疏】又此七日，不必定是临终七日。以平时有如是定力者，必生彼国。

【钞】平时者，恐人执七日之文，谓必一日至七而便命终，方名七日。故言或临终，或平时，但有一日或七日之定力者，皆得往生也。所谓闲时办，忙时用。后至命终，因果相符，必生彼国。

【疏】“一心不乱”，言执持之极也，是为一经要旨。

【钞】“心”者，拣口诵而心不念也。“一”者，拣心虽念而念不一也。“不乱”者，拣念虽一而有时乎不一也。一心不乱，净业之能事毕矣。

【疏】释此四字，先总明大意，次乃详陈事理。大意谓一往是正反语，正语“一心”，反语“不乱”。

【钞】一则不乱，乱则不一。有其一心，无其乱心，故云正反。如言“纯一不杂，精一无二”之类，是也。《华严・十回向》第四文云：“所谓不乱回向，一心回向。”释云：“一心者，专注正境也。不乱者，不生妄念也。”专注、不妄，即正反意。

【疏】次明事理者，如来一语，事理双备。故同名一心，有事有理。如《大本》云“一心系念”，正所谓一心不乱也，而事理各别。初事一心者，如前忆念，念念相续，无有二念，信力成就，名事一心。属定门摄，未有慧故。

【钞】前“执持”中，以忆念、体究，略分二种。忆念者，闻佛名号，常忆常念。以心缘历，字字分明。前句后句，相续不断。行住坐卧，唯此一念，无第二念，不为贪、瞋、烦恼诸念之所杂乱。如《成具光明定意经》，所谓：“空闲寂寞，而一其心。在众烦恼，而一其心。”乃至褒讪利失、善恶等处，皆一其心者，是也。事上即得，理上未彻。唯得信力，未见道故，名事一心也。言定者，以伏妄故。无慧者，以未能破妄故。

【疏】理一心者，如前体究，获自本心，故名一心。于中复二：一者了知能念所念，更非二物，唯一心故；二者非有非无，非亦有亦无，非非有非无，离于四句，唯一心故。此纯理观，不专事相，观力成就，名理一心。属慧门摄，兼得定故。

【钞】体究者，闻佛名号，不唯忆念，即念反观，体察究审，鞫其根源。体究之极，于自本心，忽然契合。

中二义者。初即如智不二。能念心外，无有佛为我所念，是智外无如。所念佛外，无有心能念于佛，是如外无智。非如非智，故唯一心。二即寂照难思。若言其有，则能念之心，本体自空；所念之佛，了不可得。若言其无，则能念之心，灵灵不昧；所念之佛，历历分明。若言亦有亦无，则有念无念俱泯。若言非有非无，则有念无念俱存。非有则常寂，非无则常照。非双亦，非双非，则不寂不照，而照而寂。言思路绝，无可名状，故唯一心。斯则能所情消，有无见尽。清净本然之体，更有何法而为杂乱？以见谛故，名理一心也。言慧者，能照妄故。兼定者，照妄本空，妄自伏故。又照能破妄，不但伏故。

【疏】又教分四种念佛，从浅至深，此居最始。虽后后深于前前，实前前彻于后后。以理一心，即实相故。

【钞】四种如前序中说，一称名、二观像、三观想、四实相。

称名者，即今经。

观像者，谓设立尊像，注目观瞻。如《法华》云：“起立合掌，一心观佛。”即观相好光明现在之佛也。若优填王，以栴檀作世尊像，即观泥木金铜铸造之佛也。故云观像。

观想者，谓以我心目，想彼如来。即《观佛三昧经》、《十六观经》所说，是也。

实相者，即念自性天真之佛，无生灭、有空、能所等相，亦复离言说相，离名字相，离心缘相，是名实相。所谓“我欲见极乐世界阿弥陀佛，随意即见。”是也。

此之四者，虽同名念佛，前浅后深。持名虽在初门，其实意含无尽。事一心则浅，理一心则深。即事即理，则即浅即深，故曰彻前彻后。所以者何？理一心者，一心即是实相，则最初即是最后故。

问：岂得称名便成实相？

答：实相云者，非必灭除诸相，盖即相而无相也。经云：“治世语言，皆与实相不相违背。”云何万德洪名，不及治世一语？“一称南无佛，皆已成佛道。”何况今名理一心也。又《观经》第九，观佛相好，《疏》直谓“观佛法身”。相好既即法身，名号何非实相？

【疏】又理一心，正《文殊》一行三昧，及《华严》一行念佛、一时念佛，又如《起信》明真如法身，及诸经中说。

【钞】《文殊》一行者，以般若智专持佛名，详见前文。

《华严》一行者，德云比丘示念佛法门，《疏》云：“一行三昧，观其法身，以如为境，无境非佛。”又修念佛三昧，多约渐修，谓先化身、次报身、次法身。今则一时而修，不历次第。一行不二行，一时不二时，故曰即理一心也。

《起信》真如者，《论》云：“若观彼佛真如法身，常勤修习，毕竟得生，住正定故。”又《摩诃般若经》云：“菩萨念佛，不以色念，乃至不以四智、十八不共法念。何以故？是诸法自性空故。自性空，则无所念。无所念，是为念佛。”又《观佛三昧海经》，佛示阿难云：“住念佛者，心印不坏。”释曰：谛了自心，名为观佛。不为境乱，名为三昧。一体不移，名为心印等。又《舍利弗陀罗尼经》云：“唯修一心念佛。”皆理一心义也。

【疏】又虽云一心，实则《观经》三心、《起信》三心、《论》三心，乃至《华严》十心、《宝积》十心，无不具故。又《净名》八法，亦一心故。德云二十一念佛门，亦不出此理一心故。

【钞】《观经》三心者，一者至诚心，二者深心，三者回向发愿心。与《起信》三心，名殊理一。良以“至诚心”者，即《起信》“直心正念真如”，而此一心不乱，更无虚妄，更无迁流，随顺真如故。“深心”者，即《起信》“乐集一切善根”，而此一心不乱，万善同归故。“回向发愿”者，即《起信》“度尽一切众生”，而此一心不乱，顿融物我故。

《论》明三心：一、清净心，而此一心，垢无不尽故；二、安清净心，而此一心，理无不具故；三、乐清净心，而此一心，慈无不摄故。与上二种三心，正相配合也。

《华严》十心者，菩萨十念藏，具明十种念佛：一寂静念，二清净念，乃至十无障碍念。今一心则不动，是寂静念；一心则不染，是清净念；一心则同乎法界，是无障碍念。

《宝积》十心者，解见前文。前谓十心难具，今谓心既一矣，慈悲喜舍，百千种心，何所不具？

《净名》八法者，菩萨成就八法，行无疮疣，生于净土。而第八结云：“恒以一心求诸功德。”今既一心，百千种法，何所不具？

德云念佛门者，《华严·入法界品》，德云比丘告善财言：“我得忆念一切诸佛境界智慧光明普见法门。”而复开二十一门，起于“智光普照”，终于“住虚空”。今谓心外无境界，心外无智照，心外无虚空，故不出一心，悉皆具足。《那先经》云：“诸善之中，独有一心，最为第一。一其心者，诸善随之。”正此意也。

【疏】又此一心，即作、是二义故。

【钞】《观经》云：“心想佛时，是心作佛，是心是佛。”今谓此经一心持名，由此一心，终当作佛，从因至果，名之曰作。即此一心，全体是佛，非因非果，名之曰是。

【疏】又此一心，即定中之定故。

【钞】定中定者。以定散判之，修余少善福者，散善也；一心不乱者，定善也。又以一心而分定散，事一心者，定善中之散善也；理一心者，定善中之定善也。

【疏】又此一心，即菩萨念佛三昧故。

【钞】或疑："《佛说菩萨念佛三昧经》，其间并无'信愿往生'等语。唯言：'正念诸法实相，是名念佛。'似与此经意义相戾。"今谓彼专主理，此兼理、事。理一心者，念而无念，即实相也。盖彼以无念正入，此以有念巧入。作用稍别，究竟不殊，是故同名念佛三昧。

【疏】又此一心，即达摩直指之禅故。

【钞】寻常说禅者讳净土。今谓达摩说禅，直指灵知之自性也。此理一心，正灵知自性故。门庭施设不同，而所证无两心也。善哉中峰之言曰："禅者，净土之禅。净土者，禅之净土也。"有味乎言之也！

或谓："直指之禅，不立文字。今持名号，若为会同？"不知传法以四句之偈，印心以四卷之经。较之四字名号，文更繁矣。盖非以断灭文字为不立也。不即文字，不离文字，达者契之。

【疏】又此一心，当知心王、心所，无不一故。

【钞】王、所，解见前文。此之八者，及五十一，纷然不齐，杂然竞起。而言无不一者，良由王、所虽多，溯流穷源，不出一心。今念佛人，初以耳识闻彼佛名，次以意识专注忆念。以专念故，总摄六根，眼、鼻、舌、身。如是六识，皆悉不行。念之不已，念极而忘，所谓恒审思量者，其思寂焉。忘之不已，忘极而化，所谓真妄和合者，其妄消焉。则七识、八识亦悉不行。主既不存，从者焉附，其五十一又何论也。当尔之时，巨浪微波，咸成止水。浓云薄雾，尽作澄空。唯是一心，更无余法，故云无不一也。

【疏】故知至心念阿弥陀佛一声，灭八十亿劫生死重罪，良由正指理一心故。如《法华三昧》中说。

【钞】人有疑言："罪既多劫，业重障深。久勤忏摩，渐积功德，庶可消亡。而念佛一声，灭多劫罪。因微果巨，固所不信。"今谓至心者，即一心也。若事一心，虽能灭罪，为力稍疏，罪将复现，多多之念，只可灭少少之愆。此之至心，正属理一，一心既朗，积妄顿空。喻如千年暗室，岂以一灯，暗不速灭？故“一称南无佛，皆已成佛道”，不独《妙法莲华》有之。《法华三昧观经》云：“十方众生，一称南无佛者，皆当作佛。唯一大乘，无有二三。一切诸法，一相一门，所谓无生无灭，毕竟空相。习如是观，五欲自断，五盖自除，五根增长，即得禅定。”释曰：一称成佛者，归命一心，无不成佛。以离自心一相一门外，更无有法可作皈依，毕竟空寂。如是观者，五欲自断。乃至六度万行，悉皆成就。如上所说，非理一心而何？

又《佛名经》云：“一闻佛名，灭无量劫生死之罪。”一闻则不待称念，无量则不止八十亿劫。因弥约而果弥广，非理一心，安得致此？但患心之不一，何虑罪之不灭！

【疏】故知古人“知见不普”之论，乃至定心、专心之辨，良由且就事之一心，非理一故。

【钞】知见不普者，《华严论》云：“一乘大道，非乐生净土菩萨境界。以情存净秽，知见不普。”今谓此指仅得事一心者。若得理一，则妙悟一心，有何净秽？然虽知平等法界，无生可度，而常修净土，教化众生，正所谓一乘大道也。知见之普，孰过于是！又普贤菩萨为《华严》长子，非一乘境界乎？而欲面见弥陀，往生安乐，谓之情存净秽可乎？

定心、专心者，永明谓：“九品上下，不出二心：一者定心，如修定习观，上品上生；二者专心，如但念名号，得成末品。”今谓既云“但念”，“但”之一字，正唯得事，未得理故。

【疏】故知古云“愚人求净业”者，非唯不指理之一心，亦复不指事一心故。

【钞】古德谓：“有参禅不灵，遽变前因，朝暮掐数珠，求净业。”又云：“念几声佛，欲免阎老子手中铁棒，乃愚人所为。”执此语者，遂生疑谤。不知此为参禅志不归一，辄自改途者说，非呵净业故。但言愚人朝暮掐数珠求净业，不言愚人朝暮一心不乱求净业也。《观经》云：“但闻佛及二菩萨名，能灭无量生死之罪，何况忆念？”“忆念”者，且指事一心也。则知事一，已非愚人，何况理一。

【疏】故知修净业人，复业余行，非唯不知理一，尚未能持事一心故。

【钞】念念念佛，更无杂念，是名一心。一心念佛，又一心修余种种法门，是二心也。夫无杂念者，只得事之一心。今且未能，何况理一？故念佛者，守志不二，勿因三昧难成，而辄改修余行。先儒有言："不可以仁之难熟，而甘为他道之有成。"此之谓也。

【疏】又此四字，若离合释之。则相即，故名"一心"；相非，故名"不乱"。

【钞】相即者，即空即假即中。则如前所明，此能念所念，即有而无，即无而有。二边叵得，中亦不存。三德浑然，不可分别，是名"一心"。

相非者，假非是空，空非是假，中非假、空。则能念所念双亡，成般若德。能念所念双立，成解脱德。俱存俱泯，显乎中道，成法身德。三德历然，不可混杂，是名"不乱"。

【疏】又此一心不乱，亦分五教。今不叙者，以正指顿、圆故。

【钞】亦分五教者，以莲分九品，则小大浅深，自有差等。如小教以由心造业而感前境为一心；始教以阿赖耶识所变为一心；终教以识境如梦，唯如来藏为一心；顿教以染净俱泯为一心；圆教以总该万有即是一心。而佛说此经，本为下凡众生，但念佛名，径登不退，直至成佛，正属顿、圆。又二乘种不生，故略前三，不复分五。天台四教例此。

【疏】又此事理二持，《起信》中具有此意。

【钞】《论》云"专念阿弥陀佛，即得往生"者，此双含事、理而言也。次云"若念彼佛真如法身"，又云"虽念亦无能念可念"，皆指理一心也。

【疏】又此事理二持，即显密二意。

【钞】四字名号，全皆梵语。但念不忘，与持咒同，是名曰密。且念且参，观心究理，是名曰显。为门少异，归元则同。显密圆通，事理无碍。

【疏】又此事理二持，虽上详分胜劣。有专事者，有专理者，机亦互通，不必疑阻。

【钞】此恐仅能事念者，自疑理性不明，所为无益。故言事得通理，以决其疑。《大势至圆通章》云："不假方便，自得心开。"空谷云："不参念佛是谁，直尔纯一念去，亦有悟日。"是也。又恐唯勤理念者，自疑称佛名少，或致落空。故言理得通事，以决其疑。念念理一，是念念弥陀也，其为称名，不亦大乎！是故摄心、体心，两种念佛，事理互通，本不二故。

【疏】又此事理二持，或渐进，或顿入，亦随机不定。

【钞】渐进者，根稍钝人，先勤事持，后渐究理。若根性大利，径就理持，故名顿入。作用小殊，及其成功一也。

【疏】又"一心不乱"下，有本加"专持名号"二十一字。今所不用，以文义不安故，仍依古本不加。而以"即是多善福"之意，言外补入，斯为允当。

【钞】文义不安者，上文已有"执持名号"四字，不可更着"专持名号"一句，上下重复，不成文义。旧传此二十一字，是襄阳石刻。当知是前人解经之语，襄本讹入正文，混书不别耳。善文义者，当自见得。

【疏】称理，则自性非忆非忘，是"执持"义。非今非昨，是"七日"义。非一非多，是"一心"义。非定非乱，是"不乱"义。

【钞】本无生灭，何有忆忘。体绝去来，谁成今昨。一亦不为一，多尚奚存。定且无定形，乱将安寄。如斯会得，终日念佛，终日念心。终日念心，终日无念。即心即佛，非佛非心，是则名为真念佛者。

佛说阿弥陀经疏钞卷四

△ 三、感果：初佛现我前，二我往佛处。

△ 初、佛现我前

【经】**其人临命终时，阿弥陀佛与诸圣众现在其前。**

【疏】其人，指持名者。承上但能一心不乱，命终之时，佛必现前也，以自力、佛力感应道交故。如二部经，及诸经中说。

【钞】自力者，凡人命终，前有将谢，后有未生，平生善恶自然现前。如十恶五逆，地狱现前。悭贪嫉妒，饿鬼现前。乃至五戒十善，人天现前。今专念佛，一心不乱，则净念成就。清净心中，宁不佛现前乎？《楞严》云："忆佛念佛，现前当来必定见佛。"是也。

佛力者，《大本》法藏愿云："我作佛时，十方无央数世界，诸天人民，有发菩提心，修诸功德，愿生我刹。临寿终时，我与大众现其人前。"三辈往生中又云："其人命欲终时，佛与圣众悉来迎致。"《观经》九品，或言"阿弥陀佛至行者前"，或云"至其人所"，皆现前意也。

言诸经者，《称扬诸佛功德经》云："若有得闻无量寿如来名者，一心信乐，其人命终，阿弥陀佛与诸比丘住其人前，魔不能坏彼正觉心。"又《鼓音王经》云："若有四众，能正受持彼佛名号，临命终时，阿弥陀佛即与大众住其人前，令其得见。"又《华严》四十六，经云："如来有十种佛事：一者，若有众生专心忆念，则现其前"等。所谓"念佛众生，摄取不舍"是也。

若依《般若》，则自力复二：一者念力，二者本有佛性力。兼以佛摄取力，乃成三力。本有如舟船，念佛如帆楫，佛摄取如便风，三事周圆，必登彼岸矣。

【疏】佛及圣众者，佛兼报、化，圣众兼菩萨、声闻等。

【钞】兼报化者，《观经》明佛，先言六十万亿，后开丈六，次言下品化佛来迎，则知九品所见不一。《摄论》亦云："登地方见报身，展转细妙。"今但言佛，不分报、化，以一摄多故。

兼菩萨、声闻者，如《观经》上品上生云："佛与观音、势至，无数化佛，百千比丘，声闻大众，无量诸天，现其人前。"而亦有佛不来迎，菩萨来者。今从多分。

【疏】问：临终佛现，亦有魔否？答：古谓无魔。脱或有之，贵在辨识。

【钞】无魔者，单修禅定，或起阴魔，如《楞严》、《止观》诸经论中辨之甚悉。今谓念佛者，佛威神力，佛本愿力，大光明中，必无魔事。然亦有宿障深厚，或不善用心，容有魔起，固未可定，须预辨识。如经论说，行人见佛，辨之有二：一、不与修多罗合者，是为魔事；二、不与本所修合者，是为魔事。所以然者，以单修禅人，本所修因，唯心无境故。外有佛现，悉置不论，以果不协因故。今念佛人，一生忆佛，临终见佛，因果相符，何得概为魔事。若或未能了决，但如前辨别察识而已。

问：既曰非魔，当是真佛。而古谓佛无去来，云何有佛现在其前？

答：感应道交，不妨不来而来，无见而见。故永明谓："如幻非实，则心佛两忘。而不无幻相，则不坏心佛。"又云："法身真佛，本无生灭。从真起化，接引迷根。此乃如来本愿功德，令彼有缘众生，专心想念，能于自心见佛来迎，不是诸佛实遣化身而来迎接。则佛身湛然常寂，众生见有去来。如镜中形，非内非外。如梦中事，不有不无。"又经云："应以佛身得度者，即现佛身而为说法。"亦此意也。是故水清则月自来，心净则佛自现，所谓感应道交难思议也。

【疏】故知临终设像助念，文载圣经，法传西域，不应疑阻。

【钞】《华严》十五经，颂云："见有临终劝念佛，又示尊像令瞻敬，俾于佛所深归仰，是故得成此光明。"《疏》云："西域法，有欲舍命者，令面西，于前安一立像，像亦面西。以幡顶挂像手指，令病人手捉幡脚，作随佛往生想。兼与烧香鸣磬，助称佛名。非直亡者得生佛前，亦终成见佛光也。若神游大方，去留无碍者，置之言外。不尔，勉旃斯行。”如上，则特为设像，以助往生。何况一心不乱，感佛现前。乃虑为魔，自生疑阻。

【疏】称理，则自性妄穷真露，是临终佛现义。

【钞】妄心未尽，幽幽绵绵，是为命根未断。惑断执空，情消见谢，人亡家破，烟灭灰飞，命终之谓也。诸妄尽除，不真何待？求佛不现前，不可得也。然而佛慈无限，岂必临终。是故时时示时人，时人自不识。

△ 二、我往佛处

【经】**是人终时，心不颠倒，即得往生阿弥陀佛极乐国土。**

【疏】上言“临”者，是将欲命终。今言“终时”，正暖尽识去。心不颠倒者，以一心不乱，故不颠倒。以不颠倒，故不生他处。“即得”者，言其速也。

【钞】颠倒者，由其平日随顺妄想，不修正念，心多散乱。如前所谓将舍暖触，一生所作，俱时现前，心神惶怖，动止挥霍。应入地狱者，刀山剑树，视作园林。应堕畜生者，马腹驴胎，认为堂宇。就令作善，合生人天，未免憎爱父母。乃至小圣初心，犹不能正知出入。皆所谓颠倒也。乘此颠倒，三界七趣，随业受生。今既一心不乱，则内凝正念，外感佛迎，舍此报身，径生彼国。如佛言：“随其心净，则佛土净。”又言：“一切国土，唯想所持。”净想成就，必得往生，固无疑也。

他处者，有三：一者娑婆世界，二者余佛国土，三者彼国边地。今皆拣之。

速者，不经中阴，不隔时日，《观经》所谓“如弹指顷，生极乐国”也。又智者云：“临终在定之心，即是净土。动念，则往生净土时。”所云在定者，今心不颠倒是。所云动念者，后愿生彼国是。

【疏】《大本》云：其身体非世人之身体，亦非天上人之身体也。皆积众善之德，自然虚无之体，莲花中化生，亦无乳养之者。

【钞】积善者，即是善根福德成就之身。非以欲爱为因，四大为体，故不由胎狱，托质花池也。亦无乳养者，明自然增长。非如北洲，犹待指端出乳而为养也。

【疏】其往生者，由上一心不乱，作三九因。更细分之，亦应无量。

【钞】三九者，《大本》三辈，《观经》九品也。以一心分事理，事理亦复各分胜劣。后得往生，如其本因而为品位也。

三辈者，如《大本》谓："上辈者，发菩提心，专念阿弥陀佛，修诸功德，愿生彼国。命欲终时，佛与圣众现其人前。便于七宝池内，莲花化生，住不退转，智慧勇猛，神通自在。所居七宝宫宇，在虚空中，去佛为近。是名上辈生者。"配前，则双得事理一心者也。"中辈者，不能大修功德，而亦发菩提心，专念回向，命终生彼。功德智慧，次于上辈。是名中辈生者。"配前，则得事有余，得理不足者也。"下辈生者，不能作诸功德，而亦发菩提心，一向专念，乃至十念。生彼宫宇，唯在于地，又次中辈。是名下辈生者。"配前，则仅得乎事，未得乎理者也。

九品者，《观经》所云上之三品，有生彼即得百千陀罗尼门者；有经一小劫，得无生忍者；有经三小劫，得百法明门，住欢喜地者。配前，则双得事理一心，而有深浅，故成三品，例上辈也。中之三品，有生彼国，即得阿罗汉者；有生彼半劫，得阿罗汉者；有生彼一劫，得阿罗汉者。配前，则事盈理歉，亦以深浅，故成三品，例中辈也。下之三品，有往生彼国，经十小劫，得入初地者；有经于六劫，莲花乃开，发无上道心者；有十二大劫，发菩提心者。配前，则有事无理，亦以深浅，故成三品，例下辈也。

细分者，如前阶品中，分之又分，则百千万亿无尽辈品，皆以事理所得深浅，而为次第也。

【疏】如《观经》以上品上生为得无生忍，天台判属初地。而《华严》明无生忍，自有浅深。则上上品中，信有多品，况复余品。

【钞】浅深者，八地净忍分中，《疏》云："无生忍，略有二种：一约法，二约行。约法，则诸无起作之理，皆曰无生。慧心安此，故名为忍。约行，则报行纯熟，智冥于理，无相无功，旷若虚空，湛如渟海，心识妄惑寂然不起，方曰无生。"前说犹通诸地，后唯八地所专。余如前序中辨。故知无生忍位，自有浅深。则上上品中，从一地以至八地，已容多品，余可知矣。故细分之亦应无量。

【疏】又三辈九品，二经相配，诸说稍异，如《辅正》所解融之。

【钞】《观经疏》云："此经九品，为令识位高下，即《大本》三辈也。"孤山谓："《大本》三辈，只齐《观经》六品。以三辈纯明善行，不及恶人也。"灵芝判三辈只对上品。故云诸说稍异。草庵《辅正解》曰："天台以九品同三辈者，乃约位次相同，不约行因而言。则孤山、灵芝，皆不违天台。所以然者，以天台但约位次，则辈、品正同。二师唯约行因，则只齐中上。各有所据，取义不同，故不违也。"克实而论，则烦恼不异菩提，始恶何妨终善？恶人既已成善，岂不贤圣同科？三辈九品，正相配合，又何疑焉。

【疏】又《华严》明念佛者，数与心等，即是三辈九品随因不同义。

【钞】数心等者，《华严》二十三经，离垢幢菩萨偈云："以佛为境界，专念而不舍。此人得见佛，其数与心等。"释云："数与心等者，谓随念随现。随念有二：一、随念多少，佛亦如之。如念佛一声，有一化佛从口中出等。二、随念浅深，佛应称之。如临终见佛，有胜有劣等。"多少、浅深，即辈、品分别也。此人得见佛者，即阿弥陀佛现在其前也。专念者，即一心不乱也。

【疏】又志眼二种净业，亦三辈九品义。

【钞】志眼法师云："往生一门，有二净业：一曰正观，默照本心也；二曰助行，备修万善也。二事俱得，则了达四净土矣。如只得事善者，近生同居，远作三土因耳。故知净土，正究理菩萨所登境界，而兼容悠悠众生耳。"又云："圆机体道，是最上净业，苟加愿以导之，即预优品。愚朴之辈，但称佛发愿者亦生。观净土一门，则圣人无弃物也。"按：所云"正观"，通乎上中。所云"助行"，通乎中下。又法师此论极善，观者毋忽。

【疏】有言九品，八从莲生。以第一品云"金刚台"故。今参合经论，仍以九品皆属莲生。

【钞】八从莲生者，据《观经》上品上生文云："自见其身，乘金刚台。”独无“莲花”二字。故言下之八品，乃从莲生。

然经论所明，历历皆说生西方者，俱从莲生。《大本》法藏愿云：“无央数世界，诸天人民，以至蜎蠕，生我刹者，皆于七宝池内，莲花中化生。”言“皆”，则概举九品矣。又云：“他方诸大菩萨，欲见阿弥陀佛者，径于彼国七宝池内莲花化生。”言“大菩萨”，则必非中下矣。又云：“其上辈者，命欲终时，佛与圣众悉来迎致，即于七宝池内莲花化生。”言“上辈”，即正对上品矣，并无最上不莲之意。

又《法华》云：“闻此经典，如说修行，命终即往极乐世界，阿弥陀佛、大菩萨围绕住处，生莲花中，得菩萨神通，无生法忍。”夫得无生忍，非上上品乎？又《行愿品》，普贤菩萨以十大愿王导归极乐，而曰：“彼佛众会咸清净，我时于胜莲花生。”夫普贤往生，非上上品乎？又《宝积》明十心回向，后得莲花化生。夫十心菩萨，非上上品乎？以是参考，确有明证。

问：果尔，则上上文中，何以曰“金刚台”，不曰莲花？

答：文互有无，不足泥故。何以知之？上品中生，亦曰“乘紫金台”，又将曰七从莲生乎？况中品之下，亦但云：“此人命终，譬如壮士屈伸臂顷，即生西方极乐世界。”文中并无“莲花”二字，又将曰六从莲生乎？夫既以不莲为胜，则中下劣品，何以不莲？又中品之上，独曰“莲花台”，其“金刚台”、“紫金台”之类乎？其“莲花”之类乎？错杂不伦，进退无据。灼知文互缺而义必周也。

愚意各有莲花，花各有台，台各不同，而金刚为台之最胜耳。如怀玉，银台初来，金台继至，可验也。且“台”之义二：一者基台之台，则台在花下。如世刻像，下作宝台，台上安花，花上安佛，是也。二者房台之台，则台在花内。如《法华玄义》，以莲表十如，至“如是报”文云：“譬如莲实围绕房台。”又云：“实依于台。”“实”者莲子，子藏台中，则世所谓莲房是也。又《华严》十地莲花文云：“琉璃为茎，栴檀为台，玛瑙为须，阎浮檀金为叶。”并称茎、台、须、叶。而《涅槃》亦云：“譬如茎、叶、须、台，合为莲花。”此所谓“台”，皆房台也，即

《法华》“甄叔迦宝以为其台”之意也。

观是，则知《观经》“花座观”中，先言“作莲花想”，次云“释迦毗楞伽宝以为其台”，则花内之台也。又云：“一一金色，处处变化，或作金刚台，或作珍网”等，则花下之台也。故上品中生，先言“紫金台”，次云“足下亦有七宝莲花”，则紫金台在花下明矣。花必有台，台必有花。言金刚台，不言花，与言花不言台，文前后互显耳。

但上上品一生莲中，即时花开，即时见佛，即时证道。其余则花开渐晚，见佛渐迟，证道渐远。以是分别，知上上独胜，非为无莲也。若以无莲为胜，有莲为劣，是薄莲也，何取于莲邦？而“花座观”，明佛坐莲花，则佛亦劣矣，理云何通？

问：“极乐九品，八从莲生。”四明何为有是言乎？

答：四明只说八从莲生，未说不莲为是何品，以中下品亦无莲花故。若果上上不莲，当必有说。而乃徒开其端，不竟其说者，何也？或此“八”字传写之误，安知不是“极乐九品，必从莲生”？俟高明更辨之。

【疏】问：下品之外，复有胎生，为实有否？答：表信力不坚故，实无胎生。

【钞】非胎生者，《大本》云：佛告弥勒：“若有众生，修诸功德，愿生彼刹。不了佛智，志意犹豫。临命终时，方悔己过。以是生彼，才入边地，见七宝城，即便止住，于莲花生。亦有自然快乐，如忉利天。唯于城中，经五百岁，不得见佛，不闻经法，以此为苦，故名胎生。”非实胎育如人间也。又云：“如刹帝利，其子犯法，幽之内宫，处以华观，层楼绮殿，好饰奇珍，宝帐金床，服御所资，悉皆丰备。而以阎浮金锁，系其两足，不得自在。”即胎生喻也。又云：“若识其本罪，深自悔责，求离本处，即得往诣无量寿佛所。”

又《菩萨处胎经》云：“西方去此阎浮提十二亿那由他，有懈慢界，国土七宝，其乐无比。发意欲生弥陀佛国，而染着于此，不能前进。”亦疑城、边地类也。如是皆由信不切故。

【疏】问：既云七日，彼临终十念，特俄顷耳，何得往生？答：正以一心故，如《智论》中说。又自力、他力，如《那先》中说。

【钞】《智论》云："临死少许时心，何能胜终身行力？答曰：虽时顷少，心力猛利，是最后心，名为大心。"当知即是一心不乱故。

《那先经》云：王问那先："人生造恶，临终念佛，得生佛国。我不信是语。"那先答言："如持大石，置于船上，因得不没。人虽本恶，因念佛故，不堕泥犁，而得往生，亦复如是。"则己之心力、佛之愿力，交相成也。

【疏】问：既云往生，昔人又谓："生则决定生，去则实不去。"是乃有生无往。今曰往生，二义相戾。答：以生于自心，故不往而往，名为往生。如《华严》解脱长者说。

【钞】《华严》重重法界，不出一心。《楞严》十方虚空，皆汝心内。是知极乐之生，生乎自心。心无界限，则无西无东，去至何所。状其易秽而净，脱旧而新，离一得一，似有所往，名之为往。岂曰从此向彼，如世间经城过邑之往耶？

解脱所说者，《入法界品》，解脱长者言："彼诸如来不来至此，我不往彼。若欲愿见安乐世界阿弥陀佛，随意即见。"既云随意，则不越一念而生彼国。故知状其得生，名之往生，实无所往。不往而往，不妨说往。究极而言，非但无往，亦复无生。不生而生，不妨说生。

【疏】问：兜率内院，昔人亦愿往生。今何偏示极乐？答：因难易故，境胜劣故，主师资故。

又问：胜莲花世界，甚超极乐，何以不往？答：乐邦在近，不应求远故。

【钞】问意盖谓：弥勒亦现在说法，内院亦清净庄严，而不求生，当是何故？答有三义：一、因难易者，凡生内院，必智断功德，堪与圣流。非若极乐，但求生者，净念成就，即克如愿，无论惑业。昔奘师谓内院易生，良以兜率之离人世，可计由旬。极乐之去娑婆，历多佛刹。彼论地，不论因。今论因，不论地。义各有取。然极而论之，奘师为当时一类之机，此经乃万世常行之道耳。二、境胜劣者，内院不越三界之中，极乐出过三界之外。极乐疑城，尚无女人。内院外生，便有五欲。故曰"下生犹胜天宫”也。三、主师资者，弥陀圆万德之果，已证如来。弥勒称补处之尊，犹居等觉。经云“其中多有一生补处”，则弥勒方与观音、势至，同侍导师之侧，曰师资也。故见弥陀，即见弥勒。见弥勒，未必见弥陀也。又古德有云：“先生西方，后生龙华。”亦大有理。偏求极乐，不亦宜乎？

胜莲花者，详见前寿命文中。今谓《华严》较论国土，娑婆之后，即云极乐。远之又远，至百万阿僧祇世界，方曰胜莲。则极乐者邻邦，胜莲者遐域也。喻如越饥吴稔，举足即吴。舍吴不往，而远慕燕秦，惑亦甚矣。

【疏】问：见有一生念佛，临终未必往生，何也？答：良由一生念佛，未是一心念佛故。

【钞】悠悠之徒，一生念佛，所谓虽不懈怠，亦不精进，未能一心，故不得生。若果真实用心，而未纯一，虽今世不生，亦植生因，必于来世成就三昧而得生彼。如《梵网》云“不得戒，而得增益受戒”，宗门谓“才出头来，一闻千悟”者，是也。慎毋借口曰某某念佛，徒劳无功，遂谤圣教为不足信。

【疏】称理，则自性无形，是“不颠倒”义。自性无垢，是“生极乐”义。

【钞】六祖云：“吾有一物，无头无尾，无背无面。”是则求于正相尚不可得，将以何物而名颠倒？《般若心经》云：“是诸法空相，不垢不净。”是则求于净相尚不可得，将指何处而号娑婆？不颠倒处，全身坐极乐莲台。颠倒才生，应念住娑婆国土。即心即土，即土即心，西方去此不远。

△ 四、结劝

【经】**舍利弗，我见是利，故说此言。若有众生闻是说者，应当发愿，生彼国土。**

【疏】是利者，指上见佛往生。此言者，见斯大利，故说此一心持名之言也。不愿往者，则孤佛说。是为第二重劝。

【钞】无利益语，佛所不谈。持名即得往生，于诸众生有大利益，故佛说也。良由已得往生，是名自利。生彼国已，闻法得道，还能广度无量众生，是名利他。具斯二利，故云大利。

第二劝者，初言“众生闻者”，只是得闻彼国庄严胜妙，故起愿乐，未委如何得生。今出其由，言一心持名，佛来接引，遂得生彼。则愿当益切，故云二劝。

【疏】又言利者，反显不愿往生之害，示欣厌也。

【钞】此土修行，多劫升沉，不能解脱。今以称名往生，遂登不退。较其利害，明若指掌。利即诸乐，害即众苦，故当欣厌。

【疏】又“我说”者，正明无问自说故。

【钞】见斯大利，急为指陈。恐诸众生迟迟失利，故不俟请问也。

【疏】称理，则自性具足，是“利”义。

【钞】试观自性，欠少何事？灵知体上，弥陀圣众终日现前。常寂光中，极乐净邦无时不往。奈何佛见是利，众生若盲。佛说是利，众生若聋。虽是劳他金口宣扬，须是一回亲见始得。

△ 三、交引佛言令断疑惑：初明佛同赞，二释经应赞。

△ 初、明佛同赞：初本佛赞，二他佛赞。

△ 初、本佛赞

【经】**舍利弗，如我今者，赞叹阿弥陀佛不可思议功德之利。**

【疏】承上不独我见是利而说此言，亦十方诸佛同见是利而说此言也。赞者，称赞。叹者，感叹。“不可思议”者，上言“我见是利”，今极言其利非寻常之利也。文有三转：一、非无益，故云“利”。二、非但事福之利，故云“功德之利”。三、非但功德之利，故云“不可思议功德之利”也。以是赞叹，非偶然故。

【钞】称赞者，称扬赞美彼佛广大功德，令人归信也。感叹者，感激叹息，此法人天希有，历劫难逢，令人悲喜。喜者，喜其得闻。悲者，悲其闻之晚也。“不可思议”，是此经原名，义见前序。经名“不可思议”者，正以阿弥陀佛有此不可思议大功德也。

文有三转者，“利”中多含，展转深广：初、事福之利者，修事相福，世间因故，是名小利。二、功德之利者，出世间因故，是名大利。三、不思议功德者，出世间上上因故，是名大利中大利。盖功德虽胜事福，于中复分胜劣，有可思议，有不可思议。今是不可思议之功德也，故大利中复称大利。

【疏】不可思议，如《声王》中说："彼安乐世界，所有佛法，不可思议。神通现化，不可思议。若能信如是事，当知是人不可思议。所得业报，亦不可思议。"又依、正、因、果，四俱不可思议。

【钞】此分为四：一是施法广大功德，谓无量寿、无量光、三宝、道品种种等；二是神化周遍功德，谓水鸟树林，咸宣妙法，衣食服用，受用自然，众生皆具相好神变等；三是信受宿根功德，谓难信之法能信受者，宿修无量善根等；四是果报难胜功德，谓即得往生，即得入上善会，即得不退转地，毕竟成佛等。皆超越常情，故云"不可思议"。如《金刚般若》云："是经义不可思议，果报亦不可思议。"是也。

依、正、因、果者，依谓同居即寂光，正谓应身即法身，因谓七日功成，果谓一生不退。亦复超越常情，故俱不可思议也。昔英法师，于东都讲《华严经》四十遍。因入绰禅师净业道场，深入三昧，叹曰："自恨多年空寻文疏，劳身心耳。何期念佛不可思议！"

【疏】称理，则自性离心言相，是"不可思议功德"义。

【钞】《起信论》云："是心从本以来，离心缘相，离言说相。"是故举心即错，动念即乖，滞句者迷，承言者丧。然则当如之何？纵饶缄口忘机，依然堕落无记，是之谓不可思议。

△ 二、他佛赞：初东方，二南方，三西方，四北方，五下方，六上方。

△ 初、东方：初列名显广，二现相表真，三发言劝信。

△ 初、列名显广

【经】**东方亦有阿閦鞞佛、须弥相佛、大须弥佛、须弥光佛、妙音佛，如是等恒河沙数诸佛。**

【疏】引诸佛赞者，见此净土法门，乃千佛、万佛、无量诸佛异口同音之所赞叹，当谛信勿疑也。唐译具有十方。今缺四隅者，文省也。先东方者，举方常法，亦以东表智故。

【钞】十方者，奘师译有四隅，则成十方。今只六者，以正摄隅，故文省也。举方常法者，经中凡举十方，每先东为首。东者，于时为春，万物生长，有智慧义。以智者万法之先导，故首举东方，即舍利、文殊首众意也。

【疏】举六方者，释迦处中故。

【钞】既言上下四方，中央何独不举？盖释迦处娑婆世界，以本所居为中。前之后之，左之右之，仰之俯之，成六方也。

【疏】“阿閦鞞”者，此云“不动”，法身不动故。一云不为二边之所动故。

【钞】法身者，不生不灭，无去无来，妙觉地无所增，无明地无所减，湛然常住，如如不动故。二边者，有无也。有不能使之着相，无不能使之落空，不断不常，二不动故。

问：东属春生，于卦为“震”。震者，动也，云何佛号“不动”？

答：以是即动即静，应万变而常寂，故云“不动”。《华严》以东方为不动智，正此意也。

【疏】“须弥相”者，佛相无尽，如须弥故。

【钞】“须弥”，此云“妙高”。众宝所成曰妙，迥出群山曰高。佛之相好，百福所成，无不具足，是之谓妙。人、天、二乘，及诸菩萨，相好皆莫能及，是之谓高。

【疏】“大须弥”者，佛德高广，如大须弥故。一云佛名大于须弥，如《维摩》中说。

【钞】须弥高广，超于七金。以对七金，名之为大。佛德高广，无以为比，如大须弥也。佛名者，《维摩经》云：“名称高远，逾于须弥。”则谓大过于须弥也。

【疏】“须弥光”者，佛光广照，犹如须弥，映蔽众生故。

【钞】“光”有二义：一者须弥宝成，宝能发光，如佛净极光通故；二者须弥体大，光明亦大，如佛光明无量故。

【疏】“妙音”者，法音圆妙，说法称机故。

【钞】圆妙者，如《维摩经》云：“佛以一音演说法，众生随类各得解。”又云：“于众言音，微妙第一。”

【疏】“如是等”者，多难悉举，且举五佛，以等摄之。恒河亦云殑伽河。沙者喻多也。

【钞】恒河在西域无热池侧。香山顶上，有无热恼池，流出四河。恒河在南，广四十里，沙逐水流，至为微细。佛近彼河说法，故凡言多，常取为喻。明东方多佛，如恒河中所有沙数也。若据《法华》一尘一劫之喻，则恒河者犹为至少。今举恒沙，意实无尽故。《大本》云：“无量无数不可思议无有等等无边世界，诸佛如来，皆共赞叹阿弥陀佛所有功德。”则恒沙未足以尽之也。

【疏】以上佛名，灵芝云：“相传不释。亦有释者，或取因，或取果，或性，或相，或悲智行愿等，亦无碍故。”

【钞】不释者，以佛具万德，不可以一德称故。亦有释者，以佛德融通无尽，亦可以一摄万，偏举一德，即备众德故。故举因则该果海，举果则彻因源。无有智而不悲，悲而不智。无有行非愿起，愿不行成。如尧仁舜孝，禹俭汤宽，亦互具故。

【疏】称理，则自性智慧不可尽，是东方恒沙佛义。

【钞】“东方”义见前解。有形之物可尽，智慧不可尽。外求智慧可尽，自性智慧不可尽。曰恒沙者，亦少分喻耳。所以道：“尽思共度量，不能测佛智。”

△ 二、现相表真

【经】**各于其国，出广长舌相，遍覆三千大千世界。**

【疏】“其国”者，本所住国。“各于其国”者，见佛佛皆然也。左右为广，前后为长。三千大千，详如《俱舍》中说。覆大千者，极言舌相之广长也，以多劫口业清净故。若详其由，如《华严》中说。言此以明佛语为必可信，令断疑也。

【钞】《俱舍论》颂云：“四大洲日月，须弥卢欲天，梵世各一千，名为小千界。此小千千倍，说名为中千。此千倍大千，皆同一成坏。”今释谓四大部洲、二轮日月、一须弥山，从下地狱至六欲天，从欲天至梵天，齐此色天，名一世界。一一数之，积而至千，名曰小千。又以小千为一，一一数之，积而至千，名曰中千。又以中千为一，一一数之，积而至千，名曰大千。以三次言千，曰三千大千，其实一大千也。一大千世界，即经中一佛土也。彼阿闳佛，乃至恒沙诸佛，各各主此大千世界。今谓诸佛各于本界，出广长舌，覆其界内，无不遍也。

口业清净者，谓不为妄言、绮语、恶口、两舌，常为真实语、正直语、柔软语、和合语。而言多劫者，经云："凡夫舌过鼻尖，表三世不妄语。佛乃无量劫来，曾无妄语，久积功德，感斯胜相也。"

详其由者，《华严·离世间品》云："菩萨有十种舌，所谓开示演说无尽众生行舌，开示演说无尽法门舌，赞叹诸佛无尽功德舌，乃至降伏一切诸魔外道，除灭生死烦恼，令至涅槃舌，是为十。菩萨成就此法，得如来遍覆国土无上舌。"则不止一因，故言详也。

必可信者，凡夫舌相不过三寸，古谓掉三寸舌，则毁誉抑扬，循其私意，容未可信。佛具如是广长之舌，宁有妄乎？其所赞叹，更疑不信，无有是处。

【疏】又行位菩萨，尚有广长舌相，更过于此。今犹略说。

【钞】菩萨舌相者，《华严》十行位菩萨，成就十无尽藏，其说法时，以广长舌，出妙音声，充满十方一切世界。言十方一切，则不止一大千而已。菩萨且然，何况如来？今且各就本国，故云略说。其实佛赞净土，遍十方一切世界也。

【疏】慈恩云："佛之舌相，证小，则覆面门，以至发际。今覆大千，证大事也。"又云："菩萨得覆面舌相，故其言无二，悉真实故。"则覆面之舌，已无妄语，况覆大千乎！

【钞】舌相小大者，以佛得色身三昧，六根自在，证小证大，各随其意。言大事者，《法华》云："佛为一大事因缘故，出现于世，谓令众生皆入佛乘故。"今赞净土，现此舌相，则知净土法门是为大事，同《法华》也。苟非大事，则所谓割鸡焉用牛刀也。又菩萨覆面者，举劣况胜，劝信之至也。

【疏】又十方者，且就横说。若竖说者，通乎三际，无不赞叹。

【钞】以方例世，则前乎迦叶，乃至过去无量诸佛；后乎弥勒，乃至未来无量诸佛，必其广长舌相亦遍覆三际也。诸佛相同，则心同、智同、愿同。既六方赞叹此经，知三世诸佛，亦必赞叹此经，如六方也，所谓“无间说”者是也。

【疏】称理，则自性周法界，是“广长舌”义。

【钞】古谓：“溪声即是广长舌。”然则广长舌相，不独诸佛有之，众生有之，即万象皆有之。是故情与无情，融成一舌。舌即法界，法界即舌。说遍覆时，已成双橛。

△ 三、发言劝信

【经】**说诚实言：“汝等众生，当信是《称赞不可思议功德一切诸佛所护念经》。”**

【疏】诚实，明必可信。以是广长舌端，出诚实语，谓此《称赞不可思议功德一切诸佛所护念经》，汝当谛信，莫怀疑也。信义详后。

【钞】必可信者，以诚则真恳无伪，实则审谛不虚，所谓“狮子吼，无畏说，千圣复起不能易，万世守之则为楷”者也。

“称赞不可思议功德”连下十六字，此经原名也。唐译只言《称赞净土佛摄受经》，欲文省便。以“不可思议功德”，摄“净土”中故。此“不可思议”，上文赞佛，今乃赞经，其义一也，故不重释。

“护念”者，念佛之人，佛力保护，令其安隐，无诸障难故；佛心忆念，令其精进，无有退堕故。《观经》云：“念佛众生，摄取不舍。”又经云：“念佛之人，阿弥陀佛常住其顶。”又十种利益云：“念佛之人，阿弥陀佛常放光明，摄受此人。”此本师护念，而十方诸佛同此护念。当知念佛佛念，感应自然，不可诬也。

【疏】又八地始蒙佛护。故知往生，地位非浅。

【钞】八地佛护者，《华严》谓：“八地菩萨，常为如来之所护念。”今此顿超胜地，故曰非浅。

【疏】诸佛告语众生，古有二说，一谓转引，一谓同时。今兼用之。

【钞】转引者，慈恩谓："六方诸佛告本国中之语，释迦转引以证己言。"灵芝谓是："释迦说此经时，六方诸佛，同时赞叹。"今兼用者，以此广大最要法门，诸佛平时必所常赞。而正当释迦说此经时，十方诸佛齐赞，亦复何碍？弥显此经，乃普眼法门，遍乎法界，一说一切说也。

【疏】称理，则自性不变，是"诚实"义。自性不离，是"护念"义。

【钞】纯真绝妄，万劫如然。言诚实者，孰过于是？即今一视一听，一言一动，莫不与俱。亘古亘今，常护常念。行住坐卧，不离这个。何得诚言不信，护我偏违？可谓自诳自欺，自逃自逝。

△ 二、南方：初列名显广，二现相表真，三发言劝信。

△ 初、列名显广

【经】舍利弗，南方世界，有日月灯佛、名闻光佛、大焰肩佛、须弥灯佛、无量精进佛，如是等恒河沙数诸佛。

【疏】"日月灯"者，大智无尽故。

【钞】大智无尽者，日照昼，月照夜，灯照日月之所不及，普遍继续，更无穷尽。佛之大智，横亘十方，竖通三际，方犹是也。又日光破暗，有般若义，名一切智；月以清凉照夜，有解脱义，名道种智；灯继日月，通乎昼夜，不住二边，是中道第一义谛，有法身义，名一切种智。

【疏】"名闻光"者，名称普闻，如光远照。

【钞】实大声宏，故有名称，普遍闻于十方无量世界。如日光照，无所不被。

【疏】"大焰肩"者，"肩"表二智，"焰"喻照耀。

【钞】二智者，权智照事，实智照理。事理炳然，双照不昧，如两肩发焰故。又此二智，荷担一切佛法，有"肩"义故。

【疏】"须弥灯"者，须弥为灯，照四天下。佛光广照，亦如是故。

【钞】须弥为灯者，如云须弥为笔、须弥为椎等，极言灯量之广大也。须弥在中，光照四部。佛以中道大智，照诸众生，如须弥灯也。然《维摩经》言："须弥灯王佛，身长八万四千由旬。"而究其国土，乃东方过三十六恒河沙世界。今在南方，以佛同名者众故。

【疏】“无量精进”者，“精进”解见序分，但彼言“常”，此言“无量”。

【钞】“无量”二义：一者时无量，即是常义；二者事无量，自利利他，智行无边故。

【疏】称理，则自性光明不可尽，是南方恒沙佛义。

【钞】南方为离，离为火。火内暗而外明，是寂而常照也。真知不昧，灵焰何穷。《华严·光明觉品》言：如来光明过一世界、十世界，乃至不可说世界，皆是自己心光觉照，一切不从外得。故曰：“我见灯明佛，本光瑞如此。”

△ 二、现相表真

【经】**各于其国，出广长舌相，遍覆三千大千世界。**

△ 三、发言劝信

【经】**说诚实言：“汝等众生，当信是《称赞不可思议功德一切诸佛所护念经》。”**

△ 三、西方：初列名显广，二现相表真，三发言劝信。

△ 初、列名显广

【经】**舍利弗，西方世界，有无量寿佛、无量相佛、无量幢佛、大光佛、大明佛、宝相佛、净光佛，如是等恒河沙数诸佛。**

【疏】“无量寿”，因与本佛同名，古有二说，亦俱有理。

【钞】二说者，灵芝谓：“诸佛同名甚多，决非法藏所成之佛，以是本佛不应自赞故。”慈恩谓：“设若自赞，理亦无妨。以导引众生，令生胜意故。”

今双取二说，谓据《大本》，过无边佛刹，同名释迦牟尼者，不可胜数。又观音师观音如来等。则无量寿之名，何只一佛，百千万亿不可穷尽。若据佛分边事，焉得以凡常例之，将无自赞毁他，犯菩萨十重戒耶？我为法王，于法自在，纵横予夺，权实双彰。苟有利于众生，亦何施而不可。“天上天下，唯吾独尊”，可得云自赞否？前之一说，恐人不知诸佛数如微尘，拘执一偏故。后之一说，恐人泥于不应自赞，昧佛神用故。二说兼成，理固无碍。

【疏】“无量相”者，相好无尽故。

【钞】相好者，或三十二相，或八万四千相，或微尘相。德福无量，相亦无量也。昔志公现十一面观音相，僧繇不能举笔，况佛相乎！

【疏】“无量幢”者，功德高显，喻之如幢。极其高显，名“无量”也。又“无量”者，“广多”义。

【钞】幢者，幡属，又云旗属。《刊定记》，幢有七义，约之成五：一、高显义，喻佛位极尊故；二、建立义，喻佛悲智，建立众生，及菩提故；三、归向义，喻佛为众生所宗仰故；四、摧殄义，降伏一切诸魔军故；五、灭怖义，如帝释告诸天众：“汝与修罗战时，设有恐怖，当念我七宝幢，其怖即灭。”喻佛得无所畏，众生念佛，即离恐怖故。今唯取高显一义，摄余义也。

广多者，其幢多而无量。如经言：“幢幡宝盖，遍满虚空。”佛竖无量妙义，指示众生，亦复如是。

【疏】“大光”者，光辉广被故。

【钞】光指化他之用。诸天人亦有身光，不假日月。二乘小果、因地菩萨，皆有光明，比佛为小。佛光映蔽一切，故云“大”也。

【疏】“大明”者，谓佛以大智，破诸惑尽故。

【钞】破诸惑尽者，一切智，破见思惑尽；道种智，破尘沙惑尽；一切种智，破无明惑尽。杲日当空，无所不照，云“大明”也。虽前似觉他，此似自觉，各举一德，义实互具，如上总说中辩。

【疏】“宝相”者，相好殊特，如宝尊贵故。

【钞】相好如宝者，佛有无量相，姑举一二：目相，如经言“八万四千清净宝目”。毫相，如经言“琉璃筒”。胸相，如经言“紫磨金”。肉髻相，如经言“甄叔迦”。皆所谓宝相也。

【疏】“净光”者，佛德清净，发光明故。又其光清净，名净光故。

【钞】清净发光者。有染之智，不发妙光。佛德至净，出大光明。譬如镜体清净，能鉴形故。其光清净者，譬如野烧，亦有光明，比之日月，不名净故。

【疏】称理，则自性清净不可尽，是西方恒沙佛义。

【钞】“西方”义见前解。良以真如自体，湛若虚空，绝点纯清，曾何涯际。纤尘乍起，佛灭多时。心垢顿除，古佛随现。

△ 二、现相表真

【经】**各于其国，出广长舌相，遍覆三千大千世界。**

△ 三、发言劝信

【经】**说诚实言：“汝等众生，当信是《称赞不可思议功德一切诸佛所护念经》。”**

△ 四、北方：初列名显广，二现相表真，三发言劝信。

△ 初、列名显广

【经】**舍利弗，北方世界，有焰肩佛、最胜音佛、难沮佛、日生佛、网明佛，如是等恒河沙数诸佛。**

【疏】“焰肩”者，解见前文。

【钞】前有“大”字，义无优劣。

【疏】“最胜音”者，佛音极好，一切音声无能及故。

【钞】佛有八音：一极好音，二柔软音，乃至八不竭音。今据极好，以释“最胜”。亦可八音兼备，故名“最胜”。则一切天、人、声闻、菩萨所不能及也。

【疏】“难沮”者，佛德坚密，不可坏故。

【钞】沮者，水名。佛证法身，已得金刚不坏之体，更无余惑。烦恼横流，莫能冲荡，故曰难沮。昔人谓：“吴其沼乎！”难沮者，犹言不可沼也。又沮、阻通用，止遏也。

【疏】“日生”者，佛光出现，如日初升也，兼二利说。

【钞】二利者：一者自利。众生本觉，覆在无明，如大夜中，日光不现。破惑显智，始觉朗照，如日东生故。二者利他。《华严》二十三，经云：“譬如日天子，不以生盲不见故，隐而不现。不以乾闼婆城、阿修罗手、阎浮提树、崇岩邃谷、尘雾烟云等物覆障故，隐而不现。不以时节改变故，隐而不现。”喻佛始成正觉，说法利生，慧光普照，如日东生故。

【疏】“网明”者，智如宝网，遍照众生故。

【钞】网者，即梵网千珠。千珠交映，光明洞彻。如佛智遍覆众生，无所不照故。又种种法门，互相融彻，觉群迷故。

【疏】称理，则自性含摄不可尽，是北方恒沙佛义。

【钞】北方为冬，冬主藏，万物之所成终，而所成始也。今则百千法门，同归方寸。无边德用，总在心源。觅之则无相无形，出之则无穷无尽。本来具足，不假他求。是故众生心，即名如来藏。

△ 二、现相表真

【经】**各于其国，出广长舌相，遍覆三千大千世界。**

△ 三、发言劝信

【经】**说诚实言：“汝等众生，当信是《称赞不可思议功德一切诸佛所护念经》。”**

△ 五、下方：初列名显广，二现相表真，三发言劝信。

△ 初、列名显广

【经】**舍利弗，下方世界，有狮子佛、名闻佛、名光佛、达摩佛、法幢佛、持法佛，如是等恒河沙数诸佛。**

【疏】“狮子”者，如狮子伏群兽故。

【钞】狮子二义：一者，狮子众兽中王，游行无畏。如佛凡圣独尊，出入三界，自在无碍故。二者，狮子一吼，百兽畏惧。如佛说法，天魔外道皆信服故。又无五种怖，具四无畏，皆“狮子”义。

【疏】“名闻”者，释义同前。

【钞】前“名闻光”，今无“光”字。“名闻”者德，“光”者喻。虽无其喻，不异其德。

【疏】“名光”者，名如日光，无所不被。亦可并称，以名显光炽故。

【钞】如光义同上。名显者，如阿弥陀佛，名称普闻，十方三世无不瞻念故。光炽者，如阿弥陀佛，光明普照，十方三世无所障碍故。

【疏】“达摩”者，此云“法”，亦兼二利。

【钞】法者，轨持义。以法轨持己德，成己法身。以法轨持他身，令诸众生皆证法身故。

【疏】“法幢”者，法如幢故。

【钞】法如幢者，佛法高显，人天仰之为宗，邪外望之而伏。详如前文“无量幢”义。

【疏】“持法”者，二义：一者执中名持，二者执守名持。

【钞】执中者，不堕有边，不堕无边，善持中道妙法故。执守者，持此妙法，流通三世，使不断绝故。

【疏】称理，则自性测之弥深不可尽，是下方恒沙佛义。

【钞】文殊取钵，遥垂右手过下方四十二恒河沙世界。今谓更过下方不可说恒河沙世界，求于自性，譬如持竿探海，欲穷其底，终不可得。

△ 二、现相表真

【经】各于其国，出广长舌相，遍覆三千大千世界。

△ 三、发言劝信

【经】说诚实言：“汝等众生，当信是《称赞不可思议功德一切诸佛所护念经》。”

△ 六、上方：初列名显广，二现相表真，三发言劝信。

△ 初、列名显广

【经】舍利弗，上方世界，有梵音佛、宿王佛、香上佛、香光佛、大焰肩佛、杂色宝花严身佛、娑罗树王佛、宝花德佛、见一切义佛、如须弥山佛，如是等恒河沙数诸佛。

【疏】“梵音”者，佛音清净，无杂染故。

【钞】无杂染者。余乘说法，是为杂染而不清净。今佛唯以一乘法，化导诸群生，所谓“纯一不杂，具足清白梵行之相”，故名“梵音”。

【疏】“宿王”者，一云月为宿王，一云即宿中王，如北辰故。二义皆得。

【钞】月为宿王，所谓万点星光，不如孤月。月非星类，喻佛为大觉，觉非迷类，胜一切故。

即宿中王者，《语》云：“譬如北辰，居其所而众星拱之。”言北辰宿类，而出乎其类。喻佛即众生，出乎众生，以生所归依故。

皆得者，一以星、月对显称王，一就星中独胜称王。今言佛在异类，异类中王。佛在同类，同类中王。故皆得也。

【疏】“香上”者，佛圣中圣，如香中香，最上无比故。

【钞】香中香者，如栴檀香，云：“此香六铢，价值三千大千世界。”又云：“此香一焚，四十里外无不闻者。”是香之最上者也。佛证五分法身之香，其香普熏无量世界。一切人、天、修罗、外道、二乘之香，无能及者。故曰“香上”。

【疏】“香光”者，其香发光，如断智二德故。

【钞】断德者，香能辟恶，有灭秽义。诸恶净尽，名之为香。智德者，光能破暗，有智慧义。灵明广照，名之为光。又常香只被鼻根。香中发光，兼被眼根。喻声闻只能灭恶，有体无用。佛灭诸恶，能具诸善，具足断智，如香光也。

【疏】“大焰肩”者，释义同前。

【钞】“焰肩”之名屡出，正由佛同名号，无量无边故。

【疏】“杂色宝花严身”者，万行因花，庄严法身故。

【钞】万行庄严者。虽证法身，若无万行，名素法身。佛称一切种智，故须四等六度，种种行门，无不备集。积功累德，助显法身，如万种宝花庄严色身也。以法身本具恒沙性德故。

【疏】“娑罗树王”者，“娑罗”，此云“坚固”，亦云“最胜”。德不变易，三界独尊，如树王故。

【钞】坚固者，此树岁寒不凋，斧斤不损，有坚固义。如佛证法身，惑不能摇，境不能动故。最胜者，此树高大，一切林木无能及者。如佛超三界，众圣中尊故。具斯二德，名树王也。

【疏】“宝花德”者，佛德如宝花故。

【钞】前云“严身”，“严”有因义。今但言花，以花喻德。佛之万德，贵重华美，如宝花也。一云：常、乐、我、净，佛之四德。常如宝花无凋落故，乐如宝花悦人意故，我如宝花无待外故，净如宝花体莹洁故。富有万德，贵重华美，可例知矣。

【疏】“见一切义”者，诸法之义，无不知故。

【钞】“一切”者。世出世间，诸法无量，则义无量。有知近义，不知远义者。有知偏义，不知圆义者。有知总义，不知别义者。有知实义，不知权义者。佛无不见。如悉达太子，名“一切义成”，即此意也。

【疏】“如须弥山”者，须弥为众山之王，佛德超绝，如须弥故。

【钞】前言“须弥相”，故指相好。今无“相”字，专就德言。合万德而交罗，如须弥以宝成称妙。中天下而独立，如须弥以最上称高。须弥王于众山，如来王于三界，其义一也。

【疏】称理，则自性仰之弥高不可尽，是上方恒沙佛义。

【钞】颜渊叹道，曰：“仰之弥高。”今借用之，言灵心卓越，体绝攀缘，仰之弥勤，高之益甚。昔净名过上方四十二恒河沙世界，而取香饭。今谓更过上方不可说恒河沙世界，求于自性，譬如接竹点天，欲至其巅，终不可得。

△ 二、现相表真

【经】**各于其国，出广长舌相，遍覆三千大千世界。**

△ 三、发言劝信

【经】**说诚实言：“汝等众生，当信是《称赞不可思议功德一切诸佛所护念经》。”**

【疏】以上六方佛赞，亦是阿弥陀佛本愿力故。

【钞】本愿者，《大本》法藏愿云：“我作佛时，名闻十方无央数世界。诸佛各于大众之中，称我功德，及与国土等。”故今成佛，如其所愿。

【疏】有执《楞严》，谓观音耳根，此方教体。势至念佛，不与圆通。云何今日普教念佛？以此为疑者，正由不达六方佛赞故。

【钞】疑者谓：“念佛法门，既不逗此方之机，又不入圆通之选。既居此方，何必念佛？”今观六方诸佛皆赞此经，则知耳根者，偏逗此方之机，念佛则普逗十方世界之机也。《大本》云：“十方众生，称我名号，必生我国。”是也。耳根者，偏逗人类之机，念佛则普逗六道众生之机也。《大本》云：“地狱鬼畜生，亦生我刹中。”是也。

然则耳根不摄念佛，念佛能摄耳根。是故耳根者，此方释迦如来所赞。念佛者，十方恒沙如来所赞。今从多赞故也。且今普天之下，缁素男女，自然念佛，如前文所明逗机之广，又何疑哉！试设一喻：如此国中，有百千邑，于中士子分习五经。或有一邑，士多习《诗》。或有一邑，士多习《礼》。所称多习，据本邑故。如其参会诸经，通较合国，则习之最多，莫尚于《易》。今此耳根，如《诗》、《礼》故。今此念佛，如《周易》故。

【疏】问：既六方诸佛，共赞西方。云何六祖不随佛赞，反似斥无，其故安在？答：此有四意：一为门不同故，二似毁实赞故，三不为初机故，四记录有讹故。

【钞】《六祖坛经》云：“东方人造恶，念佛求生西方。西方人造恶，念佛求生何国？”又云：“愚人愿东愿西。”后人执此，遂疑六祖说无西方，故为此辩。

初、为门不同者，复有二义：一者且据理事二门。六祖所说，是以理夺事门。若以事夺理门，则佛事门中，不舍一法，安得拨无净土？二者晋宋而下，竞以禅观相高。直指单传之意，几于晦塞。于时达摩始唱，诸祖继兴，唯欲大明此道。而此道无佛无众生；今西方者，正开示众生趣向佛故。此道举心即错，动念即乖；今西方者，正教人起心念佛故。此道心境俱寂；今西方者，正以佛国为境，发心求生故。是虽理无二致，而门庭施设不同。随时逐机，法自应尔。假使才弘直指，复赞西方，则直指之意，终无由明矣。故六祖与净土诸师，易地则皆然也。

二、似毁实赞者。六祖东西之说，只是劝人要须实心为善，空愿无益。何曾说无西方？喻如孔子生于东鲁，今有人言：“齐人造恶，慕孔子求居鲁邦。鲁人造恶，慕孔子求居何国？”盖谓为善是真学仲尼，何曾说无东鲁？六祖此言，正经中必以多善根得生彼国之谓也，恶得云毁？

三、不为初机者。六祖自云："吾戒定慧接最上乘人。"今初心下凡，以秋毫世智，藐视西方，妄谈般若。非徒无益，而又害之。故《坛经》者，慎勿示之初机。苟投非器，便落狂魔，诚可叹惜！

四、记录有讹者。《坛经》又言"西方去此十万八千里"，是错以五天竺等为极乐也。五天、震旦，同为娑婆秽土，何须分别愿东愿西？而极乐自去此娑婆十万亿土。盖《坛经》皆学人记录，宁保无讹？不然，则借此之西域，以喻彼之西方耳。古谓"尽信书，不如无书"者，此也。况西方，千佛所赞。今乃疑千佛之言，信一祖之语。佛尚不足信，况于祖乎？

明智者当为世人决疑起信，在在处处，弘赞流通，即是代诸佛出广长舌，即是报佛深恩。如其违背圣言，故为魔说，其为罪也，何可言尽！今以喻明：于此有人，日出万言，以谤万佛，积满千岁，是人罪业无量无边。而复有人出一恶言，拨无净土，阻人念佛，是人罪业过于前人百千万倍，乃至无算。何以故？微尘诸佛赞叹西方，唯欲人人成佛。汝独生谤，即是遍谤微尘如来，陷害众生，常沉苦海，不得成佛。故罪如是。其慎辞哉！

【疏】称理，则自性遍照，是六方佛赞义。

【钞】灵光独耀，迥绝中边。真照无私，何分彼此。故得一多无碍，主伴交成。无碍，则千差虽隔而非殊。交成，则万法不期而自会。然则六方不离于咫尺，诸佛悉现于毫端。今者此经，当在何处？

△ 二、释经应赞：初征名，二释义。

△ 初、征名

【经】**舍利弗，于汝意云何，何故名为"一切诸佛所护念经"？**

【疏】名必有义，彰阐其义，方克奉行，无所疑故。

【钞】题十六字，但征下之八字者，以"不可思议"，释迦所赞，其义已明。他方佛赞，增此八字，故征其义，云何佛护，云何佛念。以前教当信是经，今谓义明，然后信固也。

△ 二、释义：初闻持，二利益，三勉信。

△ 初、闻持

【经】**舍利弗，若有善男子、善女人，闻是经受持者，及闻诸佛名者。**

【疏】闻是经者，牒上依正、信愿、持名往生等。闻受持，即前三慧、三资粮故。

【钞】闻即闻慧，受即思慧，持即修慧。闻即信义，受即愿义，持即行义。详见前释。

【疏】闻诸佛名，牒上六方诸佛名也。闻经受持。闻佛名者，亦应受持故。

【钞】问：此经闻阿弥陀佛名号为往生因，何兼诸佛？答：弥陀功德，为恒沙诸佛之所共赞。则闻诸佛名，知诸佛赞，信受此经，倍复亲切，故双举也。《华严》第六回向云："复于佛所，得闻佛名，转更值遇无数诸佛。"即闻此经，又闻诸佛名之意也。

【疏】《大本》云："多有菩萨，欲闻此经，而不得闻。"又经云："宁于地狱得闻佛名。"则知闻此经，闻诸佛名，大非易事。

【钞】菩萨欲闻而不得，则二乘、凡夫可知矣。《大本》偈云："若不往昔修福慧，于此正法不能闻。已曾钦奉诸如来，故有因缘闻此义。"地狱闻佛者，《华严》偈云："宁受地狱苦，得闻诸佛名。不愿生天中，而不闻佛名。"故知此经，及与佛名，不易闻也。今得闻之，可弗信受？

【疏】称理，则自性自轨，是闻此经义。自性自觉，是闻诸佛名义。

【钞】自轨自持，则尊者不说，我乃无闻，是真般若。自觉自照，则无名无字，无体无相，是名如来。斯则世间难信之妙法，不闻而历历分明。恒沙诸佛之洪名，绝听而轰轰在耳。可谓所未闻经，信之不疑。承事诸佛，无空过者。

△ 二、利益

【经】**是诸善男子、善女人，皆为一切诸佛之所护念，皆得不退转于阿耨多罗三藐三菩提。**

【疏】诸佛护念，故得不退菩提。不退义，见前释。

【钞】上征云何护念，今出其由，谓持经及佛名者，诸佛护之念之，令不退也。又唐译"必为十方十殑伽沙诸佛之所摄受"，则非唯不止六方，亦不止一恒沙而已。

【疏】“阿”者，此云“无”。“耨多罗”，此云“上”。“三藐”，此云“正等”。“三菩提”，此云“正觉”。言无上正等正觉也。

【钞】究竟极果，对下而言，名之“无上”。正观真谛，对邪而言，名之曰“正”。等观俗谛，对偏而言，名之曰“等”，亦名曰“遍”。“觉”者，灵明自心。“正觉”者，兼上“正”、“等”二义，言此觉者，是无上正等之正觉也。

良以蠢动含灵，皆有佛性，则菩提者，佛与众生本来无二。无明所覆，遂成迷妄，是则邪觉，不名为正。声闻、辟支，只破见思，虽得菩提，其道未中，是则偏觉，不名为等。一切菩萨，已尽尘沙，未尽无明，虽得正等菩提，佛地犹远，不名无上。唯佛一人，妄尽觉满，如望夜月，更无有觉过于此者，名无上正等觉也。今但持佛名，蒙佛护念，于如是觉，即不退转。言直至道场，终不再堕三有、中止化城，决定成佛也。《大本》法藏愿云：“闻我名已，于阿耨多罗三藐三菩提，有退转者，不取正觉。”又云：“由于此法不听闻故，有一亿菩萨退转于阿耨多罗三藐三菩提。”

【疏】前云“阿鞞跋致”，正此不退菩提义也。而生前、生后，意稍差别。

【钞】“阿鞞跋致”云不退者，正言于无上菩提不退转耳。然前云生彼国者，皆得不退。此言闻经闻佛，皆得不退。则不待往生彼国，而未生以前，即已成就菩提善根，不可破坏。况复生彼，而有退转？复有二义：一者，现生不退，如上所明。二者，纵其少寿多障，不克往生，而乘此自执持力、佛护念力，必于来生菩提善根亦不丧失，毕竟得生彼佛国土。如昔人谓：“今生既下此等般若种子，纵未明了，才出头来，管取于般若中现成受用。”正此谓也。

【疏】称理，则自性常觉，是“不退菩提”义。

【钞】灵灵独照，了了常知。不减不增，无得无失。菩提即我，我即菩提。尚无有进，云何有退。

△ 三、勉信：初因闻信受，二随愿得生，三总结信愿。

△ 初、因闻信受

【经】**是故舍利弗，汝等皆当信受我语，及诸佛所说。**

【疏】皆当信受，是为第三重劝。有判此处即属流通。今仍属正宗，以承上文，正勉信受，令往生故。前文二皆劝愿，今复劝信。

【钞】第三劝者，上言“闻是说者”，只是持名得生，未委退与不退。今言不但得生，必于无上菩提永不退转，如是则愿当益切，故云三劝。

未属流通者，以信愿往生，是一经要领。下文重重劝信、劝愿，判属正宗，于义为当。

“汝等”者，正指身子，以及现前大众，兼未来一切诸众生等。良以一佛亲宣，即当谛信。诸佛同赞，更复何疑。信、行、愿三，不可一缺。故前文劝愿，今复劝信。

复劝者，前六方中已劝当信是经，今复明言当信我语。良以不愿，由于不信。不信，则起行无由。故佛于此经，重重劝信。如《大本》言：“不信佛语者，乃恶道中来，余殃未尽，愚痴不信，未当解脱。”又法藏愿云：“至心信乐，欲生我刹，十念必生，唯除五逆、诽谤正法。”谤正法者，不信之谓也。又《文殊般若经》，如前所引，末亦云：“唯除不信。”又《华严》谓“信为道元功德母”。而复累言不置，岂徒然哉！清凉大师云：“高齐大行和尚，宗崇念佛，以四字教诏，谓：‘信忆’二字，不离于心。‘称敬’二字，不离于口。往生净土，要须有信，千信即千生，万信即万生。信佛名字，诸佛即救，诸佛即护。心常忆佛，口常称佛，身常敬佛，始名深信。任意早晚，终无再住阎浮之法。此策发信心，最为切要也。”

【疏】信者，不疑之谓。受者，信已而领纳不忘之谓。信而不受，犹弗信也。

【钞】信而不受，譬如有人，馈以异宝，虽知是宝，深信无疑，然拒之不纳，信亦何益？故曰犹弗信也。

【疏】又信即心净，如《唯识》说。

【钞】《成唯识论》云："信者，谓于实德，深忍乐欲，心净为性。何言心净？以心胜故，如水清珠，能清浊水。又诸染法，各自有相。唯有不信，自相浑浊，复能浑浊余心心所。如极秽物，自秽秽他。信正翻彼，故净为相。"今修净土，主乎心净。信为急务，明亦甚矣。

【疏】称理，则自性本来是佛，是"信受"义。

【钞】《华严》十信，全以果佛为自信心。良由佛即是心，故众生心中，念念常有佛成正觉。作如是信，祇园妙旨，千佛玄谈，一时受毕。

△ 二、随愿得生

【经】**舍利弗，若有人已发愿、今发愿、当发愿，欲生阿弥陀佛国者。是诸人等，皆得不退转于阿耨多罗三藐三菩提，于彼国土，若已生、若今生、若当生。**

【疏】上言信受，今言信已生愿也。已愿、今愿、当愿，过、现、未三时也。举三时者，明有愿者无一不生也。

【钞】已愿已生，则今佛说经之前，已有人求生彼国而得生故。今愿今生，则佛正住世时也。当愿当生，则闻经以后，至于今日，后之后也。先言不退菩提，后云往生者，明发愿者现世之中已顺觉路，况既得往生乎。无一不生者，见往生者甚多无量也。

问：生者既多无量，今何偶一见之？

答：十方世界，众如微尘，其往生者何限？子见娑婆，不见尘刹故。

又问：生者既多无量，彼土何以容之？

答：沧溟纳百川而不溢，明镜含万象而有余。况净土乎？即心是土，即土是心。以心归心，何弗容也！

【疏】称理，则自性非去来今，是已生、今生、当生义。

【钞】万年一念，何古非今。一念万年，何今不古。则念念游行乐国，时时礼觐慈尊，谁非往生者？过去心不可得，现在心不可得，未来心不可得。既无其心，谁是往生者？无生而生，是名已生、今生、当生。

△ 三、总结信愿

【经】**是故舍利弗，诸善男子、善女人，若有信者，应当发愿，生彼国土。**

【疏】上言有愿必生，则因果历然，只恐不信，与信而不愿耳。故总结信愿，言不信则已，若有信者，应当愿往。是为第四重劝。

【钞】第四劝者，从初而再，皆明发愿求生。至于三中，复明愿从信起。如上三重，只是劝说应当发愿，未显发愿功德。今言过、未、现在，但有愿者，无一不生。方知愿力如是广大，焉可不信？焉可不愿？故云四劝，故云总结。智者云："火车相现，尚得往生。戒定熏修，功不唐捐矣。"信之至也。永明云："劫石可磨，我愿无易矣。"愿之至也。

【疏】称理，则自性如智冥契，是信愿双成义。

【钞】纯然真实而不虚者，自性如也，是之谓信。炽然出生而无尽者，自性智也，是之谓愿。如冥乎智，智契乎如。智外无如，如外无智。文殊信首，具足一心。普贤愿王，不离当念。

△ 四、互彰难事令切感发：初己赞诸佛，二诸佛赞己，三总结难事。

△ 初、己赞诸佛

【经】**舍利弗，如我今者，称赞诸佛不可思议功德。**

【疏】唐译但云："如我今者，称扬赞叹无量寿佛。"此言称赞诸佛。古崖云："以弥陀、诸佛，同一法身故。"

【钞】同一法身者，如《华严》颂云："十方诸如来，同共一法身。一身一智慧，力无畏亦然。"则弥陀即诸佛，诸佛即弥陀。故不曰弥陀而曰诸佛，盖该弥陀在诸佛中。下言诸佛，亦弥陀与诸佛同赞释迦也。

【疏】唐译以弥陀该诸佛，今经以诸佛该弥陀。若二说兼具，于文更顺，而义亦足。

【钞】具二说者，应云："如我今者，称赞阿弥陀佛及与诸佛不可思议功德。"则经文既顺，而同一法身之义，亦在其中，文义双美。当知什师本有此意，文省便故。奘师后译，特为单举者，欲人于二经善会其意，而不泥其文也。又诸佛、弥陀相即，是亦不可思议。

△ 二、诸佛赞己：初得道难，二说法难。

△ 初、得道难

【经】**彼诸佛等，亦称赞我不可思议功德，而作是言：释迦牟尼佛，能为甚难希有之事，能于娑婆国土，五浊恶世，劫浊、见浊、烦恼浊、众生浊、命浊中，得阿耨多罗三藐三菩提。**

【疏】佛佛互赞，表此净土法门，决应信受故。

【钞】佛佛互赞者，以此念佛求生净土，纵一佛独赞，已当信受不疑。而今不但释迦赞于祇园，诸佛赞于六方，又此佛、彼佛递互赞叹。岂非超生脱死，最要法门。是以再四叮咛，多方诲诱，恩逾慈母，仁过旻天。粉骨碎身，难足为报。

【疏】彼诸佛等，即弥陀与六方诸佛也。“释迦”，此云“能仁”。“牟尼”，此云“寂默”。

【钞】能仁寂默，自有二义：一者对待说，则“能”者善权方便，曲就机宜；“仁”者至德洪恩，普沾万类，是大悲利物也。“寂”则澄然不动，顿息万缘；“默”则漠尔忘言，永离戏论，是大智冥理也。二者圆融说，以悲即智故，终日度生，无生可度，动一静也。以智即悲故，不起一念，常度众生，静一动也。故知偏举二字，乃至一言，佛之全德，摄无不尽。

【疏】甚难希有，总下二难。具此二难，故言功德不思议也。

【钞】言二难者：于五浊得菩提，是为一难；又于五浊说此净土法门，是为二难。并此二种，是为最上难行之事，唯佛行之。希有罕见之事，唯佛有之。又难行能行，犹未希有。甚难行者而能行之，此诚驾古轶今，超贤越圣。天上天下，卓然独擅，而无与等埒者也。故云“希有”。

【疏】“娑婆”，此云“堪忍”，一云“忍界”，即释迦世尊所主大千世界也。五浊者，以五事交扰，浑浊真性，故名恶世。无五浊者，名善世也。

【钞】堪忍者，以此中众生堪能忍受三毒烦恼，轮回生死，不厌离故。忍界者，如来于中独证自誓三昧故，又劫初梵王名忍故。

五浊交扰者，性本渊澄，由劫等五，起诸尘滓。如《楞严》云：“譬之清水，投以沙土。土失留碍，水亡清洁，汩然浑浊故。”世者，迁流不已之谓。则此世之前，此世之后，当有无五浊之善世。今云“恶世”，据释迦现世言也。

【疏】“劫”者，梵语，具云“劫波”，此云“时分”。劫浊者，无别体，以有四浊得名。众浊交凑，即其相也。

【钞】劫浊者，一大劫中，成、住、坏、空二十小劫，辘轳增减。人寿增至八万岁时，增之极也，乃百年减一，减至二万，即入劫浊。无别体者，由下四浊，当此劫中，因以得名。此之劫分，众浊交凑，昏乱驳杂，故云浊也。反显极乐国中，阿弥陀佛现在说法，清净之时，非劫浊故。今日我等何为安处劫浊之世，而不求生彼国乎？下四仿此。故智者云：“他方净土无三毒等，则名五清。”正此意也。

【疏】见浊者，五利使为体，开之则六十二等。诸见炽盛，即其相也。

【钞】五利使者：一、身见，谓执我我所，而起我身之见。二、边见，谓执断执常，失乎中道，而起边傍之见。三、戒取，谓非因计因，修诸苦行，而起取着我能持戒之见。四、见取，执粗为胜，担麻弃金，而起自负所见之见。五、邪见，谓拨无因果，堕豁达空，而起邪外不正之见。此五者，能令众生趋入生死，故名为“使”。而几微迅疾，为害非细，对五钝言，故名“利使”。

开之则六十二者，以断、常二见为本，而色等五阴，各具四句。三世迭之，则成六十。加本断、常，成六十二。

此之诸见，犹如罗网，犹如稠林，缠缚屈曲，不可出离。浑乱真性，故云浊也。反显极乐国中，人具正见，非见浊故。

【疏】烦恼浊者，五钝使为体，广之乃至为十，为百八，为八万四千，及恒河沙等。三灾感召，即其相也。

【钞】五钝使者：一、贪，谓遇顺情境，起于爱着，不能舍离故。二、瞋，谓遇违情境，起于恚恨，不能容忍故。三、痴，谓于非违非顺境，起于愚暗，不能觉察故。四、慢，谓于一切众生，起骄傲心，上陵下忽，不能恭逊故。五、疑，谓于诸善法，起猜贰心，欲进欲退，不能决定故。此五者，亦能使人趋入生死，故名曰“使”。较前稍为重滞，故名

"钝使"。

广之者，谓合五利，为十烦恼。又分之为九十八，加十缠，成百八烦恼。又细推之，则八万四千，乃至恒沙，多多无量。劳烦我心，不得安隐。热恼我心，不得清凉。又喧烦之法，逼乱心神，使真明不朗，故名烦恼。

三灾感召者，贪感饥馑，瞋感刀兵，痴感疾疫。乃至水、火、风之大难，皆以类从，故名浊也。反显极乐国中，人悉智慧，非烦恼浊故。

【疏】众生浊者，一云《阿含》三义为体，又云揽五阴、见、慢、果报为体。恶名秽称，即其相也。

【钞】三义者，《阿含经》云："一者，劫初光音下生；二者，揽众阴而生；三者，处处受生。故云众生。"

五阴，即色、受等。见者，横计主宰为见我。慢者，俱生主宰为慢我。果报者，前所作因，今受果报，亦上受生义也。

恶名秽称者，生、佛相对。众生之名，下劣鄙陋，轮回六道，备受诸苦，故云浊也。反显极乐国中，诸上善人同会一处，非众生浊故。

【疏】命浊者，以色心连持为体。催年减寿，即其相也。

【钞】连持者，依业所引第八识种，外色、内心，互相连属。即息、暖、识三，相持不散，是为命根。一不连持，命根即断。故以为体。

催年减寿者，当此减劫，不满百年，而复泡沫、风灯，刹那不住，尤为短促，故云浊也。反显极乐国中，人民寿命同佛无量，非命浊故。

【疏】此之五浊，且据果言。若《楞严》所云，或配三细六粗，或配五阴，义亦不异。

【钞】配三细等者，以劫浊配业相，谓无明初起，性遂浑浊故；次以见浊配转相、现相；次以烦恼浊配智、相续、执取、计名字相；次以众生浊配造业相；次以命浊配业系苦相。

配五阴者，以劫浊配色阴，谓空见不分，妄见空而两无其实，性为浑浊故；次以见浊配受阴；次以烦恼浊配想阴；次以众生浊配行阴；次以命浊配识阴。

言不异者，前一说，心无初相，则超劫浊，乃至无业系苦，则超命浊。是断无明等，名五浊得菩提也。后一说，色阴破，则超劫浊，乃至识阴破，则超命浊。是破五阴等，名五浊得菩提也。为说少殊，而义则大同也。

【疏】《观经》云："浊恶不善，五苦所逼。"今不言五苦者，文省也。

【钞】五苦者，《疏》云："五道之苦，或五痛、五烧、五恶等。"详具《大本》，兹不繁录。以浊必有苦，举浊该苦，故曰文省。

【疏】此五浊处，能自立者，亦已鲜矣。得成正觉，宁不难乎？是为第一重难事，明自利功德不可思议。

【钞】自立者，五浊恶世，人生其中，外则时势之所逼恼，内则惑障之所萦缠。况乎身属四生，命存呼吸。是以欲洁偏污，求升反坠。能于此中，分别善恶，持戒修福，自立于人天之位者，鲜矣。能于此中，深惧无常，修四谛、十二因缘，自立于声闻、缘觉之位者，抑又鲜矣。乃于此中，永断无明，高超三界，而得于无上正等菩提。是则同居火宅，独驭宝车。共溺爱河，卓登彼岸。岂非忍人所不能忍，行人所不能行。此之谓难，此之谓自利功德不可思议也。

【疏】称理，则自性始觉冥乎本觉，是我赞诸佛义。本觉冥乎始觉，是诸佛赞我义。自性寂而常照，照而常寂，是释迦牟尼义。自性染而不染，不染而染，是五浊菩提义。

【钞】因该果海，果彻因源，则始本不二。用不离体，体不离用，则寂照同时。不染而染，难可了知，是菩提沉埋五浊。染而不染，难可了知，是五浊独露菩提。故知此佛、彼佛，同归寂照之自心。烦恼、菩提，不出悟迷之一念。本师即我，我即菩提。及得菩提，实无所得。

△ 二、说法难

【经】**为诸众生，说是一切世间难信之法。**

【疏】前是人中难事，今是难事中之难事也。良由净土法门，一切世间之所难信。佛于恶世得道，复于恶世说此法，以度众生，又难中难也。是为第二重难事，明利他功德不可思议。

【钞】言"难信"者，略举有十：今居秽土，习久心安，乍闻彼国清净庄严，疑无此事，难信一也。纵信彼国，又疑十方佛刹皆可往生，何必定生极乐？难信二也。纵信当生，又疑娑婆之去极乐十万亿刹，云何极远而得往彼？难信三也。纵信不远，又疑博地凡夫，罪障深重，云何遽得往生彼国？难信四也。纵信得生，又疑生此净土，必有奇妙法门，多种功行，云何但持名号，遂得往生？难信五也。纵信持名，又疑持此名号，必须多历年劫，乃克成就，云何一日七日，便得生彼？难信六也。纵信七日得生，又疑七趣受生，不离胎、卵、湿、化，云何彼国悉是莲花化生？难信七也。纵信莲生，又疑初心入道，多涉退缘，云何一生彼国，便得不退？难信八也。纵信不退，又疑此是接引钝机众生，上智利根，不必生彼，难信九也。纵信利根亦生，又疑他经或说有佛，或说无佛，或有净土，或无净土，狐疑不决，难信十也。

故难信而曰一切世间，是不但恶道难信，而人天犹或疑之。不但愚迷难信，而贤智犹或疑之。不特初机难信，而久修犹或疑之。不特凡夫难信，而二乘犹或疑之。故曰“一切世间难信之法”。今于此世演说此法，是犹入裸形之国，宣示威仪。对生盲之人，指陈黑白。此之谓难，此之谓利他功德不可思议也。

【疏】又《法华》、《金刚》皆云难信，与此同意。

【钞】《法华》云：“欲令众生，皆得闻知一切世间难信之法。”又云：“此经难闻，信受亦难。”《金刚般若》云：“闻说此经，心即狂乱，狐疑不信。”而以不惊、不怖、不畏为希有。不惊等，即能信也。今经难信，同于二经，奚可轻也？

【疏】问：既云难信，则说为强聒，何以说为？答：终以佛说，有信者故。

【钞】因说有信者，此之妙法，若如来曾不闻宣，则万古永同长夜，终无有人念佛求生。故叹其难信者，见不信者之自弃，能信者之有缘，令一切众生悲伤绝分，而欣幸得闻故。今之信净土者，皆因佛说而发起也。虽今不信，一历耳根，永为道种故。

【疏】称理，则自性不可凑泊，是“难信法”义。

【钞】当知自性，不可以有心求，不可以无心得，不可以语言造，不可以寂默通。离四句，绝百非，空里栽花，波心踏月，无汝措手足处。是故灵山上德，终成败北之愆。汉地金刚，始有灭南之想。能信是法，岂不难哉！

△ 三、总结难事

【经】**舍利弗，当知我于五浊恶世，行此难事，得阿耨多罗三藐三菩提。为一切世间说此难信之法，是为甚难。**

【疏】述诸佛语，重为申明。见此二难，古佛不虚为赞辞，今佛非滥膺美誉。实语实行，两相符合。万代众生，当谛信而勿疑，感恩而无已者也。可谓反复叮咛，婆心大切矣。

【钞】得道之难，其难有二：一谓善世得道，未足为难，今于恶世；二谓恶世得道，而得小果，犹未为难，今得无上菩提，是以难也。说法之难，其难亦二：一谓善世说法，未足为难，今于恶世；二谓恶世说法，而说其易信者，犹未为难，今说难信之法，是以难也。

略为四喻：

第一喻者，譬如有人，身入大海，复乘破舟，复遇逆风，复冲巨浪，复值罗刹、鱼王、毒龙，危在顷刻。而能于中，安隐得渡，是之谓难。不但自渡，并渡诸人置之彼岸，是难中难。大海、破舟、逆风、巨浪及罗刹等，此喻五浊。自渡，喻得道。渡人，喻说法也。

第二喻者，譬如有人，身罹重病，复处风露，复乏饮食，复遭跌蹼，复值庸医误进药饵，危在顷刻。而能于中，调理痊安，是之谓难。不但自疗，并余病者皆使平复，是难中难。

第三喻者，譬如有人，身在囹圄，复膺楚挞，复系枷杻，复染疾疫，复被监押，将临诛戮，危在顷刻。而能于中，忽然解脱，是之谓难。不但自脱，并诸罪人悉得免离，是难中难。

第四喻者，譬如有人，身堕井中，复遇毒蛇，复困荆棘，复淹寒水，复值恶人，抛掷土石，危在顷刻。而能于中，腾跃而出，是之谓难。不但自出，并余同堕俱时上升，是难中难。

五浊等喻，义说同上。

此之四喻，略喻释迦二种难事，明浅易晓。使知如来不惮劬劳，备历艰苦，为我等故，行难中难，一至于此。闻斯难者，皆应喜悲交集，感极呼号，声震三千大千世界，勇猛精进，思报佛恩。欲报佛恩，不越二事：一者自利，二者利人。自利者，于此恶世，力行此道，因得往生，亦云为难。利人者，于此恶世，复劝诸人共行此道，同得往生，是则亦云难中难也。

【疏】又《法华》极赞说经之难，亦同此意。

【钞】《法华》极赞者，谓："尽说余经、手掷须弥、足动大千，皆未为难。能于恶世说《法华经》，是则为难。"今经难说，亦复如是。

【疏】复有二义：前难反显极乐得道为易，后难反显极乐说法为易。

【钞】得道易者，《婆沙论》谓念佛往生，乘佛愿力，为易行道。五浊恶世，艰于修进，为难行道故。说法易者，彼国诸上善人，慧深障浅，志意调柔。风树鸟音，悉资解悟。非比此土，刚强难伏。故举难显易，正示极乐决宜求也。

【疏】称理，则自性心境双融，是行此二难义。

【钞】心逐境生，心体本寂，则无所得者，名得菩提。境随心现，境体自空，则无法可说，是名说法。心外无境，境外无心。自觉觉他，觉行圆满。

△ 三、流通分：初重举听众，二明悉奉行。

△ 初、重举听众

【经】佛说此经已，舍利弗及诸比丘，一切世间天、人、阿修罗等。

【疏】法必流通，以佛说法，为普度众生故。复列众者，经初明众听法，经终明众受法也。独举身子者，以当机故。不言菩萨者，摄比丘中故。"阿修罗"者，此云"非天"。"等"者，等八部、六道也。

【钞】流通者，《光明疏》云："流者下澍，通者不壅。"又圭峰云："都无人传则不流，流者不住。传之遇障则不通，通者不塞。"

普度者，流通十方，以及三世，非仅为一处一时之众生也。

当机者，以难信之法，唯智能信，故始终首举舍利弗也。

摄比丘中者，菩萨虽不常随如来，然与诸比丘同为贤圣等侣故。又菩萨真俗双融，随类应机，亦可世间中摄故。

"一切世间"，所该者众，而独举天、人、阿修罗者，以明修此法门，善道众生，比之余道，为居多故。

"非天"者，修罗富乐同天，无天行故。详有四种，兹不繁举。前列众中无其名者，摄于天人及大众故。

问：修罗至为凶顽，何能执持圣号？

答：鬼、畜尚解归依，修罗岂不信受？不闻《世主妙严品》，诸修罗等，各得解脱门乎？今处人伦，邈然无信者，良可怪也。

【疏】称理，则自性究竟圆满，是"佛说经已"义。自性周遍含容，是"一切世间"义。

【钞】究竟，则首尾圆照，无欠无余。周遍，则凡圣该罗，千足万足。如是经者，未呼身子，已毕全文。又何待妙首白槌，双林抚尺，然后名为说法竟也。是故升堂入室，大众无增。鼓寂钟沉，人天不减。

△ 二、明悉奉行

【经】**闻佛所说，欢喜信受，作礼而去。**

【疏】"欢喜"者，庆所闻故。"信受"者，领所闻故。"作礼"者，重所闻故。"去"者，闻已则退而修持也。亦前三资粮，及三慧也。

【钞】庆所闻者，多劫飘零，正以未闻此法。今知持名往生，可谓沉疴枕席，忽遇神方。久客他乡，乍闻家信。欣幸不胜，故云庆也。

领所闻者，信之不疑，受之弗失，如奉王敕，如遵父命，故云领也。

重所闻者，中心感激，五体翘勤，如蒙至极之恩，拜谢无已，故云重也。

修持者，古人进而闻道于师，退而修道于己，非如今人入耳出口也。

三资粮者，如上闻而信，即信资；信而受，即愿资；受而去，即行资也。三慧者，闻即闻慧，欢喜信受者即思慧，去而修持者即修慧也。

【疏】又此"欢喜"，亦具清净三义，如《观疏》中说。

【钞】三义者，《观经疏》谓：一能说人清净，二所说法清净，三依法得果清净。具此三义，故欢喜。今持名往生，乃佛所说。佛是一切智人，非四人等也，则人清净。遇如是人，宁不欢喜？持名往生，即证三昧，是圆顿教，非权法也，则法清净。闻如是法，宁不欢喜？持名往生，即不退转，直至成佛，非小果也，则果清净。证如是果，宁不欢喜？

【疏】又此“欢喜”，亦通深浅，各随所得。

【钞】深浅者，如《华严》初地，名“欢喜地”，文中具二十欢喜：一、当得十句，如所谓“念诸佛故生欢喜”、“念诸法故生欢喜”等。今闻此经者，自庆我亦当来得如阿弥陀佛，我亦当来得阿弥陀佛如是妙法也。二、现得十句，所谓“转离一切世间境界故生欢喜”、“亲近一切佛故生欢喜”等。今闻此经者，现得转离娑婆五浊境界，现得往生净土，亲近弥陀及诸佛也。此“欢喜”属“地”位中，而初行亦名“欢喜”，初住文中亦云“获无边欢喜”等，故云深浅。若浅之又浅之，则随其分量，亦得法喜之乐而已。

【疏】又结归“信受”者，从始至终，信为根本故。

【钞】始终者，首标“如是”，乃信顺之辞，今复末言“信受”。则知因信生愿，因愿起行。从初发心，次得往生，究竟成佛，皆资信力。故云始终信为根本。

【疏】《大本》结经，备陈众生获益，龙天降祥。今不言者，文省也。

【钞】《大本》云：“佛说此经已，无量众生发无上正觉心。万二千那由他人，得法眼净。二十二亿诸天人民，得阿那含果。八十万比丘，漏尽意解。四十亿菩萨，得不退转。三千大千世界六种震动，大光普照十方国土。百千音乐，自然而作。无量妙花，芬芬而降。乃至阿迦腻吒天，皆作种种微妙供养。”又云：“二十五亿众生，得不退忍。四万亿那由他众生，于无上菩提，未曾发意，今始初发，种诸善根，愿生极乐世界，皆当往生，各于异方次第成佛，同名妙音。八万亿那由他众生，得授记法忍。”

【疏】又《大本》嘱累持经功德。今持此经，亦当如是。

【钞】《大本》佛告弥勒：“今此法门，付嘱于汝。于大众中，为他开示，当令书写执持，于此经中，生导师想。”又云：“无量亿诸菩萨，皆悉求此微妙法门。勿违佛教，而弃舍之，当令汝等沦没长夜，备众危苦。是故我今为大嘱累。”今经不言，皆文省故。

【疏】又《大本》及《法灭经》，皆言法灭之日，独留此经。故知此经，总持末法，如《华严论》中说。

【钞】《大本》云：“当来之世，经道灭尽。我以慈悲，特留此经百岁，众生得遇，无不得度。若有众生，于此经典书写供养、受持读诵、为人演说。临命终时，佛与圣众，现其人前，经须臾间，即生彼刹。”《法灭经》云：“尔时《首楞严经》先灭，以次诸经悉皆灭尽。独留《无量寿经》，度诸众生。”

《华严论》云：“正法灭时，以总持持余尊法，为教理流转之因。”今谓诸经悉灭，此经独存。念佛一门，广度群品，则诸经已灭而不灭，即是以一存余，流转无尽，正总持之谓也。一切众生，应当尊重恭敬，信受奉行。经所在处，如佛现在。

问：独留此经，此经盖指《大本》。

答：前不云乎，文有繁简，义无胜劣。详言之则《大本》，略言之则今经耳，非有二也。

【疏】称理，则自性无恼，是“欢喜信受”义。自性无住，是“作礼而去”义。

【钞】烦恼本寂，欢喜亦空，则苦土谁非乐土。来实无来，去亦何去，则往生毕竟无生。以此无生，生彼国土，非生彼土，实生乎自心也。然后无问自说，世尊免付空谈。独任当机，身子不孤重托。是真欢喜，是真信受，是名真法作礼如来。若其外极乐九莲之土，别说唯心。舍弥陀万德之名，另求自性。可谓当渡而问津，对灯而觅火者矣。

● 三、结释咒意

【咒名】**拔一切业障根本得生净土陀罗尼**

【疏】释咒意者，以咒附经，经得咒而弥显。以经先咒，咒得经而愈灵。交相为用，应结释也。此咒详见《不思议神力传》。持此咒者，灭罪往生，故以“拔业障”、“生净土”为名。“陀罗尼”者，此云“总持”也。

【钞】业障者。凡障有三：一烦恼障、二业障、三报障。今言业障，则中摄前后。烦恼者业之因，报者业之果也。业必有因，业必招果，故摄二障。

除障贵除其本，如根绝不生芽，芽不生，则枝叶花果悉不生故。今此咒持之，则烦恼不起，是拔业障根本也。如《传》言：“日夜各持三七遍，灭五逆、谤法等罪。”是也。

得生净土者。轮回娑婆，皆由业障。业障既空，秽土种灭，随愿往生，故得生阿弥陀佛极乐国土。

“总持”者，总统摄持，更无遗失，即“咒”之别名也。

《传》名“不思议神力”者，即《经》名“不思议功德”也。持咒持名，即得往生，故同名“不思议”。

【译人】**宋元嘉天竺三藏求那跋陀罗译**

【疏】“宋”者，南北朝国名。“元嘉”者，年号。“天竺”者，西域国名。“求那跋陀罗”，此云“功德贤”。

【钞】“宋”言南北者，时方南北分王，宋王江南，谓“刘宋”也。“元嘉”者，文帝元嘉末年也。“天竺”，一云“身毒”。有五天竺，皆西域也。跋陀博通三藏，尤专大乘，号“摩诃衍”，神异非一，备载传记，恐繁不叙。一本“陀”下无“罗”字，或疑是“求那跋摩”，以二师同时故。未审何所译也。

【咒曰】**南无阿弥多婆夜**（一）　**哆他伽多夜**（二）　**哆地夜他**（三）　**阿弥利都婆毗**（四）　**阿弥利哆**（五）　**悉耽婆毗**（六）　**阿弥唎哆**（七）　**毗迦兰帝**（八）　**阿弥唎哆**（九）　**毗迦兰多**（十）　**伽弥腻**（十一）　**伽伽那**（十二）　**枳多迦利**（十三）　**娑婆诃**（十四）

若有善男子、善女人，能诵此咒者。阿弥陀佛常住其顶，日夜拥护，无令怨家而得其便，现世常得安隐。临命终时，任运往生。

【疏】诸本句读稍异，今依古本。神咒不翻，不必强释。

【钞】诸本不同者，如“南无阿弥多婆夜”，一本作“南无阿弥多婆夜多”，以次句“多”字连属上句，故云稍异。今不必苦究是非，但依一本，至心诵持，自成利益。

又有谓“南无阿弥多婆夜”，此云“皈命无量寿”。“多他伽多夜”，即“多他阿伽度”，此云“如来”。“哆地夜他”，新译云“他的也挞”，旧云“怛绖他”，“绖”音“迭”，即“地夜”二合也，此云“即说咒曰”，自后方是密语。

然神咒从古不翻，略有五意：一、如王密旨，勿妄宣传，但宜钦奉故；二、或一语广含多义，如“仙陀婆”故；三、或此方所无，如“阎浮提”故；四、或顺古文，如“阿耨菩提”故；五、或尊重，非唐言可对，如“般若”故。一云亦可强翻。既谓之强，曷若已之？

【疏】经咒相联，正显密圆通义。

【钞】详陈彼国依正庄严，信、行、愿门，如经所明，是之谓显。遵佛秘敕，但持此咒，即得往生，是之谓密。显者，显此密也。密者，密此显也。兼持则双美毕具，单举亦交摄不遗，故曰圆通。

【疏】虽云交摄，而专持名号，犹胜持咒，亦胜余咒，亦胜一切诸余功德。

【钞】偏赞持名也。

一、胜本咒者。以咒云：“诵三十万遍，则见阿弥陀佛。”而持名，则一日一心，即佛现前故。又咒云：“昼夜六时，各诵三七遍，能灭五逆等罪。”而持名，则至心念佛一声，即灭八十亿劫生死重罪故。

二、胜余咒者。专持名号，即大神咒、大明咒、无上咒、无等等咒。以十念便得往生，一生便得不退。威灵不测，斯名大神。余可例知故。

问：《准提》功德，至广至大。如何但持佛名，而能胜彼？

答：准提，因地菩萨。弥陀，果位如来。持《准提》既有神功，念弥陀宁无妙应？是故经云：“持六十二亿恒河沙菩萨名号，不如一称观世音菩萨，其福正等。”又云：“持无量无数观世音菩萨名号，不如一称地藏菩萨，其福正等。”况如来乎？

三、亦胜诸余功德者。六度万行，法门无量。而专持名号，则种种功德，摄无不尽，以不出一心故。如前文中广说。

愿净业弟子，专其信，不二其心。如经云：“设有一法，过于涅槃，亦所不顾。”禅宗知识，有教人但持话头，一切不作。故知原业余门者，尚当改修念佛。何况原念佛人，乃变其所守，而复他尚，心怀二路，志不归一，云何三昧而得成就？直至无常，空无所获，罔思己过，反起谤言。呜呼谬哉！

【疏】称理，则自性空，是“拔业障”义。自性有，是“陀罗尼”义。自性不有不空，是“生净土”义。

【钞】觅心了不可得，一切业障，谁为根本？即心无所不具，一切功德，何弗总持？当总持而不立纤尘，有是即空之有。无根本而出生万法，空是即有之空。即有则不空，即空则不有。不空不有，唯是一心。不越一心，是名净土。

西方愿文解

净业弟子袾宏著并释

△ 大文分二：初总序归敬，二正述愿文。

△ 初、总序归敬三：初标主，二明愿，三请加。

△ 初、标主

【稽首西方安乐国，接引众生大导师。】

“稽首”者，以首叩地，敬之至也。

西方国土无量，今归敬者，西方之安乐国也。“安乐”，极乐之异名也，或名“安养”，或名“清泰”，其义一也。

“接”，摄取也。“引”，指导也。众生沉沦，接取置之善地。众生迷昧，指导归之正途。凡知识、罗汉、菩萨、如来，皆接引导师。如畋猎之有虞人，涉川之有舟长，问路之有土民也。唯佛为群导师之中大导师也。“大”，二意：一、普度群灵无遗失故；二、究竟成佛无退转故。

△ 二、明愿

【我今发愿愿往生。】

信、行、愿三，净土资粮。但言“愿”者，唯信故愿，愿之切者，必其信之真也；行以愿立，愿之切者，自能行之力也。是以《弥陀经》中，专说发愿愿往，不一而足。

△ 三、请加

【惟愿慈悲哀摄受。】

愿文备矣。

或问：古云：“把手牵他行不得，唯人自肯乃相应。”何乃求佛摄受耶？

答：一者弥陀本愿力故；二者求佛摄受，正自肯故；三者感应道交，正相应故。（“何乃”下三十六字未完今续。）

△ 二、正述愿文分三：初求生西方正因，二得生西方明验，三已生净土大用。

△ 初、求生西方正因五：初发起大心，二忏除业障，三立愿自要，四求佛冥加，五净业成就。

△ 初、发起大心

【弟子某甲（众等）**，普为四恩三有、法界众生，求于诸佛一乘无上菩提道故，专心持念阿弥陀佛万德洪名，期生净土。】**

先出念佛求生净土之本志也。“普为”者，兼利为怀，不为自身独求解脱也。“一乘”者，佛果为期，不于余乘妄有希冀也。发如是心，乃修净土，是谓正因。苟为不然，虽勤念佛，因地不真，果招迂曲。

“四恩”者，在家，则父母、众生、国王、三宝；出家，则父母、师长、国王、施主也。“三有”者，欲有、色有、无色有也。

△ 二、忏除业障

【又以业重福轻，障深慧浅，染心易炽，净德难成。今于佛前，翘勤五体，披沥一心，投诚忏悔。我及众生，旷劫至今，迷本净心，纵贪瞋痴，染秽三业，无量无边。所作罪垢，无量无边。所结冤业，愿悉消灭。】

承上虽发大心，恐宿世今生，业障多而福慧少，欲净偏染，故须忏悔。“本净”者，心本自净，因迷成染。今始觉知，惭愧修省。若本不净，如销顽铁欲成真金，纵经百炼，终不成就。

“三业”者，身业、意业、口业也。三业各具贪、瞋、痴故。

△ 三、立愿自要

【从于今日，立深誓愿：远离恶法，誓不更造；勤修圣道，誓不退惰；誓成正觉；誓度众生。】

虽已忏悔，不发誓愿，是谓有忏无悔。“要”者，犹俗云“胁制”，古曰“要君”，今自要故。四句，即四弘誓也。

“远离”句，即“烦恼无尽誓愿断”也。“勤修”句，即“法门无量誓愿学”也。“誓成”句，即“佛道无上誓愿成”也。“誓度”句，即“众生无边誓愿度”也。

△ 四、求佛冥加

【阿弥陀佛，以慈悲愿力，当证知我，当哀悯我，当加被我。愿禅观之中，梦寐之际，得见阿弥陀佛金色之身，得历阿弥陀佛宝严之土，得蒙阿弥陀佛甘露灌顶，光明照身，手摩我头，衣覆我体。】

古《净土文》谓“佛以天眼遥观，天耳遥闻，他心速见”故。行人既发大心，佛必证知。既证知已，佛大慈悲必垂哀悯。既哀悯已，佛大威神必垂加被，显如禅观，幽如梦寐。

所云“金色”、“宝严”、“甘露”、“光明”、“手摩”、“衣覆”，精诚之极，感应自然。或不精诚与精诚未极，则不能也。然行人但须一心精诚，不必因此生着，作意求现。

△ 五、净业成就

【使我宿障自除，善根增长，疾空烦恼，顿破无明。圆觉妙心，廓然开悟。寂光真境，常得现前。】

既以自力，又蒙佛力，内外交资，故障灭善生，有如是等大利益事。“空”而曰“疾”，不劳肯綮修证也。“破”而曰“顿”，不历阶级次第也。了悟圆觉，常住寂光，至是得本净心，故曰净业成就。

“宿障”者，贪、瞋、痴等。“善根”者，戒、定、慧等。“妙心”、“真境”，言之似分，实则即心即境，即境即心，二而不二。

△ 二、得生西方明验三：初临终正念，二感佛来迎，三往生极乐。

△ 初、临终正念

【至于临欲命终，预知时至。身无一切病苦厄难，心无一切贪恋迷惑。诸根悦豫，正念分明。舍报安详，如入禅定。】

“至于”者，前修净因，故至临终感斯净报也。平日散心杂念，临行挥霍憧惶。念佛若至一心，临终安得不定？然行人但贵已离贪恋迷惑，勿虑或遭病苦厄难。倘遭病厄，当知念佛人死此往生，如脱敝衣，得换珍服，如出牢狱，得还故家，不亦乐乎？况古云：“还有不病者么？”则亦有不厄者，复何虑哉！

“病苦”者，身所生。“厄难”者，身所遇。“贪恋”者，或贪眷属，或贪财产，不能舍故。“迷惑”者，心念颠倒，如不知地狱，而曰“我欲往中，我欲往中”故。

△ 二、感佛来迎

【阿弥陀佛，与观音、势至、诸圣贤众，放光接引，垂手提携。楼阁幢幡，异香天乐，西方圣境，昭示目前。令诸众生，见者闻者，欢喜感叹，发菩提心。】

经云：“执持名号，一心不乱。其人临命终时，阿弥陀佛与诸圣众现在其前。”是也。众见发心，则自他兼利矣。又众人皆见，其事乃真。独己见之，或是魔事。

△ 三、往生极乐

【我于尔时，乘金刚台，随从佛后，如弹指顷，生极乐国，七宝池内，胜莲花中。】

上见佛来，今随佛去，无来去中而来去也。“胜莲花”者，上上品也。

△ 三、已生净土大用四：初见佛得记，二蒙记具德，三成德利生，四普皆回向。

△ 初、见佛得记

【花开见佛，见诸菩萨，闻妙法音，获无生忍。于须臾间，承事诸佛，亲蒙授记。】

上言平日求生，临终得生。然岂徒得生而已乎，今言得生之后，亲蒙佛记，具足功德，广度众生，有如是等大用也。

凡生西方者，花开有迟速，见佛有早晚，悟道有先后。今是举念即生，生已即花开，即见佛，即闻法，即得忍，即授记也，皆上上品事。

△ 二、蒙记具德

【得授记已，三身四智，五眼六通，无量百千陀罗尼门，一切功德，皆悉成就。】

或疑：“如是广大功德，累劫修习，未必能得。云何一生西方，皆悉成就？”不知万法唯心，既得一心，何法不得？《文殊般若》称念佛为“一行三昧”，得此三昧，所有多闻智慧辩才，远过阿难百千万亿倍。余可知矣。

三身者，法、报、化身也。四智者，大圆镜、平等性、妙观察、成所作智也。五眼者，肉眼、天眼、慧眼、法眼、佛眼也。六通者，天眼、天耳、他心、宿命、神足、漏尽通也。“陀罗尼”者，此云“总持”。

△ 三、成德利生

【然后不违安养，回入娑婆。分身无数，遍十方刹。以不可思议自在神力，种种方便，度脱众生。咸令离染，还得净心，同生西方，入不退地。如是大愿，世界无尽，众生无尽，业及烦恼一切无尽，我愿无尽。】

“然后”者，古所谓“既生西方得无生忍已，还来此世救苦众生”也。不违而入者，常居九品，常在十方，时时堪忍度众生，刻刻西方入正定也。“还得净心”者，上言“迷本净心”，此言昔迷今悟，如久失方得，得其本有之净心，非新得也。“愿无尽”者，前来发起无上大心，故今成满无尽大愿也。

△ 四、普皆回向

【愿今礼佛、发愿、修持功德，回施有情。四恩总报，三有齐资。法界众生，同圆种智。】

初始发心求生净土，本为四恩三有、法界众生，故今回向亦如是。

原刻《西方愿文》跋

余自癸卯杪秋，获侍慈颜，说此愿文，开我迷云。尝讯：“《金刚》何以一切尽扫？”师曰：“说无，无所不无。说有，无所不有。”言下顿觉有省。又讯“应无所住而生其心”。师云：“此有作一句读者，有作两句读者，于义皆通。”又为我旁引曲喻，豁《般若》一部之全旨。亶甫知向往，倚师为无量寿，而遽尔示寂，不胜哀悼！金容虽杳，金口常宣。刻此愿文，以志皈依之始因。愿与尽未来际学人见闻随喜者，念念无量寿觉，一心不乱，皆入云栖大誓海者。

云栖大师像赞附：

禅之髓，儒之通，律之虎，教之龙。一行三昧，折摄为宗。庄严万善，权实参同。且道参同何处蹵？咦！水底月为天上月，谷中风作陇头风。

昔端木氏之于儒童菩萨也，曰："以予言赞夫子，犹以两手捧土加泰山也。"亶于大师，犹以一指拈微尘，飏妙高山上，聊以寄其跂仰之忱云尔。

万历四十三年孟冬日，弟子广亶和南述。

禅关策进

明云栖寺沙门袾宏辑

禅关策进序

禅曷为有关乎？道无内外，无出入，而人之为道也有迷悟。于是大知识关吏，不得不时其启闭，慎其锁钥，严其勘核，俾异言服、私越度者，无所售其奸。而关之不易透，亦已久矣！

予初出家，得一帙于坊间，曰《禅门佛祖纲目》。中所载，多古尊宿自叙其参学时，始之难入，中之做工夫，经历劳苦次第，与终之廓尔神悟。心爱之慕之，愿学焉。既而此书于他处更不再见，乃续阅《五灯》诸语录、杂传，无论缁素，但实参实悟者，并入前帙。删繁取要，汇之成编，易名曰《禅关策进》。居则置案，行则携囊，一览之，则心志激励，神采焕发，势自鞭逼前进。

或曰："是编也，为未过关者设也。已过关者长往矣，将安用之？"虽然，关之外有重关焉。托伪于鸡声，暂离于虎口，得少为足，是为增上慢人。水未穷，山未尽，警策在手，疾驱而长驰，破最后之幽关，徐而作罢参斋，未晚也。

万历二十八年，岁次庚子，孟春日，云栖袾宏识。

禅关策进目录

前 集（二门）

▲ 诸祖法语节要第一

汝州香山无闻聪禅师普说
独峰和尚示众
般若和尚示众
雪庭和尚示众
仰山古梅友禅师示众
衢州杰峰愚禅师示五台善讲主
灵隐瞎堂禅师对制
大乘山普岩断岸和尚示众
古拙禅师示众
太虚禅师示众
楚石琦禅师示众
高丽普济禅师答李相国书
楚山琦禅师解制
天真毒峰善禅师示众
空谷隆禅师示众
天奇和尚示众
古音琴禅师示众
异岩登禅师《释疑集》
月心和尚示众

▲ 诸祖苦功节略第二

独坐静室　悬崖坐树　草食木栖
衣不解带　引锥自刺　暗室不忽
晚必涕泣　三年力行　圆枕警睡
被雨不觉　誓不展被　掷书不顾
坚誓省发　无时异缘　造次不忘
忘抵河津　寝食两忘　口体俱忘

诸缘尽废　杜门力参　以头触柱
关中刻苦　胁不至席　独守钝工

后 集（一门）

▲ 诸经引证节略

《大般若经》
《大集月藏经》
《出曜经》
《遗教经》
《弥陀经》
《摩诃[1]般若经》
《大集经》
《自在王菩萨经》
《中阿含经》
《杂阿含经》
《法集要颂经》
《一向出生菩萨经》
《六度集经》
《菩萨本行经》
《文殊般若经》
《四十二章经》
《宝云经》
《阿毗昙集异门足论》
《华严经》
《十六观经》
《大灌顶经》
《楞严经》
《楞伽经》
《宝积经》
《念佛三昧经》
《如来智印经》
《杂譬喻经》
《阿含经》
《无量寿经》
《宝积正法经》
《修行道地经》
《弥勒所问经》
《般舟三昧经》
《观药王药上二菩萨经》
《正法念处经》

① “摩诃”，原本作“金刚”。见后注。

《瑜伽师地论》　　《大乘庄严经论》
《阿毗达磨论》　　《西域记》
《南海寄归》　　《法苑珠林》
《观心疏》　　《永嘉集》
《沩山警策》　　《净土忏愿仪》
《法界次第》　　《心赋》

前 集（二门）

▲ 诸祖法语节要第一

诸祖法语，今不取向上玄谈，唯取做工夫吃紧处。又节其要略，以便时时省览，激励身心。次二“诸祖苦功”，后集“诸经引证”，俱仿此。

筠州黄檗运禅师示众

预前若打不彻，臘月三十日到来，管取你热乱。有般外道，才见人做工夫，便冷笑：“犹有这个在。”我且问你，忽然临命终时，你将何抵敌生死？须是闲时办得下，忙时得用，多少省力。休待临渴掘井，做手脚不迭，前路茫茫，胡钻乱撞，苦哉苦哉！平日只学口头三昧，说禅说道，呵佛骂祖，到这里都用不着。只管瞒人，争知今日自瞒了也！

劝你兄弟家，趁色力康健时，讨取个分晓。这些关棙子甚是容易，自是你不肯去下死志做工夫，只管道难了又难。若是丈夫汉，看个公案：僧问赵州：“狗子还有佛性也无？”州云：“无。”但二六时中看个“无”字，昼参夜参，行住坐卧、着衣吃饭处，屙屎放尿处，心心相顾，猛着精彩，守个“无”字。日久岁深，打成一片。忽然心花顿发，悟佛祖之机，便不被天下老和尚舌头瞒，便会开大口：“达磨西来，无风起浪。世尊拈花，一场败阙。”到这里说甚阎罗老子，千圣尚不奈你何。不信道直有这般奇特，为甚如此？事怕有心人。

【评曰】此后代提公案、看话头之始也。然不必执定“无”字。或“无”字，或“万法”，或“须弥山”，或“死了烧了”等，或参究念佛。随守一则，以悟为期。所疑不同，悟则无二。

赵州谂禅师示众

汝但究理坐看三二十年，若不会，截取老僧头去！（一）

老僧四十年不杂用心。除二时粥饭，是杂用心处。（二）

玄沙备禅师示众

夫学般若菩萨，具大根器、有大智慧始得。若根机迟钝，直须勤苦忍耐，日夜忘疲，如丧考妣相似。恁么急切，更得人荷挟，克骨究实，不妨亦得覩去。

鹅湖大义禅师垂诫

莫只忘形与死心，此个难医病最深。直须提起吹毛利，要剖西来第一义。瞠却眼兮剔起眉，反覆看渠渠是谁？若人静坐不用功，何年及第悟心空。

永明寿禅师垂诫

学道之门，别无奇特，只要洗涤根尘下无量劫来业识种子。汝等但能消除情念，断绝妄缘，对世间一切爱欲境界，心如木石相似。直饶未明道眼，自然成就净身。若逢真正导师，切须勤心亲近。假使参而未彻，学而未成，历在耳根，永为道种。世世不落恶趣，生生不失人身。才出头来，一闻千悟。

黄龙死心新禅师小参

诸上座！人身难得，佛法难闻。此身不向今生度，更向何生度此身？你诸人要参禅么？须是放下着。放下个甚么？放下个四大五蕴，放下无量劫来许多业识。向自己脚跟下推穷，看是甚么道理。推来推去，忽然心花发明，照十方刹，可谓得之于心，应之于手，便能变大地作黄金，搅长河为酥酪，岂不畅快平生！莫只管册子上念言念语，讨禅讨道。禅道不在册子上，纵饶念得一大藏教、诸子百家，也只是闲言语。临死之时，总用不着！

【评曰】不可见恁么说，便谤经毁法。盖此语为着文字而不修行者戒也，非为不识一丁者立赤帜也。

东山演禅师送徒行脚

须将“生死”二字贴在额头上，讨取个分晓。如只随群作队，打哄过日，他时阎老子打算饭钱，莫道我不曾说与你来。若是做工夫，须要时时检点，刻刻提撕。哪里是得力处，哪里是不得力处，哪里是打失处，哪里是不打失处。有一等才上蒲团，便打瞌睡。及至醒来，胡思乱想。才下蒲团，便说杂话。如此办道，直至弥勒下生，也未得入手。须是猛着精彩，提个话头，昼参夜参，与他厮捱。不可坐在无事甲里，又不可蒲团上死坐。若杂念转斗转多，轻轻放下，下地走一遭，再上蒲团，开两眼，捏两拳，竖起脊梁，依前提起话头，便觉清凉。如一锅沸汤，搀一杓冷水相似。如此做工夫，定有到家时节。

佛迹颐庵真禅师普说

信有十分，疑有十分。疑有十分，悟有十分。可将平生所见所闻，恶知恶解，奇言妙句，禅道佛法，贡高我慢等心，彻底倾泻。只就未明未了的公案上，距定脚头，竖起脊梁，无分昼夜。直得东西不辨，南北不分，如有气的死人相似。心随境化，触着还知。自然念虑内忘，心识路绝，忽然打破髑髅，元来不从他得。那时岂不庆快平生者哉！

径山大慧杲禅师答问

今时有自眼不明，只管教人死獦狚地休去歇去，又教人随缘管带、忘情默照，又教人是事莫管。如是诸病，枉用工夫，无有了期。但只存心一处，无有不得者。时节因缘到来，自然触着磕着，喷地醒去。（一）

把自家心识缘世间尘劳的，回来底在般若上。纵今生打未彻，临命终时，定不为恶业所牵。来生出头，定在般若中现成受用。此是决定的事，无可疑者。（二）

但自时时提撕，妄念起时，亦不必将心止遏。只看个话头，行也提撕，坐也提撕。提撕来，提撕去，没滋味，那时便是好处，不得放舍。忽然心花发明，照十方刹。便能于一毛端，现宝王刹。坐微尘里，转大法轮。（三）

【评曰】师自云："他人先定而后慧，某甲先慧而后定。"盖话头疑破，所谓休去歇去者，不期然而然矣。

蒙山异禅师示众

某年二十，知有此事。至三十二，请益十七、八员长老，问他做工夫，都无端的。后参皖山长老，教看"无"字，十二时中，要惺惺如猫捕鼠，如鸡抱卵，无令间断。未透彻时，如鼠咬棺材，不可移易。如此做去，定有发明时节。于是昼夜孜孜体究，经十八日，吃茶次，忽会得世尊拈花，迦叶微笑，不胜欢喜。求决三、四员长老，俱无一语，或教："只以海印三昧一印印定，余俱莫管。"便信此说。过了二载，景定五年六月，在四川重庆府患痢，昼夜百次，危剧濒死，全不得力。海印三昧也用不得，从前解会的也用不得，有口说不得，有身动不得，有死而已。业缘境界俱时现前，怕怖憧惶，众苦交逼。遂强作主宰，分付后事。高着蒲团，装一炉香，徐起坐定，默祷三宝龙天，悔过从前诸不善业。若大限当尽，愿承般若力，正念托生，早早出家。若得病愈，便弃俗为僧，早得悟明，广度后学。作此愿已，提个"无"字，回光自看。未久之间，脏腑三四回动，只不管他，良久眼皮不动，又良久不见有身，只话头不绝。至晚方起，病退一半。复坐至三更四点，诸病尽退，身心轻安。

八月至江陵落发。一年起单行脚，途中炊饭，悟得工夫须是一气做成，不可断续。到黄龙归堂，第一次睡魔来时，就座抖擞精神，轻轻敌退。第二次亦如是退。第三次睡魔重时，下地礼拜消遣，再上蒲团。规式已定，便趁此时，打屏睡魔。初用枕短睡，后用臂，后不放倒身，过二三夜，日夜皆倦，脚下浮逼逼地。忽然眼前如黑云开，自身如新浴出一般清快。心下疑团愈盛，不着用力，绵绵现前。一切声色，五欲八风，皆入不得，清净如银盆盛雪相似，如秋空气肃相似。却思工夫虽好，无可决择。起单入浙，在路辛苦，工夫退失。至承天，孤蟾和尚处归堂，自誓未得悟明，断不起单。月余工夫复旧。其时遍身生疮，亦不顾，舍命趁逐工夫，自然得力，又做得病中工夫。因赴斋出门，提话头而行，不觉行过斋家，又做得动中工夫。到此却似透水月华，急滩之上，乱波之中，触不散，荡不失，活泼泼地。

三月初六日，坐中正举“无”字。首座入堂烧香，打香盒作声。忽然囫地一声，识得自己，捉败赵州。遂颂云：“没兴路头穷，踏翻波是水。超群老赵州，面目只如此。”秋间，临安见雪岩、退耕、石坑、虚舟诸大老，舟劝往皖山。山问：“光明寂照遍河沙，岂不是张拙秀才语？”某开口，山便喝出。自此行坐饮食皆无意思，经六个月。次年春，因出城回，上石梯子，忽然胸次疑碍冰释，不知有身在路上行。乃见山，山又问前语，某便掀倒禅床，却将从前数则极淆讹公案，一一晓了。

诸仁者！参禅大须仔细。山僧若不得重庆一病，几乎虚度。要紧在遇正知见人，所以古人朝参暮请，决择身心，孜孜切切，究明此事。

【评曰】他人因病而退惰，此老带病而精修，终成大器，岂徒然哉！禅人病中，当以是痛自勉励。

杨州素庵田大士示众

近来笃志参禅者少，才参个话头，便被昏散二魔缠缚。不知昏散与疑情正相对治，信心重则疑情必重，疑情重则昏散自无。

处州白云无量沧禅师普说

二六时中，随话头而行，随话头而住，随话头而坐，随话头而卧。心如棘栗蓬相似，不被一切人我无明、五欲三毒等之所吞啖。行住坐卧，通身是个疑团，疑来疑去，终日呆桩桩地。闻声睹色，管取囫地一声去在。

四明用刚软禅师答禅人书

做工夫须要起大疑情。汝工夫未有一月半月成片。若真疑现前，撼摇不动，自然不怕惑乱。只管勇猛忿去，终日如呆的汉子相似。到恁么时，不怕瓮中走鳖。

袁州雪岩钦禅师普说

时不待人，转眼便是来生。何不趁身强力健，打教彻去，讨教明白去。何幸又得在此名山大泽，神龙世界，祖师法窟。僧堂明净，粥饭精洁，汤火稳便。若不向这里打教彻、讨教明白去，是你自暴自弃，自甘陆沉，为下劣愚痴之汉。若果是茫无所知，何不博问先知？凡遇五参，见曲彔床上老汉，横说竖说。何不历在耳根，反复寻思，毕竟是个甚么道理！（一）

山僧五岁出家，在上人侍下，见与宾客交谈，便知有此事，便信得及，便学坐禅。十六为僧。十八行脚，在双林远和尚会下打十方，从朝至暮，不出户庭。纵入众寮，至后架，袖手当胸，不左右顾。目前所视，不过三尺。初看“无”字，忽于念头起处打一个返观，这一念当下冰冷，直是澄澄湛湛，不动不摇。过一日如弹指顷，都不闻钟鼓之声。十九在灵隐挂搭，见处州来书说：“钦禅，你这工夫是死水，不济事。动静二相，打作两橛。参禅须是起疑情，小疑小悟，大疑大悟。”被州说得着，便改了话头，看个“干屎橛”。一味东疑西疑，横看竖看，却被昏散交攻，顷刻洁净也不能得。

移单过净慈，结甲七个兄弟坐禅，封被，胁不沾席。外有修上座，每日在蒲团上，如个铁橛子相似。地上行时，开两眼，垂两臂，亦如个铁橛子相似。要与亲近说话，更不可得。因两年不倒身，捱得昏困，遂一放都放了。两月后，从前整顿。得这一放，十分精神。元来要究明此事，不睡也不得，须是到中夜熟睡一觉，方有精神。

一日廊下见修，方得亲近，却问：“去年要与你说话，只管避我如何？”修云：“真正办道人，无剪爪之工，更与你说话在？”因问：“即今昏散打屏不去。”修道：“你自不猛烈。须是高着蒲团，竖起脊梁，尽浑身并作一个话头，更讨甚昏散？”依修做工夫，不觉身心俱忘，清清三昼夜，两眼不交睫。

第三日午后，在三门下，如坐而行。又撞见修，问：“你在此做甚么？”答云：“办道。”修云：“你唤甚么作道？”遂不能对，转加迷闷，即欲归堂坐禅。又撞见首座，道：“你但大开了眼，看是甚么道理？”又被提这一句，只欲归堂。才上蒲团，面前豁然一开，如地陷一般。是时呈似人不得，非世间一切相可喻。便下单寻修，修见便道：“且喜且喜！”握手门前柳堤上行一转。俯仰天地间，森罗万象，眼见耳闻，向来所厌所弃之物，与无明烦恼，元来都是自己妙明真性中流出。半月余动相不生。可惜不遇大手眼尊宿，不合向这里坐住，谓之见地不脱，碍正知见。每于睡着时，打作两橛。公案有义路者，则理会得。如银山铁壁者，却又不会。虽在无准先师会下多年，入室、升座，无一语打着心下事。经教语录上，亦无一语可解此病。如是碍在胸中者十年。

一日，在天目佛殿上行，抬眼见一株古柏，触目省发。向来所得境界碍膺之物，扑然而散，如暗室中出在白日。从此不疑生，不疑死，不疑佛，不疑祖。始得见径山老人立地处，好与三十拄杖。（二）

天目高峰妙禅师示众

此事只要当人的有切心，才有切心，真疑便起。疑来疑去，不疑自疑，从朝至暮，粘头缀尾，打成一片，撼亦不动，趁亦不去，昭昭灵灵，常现在前，此便是得力时也。更须确其正念，慎无二心，至于行不知行，坐不知坐，寒热饥渴，悉皆不知。此境界现前，即是到家消息，也巴得搆，也撮得着，只待时刻而已。却不得见恁么说，起一念精进心求之，又不得将心待之，又不得纵之弃之，但自坚凝正念，以悟为则。当此之时，有八万四千魔军，在汝六根门头伺候，一切奇异善恶等事，随汝心现。汝若瞥起毫厘着心，便堕他圈缋，被他作主，受他指挥，口说魔话，身行魔事。般若正因，从兹永绝。菩提种子，不复生芽。但莫起心，如个守尸鬼

子，守来守去，疑团子欻然爆地一声，管取惊天动地。（一）

某甲十五出家，二十更衣入净慈，立三年死限学禅。初参断桥和尚，令参生从何来，死从何去。意分两路，心不归一。后见雪岩和尚，教看“无”字，又令每日上来一转。如人行路，日日要见工程。因见说得有序，后竟不问做处，一入门，便问：“谁与你拖这死尸来？”声未绝，便打出。

次后径山归堂，梦中忽忆“万法归一，一归何处”。自此疑情顿发，直得东西不辨，南北不分。第六日，随众阁上讽经，抬头忽睹《五祖演和尚真赞》，末两句云：“百年三万六千朝，返覆元来是这汉。”日前“拖死尸”句子，蓦然打破，直得魂飞胆丧，绝后再苏，何啻放下百二十斤担子。其时正二十四岁，满三年限。次后被问：“日间浩浩作得主么？”答曰：“作得。”又问：“睡梦中作得主么？”答云：“作得。”又问：“正睡着无梦时，主在何处？”于此无言可对，无理可伸。和尚嘱云：“从今不要你学佛学法，穷古穷今，只饥来吃饭，困来打眠。才眠觉来，抖擞精神：我这一觉，主人公毕竟在甚么处安身立命？”自誓拌一生做个痴呆汉，定要见这一着子明白。

经及五年，一日睡觉，正疑此事。忽同宿道友，推枕子落地作声。蓦然打破疑团，如在网罗中跳出。所有佛祖淆讹公案，古今差别因缘，无不了了。自此安邦定国，天下太平。一念无为，十方坐断。（二）

【评曰】前示众做工夫一段，至为切要，学者宜书诸绅。其自叙中，所云：“饥来吃饭，困来打眠。”是发明以后事，莫错会好！

铁山瑷禅师普说

山僧十三岁知有佛法，十八出家，二十二为僧。先到石霜，记得祥庵主教：“时时观见鼻头白。”遂得清净。后有僧自雪岩来，写得岩《坐禅箴》看。我做工夫，却不曾从这里过。因到雪岩，依彼所说做工夫，单提“无”字。至第四夜，通身汗流，十分清爽。继得归堂，不与人说话，专一坐禅。后见妙高峰，教：“十二时中，莫令有间。四更起来，便摸索话头，顿在面前。略觉困睡，便起身下地，也是话头。行时步步不离话头。开单展钵，拈匙放箸，随众等事，总不离话头。日间夜间，亦复如是，打成片段，未有不发明者。”依峰开示，做工夫果得成片。

三月二十日，岩上堂云：“兄弟家！久在蒲团上瞌睡，须下地走一遭，冷水盥漱，洗开两眼，再上蒲团，竖起脊梁，壁立万仞，单提话头。如是用功，七日决定悟去。此是山僧四十年前已用之工。”某即依彼所说，便觉工夫异常。第二日，两眼欲闭而不能闭。第三日，此身如在虚空中行。第四日，曾不知有世间事。其夜倚栏杆少立，泯然无知。检点话头，又不打失。转身上蒲团，忽觉从头至足，如劈破髑髅相似，如万丈井底被提在空中相似，此时无着欢喜处。举似岩，岩云：“未在，更去做工夫。”求得法语，末后云：“绍隆佛祖向上事，脑后依前欠一槌。”心下道：“如何又欠一槌？”不信此语，又似有疑，终不能决。每日堆堆坐禅，将及半载。一日因头痛煎药，遇觉赤鼻，问那吒太子拆骨还父、拆肉还母话。记得被悟知客问，不能对。忽然打破这疑团。

后到蒙山，山问：“参禅到甚么处是毕工处？”遂不知头。山教再做定力工夫，洗荡尘习。每遇入室下语，只道：“欠在。”一日，晡时坐至更尽，以定力挨拶，直造幽微。出定见山，说此境已。山问：“哪个是你本来面目？”正欲下语，山便闭门。自此工夫日有妙处，盖以离岩太早，不曾做得细密工夫，幸遇本色宗匠，乃得到此。元来工夫做得紧峭，则时时有悟入，步步有剥落。一日见壁上三祖《信心铭》云：“归根得旨，随照失宗。”又剥了一层。山云：“个事如剥珠相似，愈剥愈光，愈明愈净。剥一剥，胜他几生工夫也。”但下语犹只道：“欠在。”

一日定中，忽触着“欠”字，身心豁然，彻骨彻髓，如积雪卒然开霁。忍俊不禁，跳下地来，擒住山云：“我欠少个甚么！”山打三掌，某礼三拜。山云：“铁山这一着子几年，今日方了。”（一）

暂时话头不在，如同死人。一切境界逼迫临身，但将话头与之抵当。时时检点话头，动中静中，得力不得力。又定中不可忘却话头，忘话头则成邪定。不得将心待悟，不得文字上取解会，不得些少觉触以为了事。但教如痴如呆去，佛法、世法打成一片，施为举措，只是寻常，唯改旧时行履处。古云："大道从来不属言，拟谈玄妙隔天渊。直须能所俱忘却，始可饥餐困则眠。"（二）

天目断崖义禅师示众

若要超凡入圣，永脱尘劳，直须去皮换骨，绝后再苏。如寒灰发焰，枯木重荣，岂可作容易想？我在先师会下多年，每被大棒，无一念远离心。直至今日，触着痛处，不觉泪流。岂似你等咬着些子苦味，便掉头不顾。

天目中峰本禅师示众

先师高峰和尚，教人唯以所参话头蕴之于怀，行也如是参，坐也如是参，参到用力不及处，留意不得时，蓦忽打脱，方知成佛其来旧矣。这一着子，是从上佛祖了生脱死之已验三昧。唯贵信得及，久远不退转，更无有不获其相应者。（一）

看话头做工夫，最是立脚稳当，悟处亲切。纵此生不悟，但信心不退，不隔一生两生，更无不获开悟者。（二）

或三十年、二十年，未即开悟。不须别求方便，但心不异缘，意绝诸妄，孜孜不舍，只向所参话上立定脚头。拌取生与同生，死与同死，谁管三生五生、十生百生，若不彻悟，决定不休。有此正因，不患大事之不了明也。（三）

病中做工夫，也不要你精进勇猛，也不要你撑眉努目。但要你心如木石，意若死灰，将四大幻身，撇向他方世界之外。由他病也得，活也得，死也得。有人看也得，无人看也得。香鲜也得，臭烂也得。医得健来，活到一百二十岁也得。如或便死，被宿业牵入镬汤炉炭里也得。如是境界中，都不动摇。但切切将个没滋味话头，向药炉边、枕头上，默默咨参，不得放舍。（四）

【评曰】此老千言万语，只教人看话头，做真实工夫，以期正悟。谆切透快，千载而下，如耳提面命。具存全书，自应遍览。

狮子峰天如则禅师普说

生不知来处，谓之生大。死不知去处，谓之死大。腊月三十日到来，只落得手忙脚乱，何况前路茫茫，随业受报，正是要紧事在。这个是生死报境。若论生死业根，即今一念随声逐色，使得七颠八倒者便是。由是佛祖运大慈悲，或教你参禅，或教你念佛，令汝扫除妄念，认取本来面目，做个洒洒落落大解脱汉。而今不获灵验者，有三种病：第一不遇真善知识指示。第二不能痛将生死大事为念，悠悠漾漾，不觉打在无事甲里。第三于世间虚名浮利，照不破，放不下；妄缘恶习上，坐不断，摆不脱；境风扇动处，不觉和身辊入业海中，东飘西泊去。真正道流，岂肯恁么？当信祖师道："杂念纷飞，如何下手。一个话头，如铁扫帚。转扫转多，转多转扫。扫不得，拌命扫，忽然扫破太虚空，万别千差一路通。诸禅德，努力今生须了却，莫教永劫受余殃。"（一）

又有自疑念佛与参禅不同，不知参禅只图识心见性，念佛者悟自性弥陀、唯心净土，岂有二理？经云："忆佛念佛，现前当来必定见佛。"既曰现前见佛，则与参禅悟道，有何异哉？（二）

答或问云：但将阿弥陀佛四字做个话头，二六时中，直下提撕，至于一念不生。不涉阶梯，径超佛地。（三）

智彻禅师净土玄门

念佛一声，或三、五、七声，默默返问："这一声佛从何处起？"又问："这念佛的是谁？"有疑只管疑去。若问处不亲，疑情不切，再举个："毕竟这念佛的是谁？"于前一问少问少疑，只向"念佛是谁"谛审谛问。

【评曰】径无前问，只看"这念佛的是谁"亦得。

汝州香山无闻聪禅师普说

山僧初见独翁和尚，令参“不是心，不是佛，不是物”。后同云峰、月山等六人，立愿互相究竟。次见淮西教无能，令提“无”字。次到长芦，结伴炼磨。后遇淮上敬兄，问云：“你六七年有甚见地？”某答：“每日只是心下无一物。”敬云：“你这一络索甚处出来？”某心里似知不知，不敢开口。敬见我做处无省发，乃云：“你定中工夫不失，动处便失。”某被说着心惊，便问：“毕竟明此大事，应作么生？”敬云：“你不闻川老子道：要知端的意，北斗面南看。”说了便去。

某被一问，直得行不知行，坐不知坐。五、七日间，不提“无”字，倒只看“要知端的意，北斗面南看”。忽到净头寮，在一木上与众同坐，只是疑情不解，有饭食顷，顿觉心中空亮轻清，见情想破裂，如剥皮相似。目前人物，一切不见，犹如虚空。半时省来，通身汗流，便悟得“北斗面南看”。遂见敬，下语作颂，都无滞碍，尚有向上一路，不得洒落。

后入香岩山中过夏，被蚊子咬两手不定。因念古人为法忘躯，何怖蚊子？尽情放下，咬定牙关，捏定拳头，单提“无”字。忍之又忍，不觉身心归寂，如一座屋倒却四壁，体若虚空，无一物可当情。辰时一坐，未时出定。自知佛法不误人，自是工夫不到。然虽见解明白，尚有微细隐密妄想未尽。又入光州山中，习定六年。陆安山中，又住六年。光州山中，又住三年，方得颖脱。

【评曰】古人如是勤辛，如是久远，方得相应。今人以聪明情量，刹那领会，而犹欲自附于顿悟，岂不谬哉！

独峰和尚示众

学道之士，哪里是入手处？提个话头，是入手处。

般若和尚示众

兄弟家三年五年做工夫，无个入处，将从前话头抛却。不知行到中途而废，可惜前来许多心机。有志之士，看众中柴干水便，僧堂温暖，发愿三年不出门，决定有个受用。有等才做工夫，心地清净，但见境物现前，便成四句，将谓是大了当人，口快舌便，误了一生。三寸气消，将何保任？佛子！若欲出离，参须真参，悟须实悟。（一）

或话头绵密，无有间断，不知有身，谓之人忘法未忘。有到此忘其本身，忽然记得，如在梦中跌下万仞洪崖，只顾救命，遂成风癫。到此须是紧提话头，忽然连话头都忘，谓之人法双忘。蓦地冷灰豆爆，始知张公吃酒李公醉，正好来般若门下吃棒。何以故？更须打破诸祖重关，遍参知识，得知一切浅深。却向水边林下，保养圣胎。直待龙天推出，方可出来扶扬宗、教，普度群生。（二）

雪庭和尚示众

十二时中，一贫如洗，看个父母未生前哪个是我本来面目？不管得力不得力，昏散不昏散，只管提撕去。

仰山古梅友禅师示众

须要发勇猛心，立决定志。将平生悟得的，学得的，一切佛法，四六文章，语言三昧，一扫扫向大洋海里去，更莫举着。把八万四千微细念头，一坐坐断。却将本参话头，一提提起，疑来疑去，拶来拶去，凝定身心，讨个分晓，以悟为则。不可向公案上卜度，经书上寻觅。直须卒地断，爆地拆，方始到家。若是话头提不起，连举三遍，便觉有力。若身力疲倦，心识恼懆，却轻轻下地打一转，再上蒲团，将本参话如前挨拶。若才上蒲团，便打磕睡。开得眼来，胡思乱想。转身下地，三三两两，交头接耳，大语细话。记取一肚皮语录经书，逞能舌辨。如此用心，腊月三十日到来，总用不着。

衢州杰峰愚禅师示五台善讲主

假饶文殊放金色光与汝摩顶，狮子被你骑来。观音现千手眼，鹦哥被你捉得。皆是逐色随声，于你自己有何利益？要明己躬大事，透脱生死牢关，先须截断一切圣凡虚妄见解。十二时中，回光返照，但看个“不是心，不是物，不是佛”，是个甚么？切莫向外边寻讨，设有一毫佛法神通圣解，如粟米粒大，皆为自欺，总是谤佛谤法。直须参到脱体无依，纤毫不立处，着得只眼，便见青州布衫、镇州萝卜，皆是自家所用之物，更不须别求神通圣解也。

灵隐瞎堂禅师对制

宋孝宗皇帝问：“如何免得生死？”对曰：“不悟大乘道，终不能免？”又问：“如何得悟？”对曰：“本有之性，以岁月磨之，无不悟者。”

大乘山普岩断岸和尚示众

万法归一，一归何处？不得不看话头，守空静而坐。不得念话头，无疑而坐。如有昏散，不用起念排遣，快便举起话头，抖擞身心，猛着精采。更不然，下地经行，觉昏散去，再上蒲团。忽尔不举自举，不疑自疑，行不知行，坐不知坐。唯有参情，孤孤迥迥，历历明明。是名断烦恼处，亦名我丧处。虽然如是，未为究竟。再加鞭策，看个“一归何处”。到这里，提撕话头无节次了也，唯有疑情，忘即举之，直至返照心尽，是名法亡，始到无心处也。莫是究竟么？古云：“莫谓无心云是道，无心犹隔一重关。”忽地遇声遇色，磕着撞着，大笑一声，转身过来，便好道：“怀州牛吃禾，益州马腹胀。”

古拙禅师示众

诸大德！何不起大精进，对三宝前，深发重愿：若生死不明，祖关不透，誓不下山。向长连床上，七尺单前，高挂钵囊，壁立千仞，尽此一生，做教彻去。若办此心，决不相赚。如其发心不真，志不猛励，这边经冬，那边过夏，今日进前，明日退后。久久摸索不着，便道般若无灵验。却向外边，记一肚，抄一部，如臭糟瓶相似，闻者未免恶心呕吐。直做到弥勒下生，有何干涉？苦哉！

太虚禅师示众

如未了悟，须向蒲团上冷坐十年、二十年、三十年，看个父母未生前面目。

楚石琦禅师示众

兄弟开口便道："我是禅和。"及问他如何是禅？便东觑西觑，口如扁担相似。苦哉屈哉！吃着佛祖饭，不去理会本分事，争持文言俗句，高声大语，略无忌惮，全不识羞。有般底不去蒲团上究明父母未生以前本来面目，冷地里学客春，指望求福，忏除业障，与道太远在！（一）

凝心敛念，摄事归空。念想才生，即便遏捺。如此见解，即是落空亡的外道，魂不返的死人。又有妄认能瞋能喜，能见能闻，认得明白了，便是一生参学事毕。我且问你，无常到时，烧作一堆灰，这能瞋能喜、能见能闻的，什么处去也？恁么参的是药汞银禅，此银非真，一煅便流。因问："你寻常参个什么？"答道："有教参万法归一，一归何处。又教我只如此会。今日方知不是，就和尚请个话头。"我道："古人公案，有什么不是？汝眼本正，因师故邪。"累请不已，向道："去参狗子无佛性话，忽然打破漆桶，却来山僧手里吃棒。"（二）

【评曰】天如而下，皆元末及国初尊宿。若杰峰、古拙、楚石，则身经二代者也。楚石为妙喜五世孙，而其见地如日光月明，机辩如雷烈风迅，直截根原，脱落枝叶，真无愧妙喜老人矣。天如以至今日，无匹休者。独其语皆提持向上极则事，教初学人做工夫处绝少，仅得一二，录如左。

高丽普济禅师答李相国书

既曾于“无”字话提撕，不必改参也。况举起别话头时，曾参“无”字，必于“无”字，有小熟因地。切莫移动，切莫改参。但于二六时中，四威仪内，举起话头。莫待几时悟不悟，亦莫管有滋味无滋味，亦莫管得力不得力。拶到心思不及，意虑不行，即是诸佛诸祖放身命处。

【评曰】此语录，万历丁酉，福建许元真东征，得之朝鲜者，中国未有也，因录其要而识之。

楚山琦禅师解制

诸大德！九十日中，还曾证悟也无？如其未悟，则此一冬，又是虚丧了也。若是本色道流，以十方法界为个圆觉期，莫论长期短期，百日千日，结制解制。但以举起话头为始，若一年不悟，参一年。十年不悟，参十年。二十年不悟，参二十年。尽平生不悟，决定不移此志。直须要见个真实究竟处，方是放参之日也。（一）

如未能言前契旨，但将一句阿弥陀佛，置之怀抱，默默体究。常时鞭起疑情：“这念佛的是谁？”念念相续，心心无间。如人行路，到水穷山尽处，自然有个转身的道理。囫地一声，契入心体。（二）

【评曰】举起话头为进期，真实究竟为出期，当牢记取。

天真毒峰善禅师示众

果欲了脱生死，先须发大信心，立弘誓愿。若不打破所参公案，洞见父母未生前面目，坐断微细现行生死，誓不放舍本参话头，远离真善知识，贪逐名利。若故违此愿，当堕恶道。发此大愿，防护其心，方堪领受公案。或看“无”字，要紧在因甚狗子无佛性上着力。或看“万法归一”，要紧在一归何处。或参究念佛，要紧在念佛的是谁。回光返照，深入疑情。若话头不得力，还提前文，以至末句，使首尾一贯，方有头绪，可致疑也。疑情不断，切切用心。不觉举步翻身，打个悬空筋斗，却再来吃棒。

空谷隆禅师示众

不可呆蠢蠢地念个话头，亦不可推详计较，但时中愤然要明此事。忽尔悬崖撒手，打个翻身，方见孤明历历。到此不可耽着，还有脑后一槌，极是难透。你且恁么参去。（一）

不参自悟，上古或有之。自余未有不从力参而得悟者。（二）

优昙和尚令提“念佛的是谁”。汝今不必用此等法，只平常念去，但念不忘。忽然触境遇缘，打着转身一句，始知寂光净土，不离此处。阿弥陀佛，不越自心。（三）

【评曰】“但时中愤然要明此事”，此句甚妙，该摄看话头之法曲尽。

天奇和尚示众

汝等从今发决定心，昼三夜三，举定本参，看他是个甚么道理，务要讨个分晓。日久岁深，不炼昏沉，昏沉自退。不除散乱，散乱自绝。纯一无杂，心念不生，忽然会得，如梦而醒，覆看从前，俱是虚幻。当体本来现成，万象森罗，全机独露。于这大明国里也不枉为人，向此法门也不枉为僧，却来随缘度日，岂不畅哉！岂不快哉！（一）

终日念佛，不知全是佛念。如不知，须看个“念佛的是谁”，眼就看定，心就举定，务要讨个下落。（二）

【评曰】毒峰、天奇，皆教参究念佛。空谷何故谓“不必用此等法”？盖是随机不同，任便无碍。

古音琴禅师示众

坐中所见善恶，皆由坐时不起观察，不正思惟，但只瞑目静坐，心不精采，意顺境流，半梦半醒，或贪着静境为乐，致见种种境界。夫正因做工夫者，当睡便睡，一觉一醒，便起抖擞精神，挪莎眼目，咬住牙根，捏紧拳头，直看话头落在何处。切莫随昏随沉，丝毫外境，不可采着。（一）

行住坐卧之中，一句弥陀莫断。须信因深果深，直教不念自念。若能念念不空，管取念成一片。当念认得念人，弥陀与我同现。（二）

异岩登禅师《释疑集》

问：学人参求知识，或令提个话头，或令疑个话头，同耶别耶？答：才举话头，当下便疑，岂有二理？一念提起，疑情即现。覆去翻来，精研推究，功深力极，自得了悟。

【评曰】《释疑集》中，此一段文，最为精当。今人颇有滞此二端而不决者，盖未曾实做工夫故也。

月心和尚示众

愤起新鲜志气，举个话头，要于结末字上疑情永长，沉沉痛切。或杜口默参，或出声追审。如失重物，务要亲逢亲得。日用中一切时一切处，更无二念。

▲ 诸祖苦功节略第二

独坐静室

道安大师，独坐静室，十有二年。殚精构思，乃得神悟。

【评曰】此老竭精思，乃得神悟，不是一味静坐便了。

悬崖坐树

静琳禅师，弃讲习禅，昏睡惑心。有悬崖，下望千仞，旁出一树。以草藉之，趺坐其上，一心系念，动经宵日。怖死既重，专精不二，后遂超悟。

草食木栖

通达禅师，入太白山，不赍粮粒，饥则食草，息则依树。端坐思玄，五年不息。因以木打块，块破，廓然大悟。

【评曰】饶汝草食树栖，若不思玄，漫尔多载，异于深山之野人者几希。

衣不解带

金光照禅师，十三出家。十九入洪阳山，依迦叶和尚，服勤三载，衣不解带，寝不沾席。又在姑射山，亦如是，豁然启悟。

引锥自刺

慈明、谷泉、琅琊三人，结伴参汾阳。时河东苦寒，众人惮之。慈明志在于道，晓夕不忘，夜坐欲睡，引锥自刺。后嗣汾阳，道风大振，号“西河狮子”。

暗室不忽

宏智禅师，初侍丹霞淳。因与僧征诘公案，不觉大笑。淳责曰：“汝笑这一声，失了多少好事！不见道：暂时不在，如同死人。”智再拜伏膺。后虽在暗室，未尝敢忽。

【评曰】论道而笑，古人尚呵。今世谛诙谐，捧腹无厌。丹霞见之，又当何如?

晚必涕泣

伊庵权禅师，用功甚锐。至晚必流涕曰：“今日又只恁么空过，未知来日工夫如何？”师在众，不与人交一言。

三年力行

晦堂心禅师自言：“初入道，自恃甚易。逮见黄龙先师，退思日用与理矛盾极多，遂力行之三年，祈寒溽暑，确志不移，方得事事如理。而今欬唾掉臂，也是祖师西来意。”

圆枕警睡

喆侍者，睡以圆木为枕。小睡则枕转，觉而复起，率以为常。或谓用心太过，答云：“我于般若缘分素薄，若不如此，恐为妄习所牵。”

被雨不觉

全庵主，为道猛烈，无食息暇。一日倚栏看狗子话，雨来不觉，衣湿方知。

誓不展被

佛灯珣禅师，依佛鉴，随众咨请，邈无所入。叹曰：“此生若不彻证，誓不展被。”于是四十九日，只靠露柱立地，如丧考妣，乃得大悟。

掷书不顾

铁面昺禅师，行脚时，离乡未久，闻受业一夕遗火，悉为煨烬。得书，掷之地曰：“徒乱人意耳。”

坚誓省发

灵源清禅师，初参黄龙心，随众问答，茫然不知端倪。夜誓佛前曰："当尽形寿，以法为檀，愿早开解。"后阅玄沙语，倦而倚壁。起经行，步促遗履，俯就之，忽大悟。

无时异缘

圆悟勤禅师，再参东山演，为侍者，穷参力究。自云："山僧在众，无一时异缘，十年方得打彻。"

【评曰】十年之间，无一时异缘。试问今一日间异缘多少，何时得打彻去也?

造次不忘

牧庵忠禅师，初习台教，后志禅宗，谒龙门眼。造次之顷，不忘提撕。适纵步水磨，见额云"法轮常转"，忽大悟。

忘抵河津

庆寿享禅师，参郑州普照宝公，朝夕精勤。一日以事往睢阳，过赵渡，疑情不散，忘其抵津。同行觉之曰："此河津也。"豁然，悲喜交集，以白宝公。公曰："此僵卧汉，未在。"因教看"日面佛"语。一日云堂静坐，闻板声，大悟。

寝食两忘

松源岳禅师，初以居士参应庵华，不契，愈自奋励。见密庵杰，随问随答。密叹曰："黄杨木禅耳。"奋励弥切，至忘寝食。会密入室，问僧"不是心，不是佛，不是物"。师从傍大悟。

口体俱忘

高峰妙禅师，在众，胁不沾席，口体俱忘。或时如厕，中单而出。或时发函，不扃而去。后径山归堂，大悟。

诸缘尽废

杰峰愚禅师，初参古厓石门，佩受法语，昼夜兀坐，不契。后参止岩，举“不是心，不是佛，不是物”，愈疑。乃诸缘尽废，寝食俱不觉知，如气绝者。一夕坐至夜分，闻邻僧咏《证道歌》云：“不除妄想不求真。”豁然如释重负，有“夜半忽然忘月指，虚空迸出日轮红”之句。

杜门力参

移剌楚材丞相，参万松老人。屏斥家务，杜绝人迹，虽祈寒溽暑，无日不参。焚膏继晷，废寝忘餐者几三年，乃获印证。

【评曰】如是用心，如是证道，是之谓在家菩萨也。吃得肉已饱，来寻僧说禅，独何为哉？

以头触柱

中峰本禅师，侍高峰死关，昼夜精勤，困则以头触柱。一日诵《金刚经》，至“荷担如来”处，恍然开解。自谓所证未极，弥益勤苦，咨决无怠。及观流水，乃大悟。

【评曰】自谓所证未极，故终至极处。今之以途路为到家者众矣，嗟夫！

关中刻苦

毒峰善禅师，在湣溪进关，不设卧榻，唯置一凳，以悟为则。一夕昏睡，不觉夜半。乃去凳，昼夜行立，又倚壁睡去。誓不傍壁，辽空而行。身力疲劳，睡魔愈重。号泣佛前，百计逼拶，遂得工夫日进。闻钟声，忽不自由。偈云："沉沉寂寂绝施为，触着无端吼似雷。动地一声消息尽，髑髅粉碎梦初回。"

胁不至席

璧峰金禅师，参晋云海，示以"万法"公案，疑之三年。偶摘蔬次，忽凝然久之。海问："子定耶？"对曰："定动不关。"海问："定动不关，是甚么人？"金以筐示之，海不肯。金扑筐于地，亦不肯。尔后工夫益切，胁不至席，一坐七日。一日闻伐木声，大悟。

独守钝工

西蜀无际禅师，初做工夫，四指大书帖亦不看，只是拍盲做钝工夫，乃得大彻大悟。

【评曰】此意极是，但不明教理者，未宜效颦。

后 集（一门）

▲ 诸经引证节略

《大般若经》

空中声告常啼菩萨言："汝东行求般若，莫辞疲倦，莫念睡眠，莫思饮食，莫想昼夜，莫怖寒热。于内外法，心莫散乱。行时不得左右顾视，勿观前后上下四维等。"

《华严经》

勤首菩萨偈云："如钻燧取火，未出而数息，火势随至灭，懈怠者亦然。"

释曰：当以智慧钻注一境，以方便绳善巧回转，心智无住，四仪无间，则圣道可生。瞥尔起心，暂时忘照，皆名息也。

《大集月藏经》

若能精勤，系念不散，则休息烦恼，不久得成无上菩提。

《十六观经》

佛告韦提希："应当专心，系念一处。"

《出曜经》

智者以慧炼心，寻究诸垢。犹如矿铁，数入百炼，则成精金。犹如大海，日夜沸动，则成大宝。人亦如是，昼夜役心不止，便获果证。

【评曰】今人但知息心而入禅那，宁知役心而获果证。

《大灌顶经》

禅思比丘，无他想念。唯守一法，然后见心。

《遗教经》

夫心者，制之一处，无事不办。

【评曰】守一法，制一处，幸有此等语言在。

《楞严经》

又以此心，内外精研。

又以此心，研究精极。

《弥陀经》

执持名号，一心不乱。

【评曰】只此“一心不乱”四字，参禅之事毕矣。人多于此忽之。

《楞伽经》

若欲了知，能取所取，分别境界，皆是心之所现者。当离愦闹，昏滞睡眠。初中后夜，勤加修习。

《摩诃[①]般若经》

萨陀波仑菩萨，七岁经行住立，不坐不卧。

《宝积经》

佛告舍利弗：“彼二菩萨行精进时，于千岁中，未曾一弹指顷被睡眠之所逼恼。于千岁中，未曾起念称量饮食咸淡美恶。于千岁中，每乞食时，未曾观授食人为男为女。于千岁中，居止树下，未曾仰面观于树相。于千岁中，未曾缘念亲里眷属。于千岁中，未曾起念我欲剃头。于千岁中，未曾起念从热取凉，从寒取温。于千岁中，未曾论说世间无益之语。”

【评曰】此是大菩萨境界，虽非凡夫所及，然不可不知。

---

① “摩诃”，原本作“金刚”，今改。所录经文见《摩诃般若波罗蜜经》卷二十七。

《大集经》

法悟比丘，二万年中，常修念佛，无有睡眠。不生贪瞋等，不念亲属、衣食、资身之具。

《念佛三昧经》

舍利弗二十年中，常勤修习毗婆舍那。行住坐卧，正念观察，曾无动乱。

《自在王菩萨经》

金刚齐比丘，修习正法。诸魔隐身伺之。千岁伺之，不见一念心散，可得恼乱。

《如来智印经》

轮王慧起，舍国出家，三千岁系念，亦不倚卧。

《中阿含经》

尊者阿那律陀、尊者难提、尊者金毗罗，共住林中，后先乞食，各归坐禅。至于晡时，先从坐起者，或汲瓶水。能胜独举，如不能胜，则便以手招一比丘，两人共举，各不相语。五日一集，或两说法，或圣默然。

【评曰】此万世结伴修行之良法也。

《杂譬喻经》

波罗奈国，一人出家，自誓不得应真，终不卧息。昼夜经行，三年得道。又罗阅祇国，一沙门布草为褥，坐其上，自誓云："不得道终不起。"但欲睡眠，以锥刺髀。一年之中，得应真道。

《杂阿含经》

如是比丘，精勤方便，肌肤瘦损，筋连骨立，不舍善法。乃至未得所应得者，不舍精进。常摄其心，不放逸住。

【评曰】所应得，须知应得者何事？据此经，则应得尽诸漏，证三明六通，成声闻果。若今所期，则应得圆悟心宗，证一切种智，成无上佛果。

《阿含经》

乃至成就三明，灭除暗冥，得大智明。皆由精勤修习，乐静独居，专念不休之所致也。

【评曰】专念不休，久之则一心不乱。

《法集要颂经》

若人百岁中，懈怠劣精进。不如一日中，勇猛行精进。

【评曰】知此义，则张善和辈临终十念往生，可了然无疑矣。

《无量寿经》

至心精进，求道不止，会当克果，何愿不遂。

《一向出生菩萨经》

阿弥陀佛，昔为太子，闻此微妙法门，奉持精进。七千岁中，胁不至席，意不倾动。

《宝积正法经》

乐求大乘，其心勇猛，虽舍身命，无所顾惜。修菩萨行，勤加精进，无少懈怠。

《六度集经》

精进度无极者，精存道奥，进之无怠。卧坐住步，喘息不替。心心相续，不自放逸。

《修行道地经》

佛言："自见宿命，从无量劫，往返生死，其骨过须弥山。其髓涂地，可遍大千世界。其血多于古今天下普雨。但欲免斯生死之患，昼夜精进，求于无为。"

【评曰】曰"求道"，曰"闻此微妙法门"，曰"乐求大乘"，曰"精存道奥"，曰"求于无为"，如是精进，名正精进。不然，纵劳形苦志，累岁经劫，或沦外道，或堕偏乘，终无益也。

《菩萨本行经》

直至成佛，皆由精进。

《弥勒所问经》

佛语阿难："弥勒发意，先我之前四十二劫。我于其后乃发道意，以大精进，超越九劫，得于无上正真之道。"

【评曰】释迦以后进，而顿逾四十二劫之先辈，勤惰为之也。经言："贪着于名利，多游族姓家。"弥勒之所以先学而后成者坐此。则释迦之弃名利，入山林，不亲近国王大臣，可知矣。识之哉！

《文殊般若经》

一行三昧者，应处空闲，舍诸乱意，系心实理，想念一佛。念念相续，而不懈怠。于一念中，即能见十方诸佛，获大辩才也。

《般舟三昧经》

九十日中，不坐不卧。假使筋断骨枯，三昧不成，终不休息。

【评曰】以上二条，俱指念佛，而兼诸法门。修净业者，不可不知。

《四十二章经》

夫为道者，譬如一人与万人战，挂铠出门，意或怯弱，或半路而退，或格斗而死，或得胜而还。沙门学道，应当坚持其心，精进勇锐，不畏前境，破灭众魔，而得道果。

【评曰】半路退者，自画而不进者也。格斗死者，稍进而无功者也。得胜还者，破惑而成道者也。得胜之由，全在坚持其心，精进勇锐。学人但当一志直前，毋虑退，毋畏死。前不云乎："吾保此人，必得道矣。"《法华》云："吾今为汝保任此事，终不虚也。"佛既尔保，何虑何畏！

《观药王药上二菩萨经》

常念大乘，心不忘失。勤修精进，如救头燃。

【评曰】"当勤精进，如救头燃"，今丛林早暮持诵。然诵其文不思其义，明其义不履其事，亦何益也？

《宝云经》

以心系心，以心住心。心专一故，次第无间。得定心故，心常寂静。

《正法念处经》

精勤修行，则得见谛。是故应当旷野寂静，一心正念。离于一切多语言说，一切亲旧知识来去相见。

《阿毗昙集异门足论》

假使我身血肉枯竭，唯皮筋骨，连柱而存。若本所求胜法未获，终不止息。为精进故，应深受寒热、饥渴、蛇蝎、蚊虻、风雨等触。又应忍受他人所发，能生身中猛利辛楚、夺命苦受、毁辱语言。

【评曰】本所求胜法未获，终不止息。即宗门所谓“本参话头不破，誓不休歇”之意也。

《瑜伽师地论》

六度，初三是戒学摄，静虑是心学摄，般若是慧学摄，唯精进遍于一切。

《大乘庄严经论》

至心学道，发大勇猛，决趋菩提。

《阿毗达磨论》

菩萨于底沙佛时，合十指掌，翘于一足，以一伽陀，七日七夜叹佛功德，便超九劫。

【评曰】观此，则《法集》所称“一日精进，胜百年懈怠”，信哉言乎！

《西域记》

胁尊者，八十出家。少年诮曰：“夫出家之业，一则习禅，二则诵经。而今衰老，何所进取？”尊者闻而誓曰：“我若不通三藏经，不断三界欲，得六神通，具八解脱，终不以胁至席。”乃昼则研习教理，夜则静虑凝神，三年悉证所誓。时人敬仰，号“胁尊者”。

【评曰】矍铄是翁，足为懈怠比丘激劝。当知今人岂但八十，纵饶直抵期颐，尚须努力修进。

《南海寄归》

善遇法师念佛，四仪无间，寸阴非空。计小豆粒，可盈两载。

《法苑珠林》

陈栖霞寺沙门惠布，居寺舍利塔西，经行坐禅，誓不坐卧。徒众八十，咸不出院。

《观心疏》

夫欲建小事，心不决志，尚不能成。况欲排五住之重关，度生死之大海，而不勤劳，妙道何由可具？

《永嘉集》

勤求至道，不顾形命。

昼夜行般若，生生勤精进，常如救头燃。

《沩山警策》

研穷法理，以悟为则。

【评曰】“则”，准也，以悟为准的也，即宗门谓“参禅到甚么处是歇工处”。今言大悟乃已，不悟不已也。

《净土忏愿仪》

若坐若行，皆勿散乱。不得弹指顷念世五欲，及接对外人，语论戏笑。亦不得托事延缓，放逸睡眠。当于瞬息俯仰，系念不断。

《法界次第》

倍策精进，勤求不息，是名精进根。

《心赋》

坚求至道，晓夕忘疲。不向外求，虚襟澄虑。密室静坐，端拱宁神。

【评曰】净业弟子，莫见“不向外求，密室静坐”之说，便谓不必念佛。须知“念”字从心，佛即自己，以自心念自己，乌得为外求也？况念之不已，则成三昧，静密孰加焉！

重刻跋

《禅关策进》一刻，乃先师集诸祖参学得悟实究之公案也，曰禅、曰宗、曰净，历历具载。先师出入与居，藉其鞭逼，虽出愿学之虚衷，其示我学人入手捷径，无如此精切著明者。庶最驽庸，每览一过，即鼓一锐。自愧悠忽，垂老无成，而凡遇病关、愁关、一切不能断不易忍之恋关，实藉此稍稍得力焉。今庶重刻藏板，愿见者生精进心，步步踏上，无虚佛祖及我师如鞭之意可已。

崇祯十二年己卯七月中元，云栖菩萨戒弟子望八老人钱养庶广云谨识。

僧训日纪

明古杭云栖寺沙门袾宏辑

法师省己之训

《法炬陀罗尼·法师品》云："夫法师者，常应慈悯，爱语谦下。若怀嫉妒，心存胜负，获大重罪。慈心说法，成大功德，能消世间种种供养。假以高大狮子宝座、无价名衣，奉上法师，未足报恩。而彼法师虽受斯事，应深惭愧，勿起贪着，不得我慢。"

为利养出家之训

《大宝积经》云：弥楼揵驮佛灭后，诸大弟子皆亦随佛入于涅槃。诸大弟子灭度之后，多有众生皆作是念："沙门法中安隐快乐，我等何不各共出家？"出家之后，唯行三事：一、常周旋往来白衣舍；二、唯贪着利养自活；三、长养肌肥，无有福慧。行是三事，不修余业。头陀细行妙法，多皆废舍，复不读诵。

时国王子名陀摩尸利，闻天神指示，乃辞父母，剃除须发。问诸比丘："弥楼揵驮佛云何说法，教诸弟子？我得闻已，当如说修行。"

诸比丘言："我等不闻佛所说法，但随和尚、诸师所行。汝今亦应行如是法。"

尔时陀摩尸利比丘，答诸比丘言："汝等必从贫贱出家，是故今者但贵衣食，所行如是，白衣无异。汝等今应与我共求佛深净法。"

时诸比丘以偈答言："我等所为者，是事皆已得。衣食极丰足，免离王使役。安隐甚快乐，无敢轻慢者。白衣时苦恼，今皆无复有。是即名涅槃，第一快安乐。过是事以外，我皆不复用。”

尔时陀摩尸利比丘闻此偈已，心则悲恼，涕零啼泣。即便舍离此诸比丘，独入山林幽远之处，精诚一心，欲求深法。

先时弥楼揵驮佛有大弟子，名为坚牢，修空闲行，独住深山，少欲知足，心乐远离，所作已办，六通三明大阿罗汉。所住深山石窟壁上，书此偈言：“生死不断绝，贪欲嗜味故。养怨入丘冢，唐受诸辛苦。身臭如死尸，九孔流不净。如厕虫乐粪，愚贪身无异。忆想妄分别，则是五欲本。智者不分别，五欲则断灭。邪念生贪着，贪着生烦恼。正念无贪着，余烦恼亦尽。”

陀摩尸利比丘，经历深山，见此偈已，读诵思惟其义。未久之间，得五神通。

慈心功德之训

《般舟三昧经》云：“慈心比丘，终不中毒，终不中兵，火不能烧，入水不死，帝王不能得其便。”

为勿忧衣食之训

《佛藏经》云：“若有一心行道比丘，千亿天神愿共供养。但能一心行道，终亦不念衣食所须。如来白毫相中，百千亿分光明，其中一分，供诸弟子。假使一切世间人皆出家，随顺法行，毫相百千亿分，不尽其一。”

检心待女人之训

《长阿含经》第四卷云：阿难白佛言：“佛灭度后，诸女人辈来受诲者，当如之何？”佛告阿难：“莫与相见。”阿难又白：“设相见者，当如之何？”佛言：“莫与共语。”阿难又白：“设与语者，当如之何？”佛言：“当自检心。”

八退八进之训

《长阿含经》第九卷云：云何八退法？懈怠比丘，乞食不得，便作是念："我于今日乞食不得，身体疲极，不能堪任坐禅经行。"即便卧息。得食既足，复作是念："我朝乞食，得食过足，身体沉重，不能堪任坐禅经行。"即便卧息。设或执事，便作是念："我今执事，身体疲极，不能堪任坐禅经行。"即便卧息。设欲执事，便作是念："明当执事，必有疲极，今日不得坐禅经行。"即便卧息。设少行来，便作是念："我朝行来，身体疲极，不能堪任坐禅经行。"即便卧息。设欲少行，便作是念："我明当行，必有疲极，今者不得坐禅经行。"即便卧息。设遇小患，便作是念："我得重病，困笃羸瘦，不能堪任坐禅经行。"即便卧息。所患已瘥，复作是念："我瘥未久，身体羸瘦，不能堪任坐禅经行。"即便卧息。

云何八精进？乞食不得，即作是念："我身体轻便，少欲睡眠，宜可精进坐禅经行。"乞食得足，便作是念："我今食饱，气力充足，宜勤精进。"设有执事，便作是念："我向执事，废我行道，今宜精进。"设应执事，便作是念："明当执事，废我行道，今宜精进。"设有行来，便作是念："我朝行来，废我行道，今宜精进。"设欲行来，便作是念："我明当行，废我行道，今宜精进。"设遇患时，便作是念："我得重病，或能命终，今宜精进。"患得小瘥，复作是念："我病初瘥，或更增动，废我行道，今宜精进。"

不舍头陀苦行之训

《增一阿含经》第九卷云：世尊告迦叶："汝今年高朽弊，可舍乞食，乃至诸头陀行。亦可受诸长者请，并受衣裳。"迦叶对曰："我今不从如来教。"世尊告曰："善哉善哉！迦叶，多所饶益，度人无量。所以然者，此头陀行在世者，我法亦当久在于世。是故诸比丘所学，皆当如迦叶所习。"

● **十二头陀行：**

一、阿兰若。（今居兰若，华言“寂静”，宜顾名思义。）

二、常乞食。（今安坐，檀越送食，宜知惭愧。）

三、次第乞。（今送食，须贫富等观。）

四、一食。（今三时粥饭，宜知惭愧。）

五、节量食。（今独饱，宜分与禽兽。）

六、过中不饮浆。（今晚食，宜知惭愧，夜分加倍精进。）

七、粪扫衣。（今好衣，宜知惭愧。）

八、但三衣。（今多衣，宜知惭愧。）

九、冢间坐。（今住好屋，宜知惭愧。）

十、树下坐。（今住好屋，宜知惭愧。）

十一、露地坐。（今住好屋，宜知惭愧。）

十二、但坐不卧。（今开夜放睡，宜知惭愧。）

不教弟子之训

《菩萨善戒经》第四卷云：“旃陀罗等，及以屠儿，虽行恶业，不能破坏如来正法，不必定堕三恶道中。为师不能教呵弟子，则破佛法，必定当堕地狱之中。为名誉故，聚畜徒众，是名邪见，名魔弟子。”

供养父母之训

《弥沙塞部五分律》第二十卷云：毕陵伽婆蹉父母贫穷，欲以衣供养而不敢，以是白佛。佛告诸比丘：“若人百年之中，右肩担父，左肩担母，极世珍奇，衣食供养，犹不能报须臾之恩。从今听诸比丘尽心尽寿供养父母，若不供养得重罪。”

互相轻毁之训

《萨婆多毗尼毗婆沙》第三卷云：学事比丘，轻毁坐禅、佐事比丘。坐禅比丘，亦轻毁学问、佐事比丘。佐事比丘，亦轻毁坐禅、学问比丘。是故陀罗骠，以坐禅力，常现光明，兼知卧具，劝佐众事，灭相轻毁胜负心故。

摄养徒众之训

《毗尼母经》第六卷云：养徒众，一法事摄，二衣食摄。常应方便教授眷属，莫令多求。摄令坐禅、诵经、修福，于此三业中应教。复应观徒众乐多言否，乐多眠否，乐在家否，乐聚集调戏否。复应观谁行如法，谁行不如法。若如法者，应加衣食，乃至法味，数数教授。若不如法者，应语令去。后时改悔者，还听在众。从无腊乃至九腊，是名下座。从十腊至十九腊，是名中座。从二十腊至四十九腊，是名上座。五十腊以上，国王、长者、出家人所重，是名耆旧长宿。

偷盗僧物之训

《法苑珠林》第七十四卷云：《方等经》云：菩萨言："五逆十恶，我所能救。盗僧物者，我不能救。"

多得利养之训

《法苑珠林》第九十二卷云：《杂宝藏经》云：阿阇世王为提婆达多日送五百釜饭，多得利养。诸比丘白佛。佛言："莫羡提婆得利养。"而说偈言："芭蕉生实枯，芦苇亦复然。駏驴驴怀妊死，骡驴亦复然。愚贪利养苦，智者所嗤笑。"

五僧冥报之训

《洛阳伽蓝记》云：后魏崇真寺僧惠嶷，死七日活，云：与五比丘，次第于阎罗王所阅过。一是宝明寺僧智聪，云："生来苦行，坐禅为业。"得升天堂。二是般若寺僧道品，云："诵《涅槃经》。"亦升天堂。三是融觉寺僧昙最，云："讲《华严》、《涅槃》，领众千人。"王言："讲经众僧，我慢贡高，心怀彼我，比丘之中第一粗行。"即言付司。青衣十人，送入黑门。四是禅林寺僧道弘，云："教化四众檀越，造一切经像。"王言："沙门之体，必须摄心道场，志念禅诵，不预世事。教化求财，贪心即起。"亦送黑门。五是灵觉寺宝真，云："原作太守，舍家资造寺，休官入道。虽不禅诵，礼拜不缺。"王言："卿作太守，枉法取财。假作此寺，非卿之力，何劳说此？"亦送黑门。惠嶷以错召放还，白胡太后。后遣黄门访问五寺，并云有此五僧，死来七日。生时业行，如嶷所论不差。

不修禅定之训

《无诤三昧》云：《胜定经》言："兹复有人，不修禅定，身不证法，散心读诵十二部经，乃至恒河沙劫讲说是经，不如一念思惟入定。但使发心愿坐禅者，已胜十方一切论师，何况得禅定者。"论师白佛言："我等多闻总持，讲说无碍。十六大部，敬我如佛。世尊何故不赞我等，独赞禅定？"佛告诸论师："汝等心乱，假使多闻，何所益也？汝欲与禅定角力，如盲眼人，欲睹众色；如无手足，欲抱须弥；如折翅鸟，欲飞虚空；如蚊子翅，欲遮日月；如无船舫，欲渡大海，无有是处。汝等论师，亦复如是。"

复次《毗婆沙》中说："若有比丘，不肯坐禅，身不证法。散心读诵讲说文字，辩说为能。不知诈言知，不能诈言能，高心轻坐禅人。如是论师，死入地狱，吞热铁丸。出为猪羊鸡狗等身。"

声名无益之训

《摩诃止观》云：昔鄴洛禅师，道播河海，住则四方云仰，去则千百成群，隐隐轰轰，亦有何益？临终皆悔。修行至此，审自斟酌。智力强盛，须广利益。如其不然，且当安忍，深修三昧。行成力著，为化未晚。

“念思”二字之训

《善见毗婆沙律》第四卷云：“念想者何？于观处初置心，是名念。以心置观处，中心徘徊观处，是名思。譬如钟声，初大后微。初大声者如念，后微者如思。如鸟翔，初动如念，后定如思。如蜂采花，初至如念，后选择如思。”

菩萨精进之训

《大宝积经》云：“彼二菩萨行精进时，于千岁中，未曾起念欲卧，未曾起念欲坐，未曾一返屈身蹲踞，未曾再食，未曾起念称量饮食咸淡甘苦辛酢美恶。每乞食时，未曾观彼授食人面，为丈夫耶？为妇人耶？乃至童男童女，皆不瞻视。居止树下，未曾仰面观于树相。所着衣服，未曾再易。未曾一念起于欲觉、恚觉、害觉。未曾起缘亲里，若父若母，兄弟姊妹，及诸眷属。未曾起念仰观虚空，日月星宿，云霞等色。未曾起念从阴影处至光景处，从炎热处至清凉处。于严寒时，未曾起念覆厚暖衣而取温适。未曾起念论说世间无益之语。是二菩萨，行如是等坚固精进。”

【评曰】“于千岁中，未曾起念欲卧”下，每事有“于千岁中”四字。此大菩萨事，非凡夫所及。特表而出之者，使人知菩萨千岁中无念。而我等一岁中、一月中、一日中，乃至一时中，尚不能行，宁不愧哉？更不勉力而行少分，亦难矣。

诫勉出家之训

慈恩法师《出家箴》云：“舍家出家何所以，稽首空王求出离，三师七证定初机，剃发染衣发弘誓。去贪瞋，除鄙吝，十二时中常谨慎，炼磨真性若虚空，自然战退魔军阵。勤学习，寻师匠，说与同人堪倚仗，莫教心地乱如麻，百岁光阴等闲丧。踵前贤，学先圣，尽假闻思修得证，行住坐卧要精专，念念无差始相应。佛真经，十二部，纵横指示菩提路，不习不听不依行，问君何日心开悟？速须究，似头燃，莫待明年与后年，一息不来即后世，谁人保得此身坚。不蚕衣，不田食，织女耕夫汗血力，为成道业施将来，道业未成争消得？哀哀父，哀哀母，咽苦吐甘大辛苦，就湿回干养育成，要袭门风继先祖。一旦辞亲求剃落，八十九十无依托，若不超凡越圣流，向此因循全大错。福田衣，降龙钵，受用一生求解脱，若因小利系心怀，彼岸涅槃争得达？善男子，汝须知，遭逢难得似今时，既遇出家披缕褐，犹如浮木值盲龟。大丈夫，须猛利，紧束身心莫容易，倘能行愿力相扶，决定龙华亲授记。”

垂诫实修之训

永明寿禅师垂诫云：“学道之门，别无奇特，只要洗涤根尘下无量劫来业识种子。汝等但能消除情念，断绝妄缘，对世间一切爱欲境界，心如木石相似。直饶未明道眼，自然成就净身。若逢真正导师，切须勤心亲近。假使参而未彻，学而未成，历在耳根，永为道种。世世不落恶趣，生生不失人身。才出头来，一闻千悟。须信道真善知识，为人中最大因缘，能化众生得见佛性。

“深嗟末世诳说一禅，只学虚头，全无实解。步步行有，口口谈空。自不责业力所牵，更教人拨无因果，便说：“饮酒食肉，不碍菩提。行盗行淫，无妨般若。”生遭王法，死陷阿鼻。受得地狱业消，又入畜生、饿鬼，百劫万劫，无有出期。除非一念回光，立即翻邪为正。若不自忏自悔、自度自修，诸佛出来也无救你处。若割心肝如木石相似，便可食肉。若吃酒如吃屎尿相似，便可饮酒。若见端正男女如死尸相似，便可行淫。若见己财、他财如粪土相似，便可侵盗。饶你炼得到此田地，亦未可顺汝意在。直待证无量圣身，始可行世间逆顺事。

“古圣施设，岂有他心？只为末法僧尼少持禁戒，恐赚他向善俗子多退道心，所以广行遮护。千经所说，万论所陈：若不去淫，断一切清净种。若不去酒，断一切智慧种。若不去盗，断一切福德种。若不去肉，断一切慈悲种。三世诸佛，同口敷宣。天下禅宗，一音演畅。如何后学，略不听从，自毁正因，反行魔说？只为宿熏业种，生遇邪师，善力易消，恶根难拔。岂不见古圣道：‘见一魔事，如万箭攒心。闻一魔声，如千锥扎耳。’速须远离，不可见闻。各自究心，慎莫容易。”

一心念道之训

赵州云：“老僧除二时粥饭是杂用心处。”又云：“若一生不离丛林，不语十年五载，以后佛也不奈你何。”

仰山伟禅师，律身甚严，宴坐忘夜旦。居一室，谢绝交游。有过伟者，虚己座以延之。躬起炷香，叉手而立。南公闻之，以为太绝物。对曰：“道业未办，岁月如流。大根器如云门、赵州，犹曰：‘我二时粥饭是杂用心。’又曰：‘我岂有工夫闲处用？’伟何敢囿世情，事清谈乎？”

蒋山元禅师云：“岑楼之木，本于毫末。滔天之水，始于滥觞。清净心中，无故动念，危乎岌哉！”

《正法念处经》云：“一切迷惑，由多言语。是故应当空闲旷野寂静之处，独无余人，在一处坐，一心正念，坏烦恼魔。一切亲旧知识、兄弟，来去相见，语言皆离。”

《佛本行集经》云：“若在少年，若在中年，或复老年，但须速求应所办者，早令得办。莫使淹迟，宜速疾作。”

《根本萨婆多部》云：“假令登定，暂得无忧，不能断烦恼。若见谛理，烦恼断除。”

《盘山语录》：“修行人大忌说人长短是非，乃至一切世事非干己者，口不可说，心不可思。但口说心思，便是昧了自己。若专炼心，常搜己过，哪得工夫管他家屋里事？粉骨碎身，唯心莫动。收拾自心，如一尊木雕圣像，坐在堂中。终日无人，亦如此。幡盖簇拥，香花供养，亦如此。赞叹亦如此，毁谤亦如此。修行人常常心上无事，时时刻刻体究自己本命元辰端的处。”

古德云：“真正办道人，无剪爪之工。”又云：“暂时不在，犹如死人。”

中峰《警策歌》云：“行也做，坐也做，尺寸光阴休放过。”

赵清献公，药栏坏不修。人问之。曰：“安可以此事动吾一念乎？”

杂记解惑之训

经云：“禅有极妙内乐，众生舍之而求外。不得内心之离欲，而于色欲中求乐。”

“诸天有七宝自娱，后堕沸屎地狱。人中多闻，世智辩聪，后堕猪羊禽兽之类，无所别知。”

“众生无恩于菩萨，而菩萨常欲利益众生。众生夺菩萨命，割截身体。而菩萨以第一佛乐慧命，与诸众生。”

“诸欲难可解，何以能释之？观身得实相，则不为所转。”《智论》云：“实相者，所谓毕竟空。”

缁门崇行录

古杭云栖寺沙门袾宏辑

缁门崇行录叙

僧问："沙门奚事？"曰："事道。""事道孰为本？"曰："德行为本。"僧云："甚矣，子之固也。利以慧入，钝以福修。沙门者，取慧焉足矣，德行奚为？"予曰："先民有言：'德行，本也。'又云：'士之致远者先器识。'况无上菩提之妙道，而可以受非其器乎哉？狮子之乳，非琉璃瓶贮之则裂。举万钧之鼎，而荷以一叶之舟，不颠趾而溺者几希矣。今沙门稍才敏，则攻训诂、业铅椠如儒生。又上之，则残摭古德之机缘，而逐声响、捕影迹，为明眼者笑。听其言也，超佛祖之先。稽其行也，落凡庸之后。盖末法之弊极矣！"

予为此惧，集古善行，录其要者，以十门罗之。何者？离俗染之谓僧，故"清素"居其首。清而不严，狂士之清也。摄身口意，是诸佛教，故受之以"严正"。严正由师训而成，师者人之模范也，故受之以"尊师"。亲生而后师教，遗其亲，是忘本也。戒虽万行，以孝为宗，故受之以"孝亲"。忠孝无二理，知有亲，不知有君，私也。一人有庆，而我得优游于林泉，君恩莫大焉，故受之以"忠君"。忠尽于上交，而惠乏于下及，则兼济之道亏，故受之以"慈物"。慈近于爱，爱生着，出世之碍也，故受之以"高尚"。高尚非洁身长往而舍众生也，欲其积厚而流光，故受之以"迟重"。迟重而端居无为，不可也，故受之以"艰苦"。劳而无功，则苦难而退。因果不虚，故受之以"感应"终焉。十行修而德备，则任法之器也。地良矣，而后佳种投。心醇矣，而后至言入，无上菩提庶可希冀。不然，一鄙夫耳，人道未全，焉知佛道？即使利根多慧，而慧弥多，障弥重，将安用之？

僧云："吾法一尘不立，十行何施？"予曰："五蕴纷纭，四大丛沓，何谓无尘？"僧云："四大本空，五蕴非有。"予与一掌曰："学语之流，如麻似粟。未在，更道！"僧无对，艴然而起。予笑曰："蔽面尘埃，子何不拭？慎之哉！毋升高不自卑。无妄谈般若，自取殃咎。无醉于虚名。修其德，殚其精诚，以致力于道。力极而心通，然后知不拨万行，不受一尘，终日不空，终日不有，夫是之谓真慧。愿吾子究心焉！"

予未闻道，兼薄于德。今为此书，唯务救时弊而酬佛恩耳。明达之士，苟不因人弃言，幸展转以告夫禅者。

万历十三年仲冬日，杭沙门袾宏识。

缁门崇行录目录

● 慈物之行第六

忍苦护鹅　护鸭绝饮　赎养生命　悲敬行施　买放生池
割耳救雉　济贫诣官　躬处疠坊　口吮腹痈　惠养群鼠
毡被畜狗　秽疾不嫌　看疾遇圣　行先执帚　赡济乞人
施戒放生　看病如己

● 高尚之行第七

避宠入山　众服清散　不享王供　驾不迎送　不结贵游
不引贼路　屡征不就　宁死不起　三诏不赴　诏至不起
冒死纳僧　不赴俗筵　不受衣号　力辞赐紫　不乐王宫
袖纳荐书　弃书不拆　对使焚钵

● 迟重之行第八

传法久隐　十年秘重　不宣灵异　混迹樵牧　事皆缘起
历年闭户　久处深山　八请不赴　重法隐山　废寺隐居

● 艰苦之行第九

年老头陀　备经险难　法灭缞经　刺股制心　西竺取经
身先苦役　蚤虱不除　六载舂粟　不作不食　万里决疑
躬自役作　卑己苦躬　刻苦事众　行不辞劳　常行乞食

● 感应之行第十

精诚感戒　忏获妙音　誓狮子座　梦中易首　废戒忏悔
疠疾获瘳　勤苦发解　礼忏延寿　诵经延寿　扣钟拔苦
天神护体　感示净土　甘露灌口　忏感授记　口出青莲

清素之行第一

不作斋会

刘宋，僧旻，七岁出家，以经义宗海内，号“旻法师”。修缮寺宇，造设经像，放生布施，未尝倦废。或问：“和尚所修功德多矣，不闻建大斋会，恐福事未圆。”旻曰：“大斋难得尽理，且米菜盐醋、樵水汤炭，践踏洗炙，伤害微虫，故不为也。如复求寄王宫、官府、有势之家，弥难尽意，不如已之。”

【赞曰】今人作一福事，必起斋会，名曰圆满。乃至掩关僧，半期以后，即于关中，营营焉昼夜经画，预办斋会，无复正念。嗟乎！旻师之言，真万世龟鉴也。

受施随散

梁，慧开，吴郡海盐人。历听藏、旻二师经论，讲演名世。豫章守谢谌，迎请说经，厚加赊遗。还未达都，分散已尽。晋安守刘业，饷钱一万。即赡寒馁，曾不终日。情性疏率，不事形仪。衣服尘滓，未尝举意浣濯。

【赞曰】讲法而不受赊遗，是之谓法施。噫，安得人人法施如开公乎！

虫鸣尘积

梁，道超，从灵基寺旻法师学。独处一房，屏绝宾侣。尘埃满屋，蟋蟀鸣壁。中书郎张率谓曰：“虫声聒耳，尘多埋膝，安能对此而无忤耶？”答曰：“时闻此声，足代箫管。尘随风来，我未暇扫。致忤名宾，为愧多矣。”率大叹服。

左溪遁迹

唐，玄朗，傅大士六世孙也。常行头陀，依岩傍涧，号“左溪尊者”。宴居一室，自以为法界之宽。一郁多罗，四十余年。一尼师坛，终身不易。非寻经典，不轻燃一烛。非覲圣容，不妄行一步。洗钵则群猿争捧，诵经则众鸟交翔。刺史王正容，屡请入城。师不欲往，竟辞以疾。

【赞曰】今人读永嘉答书，藐视朗师，等之僻见，不知永嘉特一时遣着之语。而左溪遗范，正学者今日事也。明眼者审之。

遗钱不顾

隋，富上，依益州净德寺止宿。系大笠道傍，坐其下读经，人往来不唤令施，有施者亦不咒愿。以路静故，多载无所获。人谓曰：“城西北人稠施多，奚为在此？”答曰：“一钱两钱，足支身命，复用多为？”陵州刺史赵仲舒者，三代酷吏也，甚无信敬，闻故往试，骑马过之，佯堕贯钱。富读经自若，目未曾睹。去远，舒令人取钱，富亦不顾。舒乃问曰：“尔终日所得一钱。贯钱在地，见人持去，何不止之？”曰：“非贫道物，何为妄认？”舒下马礼谢，叹服而去。

不蓄衣粮

唐，通慧，三十出家。入太白山，不赍粮，取给草果，渴则饮水，息则依树，坐起禅思，经于五年。因以木打块，块破形销，廓然大悟。晚年一裙一被，所着麻鞋，至二十载。布衲重缝，冬夏不易焉。

賝施不忆

唐，静琳，京兆华原人。道风既播，賝锡日至，并委诸侍人，口不重问。后欲作福，方恨无财，侍人出之。琳曰："都不忆有此也。"平生衣破，以纸补之。

门不掩闭

唐，智则，雍州长安人。性落魄不羁，恒被破衲，裙垂膝上。房仅单床，瓦钵木匙，外无余物。居一室，门不掩闭，众号为狂。则叹曰："道他狂者，不知自狂耳。出家离俗，而为衣食故，行住遮障，锁门缄笥，费时乱业，种种聚敛，役役不安。此而非狂，更无狂者。"

人疑仆从

唐，承远，始学于成都，后住衡山西南岩。人遗之食则食，不遗，则茹草木而已。有慕而造者，值于崖谷，羸形垢面，躬负薪樵，以为仆从而忽之，不知其为远也。代宗闻其名，赐所居号"般舟道场"，世称莲社三祖云。

【赞曰】茆茨构而尧堂疑于村舍，衣服恶而禹迹疑于野人。况释子以钵衲支身者耶？今时有侈服饰，置臧获，唯恐人之不知，而扬扬过闾里者，亦可以少愧！

荷衣松食

唐，大梅常禅师，得马大师"即心即佛"之旨。隐深山中，人无知者。盐官以书招之，辞不赴，附以偈云："一池荷叶衣无尽，数树松花食有余。刚被世人知住处，又移茅舍入深居。"

鹿鸟为侣

后周，行因，隐居庐山佛手岩。每夜阑，一鹿一雉，栖迟石屋之侧，驯狎如伴侣，殊无疑怖。因平生不畜弟子，有邻庵僧为之给侍。一日谓曰："卷上帘，吾欲去。"帘方就钩，因下床行数步，屹然立化。

【赞曰】多欲之人，死且弥切，甚而分香卖履，眷眷不能放下。不独世谛中人，释子亦有之。因一生清气逼人，脱化如游戏，不亦宜乎！

少欲知足

唐[①]，宏觉禅师，诫徒众云："汝既出家，如囚免狱。少欲知足，莫贪世荣。忍饥忍渴，志存无为。得在佛法中，十生九死，亦莫抛弃。"

诲众清约

宋，慈受深禅师，小参示众云："忘名利，甘淡薄，世间心轻微，道念自然浓厚。匾担山和尚，一生拾橡栗为食。永嘉大师，不吃锄头下菜。高僧惠休，三十年着一緉鞋，遇软地则赤脚。汝今种种受用，未饥而食，未寒而衣，未垢而浴，未睡而眠。道眼未明，心漏未尽，如何消得？"

衲衣一食

唐[②]，慧熙，居唯一身，不畜侍人。日唯一食，不受人施。房地唯一踪，余并莓苔。所坐之榻，唯于中心。两头尘合，如久旷者。衣服敝恶，仅免风寒。冬服破衲，夏则悬置梁上。有闻其名者，就房参谒，迎逆接候，累日方得见焉。

① "唐"，原本误作"宋"。宏觉禅师，法名道膺，语见《禅林僧宝传》。

② "唐"，原本误作"宋"。事载《续高僧传》卷二十。

独守死关

元，高峰妙禅师，在龙须九年，缚柴为龛，冬夏一衲。后造天目西岩石洞，营小室如船，榜曰“死关”。上溜下淖，风雨飘摇。绝给侍，屏服用，不澡身，不剃发，截罂为铛，并日一食，晏如也。洞非梯莫登，去梯断缘，虽弟子罕得瞻视。

【赞曰】天悬九霄，壁立万仞。前有熙公，后有此老，真迥绝尘氛矣。曩余登天目，入张公洞，俯临千丈岩，访死关之遗，睹师威容，恍乎在目。自悲生晚，不获亲炙，因涕泪久之。

○ 总论

“比丘”，华言“乞士”也。清净自活，名曰乞士。而多求，而多蓄，而多事，不亦实叛其名乎？旻师而下诸公，千载至今，流风未泯也。闻其风而不兴起，尚得为比丘乎哉？

● 严正之行第二

禁拒女尼

隋，灵裕，定州人。安众两堂，简以[①]未具，言行滥者斥之。女尼誓不授戒，弘法时方听入寺，仍后进先出，己房不令登践。沙弥受具，必余师证，至时乃临坛耳。终身布衲，裙垂踝上四指，衫袖仅与肘齐。见衣服过度者，当众割之。

① “以”，原本作“已”，据《续高僧传》改。

幼绝戏掉

唐，玄奘法师，姓陈氏，汉太丘公之后也。随兄素出家，年十一，诵《维摩》、《法华》。卓然梗正，不偶时流。睹诸沙弥剧谈掉戏，谓曰："经不云乎：'夫出家者，为无为法。'岂复更为儿戏？可谓徒丧百年。"识者知师德器不凡矣。

【赞曰】童年而盛德，非天赋之独隆，盖宿习之不忘也。知乎此，则可以办来生于今日矣。

严训侍者

唐，智正，定州安喜人。开皇十年，奉敕住胜光。仁寿，复入终南至相寺，与渊法师为侣，二十八年不涉世谛。弟子智现者，伏承法教。正凡有著作，端坐思惟。现执纸笔立侍，随出随书，累载，初不赐坐。一日足疼心闷，不觉仆地。正呵责曰："昔人翘足七日，汝今才立颠坠，心轻故也。"其严如此。

【赞曰】仆地而犹加呵责，不已甚乎？噫！古人忘躯为法，少室齐腰，程门三尺，未足为过也。今坐而论道，尚有厌倦者。师严道尊，敝也久矣。悲夫！

破坏酒器

唐，玄鉴，泽州高平人。性敦直，见非法，必面陈呵毁，不避强御。数有缮造，工匠繁多，或送酒者，辄止之曰："吾所造必令如法，宁使罢工，无容饮酒。"时清化寺修营佛殿，州豪族孙义，致酒两舆。鉴即破酒器，流溢地上。义大怒，明将加恼，夜梦人以刀拟之，既悟，躬诣忏悔。

【赞曰】今时之饷工役，非唯用酒，兼复饪腥。至于竖栋安梁，赛神宴客，且复赤丁垣之刃矣。天堂未就，地狱先成，岂虚言哉？司营缮者，当痛以为戒。

不面女人

唐，道琳，同州郃阳人。年三十五出家，入太白山深岩隐居。敕令住大兴国寺，顷之，逃于梁山之阳。从生至终，俭约为务。以女人生染之本，一生不亲面，不为说法，不从受食，不令入房。临终之际，有来问疾者，隔障潜知，遥止之，不令面对焉。

【赞曰】律中亦许为女人说法，但不得见齿，不得多语。而此老绝不说法，似矫枉过正。然末法浇漓，不忧其不为女人说法也，唯忧其说法而成染耳。如此老者，良足为后进程式。

力卫殿堂

唐，惠主，始州永归县人。专精律学，居青林寺。时陵阳公临益州，素少信心，将百余驮入寺，就佛殿、讲堂、僧房安置，无敢违者。主从庄还，见斯秽杂，即入房取锡杖、三衣而出，叹曰："死活今日矣！"举杖向驴骡，一时倒仆如死，主手擎掷之坑中。县官大惊，执主申状。陵阳喜曰："蒙律师破我悭贪，深为大利。"送沉香十斤，绫绸十段。后还京，从受菩萨戒焉。

摈黜豪尼

唐，慧满，雍州人。七岁出家，后奉敕住弘济寺。时证果寺尼，出入宫禁，取僧寺为庵。满集众摈黜。尼诉于东宫，遣詹事杜正伦等，解其摈事。满执法不从。众惧祸及，遂强解焉。满叹息不悦者累日。尼后诣满谢过，满终不顾。

不受仙书

唐，法常，襄阳人，性刚敏。衲衣囊钵，毕志卯斋。贞元中，自天台之梅山。梅山者，梅福旧隐也。常寄居之，梦神人告曰：“君非凡流，此石库中有圣书，受之者，为下界主，不然为帝王师。”常曰：“此非吾好。昔僧稠不顾仙经，其卷自亡。吾唯以涅槃为乐耳。”神人叹服。

阖门拒子

唐，从谏，南阳人。壮岁出家，顿了玄理。会昌沙汰，潜居皇甫氏别业。大中初复教，因还洛邑旧居。其子自广陵来觐，与谏遇于院门，不复能识，乃问曰：“从谏大德安在？”谏指之东。子既去，阖门不出。其割爱如此。

抗章不屈

唐，智实，居洛下时，太宗幸洛，诏道士位列僧前。京邑沙门陈谏，有司不纳。实随驾表奏，极论其失。帝令宰相岑文本，谕旨遣之。实固执不奉诏。帝震怒，杖实朝堂，民其衣，流之岭表。有讥其不量进退者。实曰：“吾固知势不可为，所以争者，欲后世知大唐有僧耳。”闻者叹服。

防心离过

宋，汴京善本禅师，姓董氏，汉仲舒之裔也。博极群书，依圆照本禅师剃落。哲宗朝住法云，赐号“大通”。平居作止，直视不瞬。临众三十年，未尝轻发一笑。凡所住，见佛菩萨立像，终不敢坐。蔬果以鱼肉为名，则不食。其防心离过类如此。徽宗大观三年十二月甲子，忽谓左右曰：“只有三日。”已而示寂。世称“大本”、“小本”云。

【赞曰】防心如是，古之所谓圣贤，今之所谓迂僻也。哀哉！

终夜拱手

宋，圆通讷禅师，常入定，初叉手自如，中夜渐升至膺。侍者每视，以候鸡鸣云。

不谈世事

宋，光孝安禅师，住清泰寺。定中见二僧，倚槛相语，初有天神拥卫倾听，久之散去，俄而恶鬼唾骂，仍扫脚迹。询其故，乃二僧初论佛法，次叙间阔，末谈资养。安自是终身未尝言及世事。

【赞曰】古人为生死行脚，才逢师友，唯汲汲商略是事，何暇他论。今人终日杂话，求如二僧亦不可复得。鬼神在侧，又当何如？噫！可惧也已。

○ 总论

或谓六和名僧，又僧行忍辱，宜无取于严。不知吾所谓严，非严厉之严，盖严正之严也。以严正摄心，则心地端。以严正持法，则法门立。若夫现奇特以要誉，逞凶暴以示威，与今之严正，实霄壤焉。衲子不可不辨。

● 尊师之行第三

力役田舍

晋，道安法师，十二出家，神性聪敏，而形貌甚陋，不为师所重，驱役田舍，至于三年，执勤就劳，曾无怨色。数岁之后，方启师求经。师与《辩意经》一卷，可五千言。安赍经入田，因息就览，暮归更求余经。师曰："昨经未读，乃复求耶？"答曰："即已成诵。"师虽异之，而未信也，更与《成具光明经》一卷，将一万言。赍之如初，暮复还经。师令诵之，不差一字，方大惊叹。

【赞曰】安，清庙之圭璋也，置之耒耜而服勤不怨。今弟子才负寸长，礼貌衰则去矣，况田役耶？况久于田役耶？吾于是三叹。

受杖自责

晋，法遇，事道安为师，后止江陵长沙寺，讲说众经，受业者四百余人。时一僧饮酒，遇罚而不遣。安遥闻之，以竹筒贮一荆杖，封缄寄遇。遇开缄见杖，即曰："此由饮酒僧耳。我训领不勤，远贻忧赐。"遂鸣椎集众，以筒置前，烧香致敬，伏地，命维那行杖三下，垂泪自责。境内道俗无不叹息，因之励业者甚众。

【赞曰】噫！使今人发安老之缄，其不碎筒折杖而谇语者寡矣。圣师、贤弟子，千载而下，吾犹为二公多之。

为师礼忏

晋，法旷，下邳人。早失二亲，事继母以孝闻。后出家，师沙门昙印。印尝疾病危笃，旷乃七日七夜祈诚礼忏。至第七日，忽见五色光明，照印房户。印如觉有人以手振之，所苦遂愈。

立雪过膝

北魏[1]，神光，学解冠世。达磨大师自西域至，往师之，磨未尝与语。一夕大雪，光立庭砌，及晓，雪过其膝。磨顾曰："久立雪中，欲求何事？"光泣曰："唯愿和尚，开甘露门，广度群品。"磨曰："诸佛无上妙道，旷劫精勤，难行能行，难忍能忍，尚不能至。汝今以轻心浅心，欲冀真乘，徒劳勤苦。"光闻诲励，以刃断臂，置于磨前。磨曰："诸佛

① "北魏"，原本作"魏"，据史料订正。

求道，为法忘形。汝今断臂，求亦可在。”光曰：“我心未安，乞师安心。”磨曰：“将心来，与汝安。”光曰：“觅心了不可得。”磨曰：“与汝安心竟。”遂传法为二祖。

【赞曰】二祖得法，良由精诚已极，机缘已熟，乃尔针芥相投，非取必断臂也。痴人效颦，将致力刀砧矣。噫！传法而必断臂，则诸祖无完肤。成佛而必燃身，则列圣无噍类。断烦恼臂，燃无明身，愿禅者勉之。

离师自责[①]

唐，清江，幼悟幻泡，礼昙一律师为亲教师。讽诵经法，触目而通。识者曰：“此缁门千里驹也。”尝与师稍忤，舍而游方，遍历法筵。自责曰：“天下行半，如我本师者鲜矣。”乃还师所。当僧集时，负荆唱言：“某甲再投和尚，唯愿摄受。”时一公诟骂。江雨泪忏谢曰：“前念无知，后心有悟。望和尚大慈，施与欢喜。”求哀再四。一公悯之，遂为师资如初。一公没，谒忠国师，密传心要焉。

【赞曰】舍圣贤而知非，当诟骂而不退，可谓明且诚矣。终传心印，不有由乎？彼浅信之流，小嫌则长往不返，微呵则衔恨不忘。空遇明师，竟有何益？如逢帝主，不获一官。惜哉！

迎居正寝

唐，石霜庆诸禅师，得法于道吾。后隐浏阳洞山，有“浏阳古佛”之语，学者多依之。道吾将化，弃其众从诸。诸迎居正寝，行必掖，坐必侍，备极敬养之礼。

① “自责”，卷首目录作“悔责”。

历年执侍

唐，招贤通禅师，少为六宫大使，因诣鸟窠求出家，窠不纳，坚求，乃为剃落。执侍左右，勤劬不替，经一十六年，不蒙开示，欲辞去。窠问：“何之？”曰：“诸方学佛法去。”窠云：“佛法此间亦有少许。”遂拈起布毛。忽大悟，号“布毛侍者”云。

【赞曰】人见侍者于布毛下悟去，不知一十六年织纴之力也。非多载辛勤，焉有今日事？遇明师者，幸毋以躁心乘之。

谨守遗命

宋，怀志，金华人。幼业讲，因一禅者激发，弃讲参方。晚至洞山，得法于真净文禅师，久之辞去。真净嘱曰：“子禅虽逸格，惜缘不胜耳。”志拜受命。至袁州，州人请住持扬岐，掣肘而去。游湘上，潭牧请住上封、北禅，皆不受。庵于衡岳二十余年，有偈曰：“万机休罢付痴憨，踪迹时容野鹿参。不脱麻衣拳作枕，几生梦在绿萝庵。”晚投龙安，龙安处之最乐堂，遂终老焉。

【赞曰】显达，人之所欲，遵遗命而力拒诸请，可不谓难乎？今人嗜名利，弃礼义，不请而往者纷如矣，尚何忆乎师命！

遵训终隐

宋，清素，得法于慈明，在处隐众中。兜率悦公时在众，因夜话，询知为慈明侍者，大惊。明日具威仪参扣，往复开发，遂得大悟。仍戒悦曰：“吾以福薄，先师授记，不许为人。怜子之诚，忘先师之戒。子以后切勿嗣吾也。”终身陆沉，人无知者。

兵难不离

元，印简，山西宁远人。八岁，礼中观沼公为师。十八，元兵下宁远，四众逃难。简侍中观如故。观曰："吾迫桑榆，汝方富有春秋，何当玉石俱焚？宜自逃遁。"简泣曰："因果无差，死生有命，安可离师苟免乎？"明日城降。元帅史公天泽问曰："汝何人？"对曰："沙门。""食肉否？"对曰："何肉？"史曰："人肉。"对曰："虎豹尚不相食，况人乎？"史喜而释之。

○ 总论

古之为弟子者，师没而信愈坚。今之为弟子者，师存而守已易。所以者何？良由最初出家，实非欲依止真师，决择生死，盖一时偶合而已。是以其心见利则易，逢恶友惑之则易，瞋其师之训以正也则易。甚而下乔入幽如陈相，罢释事道如灵素者有之矣。又甚而大阳平侍者之流，未必其无人矣。嗟乎悲哉！

● 孝亲之行第四

兰盆胜会

佛世，大目犍连，事母至孝。母死出家，精进行道，得六神通，见亡母生饿鬼中，持饭往饷，饭化猛火。目连痛哭白佛。佛言："汝母罪重，非汝一人力所奈何，必假十方众僧威神之力。当于七月十五日，佛欢喜日、僧自恣日，为母设盂兰盆斋，供佛及僧，始克济拔。"目连如教设斋，其母即以是日脱饿鬼苦，转更资荐，遂生天上。由此兰盆胜会流通万世焉。

【赞曰】生养死葬，小孝也。生俾厎豫，死俾流芳，大孝也。生导其正信，死荐其灵神，大孝之大孝也，目犍连以之。

母必亲供

北齐[1]，道纪，习《成实》，造《金藏论》七卷，于邺城东郊讲演，往则荷担其母及经像等。语人曰："母必亲供者，以福与登地菩萨等也。"衣着、食饮、大小便利，躬自经理，不烦他人。有助之者，辄拒之曰："吾母也，非尔母也。形骸之累，并吾身也。有身必苦，何以劳人？"道俗闻者，多感化焉。

居丧不食

梁，法云，阳羡人。七岁出家，为庄严寺宝亮弟子，隽朗英秀。于妙音寺，开《法华》、《净名》二经，学者海辏。性诚孝，劳于色养。居母忧，毁瘠过礼，累日不食。旻法师谓曰："圣人制礼，贤者俯就，不肖者跂及。且毁不灭性，尚出儒宗。况佛有至言，欲报生恩，近则时奉颜仪，远则启发菩提，以导神识。宜速思远理，使有成津。何可恣情，同于细近？"云乃割哀，微进饘粥。

【赞曰】曾子之母死，水浆不入于口者七日。即云公之居丧，虽曾子何加焉？语曰："释氏弃其亲。"岂理也哉？

泣血哀毁

隋，智聚，住苏州虎丘东山寺。至德三年，丁母忧，泣血悲哀，几于毁灭。止东山精舍，善说不休，法轮常转。

---

① "北齐"，原本作"齐"。事载《续高僧传》卷三十。

荷担听学

隋，敬脱，汲郡人。少出家，以孝行清直闻。其听学也，常施荷担，母置一头，经籍、楮笔置一头。若当食时，坐母树下，入村乞食。

凿井报父

唐，慧斌，兖州人。父朗在朝，年迫期颐，爱敬无由。乃于汶水之阴，九逵之会，建义井一区，以报父恩。立碑铭之，有“殷忧暮景，见子无期。百年几日，对此长悲”之句。

礼塔救母

唐，子邻，范氏子。母王氏，不信三宝。邻逃东都，依广受寺庆修律师出家。忽思亲归宁，父失明，母已故三载矣。因诣岳庙，敷坐具，诵《法华》，誓见岳帝，求母生处。其夜，岳帝召谓曰：“汝母禁狱，现受诸苦。”邻悲泣请免。帝曰：“可往鄮山礼育王塔，庶可救也。”邻即诣塔，哀泣礼拜，至于四万。俄闻有呼邻声，望空中，见母谢曰：“承汝之力，得生忉利天矣。”倏然不见。

【赞曰】目连感佛，教以供僧。子邻感神，教以礼塔。至孝通神明，讵不信夫！

悟道报父

唐，师备，姓谢氏。父以渔为业，堕水死。备因出家，欲报其父。芒鞋布衲，食才接气。与雪峰存禅师为友，峰以其苦行，呼为头陀。尝携囊出岭，拟欲遍参，忽伤足流血，豁然而悟，遂不出岭，依峰咨决心要。峰尝称曰：“备头陀再来人也。”后忽梦父来谢云：“荷子出家，了明心地，已得生天，故来报耳。”

刲股出家

唐，鉴宗，湖州长城人，姓钱氏。父晟有疾，宗割股肉馈之，绐曰：“它畜之肉。”父病因愈。乃求出家，后谒盐官悟空[①]禅师，随众参请，顿彻心源。咸通中，止天目东峰径山，号径山第二祖。

织蒲供母

唐，睦州陈尊宿，讳道明。初游方，契旨于黄檗。住观音院，常百余众。后舍众入开元寺房，作蒲屦施道路，货屦养母，人号“陈蒲鞋”云。

诚感父骨

后周，道丕，长安贵胄里人，唐宗室也。七岁出家。十九，值驾幸洛京，长安焚荡，乃负母入华山，安止岩穴。时谷涌贵，丕自辟谷，唯乞食供母。母问：“食未？”恐伤母意，必曰：“已斋。”母曰：“汝父霍山战没，骨暴霜露，能收取归葬乎？”遂往霍山，拾聚白骨。昼夜诵经，咒之曰：“昔人精诚所感，滴血认骨。愿群骨之中，有动转者，即吾父遗骸也。”一心注想，目不轻舍。数日间，有髑髅从骨聚跃出，摇曳良久。丕躄踊抱持，赍归见母。是夜母梦夫归，明晨骨至，人以为孝感所致。后应制论道，多居元席，朝野归重。

【赞曰】绝粒而饷母饥，诵经而获父骨，可谓大孝兼乎存殁，而至行超于古今者矣。呜呼异哉！

---

① “悟空”，原本作“悟宗”，据《宋高僧传》等订正。

念佛度母

宋，宗赜，襄阳人。父早丧，母陈氏携养于舅氏。少习儒业，年二十九，礼长芦秀禅师出家，参通玄理。迎母于方丈东室，劝母剪发，甘旨之外，勉进念佛，后无疾而终。制《劝孝文》行于世，号“慈觉禅师”。

【赞曰】赜公笃信净土，不唯自利，而兼利其母。使果得往生，贤于度母生天者多矣。沙门欲报其亲，不可不知此。

○ 总论

世人病释氏无父，而释氏之孝其亲，反过于世人。传记所载，盖历有明征矣。今犹有嫉僧如蛇蝎者，则僧之罪也。即可痛恨，其罪有三：安享十方之供，而不念其亲者，一也。高坐舟车，而俾其亲牵挽如工仆者，二也。割爱出家，而别礼他男女以为父母者，三也。愿诸世人，毋以此三不才僧，而病一切。

● 忠君之行第五

开陈报应

吴，僧会。吴主皓召而问曰：“佛言善恶报应，可得闻乎？”对曰：“明主以孝慈治天下，则赤乌翔，寿星见。以仁慈育万民，则醴泉冽，嘉禾茁。善既有应，恶亦如之。故为恶于隐，鬼得而诛之。为恶于显，人得而诛之。《易》称积善余庆，《诗》美求福不回。虽周、孔之格言，即佛教之明训。”皓曰：“周、孔既明，何用佛教？”对曰：“周、孔不欲深言，故略示其概。佛教不只浅言，故备陈其详。圣人唯恐善之不多，陛下以为嫌，何也？”皓深然之。

劝善弭灾

晋，法旷。简文皇帝诏问起居，并咨以妖星，请旷为力。旷答诏曰："景公修德，妖星移次。愿陛下勤修德政，以塞天谴。贫道必当尽诚。"乃与弟子斋忏，俄而星灭。

规谏杀戮

晋，佛图澄，以石勒好杀，乃诣勒。勒问："佛道有何灵验？"澄知勒不达深理，宜先动以道术，乃取钵盛水，烧香咒之，须臾生青莲花，勒信服。澄因谏曰："夫王者，德化洽于宇内，则四灵表瑞。政敝道消，则彗孛见于上。恒象著见，休咎随行。斯古今之常征，天人之明诫也。"勒甚悦焉。应被诛戮，蒙救济者甚众。

【赞曰】尝怪南北朝多高僧，贤圣出兴，不于平世，而于乱世者何也？良以运厄时艰，民穷物苦，大悲救济，正在斯时耳。所谓"药因救病出金瓶"者非耶？

巧论斋戒

刘宋[①]，求那跋摩，罽宾国王族也，元嘉八年达建业。帝问曰："寡人欲持斋不杀，而身主国政，不获从志，奈何？"对曰："帝王所修，与匹夫异。匹夫身贱名劣，应须克己苦躬。帝王以四海为家，万民为子。出一嘉言，则士庶咸悦。布一善政，则人神以和。刑不夭命，役不劳力，则风雨时，寒暑调，百谷茂。如此持斋，斋亦大矣。如此不杀，戒亦至矣。宁在辍半日之餐，全一禽之命，然后为弘济耶？"帝抚几叹曰："俗人迷于

① "刘宋"，原本作"宋"，据史料订正。

远理，沙门泥于近教。如法师所言，真可谓开悟明达，通天人之际矣！”敕有司供给，举国宗奉。

【赞曰】帝王之不信佛法，非独不信者之过，亦论佛法者未尽其妙也。如求那者，义正而语圆，辞善巧而不叛于道，真佛法、世法融通不碍者矣。虽古良谏议，何以加此？彼世僧局偏见而自谓持正，不知使人主不欲亲近缁流者，正为此等辈也。神龙变化，非蚯蚓所知，其是之谓欤！

较论供养

齐，法愿，颍川人。高帝事以师礼。武帝嗣兴，亦尽礼敬。文惠太子尝往寺问讯，谓愿曰：“葆吹清铙，以为供养，其福何如？”愿对曰：“昔菩萨八万伎乐供佛，尚不如至心。今吹竹管子，打死牛皮，何足道哉！”

【赞曰】好佛事而昧佛理，縻费虽多，不越人天有漏之因耳。愿公此言，岂独觉世俗之迷，抑万代沙门释子之良药也。

说法悟主

北齐[①]，僧稠，昌黎人。年二十八，投钜鹿实公出家。齐文宣征之不就，躬造焉，扶接入内。稠为论三界本空，国土亦尔，世相不常，及广说四念处法。帝闻，惊悟流汗，因受菩萨戒，断酒肉，放鹰鹞，去渔畋，禁天下屠杀。月六，年三，敕民斋戒。

① “北齐”，原本作“齐”，据史料订正。

感悟东宫

唐，玄琬，弘农华阴人。贞观初，帝以琬戒德朝野具瞻，敕为皇太子、诸王授菩萨戒。琬致书皇太子曰："今略经中要务四条，唯愿留意：一曰行慈，谓依《涅槃·梵行》之文，含养兼济。二曰减杀，谓东宫常膳，多所烹宰。殿下以一身之料，遍拟群寮。及至断命所由，莫不皆推殿下。请少杀生，以永寿命。三曰顺气，谓不杀曰仁，仁主肝木，木属春生。殿下位处少阳，请春季禁杀断肉，以顺阳和。四曰奉斋，谓年三斋，月六斋。何者？今享大福，咸资往因。复能进德，弥增美矣。"皇太子答曰："辱师妙法四科，谨当缄之心府，奉以周旋。永藉胜因，用资冥祐。"

劝断屠杀

唐，沙门明赡，素博学，怀抱经济。太宗闻其名，诏入内殿问之。赡广陈政要，因叙释门以慈救为宗。太宗大悦，下敕年三善月，月六斋日，普断屠杀。行阵之所，皆置寺焉。

劝修忏法

刘宋[①]，昙宗，秣陵人，出家灵味寺，尝为武帝行菩萨五悔法。帝笑谓宗曰："朕有何罪，而为忏悔？"宗对曰："昔虞舜至圣，犹云：'予违汝弼。'汤武亦云：'万姓有过，在予一人。'圣王引咎，盖以轨世。陛下齐圣往古，履道思冲，宁得独异？"武帝善之。

---

① "刘宋"，原本作"宋"，据史料订正。

受罚不欺

宋，道楷，沂水人。得法后，大扬洞上之风。崇宁中，诏住东京净因。大观中，徙天宁。上遣使赐紫衣，号“定照禅师”，表辞不受。上复令开封府尹李孝寿，躬谕朝廷褒善之意，而楷确然不回。上怒，收付有司。有司知楷忠诚，问曰：“长老枯瘁，有疾乎？”对曰：“无疾。”有司曰：“言有疾，即法免罚。”楷曰：“岂敢诈疾，而求免罪谴乎？”吏太息，遂受罚，编管淄州，见者流涕，楷神色自若。至州，僦屋而居，学者益亲。明年，敕放自便，乃庵于芙蓉湖中。

【赞曰】荣及而辞，人所难也。辞而致罚，受罚而不欺，不曰难中之难乎？忠良传中，何得少此？录之以风世僧。

咏花讽谏

后晋，江南李后主，召法眼禅师入内庭。时牡丹盛开，主索诗，师乃颂云：“拥毳对芳丛，由来迥不同。发从今日白，花是去年红。艳异随朝露，馨香逐晚风。何须待零落，然后始知空？”主叹悟讽意。

【赞曰】味诗意，忠爱油然溢于言表，惜后主知而不用，终不免梦里贪欢之悔耳。彼号为诗僧者，品题风月，敲精推敲，而无裨于世。以此较之，不亦黄金与土之相去耶！

○ 总论

士君子处江湖之远，则忧其君。僧无官守也，僧无言责也，而尽忠如是。孰谓山林之下，无明良喜起之义欤！人伦莫重于君父，吾故前列僧之孝，后列僧之忠，以杜释氏无父无君之谤。

● 慈物之行第六

忍苦护鹅

佛世有比丘，乞食珠师之门。时珠师方为王穿珠，置珠取食，而珠偶堕地，鹅吞之。珠师与比丘食，视珠不见，疑比丘窃之也。比丘欲护鹅，故任其捶击，至于流血。鹅来舐血，珠师移怒，并击鹅杀之。比丘不觉悲泪，珠师怪焉，乃语之故，感悟珠师，忏悔作礼。

护鸭绝饮

晋，僧群，清贫守节，庵于罗江县之霍山。山在海中，有石盂径数丈，清泉冽然。庵与石隔小涧，独木为桥，由之汲水。后一鸭折翅在桥，群欲举锡拨之，恐伤鸭，还不汲水，绝饮而终。

【赞曰】为物命而忘己身，大慈弘济，于是为至矣。或曰："全鹅而忍苦可也。群之灭其生，得无过乎？"噫！至人之视革囊，梦幻泡影耳。苟有利于众生，则弃如涕唾。喂虎饲鹰，皆以是心也。岂凡夫执吝四大者所测知耶！

赎养生命

陈，法朗，徐州沛县人。就大明寺宝志禅师学禅，精律论，誉动京畿，听侣云集。所得檀赚，用造经像、塔寺，济给穷厄。见诸生命，即买归畜之。鹅鸭鸡犬，充牣房内，见朗寝息，皆寂无声。游观之时，群起鸣吠，喧于鼓吹，亦怀感之致欤！

悲敬行施

隋，灵裕，定州钜鹿人。十五，投赵郡应觉寺出家，博通经论，名藉海内。其行施也，悲敬兼之。惠袈裟数过千领。疾苦求疗者，医药无算。但得厚味，必先奉僧。虽御畜类，未尝呵唾。乃至责问童稚，诫约门人，自称己名，号彼仁者，苦言恳切，闻者流泪焉。

买放生池

隋，智者大师，居临海，日见民以渔为业，罾网相连四百余里，江簄溪梁六十余所，心悯之，乃以所得赎施，买海曲为放生池，表闻陈主。陈主下敕禁采捕，因为立碑，诏国子祭酒徐孝克为文，辞甚凄楚，览者悲悟，多感化焉。

割耳救雉

隋，智舜，赵州人。北游亭山，庵其中。有猎者逐雉，雉入舜房。舜苦劝免，不听，因割耳与之。猎人惊悟，投弓放鹰，数村舍其猎业。每见贫馁，流泪盈面，解衣减食，无所不至。

【赞曰】轲氏云："至诚而不动者，未之有也。"于舜老验之。

济贫诣官

隋，普安，京兆泾阳人。周氏灭法，隐于终南山之楩梓谷，苦行忘身。或露形草莽，以施蚊虻。或委卧乱尸，以施虎豹。时有重募，擒送一僧，赏帛十段。或来执安，安欣然慰喻曰："观卿贫煎，正欲相给。"为设食已，与共入京。帝曰："我国法急，不许道人民间。汝更助急，不许道人山中，则遣渠何往？"遂放入山。

躬处疠坊

唐，智岩，丹阳曲阿人。智勇过人，为虎贲中郎将，漉囊挂于弓首，率以为常。后入浣公山，依宝月禅师出家。昔同军戎刺史严撰、张绰等，闻其出家，寻访之，见深山孤寂，谓曰："郎将癫耶，何为在此？"岩曰："我癫欲醒，君癫正发。"往石头城疠人坊，为其说法。吮脓洗秽，无不曲尽。永徽中，终于疠所，颜色不变，异香经旬。

口吮腹痈

唐，志宽[①]，蒲州河东人。常诵《维摩经》及《戒本》，感天神绕房。性慈惠，好赡病人，不计道俗，及路远近，无人治者，即舆来房中，躬自经理。有患腹痈，脓不能出，口吮之，遂获痊可。后枭感作逆，事逮宽，配流西蜀。祖饯财帛悉不受，唯以一驴负经。路逢僧宝暹者，足破卧道傍。舍驴与乘，自担经籍。时逢岁俭，煮糜粥以饲饥，又解衣衣之，或割或减，衔哀劝化，导彼念佛。

惠养群鼠

唐，慧意，钵中之余，饲房内鼠。有鼠百余，皆驯狎，争来就食。其病者，以手摩捋之。

毡被畜狗

唐，智凯，丹阳人，常讲三论。贞观元年，住余姚县小龙泉寺。越俗，狗生子，多捐弃道上。凯怜之，收聚养育，乃至三十、五十。毡被与卧，不嫌污秽。

---

① "志宽"，原本作"智宽"，据《续高僧传》、《神僧传》等订正。

秽疾不嫌

唐，道积，蜀人，住益州福感寺，性慈仁。有疠疾者，洞烂，秽气郁勃，闻者掩鼻。积为之供给，身心不二，或同器食，时与补浣。人问之，答曰："清净、臭秽，心憎爱也。吾岂一其神虑耶？寄此陶炼耳。"

看疾遇圣

唐，智晖，住重云，创温室浴僧，施水给药。有比丘白癞，众恶之，晖与摩洗如常。俄有神光异香，方讶之，忽失所在。

【赞曰】佛言:"吾灭度后，好供养病人，以中多贤圣故也。"今重云所遇，与悟达因缘正相似。古今类此甚多，姑出一二，以为嫌弃病人者劝焉。

行先执帚

唐，慧斌，兖州人，博穷经论，后专静虑，以慈救为务。每夏行步，恐伤微虫，执帚先扫。随得利养，密行檀惠，种种善事，仍戒勿泄。

赡济乞人

唐，昙选，高阳人，居兴国寺。性好慈济，财物不积。置巨镬，并乞人所得食，总为饘粥，列坐群乞，手自斟酌。见其蓝缕，形容消瘦，怜悯堕泪，悲不自胜。己亦同群受粥而食，遂及多载。

施戒放生

五代，永明寿禅师，居永明十五年，度弟子千七百人。入天台，度戒万余人。常与七众授菩萨戒，夜施鬼神食，放诸生类。六时行道，余力诵《法华经》一万三千部。开宝八年十二月二十六日，焚香告众，趺坐而逝。

看病如己

宋，高庵，住云居。闻衲子病，移延寿堂，咨嗟叹息，如病在己。旦夕问候，躬自煎煮，不尝不与食。或天稍寒，抚其背曰：“衣不单乎？”或暑，察其色曰：“莫太热乎？”乃至命终者，不问彼有无，常住以礼津送。

【赞曰】经称：“八种福田，看病第一。”岂不以衲子无家，孤单湖海，伶仃疾苦，真可悲怜。作僧坊主，而病不于我调，死不于我殡，岂慈悲之道乎？凡住持者，宜以高庵为法。

○ 总论

仁、义、礼、智，人之四端也，而仁为首。慈、悲、喜、舍，佛之四心也，而慈为先。苟无慈心，虽有博学多闻、神通三昧，悉魔业耳。或谓：“慈威并运，佛道也，何专尚乎慈？”不知生之杀之皆仁也，摄之折之皆慈也。其迹则威，其实则慈也。威而不失为慈，是之谓大慈也。子毋以呴呴之恩、沾沾之惠言慈也。

● 高尚之行第七

避宠入山

晋，道恒[①]。秦主姚兴，逼以易服辅赞，屡辞不允，殆而获免。乃叹曰：“昔人有言：益我货者损我神，生我名者杀我身。”于是窜影岩壑，草食味禅终身焉。

---

① “道恒”，原本作“道悟”，据《高僧传》订正。

众服清散

晋，慧永，与远公居庐山。镇南将军何无忌守浔阳，因集虎溪，请永及远。远从者百余，端肃有序。永衲衣草履，执锡持钵，松下飘然而至，神气自若。无忌谓众曰："永公清散之风，乃多于远师也。"

【赞曰】远师从者百余，皆莲社英贤耳，而何公尚抑扬如是。今僧畜奴仆，张盖荷筐，趋跄于豪贵之门，而求与为伍。何公见之，又当何如耶?

不享王供

姚秦，佛陀耶舍，在姑臧。秦主兴，遣使聘之，厚赠不受。既至，兴自出迎，别立新省，馆于逍遥园中。四事供养亦不受，时至分卫，一食而已。衣钵卧具，盈屋三间，不以介意。兴为货之，造寺城南云。

驾不迎送

北齐[1]，僧稠，文宣帝常率羽卫至寺，稠宴坐小房，了不迎送。弟子谏之，稠曰："昔宾头卢迎王七步，致七年失国。吾诚德之不逮，未敢自欺形相，冀获福与帝耳。"天下号为"稠禅师"。

不结贵游

梁，智欣，丹阳人，以经义名海内。永明末，太子时幸东田，数进寺。欣因谢病钟山，晏然自得，不与富贵游往，孤迥绝人。凡赊施不蓄，为构改住寺云。

① "北齐"，原本作"齐"，据史料订正。

不引贼路

隋，道悦，荆州人，常持《般若》，住玉泉。值朱粲反，入寺求粮，又欲加害，悦殊无所惧。放令引路，悦行数步，坐于地曰："吾沙门也，非引路之人。浮幻形骸，任从白刃。"粲奇其高尚，因送还寺。

屡征不就

唐，慈藏，新罗国人，冥行显被，物望所归。屡征不就，王大怒，敕往山所，将加手刃。藏曰："吾宁持戒一日而死，不愿一生破戒而生。"使不忍杀，具以上闻，王叹服焉。

宁死不起

唐，四祖道信大师，住黄梅三十余载。贞观中，太宗三诏，令赴京师，并以疾辞。帝敕使者，若更不起，当取其首。师引颈受刃。使以闻，太宗嗟叹，赐珍帛以遂其志。

【赞曰】子陵之拒光皇，种老之辞仁祖，亦逸士之常耳，未闻胁之以白刃而不回者也。丹凤翀霄，可望而不可追也。四祖其人欤！慈藏其人欤！

三诏不赴

唐，汾州无业禅师，陕西雍州人。穆宗遣左街僧录灵阜，赍诏起之。师笑曰："贫道何德，累烦人主？尔先行，吾即往矣。"遂沐浴敷座，告门人曰："汝等见闻觉知之性，与太虚空同寿。一切境界，本自空寂。迷者不了，即为境惑，流转不穷。常了一切空，无一法当情，是诸佛用心处。"言讫端坐，中夜而逝。阜回奏，帝大钦叹，赐谥"大达国师"。师处宪、穆两朝，凡三诏不赴。

诏至不起

唐，懒融，隐金陵牛首山。上闻其名，遣中使召见。使至，融方坐地，燃牛粪火，拾煨芋而食，寒涕交颐。使云："天子有诏，尊者且起。"融熟视不顾。使笑云："涕及颐矣。"融曰："我岂有工夫为俗人拭涕耶？"上闻而叹异，仍厚赐旌之。

冒死纳僧

唐，法冲，陇西成纪人。贞观初，敕私度者处以极刑。时峄阳山多逃僧避难，资给告匮。冲诣州宰，告曰："如有死事，冲身当之。但施道粮，终获福祐。"宰嘉其志，冒网周济焉。

不赴俗筵

唐，韬光禅师，结茆于灵隐西峰。刺史白居易，具饭，以诗邀之。光答偈不往。有"城市不堪飞锡到，恐惊莺啭画楼前"之句，其高致如此。

【赞曰】有古德辞朝贵招宴，偈云："昨日曾将今日期，出门倚杖又思惟。为僧只合居山谷，国士筵中甚不宜。"与韬光高致，先后如出一辙。噫！斯二偈者，衲子当朝暮吟咏一过始得。

不受衣号

后晋[1]，全付，吴郡昆山人。见南塔涌禅师，顿明心地，后住清化禅院。钱忠宪王遣使，赐紫袈裟。付上章力辞。使再往，又辞曰："吾非饰让也，恐后人效吾而逞欲也。"寻赐号"纯一禅师"，复固辞不受。

① "后晋"，原本作"唐"，据《宋高僧传》订正。

力辞赐紫

五代，恒超，范阳人。止开元寺，讲经论二十余年。前后州牧、使臣，投刺求见者，令童子收刺，罕所接对。时郡守李公，欲奏赐紫衣。超辞以诗，有“誓传经论死，不染利名生”之句。李公复令人劝勉，超确然不拔，且曰：“而复来，吾在卢龙塞外矣。”相国瀛王冯公闻其名，修书通好。超曰：“贫道早舍父母，克志修行。本期弥勒知名，不谓浪传宰辅。岂以虚名浮利留心乎？”冯公益重之，表闻于朝，强赐紫焉。卒之日，天乐盈空，盖生兜率之明验也。

【赞曰】纡金紫之服，交宰辅之门，人所深愿而唯恐其不得也。二公坚辞再四，若将浼焉。清风凛然，披拂千古。真可以凉奔竞之炎衷，而醒利名之醉眼矣。

不乐王宫

后唐，贞辨，中山人。刻苦修学，刺血书经。时并州不容外僧，辨出野外，隐身古冢中。武帝畋游，辨方出冢，见旌旗骑乘，还入冢穴。帝擒之问故，检冢中，则草座案砚，疏钞罗布。遂命入府供养，曹太后[①]深加仰重。辨诉于后曰：“本以学法为重，久在王宫，如梏械耳。”帝乃纵其自由。

袖纳荐书

宋，雪窦显禅师，得法于智门祚公。将游两浙，学士曾公谓曰：“灵隐天下胜处，珊禅师吾故人。”附书荐显。显至灵隐，陆沉众中三年。俄

---

① “曹太后”，原本作“管太后”，据《宋高僧传》、《五代史》订正。又“贞辨”，《宋高僧传》作“贞辩”。

曾公奉使浙西，访显灵隐，莫有知者。时僧千余，使吏检床籍，乃得显。问向所附书，出诸袖中，封缄如故。曰：“公意勤，然行脚人于世无求，敢希荐达哉？”曾公大笑，珊以是奇之。

【赞曰】今人得贵宦书，如获拱璧，而晓夜求售，其亦不闻雪窦之风欤！吾怪雪窦拈唱宗乘，电掣雷轰，不让德山、临济诸老。考其平生，则器度由来不凡矣。为释子者，不可不自爱。

弃书不拆

宋，武宁慧安禅师，与圆通秀，铁壁同参天衣。安居武宁，荒村破院，单丁三十年。而圆通应诏居法云，威光烜然。后以书致安，安不拆而弃之。侍者问故，安曰：“吾始以秀有精彩，今知其痴也。出家儿冢间树下，办那事如救头燃。无故于八达衢头，架大屋，养数百闲汉。此真开眼尿床，吾何复对哉！”

【赞曰】秀多众，安单丁，盖易地皆然耳。安非诋秀，警世之顽群痴聚而已。虽然，养闲汉犹可也，今之所养者忙汉也，尚何言哉！

对使焚钵

宋，怀琏[①]，漳州人。皇祐中，召对化城殿称旨，赐号“大觉禅师”。琏持律甚严，上尝遣使赐龙脑钵盂，琏对使焚之，曰：“吾法以坏色衣，以瓦钵食。此钵非法，宜无所用。”使回奏，上嘉叹久之。

【赞曰】琏公煅钵而无怖心，英祖闻奏而无怒色。所谓“微先生不能成光武之大，微光武不能遂先生之高”者也，得非宗门之盛事欤！

① “怀琏”，原本作“慧琏”，据《五灯会元》、《佛祖历代通载》等订正。

○ 总 论

上录忠君，此纪高尚。高尚是，则忠君者非欤？是不然，顾所守何如耳。道充于岩穴，而名闻于廊庙，上度吾君，下度吾民，非弘法利生之正务乎？独惜大道不立，而枉己以求荣者，贻释子之羞也。噫！为僧者诚以道自重，使国王大臣闻天下有乐道忘势之僧，而叹之羡之，其忠亦多矣，岂必面陈献替而后为忠乎？吾是以知南阳宠逮七朝，无业力辞三诏，遇不同，而其道同、其忠同。

● 迟重之行第八

传法久隐

唐，六祖大师，初参五祖，即悟自心。祖曰：“汝根性大利，着槽厂去。”遂事舂碓，腰石勤劬，苦作供众。后传衣法，夜半潜去，隐迹于猎人中，蓬首垢面者一十六年。后以龙天见推，乃于印宗法师讲席，偶论风幡，四众惊仰，扶翊开法，大阐南宗，为万代师表焉。

【赞曰】大师不唯开法于十六年之后，而薙发亦如之。养深积厚，古今一人而已。师表万代，不亦宜乎！

十年秘重

唐，桂琛，常山人。初学毗尼，后访南宗，遍参知识，得旨于玄沙大师，密行陆沉。漳州牧王公，请于闽城西石山莲宫，驻锡十数年。秘重妙道，有恳志扣求者，乃为开演。既而迁罗汉院，破垣败箦，恬如也。勤州太保，固请宣法，退让不获，方受其请。大开法门，参徒莫计，出法眼一宗焉。

不宣灵异

后晋[①]，善静，长安金城人。南游乐普，见安公法裔，乃融心要。后还故里，留守王公，营永安院居之。尝洗沐，舍利陨落，即收秘，不许弟子示人。又禅寂次，忽有白鹤驯狎于庭，若听法者，静令人驱逐。凡此殊征，有而不宣。

【赞曰】古人获灵异而秘重不宣，今人无灵异而伪称惑众，心事盖霄壤矣。圣益圣，愚益愚，又何怪？

混迹樵牧

唐，普愿，郑州新郑人。依大隈山大慧禅师受业，得法于江西马大师。含景匿耀，似不能言。贞元十年，挂锡池阳南泉山。蓑笠饭牛，混于樵牧，斫山畲田，足不下南泉三十年。太和中，池阳太守与宣使陆公、护军刘公，固请开法，道化大行，号“南泉古佛”云。

【赞曰】远祖师影不出庐山四十载，王老师足不下南泉三十年，此古人之盛节也。然皆得意后事，非初学所宜。出家儿大事未明，不远千里参寻知识，此何时，乃守愚空坐，自失善利耶？赵州八十行脚，雪峰三登投子、九上洞山，敢为痴隐者告。

事皆缘起

宋[②]，神鼎諲禅师，豫州人，与汾阳齐名。年尚未壮，隐于南岳二十年，乃领住持。又二十年，方开堂说法。然皆缘起于他，实非己意。

---

① “后晋”，原本作“唐”，据《宋高僧传》订正。

② “宋”，原本误作“唐”，据《禅林僧宝传》订正。

历年闭户

宋，云盖智禅师，元祐六年，退居西堂，闭户闲居者三十年。

久处深山

明[①]，无闻聪禅师，大悟之后，独入光州山中六年，陆安州深山六年。复至光州，又经三年。如是山中独行独坐，共十七年，后乃出世。

【赞曰】独行独坐于大悟之后，亦遁迹南泉意也。彼初心未悟，而乃厌丛林，畏大众，离知识，索居孤陋，不亦谬乎！

八请不赴

宋，汾阳无德禅师，见七十员善知识。前后八请，皆不出世，燕居襄阳白马寺。并、汾道俗千余人，坚请不已，乃顺人望，既至，宗风大振。迹不越阃，自为《不出院歌》以见志云。

【赞曰】历观诸大老，得法之后，率多韬光铲彩，时至乃彰。而此老八请不赴，其秘重尤甚。厥后宗风大振，非源深流长欤？今少年负一能，皇皇乎出世之恐后也，亦错矣。纵然生摘得，终是不馨香。衲子宜时以自警。

重法隐山

元，法闻，七岁出家，后从温公学《法华》、《般若》、《唯识》、《因明》及《四分律》。温公谓闻任重道远，托以弘传之寄。闻对佛像，

① “明”，原本误作“宋”，据《南宋元明禅林僧宝传》订正。

灼肌燃指，刺血书经，以彰重法。遂隐五台山，不逾阃者六载，读藏教五千卷者三番。帝师叹曰："汉地乃有此僧耶！"寻以安西王命，开讲筵义善寺。天子闻而征之，至阙，诏居大原教寺，赐银章一品。求戒者皆从受焉。延祐四年三月二十四日坐逝。

废寺隐居

元，世愚，衢州西安县人。历参布衲及断崖、中峰诸大老，后得法于止岩。归西安乌石山废寺，结茆以居，影不出山者六载。名闻于朝，遣重臣赐名香、金襕法衣，加号"弘辨"。至正间，有龙眠、古望等五刹新创，皆虔恳延师为开山第一祖，乃不得已应之。

○ 总 论

或问："世尊始成正觉，即演《华严》。乃有沙弥讲经，年甫七岁。如必历年久隐，当如众生何？"不知古人之迟重，非独善忘世也。道高而志愈勤，心明而事弥慎，水边林下，长养圣胎，待夫果熟香飘，龙天推出，举而措之，裕如矣。子见如来一代之利生，而不知三祇之熏炼。又安知七岁沙弥，非多生之熟习耶？"佛法不是鲜鱼，哪怕烂却。"斯言虽小，可以喻大。

● 艰苦之行第九

年老头陀

佛世大迦叶尊者，专行头陀，年老不舍。佛悯其衰迈，谓言："汝久事勤苦，宜稍自逸。"迦叶苦行如故。佛大嘉叹曰："汝能为一切众生作依止，如我在世，无以异也。有头陀行如汝者，我法则存。不然，我法则灭。汝真荷担大法者！”后传法为西天初祖。

【赞曰】头陀行之存灭，法之存亡系焉。金口敷宣，言犹在耳。今僧腴其食，文其衣，华其居，惰其四肢，饰其玩好如王公，而不知愧。末法将沉，良可扼腕！迦叶鼻祖东西二方，而所为如是，岂非悬知后患，贻厥孙谋耶？率乃祖攸行，愿禅者毋以末法自弃。

备经险难

晋，昙无竭，闻法显等躬践佛国，慨然有忘身之誓。以永初元年，集同志昙朗、僧猛等二十五人，发长安，西渡流沙，上无飞鸟，下绝走兽，四顾茫茫，莫知所之，唯望日光以准东西，视人骨以标行路耳。至葱岭，岭冬夏积雪，恶龙吐毒，风雨砂砾。前度雪山，下有大江，流急如箭。东西两山之胁，系索为桥，十人一过，到彼岸已，举烟为帜。后人见烟，知前已渡，方得更进。久不见烟，则知暴风吹索，人堕江中矣。复过大雪山，悬崖壁立，无安足处。壁有故杙，孔孔相对。人执四杙，先拔下杙，仍攀上杙，展转相攀。经于三日，方及平地，检料同侣，失十二人。进向中天竺，路既空旷，唯赍石蜜为粮，十三人中，又死八人。无竭虽屡经危棘，而系念观音，未尝暂废。至舍卫国，遇众恶象，乃归命观音，忽现狮子，象遂奔逸。至恒河，复值群兕，归命如初，寻有大鹫飞来，牛亦惊散。后于南天竺随舶达广州，赍经而还。

【赞曰】读《西行传》，千载而下，犹可流涕。即今一字一句，皆先德汗血也。而或以轻心对之，污手执之，不洁处置之。又或存而不读，读而不行，乃至用以博衣食、货名利而已。悲夫！

法灭缞绖

隋，灵裕，见周氏灭教，悲感不胜，衣以斩缞，头绖麻带，如丧考妣。引同侣夜谈正理，昼读俗书，潜形灰槁，以俟法复。

刺股制心

隋，智舜，赵州大陆人。专修道观，妄心卒起，不可禁制，即刺股流血，或抱石巡塔，须臾不逸。髀上刺处，斑剥如锦焉。

西竺取经

唐，玄奘法师，立誓取经。贞观三年，单己西行，过流沙，历高昌，及于罽宾，多虎豹，不能前进。奘不知为计，闭门而坐，至晚启门，一老僧至焉。奘即礼敬，僧教持《般若心经》，遂得虎豹藏形，魔鬼遁迹。直造佛国，取经而归。凡经一百五十余国，贞观十九年冬方达京师。

身先苦役

唐，志超，同州冯翊人。年二十七，依并州开化寺赞禅师出家。洁正身心，勤履众务，安僧数百，两食恒备，六时无缺。每有苦役，必事身先。后于汾州起光岩寺，昼夜克勤，摄引后学。时逢严敕，度僧者加以极刑。而超曾无介意，如常剃落，避世逸僧凭若泰山焉。

蚤虱不除

唐，昙韵，高阳人，止五台山木瓜寺，单形吊影，处以瓦窑。衣服久而破敝，蚤虱积聚，任其味啖，寄以调伏。曾于坐夏，山饶土蚤，既不屏除，毡如凝血。但引咎自责，愿以相酬，情无吝结。如此行施四十余年。

【赞曰】蚤虱不除，不几于苦行外道乎？是不然。若以苦行为成道之由，则诚邪见。今引咎自责，愿以相酬，则所谓马麦、金枪偿宿债耳，安得等之外道？

六载舂粟

唐，道亮，赵州栾城人。入封龙山，诵经为业。山侣三十，亮一身既同众务，日别舂粟，以五斗为度。六载之中，曾无废惰。徒跣三年，六时随众。后以讲律，声被东夏，听徒八百，成讲学士者四十余人。

不作不食

唐，百丈海禅师，住百丈山绝顶，每日力作以偿其供。或劝止之，则曰："我无德以劳人。"众不忍，藏其作具，因不食。遂有"一日不作，一日不食"之语。

【赞曰】德如百丈，而犹曰不欲以无德劳人，况我辈乎？或谓："住持者宜弘法利生，虽日享千金，役百夫，何病焉？而琐事力作，非所谓知大体。"噫！百丈建丛林，立清规，为万世师法，岂虑不及此？今若是，凡以愧天下之凉于德而丰于禄者也。

万里决疑

唐，大隋[①]禅师，有僧问："劫火洞燃，这个坏也不坏？"答云："坏。"僧云："恁么则随他去也？"答云："随他去。"其僧疑之，寻师参扣，遍历山川，至于万里。

【赞曰】古人为毫厘碍膺，不肯自瞒，必求决择痛快而后已，何复以途路为劳，所谓"一句随他语，千山走衲僧"者，正指此也。今俾寻师访道，则跬步而攒眉。逐利趋名，则万里而轻举。行八旬，过百邑，遐哉高风，不可睹已！

---

① "大隋",《五灯会元》等作"大随"。

躬自役作

宋，慕喆，临川人，号“喆侍者”。住大沩，众二千指，斋罢必会大众茶。每放参，躬自役作，使令者在侧，如路人。夜礼拜，视殿庑灯火，倦则以帔蒙首，假寐三圣堂而已。

卑己苦躬

唐[①]，僧藏，遇仁祠则礼，逢硕德则礼。僧俗施拜，俯偻而走。当众务也，屈己犹臧获焉。见人故衣，潜加浣濯，或与缝纫。至炎暑夜，脱衣入草莽中，蚊蚋虻蛭，唼啮流血。而恒念弥陀佛号，虽巧历者不能算数矣。

【赞曰】温陵有言：“苦身而作，安坐而食。曲躬而礼，逆立而受。苟非有己利之德，为害非细。”此老其免夫！

刻苦事众

宋，云居简禅师，初谒膺禅师，与语三日，大奇之，而诫令刻苦事众。于是躬操井臼，司樵爨，遍掌寺务，不妨商略古今，众莫有知者。

行不辞劳

宋，圆照本禅师，师永安升公。升道价重，丛林归者如云。本敝衣垢面，操井臼、典炊爨以给之，夜则入室参道。升曰：“头陀荷众良苦，亦疲劳乎？”本曰：“若舍一法，不名满足菩提。必欲此生亲证，其敢言劳？”

【赞曰】掌众务而不碍商略古今，典炊爨而不妨入室参道。今沙门袖

① “唐”，原本误作“宋”。事见《宋高僧传·唐汾州僧藏传》。

手受供，曰：“吾办道者也，彼行务者也。”是何其与古异也。

常行乞食

刘宋[1]，道法，敦煌人，专精禅业。后游成都，王休之、费鉴之请主兴乐、香积二刹，训众有法。常行分卫，不受别请，不预僧食。乞食所得，减施虫鸟。夜则脱衣露坐，以饲蚊蚋。后入定，见弥勒佛脐中放光，照烛三途果报。于是深加笃励，常坐不卧。元徽二年，于定中灭度。

○ 总 论

圣王之相传也，曰无逸。佛氏之相戒也，曰慎勿放逸。故求法者为法而忘躯，利众者为众而忘己。今少年十指不点水，百事不干怀，擎钵则曰臂酸，持帚则曰腰痛。早夜勤修，则曰吾体弱多病。或诘之，则又曰：“愚者用力，智者用心。愚修福，智修慧。”噫！果若而言，非但迦叶以头陀愚，六祖以碓磨愚。而不舍穿针之福，将无佛亦愚耶？噫！

● 感应之行第十

精诚感戒

晋，道进，张掖人。诣昙无谶律师，求受菩萨戒，谶不许，令七日忏悔。忏毕再往，又大怒不许。进退而竭诚礼忏，经三载，一夕梦释迦文佛亲为授戒。明往见谶，欲言所梦。谶遥贺曰：“子已得戒矣！”自是道俗从进受戒者千余人。

---

① “刘宋”，原本作“宋”，据史料订正。

忏获妙音

晋，法桥，少乐转读，而乏音声。于是绝粒忏悔，七日为期，稽首观音，以求现报，同学苦谏不听。至第七日，觉喉内豁然，索水饮之，自此经声彻里许。

誓狮子座

刘宋，竺道生，论《涅槃经》阐提皆当成佛。旧学法师以为邪说，摈之。生誓曰："若我所说，不合经义，愿现身恶报。实契佛心，愿舍命时，据狮子座。"遂往吴郡虎丘山，竖石为徒，讲《涅槃经》，至阐提有佛性处，曰："如我所说，契佛心否？"石皆点头。已而《涅槃后品》至，果称阐提有佛性。后于庐山讲《涅槃经》，甫毕，众忽见麈尾堕地，端坐而逝。

【赞曰】圣人之言，有辞缺而意圆者，《涅槃》之论阐提是也，亦何俟《后品》之至？盖达人会理，拘士执文，又不独阐提一端而已。而生公正见不摇，坚如金石。死不违誓，辉灼古今。呜呼壮哉！

梦中易首

刘宋，求那跋陀罗，中天竺人。任缘游化，至京都。谯王欲讲《华严》等经，而跋陀自忖未善宋言，旦夕礼忏，求观音加被。忽梦白衣人，持剑擎人头来，问曰："何忧？"具以事对，其人以剑为易新首。豁然惊觉，备晓华音，于是开讲，大弘佛法。

废戒[1]忏悔

北齐[2]，僧云，住宝明寺，以讲演著名。四月十五日，临诵戒时，白众言："戒乃人人诵得，何劳数闻？可令一僧竖义，使后进开悟。"众无敢抗，遂废诵戒。七月十五日，众集，忽失云所在。四出追觅，乃于古冢中得之，流血被体。问其故，则云："有猛士执大刀，厉声呵云：'僧云，尔何人斯，敢废布萨，妄充竖义？'即以刀剑我身，痛毒难忍。"因扶掖还寺，竭诚忏悔，经于十年，至心尽敬，依式布萨。临终之日，异香来迎，欣然而逝。时咸嘉其即世惩革云。

【赞曰】今时尚经论而轻戒律，二千年来，半月诵戒，无复有举行者。予不揣，兴废坠于山中，人犹未之信也。果报炳然，于云公有征。愿览者思之。

疠疾获瘳

齐，僧远，住梁州薛寺，不修细行，随流饮啖。忽梦神人，切齿责曰："汝出家人，如是造恶，何不取镜自照？"晓而临水，见眼边乌黯，谓是污垢，举手拭之，眉随手落。因自咎责，痛改常习，敝衣破履，一食长斋，昏晓行悔，悲泪交注。经一月余，梦前神人含笑谓曰："知过能改，可谓智人，今当赦汝。"惊喜而觉，流汗遍身，面目津润，双眉复出。远身经二报，信知三世不虚，自后竭诚奉法，曾无退堕，遂为名僧。

勤苦发解

梁，道超，吴郡人。见旻法师学解冠海内，心欲企之，辍寝忘味，以

① "废戒"，原本作"废讲"，据卷首目录改。

② "北齐"，原本作"齐"，据史料订正。

夜继日。梦有人言："旻法师，毗婆尸佛时已能讲说。君始修习，云何可等？但自加功，不患不随分得解。"遂勤劬苦至，顷之洞彻。

礼忏延寿

梁，宠法师，年三十八[①]，遇道人法愿谓曰："君年满四十当死，无可避处。唯有祈诚诸佛，忏悔前愆，或可冀耳。"宠引镜验之，面有黑气。于是鬻衣钵，市香供，东抵海盐光兴寺，闭门礼忏，杜绝人事，昼忘食息，夜不解衣。迄年四十，岁暮之夕，忽觉两耳肿痛，其夜忏达四鼓，闻户外人言曰："君死业已尽。"遽开户，寂无所见。明晨黑气已除，两耳生骨。居常礼佛，百拜为限。后有疾不能起，犹于床上依时百过，俯仰虔敬。年七十有四而卒。

诵经延寿

梁，智藏，吴郡人，住钟山开善寺。遇相者谓曰："法师聪明盖世，惜命不长，只三十一耳。"时年二十有九，于是罢讲，探经藏得《金刚经》，竭诚诵读，礼佛忏悔，昼夜不辍。至期，忽闻空中声曰："汝寿本尽，以般若功德力，得倍寿矣。"后见前相者，惊异莫测。藏陈其故，始知经力不可思议。

【赞曰】修短，分也。礼忏诵经而寿延，则宿因之说废矣。噫！还带而夭相除，渡蚁而贵形现。人力尚可回天，况三宝不思议力耶？独恨精诚不能如二公耳。鼓橐籥而为经，交杵碓而成礼，亦何怪乎感应之无由也！

扣钟拔苦

隋，智兴，居大庄严寺，职掌扣钟。大业五年，同住僧三果者，有兄

① "三十八"，原本作"二十八"，据《续高僧传·法宠传》改。

从驾道亡。其妻梦夫谓曰："吾至彭城病死，堕地狱中。赖庄严寺鸣钟，响振地狱，乃得解脱。欲报其恩，可奉绢十匹。"妻奉绢，兴以散众。众问："扣钟何以致感？"兴曰："吾扣钟，始祝曰：'愿诸圣贤，同入道场。'乃发三下。及长扣，又祝曰：'愿诸恶趣，闻我钟声，俱离苦恼。'严冬极冻，皮裂肉皴，掌内凝血，无所辞劳。"

天神护体

唐，道宣律师，姓钱氏。初从师听律一遍，即欲游方。师呵曰："适遐自迩，修舍有时。"抑令听十遍。后持律精严，世所希有。中夜行道山上，临砌颠仆，有天神介胄掖之。因问："何神？"答曰："博叉天王之子张琼也，以师戒德高妙，故给卫耳。"宣遂广问佛世，一一条对，及授宣佛牙宝掌，以表信焉。号"南山教主澄照律师"。

【赞曰】律非玄义，宣公非钝根，何淹滞乎十听？良由戒为道本，欲其沦肌浃髓，而坚固不易耳。今之受戒者，一受之后，束之高阁，尚莫能粗究其义，而况师十讲、弟子十听耶？吾故知宣公之师非常人，而大贤之出其门有自来矣。

感示净土

唐，慧日，泛舶渡海，达天竺，参访知识，咨禀捷径法要，天竺学者皆赞净土。至健驮罗国，东北大山有观音像。日乃七日叩头，又断食，毕命为期。至七日夜，忽见观音现紫金身，坐宝莲花，垂手摩顶曰："汝欲传法，自利利他，唯念西方极乐世界阿弥陀佛，当知净土法门胜过诸行。"说已忽灭。日回长安，普劝念佛。

【赞曰】健驮之感观音，与竹林之感文殊，大略相类，皆诚极而应，无可疑者。净土感应，事非一人，详具于《往生集》中，兹不复赘。

甘露灌口

五代，永明寿禅师，初为库吏，用官钱放生，当死。吴越王释之，出家为僧。尝行“法华忏”二十一日，备极精恳，梦观音以甘露灌口，遂得无碍辩才。

忏感授记

唐，昙荣，春夏讲教，秋冬坐禅。因刺史送舍利三粒，乃誓求总获，遂得舍利四百粒。行方等忏法，寺僧僧定者，见光明中七佛皆现，一佛顾荣云：“我是释迦，为汝身器清净，故来授记，后当作佛，号普宁佛。”是冬荣卒，异香绕室。

口出青莲

唐，遂端，止应润寺，专精《法华》，十二时中，恒诵不辍，老而弥笃。咸通二年，忽趺坐而化，须臾口中出青色莲花七茎。葬东山下二十余年，墓屡发光，开视之，形质如生。众迎还寺，漆纻饰之，今号“真身院”焉。

○ 总 论

予录古行，以“感应”终篇。有笑于傍者曰：“道无修无证，无修则感者空，无证则应者寂。憧憧于感应，无亦计功谋利之心欤？”予曰：“桴感鼓则应以声，水感月则应以影，谋与计安在？是故忠臣誓而枯竹芽，孝子泣而坚冰解，理也，奚足异乎？使感应无由，则因果荡然矣。豁达空，招殃祸，可勿戒诸！”

缁门崇行录跋

《崇行录》者，履真尚朴，穷源达本之谈也。矧末法群机，皆成孟浪。端心契理，无越于兹。故我大师，三藏总持，一心普运，大悲之极，爰启斯文。诚为济苦海之慈航，烛幽途之宝炬。条分缕析，树义森严。恍若奏八音于清庙，而冲然逸响，悦可众心。俾披览者，随分各足，而揭之曰：某也忠，某也孝，某也由清净而入道，某也以端谨而率众，某也行所难行，某也忍所难忍。而末彰以感应，譬夫磁石引针，澄潭映月，必然之理，亦复何疑？所谓激顽起懦，其为福利，非小补矣。后之学者，苟或乘之以慢，稍勉之，则曰："彼圣也，我凡也，尔何曾比予于是？"噫！吾知其自安卑近，而欲冀无上佛乘，犹梦未着在。

弟子acceptable份，蠢然之余，恭逢至教。阅未终卷，悲泪嗟叹，惴惴焉罔知所自。心死神丧，顿失故步，徒有以挹清氛于下尘耳。属朌笔受其录，悚仄谨书。

时万历十三年，岁在乙酉，仲冬日，弟子广朌和南跋。

自知录

自知录序

予少时见《太微仙君功过格》而大悦，旋梓以施。已而出俗行脚，匍匐于参请。暨归隐深谷，方事禅思，遂无暇及此。今老矣，复得诸乱帙中，悦犹故也。乃稍为删定，更增其未备，而重梓焉。昔仙君谓："凡人宜置籍卧榻，每向晦入息，书其一日功过。积日而月，积月而年，或以功准过，或以过准功，多寡相雠，自知罪福，不必问乎休咎。"至矣哉言乎！先民有云："人苦不自知。唯知其恶，则惧而戢。知其善，则喜而益自勉。不知，则任情肆志，沦胥于禽兽，而亦莫觉其禽兽也。"兹运心举笔，灵台难欺，邪正淑慝，炯乎若明镜之鉴形。不师而严，不友而诤，不赏罚而劝惩，不蓍龟而趋避，不天堂地狱而升沉。驯而致之，其于道也何有！因易其名，曰《自知录》。

是录也，下士得之，行且大笑，莫之能视，奚望其能书。中士得之，必勤而书之。上士得之，但自诸恶不作，众善奉行，书可也，不书可也。何以故？善本当行，非徼福故。恶本不当作，非畏罪故。终日止恶，终日修善，外不见善恶相，内不见能止能修之心，福且不受，罪亦性空，则书将安用？矧二部童子、六斋诸天，并世所称台彭司命、日游夜游、予司夺司、元会节腊等，昭布森列，前我、后我、左右我，明目而瞩我。政使我不书，彼之书固以密茧丝而析秋毫矣。虽然，天下不皆上士。即皆上士，其自知而不书，不失为君子。不自知而不书，非冥顽不灵，则刚愎自用云尔。人间顾可无是录乎？

是故在儒为四端百行，在释为六度万行，在道为三千功八百行，皆积善之说也。彼罢缘灰念之辈，以自为则无论矣。如借口乎善恶都莫思量，见有勤而书之者，漫呵曰："恶用是矻矻尔烦心为？"则其失非细。嗟乎！世人夏畦于五欲之场，疲神殚思，终其身不惮烦，而独烦于就寝之俄顷，不一整其心虑，亦惑矣。昼勤三省，夜必告天，乃至黑豆白豆，贤智者所不废也。书之庸何伤！

时万历三十二年岁次甲辰清明日，沙门袾宏识

凡　例

一、旧曰功、过，今曰善、过，取《周易》"见善则迁，有过则改"之义。善即功故。

一、旧有"天尊"、"真人"、"神君"等，今摄入"诸天"。旧有"章奏"、"符箓"、"斋醮"等，今摄入"佛事"。各随所宗，无相碍故。

一、该善若干，该过若干，与旧稍有增减，小异大同故。

一、在家出家，一切人等，凡有所求，不必劳形役志，百计谋画，希望成功。亦不必祷神祠天，宰杀牲牢，请乞福佑。但发心积善，或至五百，或至一千、三千、五千，乃至于万，随其所求，必满愿故。

一、以上休咎，但是花报。若夫来生，即此可知，果报不虚故。

自知录上

善 门

【忠孝类】

△ 事父母致敬尽养，一日为一善。守义方之训，不违犯者，一事为一善。父母殁，如法资荐，所费百钱为一善。劝化父母以世间善道，一事为十善。劝化父母以出世间大道，一事为二十善。（解：凡言百钱，谓铜钱百文，正准银十分，不论钱贵钱贱。）

△ 事继母致敬尽养，一日为二善。敬养祖父母同论。

△ 事君王竭忠效力，一日为一善。开陈善道，利益一人为一善，利益一方为十善，利益天下为五十善，利益天下后世为百善。遵时王之制，不违犯者，一事为一善。凡事真实不欺，一事为一善。

△ 敬奉师长，一日为一善。守师良诲，一言为一善。

△ 敬兄爱弟，一事为一善。敬爱异父母兄弟，一事为二善。

【仁慈类】

△ 救重疾一人为十善，轻疾一人为五善。施药一服为一善。路遇病人，舆归调养，一人为二十善。若受贿者非善。（解：受贿，谓得彼人金帛酬谢。）

△ 救死刑一人为百善，免死刑一人为八十善，减死刑一人为四十善。若受贿徇情者非善。救军刑、徒刑一人为四十善；免，为三十善；减，为十五善。救杖刑一人为十五善；免，为十善；减，为五善。救笞刑一人为五善；免，为四善；减，为三善。以上受贿者非善，偏断不公者非善。居家减免婢仆之属同论。（解：救，谓非自己主事，用力扶救是也。免，谓由

自己主事，特与恕免是也。偏断者，谓非据理详审，唯任意偏断，反释真犯是也。）

△ 见溺儿者，救免收养，一命为五十善。劝彼人勿溺，一命为三十善。收养无主遗弃婴孩，一命为二十五善。

△ 不杀降卒，不戮胁从，所活一人为五十善。

△ 救有力报人之畜，一命为二十善。救无力报人之畜，一命为十善。救微畜，一命为一善。救极微畜，十命为一善。若故谓微命善多，专救微命，不救大命者非善。若不吝重价而救大命，与救多多极微命同论。（解：有力报人，如耕牛、乘马、家犬等。无力报人，如猪、羊、鹅、鸭、獐、鹿等。微命，如鱼、雀等。极微，如细鱼、虾、螺，乃至蝇、蚁、蚊、虻等。救者，或买放，或禁绝，或劝止，是也。专救微命，不救大命，是唯贪己福，无慈物心，故非善。）

△ 救害物之畜，一命为一善。（解：害物，如蛇、鼠等。蛇未咬人，无可杀罪故。鼠虽为害，罪不至死故。）

△ 祭祀、筵宴，例当杀生，不杀而市买现物，所费百钱为一善。世业看蚕，禁不看者为五善。

△ 见渔人、猎人、屠人等，好语劝其改业，为三善。化转一人，为五十善。

△ 居官禁止屠杀，一日为十善。

△ 家犬、耕牛、乘马等，死而埋葬之，大命一命为十善，小命一命为五善。复资荐之，一命为五善。

△ 赈济鳏、寡、孤、独、瘫、瞽穷民，百钱为一善。零施积至百钱为一善。米、麦、布、币之类，同上计钱数论。周给宗族中人同论，周给患难中人同论。如上穷民收归养赡者，一日为一善。

△ 见人有忧，善为解慰，为一善。

△ 荒年平价粜米，所让百钱为一善。

△ 济饥人一食为一善，渴人十饮为一善。济寒冻人暖室一宵为一善，棉衣一件为二善。夜暗施灯明，一人为一善。天雨施雨具，一人为一善。

△ 施禽畜二食为一善。

△ 饶免债负，百钱为一善。利多年久，彼人哀求，度其难取而饶免者，二百钱为一善。告官，官不为理，不得已而饶免者非善。

△ 救接人畜助力疲困之苦，一时为一善。（解：救接者，谓或停役、或代劳是也。）

△ 死不能殓，施与棺木，所费百钱为一善。

△ 葬无主之骨，一人为一善。施地与无坟墓家，葬一人为三十善。若令办租税者非善。置义冢，所费百钱为一善。

△ 平治道路险阻泥淖，所费百钱为一善。开掘义井、修建凉亭、造桥梁、渡船等，俱同论。若受贿者非善。

△ 居上官，慈抚卑职，一人为一善。有过，情可矜，保全其职为十善。若受贿者非善。凡在上不凌虐下人者同论。

△ 视民如子，唯恐伤之，一事为一善。

△ 善遣妾婢，一人为十善。资发所费，百钱为一善。自还人卖出男女，不取其赎者，原银百钱为一善。出财赎男女还人者同论。

【三宝功德类】

△ 造三宝尊像，所费百钱为一善。诸天、先圣、治世正神、贤人君子等像，所费二百钱为一善。重修者同论。（解：诸天，谓欲、色、无色三界，梵王、帝释等，及道教天尊、真人、神君等。先圣，谓尧、舜、周、孔等。正神，谓岳渎、城隍等。贤人君子，谓忠臣、孝子、义夫、节妇等。）

△ 刊刻大乘经律论，所费百钱为一善。二乘及人天因果，所费二百钱为一善。若受贿者非善。印施流通者同论。（解：贿，谓取价货卖等。人天，谓佛菩萨所说五戒十善，及世间正法，《六经》、《论》、《孟》，先圣先贤嘉言善行等。）

△ 建立三宝寺院庵观，及床座、供器等，所费百钱为一善。施地与三宝，所值百钱为一善。护持常住，不使废坏者同论。建立诸天、正神、圣贤等庙宇，所费二百钱为一善。用荤血祭祀者非善。

△ 施香烛、灯油等物供三宝，所费百钱为一善。

△ 受菩萨大戒为四十善，小乘戒为三十善，十戒为二十善，五戒为十善。

△ 注释正法大乘经律论，一卷为五十善。卷数虽多，止千五百善。二乘及人天因果，一卷为一善。卷多，止三百善。若僻任臆见者非善。

△ 自己著述、编辑出世正法文字，一卷为二十五善。卷多，止五百善。人天因果，一卷为十善。卷多，止百善。若谈说无益者非善。

△ 见伪造经，劝人莫学者为一善。

△ 为君王、父母、亲友、知识、法界众生，诵经一卷为二善，佛号千声为二善，礼忏百拜为二善。若受贿者非善。为自己，经一卷，佛千声，忏百拜，俱一善。

△ 为君、父，乃至法界众生，施食一坛，所费百钱为一善。登坛施法者，一度为三善。若受贿者非善。为世灾难，作保禳道场，所费百钱为一善。若受贿者非善。

△ 讲演大乘经律论，在席五人为一善。人数虽多，止百善。二乘及人天因果，在席十人为一善。人多，止八十善。若受贿者非善，图名者非善。讲演虚玄外道，无益于人者非善。

△ 礼拜大乘经典，五十拜为一善。

△ 讲演正法处，至心往听，一席为一善。

△ 饭僧，因其来乞而与者，三僧为一善。延请至家者，二僧为一善。送供到寺者，一僧为一善。若尽诚尽敬者，一僧为五善。再三苦求而后与者非善。

△ 饭僧不拒乞人，平等与食者，二人为一善。

△ 护持僧众，一人为一善。所护匪人者非善。

△ 度大德贤弟子，一人为五十善。明义守行弟子，一人为十善。但明义、但守行弟子，一人为五善。若泛滥度者非善。（解：大德贤弟子，谓能续佛慧命，普利人天者是也。但者，明义、守行各只得其一也。）

【杂善类】

△ 不义之财不取，所值百钱为一善。无害于义，可取而不取，百钱为二善。处极贫地而不取，百钱为三善。

△ 当欲染境，守正不染，为五十善。势不能就而止者非善。

△ 借人财物，如期而还，不过时日者为一善。

△ 代人完纳债负，百钱为一善。

△ 让地让产，所值百钱为一善。

△ 义方训诲子孙，一事为一善。大家禁约家人、门客者同论。

△ 劝人出财作种种功德者，所出百钱为一善。图名利而募化者非善。

△ 劝人息讼，免死刑一人为十善，军刑、徒刑一人为五善，杖刑一人为二善，笞刑一人为一善。劝和斗争为一善。若受贿者非善。

△ 发至德之言，一言为十善。（解：如宋景公三语、杨伯起四知之类是也。）

△ 见善必行，一事为一善。知过必改，一事为一善。

△ 论辩虚心下贤，理长则受者，一义为一善。

△ 举用贤良，一人为十善。驱逐奸邪，一人为十善。扬人善，一事为一善。隐人恶，一事为一善。见传播人恶者，劝而止之为五善。

△ 于诸贤善恭敬供养，一人为五善。见人侵毁贤善，劝而止之为五善。

△ 劝化人改恶从善，一人为十善。

△ 成就一人家业为十善，成就一人学业为二十善，成就一人德业为三十善。

△ 许友，义不负然诺为十善；义不负身命为百善；义不负财物寄托，百钱为一善。（解：然诺，如挂剑树上之类。身命，如存孤死节之类。财物，如还金幼子之类。）

△ 有恩必报，一事为一善。报恩过分为十善。有仇不报，一事为一善。若怀公道报私恩者非善。

△ 着破补衣一件为二善，粗布衣一件为一善。若原无好衣而着者非善，矫情干誉者非善。

△ 肉食人减省食，一食为一善。素食人减省食，一食为二善。若无力办好食而减者非善。

△ 肉食人，见杀不食为一善，闻杀不食为一善，为己杀不食为一善。

△ 忍受人横逆相加，一事为一善。

△ 拾遗还主，所值百钱为一善。

△ 引过归己，推善与人，一事为二善。

△ 名位、财利等，安分听天，不夤缘营谋者，一事为十善。

△ 处众，常思为众，不为己者，所处之地，一日为一善。

△ 宁失己财，宁失己位，使他人得财得位者，为五十善。

△ 遇失利及诸患难，不怨天尤人而顺受者，一事为三善。

△ 祈福禳灾等，但许善愿，不许牲祀者为五善。

△ 传人保养身命书，一卷为五善。救病药方，五方为一善。若受贿者非善。无验妄传者非善。

△ 拾路遗字纸火化，百字为一善。

△ 有财有势，可使不使，而顺理安分者，一事为十善。

△ 权势可附而不附者为十善。

△ 人授炉火丹术，辞不受者为三十善。人授已成丹银，弃不行使者，所值百钱为三善。

【补遗】

△ 凡救人一命为百善。

自知录下

过 门

【不忠孝类】

△ 事父母失敬失养，一事为一过。违犯义方之训，一事为一过。父母责怒，生瞋者为一过，抵触者为十过。父母所爱，故薄之，一事为一过。父母没后，应资荐不资荐，一度为十过。父母有失，不能善巧劝化，一事为一过。

△ 不敬养祖父母、继母，一事为一过。

△ 事君王不竭忠尽力，一事为一过。当直言不直言，小事为一过，大事为十过，极大事为五十过。违犯时王之制，一事为一过。虚言欺罔，一事为一过。

△ 不敬奉师长，一日为一过。不依师良诲，一言为一过。反背为三十过。若师不贤而舍之者非过。（解：反背，如陈相学许行之类。不贤而舍，如目连离外道师之类。）

△ 兄弟相仇者，一事为二过。欺凌异母所出及庶出者，一事为三过。

【不仁慈类】

△ 重疾求救不救，一人为二过。小疾一人为一过。无财无术而不救者非过。

△ 修合毒药为五过，欲害人为十过，害人一命为百过，不死而病为五十过。害禽畜一命为十过，不死而病为五过。

△ 咒祷厌诅，害人一命为百过，不死而病为五十过。

△ 错断人死刑成，为八十过；故入为百过。错断人军刑、徒刑成，为三十过；故入为四十过。错断人杖刑成，为八过；故入为十过。错断人笞刑成，为四过；故入为五过。私家治责婢仆之属者同论。（解：错，谓无心。故，谓有心。）

△ 非法用刑，一用为十过。无罪笞人，一下为一过。

△ 谋人死刑成，为百过；不成为五十过；举意为十过。军刑、徒刑成，为四十过；不成为二十过；举意为八过。杖刑成，为十过；不成为八过；举意为五过。笞刑成，为五过；不成为四过；举意为三过。

△ 父母溺初生子女，一命为五十过。堕胎为二十过。（解：上帝垂训："父母无罪杀儿，是杀天下人民也。"故成重过。）

△ 杀降、屠城，一命为百过。以平民作俘虏者，一人为五十过，致死为百过。

△ 主事明知冤枉，或拘忌权势，或执守旧案，不与伸雪者，死刑成为八十过，军刑、徒刑为三十过，杖刑为八过，笞刑成为四过。若受贿者，死刑为百过。以下俱同前论。诸枉法断事，随轻重亦同前论。

△ 心中暗举恶意，欲损害人，一人为一过。事成，一人为十过。

△ 故杀伤人，一命为百过。伤而不死，为八十过。使人杀者同论。

△ 故杀有力报人之畜，一命为二十过，误杀为五过。故杀无力报人之畜，一命为十过，误杀为二过。故杀微畜，一命为一过，误杀十命为一过。故杀极微畜，十命为一过，误杀二十命为一过。使人杀者同论，赞助他人杀者同论，逐日饮食杀者同论，畜养卖与人杀者同论，妄谈祸福祭祷鬼神杀者同论，修合药饵杀者同论。看蚕者，与畜养杀同论。

△ 故杀害人之畜，一命为一过。误杀十命为一过。

△ 见杀不救，随上所开过减半。无门可救者非过。不可救而不生慈念为二过。（解：减半者，如杀有力报人之畜二十过，今十过是也。下以次减同上。）

△ 耕牛、乘马、家犬等，老病死而卖其肉者，大命为十过，小命为五过。

△ 时当禁屠，故杀者，随上所开过加一倍。私买者同论。居上位反为民开杀端者同论。（解：加一倍，如杀有力报人之畜二十过，今四十过是也。下以次增同上。）

△ 非法烹炮生物，使受极苦者，一命为二十过。（解：如活烹鳖蟹、火逼羊羔之类是也。）

△ 放鹰、走狗、钓鱼、射鸟等，伤而不死，一物为五过。致死，与前故杀诸畜同论。发蛰、惊栖、填穴、覆巢、破卵、伤胎者同论。发蛰等，因作善事误伤，非过。（解：作善误伤，如修桥、砌路、建寺、造塔，种种善事，本出好心，故不为过。然须忏悔资荐。）

△ 笼系禽畜，一日为一过。

△ 见人畜死，不起慈心，为一过。

△ 见鳏、寡、孤、独穷民，饥渴寒冻等不救济，一人为一过。无财者非过。

△ 欺弄损害瞽人、聋人、病人、愚人、老人、小儿者，一人为十过。

△ 见人有忧，不行解释为一过，反生畅快为二过，更增其忧为五过。见人失利失名，心生欢喜，为二过。见人富贵，愿他贫贱，为五过。

△ 荒年囤米不发，坐索高价者，为五十过。遏籴者亦同此论。

△ 逼取贫民债负，使受鞭扑罪名，为五过。借人财物不还，百钱为一过。

△ 役使人畜，至力竭疲乏，不矜其苦而强役者，一时为十过。加之鞭笞者，一杖为一过。

△ 放火烧人庐舍、山林，为五十过。因而害人，一命为五十过。害畜，如前杀畜同论。本意欲害人命者，一命为百过。

△ 掘人冢，弃其骨殖者，一冢为五十过。平人冢，一冢为十过。太古无骨殖者非过。

△ 倚势白占人田地、房屋等，所值百钱为十过。贱价强买，百钱为一过。

△ 损坏道路，使人畜艰于行履，一日为五过。损坏义井、凉亭、桥

梁、渡船等俱同论。

△ 居上官，轻坏卑职前程，一人为三十过。枉法坏之者，为五十过。凡居上凌虐下人者同论。

△ 幽系婢妾，一人为一过。谋人妻女，一人为五十过。

【三宝罪业类】

△ 废坏三宝尊像，所值百钱为二过。废坏诸天、治世正神、贤人君子等像，所值百钱为一过。荤血邪神惑世者非过。

△ 以言谤斥佛、菩萨、罗汉，一言为五过。谤斥诸天、正神、圣贤，一言为一过。斥邪救迷，出于真诚者非过。

△ 礼佛失时为一过。因病、因正事非过。荤辛、酒肉、触欲，失时为五过。六斋日犯者加一倍论。

△ 毁坏三宝殿堂、床座、诸供器等，所值百钱为一过。诱他人使之毁坏者同论。见毁坏不谏劝为五过，反助成为十过。诸天、正神、圣贤等庙宇，所值二百钱为一过。荤血淫祠惑世者非过。（解：诱，谓他本无心，我教彼为之。助，谓他先欲毁，我从旁赞之。）

△ 占三宝地，所值百钱为一过。占屋宇者同论。

△ 新立荤血祭祀神祠，一所为五十过，神像一躯为十过。重修者，祠、像各减半论。（解：新立，谓非古原有，特地创造。）

△ 毁坏出世正法经典，所值百钱为二过。二乘、人天因果，所值百钱为一过。

△ 谤讪出世正法经典，一言为十过。人天因果，一言为五过。

△ 吝法不教为十过，因彼不足教者非过。阻隔善法不使流通为十过。属邪见谬说者非过。虽属善法，时当韬晦，顺时休止者非过。

△ 诵经差一字为一过，漏一字为一过。心中杂想为五过，想恶事为十过。外语杂事为五过，语善事为一过。起身迎待宾客为二过，王臣来者非过。不依式苟且诵为五过。诵时发瞋为十过，骂人为二十过，打人为三十过。写疏差漏者同论。

△ 以外道邪法授弟子者，一人为二十过。

△ 著撰伪经一卷为十过。

△ 讲演邪法惑众，在席一人为一过。往彼听受，一席为一过。

△ 讲演正法，任己僻见，违经旨、背先贤者，在席五人为一过。

△ 著撰脂粉词章、传记等，一篇为一过。传布一人为二过。自己记诵一篇为一过。（解：一篇，谓诗一首、文一段、戏一出之类。）

△ 传人厌魅、堕胎、种种恶方，一方为二十过。

△ 僧人乞食不与，一人为一过。非僧人乞食不与，二人为一过。无而不与者非过。不与而反加叱辱者为三过。僧不饭僧而拒绝者，一僧为二过。（解：上谓俗不斋僧，其过犹轻。下谓僧不斋僧，其过尤重。）

△ 畜养恶弟子不遣去者，一人为五十过。弟子有过不训诲，小事一事为一过，大事一事为十过。

【杂不善类】

△ 取不义之财，所值百钱为一过。处大富地而取者，百钱为二过。

△ 欲染极亲为五十过，良家为十过，娼家为二过，尼僧、节妇为五十过。见良家美色，起心私之为二过。（解：此为在俗者。若出家僧，不论亲疏良贱，但犯俱五十过，起心私之俱二过。）

△ 盗取财物，百钱为一过。零盗积至百钱为一过。瞒官偷税者同论。威取、诈取，百钱为十过。

△ 主事受贿而擢人官、出人罪，百钱为一过。受贿而坏人官、入人罪，百钱为十过。

△ 借人财物不还，百钱为一过。负他债，愿他身死，为十过。

△ 斗秤等小出大入，所值百钱为一过。

△ 见贤不举为五过，反挤之为十过。见恶不去为五过，反助之为十过。隐人善，一事为一过。扬人恶，一事为一过。有言责而举恶者非过，为除害救人而举恶者非过。

△ 刻意搜求先贤之短，创为新说者，一言为一过。于理乖违者，一言为十过。做造野史、小说、戏文、歌曲，诬污善良者，一事为二十过。不审实，传播人阴私，及闺帏中事者，一事为十过。全无而妄自捏成者，为

五十过。递送揭帖，发人恶迹，半实半虚者为二十过，全虚者为五十过。言言皆实，而出自公心，为民除害者非过。

△ 募缘营修诸福事，而盗用所施入己者，百钱为一过。三宝物，十钱为一过。因果差移，百钱为一过。

△ 赞助人词讼，死刑成，为三十过；军刑、徒刑成，为二十过；杖刑成，为十过；笞刑成，为五过。赞助人斗诤为一过。若教唆取利，死刑成，为百过；军刑、徒刑成，为三十过；笞刑为十五过。离间人骨肉者为三十过。破人婚姻为五过，理不应婚者非过。

△ 出损德之言，一言为十过。（解：如金陵“三不足”、曹孟德“宁我负人，毋人负我”之类是也。）

△ 虚诳妄语，一事为一过。因而害人为十过。

△ 见善不行，一事为一过。有过不改，一事为一过。过不认过，反争为是，对平交为二过，对父母师长为十过。

△ 论辩偏执己见，不服善者，一义为一过。

△ 不教诲子孙，任其为不善者，一事为一过。容纵家人、门客者同论。

△ 大贤不师为五过。胜友不交为二过。反加谤毁欺侮为十过。

△ 恶语向所尊为十过，向平交为四过，向卑幼为一过，向圣人为百过，向贤人君子为十过。

△ 教人为不善，一事为二过。教人不忠不孝等大恶者，一事为五十过。见人为不善，不谏劝者为一过，大事为三十过。知彼人刚愎决不受谏者非过。

△ 造人歌谣、取人插号者，一人为五过。

△ 妄语不实，一言为一过。自云证圣，诳惑世人者，一言为五十过。

△ 许友负信，小事为一过，大事为十过。负财物寄托者，百钱为一过。

△ 有恩不报，一事为一过。有冤必报，一事为一过。报冤过分为十过，致死为百过。于所冤人，欲其丧灭，为一过。闻冤灭已，心生欢喜，为一过。

△ 肉食，一食为一过。违禁物，若龟鳖之类，一食为二过。有义物，

若耕牛、乘马、家犬之类，一食为三过。（解：以上谓市买者。若自杀食，在前故杀中论。）

△ 饮酒，为评议恶事饮，一升为六过。与不良人饮，一升为二过。无故与常人饮，为一过。奉养父母、延待正宾者非过。煎送药饵者非过。

△ 开酒肆招人饮，一人为一过。

△ 五辛，无故食，一食为一过。治病服者非过。食后诵经，一卷为一过。

△ 六斋日食肉，一食为二过。食而上殿为一过。饮酒、啖五辛者同论。

△ 过分美衣，一衣为一过。美食，一食为一过。唯奉养父母非过。（解：过分者，谓富贵人分应受福，然于本等享用外，过为奢侈是也。唯除父母，不曰祀神、宴宾者，《周易》“二簋可享”，茅容蔬食非薄是也。）

△ 斋素人，必求美衣美食，一衣为一过，一食为一过。（解：谓既知斋素，自合惜福。虽是布衣，必求精好，虽是菜食，必求甘美，亦折福故。）

△ 轻贱五谷天物，所值百钱为一过。

△ 贩卖屠刀、渔网等物，所费值百钱为一过。

△ 拾遗不还主，所值百钱为一过。

△ 有功归己，有罪引人，一事为二过。

△ 名位财利，夤缘营谋而求必得，不顾非义者，一事为十过。

△ 处众唯知为己，不为众者，所处之地，一日为一过。

△ 宁他人失财失位，而唯保全己之财位者，为五十过。

△ 遇失利及诸患难，动辄怨天尤人者，一事为三过。

△ 祈福禳灾等，不修善事，而许牲牢恶愿者为十过。所杀生命，与杀畜同论。（解：十过者，但许愿时，心已不良故。至后酬愿宰杀时，另与杀畜同论。）

△ 救病药方，不肯传人者，五方为一过。未验恐误人者非过。

△ 遗弃字纸不顾者，十字为一过。

△ 离父母出家，更拜他人作干父母者，为五十过。

△ 人授炉火丹术，受之为三十过。行使丹银，所值百钱为三过。实成

真金，煎烧百度不变者非过。

【补遗】

△ 无故殿上行、塔上登者，为五过。殿塔上荤酒污秽者为十过。（解：故，谓烧香、扫地、讽经等。）

△ 受贿嘱托擢官、出罪等，五百钱为一过。受贿嘱托坏官、入罪等，五百钱为十过。

戒杀放生文

明古杭云栖寺沙门袾宏撰并注

戒杀放生文序

莲池上人，少通六艺，文成而纸贵洛城。长练三车，忍证而宗超葱岭。勇披毗黎之铠，莹握摩尼之珠。当经禅暇，愍切迷流，于尸罗中，特申杀戒。盖以血气之属，莫不有知。蜎蠕之伦，无非同与。充吾恶死之心，岂宜戕物？体帝好生之德，用导昏衢。

夫恻隐之心，人所同具。封熸之惨，世所易明。绸缪种族，古今之致常然。踯躅丧群，禽鸟之情何异。乃蚊蚋噆肤而生烦，砧刀加物而靡恤。刳彼膏膋，充兹口腹。反之于心，予仁安在？推之于报，冤对奚辞？既随强弱而递相吞食，遂缘偿负而长历轮回。于是如来燃慧炬于重幽，拯群苦于八难，令断杀因，不缠恶果。当兹末法，久昧微言。而禅师涤五欲之泥，释三有之网，于音声海，鼓智愿船，济彼胥溺，臻于一真。猗欤旨哉！

法无分于顿渐，入皆不二。道靡间于圣凡，信为第一。苟能循师不杀之戒，而谛观吾起杀之因，为生于灵知之心，为发于肤骨之体？心本慈悲，何因残害？体无觉识，宁具贪瞋？心忘则声臭有所不知，是嗜味者不由于体。体寂则爱憎无以自起，是好杀者不由于心。二既无有，中何从来？故知身心本净，习惑妄缠。得本净之妙，则此戒不由于外铄。解妄缠之蔽，则大悲莫遏于中心。入三摩提，成等正觉，由于是矣。

余少闻子舆远庖之训，已深爱物之慈。兹览禅师戒杀之篇，益重护生之念。遂命儿摹刻，广世持流云。

赐进士出身光禄大夫太子太保吏部尚书武英殿大学士知制诰国史典志总裁官海虞严讷撰。

○ 戒杀文

世人食肉，咸谓理所应然。乃恣意杀生，广积冤业，相习成俗，不自觉知。昔人有言，可为痛哭流涕长太息者是也。计其迷执，略有七条，开列如左，余可例推云。

凡有知者必同体，人之食肉，大是怪事。然不以为怪者，良由家世袭而为常，邻里比而成俗。习行既久，不觉其非，反以为是，又奚怪乎！今有杀人而食者，人必大骇而亟诛之。何也？不习行故也。使杀人无禁，行之数年，以人肉而供庖厨者遍于天下矣。故曰举世习行而不觉其非，可为痛哭流涕长太息者是也。

一曰生日不宜杀生。哀哀父母，生我劬劳。己身始诞之辰，乃父母垂亡之日也。是日也，正宜戒杀持斋，广行善事。庶使先亡考妣，早获超升。现在椿萱，增延福寿。何得顿忘母难，杀害生灵，上贻累于亲，下不利于己。此举世习行而不觉其非，可为痛哭流涕长太息者一也。

唐太宗万乘之主，生日尚不为乐。田舍翁多收十斛粟，乃贺客盈门。欢宴累日，不知其可也。今世有生日饭僧诵经，修诸善事者，其贤乎哉！

二曰生子不宜杀生。凡人无子则悲，有子则喜。不思一切禽畜，亦各爱其子。庆我子生，令他子死，于心安乎？夫婴孩始生，不为积福，而反杀生造业，亦太愚矣。此举世习行而不觉其非，可为痛哭流涕长太息者二也。

一猎人暮夜大醉，视其幼子为獐，砺刃将杀之，妻泣谏不听，竟剖其腹，出其肠，已而安寝。天明，呼其子与入市鬻獐肉。妻哭曰："昨汝所杀者子也。"其人举身自掷，五内崩裂。噫！人畜虽殊，爱子之心一也，安可杀欤！

三曰祭先不宜杀生。亡者忌辰，及春秋祭扫，俱当戒杀，以资冥福。杀生以祭，徒增业耳。夫八珍罗于前，安能起九泉之遗骨而使之食乎？无益而有害，智者不为矣。此举世习行而不觉其非，可为痛哭流涕长太息者三也。

或曰："梁武帝以面为牺牲，世讥其使祖宗不血食。"噫！血食未必珍，蔬食未必恶。为人子者，贵乎慎修其身，而不覆先宗祀，斯善矣，奚取于祀之必用血也？禴祭胜于杀牛，《易》垂明训。牲养犹为不孝，圣有嘉谟。奚取于祀之必用血也？

四曰婚礼不宜杀生。世间婚礼，自问名、纳采，以至成婚，杀生不知其几。夫婚者，生人之始也，生之始而行杀，理既逆矣。又婚礼，吉礼也，吉日而用凶事，不亦惨乎？此举世习行而不觉其非，可为痛哭流涕长太息者四也。

凡人结婚，必祝愿夫妻偕老。尔愿偕老，禽兽愿先亡乎？嫁女之家，三日不息烛，思相离也。尔以相离为苦，禽兽以相离为乐乎？信乎婚之不宜杀矣。

五曰宴客不宜杀生。良辰美景，贤主佳宾，蔬食菜羹，不妨清致。何须广杀生命，穷极肥甘，笙歌餍饫于杯盘，宰割冤号于砧几。嗟乎！有人心者，能不悲乎？此举世习行而不觉其非，可为痛哭流涕长太息者五也。

若知盘中之物从砧几冤号中来，则以彼极苦，为我极欢，虽食，食且不下咽矣。可不悲乎？

六曰祈禳不宜杀生。世人有疾，杀牲祀神，以祈福祐。不思己之祀神，欲免死而求生也。杀他命而延我命，逆天悖理，莫甚于此矣。夫正直者为神，神其有私乎？命不可延，而杀业具在。种种淫祀，亦复类是。此举世习行而不觉其非，可为痛哭流涕长太息者六也。

《药师经》云："杀种种众生，解奏神明，呼诸魍魉，请乞福祐，欲冀延年，终不可得。”所谓命不可延，杀业具在也。种种淫祀，如杀生求子、杀生求财、杀生求官等。及其得子、得财、得官，皆本人分定，非鬼神所为也。偶尔满愿，遽谓有灵，信之弥坚，行之愈笃，邪见炽然，莫可救疗。悲夫！

七曰营生不宜杀生。世人为衣食故，或畋猎，或渔捕，或屠宰牛羊猪犬等，以资生计。而我观不作此业者，亦衣亦食，未必其冻馁而死也。杀生营生，神理所殛。以杀昌裕，百无一人。种地狱之深因，受来生之恶报，莫斯为甚矣。何苦而不别求生计乎？此举世习行而不觉其非，可为痛哭流涕长太息者七也。

亲见屠羊者垂死而口作羊鸣，卖鳝者将亡而头如鳝啮。此二事近在邻居，即非传说。我劝世人，若无生计，宁丐食耳。造杀而生，不如忍饥而死也。吁！可不戒哉？

如上所列，甚拂常情。达人览之，必以为确论。倘能全戒，善莫加焉。其或不然，量力除减，或去四五，或禁二三。除一事则消一业，减一杀则杜一冤。若未能断绝腥膻，且先应市买现物，不加亲杀，亦免大愆。积养慈心，渐入佳境。得斯文者，更望展转流通，递相劝化。能劝一人不杀，如救百万生灵。劝至十人百人，以及千万亿众，阴功浩大，善果无穷。但肯信行，决不相赚。

每年写十二月份，粘贴屋壁。一月不杀，则于月下书“不杀”二字。一月不杀，下善也。一年不杀，中善也。一生不杀，上善也。世代不杀，善之又善者也。愿人人戒杀，户户持斋，则诸佛生欢，万神加护，干戈由是永息，刑罚可以无施，地狱为之顿空，苦海因而长别矣。

戒杀祝愿

若能一月不杀，至月尽夜，或次月朔旦，对佛像前，至心礼拜，白言：“弟子某甲，一心皈命西方极乐世界阿弥陀佛。我遵先佛明诲，今行不杀，已及一月。以此功德，愿我罪业消除，冤愆解释。所修善根，日益增长。命终之际，身心安隐，正念分明，蒙佛接引，生极乐国，七宝池内，莲花之中。花开见佛，得无生忍，具足佛慧。以大神力，凡我旷劫所杀冤命，以及十方被杀众生，悉得度脱，成无上道。愿佛慈悲，哀怜摄受。”

发愿已，念佛或百声、千声、万声，随意多少。

○ 放生文

盖闻世间至重者生命，天下最惨者杀伤。

至重有二：一者，世人于金宝、官爵、妻子，以至己身，皆其所重。然不可得兼，则重之中必取其尤重者，是以为救己身，不吝金宝；为救己身，不惜官爵；为救己身，不顾妻子，故云至重。二者，凡厥有生，皆能作佛，则生为佛种，故云至重。

最惨者，如捶打等，虽皆苦事，未至断命，唯杀最惨。

是故逢擒则奔，虮虱犹知避死。将雨而徙，蝼蚁尚且贪生。

因命至重，为全命故。因杀至惨，为逃杀故。是以虮虱、蝼蚁，皆知避死贪生。微命尚然，大者可知也。

何乃网于山，罟于渊，多方掩取。曲而钩，直而矢，百计搜罗。

一切众生既皆避死贪生，何乃昧此良心，行诸毒事？网擒山兽，罟觅渊鱼。俯水垂钩，仰空发矢。以至暗施陷阱，密设牢笼。百计多方，莫能尽举，良可叹也！

使其胆落魂飞，母离子散。

如上网罟钩矢，见之惊怖，则魂胆飞扬。中之丧亡，则母儿离散。如人遭乱世，兵火临身，一何异乎？

或囚笼槛，则如处囹圄。或被刀砧，则若临剐戮。

幽系之，则禁锢不异囹圄。宰割之，则痛苦同于剐戮。设以身处，当何如其为情也！

怜儿之鹿，舐创痕而寸断柔肠。畏死之猿，望弓影而双垂悲泪。

怜儿之鹿者，许真君少时好畋猎，一日射中一鹿，鹿母为舐创痕，良久不活，鹿母亦死。真君剖其腹视之，肠寸寸断，盖为怜子死，悲伤过甚，至于断肠。真君大恨，悔过，折弓矢，入山修道，后证仙品，拔宅飞升。此证上文母子离散意。

畏死之猿者，楚王与养由基出猎，遇猿，令射之。猿望见由基，即泪下。盖猿臂柔捷，能接飞矢。由基神射，矢到之处，臂不及接，知其必死而悲也。此证上文魂胆飞扬意。

恃我强而凌彼弱，理恐非宜。食他肉而补己身，心将安忍？

观上二事，则知杀生甚所不应。且世人谓禽兽之肉，人所应食，不知皆是强凌弱耳。不然，猛虎食人，亦将曰人之肉，虎所应食乎？螳螂食蝉，雀食螳螂，鹰鹯食雀。弱之肉，强之食，此理甚明，当不疑也。又世人谓蔬食者瘠，肉食者肥。为肥己身，不念他苦，人心安在哉？

由是昊天垂悯，古圣行仁。

由世迷故，杀气动天。而天本好生，常示下民。下民不知，是以杀生太重，则雨旸不时，刀兵灾起。人修善事，则年岁丰登，海宇宁谧。世人杀生，是逆天也。古之圣人，因此上顺天心，下悲物命，行仁救济。事见下文。

解网著于成汤，畜鱼兴于子产。

解网者，商王成汤，出遇猎人布四面网，祝曰："从天来者，从地来者，从四方来者，皆入吾网。"汤为解三面，只留其一，改祝曰："欲左者左，欲右者右，欲上者上，欲下者下。不用命者，乃入吾网。"

畜鱼者，郑大夫子产，人有馈之生鱼者，子产不食，令校人畜之池中。

观此二事，则知放生非独佛教，儒中君子无不奉行。

圣哉流水，润枯槁以囊泉。悲矣释迦，代危亡而割肉。

囊泉者，《金光明经》流水长者子，出见十千游鱼，困涸水中，将欲危毙。用象囊水，倾注得全，复为说法。鱼命过，皆生天上。

割肉者，释迦牟尼佛往昔为菩萨时，遇鹰逐鸽，鸽见菩萨，投身避难。鹰语菩萨："尔欲救鸽，奈何令我饥饿而死？"菩萨问鹰："汝须何食？"鹰答："食肉。"菩萨割臂肉偿之，鹰欲肉与鸽等。菩萨割肉，弥割弥轻，至肉将尽，不能等鸽。鹰问："生悔恨否？"菩萨答言："吾无一念悔恨。若此语不虚，当令吾肉生长如故！"立誓愿已，身肉如故。鹰化天帝身，空中礼拜赞叹。

天台智者，凿放生之池。大树仙人，护栖身之鸟。

凿池者，天台智者大师，讳智顗，隋炀帝号为智者，曾凿池劝人放生。又不但智者，古来多有此事。今西湖亦古放生池也，世远人亡，时更法坏，渔火星飞于水面矣。悲夫！

护鸟者，古有仙人，常坐一大树下，思禅入定，有鸟栖其怀中。恐惊鸟故，跏趺不动，候鸟别栖，然后出定。慈物之心，一至于是。

赎鳞虫而得度，寿禅师之遗爱犹存。救龙子而传方，孙真人之慈风未泯。

赎鳞虫者，永明大师，讳延寿。吴越王镇杭，师为余杭县库吏，屡以库钱买鱼虾等物放之，后坐监守自盗，法当弃市。王颇知其放生也，谕行刑者观其辞色以覆。师临死地，面无戚容。人怪之，师曰："吾于库钱毫无私用，尽买放生命，莫知其数。今死，径生西方极乐世界，不亦乐乎！"王闻而释之。乃出家为僧，修禅礼忏，得无碍辩才。师涅槃后，有僧入冥，见阎罗王时时出座礼一僧像。问之，则阳间永明寿禅师也，已生西方上品上生。王敬其德，故时礼耳。

救龙子者，孙真人未得仙时，出遇村童擒一蛇，困惫将死，真人买放水中。后默坐间，一青衣来请，随而赴之，至一公府，则世所谓水晶宫也。王者延置上座，曰："小儿昨者出游，非先生则几死矣。"设宴毕，出种种珍宝为谢。真人辞不受，曰："吾闻龙宫多秘方，传吾救世，贤于金玉多矣。"王遂出玉笈三十六方。真人由此医术弥精，后证仙品。

一活蚁也，沙弥易短命为长年，书生易卑名为上第。一放龟也，毛宝以临危而脱难，孔愉以微职而封侯。

活蚁二事：一、短命长年者，昔有沙弥侍一尊宿，尊宿知沙弥七日命尽，令还家省母，嘱云："七日当返。"欲其终于家也。七日返，师怪之，入三昧勘其事。乃还家时，路见群蚁困水，作桥渡之，蚁得不死，由此高寿。二、卑名上第者，宋郊、宋祁，兄弟也，俱应试。郊尝见群蚁为水所浸，编竹桥渡之。时有胡僧睹其貌，惊曰："公似曾活数百万命者。"郊对："贫儒何力致此？"僧云："不然，凡有生者皆命也。"郊以活蚁对。僧云："是已，公弟当大魁多士，然公亦不出弟下。"后唱名，祁果首选。朝廷谓不可以弟先兄，改祁第十，以郊为第一。始信僧言不妄云。

放龟二事：一、临危脱难者，毛宝微时，路遇人携一龟，买而放之。后为将，战败赴水，觉水中有物承足，遂得不溺。及登岸，则承足者，前所放龟也。二、微职封侯者，孔愉本一卑官，亦曾放龟，龟浮水中，频回首望愉，然后长逝。后愉以功当侯，铸印时，印上龟纽，其首回顾。毁而更铸，铸之数四，模直首偏，回顾如旧。铸者大怪，以告愉。愉忽忆放龟之时，龟首回顾。恍然悟封侯者，放龟之报也。

屈师纵鲤于元村，寿增一纪。随侯济蛇于齐野，珠报千金。

纵鲤者，屈师于元村遇一赤鲤，买放之。后梦龙王延至宫中，谓曰："君本寿尽，以君救龙，增寿一纪。"

济蛇者，随侯往齐国，路见一蛇，困于沙碛，首有血出，以杖挑放水中而去。后回至蛇所，蛇衔一珠向侯，侯意不敢取。夜梦脚踏一蛇，惊觉，乃得双珠。

拯已溺之蝇，酒匠之死刑免矣。舍将烹之鳖，厨婢之笃疾瘳焉。

拯蝇者，一酒匠见苍蝇投酒瓮，即取放干地，以灰拥其体，水从灰拔，蝇命得活。如此日久，救蝇数多。后为盗诬，无能自白。狱将成，主刑者援笔欲判决，蝇辄集笔尖，挥去复集，判之莫得。因疑其冤，详问之，则诬也。呼盗一讯而服，遂得释归。噫，亦异矣哉！

舍鳖者，程氏夫妇性嗜鳖，一日偶得巨鳖，嘱婢修事。时暂出外，婢念："手所杀鳖，不知其几。今此巨鳖，心欲释之，吾甘受棰挞耳。"遂放池中。主回索鳖，对以走失，遂遭痛打。后感疫疾，将死，家人舁至水阁，以俟尽命。夜忽有物从池中出，身负湿泥，涂于婢身，热得凉解，疾乃苏愈。主怪不死，诘之，具以实对。主不信，至夜潜窥，则向所失鳖也。阖门惊叹，永不食鳖。

贸死命于屠家，张提刑魂超天界。易余生于钓艇，李景文毒解丹砂。

贸命屠家者，张提刑常诣屠肆，以钱赎物放之。后临终时，语家人言："吾以放生，积德深厚，今天宫来迎，当上生矣。"安然而逝。

易生钓艇者，李景文常就渔人货其所获，仍放水中。景文素好服食，常火炼丹砂饵之，积热成疾，疽发于背，药莫能疗。昏寐之中，似有群鱼濡沫其毒，清凉快人，疾遂得瘥。亦鳖报厨婢之类也。

孙良嗣解矰缴之危，卜葬而羽虫交助。潘县令设江湖之禁，去任而水族悲号。

解矰缴之危者，孙良嗣遇禽鸟被获，辄买纵之。后死欲葬，贫莫能措。有鸟数百，衔泥叠叠。观者惊叹，以为慈感所致。

设江湖之禁者，县令潘公，禁百姓不得入江湖渔捕，犯者加罪。后去任，水中大作号呼之声，如丧考妣。人共闻之，莫不叹异。

信老免愚民之牲，祥符甘雨。曹溪守猎人之网，道播神州。

免牲者，信大师遇时亢旱，民杀牲请雨。师悯其愚，谓曰："汝能去牲勿用，吾为汝请。”民允之。师乃精诚以祷，甘雨骤降，远近多感化者。

守网者，六祖既佩黄梅心印，以俗服隐于猎人，猎人令守网。祖瞰其亡也，獐兔之类，可放者辄放之，如是一十六年。后坐曹溪道场，广度群品，灯分五宗，泽垂万世焉。

雀解衔环报恩，狐能临井授术。

雀衔环者，杨宝幼时，见黄雀为枭搏坠地，复为蝼蚁所困。取而畜诸笥中，给以黄花，痊乃放去。夜梦黄衣童子拜谢，赠玉环四枚，曰：“我王母使者，荷君济命。愿君子孙洁白，位列三公，亦如此环矣。”后四世贵显。

狐临井者，一僧素无赖，闻黄精能驻年，欲试其验，置黄精于枯井，诱人入井，覆以磨盘。其人在井，遑迫无计。忽一狐临井，语其人言：“君无忧，当教汝术。我狐之通天者，穴于冢上，卧其下，目注穴中，久之则飞出，《仙经》所谓神能飞形者是也。君其注视磨盘之孔乎！吾昔为猎夫所获，赖君赎命，故来报恩耳，幸毋忽也。”人用其计，旬余从井飞出。僧大喜，以为黄精之验，乃别众负黄精入井，约一月开视。至期视之，死矣。僧盖不知前人得出者，狐之力也。悲夫！

乃至残躯得命，垂白壁以闻经。难地求生，现黄衣而入梦。

白壁闻经者，予挂搭一庵，有人擒蜈蚣数条，以竹弓弓其首尾，予赎放之。余俱半死，唯一全活，急走而去。后共一友夜坐，壁有蜈蚣焉，以木尺从旁极力敲振，驱之使去，竟不去。予曰：“昔所放，得非尔耶？尔其来谢予耶？果尔，吾当为尔说法，尔谛听毋动。”乃告之曰：“一切有情，唯心所造。心狠者化为虎狼，心毒者化为蛇蝎。尔除毒心，此形可脱也。”言毕令去。则不待驱逐，徐徐出窗外。友人在座，惊叹希有。时隆庆四年事也。

黄衣入梦者，杭州湖墅干氏者，有邻家被盗。女送鳝鱼十尾，为母问安，畜瓮中，忘之矣。一夕，梦黄衣尖帽者十人，长跪乞命。觉而疑之，卜诸术人，曰：“当有生求放耳。”遍索室内，则瓮有巨鳝在焉，数之正十，大惊，放之。时万历九年事也。

施皆有报，事匪无征。

诸放生者，或增福禄，或延寿算，或免急难，或起沉疴，或生天堂，或证道果。随施获报，皆有征据。然作善致祥，道人之心岂望报乎？不望报而报自至，因果必然，辞之亦不可得耳。放生者宜知之。

载在简编，昭乎耳目。

明有征也。如上所录，远则载在简编，有典有据。近则昭乎耳目，共见共闻。考古验今，定非虚谬。

普愿随所见物，发慈悲心，捐不坚财，行方便事。

此下普劝世人，随所见生命，发慈悲心，由是捐舍世财，方便救济。财不坚者，谓水得漂、火得焚、官得取、盗得劫，危脆无常，非坚物也。捐此作福，所谓以不坚财易坚财也。若无财者，只发慈悲心，亦是福德。或劝他人放生，或见人放生，赞叹随喜，增其善念，亦是福德。

或恩周多命，则大积阴功。若惠及一虫，亦何非善事。

有力者恩周多命，固阴功也。无力者惠及一虫，亦善事也。毋曰小善为无益而勿为也。世有不明此理者，必择身细数多之生，方肯买放。路遇大生，目视而过。此则唯贪自己之福，非悯众生之苦也。其福甚少，戒之戒之。

苟日增而月累，自行广而福崇。

善无大小，唯贵久长。日日增之，月月累之，善多则行广，行广则福崇矣。

慈满人寰，名通天府。

慈功久积，遍满寰区。人情既孚，天心必眷。或谓穹苍渺邈，何得相通？不知天王以六斋之日，巡狩人间，有善必知，无恶不察。又人行十善则天胜，人行十恶则修罗胜，故天帝时时欲人为善。一人为善，飞天神王报达天京。经有明文，非臆说也。

荡空冤障，多祉萃于今生。培渍善根，余庆及于他世。

放而不杀，与物无冤。非唯安乐今生，以此善根，当来之世，长寿永福。乃至成佛，万类有情，倾心归附，皆余庆也。

倘更助称佛号，加讽经文。

遇生能放，虽是善功，但济色身，未资慧命。更当称扬阿弥陀佛万德洪名，讽诵大乘诸品经典。然虽如是，但凡买生，火急须放。讽经不便，只以念佛相资。若隔宿买而来朝始放，或清晨买而午后犹存，必待陈设道场，会集男女，迁延时久，半致死亡。如是放生，虚文而已。

为其回向西方，令彼永离恶道。

念佛功德，愿诸生命，尽此报身，往生西方极乐世界，莲花化生，入不退地，永离恶道，长息苦轮。恶道者，六道之中，三道为恶，地狱、饿鬼、畜生是也。

则存心愈大，植德弥深。

见苦放生，所存者善心也，今则是大菩提心矣，故云愈大。放生得福，所植者世间之德也，今则是出世之德矣，故云弥深。

道业资之速成，莲台生其胜品矣。

心大德深，其事何验？盖利他者，菩萨之行也。以此行门，助修道业，譬如船得顺风，必能速到涅槃彼岸矣。净业三福，慈心不杀，实居其一。今能不杀，又放其生。既能放生，又以法济令生净土。如是用心，报满之时，九品莲台高步无疑矣。普劝世人，幸勿以我德薄人微，而不信其语也。

放生祝愿

放生已，对佛像前，至心礼拜，白言：

“弟子某甲，一心皈命西方极乐世界阿弥陀佛。我遵先佛明诲，今行放生，已得若干。以此功德，愿我罪业消除，冤愆解释。所修善根，日益增长。命终之际，身心安隐，正念分明，蒙佛接引，生极乐国，七宝池内，莲花之中。花开见佛，得无生忍，具足佛慧。以大神力，凡我所放一切生命，以及十方无尽有情，尽得度脱，成无上道。愿佛慈悲，哀怜摄受。”

发愿已，念佛或百声、千声、万声，随意多少。

竹窗随笔

明云栖寺沙门袾宏著

僧无为

吴江流庆庵，无为能公，齿先予，德先予，出家先予。予早岁游苏、湖间，与同堂坐禅。及予住云栖，公来受戒，求列名弟子。予谢不允。则固请曰："昔普慧、普贤二大菩萨，尚求入匡庐莲社。我何人斯，自绝佳会？"不得已，如董萝石谒新建故事[①]，许之。以贤下愚，有古人风，笔之以劝后进。

人命呼吸间

一僧瘵疾经年，久惫枕席。众知必死，而彼无死想，语之死，辄不怿。予使人直告，令速治后事，一心正念。彼谓："男病忌生日前，过期当徐议之耳。"本月十七日乃其始生，先一日奄忽。吁！人命在呼吸间，佛为无病人言之也。况垂死而不悟，悲夫！

古今著述

予在家时，于友人钱启东家，一道者因予语及出家，渠云："不在出

① 董萝石，明代诗人董澐，号"萝石翁"，年六十七岁礼王阳明为师，事见《明儒学案》。新建，明代理学家王阳明，诏赠新建侯。故事，即先例。

家，只贵得明师耳。”予时未以为然。又一道者云：“玄门文字，须看上古圣贤所作。近代者多出臆见，不足信。”予时亦未以为然。今思二言皆有深意，虽未必尽然，而未必不然也。以例吾宗，亦复如是，因识之。

儒释和会

有聪明人，以禅宗与儒典和会。此不唯慧解圆融，亦引进诸浅识者不复以儒谤释，其意固甚美矣。虽然，据“粗言细语，皆第一义”，则诚然诚然。若按文析理，穷深极微，则翻成戏论。已入门者又不可不知也。

《楞严》（一）

天如集《楞严会解》。或曰：“此天如之《楞严》，非释迦之《楞严》也。”予谓此语虽是，而新学执此，遂欲尽废古人注疏，则非也。即尽废注疏，单存白文，独不曰：“此释迦之《楞严》，非自己之《楞严》”乎？则经可废也，何况注疏？又不曰：“自己之《楞严》，遍一切处”乎？则诸子百家，乃至樵歌牧唱，皆不可废也，何况注疏？

《楞严》（二）

不独《楞严》，近时于诸经，大都不用注疏。夫不泥先入之言，而直究本文之旨，诚为有见。然因是成风，乃至逞其胸臆，冀胜古以为高，而曲解僻说者有矣。新学无知，反为所误。且古人胜今人处极多，其不及者什一。今人不如古人处极多，其胜者百一。则孰若姑存之？喻如学艺者，必先遵师教，以为绳矩。他时后日，神机妙手超过其师，谁得而限之也。而何必汲汲于求胜也，而况乎终不出于古人之范围也。

礼忏功德

姑苏曹鲁川居士为予言：有女在夫家，夏坐室中，一蛇从墙上逐鸽，堕庭心，家人见而毙之。数日后，蛇附女作语。鲁川往视。则云："我昔为荆州守，高欢反，追我至江浒，遂死江中。我父母、妻子，不知安否？"鲁川惊曰："欢六朝时人，今历隋、唐、宋、元，而至大明矣。"鬼方悟死久，并知为蛇，曰："既作蛇，死亦无恨。但为我礼《梁皇忏》一部，吾行矣。"乃延泗洲寺僧定空礼忏。忏毕，索斋，为施斛食一坛。明日，女安隐如故。忏之时义大矣哉！

螯蛎充口

晋何胤谓："鳝蟹就死，犹有知而可悯。至于车螯、蚶蛎，眉目内缺，唇吻外缄。不荣不瘁，草木弗若。无声无臭，瓦砾何异？固宜长充庖厨，永为口食。"

噫！是何言欤？此等虽无眉目唇吻、荣瘁声臭，宁无形质运动乎？有形质而能运动者，皆有知也。汝不知其有知耳。况眉目等实无不具，特至微细，非凡目所见。而欲永为口食，胤之罪上通于天矣。

东门黄犬

李斯临刑，顾其子曰："吾欲与汝复牵黄犬，臂苍鹰，出上蔡东门逐狡兔，其可得乎？"遂父子相哭，而夷三族。斯盖悔今之富贵而死，不若昔之贫贱而生也。宁思兔逢鹰犬，不犹己之罹斧钺乎？兔灭群，汝夷族，适相当耳。不知其罪而反羡之，至死不悟者，李斯之父子欤！

为父母杀生

钱塘金某者，斋戒虔笃，以疾卒。附一童子云："善业日浅，未得往生净土。今在阴界，然亦甚乐，去住自由。"一日呵其妻子云："何故为吾坟墓事，杀鸡为黍？今有吏随我，稍不似前之自由矣。"子妇怀妊，因问之，则曰："当生男，无恙。过此复当生男，则母子双逝。"予谨记之，以候应否。俄而生男。复妊，复生男。男随毙，母亦随毙。乃知一一语皆不谬。然则为父母杀生，孝子岂为之乎？

鹿祀求名

士人有学成而久滞黉校[①]者，祷于文昌："设遂乡科[②]，当杀鹿以祀。"俄而中式[③]。既酬愿已，上春官[④]，复许双鹿。未及第[⑤]而卒。噫！杀彼鹿，求己禄，于汝安乎？

心 喻

心无可为喻。凡喻心者，不得已而权为仿佛，非真也。试举一二：如喻心以镜，盖谓镜能照物，而物未来时，镜无将迎；物方对时，镜无憎爱；物既去时，镜无留滞。圣人之心，常寂常照，三际空寂，故喻如镜，然取略似而已。究极而论，镜实无知，心果若是之无知乎？则冥然不灵，何以云"妙明真体"？或喻宝珠，或喻虚空，种种之喻，亦复如是。

换 骨

陈后山云："学诗如学仙，时至骨自换。"予亦云："学禅如学仙，时至骨自换。"故学者不患禅之不成，但患时之不至。不患时之不至，但患学之不勤。

---

① 黉校，古时国家为培养科举人才而设立的学校。

② 乡科，指每三年在各省省城举行的乡试，考中者称为举人，并获得参加由礼部在第二年春天举行的会试资格。

③ 中式，指科举考试中获得通过。

④ 春官，礼部的别称。上春官，指在礼部举行的会试中获得通过，并取得参加殿试的资格。

⑤ 及第，指在皇帝主持的殿试中考中进士。

洪州不得珠体

洪州者，马大师也。圭峰[①]叙如来传法，迦叶而至曹溪。曹溪之道，唯荷泽为正传，诸宗皆属旁出。如摩尼珠，唯荷泽独得珠体。其说析理极精，而品人不当。夫马祖亲承南岳，南岳亲承曹溪。自后百丈、黄檗、临济，南泉、赵州，不可胜数诸大尊宿，皆从马祖而出。而独推荷泽，何以服天下？

圭峰以荷泽表出“知”之一字为心，而诸宗于作用处指示，遂谓是徒得珠中之影。然古人为人解黏去缚，随时逐机，原无定法。其言“知”者，正说也。其言作用处者，巧说也。巧者何？欲人因影而知现影者谁也。如执“知”之一字，则世尊拈花，曾无“知”字，将世尊不及荷泽耶？况诸宗直出“知”字处亦不少，岂专说作用耶？圭峰平日见地极高，予所深服，独此不满人意。

坟墓

予既老病，众为择地作塔，数易之。予叹曰：“世人极意营图风水，冀子孙长永富贵耳。尔辈望荫出紫衣国师耶？古人有言：‘弃诸林莽，以饲禽兽。’幸不置我于鸦肠狐腹，足矣。余非道人所知也。”

菩萨度生

经言：“菩萨未能自度，先能度人。”愚夫遂谓菩萨但度众生，不复度己。不知己亦众生数也，焉有度尽众生，而独遗自己一众生乎？何得借口菩萨，逐外忘内？

---

① 圭峰，即唐代华严宗第五祖宗密法师，所著《禅门师资承袭图》以荷泽神会禅师为六祖慧能大师的正传，与史实不符。

悟后

沩山和尚云："如今初心，虽从缘得一念顿悟自理，犹有无始旷劫习气未能顿净。须教渠净除现业流识，即是修也，不道别有法教渠修行趋向。"沩山此语，非彻法源底者不能道。今稍有省觉，便谓一生参学事毕者，独何欤？

孚、遂二座主

太原孚上座，于扬州孝先寺讲《涅槃经》，广谈法身妙理。有禅者失笑。孚讲罢，请禅者茶，白云："某甲狭劣，依文解义，适蒙见笑，且望教诲。"禅者云："不道座主所说不是，然只说得法身量边事，实未识法身在。"孚曰："既如是，当为我说。"曰："座主还信否？"曰："焉敢不信？"曰："请座主辍讲旬日，端然静坐，收心摄念。善恶诸缘，一时放却。"孚一依所教，从初夜至五更，闻角声，忽大悟。

又，良遂座主，参麻谷。谷荷锄入园，不顾，便归方丈，闭却门。次日复求见，又闭却门。遂乃敲门。谷问："是谁？"遂方称名，忽大悟。

此二尊宿，只缘是虚心下贤，不存我慢故。今人自高，焉得有此！

实悟

妙喜云："若是'干屎橛'如是说得落时，如'锯解称锤'、'麻三斤'、'狗子佛性'等，皆可如是说得。既不可如是说，须是悟始得。你若实得悟，师家故言不是，亦招因果不小。"学者当切记妙喜此语，息却口头三昧，而求实悟。

出家父母反拜

予作《正讹集》，谓"反"者，"还"也。在家父母，不受出家子拜，而还其礼。非反拜其子也。

一僧忿然曰："《法华经》言：'大通智胜如来既成佛已，其父轮王向之顶礼。'是反拜其子，佛有明训。"因刻之经末。

予合掌云："汝号甚么如来？"僧谢不敢。

又问："汝既未是如来，垂成正觉否？"僧又谢不敢。

予谓曰："既不敢，且待汝垂成正觉，更端坐十劫，实受大通如来位，纳父母拜未晚。汝今是僧，未是佛也。佛为僧立法，不为佛立法也。且世人谤佛无父无君，吾为此惧，正其讹谬，息世讥嫌，冀正法久住。汝何为不畏口业，甘心乎狮子虫也？悲夫！"

生愚死智

《洛阳伽蓝记》云："史书皆非实录。今人生愚死智，惑亦甚矣。"盖言史多溢美，不足信也。但"皆非"二字，立言太过。古号史为直笔，则焉得非实？夫子言："文胜质则史。"则容有非实，当改"皆非"作"未必"耳。

夫古人慎重许可，一语品题，芳播千古。而今乃视为故事，等为人情，虚谀浪褒，取笑识者，可叹也。故《洛阳记》有激而发此论，切中末世之弊。不如是道破，《传灯录》前代真善知识，与今安排名姓插入祖图者何辨？尔后为吾弟子，毋妄干名公大人，装点吾之未到也。

《庄子》（一）

有俗士，聚诸年少沙弥讲《庄子》，大言曰："《南华》①义，胜《首楞严》。"一时缁流及居士辈，无斥其非者。夫《南华》于世书诚为高妙，而谓胜《楞严》，何可笑之甚也！士固村学究，其品猥细不足较。其

① 《南华》，即《南华真经》，《庄子》的别名。

言亦无旨趣，不足辨。独恐误诸沙弥耳。然诸沙弥稍明敏者，久当自知。如言鍮胜黄金，以诳小儿。小儿既长，必唾其面矣！

《庄子》（二）

或曰：《庄子》义则劣矣。其文玄旷疏逸，可喜可愕，佛经所未有也。诸为古文辞及举子业者，咸靡然宗之，则何如？

曰：佛经者，所谓至辞无文者也。而与世人较文，是阳春与百卉争颜色也，置勿论。子欲论文，不有六经、四子在乎？而大成于孔子。吾试喻之：孔子之文，正大而光明，日月也。彼《南华》，佳者如繁星掣电，劣者如野烧也。孔子之文，渟蓄而汪洋，河海也。彼《南华》，佳者如瀑泉惊涛，劣者如乱流也。孔子之文，融粹而温润，良玉也。彼《南华》，佳者如水晶、琉璃，劣者如珉珂、珷玞也。孔子之文，切近而精实，五谷也。彼《南华》，佳者如安南之荔、大宛之葡萄，劣者如未熟之梨与柿也。此其大较也，业文者宜何师也？而况乎为僧者之不以文为业也。

《庄子》（三）

曰：古尊宿疏经造论，有引《庄子》语者，何也？

曰：震旦之书，周、孔、老、庄为最矣。佛经来自五天[1]，欲借此间语而发明，不是之引，而将谁引？然多用其言，不尽用其义，仿佛而已矣，盖稍似而非真是也。南人之北，北人不知舟，指其车而晓之曰："吾舟之载物而致远，犹此方之车也。"借车明舟，而非以车为舟也。

《养老书》

有集《养老书》，日用服食，多炮炙生物。至于曰雀、曰雁、曰雉、

---

① 五天，"五天竺"的略称，指古印度。

曰鸳鸯、曰鹿、曰兔、曰驼、曰熊、曰猫，多豪贵少年所未及染指者。先德有言：“饶君善将息，难与死魔争。”胡为老不息心，反勤杀害？误天下老人并其子弟，俱陷地狱者，是书也。孔子曰：“老者安之。”定不教渠杀生为安。孟子曰：“七十食肉。”亦定不教渠遍食众生肉也。作俑者其思之！

心得

以耳听受而得者，不如以目看读而得者之广也。以目看读而得者，不如以心悟明而得者之极其广也。以心为君，以目为臣，以耳为佐使，可也。用目当心，斯下矣。用耳当目，又下之下矣。

祀神不用牲

杭俗，岁暮祀神，大则刲羊蒸豚，次则用猪首、鸡、鱼之属。予未出家时，持不杀戒，乃易以蔬果。家人虽三尺童子无不愕然，以为必不可。予燃香秉烛，高声白神云：“某甲奉戒不杀，杀生以祭，不唯某甲之过，亦非神之福。然此意某一人独断，其余皆欲用牲。倘神不悦，凡有殃咎，宜加予身。若滥无辜，非所谓聪明正直者。”家人犹为予危之。终岁合宅无恙，遂为例。

好乐

人处世各有所好，亦各随所好以度日而终老，但清浊不同耳。至浊者好财，其次好色，其次好饮。稍清，则或好古玩，或好琴棋，或好山水，或好吟咏。又进之，则好读书，开卷有益。诸好之中，读书为胜矣，然此犹世间法。又进之，则好读内典[1]。又进之，则好净其心。好至于净其心，

① 内典，佛学典籍的代称。

而世出世间之好最胜矣。渐入佳境，如食蔗喻。

世智当悟

智有二，有世间智，有出世间智。

世智又二：一者博学宏辞，长技远略，但以多知多解而胜乎人者是也。二者明善恶，别邪正，行其所当行而止其所当止者是也。仅得其初，是谓狂智，当堕三途。兼得其后，是谓正智，报在人天。何以故？德胜才谓之君子，才胜德谓之小人也。

出世间智亦二：一者善能分别如来正法，四谛、六度等，依而奉行者是也。二者破无明惑，如实了了，见自本心者是也。仅得其初，是出世间智也，名为渐入。兼得其后，是出世间上上智也，乃名顿超。何以故？但得本，不愁末。得末者未必得本也。

今有乍得世智初分，便谓大彻大悟者，何谬昧之甚！

时不可蹉

凡人初出家，心必猛利。当趁此时，一气做工夫，使有成立。若悠悠扬扬，蹉过此时，日后或住院，或受徒，或信施繁广，多为所累，沦没初志。修行人不可不知。

念佛鬼敬

海昌村民某，有老媪死，附家人言平生事，及阴府报应甚悉。家人环而听之。某在众中，忽摄心念佛。媪谓曰："汝常如此，何患不成佛道？"问："何故？"曰："汝心念阿弥陀佛故。"问："何以知之？"曰："见汝身有光明故。"村民不识一字，瞥尔顾念，尚使鬼敬，况久修者乎？是故念佛功德不可思议。

鬼神

或问："有鬼神欤？无鬼神欤？"曰："有。""鬼神可信奉欤？不可信奉欤？"曰："亦可亦不可。""何谓也？"曰："夫子不云乎：'敬鬼神而远之。'盖一言尽其曲折矣。'敬'之云者，有也。'远'之云者，信奉而不信奉也。祀之以时，交之以礼，如是而已耳。过信而谄奉焉，冀其报吉凶、降福佑、获灵通，则骎骎然入于邪矣。"

噫！有可敬而不可远者，诸佛、诸菩萨是也，胡弗思也？

东坡（一）

洪觉范谓："东坡文章德行炳焕千古，又深入佛法。而不能忘情于长生之术，非唯无功，反坐此病卒。"予谓东坡尚尔，况其余乎？今有口谈无生，而心慕长生者。有始学无生，俄而改业长生者。盖知之不真，见之不定耳。故道人不可刹那失正知见。

东坡（二）

元禅师与东坡书云："时人忌子瞻作宰相耳。三十年功名富贵，过眼成空，何不猛与一刀割断？"又云："子瞻胸中有万卷书，笔下无一点尘。为何于自己性命便不知下落？"以东坡之颖敏，而又有如是善友策发，何虑不日进？今之缙绅与衲子交者，宜讲此谊。

憎爱

语云："爱其人及其屋上之乌。"言爱之极其至也。忽缘变而情迁，转爱为憎，憎而又憎，向之爱安在哉？转憎为爱，亦复如是。是故爱不必喜，憎不必怒。梦事空花，本非实故。

静之益（一）

日间有事，或处分不定，睡去。四、五更起坐，是非可否，忽自了然。日间错处，于此悉现。乃知尔来不得明见心性，皆由忙乱覆却本体耳。古人云：“静见真如性。”又云：“性水澄清，心珠自现。”岂虚语哉！

静之益（二）

世间酽醯、醇醴，藏之弥久而弥美者，皆由封锢牢密不泄气故。古人云：“二十年不开口说话，向后佛也奈何你不得。”旨哉言乎！

《华严》不如《艮卦》

宋儒有言：“读一部《华严经》，不如看一《艮卦》。”此说高明者自知其谬，庸劣者遂信不疑。开邪见门，塞圆乘路，言不可不慎也！假令说“读一部《易经》，不如看一《艮卦》”，然且不可。况佛法耶？况佛法之《华严》耶？《华严》具无量门。诸大乘经，犹是《华严》无量门中之一门耳。《华严》，天王也。诸大乘经，侯封也。诸小乘经，侯封之附庸也。余可知矣。

韩淮阴

淮阴佐汉灭楚，既王矣，召漂母，与之千金。召辱己少年，亦与之千金。夫报恩者，人情之常也。不报怨而反酬以恩，可谓有大人之量，君子长者之风矣。而卒不获以寿考终，千古而下，犹可扼腕。虽然，其故有二：一者仁有余而智不足，二者多杀人不免于自杀。理固应然，无足怪者。

诵经杂话

总戎戚公[①]，素持《金刚经》。其守越之三江也，有亡卒致梦云："明当遣妻诣公，乞为诵经一卷，以资冥道。"翌日，果有妇人悲泣求见。诘之，如梦中语。公诺之，晨起诵经。夜梦卒云："荷公大恩，然仅得半卷，以于中杂'不用'二字。"公思其故，乃内人使侍婢送茶饼，公遥见挥手却之，口虽不言，心谓不用。次早，闭户诵经。是夜梦卒谢云："已获超拔。"此予亲闻于三江僧东林。东林诚笃有道行，不妄语者。噫！诵经僧可不慎欤？

平心荐亡

杭郡多士坊，有东平庙。郡之窘人[②]死，致梦其妻云："谅汝无力修荐，纵多方修荐，不若东平庙庙主某公施一饭斛足矣！"妻诣庙主求请。主云："我至期有七员主行醮事，奈何？然我宁辞彼就汝。"遂为施食。妻梦夫云："已超脱矣。"此公平日卧榻上供王灵官像，像前置一瓶。凡得经赚，目不视，即贮瓶中，随取随用，不欲较计厚薄也。一念平等，亡魂赖以津济。噫！心平即有如是威德，况心空者乎？释子当自勉矣。

对 境

人对世间财色名利境界，以喻明之，有火聚于此，五物在旁：一如干草，才触即燃者也。其二如木，嘘之则燃者也。其三如铁，不可得燃者也，然而犹可熔也。其四如水，不唯不燃，反能灭火者也，然而隔之釜瓮，犹可沸也。其五如空，然后任其燔灼，体恒自如，亦不须灭，行将自灭也。初一凡夫。中属修学。渐次最后，方名诸如来大圣人也。

---

① 戚公，即明代抗倭名将戚继光。

② 窘人，贫穷困乏之人。

去 障

修行去障，亦有五等。喻如一人之身，五重缠裹：最外铁甲，次以皮裘，次以布袍，次以罗衫，又次贴肉极以轻绡。次第解之，轻绡俱去，方是本体赤骺自身也。行人外去粗障，去之又去，直至根本无明极微细障皆悉去尽，方是本体清净法身也。

以苦为乐

厕虫之在厕也，自犬羊视之不胜其苦，而厕虫不知苦，方以为乐也。犬羊之在地也，自人视之不胜其苦，而犬羊不知苦，方以为乐也。人之在世也，自天视之不胜其苦，而人不知苦，方以为乐也。推而极之，天之苦乐亦犹是也。知此而求生净土，万牛莫挽矣。

二客对弈

二客方对弈。有哂于旁者曰："吾见二肉柱动摇耳。"客曰："何谓也？"曰："二君形存而神离，神在黑白子中久矣，相对峙者非肉柱而何？"客默然。

思惟修

"禅那"者，此云"思惟修"。故称"禅思比丘"，是贵思也。经又言："有思惟心，终不能入如来大涅槃海。"又言："是法非思量分别之所能及。"是病思也。所以者何？盖思有二：一正思惟，一邪思惟。无思之思，是正思惟也。有思之思，是邪思惟也。又思有二：一从外而思内，背尘合觉者也；一从内而思外，背觉合尘者也。从内思外者，思之思之，又重思之，思无尽而真弥远也。从外思内者，思之思之，又重思之，思尽而还源也。由思而入无思，即念佛者由念而入无念也。

诤 友

予初出家时，皋亭茶汤寺老僧，以诞日延予斋。时大岭有立禅，北人也，戇直无谄，顾予曰："彼延子为佛法耶？人情耶？彼以人情重子耳，何往为？"予大惭。

又友古溟者，谓予言："子以后不出世为妙。"予告以素所愿，愿终身居学地而自锻炼。溟笑曰："子却有出世日在，未免也。"

今思如二友者不可复得，凄然伤感者久之。

鼓 乐

秋榜出，新举子有鼓乐而过上方之门者。二僧趋而往觇之。甲云："善哉！不亦乐乎！"乙云："善哉！不亦悲乎！"甲问故。乙曰："子徒知今日之鼓乐，而不知有后日之鼓乐也。"甲不解，叹羡如故。

道人重轻

古所称"道人"，以世所重者彼轻之，世所轻者彼重之故也。世所重者何？富贵也。世所轻者何？身心也。今与世同其重轻，是得为道人乎哉？

佛经不可不读

予少时见前贤辟佛，主先入之言，作矮人之视，罔觉也。偶于戒坛、经肆，请数卷经读之，始大惊曰："不读如是书，几虚度一生矣！"今人乃有自少而壮而老而死，不一过目者，可谓面宝山而不入者也。又一类，虽读之，不过采其辞致，以资谈柄，助笔势，自少而壮而老而死，不一究其理者，可谓入宝山而不取者也。又一类，虽讨论，虽讲演，亦不过训字销文，争新竞高，自少而壮而老而死，不一真修而实践者，可谓取其宝，把玩之，赏鉴之，怀之，袖之，而复弃之者也。虽然，一染识田，终成道种。是故佛经不可不读。

萧妃

武后效人彘，杀王后等且死，誓愿生生世世，己为猫，武为鼠，生扼其喉而啖其肉。至今猫鼠中尚有二人受生，虽报复百千万遍未已也。往时予作水陆斋，悯而荐之。只恐冤力深，荐力浅，未能遽释耳。古来类此者颇众。今人修善事，不辞多为津济可也。

泰首座

或谓：泰首座刻香坐脱，九峰不许，以不会石霜“休去、歇去、寒灰枯木去”等语也。而纸衣道者能去能来，将无会石霜意，而洞山亦不许者何也？”

愚谓纸衣若果已出息不涉众缘，入息不居阴界，则去住自由，当与洞山作“愚痴斋”[①]把手共行，泰何可及？如或不然，未免是弄精魂汉，古人所谓“鬼神活计”者是也。而泰公却有真实定力，特其耽着静境，不解转身一句。二者病则均也。然纸衣虚心就洞山理会，而泰公奋然长往，自失大利。满招损，谦受益，学禅者宜知之。

睡着无梦时主人

雪岩初问高峰：“日间浩浩作得主么？”次问：“夜梦中作得主么？”三问：“正睡着无梦时，主人公在甚么处？”今人便向第三问，以情识卜度，错了也。汝且日间作主不得，又何论最后极深深处？不如就初

① 愚痴斋，洞山良价禅师临终时，为诫绝弟子执恋之情所设之斋会。又据《五灯会元》、《禅林僧宝传》等载，纸衣道者所参者为曹山本寂禅师。

门着紧用心，以次理会去未晚。虽然，若于第三问了悟无疑，白日间、夜梦中无不帖帖地矣。过量人前，又不可以格例拘也。

布 施

庞居士以家财沉海。人谓："奚不布施？"士云："吾多劫为布施所累，故沉之耳。"愚人借口，遂秘吝不施。不知居士为布施住相者解缚也，非以布施为不可也。万行有般若以为导，三轮空寂，虽终日施，奚病焉？又凡夫胶着于布施。沉海之举，是并其布施而布施之也。是名大施，是名真施，是名无上施。安得谓居士不施？

尚直、尚理编

国初[①]，空谷禅师著《尚直》、《尚理》二编，极谈儒释之际，其间力辨晦庵先生[②]暗用佛法而明排之。愚意晦庵恐无此心，或是见解未到耳。何以知之？记少年曾看《朱子语类》，自云："昔于某老先生坐中，听一僧议论，心悦之。后进场屋，便写入卷中。试官被某哄动，遂中式。及见延平先生，方知有圣贤学问。"以是知晦庵之学佛，不过如今人用资文笔而已，原不曾得佛深理。其排佛，是见解未到。空谷责之，似为太过。

戒 杀

天地生物以供人食，如种种谷、种种果、种种蔬菜、种种水陆珍味。而人又以智巧，饼之、饵之、盐之、酢之、烹之、炮之，可谓千足万足。何苦复将同有血气、同有子母、同有知觉、觉痛觉痒、觉生觉死之物，而杀食之？岂理也哉！寻常说："只要心好，不在斋素。"嗟乎！戮其身而

① 国初，指明朝初年。

② 晦庵先生，即南宋理学家朱熹。

啖其肉，天下之言凶心、惨心、毒心、恶心孰甚焉，好心当在何处？予昔作《戒杀放生文》劝世。而颇有翻刻此文，不下一二十本。善哉斯世，何幸犹有如是仁人君子在也！

建立丛林

丛林为众，固是美事。然须己事已办，而后为之。不然，或烦劳神志，或耽着世缘，致令未有所得者望洋而终，已有所得者中道而废。予兴复云栖，事事皆出势所自迫而后动作，曾不强为，而亦所损于己不少，况尽心力而求之乎？书此自警，并以告夫来者。

僧俗信心

末法中，颇有出家比丘信心不如在家居士者，在家居士信心不如在家女人者。何惑乎学佛者多，而成佛者少也。

损己利人

智者入灭，曰："吾不领众，必净六根。由损己利人，只登五品。"南岳亦自言："坐是只证铁轮。"二师虽是谦己诲人，然亦实语。但与我辈之损不同耳。何以故？我辈损则诚损，二师虽损而不损也。今以喻明：如一富室、一窘人，二俱捐财济众，其损不异。然窘人则窘益甚，富室则富自若也。又如沟渠、江海，均用汲灌，而沟渠减涸，江海自若也。既无所损，何为限于五品、铁轮？噫！天下以圣归仲尼，仲尼言圣我不能。天下以道属文王，文王顾望道未见。增上慢比丘可弗思乎！

良知

新建[①]创“良知”之说，是其识见学力深造所到，非强立标帜以张大其门庭者也。然好同儒释者，谓即是佛说之“真知”，则未可。何者？“良知”二字，本出子舆氏[②]。今以三支[③]格之：良知为宗，不虑而知为因，孩提之童无不知爱亲敬长为喻。则知“良”者美也，自然知之而非造作者也。而所知爱敬，涉妄已久，岂真常寂照之谓哉？“真”之与“良”，固当有辨。

心之精神是谓圣

《孔丛子》云：“心之精神是谓圣。”杨慈湖[④]平生学问以是为宗，其于“良知”何似？得无合佛说之“真知”欤？

曰：“精神”更浅于“良知”，均之水上波耳，恶得为“真知”乎哉？且“精神”二字，分言之，则各有旨。合而成文，则“精魂神识”之谓也。昔人有言“无量劫来生死本，痴人认作本来人”者是也。

寂感

慈湖，儒者也。不观仲尼之言乎：“操则存，舍则亡，出入无时，莫知其乡。”则进于“精神”矣，复进于“良知”矣。然则是佛说之“真知”乎？

曰：亦未也。“真”无存亡，“真”无出入也。“莫知其乡”，则庶几

① 新建，即明代理学家王阳明。

② 子舆氏，即孟子。

③ 三支，即宗、因、喻，为因明学进行逻辑论证的基本方法。

④ 杨简，号慈湖，南宋理学家，陆九渊弟子。

矣，而犹未举其全也。仲尼又云："无思也，无为也，寂然不动，感而遂通天下之故。"夫泯思为而入寂，是"莫知其乡"也，无最后句，则成断灭，断灭则无知矣。"通天下之故"，无上三句，则成乱想，乱想则妄知矣。"寂"而"通"，是之谓"真知"也。然斯言也，论《易》也，非论心也，人以属之蓍卦而已。盖时未至，机未熟，仲尼微露而寄之乎《易》，使人自得之也。甚矣，仲尼之善言心也。信矣，仲尼之为儒童菩萨也。

然则读儒书足了生死，何以佛为？曰：佛谈如是妙理，遍于三藏。其在儒书，千百言中而偶一及也。仲尼非不知也。仲尼主世间法，释迦主出世间法也。心虽无二，而门庭施设不同。学者不得不各从其门也。

来生（一）

今生持戒修福之僧，若心地未明，愿力轻微，又不求净土。是人来生多感富贵之报，亦多为富贵所迷，或至造业堕落者。

有老僧摇手不之信。予谓："无论隔世。亲见一僧，结茅北峰之阴，十年颇著清修。一时善信敬慕，为别创庵，徙居之，遂致沉溺，前所微得俱丧。现世且然，况来生耶？"问："此为谁？"予云："即老兄是。"其人默然。

来生（二）

僧有见贵显人而心生慕羡，愿似之者。复有见贵显人而心生厌薄，若不屑者。是二人皆过也。何也？尔徒知慕羡彼，而宁知彼之前生，即尔苦行修福僧人乎？则何必慕羡。尔徒知厌薄彼，而宁知尔之苦行，来生当作彼有名有位官人乎？则何可厌薄。既未离生死，彼此更迭，如汲井轮，互为高下。思之及此，能不寒心？但应努力前修，不舍寸阴，以期出世。安得闲工夫为他人慕羡耶，厌薄耶。

弃舍所长

凡人资性所长，必着之不能舍。如长于诗文者、长于政事者、长于货殖者、长于战阵者，乃至长于书者、画者、琴者、棋者，皆弊精竭神、殚智尽巧以从事。而多有钩深穷玄，成一家之名，以垂世不朽。若能弃舍不用，转此一回精神智巧，抵在般若上，何患道业之无成乎？而茫茫古今，千百人中未见一二矣。

二种鼠

家鼠穿墉走梁，循床入箧，累累然与人近。而逃形避影，自古无能豢而狎之者。松鼠以山岩为国，树杪为家，若方外之士，化外之民。而人得置之襟怀，驯如慈母之抚赤子。此其故何也？意者宿习之使也。彼家鼠，其昔穿窬之盗者耶？彼松鼠，其昔为人之服役者耶？均之畜生，而不无彼善于此也。术不可不慎也。

僧 习

末法僧有习书、习诗、习尺牍语，而是三者皆士大夫所有事。士大夫舍之不习而习禅，僧顾攻其所舍，而于己分上一大事因缘置之度外。何颠倒乃尔！

古今人不相及

本朝尊宿，自洪武至今，殆不多见。无论唐、宋，只如元之中峰、天如诸老，今代唯琦楚石一人可与驰骋上下。况古之又古耶？得非世愈降，障愈深耶？豪杰固无文王犹兴，毕竟星中之月而已。然则末法中人，不可妄自尊大而轻视古德，又不可甘心暴弃而不为豪杰也。

《物不迁论驳》

有为《物不迁论驳》者，谓肇公不当以物各住位为不迁，当以物各无性为不迁。而不平者反驳其驳。或疑而未决，举以问予。

予曰：为驳者，固非全无据而妄谈。驳其驳者，亦非故抑今而扬古。盖各有所见也，我今平心而折衷之。子不读《真空》、《般若》、《涅槃》三论，及始之《宗本义》乎？使无此，则今之驳，吾意肇公且口挂壁上，无言可对，无理可伸矣。今三论发明性空之旨，罔不曲尽，而《宗本》中又明言“缘会”之与“性空”一也，岂不晓所谓性空者耶？盖作论本意，因世人以昔物不至今则昔长往，名为物迁。故即其言而反之，若曰：“尔之所谓迁者，正我之所谓不迁也。”此名就路还家，以贼攻贼，位不转而易南成北，质不改而变鍮为金，巧心妙手，无碍之辩才也。故此论非正论物不迁也，因昔物、今物二句而作耳。若无因自作，必通篇以“性空”立论，如三论矣。兹径以不晓性空病肇公，肇公岂得心服？是故“求向物于昔，于昔未尝无。责向物于今，于今未尝有。”此数言者，似乖乎性空之旨。然昔以缘合不无，今以缘散不有。缘会、性空，既其不二，又何烦费辞以辨肇公之失哉！

或问：何故彼论通篇不出此意？

曰：以有缘会不异性空之语，在《宗本》中，观者自可默契耳。若知有今日，更于论尾增一二语，结明此意，则驳何由生？吁！肇公当必首肯，而不知为驳者之信否也。

《碧岩集》

圆悟作《碧岩集》，妙喜欲入闽碎其板。浅智者遂病圆悟，不知妙喜特一时遣着语耳。夫雪窦百则颂古，先德谓是颂古之圣。而圆悟始为评唱，又评唱之圣也。而不免为文字般若，愚者执之。故妙喜为此说，碎学人之情识也，非碎《碧岩集》也。其言碎者，仿佛云门“一棒打杀”之意也。神而明之，《碧岩》寸寸栴檀。执而泥之，一大藏板皆可碎也。噫！可与知者道也。

兜率悦、张无尽

张无尽将见悦公[①]，悦云："吾当深锥痛扎此人。"或谓："诸官人多喜承顺，恐恶发。"悦云："我不过退院而已。"因尽力逼拶，无尽由此了悟。愚谓悦公妙手陶铸，其贤固不必论。而无尽委身知识，穷参力究，终得发明，真士大夫学道之模范也。

宗门问答

古尊宿作家[②]相见，其问答机缘，或无义无味，或可惊可疑，或如骂如谑。而皆自真参实悟中来，莫不水乳投，函盖合，无一字一句浪施也。后人无知效颦，则口业不小。譬之二同邑人，千里久别，忽然邂逅，相对作乡语、隐语、谚语。旁人听之，亦复无义无味，可惊可疑，如骂如谑。而实字字句句皆衷曲之谈，肝膈之要也。旁人固不知是何等语，而二人者，则默契如水乳，如函盖矣。今不如缄口结舌，但向本参上着力。只愁不悟，不愁悟后无语。

醉生梦死

醉生梦死，恒言也，实至言也。世人大约贫贱、富贵二种。贫贱者，固朝忙夕忙，以营衣食。富贵者，亦朝忙夕忙，以享欲乐。受用不同，其忙一也。忙至死而后已，而心未已也。赍此心以往，而复生，而复忙，而复死。死生生死，昏昏蒙蒙，如醉如梦，经百千劫，曾无了期。朗然独醒，大丈夫当如是矣！

---

① 宋代宰相张商英，字天觉，号无尽居士，参江西兜率院从悦禅师得悟。

② 作家，禅门中对明心见性、机辩纵横的禅者的敬称。

真道人难

凡人造业者百，而为善者一二。为善者百，而向道者一二。向道者百，而坚久者一二。坚久者百，而坚之又坚，久之又久，直至菩提，心不退转者一二。如是最后，名真道人。难乎哉！

空所空尽

或曰：《老子清静经》云“观空亦空，空无所空”等语，即《楞严》“空所空尽”之义。

予谓：《楞严》初云“动静二相，了然不生”。今以“清静”名经，是动相不生，而静相犹生也。静且未空，尚何论空空？

教外别传

或谓：教外果有别传乎？则一代时教，闲文也。教外果无别传乎？则祖师西来，虚行也。

曰：教外实有别传，而亦实无别传也。《圆觉》不云乎：“修多罗如标月指。”指非月也，谓指外别有月可也。而月正在所指中，谓指外别无月亦可也。执指为月，谓更无月者，愚也。违其所指，而别求所谓月者，狂也。神而明之，存乎其人而已。

发真归元

《楞严》云：“一人发真归元，十方虚空悉皆消殒。”而《中庸》以喜怒哀乐未发为“中”，既而曰：“致中则天地位。”会通儒释者，谓“中”即“真元”也。然归元则世界消，致中则世界立，胡因同果异如此？盖喜怒哀乐属乎意根，第六识耳。今只意识不行，尚余末那、赖耶，洪涛息而微波在也。曾未归元，如何得虚空消殒？

道 话

古之学者，宾主相见，才入门，便以此一大事因缘，递相研究。今群居杂谈，率多世谛。漫游千里，靡涉参询。遐哉古风，不可复矣。嗟夫！

楚失弓

楚王失弓，左右欲求之。王曰："楚人失弓，楚人得之，何必求也？"仲尼曰："惜乎其不广也，胡不曰：'人遗弓，人得之。'何必楚也？"大矣哉！楚王固沧海之胸襟，而仲尼实乾坤之度量也。虽然，仲尼姑就楚王言之，而未尽其所欲言也。何也？尚不能忘情于弓也。进之，则王失弓，王犹故也，无失也。假令王复得弓，王犹故也，无得也。虽然，犹未也，尚不能忘情于我也。又进之，求其所谓我者不可得，安求其所谓弓也、人也、楚也。

汤 厄（一）

辛丑孟春十日，予随例入浴，失足沸汤中，从踵及股。既而调治乖方，逾两月而后愈。虽备历诸苦，而于苦中照见平日过咎，生大惭愧，发菩提心。

盖平日四大无恙，行坐随意，眠起随意，饮食随意，谈笑随意，不知其为人天大福也。安享此福，无复思念六道众生。且我此一饷安乐时，地狱众生，挫烧舂磨者，不知经几许苦矣。饿鬼众生，饮铜食血者，不知经几许苦矣。畜生众生，衔铁负鞍、刀割鼎烹者，不知经几许苦矣。纵得为人，而饥寒逼迫者、服役疲劳者、疾病缠绵者、眷属分离者、刑罚责治者、牢狱监禁者、征输困乏者、水溺火焚而死者、蛇螫虎啮而死者、含冤负枉而死者，其苦亦不知几许，而我弗知也。

自今以后，得一饷安乐，即当思念六道苦恼众生，摄心正意，愿早成道果，普济含识，俾齐生净土，得不退转。刹那自肆，何以上报佛恩，而下酬檀信也？励之哉！

汤厄（二）

佛言："人命在呼吸间。"予平日亦常举此以警策大众，而实未尝身亲经历之也。及予之罹汤厄也，方其入浴，身安心泰，洋洋自如，俄而蹈沸釜中，几死矣。其得生者，幸也，龙天救之也。夫为时刹那耳，而死生系焉。命在呼吸，岂不诚然乎哉！则知为僧者，于佛所说以劝他人恒切，而以劝自己或疏，通弊也。予于是大愧大骇，而大自戢。

汤厄（三）

予平日论到病中做工夫处，亦知毕陵伽婆蹉所谓"纯觉遗身"矣，亦知马大师所谓"有不病者"矣，亦知永嘉所谓"纵遇风刀常坦坦，假饶毒药也闲闲"矣，亦知肇公所谓"四大本空，五蕴非有"矣。及乎足入沸汤，从头简点，痛觉在身，谁是遗身者？我今受病，谁是不病者？锋刀、毒药切于肌肤，谁是坦坦闲闲者？四大五蕴实为吾身，实为吾累，谁是本空非有者？乃知平日干慧都不济事，若无定力，甘伏死门。彼口头三昧，只自瞒耳。噫！可不勉欤？

汤厄（四）

予见屠酤之肆，生置鳖鳝虾蟹之属于釜中，而以百沸汤烹之。则谕之曰："彼众生力弗汝敌，又微劣不能作声耳。若力敌，则当如虎豹啖汝。若能作声，冤号酸楚之声，当震动大千世界。汝纵逃现报，而千万劫中，彼诸众生不放汝在！汝试以一臂纳沸汤中，少顷而出，则知之矣。"今不意此报乃我当之。因思自少至老，虽不作此业，而无量生来，既宿命未通，安保其不作也？乃不怨不尤，安意忍受，而益勤修其所未至。

经 教

有自负参禅者，辄云："达摩不立文字，见性则休。"有自负念佛者，辄云："只贵直下有人，何必经典？"此二辈人，有真得而作是语者，且不必论。亦有实无所得而漫言之者，大都不通教理，而护惜其短者也。

予一生崇尚念佛，然勤勤恳恳劝人看教。何以故？念佛之说，何自来乎？非金口所宣，明载简册，今日众生何由而知十万亿刹之外有阿弥陀也。其参禅者，借口教外别传，不知离教而参，是邪因也。离教而悟，是邪解也。饶汝参而得悟，必须以教印证。不与教合，悉邪也。是故学儒者，必以六经、四子为权衡。学佛者，必以三藏十二部为模楷。

语 录

古人道明德立，足为人天师表，然后有语录垂世。大率有二：或门人所记，如《六祖坛经》之类是也。或手自作之，如《中峰广录》之类是也。

我实凡夫，自救不了。为吾徒者，慎勿笔吾一时偶尔之谈，刊为语录。不唯妄自尊大，又偶尔之谈，或有为而发，或因人而施，未是究竟了义。而况听者草草入耳，便形诸纸墨，亦恐有误人之过也。

闻 谤

经言："人之谤我也，出初一字时，后字未生。出后一字时，初字已灭。是乃风气鼓动，全无真实。若因此发瞋，则鹊噪鸦鸣，皆应发瞋矣。"其说甚妙。

而或谓："设彼作为谤书，则一览之下，字字具足，又永存不灭，将何法以破之？"

独不思白者是纸，黑者是墨，何者是谤？况一字一字，皆从篇韵凑合而成，然则置一部篇韵在案，是百千万亿谤书无时不现前也。何惑之甚也！虽然，此犹是对治法门。若知我空，谁受谤者？

愚之愚

世人以不识字、不解事为愚，此诚愚也，非愚之愚也。读尽五车书，无字不晓。收尽万般巧，无事不能。乃至谈玄说禅，靡不通贯。而究其真实处，颠倒迷惑，反见笑于向之所谓愚者，非愚中之愚而何？

预 了

无常迅速，虽老少无别。然年少人犹处未定之天，妄冀长寿。若老年人，则定然光景无多矣。须把身世事处分了当，从他无常朝到暮到，撒手便行，无所系累。此晚境大要紧处，不可忽，不可忽。

广 览

看经须是周遍广博，方得融贯，不致偏执。盖经有此处建立，彼处扫荡。此处扫荡，彼处建立。随时逐机，无定法故。假使只看《楞严》，见势至不入圆通，而不广览称赞净土诸经，便谓念佛法门不足尚矣。只看达摩对梁帝语，见功德不在作福，而不广览六度万行诸经，便谓有为福德皆可废矣。反而观之，执净土非禅宗，执有为非无为，亦复如是。喻如读医书不广者，但见治寒用桂附而斥芩连，治虚用参耆而斥枳朴，不知芩连枳朴亦有时当用，而桂附参耆亦有时当斥也。是故执医之一方者误色身，执经之一义者误慧命。予尝谓《六祖坛经》不可使无智人观之，正虑其执此而废彼也。

求人过

见人饬躬立德，名称颇闻，便多方求觅其过。此忌心也，薄道也。或见人有所著述，其求过也亦然。不知闻一善行，览一好书，皆当随喜赞叹，而反掩之灭之，是诚何心哉？若果行系伪行，书系邪书，自应正言公论，明斥其非。又不当半褒半讥，依阿进退。

谋 断

古称玄龄善谋，如晦善断，盖谋与断当兼备而不可一缺者。予于事，多有见之极明，而持之不武，以此致误，常悔之恨之。故禅门贵悲智双足。而谋与断，俱智所摄。谋而乏断，正能见而不能持也。此终是智浅而不深，偏而不全耳。大宜勉旃。

禅佛相争

二僧遇诸途，一参禅，一念佛。参禅者谓："本来无佛，无可念者。佛之一字，吾不喜闻。"念佛者谓："西方有佛，号阿弥陀。忆佛念佛，必定见佛。"执有执无，争论不已。有少年过而听焉，曰："两君所言，皆徐六担板耳。"二僧叱曰："尔俗士也，安知佛法！"少年曰："吾诚俗士，然以俗士为喻而知佛法也。吾，梨园子也。于戏场中，或为君，或为臣，或为男，或为女，或为善人，或为恶人。而求其所谓君臣、男女、善恶者，以为有，则实无。以为无，则实有。盖有是即无而有，无是即有而无。有无俱非真，而我则湛然常住也。知我常住，何以争为？"二僧无对。

武夷图

予病中有赠以《武夷九曲图》者，阅之忻然。因思古人沉疴不起，一友教玩《辋川图》，不浃旬而愈。况西方极乐世界，绘画流布，朝夕参礼，而未闻奇验速效如《辋川》者，何耶？良由辋川迹在寰中，易为描写。极乐境超世外，难以形容。则不若绘辋川者之备极工巧，耸人心目故也。彼鸡头摩之所传，《十六观经》之所说，亦略示其概而已。夫极乐世界，忉利、兜率、化乐诸天所不能及其少分。使人得而详睹，何止四百四病之俱忘，将八万四千烦恼诸病皆消灭无余矣。昔人谓"神栖安养"，又谓“先送心归极乐天”。岂徒然哉！

谈宗

予未出家时，乍阅宗门语，便以情识模拟。与一座主书，左纵右横，座主惮焉。出家数年后，重会座主于一宿庵。劳问间，见予专志净土，语不及宗，矍然曰：“子向日见地超卓，今反卑近，何也？”予笑曰：“谚有之：‘初生牛犊不畏虎。’识法者惧，君知之乎？”座主不答。

念佛

世人稍利根，便轻视念佛，谓是愚夫愚妇勾当。彼徒见愚夫愚妇口诵佛名，心游千里。而不知此等是名读佛，非念佛也。“念”从“心”，心思忆而不忘，故名曰“念”。试以儒喻，儒者念念思忆孔子，其去孔子不亦庶几乎？今念念思忆五欲，不以为非，而反以念佛为非。噫！似此一生空过，何如作愚夫愚妇耶？而惜乎智可能也，愚不可能也。

僧性空

吴泗洲寺僧性空，弃应院，闭关尧封山。尝寄予所发誓愿，及禀告十方等语。予嘉叹希有。俄而魔着，遂癫狂以死。予甚悼焉。揆其由，盖由乍起信心，有信无慧故也。

古人心地未通，不远千里，参师访道。出一丛林，入一保社，乃至穷游遍历，曾不休息。得意之后，方于水边林下长养圣胎耳。何得才离火宅，便入死关？有过不知，有疑莫辨，求升而反堕，又奚怪其然哉！

颇有初心学人，结茅深山，孤孑独居，自谓高致。虽未必魔癫，而亦顿失利益不少。明者试一思之。

行 脚

予单丁行脚时，忍饥渴，冲寒暑，备历诸苦。今幸得把茆盖头，虽不识修行，而识惭愧。云水①乍到，供事唯勤。己身受用，不敢过分。盖谓曾为浪子偏怜客，穷汉起家，惜土如金也。

今乍入缁门，便住现成庵院，事事如意。喻似富家儿，不谙民间疾苦。纵才智兼人，无赖参访，而闭门自大，习成我慢，增长无明，亦所失多矣。

《妙宗钞》

曩一僧谓予曰："佛示西方，本为普利诸根，速超生死，是易行道。而知礼法师，纯以台教精深观法释之，使易反成难，失如来曲为凡夫本意。"此论亦甚有理。今思之，古人谓解佛经，宁以浅为深，毋以深为浅。则《妙宗》所说，利根者自悟深理。钝根者亦不失依经直观，求愿往生。似无所碍。

出 神（一）

或问："仙出神，禅者能之乎？"

曰："能之，而不为也。《楞严》云：'其心离身，反观其面。'是也。而继之曰：'非为圣证。若作圣解，即受群邪。'是能之而不为也。"

又问："神之出也，有阴有阳。《楞严》所云，阴神也。仙出阳神，禅者能之乎？"

曰："亦能之而不为也。"或者愕。

曰："毋愕也。尔不见初祖已没，只履西归乎？尔不见宝志公，狱中一身、市中一身乎？尔不见沩山晏坐静室，乃于庄上吃油糍乎？然亦不名

---

① 云水，指行脚僧。

圣证，宗门呵之。昔一僧入定出神，自言：‘我之出神，不论远近，皆能往来，亦能取物。’正阳神也。先德责云：‘圆顶方袍，参禅学道，奈何作此鬼神活计？’是故吾宗大禁，不许出神。”

出神（二）

又问：“神有何过？”

曰：“神即识也，而分粗细。有出有入者，粗也。直饶出入俱泯，尚住细识。细之又细，悉皆浑化，始得本体耳。而着于出入以为奇妙，前所谓‘无量劫来生死本，痴人认作本来人’也。”

闻讣

闻人讣音，必大惊讶。此虽世间常情，然生必有死，亦世间常事，自古及今，无一人得免者，何足惊讶？特其虚生浪死而不闻道，是重可惊讶，而恬不惊讶。悲夫！

斋素

富贵人不能斋素，其故有二：一者耽刍豢之悦口，二者虑藜藿之损身。不知肉食、蔬食，体之肥瘠或因之，而寿夭不与也。且鹿之寿最永于诸兽，而所食者草耳。虎食肉，而寿之长短于鹿何如也？鹿不肉而寿，人何独不然？虽然，有厄于病苦，心虽欲斋而力不副者。有制于所尊，心虽欲斋而势弗克者。则姑行月斋、日斋，及三净肉，但坚持不杀可也。久之，宿习当自断。

轮回根本

《圆觉》谓：“轮回以爱欲为根本。”而此爱欲，百计制之，莫可除灭。盖贲、育无所施其勇，良、平无所用其智，而离娄、公输无所着其明巧者也。虽不净观正彼对治，而博地凡夫，障重染深，只见其净，不见其不净。观法精微，鲜克成就。然则竟如之何？经云："欲生于汝意，意以思想生。"今观此想，复从何生？研之究之，又研究之。研之不休，究之不已，老鼠入牛角，当必有倒断处。

病者众生之良药

世人以病为苦，而先德云："病者众生之良药。"夫药与病反，奈何以病为药？盖有形之身，不能无病，此理势所必然。而无病之时，嬉怡放逸，谁觉之者？唯病苦逼身，始知四大非实，人命无常。则悔悟之一机，而修进之一助也。予出家至今，大病垂死者三，而每病发悔悟，增修进。由是信良药之语，其真至言哉！

蛇成龙

昔人有喻："如蛇成龙，不改其皮。如人成佛，不改其面。"此破愚夫着相求佛。盖仿佛为比，非的喻也。断章取义，非全喻也。又有谓："蛇伏地内，由修炼而成龙。"不知此性禀使然，非修炼所致。是故污水中虫化而为蚊，厕圂中虫化而为蝇，蜣之为蝉，蚕之为蛾，雉之为蜃，雀之为蛤，鲨之为虎，鲲之为鹏，如是之类，种种非一，岂其有修炼之术乎？又不见草之为萤，饭之为螺，瓦之为鸳鸯。无情而化有情，修炼安在？吾恐不明理者，名为学道，潜作邪因，妄冀邪果，不得不辩。

名利

荣名厚利，世所同竞。而昔贤谓："求之既不可得，却之亦不可免。"此"却之不可免"一语，最极玄妙，处世者当深信熟玩。盖求不可得，人或知之。却不可免，谁知之者？如知其不可免也，何以求为？又求之未得，不胜其愠。及其得之，不胜其喜。如知其不可免也，何以喜为？又已得则喜，他人得之则忌。如知其不可免也，何以忌为？庶几达宿缘之自致，了万境之如空，而成败利钝，兴味萧然矣。故知此语玄妙。

临终正念

经言：“人欲终时，闻钟磬声，增其正念。”而杭俗，亡者气绝良久，方乃召僧击磬，已无及矣。又讹为之说曰：“磬之鸣也，促亡人行赴阎罗也。”其谬一至于是。

花 香

庭中百合花开，昼虽有香，澹如也。入夜而香始烈。夫鼻非钝于昼而利于夜也。白日喧动，诸境纷杂，目视焉，耳听焉。鼻之力为耳目所分，而不得专也。用志不分，乃凝于神，信夫！

《人虎传》

《说海》载《人虎传》：一僧戏披虎皮于山径间，有见而怖走，遗其橐囊者，辄取之。皮忽着身，遂成虎。不敢归寺，而心历历然人也。渐饥，不得已，食狐兔羊犬。既而捕得人，将食之，视之僧也。大悔恨，恨极悲号，举身自掷，皮忽堕地，还复人体。因感斯异，乃破衲行乞，遍参知识，刻心办道，后竟成名德云。经云：“一切唯心造。”观于是尤信。

六道互具

六道之中，复有六道。且以人言之：有人而天者，诸国王、大臣之类是也。有人而人者，诸小臣，及平民衣食饶足、处世安然之类是也。有人而修罗者，诸狱吏、屠儿、刽子之类是也。有人而畜生者，诸负重力役，恒受鞭挞之类是也。有人而饿鬼者，诸贫穷乞人，啼饥号寒之类是也。有人而地狱者，诸刑戮剐割之类是也。天等五道，亦复如是。所以然者，昔因持戒修福，今得人身。而所修戒福，有上、中、下。此三种中复有三种，多多无尽。各随其心，感报不一。经云："一切唯心造。"又观于是尤信。

智 慧

《增一阿含经》，佛言："戒律成就，是世俗常数。三昧成就，亦世俗常数。神足飞行成就，亦世俗常数。唯智慧成就，为第一义。"则知戒定等三学，布施等六波罗蜜，唯智慧最重，不可轻也。唯智慧最先，不可后也。唯智慧贯彻一切法门，不可等也。经云："因戒生定，因定发慧。"盖语其生发之次第则然，而要当知所重、知所先、知所贯彻始得。虽然，此智慧者，又非聪明才辩之谓也，如前"世智当悟"中说。

外 学

隋梁州沙门慧全，徒众五百。中一人颇粗异，全素所不录，忽自云得那含果。全有疾闭门，其人径至榻前问疾，而门闭如故。明日复然。因谓全曰："师命过，当生婆罗门家。"全云："我一生坐禅，何故生彼？"答云："师信道不笃，外学未绝。虽有福业，不得超诣。"

今时僧有学《老》、《庄》者，有学举子业经书者，有学《毛诗》、《楚骚》及古词赋者。彼以禅为务，但外学未绝，尚缘此累道。今恣意外学，而禅置之罔闻，不知其可也。

灵裕法师

裕法师之说经也，或一字盘桓，动经累日。或片时之顷，便销数卷。或分科已定，及至后讲，更改前科。增减出没，随机显晦，学者疑焉。裕曰："此大士之宏规也，可以恒情断乎？"裕师盖得无碍辩才，庶几乎于法自在。而拘名着相，以文害辞，以辞害意，与夫参死句之辈，何足以知之？今人不可执己见而蔑视胜流，轻谈横议。又不可昧己量而效颦先德，妄行自用也。

行脚、住山

今人见玄沙不越岭，保福不度关，便端拱安居，眼空四海。及见雪峰三登投子、九上洞山，赵州八旬行脚，便奔南走北，浪荡一生。斯二者皆非也。心地未明，正应千里万里，亲附知识，何得守愚空坐，我慢自高？既为生死，参师访道，又何得观山观水，徒夸履历之广而已哉？正因行脚之士自不如是。

《楞严》房融所作

有见《楞严》不独义深，亦复文妙，遂疑是丞相房融所作。夫译经馆，番、汉僧及词臣居士等，不下数十百人，而后一部之经始成。融不过润色其文，非专主其义也。设融自出己意，创为是经，则融固天中天、圣中圣矣。而考诸唐史，融之才智，尚非柳、韩、元、白之比。何其作《楞严》也，乃超孔、孟、老、庄之先耶？嗟乎！千生百劫，得遇如是至精至微、至玄至极之典，不死心信受，而生此下劣乖僻之疑。可悲也夫！可悲也夫！

果报（一）

经言："万法唯心。"错会者谓："无心则无因无果，故不患有业，唯患有心。有业无心，阎老子其奈我何？"遂安意造业，无复顾忌。不知无心有二：如理思惟，用心之极，而自然入于无心三昧者，真无心也。起心造业，又起心制心，强制令无，似得无心，心恰成有。心有则业有，阎老子铁棒未放汝在！

果报（二）

又经言："具足智慧菩萨，脱使堕落，在畜生中，畜生中王；在饿鬼中，饿鬼中王。"错会者谓："有智则能转业，故不患有业，唯患无智。

有业有智，阎老子其奈我何？”遂安意造业，无复顾忌。不知经称“智慧”，非等闲世智之谓也。且汝智慧，得如文殊、身子否？纵不及此，次而下之，得如善星、调达否？善星博学十八香象所载法聚，调达得罗汉神通，而俱不免生陷地狱。况汝智慧未必胜此二人乎？杯水不能熄车薪之火，萤光不能破幽谷之昏。今之小智，灭业几何？阎老子铁棒未放汝在！

塞翁

得失曾无定形，祸福互为倚伏。塞翁一段因缘，人皆知之，而未必信之也。予失足沸汤，筋挛不伸，蓄双拐为二侍，若将终身焉。作《跛脚法师歌》自嘲，有“只愁此脚不终疾”之句。既而足伸如故，笑以为诗谶，而依然奉以为诗规也。且感且惧，愿无忘射钩[1]。

神通

神通大约有三：一报得，一修得，一证得。报得者，福业自致，如诸天皆能彻视彻听，及鬼亦有通是也。修得者，习学而成，如提婆达多学神通于阿难尊者是也。证得者，专心学道，无心学通，道具而通自具，但迟速不同耳，如古今诸祖、诸善知识是也。较而论之，得道不患无通，得通未必有道。先德有言：“神通妙用不如阇黎，佛法还须老僧。”意有在矣。

试为之喻：世间官人所有爵禄、冠服、府署、仪卫等，若神通然。而亦有三种：其报得者，如功勋荫袭，自然而有者也。其修得者，人力夤缘，古人所恶“不由其道”者是也。其证得者，道明德立，而位自随之。仲尼云：“学也，禄在其中矣。”是也。是三者胜劣可知也。

---

① 射钩，春秋时管仲率兵阻止齐桓公归国为君，射中其带钩。此喻所遭受的危身之患。

大豪贵人

世间大豪贵人，多从修行中来。然有三等：

其一、持戒修福，而般若正智念念不忘，则来生虽处高位，五欲具足，而心则时时在道，真所谓有发僧也。

其二、持戒修福，而般若之念稍疏，则来生游戏法门而已。

其三、持戒修福，而于般若藐不系念，则来生为顺境所迷，背善从恶，甚而谤佛、毁法、灭僧者有矣。

鞫其因地，则均之修行人耳，而差别如是。来生更来生，其差别又何如也？寒心哉！

天台、清凉（一）

人有恒言曰天台、贤首。愚尝究之：南岳举其纲，而万目毕张，则莫备乎天台。贤首持其衡，而千星交罗，则莫备乎清凉。盖自有佛法以来，天台集其大成。自有天台以来，清凉集其大成矣。故当以二师相对而名宗也。

或曰："人于天台无议矣，于贤首或置喙焉，何也？"曰："喙贤首者，亦百喙而一中耳。又向不云乎：贤首之道，至清凉而始备。是则天台、清凉二师，恩如父母，道亦如父母。且清凉可得议乎？"或未答。予笑曰："毋劳尔思也。天台之后有清凉，犹尧舜之后有孔子也，而又何议也？"

天台、清凉（二）

或曰：彼四教，此五教，判然二宗矣[①]。然亦有同欤？

---

① 对于本师释迦牟尼佛所说经教，天台宗按义旨划分为四类，即：藏、通、别、圆。华严宗则划分为五类，即：小乘教、大乘始教、大乘终教、顿教、圆教。

曰：毋以二为也。四之与五，犹五蕴、六根，开合焉耳矣。五教之“小”，即摄入四中之“藏”。而“藏”之为言，犹迹涉于混，故另分曰“小”也。五教之“顿”，即摄入四中之“圆”。而达摩直指正属乎顿，欲其彰显，故特标曰“顿”也。二宗之“圆教”，一也。而《华严》十玄之旨，四之“圆”犹含其意而未尽。故“小”、“始”、“终”、“顿”之后，而独冠以一乘之“圆”，有深意也。以其各为一时之所依归，而均为万代之所程式，以是名之二宗。宗常二，而道常一。歧而二之，则非矣。

《栯堂山居诗》

永明、石屋、中峰诸大老，皆有《山居诗》，发明自性，响振千古。而兼之乎气格雄浑，句字精工，则栯堂四十咏，尤为诸家绝唱。所以然者，以其皆自真参实悟，溢于中而扬于外。如微风过极乐之宝树，帝心感乾闼之瑶琴，不搏而声，不抚而鸣。是诗之极妙，而又不可以诗论也。不攻其本而拟其末，终世推敲，则何益矣！愿居山者学古人之道，毋学古人之诗。

山色

近观山色，苍然其青焉，如蓝也。远观山色，郁然其翠焉，如蓝之成靛也。山之色果变乎？山色如故，而目力有长短也。自近而渐远焉，青易为翠。自远而渐近焉，翠易为青。是则青以缘会而青，翠以缘会而翠。非唯翠之为幻，而青亦幻也。盖万法皆如是矣。

现生梦

夜梦中多现生事，罕梦前生，何也？盖梦以想成，想多现生，不及前生故也。且三乘贤圣，尚有隔阴出胎乍时之昏。况具缚凡夫，脱一壳，入一壳，从母腹中颠倒而下，尚何能记忆前生耶？唯据其目前纷纷纭纭，昼则为想，夜则为梦耳。而或时未见之物、未作之事、未历之位，现于梦中者，则无始之境任运而然，亦莫知其所以然而然也。想阴既破，寤寐恒一，幸相与致力焉。

礼忏僧

有修净土忏法者。一僧谓曰："经不云乎：'若欲忏悔者，端坐念实相。'胡为是仆仆尔亟拜也？"忏者问："如何是实相？"僧云："心不起妄，即是实相。"又问："心是何物？妄又何物？能制心者复是何物？"僧无对。忏者曰："吾闻之，忏以理为正，以事为助。虽念实相，而三业翘勤，亦不相碍。何以故？初机行人，未能卒与实相相应，须借外缘辅翼。《法华》谓：'我以异方便，助显第一义。'是也。《起信》亦言：'末法众生，修是法者，自惧不常值佛。如来世尊，有异方便，教令念佛，求生净土。'故知慈云大师《净土忏法》，酌古准今，至为精密。与《法华》、《光明》诸忏，俱事理双备，人天交钦，照末法昏衢之大宝炬也。且治生产业不背实相，是佛说否？"僧云："如是。"曰："然则礼忏不及治生产业乎？"僧又无对。

南岳止观

南岳《大乘止观》中，引《起信论》文曰："是故《论》云：'三者用大，能生世间、出世间善恶因果故。'"《起信》原无"恶"字，读之令人骇然。且性恶虽是天台一家宗旨，然慈云谓："南岳远承迦叶，次禀马鸣。"而马鸣以古佛示居八地，南岳以异德名列神僧，不应先圣、后圣两相违悖。又《起信》言约义丰，辞精理极，总括大乘诸了义经，一句一字不可得而增减者也。彼南岳自创为止观则已，今引《起信》，正出其来源，明有据也，而乃于本文所无，辄为增益，有是理乎？必后人为之耳。或谓："此书刻自慈云，宜无赝杂。"噫！安知非慈云之后，又后人所增耶？我虽至愚，定知南岳不改《起信》。请高明更详之。

韩昌黎

世传昌黎[①]初辟佛，后遇大颠[②]，顿有悟入。然考其文集，有曰："近传愈稍信释氏，此传者妄也。潮人无可与语，僧大颠颇聪明，识道理，故与之游。其归也，留衣服为别，此人之情，非崇信其道，求福田利益也。"观此，则悍然不信如故，安在其悟入也？

虽然，若据示现影响，逆顺赞扬，则不可测。安知昌黎非故为是引发因缘耶？不有昌黎之辟佛，何从有明教[③]之《非韩》？钟因击而声始洪，烛以剪而光愈茂。是故未得宿命，未具他心，未可纵口高谈，臧否人物。

惺寂

止观之贵均等，尚矣。圣人复起，不能易矣。或有稍缓急于其间者，曰："经言'因定发慧'，则止为要。"以是相沿成习。修行之人，多主寂静。唯永嘉既为"惺惺寂寂、寂寂惺惺"之说，以明均等。而后文曰："惺惺为正，寂寂为助。"则迥然独得之见，从古至今，无道及者。自后宗门教人看话头，以期彻悟，而妙喜呵默照为邪禅，正此意也。是故佛称大觉，众生称不觉。觉者，惺也。永嘉之旨微乎！

道原

或问：《道德经》云："吾不知其名，字之曰道。"则"道"之一言，自老子始，而万代遵之。佛经之所谓"道"者，亦莫之能违也，则何如？

---

① 韩昌黎，即唐代文学家韩愈。

② 唐代宝通禅师，自号"大颠和尚"，于潮州创建灵山禅院。

③ 宋代契嵩禅师，赐号"明教大师"，作《非韩》三十篇，驳斥韩愈等人的排佛主张。

曰：著于《易》，则云："履道坦坦。"纪于《书》，则云："必求诸道。"咏于《诗》，则云："周道如砥。"《五千言》未出，"道"之名已先立矣。况彼之所谓"道"者，乃法乎自然。如其空无来原，自然生道，则清凉判为无因。如其本于自然，方乃生道，则清凉判为邪因。无因、邪因，皆异计耳，非佛之所谓"道"也。佛道，则万法由乎自心，非自然，非不自然。经言"阿耨多罗三藐三菩提"者，是无上正觉之大道也。尚非自然，何况法自然者？

菩萨不现今时

窃怪今时造业者多，信道者寡。菩萨既度生无已，何不分身示现，化诱群迷？且昔佛法东流，自汉、魏以迄宋、元，善知识出世，若鳞次然。元季、国初，犹见一二。近胡寥寥无闻？如地藏愿度尽众生，观音称无刹不现。岂其忍遗未度之生，亦有不现之刹耶？

久而思之，乃知菩萨随缘度生，众生无缘，则不能度。喻如月在天上，本无绝水之心，水自不清，月则不现。况今末法渐深，心垢弥甚。菩萨固时时度生，而生无受度之地。是则临浊水而求明月，奚可得乎？

如来不救杀业

复次，今时造业，唯杀尤甚。无论四海之广，即此一邑，于一日中所杀生命，牛羊犬豕、鹅鸭鱼鳖，动以千万。其细微者何可胜数？而春秋二时，飨天地、祀鬼神、蒸尝于祖考、报德报功于先圣先贤，牲牷之用，不知其几。而天地不矜，鬼神不怜，祖考不知，先圣先贤不潜为禁止。至于如来，仁覆天地，慈摄鬼神，恩逾祖考，德冠于诸圣贤。何不稍示神通，或俾现受恶报，或令还着本人，则谁不战惧改悔？而漠然若罔闻者何也？

久而思之，乃知今牛羊等，因昔造杀，报在畜生。彼旃陀罗，即前所杀，转为能杀，因缘会遇，始畅本怀。定业使然，无能救者。俟其业尽，然后报息。虽天中天、圣中圣，亦末如之何也已。况宿报甫平，新殃更造。因果相循，吾不知其所终也。且往者莫谏，来者可追。则今断杀因，后无杀果。如来明训，彰如日星。为诸众生而救杀业，不已至乎！

增减古人文字

友人处偶见野史一帙，及前辈警世诗偈，颇多增减旧文。因思古今著述，儒籍除《六经》、《论》、《孟》，梵典除佛菩萨经论，及出自名称最显赫诸大老，慎不敢动，其余亦颇随意增减。夫流通善法，利济众生，实出美心良意。而委任他人，俾之雠校，以致如是。愿躬自主之，苟存殷重之心，必有为吹藜[①]者。

毒蛇喻

昔佛行田间，见遗橐在地，指之曰："毒蛇！毒蛇！"言已径去。有耕夫荷锄往击之，则遗橐也。持而归，得金数镒，大喜过望。俄而闻于王，责令输官，以为献少匿多，楚掠备至，征索无已，并其恒产俱尽。他日遇佛，泣曰："瞿昙诳我！瞿昙误我！"佛言："向汝道毒蛇，是毒蛇否？"嗟乎！今之螫于毒蛇者众矣。螫而无悔，而复受其螫者亦众矣。岂独一耕夫哉！

食肉（一）

有僧业《楞伽》，偶会缁素。一居士，儒生也，断肉茹素。同列相与咻之。楞伽僧不唯不解众咻，反从而和之、劝之。生不得已，为一举箸。噫！此僧他日读《楞伽》，至佛言"有无量因缘不应食肉"，不知作何面貌?

---

① 吹藜，《拾遗记》载：汉代刘向于天禄阁会校诸书，专精覃思，入夜于暗中独坐。有老人着黄衣，扶青藜杖，登阁而进，吹杖端燃火照明，授《洪范》五行之文。此喻得到佛菩萨加被及指点。

食肉（二）

世人于朋友戚属，见有断肉茹素者，不惊以为奇，则笑以为愚。夫人之与畜，同一肉聚耳。肉人不食肉兽，此天理人情之所必至也。亦何足奇，而况谓之愚乎？吁！众生之迷昧也极矣。

曹溪不断思想

有诵六祖偈云：“惠能没伎俩，不断百思想。对境心数起，菩提作么长。”扬扬自谓得旨，便拟纵心任身，一切无碍。坐中一居士斥之曰：“大师此偈，药卧轮能断思想之病也。尔未有是病，妄服是药，是药反成病。”善哉言乎！今更为一喻：曹溪之不断百思想，明镜之不断万像也。今人之不断百思想，素缣之不断五彩也。曹溪之对境心数起，空谷之遇呼而声起也。今人之对境心数起，枯木之遇火而烟起也。不揣己而自附于先圣者，试闲处一思之。

四 知

“天知，地知，子知，我知。”杨伯起[①]语也。议者谓人、己之知异矣，天、地则无二知也。愚少时亦以为然。后读内典《佛骂意经》，有四知之说，正与此同，盖云天神知、地神知、彼心知、我心知也。《华严·世主品》，主天、主地、主日、主夜、主山、主海等，莫不有神。则伯起之说非谬。故知先贤语未可轻议。

---

① 东汉名臣杨震，字伯起，通达博览，刚正廉洁。此语乃拒收他人私下赠送钱财时所说，意为人的行为随时受到天地神灵的监察，同时也要面对自心良知的评判。见《后汉书》、《资治通鉴》。

四大、五行

五行之在世间，春夏秋冬而中气也，东西南北而中方也，天之经也，地之纬也，自然之理，而亦必然之势也。乃佛经不曰五行，而曰四大。说者曰："地、水、火有五行之三矣，金摄于地，木摄于风，则四未尝不五也。"此说良是，而未尽也。

宇宙之内，则罗之五行足矣。统论乎宇宙之外，而要其成、住、坏、空之极致，则四大始足以该之，而犹未尽也。地、水、火、风，又继之空也、识也、念也，而成七也。此何说也？地之质最为凝实，水之质不实而流衍，火之质至不可捉摸，而风则有气而无质矣，空则并气而无之矣，然后会归于识，发动于念。从粗及微，通名七大而始尽也。彼五行者，地、水、火、风之分布，而成天、成地、成人物者也。五行狭而四大广也。

世 界

忆昔童子时，戏与诸童子相问难，谓："天地尽处当作何状？将空然皆太虚欤，则此空者又何所止？将结实如垣壁欤，则此实者又何所止？"诸童子无以应，笑而罢，而予则隐隐碍于胸中也。彼《山海经》所谓："东西相去二亿里，南北相去一亿五万里。"只据一方，诚管窥而已。后阅内典，至："虚空不可尽，世界不可尽。"意始大豁，以为非佛不能道。嗟乎！此未易言也。

年 劫

因世界以推年劫，自今而追昔，昔何所始？自今而要后，后何所终？彼《太极图》言："太极而两仪，而五行，而万物。"则太极为始。《经世书》约一元之数，而该之以十二万九千六百年，则元之初为始。然太极又何始？元之初又何始？纵令如岁序然，今岁之前有往岁，而往之又往，谁为最初之祖始乎？又何时为毕竟尽处，不复更始之永终乎？则冥然似醉。后读内典，至佛言无始，又言劫数不可尽。意始大豁，以为非佛不能道。嗟乎！此又未易言也。

学道莫先智

韩信，楚士也。背楚之汉，楚卒以信困，汉以信兴。夫前后一信耳，而二国之兴废因之，善用与不善用之故也。六根在人，不善用之则名六贼，善用之则种种神通妙用耳。烦恼即菩提，岂不信哉！虽然，高帝之于信，始待之犹夫人，而萧相国奇之。既而请假王不之许，几至偾事，而留侯成之。然则补偏救敝，默转而潜维者，智臣之力也。学道莫先智，亦复如是。

道场放赦

道场中放赦，僧、道二门时有之。夫道崇天帝，不知此赦，何人自忉利天宫领下人世？今羽士自为之，不几于伪传圣旨耶？僧奉佛，而佛在常寂光中，毕竟王何国土，都何城邑，统何臣民？诏敕制诰，出何官僚？而亦效彼道流，作为赦书，此大可笑。今僧莫觉其非，斋家亦莫觉其非，何也？无已，则有一焉，奏请于天，乞其颁赦。允与否，唯天主之而已。若佛，则慈悲普覆，犹如虚空，无一众生不度，而奚以赦为也！

水陆仪文

水陆斋为普度盛典。金山仪文，相传昔于《大藏》放光。今藏无此文，世远不可考，未知尽出梁武皇、祐律师否？若夫始终条理，详而有章。凡圣交罗，约而能尽。辞理双得，则四明磐师所辑六卷之文，最为允当。况金山者费广而难举，四明者财省而易成，正应流通无尽。而举世莫之行，浙诸郡亦莫之行。唯本境仅行之，而又不直按其原本，增以闲文，杂以冗举，反于紧要处疏略，可慨也！但第五卷说法开导处，备陈三观之旨，稍似过于繁密。更得简直易晓，则幽明愚智，兼利不遗。尽美矣，复尽善矣。

见僧过

世有言："人不宜见僧过，见僧过得罪。"然孔子，圣人也，幸人知过。季路，贤者也，喜过得闻。何僧之畏人知而不欲闻也？盖不见僧过，为白衣言耳，非为僧言也。僧赖有此，罔行而无忌。则此语者，白衣之良剂，而僧之砒鸩矣。悲夫！

心不在内

《楞严》征心，谓心不在内者，指真心也。若妄想心，则亦可云在内。此意微妙，未易与不知者道。世书曰"心藏神"。"神"即妄想别名。其所称"心"，则肉团之谓耳。有义学辈闻予言，摇首不信。今请以事明之：人熟寐，戏以物压其心则魇。或自手误掩其心亦魇。又戏画睡人面，有至魇死者。此在内之明征也。

义学曰："如是，则真妄成二物矣。"

曰："子徒知真妄不二，不知真妄一而常二，二而常一也。不观水与冰乎？水冰不二，孰不知之。而水既成冰，水流动而无定方，冰凝实而有常所。真无方，妄有所，亦犹是也。从真起妄，妄外无真。由水结冰，冰外无水。故其体常一而用常二也。"

义学曰："此子臆见，终违《楞严》，有据则可。"

曰："有据，据在《楞严》，诸君自不察耳。经云：'一迷为心，决定惑为色身之内。'虽在色身之内，不妨体遍十方。正遍十方之时，不妨现在身内。此意妄想破尽者方能证之，吾与子尚在妄想中，葛藤且止。"

生死根本

黄鲁直[①]之言曰："深求禅悦，照破生死之根，则忧畏淫怒无处着脚。但枯其根，枝叶自瘁。"此至论也，但未明言孰为生死根者。又"禅悦"下，要紧在"照破"字。若得禅悦便谓至足，则内守幽闲，正生死根耳。须是穷参力究，了了见自本性，则生死无处着脚。生死尚无处着脚，忧畏淫怒何由而生？

齐 人

子舆氏设齐人之喻[②]，分明似一轴画，又似一堂排场戏剧。其模写形容，备诸丑态。读此而不惕然悔悟者，木石也。虽然，名利固世情之常，在有家者未足深责。染衣而齐人，吾不知其何心也？吁乎，伤哉！

至诚感人

羊祜遗敌帅以酒。众难之，帅饮不疑，曰："岂有鸩人羊叔子哉？"非真诚素孚，安能感人一至于是？今号为释子者，其取信六道众生，必如是而后可。

又唐文皇纵死囚，约之来归，归不失期。虽后人作论驳难，而要之文皇此举，实千古所希有，胡可訾也？非真诚素孚，安能感人一至于是？今号为释子者，其不疑六道众生，亦必如是而后可。

《易》曰："中孚，豚鱼吉。"吾以二事观之，信然。

---

① 宋代文学家黄庭坚，字鲁直，号"山谷道人"。毕生崇奉佛教，制酒绝欲，历参晦堂、死心诸禅师，晚年修行净土之法。

② 齐人之喻，见《孟子·离娄下》，讲述一位齐人以卑污的方式攀附富贵，并以此自傲。

亲善知识

先德云："譬如媺人执烛，不以人媺故不取其照。"即孔子"不以人废言"意也。借口者遂谓："师不必择贤，但资其学识言论足矣。彼自不德，我何与焉？"遂依之不违。宁知芝兰、鲍鱼，渐染成性乎？《论语》曰："不以人废言。"又曰："因不失其亲，亦可宗也。"胡不合而观之？

念佛不专一

予昔在炼磨场中，时方丈谓众云："中元日当作盂兰盆斋。"予以为设供也。俄而无设，唯念佛三日而已。又闻昔有院主为官司所勾摄，堂中第一座集众救护，众以为持诵也，亦高声念佛而已。此二事，迥出常情，有大人作略，真可师法。

彼今之念佛者，名为专修。至于祷寿命则《药师经》，解罪愆则《梁皇忏》，济厄难则《消灾咒》，求智慧则《观音文》。向所念佛，束之高阁，若无补于事者。不思彼佛寿命无量，况百年寿命乎？不思念彼佛能灭八十亿劫生死重罪，况目前罪垢厄难乎？不思彼佛言："我以智慧光，广照无央界。"况时人所称智慧乎？阿伽陀药，万病总持。二三其心，莫肯信服。神圣工巧，独且奈之何哉！

伎 乐

或曰：不作伎乐，及不往观听。此沙弥律，非菩萨道也。古有国王大臣以百千伎乐供佛，佛不之拒，则何如？

愚谓此有三义：一者圣凡不可例论，二者邪正不可例论，三者自他不可例论。

我为法王，于法自在。逆行顺行，天且不测。大圣人所作为，非凡夫可得而效颦也，一也。

编古今事而为排场，其上则《香山》、《目连》，及近日《昙花》等，以出世间正法感悟时人。其次则忠臣孝子、义士贞女等，以世间正法感悟时人。如是等类，观固无害。所以者何？此不可观，则书史传记亦不可观。盖彼以言载事，此以人显事，其意一也。至于花月欢呼，干戈斗哄，诲淫启杀，导欲增悲，虽似讽谏昏迷，实则滋长放逸。在白衣犹宜戒之，况僧尼乎？二也。

偶尔自观犹可，必教人使观则不可，三也。慎之哉！

身者父母遗体

梦中忽忆二尊人病且亟，悲甚。既而曰："犹可为也。"则稍自慰。正拟极力疗治，俄而梦也，复悲甚。既而复自慰曰："犹可为也。吾今此身，父母遗体也。及吾尚存，以父母遗体力行善事，是吾亲灭而不灭也，况力学无生乎？失今不自淬砺，是则大可恨耳。宏乎！尔安得晏然而已乎！"

出谷喻（一）

《诗》咏鸟谓："出自幽谷，迁于乔木。"盖别是非、慎取舍之论也。昔德山作《青龙钞》，初以为："三祇炼修，乃得成佛，而南方魔子谓一悟了毕。吾当往灭其种，以报佛恩。"当是时，是一片真实好心，耿耿于怀，特不自知其所见之谬耳。及夫受指教于婆子，亲见龙潭，而积岁所宝所重，弃之如腐草，故能终成大器，震耀末法也。向使封滞臆见，我慢自贤。喻如窭人，珍秘燕石，反谤贾胡，谓嫉己宝。虽有百婆子、千龙潭，其将若之何？

出谷喻（二）

三迦叶、目犍连、诸阿罗汉，先师外道，已有成验，自负不浅浅矣。而一闻佛，一见佛，幡然改图，积岁所尊所崇，弃之如鸿毛，故能续佛慧命，师表万世也。向使先入之言牢主于中，硬竖刹竿，坚壁自固。喻如病者死守旧医，纵有新方，掉首不顾。虽千佛出世，其将若之何？

丸饼诳儿

忆在家时，一儿晚索汤饼。时市门已掩，家人无以应，丸米粉与之，啼不顾，其母恚甚。予曰："易事耳。"取米丸扁之。儿入手，哑然而笑。时谓儿易诳若此。因知今人轻净土、重禅宗者似焉，语以丸汤饼之净土则啼，易以扁米丸之禅宗则笑。此真与儿童之见何异？嗟夫！

忧乐

贫者忧无财，慕富人之为乐，而不知富人有富人之忧也。贱者忧无官，慕贵人之为乐，而不知贵人有贵人之忧也。贫者贱者，富者贵者，各忧其所不足。慕王天下者，以为穷世人之乐，而不知王天下者有王天下之忧也，而犹不知其忧之特甚也，而犹不知其反慕乎群臣百姓之为乐也。呜呼！悉妄也。唯智人能两无忧乐，而住于无忧乐者，亦妄也。非大悟大彻，无自由分。

根原、枝叶

末法人业经论，其所尚，多在名繁相剧而难为记持者，义幽理晦而难为剖析者，文隐句涩而难为销会者。以是骋辩博，夸新奇，而衲僧脚根下一大事因缘，置之罔闻。又宁知彼名相、义理、文句，皆从此中流出？是则攻枝叶而昧根原，永嘉所以浩叹也，故曰："但得本，不愁末。"只恐时人于此信不及，放不下耳。

想见昆仑

汉庄伯微，每于日落时，面对西北，想昆仑山。久之，见昆仑仙人，传法得度。此仿佛与西方日观相似，但彼属妄想，不修正观耳。久积妄想，以精诚之极，尚得遂其所见。况一心正观，三昧成就，而不往生者哉？

《禅余空谛》辩伪

吴郡刻一书，号《禅余空谛》，下著不肖名曰“云栖袾宏著”。刻此者本为殖利，原无恶心，似不必辩。然恐新学僧信谓不肖所作，因而流荡，则为害非细，不得不辩。书中列春、夏、秋、冬四时幽赏，凡三十三条，姑摘一二以例余者。

一条云“孤山月下看梅花”。中言：“黄昏白月，携樽吟赏。”夫出家儿不于清夜坐禅，而载酒赏花，是骚人侠客耳。不肖斤斤守分僧，安得有此大解脱风味？一笑。

一条云“东城看桑麦”。不肖住西南深山中，去东城极远。不看本山松竹，而往彼看桑麦耶？一笑。

一条云“三塔基看春草”。平生不识三塔基在何所。一笑。

一条云“山满楼观柳”。中言楼是不肖所构。自来无寸地片瓦在西湖，何缘有此别业？一笑。

一条云“苏堤看桃花”。中以桃花比美人。此等淫艳语，岂剃发染衣人所宜道？即不肖未出家时亦不为也。一笑。

一条云“苏堤观柳”。中引如诗不成，罚依金谷酒数。不肖从出家，不曾与人联诗，何况斗酒？一笑。

一条云“雪夜煨芋谈禅”。中所谈皆鄙浅语，何人被伊唤醒？一笑。

诸好心出家者，当知不肖定无此语。既作缁流，必须持守清规，饬躬励行，毋错认风流放旷为高僧也。袾宏谨白。

种种法门

譬如王师讨伐，临阵格斗，以杀贼为全胜。而杀贼者，或剑或槊，或锤或戟，乃至矢石，种种随用，唯贵精于一技而已。以例学人，则无明惑障，如彼贼人。种种法门，如剑槊等。破灭惑障，如获全胜。是知无论杀具，但取杀贼。贼既杀已，大事斯毕。所云杀具，皆过河筏耳。不务其大，而沾沾焉谓剑能杀人，槊不能杀，岂理也哉？

参禅者讥念佛为着相，励行者呵修定为落空，亦犹是也。故经云："归元无二道，方便有多门。"先德云："如人涉远，以到为期，不取途中强分难易。"

竹窗二笔

明云栖寺沙门袾宏著

般若咒

《般若心经》曰："般若波罗蜜多，是大神咒，是大明咒，是无上咒，是无等等咒。"盖指般若为咒，非指"揭谛揭谛"四句也。今人但知咒属密部，而《般若心经》显部也。是显部亦咒也，此持咒家所忽焉而不察者也。

又"阿弥陀佛"四字，悉皆梵语。使前人不加注释，与《大明》、《准提》密部何别？今人但知《大明》、《准提》为咒，而"弥陀"佛名也。是佛名亦咒也，此持咒家所忽焉而不察者也。

儒童菩萨

相传孔子号"儒童菩萨"。或曰："吾夫子万代斯文之祖，而童之。童之者，幼之也。幼之者，小之也。彼且幼小吾师，何怪乎儒之辟佛也？又僧号比丘。丘，夫子讳也。比者，并也。僧，佛弟子，而与夫子并。彼且弟子吾师，何怪乎儒之辟佛也？"是不然。"童"者，纯一无伪之称也。文殊为七佛师，而曰"文殊师利童子"。善财一生得无上菩提，而曰"善财童子"。乃至四十二位贤圣，有"童真住"。皆叹德之极，非幼小之谓也。故曰："大人者，不失其赤子之心者也。"若夫"比丘"者，梵语也。梵语"比丘"，此云"乞士"，亦云"破恶"，亦云"怖魔"。"比"非比并之谓，"丘"非丘陵之谓，盖仅取音，不取字也。例如梵语“南无”，此云“归命”。“南”不取南北之南，“无”不取有无之无也。

噫！使夫子而生竺国，必演扬佛法以度众生。使释迦而现鲁邦，必阐明儒道以教万世。盖易地则皆然，大圣人所作为，凡情固不识也。为儒者不可毁佛，为佛者独可毁儒乎哉？

临 济

先德有言：“临济若不出家，必作渠魁，如孙权、曹操之属。”曷为乎以临济拟孙、曹也？盖拟智，非拟德也。袁绍谓：“生子当如孙仲谋。”而孔明亦言：“曹操用兵，仿佛孙吴。”智可知矣。使其不以此智外役，而以此智内旋，举平生神机妙算，尽抵在般若上，则于道何有。又古云：“悉达若不出家，必作转轮圣王。”此兼智兼德之论也，大小殊而其意一也。

雁荡山

台、雁号两浙名山，而雁荡尤奇，有轻千里裹粮而往游者。予昔应太平之请，去雁荡仅一由旬。期满，院主白予为雁荡游。予欲往，而忻然从游者百余众。因计彼山久无接待，徘徊历览，往返不下半月，费粟数石，院贫不能支。遂坚执已之。众怏怏。乃慰之曰：“雁荡之胜，在震旦中，尚有过之者。即震旦最胜处，不及天宫。天宫展转最胜处，不及西方极乐世界。公等不慕极乐，而沾沾雁荡是慕，何也？”竟不去。

悔不为僧

唐宰相杜黄裳，临终自悔不得为僧，命剃染以殓。又宋名执政某，遗命亦然。此非宿世坚持正因，焉能居大位而醒然不昧，风火散时，具如是耿耿操略。然有二说：或一念之迷，至死反本。或故为示现，警悟同流。是未可知也。

佛法作人情

妙喜自言："昔时为无眼长老胡乱印证，后见圆悟老人，始得大彻。乃立誓自要，定不以佛法作人情。"妙喜可谓大慈大悲，真万世人天眼目也。惜予生晚，不获亲承炉鞴，为可恨耳。然妙喜谓无眼长老以东瓜印子印学人。今学人多以东瓜印子印自己。妙喜见之，又当何如？

黄梅衣钵

古德示众云："黄梅衣钵，非但时时勤拂拭者不合得，直饶何处惹尘埃，亦不合得。且道毕竟作么生，合得衣钵？"一僧下九十九转语，不契。最后云："定要他衣钵作甚？"古德乃忻然肯之。噫！师可谓杀人须见血，弟子可谓直穷到底者矣。

耳根圆通

《楞严》择选圆通，独取耳根。然世尊为一期化导之主，而以见明星悟；饮光为万代传灯之祖，而以见拈花悟，皆属眼根者，何也？此有二义：一者随众生义，此方真教体，清净在音闻故。二者遣着义，众生处处着，闻圆通独尚耳根，便谓余根不能入道故。是故豪杰之士，根根圆通。如大福德人，执石成宝。善读《楞严》者详之。

极乐世界

或疑："《华严》谓极乐仅胜娑婆，而大本《弥陀经》言胜十方，何也？"一说："胜十方者，只是相近娑婆之十方，非华藏世界之十方也。"其说亦是，而犹未尽。良由"仅胜"之说，盖以昼夜相较。故云娑婆一劫，为极乐一昼夜。极乐一劫，为袈裟幢一昼夜。展转历恒沙世界，以至胜莲华。乃专取时分短长之一节，非全体较胜劣也。不然，人间千万年，为地狱一昼夜，将地狱胜人间耶？又例之，若定执身量之长短较优劣，则卢舍那佛仅高千丈，而修罗高八万四千由旬，将修罗胜舍那耶？是故谓极乐胜十方，即广远言之，亦自不碍。

一转语

先德开示学人，谓：“我今亦不论你禅定智慧、神通辩才，只要你下一转语谛当。”学人闻此，便昼夜学转语，错了也。既一转语如是尊贵，如是奇特，则知定不是情识卜度、见解依通所可袭取，盖从真实大彻大悟中自然流出者也。如其向经教中，向古人问答机缘中，以聪明小智模仿穿凿，取办于口，非不语句尖新，其实隔靴抓痒。直饶一刹那下恒河沙数转语，与自己有何交涉？今莫管转语谛当不谛当，且抛向不可说不可说世界之外，只牢守本参，密密用心，时时不舍。但得悟彻时，岂愁无语？吾虽钝根，不敢不勉。

《法华要解》（一）

《法华》一经，天台之为《玄义》、《文句》也，大而详。温陵之为《要解》也，精而约。天台尚矣，温陵亦不可轻也。

或曰：“先阅《要解》，后参之《玄义》、《文句》，其胜劣相去远甚。而云温陵不可轻者，何谓也？”

夫温陵生天台后，《玄义》、《文句》等书，皆所历览。其铢铢而分，缕缕而辩，非不知之，第其解以“要”名，正取直捷简径。而复繁诠曲释，穷远极深，则博而非要矣。况列科多用天台旧文，其不用者亦自有意。中间解文竖义，或得或失，学者宜虚心平气而玩之可也。

《法华要解》（二）

前云中有得失。试举其失：经云“五众之生灭”，《要解》谓是五趣。然“五众”者，“五蕴”之别名，《智论》反覆明之。而曰“五趣”者，失于考也。试举其得：如药王焚身，《要解》谓：“妙觉圆照，离于身见，得蕴空故，乃能如是。若不达法行，空慕其迹，徒增业苦。”盖发天台之所未发，而深有益于后学者也。

朱学谕

嘉禾朱懋正，言其曾大父学谕公，既归田，以所得俸金，构小屋于郊外，读书其中，扃户谢客。虽子侄姻戚，以至邑令长，罕得睹其面。独一老友，每晡时来，共弈数局，饮数行，浩歌数章，则入暮矣，乃就寝，率以为常。与世隔绝，如在穷谷深山中。年八十九，月夜登桥失足，微疾，二子迎归。将终，援笔谆谆诲以道义，不及琐细家务。书毕，瞑目逝。俄开目云：“尚欲嘱嘉定。”嘉定者，公之孙，初成进士，宰嘉定。于是复为书，教以始终清介，毋宦成渝其晚节。因掷笔长往。

噫！公未闻佛法，而临行磊落潇洒，有久修所不及者，何故？良由心无系累，佛法已思过半。彼终日喃喃诵经说法而心不净，末后憧惶挥霍，反俗士之不若，亦何怪其然乎？吾于是有感。向使公得闻佛法，以彼幽潜孤绝之力，尽心于般若，奚患大事之不明乎？吾于是重有感。

本身卢舍那

僧问古德:“如何是本身卢舍那？”答云:“与我过拂子来。”俄而曰:“置旧处。”僧理前问。曰：“古佛过去久矣。”又云：“未了之人听一言，只这如今谁动口。”后人由此以举手动足、开口作声便为真佛。是则诚是，而实不是，所谓认贼为子者也。遂将柏树子、麻三斤、翠竹黄花、鸟衔猿抱等一概认去，岂不误哉？俱胝遇问，即竖一指。鲁祖见僧，回身面壁。昔人道：“我若看见，拗折指头。”予亦云：“待渠回身，拦胸踏倒。”

衣帛食肉

晦庵先生辟佛，空谷力为辩驳矣。虽然，晦庵亦有助佛扬化处，不可不知也。其解《孟子》曰：“五十非帛不暖，未五十者不得衣也。七十非肉不饱，未七十者不得食也。”夫兽毛、蚕口，害物伤慈，佛制也。必五十乃衣帛，则衣帛者鲜矣。食肉者断大慈悲种子，佛制也。必七十乃食肉，则食肉者鲜矣。今孩提之童，固已重裘纯纩卫其形，烹肥割鲜饫其口，曾不待壮，而况老乎？使晦庵之说行，宁不为佛法少助？咎晦庵者不之察，吾故为阐之。

执着

人恒病执着，然亦不可概论。良由学以好成，好之极名着。羿着射，辽着丸，连着琴。与夫着弈者，至屏帐垣牖皆森然黑白成势。着书者，至山中木石尽黑。学画马者，至马现于床榻间。夫然后以其艺鸣天下而声后世。何独于学道而疑之？是故参禅人，至于茶不知茶，饭不知饭，行不知行，坐不知坐，发箧而忘扃，出厕而忘衣。念佛人，至于开目闭目而观在前，摄心散心而念恒一。不举自举，不疑自疑，皆着也。良由情极志专，功深力到，不觉不知，忽入三昧。亦犹钻燧者，钻之不已而发焰。炼铁者，炼之不已而成钢也。

所恶于着者，谓其不知万法皆幻而希果之心急，不知一切唯识而取相之意深，是则为所障耳。概虑其着，而悠悠荡荡，如水浸石。穷历年劫，何益之有？是故执滞之着不可有，执持之着不可无。

好古（一）

数辈好古者，群居一堂，各出其古以相角。有出元、宋、五季时物者，众相与目笑之。已而唐，而晋，而汉，而秦，而三代。恨不得高辛之铛、燧人之钻、神农之琴、太昊之瑟、女娲氏所炼五色石之余也。

一人曰：“诸君所蓄诚古矣，非太古也，非太古之太古也。”

众曰：“然则日月乎？”

曰：“未古也，有天地然后有日月。”

“然则天地乎？”

曰："未古也，有虚空然后有天地。"

"然则虚空乎？"

曰："未古也。吾所蓄，日月未生，天地未立，空劫以前之物也。诸君不吝千金，以博一炉一瓶、一书一画，而不知宝其最古，亦惑矣。"

众相视无语。

好 古（二）

俄而曰："子之古，人所同也，非子所独也，奚贵焉？"

曰："同有之，同迷之，迷则不异于无。虽谓吾所独，非过也。"

曰："吾辈之古，历历可观。子之古安在？"

其人展两手示之。众复相视无语。

立义难

昔刘歆初定古文《春秋左氏》，及《毛诗》、《尚书》等。时儒嫉之，议论蜂起。晦庵作《濂溪太极图解》，书一出而众喙交集。乃至南岳创般若之旨，初祖开直指之禅。义学不然其言，加以毒害。况今人乎？议礼之家，名为聚讼。甚哉！立义之难，不可不慎也。

不作佛事

或言："父母之丧，不作佛事，此晦庵家礼也。"嗟乎！世遂有生子登枢要、饶财宝，而不得其为己礼一佛、诵一四句偈、饭一沙门。复于七七日中，宰牲牢，致胙于宗族、交游，以为崇正道、辟邪说。不知只以增亲之业，助其沉沦。死者有知，当抚膺痛哭于泉下矣。反不及贫人之子，得报其亲也。岂不重可哀哉！《颜氏家训》，古今人所赞叹，而其间独曰："必作佛事。"颜、朱皆贤者也，试合而观之。

鲍 勔

《真诰》云："鲍勔未知道，但朝暮扣齿不息，鬼使不能取。盖扣齿集身中之神，神不离，故鬼不得近。向使以扣齿之力修真，何真之不成？"

予谓岂独修真，以扣齿之力，念念扣己而参，何佛之不成乎？夫身中之神，只是一精魂耳，力尚伏鬼。况经云："受持一佛名者，有百千大力天神为之拥护。"又云："念佛之人，佛住其顶。"今也勤为扣齿之细故，而甘舍念佛之大道。惜哉！

门庭高峻

古所称门庭高峻者，如净名[①]示疾，诸阿罗汉俱云："我不堪任诣彼问疾。"文殊亦云："彼上人者，难为酬对。"是也。嗣后宗门诸大老，或棒或喝，或竖指，或张弓，或垂一则语，如木札羹不可味，如太阿剑不可触，如水中月不可执捉。非久参上士，莫敢登其门者，是之谓门庭高峻也。岂驾尊示威，厉声作色之谓哉？

魔 着

魔大约有二：一曰天魔，二曰心魔。天魔易知，且置勿论。心魔者，不必发疯发癫，至于亵尊慢上，无复顾忌，囚首褫衣，不避讥嫌，而后为魔也。一有所着，如耽财耽色、耽诗耽酒、耽书耽画等，亦魔也。岂唯此哉？妄意欲功盖一时，名垂百世，亦魔也。岂唯此哉？即修种种诸善法门，妄意希望成佛，亦魔也。岂唯是哉？即如上所说诸魔，皆悉无之，而曰我今独免于魔，亦魔也。微矣哉！魔事之难察也。

---

① 净名，"维摩诘"的意译，指维摩诘居士。

参方须具眼

为僧于正法之世，唯恐其分别人。为僧于末法之世，唯恐其不分别人也。何也？末世浇漓，薰莸杂处。苟藻鉴不审，决择失真，以是为非，认邪作正，宜亲而反疏之，宜远而反近之。陶染匪人，久而与之俱化，劫劫生生，常为魔侣。参方可弗具眼乎哉？

人身难得

“一失人身，万劫不复。”此语谁不知之？知之而漫不加意，与不知同。昔须达为佛营室，佛视地上蝼蚁，而谓达言：“此蚁，毗婆尸佛以来，经今七佛，尚在蚁身。”夫一佛出世，历年甚久，矧曰七乎？释迦而后，过五百余万岁而慈氏下生，名第八佛，未知此蚁脱故身否？纵脱蚁身，未知何日当得人身也？今徒见举目世人，比肩相摩，而不知得之之难如是。既得人身，漠然空过，真可痛惜。予之懈怠空过，不能不深自痛惜，而并以告夫同志者。

事怕有心人

高峰自叙悟由，而曰：“不信有这般奇特事，事怕有心人故也。”此语彼所自证，真实不虚，学道人所宜谛信。且何名有心？世间一技一艺，其始学不胜其难，似万不可成者，因置不学，则终无成矣，故最初贵有决定不疑之心。虽复决定，而优游迟缓，则亦不成，故其次贵有精进勇猛之心。虽复精进，或得少而足，或时久而疲，或遇顺境而迷，或逢逆境而堕，则亦不成，故其次贵有常永贞固、誓不退转之心。高峰“拌一生做个痴呆汉，定要见这一着子明白”，是之谓真有心丈夫也。又古云：“三昧不成，假令筋断骨枯，终不休歇。”又云：“道不过雪窦，不复登此山。”又云：“不破疑团誓不休。”如是有心，何事不办？予甚愧焉，不敢不勉。

老成然后出世

古人得意之后，于深山穷谷中，煨折脚铛，潜伏保养。龙天推出，然后不得已而应世。后人渐不如古，然予犹及见作经论法师者，作瑜伽施食法师者，学成而年未盛，尚徐徐待之。比来少年登座者纷如矣，佛法下衰，不亦宜乎？

继祖传灯

世有恒言：“凡大彻大悟，继祖灯，续佛慧命者，须是三朝天子福，七代状元才，始得。”斯言似过，而理实然。昔中峰老人谓：“无量劫来生死，今日要与和盘翻转，岂易事哉？”是故十善始得生天，人空方证小果。久积万行之菩萨，尚不免曝腮龙门。则三朝、七代，犹近言之也。主六合、魁多士，犹小喻之也。极之，盖不可思议功德智慧之所成就也。虽然，亦乌可以难自诿，而付之绝望乎？但决心精进，逢魔不退，遇难转坚，研穷至理，以悟为则，不患无相应时节。何以故？以宿世善根难测故。

杀 罪

孔明藤甲之捷，烧诸洞蛮，悉成煨烬。其言曰：“吾虽有功于国，损吾寿矣。”世人咸知杀人为罪矣，而于牛羊犬豕等日就庖厨，则恬然不知怪。宁思薄乎云尔，乌得无罪？①

《礼》云：“君无故不杀牛，大夫无故不杀羊，士无故不杀犬豕。”世人咸知杀畜之大者为罪矣，而于虾蚬螺蛤等，一下箸以千百计，则恬然

① “薄乎云尔，乌得无罪？”语见《孟子·离娄下》，意为：只是罪较小而已，怎能说没有罪呢？

不之怪。宁思薄乎云尔，乌得无罪？

噫！据含灵皆有佛性，则蚁与人一也，何厚薄之足云。如其贵欺贱，强凌弱，则人可杀而食也，亦何厚薄之足云。《梵网》称："凡有命者，不得故杀。"其旨深哉！

宗门语不可乱拟

古人大悟之后，横说竖说，正说反说，显说密说，一一契佛心印，皆真语实语，非庄生寓言比也。今人心未妙悟，而资性聪利，辞辩捷给者，窥看诸语录中问答机缘，便能模仿。只贵颠倒异常，可喜可愕，以眩俗目。如"当午三更"、"夜半日出"、"山头起浪"、"海底生尘"，种种无义味语，信口乱发。诸无识者，莫能较勘，同声赞扬。彼人久假不归，亦谓真得。甚至"一棒打杀与狗子吃"，"这里有祖师么，唤来与我洗脚"，此等处亦复无忌惮，往往效颦。吁！妄谈般若，罪在不原。可畏哉！

看语录须求古人用心处

凡看古人语录文字，不可专就一问一答，一拈一颂，机锋峻利，语妙言奇处，以爽我心目，资我谈柄。须穷究他因何到此大彻大悟田地？其中自叙下手工夫，刻苦用心处，遵而行之，所谓何不依他样子修也。若但剽窃模拟，直饶日久岁深，口滑舌便，俨然与古人乱真，亦只是剪彩之花，画纸之饼，成得甚么边事？

夜 气

苏子瞻谓："某公不学禅，临终自知时至。诸子求教，教以：'第一、五更早起。'诸子不悟，谓为勤家。公曰：'不然，谓五更勾当[1]临

① 勾当，指料理、从事。

死时将得去者是也。’”昔人云：“万般将不去，唯有业随身。”随身之业，将得去者也。而业有二：一者事业，二者道业。事业有善有恶，恶业且置，善业则所修之福。道业则所修之慧也。而必以五更者，孟子所谓“夜气”也。虽然，更有无所将来，无所将去者。此则不但五更，应念念勾当而不可须臾离也。

佛 印

东坡诗有“远公沽酒延陶令，佛印烧猪待子瞻”之句。予谓大解脱人不妨破格相与，然沽酒犹可，烧猪不已甚乎？假令侠客借口子瞻，狂僧效颦佛印。初始作俑，谁当其辜？故此事未可信。古谓“诗人托物比兴，不必实然”是也。脱有之，子瞻且置，佛印依律趁出院。

学贵精专

米元章谓：“学书须是专一于是，更无余好，方能有成。”而予闻古之善琴者，亦谓：“专攻三二曲，始得入妙。”斯言虽小，可以喻大。佛言：“制心一处，无事不办。”是故心分两路，事不归一。情专志笃，三昧速成。参禅、念佛人，不可不知。

菩萨慈胜声闻

经云：“声闻人于骂者、害者，或默然，或远离。菩萨则不然，更加慈心，爱之如子，方便济度，故远胜声闻，不可为比。”予唯世人恒苦辱之难忍，况不唯忍辱，而更慈爱之乎？经又云：“众生无恩于菩萨，而菩萨常欲利益众生。”予唯世人尚有受恩不报，况无恩于己，而乃利益之乎？得斯旨者，天下无一人不可与，天下无一人不可化。

宗乘不与教合

曾宗元学士，以《中庸》、《大学》参《楞严》，而和合宗门语句，质之雪窦显禅师。显云："这个尚不与教乘合，况《中庸》耶？学士须直捷理会。"乃弹指一下，云："但恁么荐取！"宗元言下有省。

夫一代时教，修行人所据以为准的者。不与教合，则魔说也。而云然者，是即教外别传之旨也。传在教外，则教之所谈者何事？夫亦离指见月，而得意于语言文字之表云尔。且世尊拈花，迦叶微笑，万代宗门传法之始也。今翻案云："这个尚不与拈花合，花外有别传也。"则何如？古人谓："俱胝悟处，不在指头上。"今雪窦弹指，宗元有省。又翻案云："这个尚不与弹指合，指外有别传也。"则何如？

放参饭

越地安禅，夜作斋，其名曰"放参饭"，竞为侈靡，胜于午斋，相沿成习久矣。昔有尊宿，闻邻房僧午后作食，不觉泣下，悲佛法之陵夷也。故僧禁过午食，况夜食耶？律言："人间碗钵作声，饿鬼咽中起火。"乃于漏深人静，而砧几盘盂，音响彻其耳根。又煎煮烹炮，馨香发其鼻识。忘慈悲之训，恣口腹之欲，于心安乎？或曰："中夜饥，如之何？"则代以果核、饼饵之类，不烦锅铫者可也。况持过午者，午后至明，不食纤物。我等晚有药石，何不知足之甚？

僧堂

古尊宿开堂安众，或三百、五百，乃至黄梅七百，雪峰盈千，径山千七百。予初慕之，自悲生晚，不得入彼龙象之聚。今老矣，始知正、像、末法，信非虚语。广群稠会之中，觅一二真实办道人，尚不可得。故金企罗尊者，三人为朋乞食。慈明圆禅师，六人结伴以参汾阳。而三人证罗汉，六人成大器。如其取数多，而证者稀，成者寡，虽多奚为？予作僧堂，仅容四十八单，较古人什不及一。兹犹觉其多，仍狭而小之。非无普心，在末法中理应如是。

结社会

结社念佛，始自庐山远师。今之人，主社者得如远师否？与社者得如十八贤否？则宜少不宜多耳。以真实修净土者，亦如僧堂中人故也。至于男女杂而同社，此则庐山所未有。女人自宜在家念佛，勿入男群。远世讥嫌，护佛正法，莫斯为要。愿与同衣共守之。

又放生社，亦宜少不宜多。以真实慈救生灵者，亦如佛会中人故也。愚意各各随目所见，随力所能，买而放之。或至季终，或至岁终，同诣一处，会计所放，考德论业，片时而散。毋侈费斋供，毋耽玩光阴，可也。愿与同衣共守之。

莲 社

世有无赖恶辈，假仗佛名，甚而聚众，至谋为不轨。然彼所假，皆云："释迦佛衰，弥勒佛当治世。"非庐山远师莲社也。远师劝人舍娑婆而求净土，其教以金银为染心之秽物，以爵禄为羁身之苦具，以女色为伐命之斧斤，以华衣美食、田园屋宅为堕落三界之坑阱，唯愿脱人世而胎九莲，则何歆何羡？而彼假名弥勒者，正以金银、爵禄、女色、衣食、田宅，诱诸愚民，俾悦而从己。则二者冰炭相反，不可不辩也。

然莲社中人，亦自宜避嫌远祸。向所谓宜少不宜多者，切语也。予曾有《在家真实修行文》劝世，其大意谓："凡实修者，不必成群作会，家有静室，闭门念佛可也。不必供奉邪师，家有父母，孝顺念佛可也。不必外驰听讲，家有经书，依教念佛可也。不必唯施空门，家有贫难宗戚、邻里知识，周急念佛可也。"何以故？务实者不务外也。愿为僧者幸以此普告诸居士。

心 胆

古人有言："胆欲大而心欲小。"胆大者，谓其有担当也。心小者，谓其有裁酌也。担当，故千万人吾往。裁酌，故临事而惧，好谋而成。此正论也。至于僧，则反是。吾谓：“心欲大而胆欲小。”心大，故龂包十界，荷负万灵，而弘度无尽。胆小，故三千威仪，八万细行，持之无敢慢。今初学稍明敏者，近蔑时辈，远轻昔人，藐视清规，鄙薄净土，胆则大矣。鞠其真实处，则唯知有己，不知有人；唯知保养顾爱其撮尔之血肉身，不知恢复充满其广大之法界量，心则小矣。或曰：“黄檗号粗行沙门，非胆大之谓乎？”噫！拙于画虎者，不成虎而类狗。尔所谓胆大者，吾恐不成粗行沙门，而成无赖僧也。可弗慎欤！

太牢祀孔子

汉高帝过鲁，以太牢[①]祀孔子。史官书而美之。此有二意：一则暴秦焚书坑儒之后，而有此举。二则帝固“安事《诗》《书》”、毁冠辱儒之主也，而有此举。故特美其事耳。据孔子之道德，则贤尧舜，配天地，逾父母。虽烹龙炮凤，煮象炙鲸，亦何足酬恩于万一，而况骍且角之一物乎？“东邻杀牛，不如西邻之禴祭”，《易》之明训也。仪不及物，神将吐之，况于圣人乎？用是例之，其余可知矣。惜乎自古及今，相沿已久，而莫可挽也。

儒佛交非

自昔儒者非佛，佛者复非儒。予以为佛法初入中国，崇佛者众，儒者为世道计，非之未为过。儒既非佛，疑佛者众，佛者为出世道计，反非之亦未为过。迨夫傅、韩[②]非佛之后，后人又仿效而非，则过矣。何以故？云既掩日，不须更作烟霾故。迨夫明教、空谷[③]非儒之后，后人又仿效而非，则过矣。何以故？日既破暗，不须更作灯火故。

---

① 古代祭祀，以牛、羊、豕三牲全备，称为太牢。

② 唐代朝臣傅奕、韩愈，认为佛教非华夏正统，与儒家以忠孝治国方针相抵触，而先后提出排佛主张。

③ 明教，即宋代契嵩禅师。空谷，即明代景隆禅师。

核实而论，则儒与佛不相病而相资。试举其略：凡人为恶，有逃宪典于生前，而恐堕地狱于身后，乃改恶修善。是阴助王化之所不及者，佛也。僧之不可以清规约束者，畏刑罚而弗敢肆。是显助佛法之所不及者，儒也。今僧唯虑佛法不盛，不知佛法太盛，非僧之福。稍制之抑之，佛法之得久存于世者，正在此也。知此，则不当两相非，而当交相赞也。

好名

人知好利之害，而不知好名之为害尤甚。所以不知者，利之害粗而易见，名之害细而难知也。故稍知自好者，便能轻利。至于名，非大贤大智不能免也。思立名，则故为诡异之行。思保名，则曲为遮掩之计。终身役役于名之不暇，而暇治身心乎？昔一老宿，言："举世无有不好名者。"因发长叹。坐中一人作而曰："诚如尊谕，不好名者唯公一人而已。"老宿欣然大悦解颐，不知已为所卖矣。名关之难破如是哉！

梁武帝

予《正讹集》中，既辨明武帝饿死之诬，而犹未及其余也。如断肉蔬食，人笑之。然田舍翁力耕致富，尚能穷口腹以为受用。帝宁不知己之玉食万方乎？面为牺牲，人笑之。然士人得一第，尚欲乞恩于祖考以为荣宠。帝宁不知己之贵为天子乎？断死刑必为流涕，人笑之。然是即下车泣罪，一民有罪我陷之之心也。帝宁不知己之生杀唯其所欲为乎？独其舍身僧寺，失君人之体。盖有信无慧，见之不明，是以轻身重法，而执泥太过也。又晋、宋以来，竞以禅观相高，不知有向上事。是以遇达摩之大法而不契，为可恨耳。若因其失国而遂为诋訾，则不可。夫武帝之过，过于慈者也。武帝之慈，慈而过者也。岂得与陈后主、周天元之失国者同日而论乎？若因其奉佛而诋之，则吾不得而知之矣。

王所花

山中有花，共本同枝，而花分大小。大者如梅如李，环绕乎其外。小者如橘如桂，攒簇乎其中。外之数大约八，内之数百有余。山氓莫之奇，亦莫知其名也。予见而奇之。夫同花而大小异，奇矣。大外围而小内聚，抑又奇矣。因名之“王所”，大者“心王”，小者“心所”①。王数八，外花以之。所数五十有一，内花以之。外于八或有增减，而八者其常也。内恒倍于本数者，所虽五十有一，细分之则无尽也。王外而所内者，王能摄所，所不能摄王也。王五出，所亦五出而有五须者，王单而所复也。外开先，内开晚者，王本而所末也。久沉而今显，盖时节因缘之谓也。

或曰：是花无艳色，烧之则烟气恼人，樵者弃而不薪，奚奇焉？

嗟乎！此其所以奇也。庄生贵樗木，以其不可材。然不材，人取而薪之。今不可薪，则天下之至无用者极于是。《易》曰“肥遁”，其此之谓乎！

此道

昔人有言：“虽有驷马以先拱璧，不如坐进此道。”予因是推之：岂唯驷马、拱璧，虽王天下，亦不如坐进此道。岂唯王一天下，虽金轮圣王，王四天下，亦不如坐进此道。岂唯王四天下，虽王忉利、夜摩，乃至王大千世界，亦不如坐进此道。然昔云“此道”，指长生久视之道也。兹圆顶方袍，号称衲子，将坐进无上菩提之大道，而反羡人间之富贵者，吾不知其何心也！

---

① 法相宗将认识活动和精神现象分为心王、心所。其中起主导作用称为心王，包括眼识、耳识、鼻识、舌识、身识、意识、末那识、阿赖耶识共八种。起从属作用称为心所，共有五十一种。

金色身

赞佛身曰“金色”，盖取其仿佛近似，非真若人世之所谓金也。天金、天银，与世金、世银，例美玉之于碔砆，胜劣自判。盖天金尚未足以拟佛，况世金耶？其精粹微妙，光莹明彻，自非凡眼所睹，然不可不知。如今之土木成像，而饰之以金箔，果以为佛之色相亦只如是，则失之矣。

出家休心难

人生寒思衣，饥思食，居处思安，器用思足，有男思婚，有女思嫁，读书思取爵禄，营家思致富饶，时时不得放下。其奋然出家，为无此等累也，而依然种种不忘念，则何贵于出家？佛言：“常自摩头，以舍饰好。”然岂唯饰好，常自摩头曰：“吾僧也。”顿舍万缘，一心念道。

蚕 丝（一）

蚕之杀命也多而酷，世莫之禁者，谓上焉天子百官，借以为章服，下焉田夫野妇，赖以为生计。然使自古无蚕，则必安于用布而已。若生计，则民之不蚕者什九，蚕者什一，未见不蚕者皆饿而死也。或曰：“夫子何为舍麻而用纯[①]？”盖当夫子时，纯之用已久，工简于用麻。夫子姑随之，知习俗之难变也。又禹恶衣服而美黻冕。冕用纯，余未必用也，意可知矣。

蚕 丝（二）

《易》云：“伏羲作结绳而为网罟，以佃以渔。”何圣人为杀生者作俑也？自古无辩之者。近槐亭王公奋笔曰：“洪荒之世，鸟兽鱼鳖伤民之禾稼。网罟者，除物之为民害也，非取物而食之也。”此解不唯全物命，

① 纯，即蚕丝。《论语·子罕》：“子曰：‘麻冕，礼也。今也纯，俭，吾从众。’”

觉世迷，而亦有功于往圣矣。

但史称黄帝命元妃西陵氏教民蚕，则何说以通之？予闻有野蚕者，能吐丝树之枝柯，而取之者不烦于煮茧。意者西陵之教，其野蚕之谓乎？彼家蚕或后人所自作，而非出于西陵乎？不然，成汤解三面之网，以开物之生路，而黄帝尽置之镬汤无孑遗。是成汤解网，而黄帝一网打尽也。或曰："东坡云：待茧出蛾，而后取以为丝，则无杀蛹之业。"不知出蛾之茧，缕缕断续，而不可以为丝也。未必坡之有是言也。

吕文正公

吕文正公[1]既贵显入相，上所赐予，皆封识不用。上知之，问故。公对曰："臣有私恩未报。"盖公微时，受恩于僧寺也。

今相传公少贫，读书寺中，候僧食时钟鸣即往赴。僧厌之，饭讫乃声钟。公至大窘，题壁云："十度投斋九度空，可耐阇黎饭后钟。"公及第，僧以纱笼其诗。公至寺续云："二十年前尘土面，而今始见碧纱笼。"

据前说，则僧何贤。据后说，则僧何不肖也。倘诬枉贤者，则成口业。而世所传，出野史戏场中，恐不足信。

学道无幸屈

世间求名者，有学未成而名成，是之谓幸，以不当得而得也。有学成而名不成，是之谓屈，以当得而不得也。故云："我辈登科，刘蕡下第。"盖幸与屈之谓也。

学道则不然，未有名挂山林，身驰朝市，悠悠扬扬，一曝十寒，而成道业者。亦未有苦志力行，殚精竭神，不退不休，以悟为则，而道业无成者。盖求名在人，求道在己。学道人唯宜决心精进而已，毋怀侥幸之图，勿以枉屈为虑。

---

① 吕文正公，即宋代名相吕蒙正。

著述宜在晚年

道人著述，非世间词章传记之比也。上阐先佛之心法，下开后学之悟门，其关系非小。而使学未精，见未定，脱有谬解，不几于负先佛而误后学乎？仲尼三绝韦编，而《十翼》始成。晦庵临终，尚改定《大学》“诚意”之旨。古人慎重，往往若此。况出世语论，谈何容易？《青龙钞》未遇龙潭，将谓不刊之典，而终归一炬。妙喜初承印证，若遽自满足，焉得有后日事？少年著述，固宜徐徐云尔。

机 缘

石头之于六祖，祖知彼机缘不在此，指见青原而大悟。丹霞之于马祖，亦复以机缘不在此，指见石头而大悟。乃至临济之自黄檗而大愚，惠明之自黄梅而曹溪，皆然也。又不独此，佛不能度者，度于目连，亦机缘使之也。故学人得遇真善知识，直须起大信敬。今世后世，由之津梁，不可漫焉空过而已。

般 若（一）

土之能朽物也，水之能烂物也，必有残质存焉，俟沉埋、浸渍之久而后消灭。若火之烧物，顷刻灰烬。吾以是知般若智如大火聚，诸贪爱水逼之则涸，诸烦恼薪触之则焚，诸愚痴石临之则焦。诸邪见稠林、诸障碍蔀屋、诸妄想情识种种杂物，烈焰所灼，无复遗余。古谓太末虫处处能泊，唯不能泊于火焰之上。以喻众生心处处能缘，唯不能缘于般若之上。故学道人不可刹那而失般若智。

般 若（二）

予病足，行必肩舆。一夕天始暝，舆人醉而蹶，倾盖。即有数男子攘臂攫予帽者，意谓内人或有金宝严其首故也。已而大惭，疾走去。予以是知般若智如大日轮。日轮才灭，而盗贼奸宄出矣。真照才疏，而无明烦恼作矣。先德谓："暂时不在，犹如死人。"故学道人不可刹那而失般若智。

般若（三）

经言：暑月贮水在器，一宿即有虫生。但极微细，非凡目所能睹，故滤水而后用。若水在火上，火不熄，水不冷，则虫不生。予以是知般若智如火煮水。观照炽而不休，温养密而无间，彼偷心杂惑将何从生？故学道人不可刹那而失般若智。

天台止观

止观治病门中，有"六字气"、"注心下视"等语。盖止观之道，广无不该，即治病之法亦于中摄。大都与服药同意，是以止观代药也。止观之余绪，非止观之正旨也。后人不知此意，而养生家引以为据。遂有外饰禅名，而内修道术者。诘之，则借口于天台。故辨之。

看忙

世有家业已办者，于岁尽之日，安坐而观贫人之役役于衣食也，名曰"看忙"。世有科名已办者，于大比之日，安坐而观士人之役役于进取也，亦名曰"看忙"。独不曰世有惑破智成，所作已办者，安坐而观六道众生之役役于轮回生死也，非所谓看忙乎？吁！举世在忙中，谁为看忙者？古人云："老僧自有安闲法。"此安闲法可易言哉？

虽然，世人以闲看忙，有矜己心，无怜彼心。菩萨看忙，起大慈悲心，普觉群迷，冀彼同得解脱。则二心迥异，所以为凡圣小大之别。

辩融

予入京师，与同行二十余辈，诣辩融师参礼请益。融教以："无贪利，无求名，无攀援贵要之门，唯一心办道。"既出，数年少笑曰："吾以为有异闻，恶用是宽泛语为？”予谓：“不然。此老可敬处，正在此耳。渠纵讷言，岂不能掇拾先德问答机缘一二，以遮门盖户？而不尔者，其所言是其所实践，举自行以教人，正真实禅和，不可轻也。”

禅、讲、律

禅、讲、律，古号三宗。学者所居之寺，所服之衣，亦各区别。如吾郡，则净慈、虎跑、铁佛等，禅寺也。三天竺、灵隐、普福等，讲寺也。昭庆、灵芝、菩提、六通等，律寺也。衣则禅者褐色，讲者蓝色，律者黑色。予初出家，犹见三色衣，今则均成黑色矣。诸禅、律寺，均作讲所矣。嗟乎！吾不知其所终矣。

古玩入吾手

今人于一彝一罂、一书一画，其远在上古者，出自名家者，平生歆慕而不能致者，一旦得之，则大喜过望，忻然慰曰：“此某某所递互珍藏者，今幸入吾手矣。”曾不思旷劫以来无酬价之至宝，何时入吾手也？况世玩在外，求未必获。至宝在我，求则得之。亦弗思而已矣！

悟道难，为善易

当此五浊末世，兼以多生积习，而欲断无明惑，悟自本心，则千万人中希得一二，亦无足怪。至于不为恶而为善，此亦易事。而甘为不善，吾不知其何心？

又复身、口、意三，欲令摄意不动，而出入无时，起灭无形，定力之难成，亦无足怪。至于制身不为恶事，制口不发恶言，此亦易事。而甘为身、口之恶，吾不知其何心？

重许可

古人不轻许可，必研真核实，而后措之乎辞。如赞《圆觉疏》者曰：

“其四依之一乎？或净土之亲闻乎？何尽其义味如此也。”乃至赞远公者曰“东方护法菩萨”，赞南泉、赵州者曰“古佛”，赞仰山者曰“小释迦”，赞清凉者曰“文殊后身”。千载而下，无议之者。何也？真实语也。非今人谄寿、谀墓、贺迁秩、壮行色之套子话也。夫著之简编，勒之金石，将俾信当时而传后世，而虚誉浪褒，齐佛齐祖。噫！慧日虽自难瞒，蒙学未必无误矣。

放生池

予作放生池。疑者谓：“鱼局于池，攒聚纡郁，而无活泼之趣，不若放之湖中。或护持官河一段，禁弗使渔，亦不放之放也。”予谓此说亦佳，但池之与湖、与河，较其利害，亦略相当。池虽隘，网罟不入。湖虽宽，昼夜采捕。陋巷贫而乐，金谷富而忧，故利害均也。又官河之禁约有限，而诸鱼之出入无恒。有从外入限中，有从中出限外者，出限则危矣，不若池居之永不出限也，故利害均也。又疑无活泼之趣，则有一喻：坐关僧住一室中，循环经行，随意百千里而不穷，徜徉自得，安在其不活泼也？复有一喻：今幸处平世，城中之民，以城门之启闭为碍。一旦寇兵压境，有城者安乎？无城者安乎？渔喻寇，池喻城。人以城为卫，何局也？鱼可知矣。

崔慎求子

昔崔慎无子，有僧教以盛饰内人，入寺设斋。伺欢喜迎纳者，虔奉而厚供之，冀托胎其家。夫出家者，将超三界，成道度生。而乃为此笼槛以钩致之，致彼无心出世者犹可，倘堕落一真实道人，其害可胜言哉？慎与僧俱得罪，而僧为甚。苦哉僧乎！胡不以求子之正道语人乎？

无子不足忧

世人以无子为忧，而富贵者忧弥甚。

或曰："不孝莫大于无后，得无忧乎？"

予曰："然。古人语意自明，盖谓不娶而无子者，非谓娶而无子者也。娶而无子，奚罪焉？且帝王统驭亿兆，非无力置姬妾也，非无方士奇人进药石也，而有终绝储嗣者，命也，故不足忧也。乃若所忧则有之：多行不义，夺人之有，绝人之后，离人之骨肉，凌虐他人子女为己之婢仆者。种种阴险惨毒，皆无子因也，是则可忧也。不作是因而无子者，命也，非我之咎，故不足忧也。"

后身（一）

赞西方者，记戒禅师后身为苏子瞻，青草堂后身为曾鲁公，逊长老后身为李侍郎，南庵主后身为陈忠肃，知藏某后身为张文定，严首座后身为王龟龄。其次，则乘禅师为韩氏子，敬寺僧为岐王子。又其次，善旻为董司户女，海印为朱防御女。又甚而雁荡僧为秦氏子桧，居权要，造诸恶业。此数公者，向使精求净土，则焉有此？

愚谓大愿大力，如灵树[①]生生为僧。而云门三作国王，遂失神通。百世而下，如云门者能几？况灵树乎？为常人，为女人，为恶人，则展转下劣矣。即为诸名臣，亦非计之得也。甚哉！西方之不可不生也。

后身（二）

或谓："诸师后身之为名臣，犹醍醐反而为酥也，犹可也。为常人则酪矣，为女人则乳矣。乃至为恶人，则毒药矣。平生所修，果不足凭仗乎？则何贵于修乎？"

是大有说。凡修行人二力：一曰福力，坚持戒行，而作种种有为功

---

① 灵树，后唐韶州灵树院如敏禅师。云门，唐末五代文偃禅师，开创云门宗。《碧岩录》云："灵树生生不失通。云门凡三生为王，所以失通。"

德者是也。二曰道力，坚持正观，而念念在般若中者是也。纯乎道力，如灵树者，置弗论。道力胜福力，则处富贵而不迷。福力胜道力，则迷于富贵，固未可保也。于中贪欲重而为女人，贪瞋俱重而为恶人，则但修福力，而道力转轻之故也。为僧者，究心于道力宜何如也！

虽然，倘勤修道力，而更助之以愿力，得从于诸上善人之后。岂唯恶人，将名臣亦所不为矣。甚哉！西方之不可不生也。

后 身（三）

韩擒虎云："生为上柱国，死作阎罗王。"荣之也。不知阎王虽受王乐，而亦二时受苦。盖罪福相兼者居之，非美事也。古有一僧，见鬼使至，问之，则曰："迎取作阎王。"僧惧，乃励精正念，使遂不至。昔人谓："行僧不明心地，多作水陆灵祇。"虽未必尽然，容有是理。下生犹胜天宫，天且弗为，况鬼神乎？甚哉！西方之不可不生也。

王介甫

介甫[①]《拟寒山诗》有云："我曾为牛马，见草豆欢喜。又曾为女人，欢喜见男子。我若真是我，只合常如此。区区转易间，莫认物为己。"介甫此言，信是有见。然胡不云："我曾闻谀言，入耳则欢喜。又曾闻谠言，喜灭而瞋起。我若真是我，只合常如此。区区转易间，莫认物为己。"而乃悦谀恶谠，依然认物为己耶？故知大聪明人，说禅非难，而得禅难也。

喜怒哀乐未发（一）

予初入道，忆子思以喜怒哀乐未发为"中"，意此"中"即空劫以前自己也。既而参诸《楞严》，则云："纵灭一切见闻觉知，内守幽闲，犹

① 宋代宰相王安石，字介甫。

为法尘分别影事。”夫见闻泯、觉知绝，似喜怒哀乐未发，而曰“法尘分别”者何也？意，根也。法，尘也。根与尘对，顺境感而喜与乐发，逆境感而怒与哀发，是意根分别法尘也。未发，则尘未交于外，根未起于内，寂然悄然，应是本体。不知向缘动境，今缘静境。向固法尘之粗分别也，今亦法尘之细分别也。皆影事也，非真实也。谓之“幽闲”，特幽胜显，闲胜闹耳。空劫以前自己，尚隔远在。此处更当谛审精察，研之又研，穷之又穷，不可草草。

喜怒哀乐未发（二）

慈湖杨氏[①]谓：“灼见子思、孟子病同原。”然慈湖自叙静中所证，空洞寂寥，广远无际，则正子思所谓“喜怒哀乐未发”时气象也。子思此语，以深经微细穷究，故云犹未是空劫以前自己。若在儒宗，可谓妙得孔氏之心法，其言至精至当。何所错谬，而慈湖病之？慈湖既宗孔氏，主张道学，而乃病子思，则夫子亦不足法矣，将谁宗乎？倘慈湖于佛理妙悟，则宜直言极论儒佛同异，亦不应混作此语。似乎进退无据。

中峰示众

天目中峰和尚示众云：“汝若无大力量，不若半间草屋栖身，鹑衣丐食，亦免犯人苗稼。”至论也。今出家者，多作有为功德，奔走一生，于自己脚跟下生死大事置之罔闻，不亦谬乎？

或曰：个个都是你，则像毁殿塌，僧将露居而枵腹矣！

曰：非然也。汝力量大，任为之。古人此语，教我等无力量者急先务也。一者大事未明，如丧考妣，则不暇为。二者见理未彻，因果差错，所谓有为之功多诸过咎，天堂未就，地狱先成，则不敢为。

中峰又云：“一心为本，万行可以次之也。”至论也。牛头之于衔花

① 即南宋理学家杨简。

岩，马祖之于传法院。遐哉高风，不可再见矣。噫！

醮事谢将杀生

道流作醮事竟，必谢将。大者杀羊豕，小者买现有三牲。其说曰："酬将之护坛场也，不尔，且得罪。"嗟乎！"昨日设个斋，今朝宰六畜。一度造天堂，百度造地狱。"其是之谓乎！夫将，其他吾不能知，只如云长公之大义天植，王元帅之赤心忠良，彼岂以牲牢之谢介诸怀耶？相沿今古，道流中无一高行者止之，真可悲悼。如恐得罪于将，则近日一江湖无赖，以祈雨锁械将身，而将不加祸，盖不与小人较也。而区区为口腹故，反加祸于修功德之斋家也，有是理乎？敢以告夫明理之士君子。

斋月戒杀

唐制，正、五、九月，官不莅任。以莅任必多宴飨，宴飨必多宰牲。不莅任者，戒杀也。世人讹传，以此三月为恶月，而忌诸吉事，盖迷其所自耳。今时亦戒正、五、九月，及十斋日，不得行刑。爱物仁民，圣王好生之心一也。独惜夫祈晴祷雨，官必禁屠。是明知杀生之为不善矣。胡不斋月、斋日，遵古戒杀，而必待难生然后禁？呜呼！难生而始禁，难未平而禁已解。可胜叹哉！

戒杀延寿

华亭赵某，诣清浦探亲。舟行次，见一人立舟上，谛视，则亡仆也，惊问之。答云："现役冥司，今将追取三人耳。"问："三人为谁？"则曰："一湖广人，一即所探亲也。"其第三人不答。又问："得非赵某否？"曰："然。"赵大骇。至所探亲，则已闻室中哭声矣。益骇甚，趣棹还舍。仆曰："君且无怖，及夜吾不至，则免矣。"赵问："何故？"曰："于路见有为君解者，以君合门戒杀也。"后夜果不至，赵竟无恙。今尚在，已十年矣。万历丙午七月记此。

宋元悟道居士

自宋迄元，居士有悟入者，不一而足。宋居士刘兴朝，其《悟道集》自叙悟处甚详，盖真有得者。元放牛居士，于无门老人“不是不是”处悟入，所作《是非关》，横说竖说，非具大知见者不能道。此二老踪迹不甚显，兴朝犹载《传灯》，放牛罕有知者。吾故表而出之。

无义味语

宗门答话，有所谓“无义味语”者，不可以道理会，不可以思惟通故也。后人以思惟心强说道理，则愈说而愈远。岂唯谬说，直饶说得极是，亦只是鹦鹉学人语而已。圆悟老人曰：“汝但情识意解，一切妄想都尽，自然于这里会去。”此先德已验之方，断非虚语。吾辈所当深信而力行者也。

信施难消

邓豁渠自讼云：“为僧者干自己事，带累十方施主，委实难消。”诚哉言乎！夫僧人为自己生死，犹士人为自己科名也。为科名故，累诸邻里亲戚供给所需。成名则足以报之，名不成则所负多矣。不解此义，而唯嫌信施不广，岂不大错！

知道不能造

五台居士谓予曰：“吾知有此道，而不克尽力，终其身不乐。今士人不知有此道者，得一第，快心五欲以为乐。吾既知之，不敢纵欲。而复以王事、家事，驱驰荏苒。今老矣，失人世之乐，又未得出世之乐，故郁然终身。”此居士实语也。而自昧者多，自觉者少，谁道及此者？居士诚贤乎哉！今出家儿，无王事、家事，乃亦一生空过。静焉思之，五内惊慄。

远“官”字

先君子虽不仕，博学而笃行，多格言。尝谓不孝曰：“带一官字者，慎勿为之。”因问：“何谓带一官字？”先君子曰：“领官钱，织官段，中官盐，作官保，乃至入官府为吏书，交结官人，嘱托公事之类，皆是也。”予再拜服膺。后观亲识中，坐此而败者十七八。由是推而广之，即为官亦所不愿。出家后，又推而广之，不敢妄干有官大人。并诫徒众，不得乞缘出入于官家，不得倚官势与人构讼。安贫守分，幸免于大愆。虽遵持佛敕，亦素闻于庭训也。口泽未忘，曷胜於邑！①

《念佛镜》

道镜、善道二师作《念佛镜》，以念佛与种种法门对举，皆断之曰：“欲比念佛功德，百千万亿分不能及一。”可谓笃信明辨，大有功于净土矣。独其对禅宗一章，谓观心者、观无生者，亦比念佛功德，百千万亿分不能及一，学人疑焉。予以为正《四料简》所谓“有禅无净土”者是也。但执观心，不信有极乐净土。但执无生，不信有净土往生。则未达即心即土，不知生即无生。偏空之见，非圆顿之禅也。反不如理性虽未大明，而念佛已成三昧者。何足怪乎？若夫观心而妙悟自心，观无生而得无生忍，此正与念佛人上品上生者同科，又谁轩轾之有？

参究念佛

国朝洪、永间，有空谷、天奇、毒峰三大老。其论念佛，天、毒二师俱教人看“念佛是谁”。唯空谷谓：“只直念去，亦有悟门。”此二各随机宜，皆是也。而空谷但言直念亦可，不曰参究为非也。予于《疏钞》已

① 於邑，即呜咽。

略陈之。而犹有疑者，谓参究主于见性，单持乃切往生，遂欲废参究而事单持，言：“经中只云执持名号，曾无参究之说。”此论亦甚有理，依而行之，决定往生。但欲存此废彼则不可。盖念佛人见性，正上品上生事，而反忧其不生耶？故《疏钞》两存而待择，请无疑焉。若夫以“谁”字逼气下行，而谓是追究念佛者，此邪谬误人，获罪无量。

急参急悟

放牛居士，古杭人，余氏子。参无门老人，得悟于宋淳祐中。其言曰：“大聪明人，才闻此事，便以心意识领解，所以认影为真。到腊月三十日，眼光欲落时，向阎老子道：‘待我澄心摄念，却与你去。’断不可也。须是急参急悟。”放牛此语，可谓吃紧为人。若真实彻悟者，他平日踏得牢牢固固，稳稳当当，不动干戈，可以八面受敌。无常到来，安闲自如，不慌不忙，不怖不乱。何更待澄心摄念，勉强支吾耶？所谓急参急悟，吾辈当力图之。

《解禅偈》

温公[①]作《解禅偈》，真学佛不明理者之龟镜也。但其以言行可法为不坏身，仁义不亏为光明藏，特一时救病语，非核实不易之论。夫谨言行，修仁义，在世间诚可贵重。然岂便是金刚不坏之身、神通大光明藏？何言之易也！又以君子坦荡荡为天堂，小人长戚戚为地狱，理则良然，而亦有执理失事之病。岂得谓愚痴即牛羊，凶暴即虎豹，此外更无真实披毛戴角之牛羊，利牙锯爪之虎豹乎？吾恐世人见温公辞致警妙，必大悦而深信。其流之弊，拨无因果，乃至世善自足，不复知有向上事。则此偈本以觉人，反以误人，不可不阐。

① 温公，宋代名臣、史学家司马光，封温国公。其所作《解禅偈》，载《缁门警训》卷六。

范景仁

景仁[①]自谓："吾二十年曾不起一思虑。"景仁之为贤者信矣，然二十年之久不生一念，或未易及此。颜子尚仅三月不违，则三月外容有念生。赵州尚假四十年方成一片，则未成一片时容有念生。如景仁者，得无粗念虽无，微细思虑潜滋暗发而不自觉欤？吾非轻视景仁，盖恐得少为足，而预以自警也。

习 俗

先辈云："习俗移人，贤智者不免。"今一衣一帽，一器一物，一字一语，种种所作所为，凡唱自一人，群起而随之，谓之时尚。或尚坐关，群起而坐关。或尚礼忏，群起而礼忏。群起而背经，群起而持《准提》，群起而读《等韵》，群起而去注疏、专白文，群起而斋十万八千僧，群起而学书、学诗、学士大夫尺牍语，靡然成风，不约而合。独于刻心励志，真实参禅、念佛者，则有唱而无随，谓之何哉？

厌喧求静

有习静者，独居一室，稍有人声，便以为碍。夫人声可禁也，鸦鹊噪于庭，则如之何？鸦鹊可驱也，虎豹啸于林，则如之何？虎豹犹可使猎人捕之也，风响水流，雷轰雨骤，则如之何？故曰："愚人除境不除心，智者除心不除境。"欲除境，而境卒不可除，则道终不可学矣。

或曰："世尊不知五百车声，盖禅定中事，非凡夫所能。"

---

① 宋代名臣范镇，字景仁。

然则高凤[①]读书，不知骤雨漂麦。当是时，凤所入何定？不咎志之不坚，而嫌境之不寂，亦谬矣哉！

除日

古人以除日[②]当死日，盖一岁尽处，犹一生尽处。故黄檗垂示云："预先若打不彻，腊月三十日到来，管取你热乱。"然则正月初一便理会除日事不为早，初生堕地时便理会死日事不为早。哪堪荏荏苒苒，悠悠扬扬，不觉少而壮，壮而老，老而死？况更有不及壮且老者，岂不重可哀哉！今晚岁除，应当惕然自誓自要，不可明年依旧蹉跎去也。

虽然，此"打彻"二字，不可容易看过。不是通几本经论当得彻也，不是坐几炷香不动不摇当得彻也，不是解几则古德问答机缘、作几句颂古拈古当得彻也，不是酬对几句口头三昧滑溜当得彻也。古人谓："于此事洞然如桶底骤脱，爽然如大梦得醒，更无纤毫疑处，然后可耳。"嗟乎！敢不努力？

净土难信之法（一）

浅净土者，以为愚夫愚妇所行道。天如斥之，谓："非鄙愚夫愚妇，是鄙马鸣、龙树、文殊、普贤也。"故予作《弥陀经疏钞》，乃发其甚深旨趣。则又以为："解此经不宜太深，是毕竟愚夫愚妇所行道也。"佛谓此经难信之法，不其然乎！

---

① 高凤，东汉名儒。年轻时为书生，以种田为业。一日在庭院中持竿看守晾晒的麦子，暴雨骤起，雨水将麦子冲走，他专心读书而全然不知。见《后汉书·逸民列传》。

② 每年的最后一天，称为"除日"。

净土难信之法（二）

或谓：“不宜太深者，此经本浅，凿之使深，故不可。”

噫！《法华》以治世语言皆即实相。而此经横截生死，直登不退，宁不及治世语言乎？

或又谓：“此经属方等，《疏》以为圆，则不可。”

噫！《观经》亦方等摄也，智者圆之。《圆觉》亦方等摄也，圭峰圆之。《弥陀经》予特以为分圆，何不可之有？佛言难信之法，不其然乎！

净土难信之法（三）

《华严》第十主药神，得念佛灭一切众生病解脱门。《清凉疏》谓：“趣称一佛，三昧易成。敬一心浓，余尽然矣。况心凝觉路，暗蹈大方者哉！”前数语弘赞专念，后二句入理深谈。谁谓净土浅也？《行愿品》广陈不可说世界海，不可说佛菩萨功德。临终乃不求生华藏，而求生极乐。谁谓净土浅也？圣贤垂训如是，而人自浅之。佛言难信之法，不其然乎！

念佛不碍参禅

古谓：“参禅不碍念佛，念佛不碍参禅。”又云：“不许互相兼带。”然亦有禅兼净土者，如圆照本、真歇了、永明寿、黄龙新、慈受深等诸师，皆禅门大宗匠，而留心净土，不碍其禅。故知参禅人虽念念究自本心，而不妨发愿，愿命终时往生极乐。所以者何？参禅虽得个悟处，倘未能如诸佛住常寂光，又未能如阿罗汉不受后有，则尽此报身，必有生处。与其生人世而亲近明师，孰若生莲花而亲近弥陀之为胜乎？然则念佛不唯不碍参禅，实有益于参禅也。

医戒杀生

陶隐君[①]取生物为药，遂淹滞其上升。夫杀生以滋口腹，诚为不可。损物命而全人命，宜若无罪焉，不知贵人贱畜，常情则然，而非诸佛菩萨平等之心也。杀一命，活一命，仁者不为。而况死生分定，未必其能活乎？则徒增冤报耳。抱病者熟思之，业医者熟思之。

勘验

参学人有悟，必经明眼宗师勘验过始得。如一僧常于神庙纸炉中宿，有师潜入纸炉，俟其来宿，拦胸把住，便问："如何是祖师西来意？"僧云："神前酒台盘。"

又一僧，人言其得悟。玄沙故与偕行，至水边，忽推之落水，急问："牛头未见四祖时如何？"僧云："伸脚在缩脚里。"云云。

此二僧者，非胸中七穿八洞，千了百当。随呼随应，如空谷发声。随来随现，如明镜对物。何能于仓卒忙遽，做手脚不迭时，出言吐语如是的当，如是自在？彼闲时以意识抟量卜度，酬机作颂，非不粲然可观，争奈迅雷不及掩耳处一场懡罗。可不慎欤！

百法寺道者

嘉靖间，有道者某，寓吴山百法寺，不乞化。弟子一人，卖药以赡。日三食，每粥二盂。菜数茎，寄煮粥锅。终日坐一室，默如也。有作念佛会者造之，拟发问。辄摇手云："第静坐，毋开言。"既不得言，遂逡巡而退。以饼饵、蔬果进，拒不纳，曰："幸自有饘粥疗饥，没来由着此等向腹中转一过何为哉？"当时虽未核其所修何道，而精专脱逸，不染世

① 陶隐君，南北朝隐士、医学家陶弘景。

缘，今时似此者极少。诚予所不及，因识之。

出世间大孝

人子于父母，服劳奉养以安之，孝也。立身行道以显之，大孝也。劝以念佛法门，俾得生净土，大孝之大孝也。予生晚，甫闻佛法，而风木之悲已至。痛极终天，虽欲追之，末由也已。奉告诸人，父母在堂，早劝念佛。父母亡日，课佛三年。其不能者，或一周岁，或七七日，皆可也。孝子欲报劬劳之恩，不可不知此。

即心即佛

马祖谓："即心即佛。"大梅领旨，遂安然住山。后复闻"非心非佛"之说，乃云："任伊非心非佛，我只是即心即佛。"祖印之曰："梅子熟也。"世人赏叹梅之妙悟矣。而有二意，不可不辩：直契本原，一信永信，更不为繁名异相之所转移者，是梅子熟也。如其主先入之言，死在句下，担麻而弃金者，其为熟，是熟烂之熟，非成熟之熟也。五千退席[①]，昔人谓之焦芽败种者是也。

世智辩聪有失

世人重聪明、夸博洽、竞辞采，然不足恃者，以其有失也。彼学穷百家，文盖一世，有来生不识一字者。其甚，如淳禅师以才藻著名，一跌而起，顿成痴呆，则不待来生。又甚，化为异类，则所谓但念水草，余无所知。其可恃安在？唯般若真智，蕴之八识田中，亘古今颠扑不破。纵在迷途，有触还悟。世俗中人不知此意，无足为怪。出家儿乃以本分事束之高

① 释迦牟尼佛说《法华经》时，座中有五千人得少为足，不愿听闻，退席而去。见《法华经·方便品》。

阁，而殚力于外学，可胜叹哉！

好奇

聪明人多好奇，好奇者多受惑。盖好奇之名既彰，则所谓海上燕齐迂怪之士[①]，竞以其术进。驾神托仙，可喜可愕，遂深入而酷信之。至于白首无成，临终不验，始怅然悔恨，亦晚矣，虽然，犹愈于没世而终不返者也。今日之悔恨，当来之不受惑可知也。

无常信

谚有警世语，谓一老人死见阎王，咎王不早与通信。王言："吾信数矣。汝目渐昏，一信也。汝耳渐聋，二信也。汝齿渐损，三信也。汝百体日益衰，信不知其几也。"然此特为老人言耳。今更续之：一少年亦咎王云："吾目明、耳聪、齿利、百体强健，王胡不以信及我？"王言："亦有信及君，君自不察耳。东邻有四五十而亡者乎？西邻有三二十而亡者乎？更有不及十岁，与孩提乳哺而亡者乎？非信乎？"良马见鞭影而行。必俟锥入于肤者，驽骀也，何嗟及矣！

参禅非人世中事

先德有言："参禅不是人世中说得的事。"或疑：裴丞相谓："六道之中，可以整心虑，趋菩提者，唯人道为能耳。"果如前言，禅将无地可参矣。

曰：裴论良是。今此言，为吃得肉已饱，来寻僧说禅者发也。又为僧之口般若，身阿兰，而心朝市者发也。且安居五欲之场，坐证一乘之果，

① 汉武帝笃信神仙长生之说，遣方士入海求仙。因此燕、齐二地沿海的怪迂方士，竞相入朝，夸说神仙之事。见《史记·孝武本纪》。

人世中有此大便宜事，谁不为之？得非所谓世间哪有扬州鹤乎？愿毋以此言自诿。参禅定是人世中说得的事，特患无志耳。有志者，事竟成。

出家（一）

先德有言："出家者，大丈夫之事，非将相之所能为也。"夫将以武功定祸乱，相以文学兴太平，天下大事皆出将相之手，而曰出家非其所能，然则出家岂细故哉！今剃发染衣，便谓出家。噫！是不过出两片大门之家也，非出三界火宅之家也。出三界家，而后名为大丈夫也。犹未也，与三界众生同出三界，而后名为大丈夫也。古尊宿歌云："最胜儿，出家好，出家两字人知少。"最胜儿者，大丈夫也。大丈夫不易得，何怪乎知"出家"两字者少也。

出家（二）

人初出家，虽志有大小，莫不具一段好心。久之，又为因缘名利所染，遂复营宫室，饰衣服，置田产，畜徒众，多积金帛，勤作家缘，与俗无异。经称："一人出家，波旬怖惧。"今若此，波旬可以酌酒相庆矣。好心出家者，快须着眼看破。曾见深山中苦行僧，一出山来，被数十个信心男女归依供养，遂埋没一生，况其大者乎？古谓："必须重离烦恼之家，再割尘劳之网。"是出家以后之出家也。出前之家易，出后之家难。予为此晓夜惶悚。

得悟人正宜往生净土

或问："某甲向修净土，有禅者曰：'但悟自佛即已，何必外求他佛而愿往生？'此意何如？"予谓此实最上开示，但执之亦能有误。请以喻明：假使有人，颖悟同于颜子，而百里、千里之外，有圣如夫子者倡道于其间，七十子、三千贤，相与周旋焉。汝闻其名，往而见之，未必不更有长处。而自恃颖悟，拒不觐谒，可乎？虽然，得悟不愿往生，敢保老兄未悟在。何者？天如有言："汝但未悟。若悟，则汝净土之生，万牛不能挽矣。"深矣哉言乎！

参禅

僧有恒言，曰："小疑小悟，大疑大悟，不疑不悟。"疑之为言参也。然"参禅"二字起于何时？或曰：经未之有也。予曰有之。《楞严》云："当在此中，精研妙明。"又曰："内外研究。"又曰："研究深远。"又曰："研究精极。"非参乎？自后尊宿教人看公案，起疑情，皆从此生也。而言之最为详明者，莫如鹅湖大义禅师。其言曰："若人静坐不用功，何年及第悟心空？"曰："直须提起吹毛利，要剖西来第一义。"曰："若还默默恣如愚，知君未解做工夫。"曰："剔起眼睛竖起眉，反覆看渠渠是谁。"如是言之，不一而足。参禅人当书诸绅。虽然，若向语句中推测穿凿，情识上卜度抟量，则又错会所谓"用功"、所谓"剖"、所谓"反覆看"之意矣。则与"静坐"、"默默"者，事不同而其病同矣，不可不辩。

印宗法师

六祖既受黄梅心印，隐于屠猎佣贱一十六年。后至印宗法师讲席，出风幡语。印宗闻而延入，即为剃染，礼请升座说法。人知六祖之为龙天推出矣，未知印宗之不可及也。其自言："某甲讲经，犹如瓦砾。仁者论义，犹如真金。"夫印宗久谈经论，已居然先辈大法师矣。而使我慢之情未忘，胜负之心尚在，安能尊贤重道，舍己从人，一至于是乎？六祖固古佛之流亚，而印宗亦六祖之俦类也。圣贤聚会，岂偶然而已哉！

亲师

古人心地未通，不远千里求师问道。既得真师，于是拗折拄杖，高挂钵囊，久久亲近。太上，则阿难一生侍佛。嗣后历代诸贤，其久参知识者，未易悉举。只如慈明老人下二尊宿，一则杨岐，辅佐终世；一则清素，执侍一十三年。是以晨咨暮炙，浃耳治心，终得其道，以成大器。而予出家时晚，又色力羸弱，气不助志。先师为度出家，便相别去，方外行脚。所到之处，或阻机会，或罹病缘，皆乍住而已。遂至今日，白首无知，抱愚守拙。嗟乎！予不能于杏坛泗水济济多士中作将命童子，而乃于三家村里充教读师，可胜叹哉！

《华严》大藏一经

或问：经无与《华严》等者，何谓也？

曰：昔玄奘法师译《般若》六百卷成，以进御。帝云："《般若》如是浩瀚，何不居《华严》之先？"法师谓："《华严》具无量门。《般若》虽多，乃《华严》无量门中之一门也。"

有僧作数格供经，《华严》供于最上。一日取诵讫，纳之中格。明晨经忽在上，僧大惊异。盖经之威神所致，亦持经者之精诚所感也。且三藏圣教，独《华严》如天王，专制宇内。诸侯、公卿、大夫、百执事，以至兆民，皆其所统驭也。夫孰与之等也！

袁母

袁居士母张氏，自幼归依普门大士甚严。其嫁也，奉大士像以俱。孕居士腹中十月，无一日怠缓礼敬。故居士在孩提，即知归向三宝，盖所谓胎教也。夫内人之能倾心事佛者，世亦恒有。至于将作新妇，不汲汲以服饰为光华，而供大士于奁具，可谓迥出凡情，耳目所未闻见。昔苏子瞻绘像南行，葛大夫设像公署，不避嫌刺，识者高之。今袁母者，岂不卓然大丈夫哉！

儒佛配合

儒佛二教圣人，其设化各有所主，固不必歧而二之，亦不必强而合之。何也？儒主治世，佛主出世。治世，则自应如《大学》“格致诚正修齐治平”足矣，而过于高深，则纲常伦理不成安立。出世，则自应穷高极深，方成解脱，而于家、国、天下，不无稍疏。盖理势自然，无足怪者。若定谓儒即是佛，则《六经》、《论》、《孟》诸典，璨然备具，何俟释迦降诞，达摩西来？定谓佛即是儒，则何不以《楞严》、《法华》理天下，而必假羲、农、尧、舜创制于其上，孔、孟诸贤明道于其下？故二之、合之，其病均也。虽然，圆机之士，二之亦得，合之亦得，两无病焉，又不可不知也。

立禅

立禅出自《般舟三昧》，盖精进之极，恐坐则易昏，非以立为道也。而不达此意者，遂有用铁带束腰以助僵直，亦可笑矣。近更有砌砖作垣，紧围其身，植立于中，如剑在匣，而复假此以为募化之资。愚人无识，敬而事之，于是渐有效其所为者。奉劝高明，遇如是人，即应开导，劝之出垣。毋令末法现此魔异，以增僧门之丑。

论疏

如来说经。而菩萨造论，后贤制疏，皆所以通经义，而开示众生使得悟入，厥功大矣。或乃谓：“佛所说经，本自明显，不烦注释。”以诸注释反成晦滞，于是一概拨置，无论优劣，无论凡圣，尽以为不足观。此其说似是而非。何者？不信传而信经，是亦知本。但草忽卤莽，以深经作浅解，则其失非细。是盖有心病二焉：一者懒病，二者狂病。懒则惮于博究，疲于精思，唯图省便，不劳心力故。狂则上轻古德，下藐今人，唯恣胸臆，自用自专故。新学无智，靡然乐从。予实悯之，为此苦口。

净土不可言无

有谓：“唯心净土，无复十万亿刹外更有极乐净土。”此唯心之说，原出经语，真实非谬，但引而据之者错会其旨。夫即心即境，终无心外之境。即境即心，亦无境外之心。既境全是心，何须定执心而斥境？拨境言心，未为达心者矣。

或又曰："临终所见净土，皆是自心，故无净土。"不思古今念佛往生者，其临终圣众来迎，与天乐异香、幢幡楼阁等，唯彼一人独见，可云自心。而一时大众悉皆见之，有闻天乐隐隐向西而去者，有异香在室多日不散者。夫天乐不向他方，而西向以去。彼人已故，此香犹在。是得谓无净土乎？圆照本禅师，人见其标名莲品。岂得他人之心作圆照之心乎？

又试问汝："临终地狱相现者，非心乎？"曰："心也。""其人堕地狱乎？"曰："堕也。"夫既堕地狱，则地狱之有，明矣。净土独无乎？心现地狱者，堕实有之地狱。心现净土者，不生实有之净土乎？宁说有如须弥，莫说无如芥子。戒之戒之！

随处净土

有谓："吾非不信净土，亦非薄净土而不往。但吾所往与人异，东方有佛吾东往，西方有佛吾西往。四维上下，天堂地狱，但有佛处，吾则随往。非如天台、永明诸求净土者，必专往西方之极乐世界也。"

此说语甚高，旨甚深，义甚玄，然不可以训。经云："譬如弱羽，只可缠枝。"则知翮翼既成，身强气茂，方可翱翔霄汉，横飞八方耳，非初发菩提心者所能也。世尊示韦提希十六观法，必先之落日悬鼓，以定志西方。而古德有坐卧不忘西向者，岂不知随方皆有佛国耶？大解脱人，任意所之。如其不然，恪遵佛敕。

阴 阳

有谓："万法始于阴阳，不宜阴阳前更立太极。故曰有天地然后有万物，天阳而地阴也。夫妇为生人之本，夫阳而妇阴也。"夫"有天地然后有万物"，孔子语也。"《易》有太极，是生两仪。"亦孔子语也。取其一，弃其一，何为哉？濂溪曰："无极而太极。"尚置无极于太极之上，况阴阳乎？圭峰《原人》，即无极犹未足穷其原。而《起信》，真如生灭以前，名为一心。前说可谓甚浅。

出胎隔阴之迷

古云："声闻尚昧出胎，菩萨犹昏隔阴。"予初疑声闻已具六通，菩萨双修定慧，何由昏昧均未能免？及考之自己，稽之他人，昨宵之事，平旦忽尔茫然，况隔阴乎？乍迁一房，夜起不知南北，况出胎乎？彼诸贤圣之昏昧，盖暂昏而即明，俄昧而旋觉者也。而我等凡夫，则终于昏昧而不自知也。舍身受身，利害有如此者。为今之计，直须坚凝正心，毋使刹那失照，而复恳苦虔诚，求生净土。生净土，则昏昧不足虑矣。既放其心，复拨净土，危乎哉！

刘道原不信佛法

司马温公谓："刘道原[1]最不信浮屠法，其言曰：'人生如在逆旅，旅中所用之物，去则尽弃之矣，焉有赍之随去者乎？'可谓见之明而决之勇矣。"盖人死则神灭之论也。

夫旅中主人之物，诚弃矣。自己囊橐，亦并弃而不随乎？所谓"唯有业随身"是也。温公之有取于道原者何也？刘元城[2]谓："老先生于此事极通晓。"元城之有取于温公者，又何也？

传佛心印

天台下尊宿，谓传佛心印唯属天台，而达摩一宗置之弗取。圭峰谓

---

① 司马温公，即宋代名臣、史学家司马光。刘道原，即宋代史学家刘恕。

② 刘安世，号元城，曾受学于司马光，曾言："老先生于佛法极通晓，但不言耳。"

荷泽嗣曹溪，传佛心印唯属荷泽，而南岳、青原二宗置之弗取。于是明教嵩禅师作《传法正宗》，自迦叶至曹溪，西天四七，东土二三，以逮于南岳、青原。而天台、圭峰两家之说双泯。今犹有为天台者，而绝无为圭峰者。则天台下尚绳绳，而圭峰下寥寥也。为天台者曰："师子遇害而传遂绝。"[①]然至人遇害，如游园观。宁有法随身灭之理乎？《传法正宗》，诚哉宗正而万世为楷矣！

传灯

自拈花悟旨，以至舂米传衣。西域、此方，灯灯续照。而黄梅之记曹溪曰："向后佛法由汝大行。"乃南岳、青原，灿为五宗，大盛于唐，继美于宋。逮元尚多其人，而今则残辉欲烬矣。所以然者，无其种故也。祖师云："汝学心地法门，如下种子。我说法要，譬彼天泽。"然则既无其种，天泽何施？今剃发染衣者虽遍满域中，然皆外骛有为缘事。其近里者，又不过守律饬躬，诵经礼忏而已。其谁发无上菩提之心，单提此事，孜孜密密，扣己而参，不舍寸阴，而必求正悟者哉？乃欲望空田之获粟，责露柱以生花，无是理也。

金丹

或问："玄宗有云：'金丹之法，与二乘坐禅颇同。'此语然欤？"

予曰："此紫阳[②]语也，不曰异而曰同，不直曰同而曰颇同，言之不苟发者也。虽然，禅者不可因是而生异见也。学大乘以二乘为禁，故《梵网》呵二乘曰邪、曰恶。况同而未同者乎？"

---

① 《付法藏因缘传》载：如来心印自迦叶、阿难历代相承，至第二十四祖师子比丘，被罽宾国王弥罗堀所害，其传承由此中断。其说被天台宗学者所采用。

② 北宋道士张伯端，字平叔，世称"紫阳真人"。

或问："丹可得闻乎？"

乃为之喻曰："炼铅汞而成丹，譬之修定慧而成道也。神凝气结，乃成大丹。止极观圆，不真何待。其究虽殊，而喻可以互显也。玄宗尚以身之精、气、神为外药，而教人求内药之元精、元气、元神。彼从事于五金八石、寻草烧茆者，亦惑矣。禅宗尚以十地见性为如隔罗縠，而必曰永断无明，方名妙觉。彼止于化城，住于百尺竿头者，犹远之远也。奈何圆顶方袍，号为释子，不思绍隆佛种，而耽耽焉颂《道德》，讲《南华》，不亦颠倒乎哉！"

《四十二章经》、《遗教经》

汉明帝夜梦金人，遣使天竺，得佛经四十二章，此圣教东流入震旦之始也。今以其言近，僧不诵持，法师不升座为人讲演。夫此经言不专近，有远者，有言近而旨远者，人自不察也。又《遗教经》，乃如来入灭最后之要语，喻人世所谓遗嘱也。子孙昧宗祖创始之来源，是忘本也。子孙背父母临没之遗嘱，是不孝也。为僧者胡弗思也？愚按二经实末法救病之良药，不可忽，不可忽！

大悟小悟

相传大慧杲老，大悟一十八遍，小悟不计其数。愚按学道人时有觉触，谓之有省。乍而省，未大彻也，则名小悟，容或多遍。至于大悟，则世尊夜见明星而廓然大悟，是一悟尽悟，不俟二三矣。即如诸祖，有"直至如今更不疑"者，有"从此安邦定国，天下太平"者，有"原来黄檗佛法无多子"者，虽未至佛，亦皆大悟也。而必重重累累如是，则向之不疑者当更起疑矣，向之太平者当更变乱矣，向之无多子者当更欠少矣，云何得称大悟？若夫无明虽断，犹欲断最后穷微至细之无明。公案虽透，犹欲透最后极则淆讹之公案。则几番大悟者容有之，但不应多之至于一十八遍也。

悯下

《周氏纪言》载，唐一庵先生与众友夜话，将入寝，问："此时还有事当料理否？"众曰："无。"一庵谓："今天盛寒，吾辈饮酒乐甚，诸从人尚未有寝所。"众谢不及。所以然者，以此时唯欠伸思睡而已，而一庵独体悉于众情之所弗察，真仁人之言，佛菩萨之慈悲也。

因思出家儿今日在僧堂中，百事不干怀，十指不点水。其入寝，亦念诸行人有未遑安处者乎？亦念诸行人之劳役不宁者，何所为而然乎？则以众僧之办道也。古人有言："道业不成争消得？"可不为寒心哉！

菩萨

人见如来弹斥偏小，赞叹大乘，知菩萨道所当行矣。然不审其实，而徒假其名，为害滋甚。是故未能自度，先能度人者，菩萨也。因是而己事不明，好为人师，则非矣。六度齐修，万行兼备者，菩萨也。因是而专务有为，全抛心地，则非矣。无恶名怖，乃至无大众威德怖，坦然自在者，菩萨也。因是而闻过不悛，轻世傲物，则非矣。即杀为慈，即盗为施，乃至即妄言成实语，种种权宜方便，不可以常情局者，菩萨也。因是而毒害、劫夺、欺诳，甚而破灭律仪，拨无因果，如古谓"饮酒食肉不碍菩提，行盗行淫无妨般若"，则非矣。此则徇名失实，不善学柳下惠，而学步于邯郸者也。大道无成，业果先就。慎之慎之！

愿力

吕文正公每晨兴礼佛，祝云："不信三宝者，愿弗生我家。愿子孙世世食禄，护持佛法。"后吕氏所出，若公著，若好问，若用中，皆贵显而奉佛。夫文正亦只是人世之善愿，而竟酬所期，至累世不绝。况求生净土，为出世间之大愿乎？文正之愿，取必于子孙者，得否未可知。况求生净土，取必于自己者乎？故知净土不成，良以其精诚之未至耳。

昔有贵室，供养一僧。问僧云："师百年后，肯来某家否？"僧一笑，遂为其子。近世总戎范君，亦其父所供僧也，二事正类。夫一时之笑诺，即孕质于豪门。岂得积久之精诚，不托胎于莲品？因果必然，无容拟议矣。

不起念（一）

李文靖公庭前药栏坏，如不闻见。左右请葺之。公曰："安可以此事动吾一念乎？"

仰山住院，土地神欲一参觐，而久不可得。一日师偶入香积①，行人有翻坏食器者。师不觉起念云："信施可惜。"土地神遂得展礼。则师于平日，盖一念不起者矣。故曰："一念未起，鬼神莫知。"又曰："离念相者，等虚空界。"而我辈从朝至暮，浮思乱想，层见叠兴，不知其几千万亿。欲超生死，证涅槃，其可得哉？

不起念（二）

昔有道者，结庵于溪侧。夜闻窗外云："明日有戴铁帽子者，当替代我。"道者知鬼也。明日将暮，大雨，溪水骤涨。一男子顶釜，冒雨欲渡，道者急止之。至夜，窗外复云："三年俟候得一人，又为这先生所救，必有以报之。"道者端坐室中，鬼绕室周遍觅之不得，怅怏而去。良由一念不起故也。盖人之所觅者形，而鬼神之所觅者心也，心空而形与之俱空矣，孰曰黄冠②无人哉？吾辈当取以自勖。

① 香积，即香积厨，佛教寺庙中的厨房。食器，盛食物的器具。

② 黄冠，古时道士所戴的冠帽，后为道士的代称。

九品往生

士人有薄净土而不修者，曰："譬如吾辈，当以科名入仕，奈何作岁贡授官耶？"

一士人云："此喻大谬。莲台自分九品，公何不取其最上，而甘作下品乎？今进士科三百，亦可分上、中、下而九品之也。公何不取彼魁元，而甘作榜尾乎？上品上生，即莲科之榜首也。故颂之者曰：'三心圆发，谛理深明。金台随往，即证无生。'其在宗门，则大彻大悟，而所谓'心空及第归'者，此也。"

向士人怃然曰："吾疑于是冰泮。"

千僧无一衲子

龙兴靖公，受知于雪峰大师。峰记靖云："汝他日住持，座下千僧，无一衲子。"后靖应钱王之请，住持龙兴，果众千余，皆三藏诵习之徒而已，一如峰记。昔马大师得人之多，其成大器者至八十八人。靖去马师年不甚远，而衲子之难得，乃千中罕见其一。况今时乎？人间无十善，则天类衰。僧中无衲子，则佛种断。近且不知衲子之谓何也。法道伶仃，如线欲绝，悲夫！

惜寸阴

古谓："大禹圣人，乃惜寸阴。至于众人，当惜分阴。"而佛言："人命在于呼吸。"夫分阴之中，有多呼吸，则我辈何止当惜分阴，一刹那、一弹指之阴，皆不可不惜也。昔伊庵权禅师，至晚必流涕曰："今日又只恁么空过，未知来日工夫何如？"其励精若此。予见晨朝日出，则忆伊庵此语，曰："今又换一日矣，昨日已成空过，未知今日工夫何如？"然予但叹息，未尝流涕，以是知为道之心不及古人远甚。可不愧乎？可不勉乎？

万年寺

万年寺当天台万山之中，殿前古树十余，一字横亘，行列整而枝叶茂，郁然为山门美观。有刻石记之者曰："此上仙所植也，有伐之者，其人立死。"

或云："为此记者其愚乎哉！他时后日，能保有力者不负之而趋乎？则奚以记为？"

予以为不然。夫兴之必有废也，古人非不知也，法不得不如是立也。后人信斯记而戢其邪心，与不信而造业，自属彼人。立法者无心焉，任之而已矣。破和合僧者堕无间，佛记也。佛未入灭，而调达诱祇园之僧若干以去。佛不能制调达之负而趋，然则佛愚乎哉？

富贵留恋人

僧之高行者，平日自分不以富贵染心。然能持之现生，未必不失之他世。一友人以文章魁海内，直史馆，声名藉甚。偶游天目，谓予言："此山中石室有僧坐逝，其故身犹存。予欲礼觐，辄心怖不敢。"予问故。答曰："昔有人礼石室僧者，才拜下，即仆地陨绝，而龛内僧方欠伸从定起。予虑或然，是以不敢。"因与予相视大笑。此公弘才硕德，智鉴精朗，又雅意佛乘，尚爱着其一时富贵，守在梦之身，唯恐其醒。他又何言乎？田舍翁五亩之宅，寒令史抱关击柝之官，穷和尚三二十家信心供养之檀越，已眷眷不能舍，死犹携之识田。况复掇巍科，居要地，占断世间荣耀者，亦奚怪其爱着也！富贵之留恋人，虽贤智者未免。吁！可畏哉。

鹅道人

山中老氓呼鹅曰"鹅道人"。问之，则曰："鸭之入田也，蟥螟蟊蚓等吞啖无孑遗，故鸭所游行，号大军过。鸡之在地也，蜈蚣之毒恶，蟋蟀之跳梁，无能逃其喙者。而鹅唯噬生草与糠秕耳，斋食不腥，是名道人。”予闻而汪然大戚焉。夫鸡鸭戕物，人戕鸡鸭，报施似适其平。曷为乎烹鹅而食其肉也？鹅受道人之称，人甘猛虎之行，吁乎伤哉！虽然，鹅不食腥，类驺虞之不杀，非师友训之，其性然也。性也者，宿习之使也。故学道人不可不慎其习。

生 日

世人生日，设宴会，张音乐，绘图画，竞辞赋，以之为乐。唐文皇独不为，可谓超越常情矣。

或曰：是日也，不为乐而诵经礼忏、修诸福事，则何如？

曰：诚善矣。欲报父母劬劳生育之恩，及灭己躬平生所作之业，于此宜尽心焉。然末也，非本也。先德有言：“父母未生前，谁是汝本来面目？”是日也，有能不为乐而正念观察未生前之面目者乎？若于此廓尔洞明，则不但报此身之父母，而累劫之亲恩无不报。不但灭现生之业，而多生之夙障罔弗灭矣。罢人世之乐，得涅槃之乐。孝矣哉若人乎！伟矣哉若人乎！

因病食肉

有受佛戒，断肉食，而忽罹病缘，为亲友所强劝，已而遇俗医又怂恿之，至有久茹斋者，一旦破毁。不思肉之力仅能肥身，不能延命，智者已必不为。又况膏粱子弟，或瘦瘠如馁人。而藜藿田夫，或充腴若富贾。则肥身且未，保如命何？菜食而病，教以食肉。肉食而病，复令何食？在病者以理自持而已。若其位处卑幼，上有尊人，势分所临，不可违逆者，食三净肉可也，杀生而食不可也。

人患各执所见

析理不得不严为辩别，入道不得不务有专门。然而执己为是，概他为非，又不可也。此在昔已然，于今尤甚。执一家者，则天台而外无一人可其意。而执简便者，又复诋天台为支离穿凿，非佛本旨。执理性者，则呵念佛为着相。而执净业者，又复但见不念佛人便目之曰外道。乃至执方山者，病清凉分裂全经。执持咒者，疑显教出后人口。如斯之类，种种未易悉数。矛盾水火，互相角立。坚壁固守，牢不可转。吾深慨焉！奉劝诸仁者，曷若各舍其执，各虚其心，且自研穷至理，以悟为则。大悟之后，徐而议之未晚也。

姚少师（一）

佛未出世，人皆以天为师。佛既出世，始知奉佛。故佛号“人天师”，独王于三界而无伦者也。姚少师①作《佛法不可灭论》，谓：“儒、道二教，法天制用，不敢违天。佛之为教，诸天奉行，不敢违佛。”此虽阚泽②语，非少师不能阐也。又少师位极三公，衣仅一衲，不改僧相以终其身，岂常情所易窥测乎？特不似佛图澄示现神通。然图澄当乱世，乃假通以显化。少师值真主，无俟于通，安知非能之而不为也？又《幽居诗》曰：“春燕雏成辞旧垒，午鸡啼罢啄阴阶。”可谓当代之留侯矣。世未有知其深者，因发之。

姚少师（二）

或谓：“少师佐命，杀业甚多，奚取焉？”然所取于少师者有三：一以其贵极人臣而不改僧相，二以其功成退隐而明哲保身，三以其赞叹佛乘而具正知见。杀业非所论也。虽然，少师曾于靖难中，启奏：“方孝儒贤者，慎勿加害。”即此一言，功过可相准矣。吾是以取之。

---

① 明初禅僧道衍，俗姓姚，号独庵。助成祖朱棣起兵，夺取帝位，论功以为第一，拜太子少师，赐名广孝。

② 阚泽，三国时吴国人，任尚书令、太子太傅，其语是回答吴主孙权关于儒、释、道三教对比的敕问时所说。

竹窗三笔

明云栖寺沙门袾宏著

《竹窗三笔》序

古有《容斋随笔》，予效之竹窗之下。时有所感，笔焉。时有所见，笔焉。从初至再，成二帙矣。兹度八旬，颇知七十九年之非，而自觉其心之未悄然也。奈何久仆乐生之堂，无能勤赵老之屦。于是一榻而走千山，寸晷而游神于百世，所感所见，积之岁月，忽复成帙。虽东语西话，宾叩主酬，种种不一，要归于整饬行门，平治心地而已。余如世谛中事，无关于法化，无补于修进者，则不暇及焉。噫！吾耄矣，胡不囊括瓶守，而喋喋乃尔？噫！吾耄矣，斜阳剩月，能几何时？此而不言，更待何日？苟有利于民物，他何恤为！因以付管城子。

万历乙卯春日，后学云栖袾宏谨识。

杀生人世大恶

或问："人所造恶，何者最大？"

应之者曰："劫盗也，忤逆也，教唆也。"

予曰："是则然，更有大焉，大莫大于杀生也。"

或曰："宰杀充庖，日用常事。何得名恶，而况最大？"

噫！劫盗虽恶，意在得财。苟欢喜而与之，未必戕人之命。而杀生则剖腹剜心，肝脑鼎镬矣。忤逆者，或弃不奉养，慢不恭敬，未必为阿阇、杨广之举[1]。况阇、广所害，一世父母。而经言：有生之属，或多夙世父母。杀生者自少至老，所杀无算，则害及多生父母矣。教唆者，恶积名彰，多遭察访，漏网者稀。彼杀生者，谁得而诘之？则构讼之害有分限，而杀生之害无终尽也。是故天地之大德曰生，天地间之大恶曰杀生。

昼夜弥陀十万声

世传永明大师昼夜念弥陀十万。予尝试之，自今初日分，至明初日分，足十二时百刻，正得十万。而所念只是四字名号，若六字则不及满数矣。饮食、抽解，皆无间断，少间则不及满数矣。睡眠、语言，皆悉断绝，少纵则不及满数矣。而忙急迫促，如赶路人，无暇细心切念，细念则不及满数矣。故知“十万”云者，大概极言须臾不离之意，而不必定限十万之数也。吾恐信心念佛者或执之成病，因举吾所自试者以告。或曰：“此大师禅定中事也。”则非吾所知矣。

己事办方可为人

古人大彻大悟，参学事毕，且于水边林下，长养圣胎，不惜口头生醭。龙天推出，方乃为人。故辞法席者，愿生生居学地而自锻炼。予出家时，笃奉此语，佩之胸襟。后以病入山，久久不觉渐成丛林。然至今不敢目所居为“方丈”，不敢开大口妄论宗乘。盖与众同修，非领众行道也，忝一日之长，互相激劝而已。诸仁者以友道待我而责善焉，幸甚！

自他二利

古云：“未能自利，先能利人者，菩萨发心。”斯言甘露也，不善用之，则翻成毒药。试反己而思之，我是菩萨否？况云发心，非实已能也。独不闻自觉已圆，复行觉他者，如来应世乎？或谓：“必待已圆，而后利

① 阿阇世，中印度摩揭陀国频婆娑罗王之子。杨广，隋文帝杨坚之子。二人皆弑父篡位。

他，则利他终无时矣。”然自疾不能救，而能救他人，无有是处。是故当发菩萨广大之心，而复确守如来真切之训。不然，以盲引盲，欲自附于菩萨，而人己双失，谓之何哉！

杀生非人所为

虎、豹之食群兽也，鹰、鹯之食群鸟也，鳢、獭、鹚、鹭之食鱼虾等诸水族也，物类之无知则然。具人之形，禀人之性，乃杀诸众生而食其肉，可乎？是人中之虎、豹、鹰、鹯、鳢、獭、鹚、鹭也。虽然，虎之害不及空飞，鳢之害不及陆走。人则上而天，下而渊，中而散殊于林麓田野者，钓弋网罟，百计取之无遗余，是人之害甚于物也。孔子曰：“仁者，人也。”孟子曰：“仁，人心也。”人而不仁，是尚得为人乎？既名为人，必无杀生食肉之理矣。

祀天牛

燔牛祀天，世传事始于上古，而历代因之。虽以梁武帝之奉佛，然面为牺牲，独行于太庙，而不行于南郊。史称：“正月上辛，以特牛祀于天皇大帝。”夫祀天配以祖，则牛亦在焉，安所称为用面？予不知其说也。昔沛公以太牢祀孔子，予尝谓一太牢何足以报圣师之恩？则其不足以报上帝之恩亦明矣。而自古及今，为有国之大典，孰从而止之？悲矣哉，牛乎！何其业之深且长也一至是乎！

伏羲氏网罟

槐亭王先生谓：“网罟制于伏羲，盖因兽之伤稼，设为网罟者，御之也，非捕之也。故曰佃曰渔，皆有田字隐隐在中。”槐亭此说，发千古所未发，可谓大有功于世道矣。

或曰：“炎帝始为稼穑，故号神农氏。伏羲时未有稼，而网罟将奚为？”

予乃用前意而广之曰：“古虽未稼，或食草木之实，犹稼也。况人畜以强弱相胜，设为网罟，使兽畏而避之。但教民远其害，非教民食其肉也。捕而食之，后世之流弊也，非圣人意也。”

浴 水

京畿老辨融师，尝言：“沐浴水澄之，可以渍米炊饭。”或曰戏言也，或曰有激之言也。予以为不然，盖实语耳。

予昔附粮舶至丹阳，连艘十余里，首尾相踵。而河狭水浅，浣衣者恒于斯，濯足者恒于斯，大小便利者恒于斯，秽且甚矣。然用之以煎煮炊爨者亦恒于斯。非大富贵人，罕有登崖觅井汲泉者。河水、浴水奚别焉？耿恭被围绝水，绞马粪汁而饮之。而口外有炒米店，四十里候天雨为饮，穿井数十丈不得水。嗟乎！饿鬼之乡，积劫不闻水名。为僧者，今处清溪流泉之所，茶汤灌浣，事事如意。更复一月八浴，犹以为少。一月十五浴，犹以为少。何不知惭愧，乃至于是！

僧宜节俭

张子韶自做秀才时，至状元及第，位登枢要，而粗衣菲食，无玩好器物，其笔亦用残秃者。胡克仁居官，茹蔬终身，眠一纸帐。彼乃现宰官身，行比丘行。况身是比丘者乎？佛制头陀比丘，行乞为食，粪扫为衣，冢间、树下为宿。今处于众中，檀越送供，衣足矣，食足矣，安居于兰若矣，更求佳丽可乎？一钵四缀，一緉鞋三十年，古德之高风未坠也。吾为是惭愧自责，而并以告夫同侣。

僧拜父母

佛制出家比丘不拜父母。而王法有僧道拜父母之律。或问：“依佛制则王法有违，遵王法则佛制不顺，当如之何？”予谓此无难，可以并行而不悖者也。为比丘者，遇父母必拜，曰：“此吾亲也，犹佛也。”为父母者，当其拜，或引避，或答礼，曰：“此佛之弟子也，非吾子也。”宁不两尽其道乎？

年少闭关

闭关之说，古未有也，后世乃有之，所以养道[①]，非所以造道[②]也。且夫已发菩提大心者，犹尚航海梯山，冒风霜于百郡。不契“随他”一语者，方且挑包顶笠，蹈云水于千山。八旬行脚，老更驱驰。九上三登，不厌勤苦。尔何人斯，安坐一室，人来参我，我弗求人耶？昔高峰坐死关于张公洞，依岩架屋，悬处虚空，如鸟在巢，人罕覯之者，然大悟以后事耳。如其图安逸而缄封自便，则断乎不可。

八旬行脚

古有颂云：“赵州八十犹行脚，只为心头未悄然。及至归家无一事，始知虚费草鞋钱。”今人不思其前二句，而执其末句，谓道在目前，行脚徒劳耳，而引不越岭、不出关者为证。噫！幸自反观，已归家否？无一事否？有如尚滞半途，匆匆多事，则何但八旬，直饶百岁、千岁，乃至万岁，正好多买草鞋，遍历天涯，未许驻足在。

讲 宗

宗门之坏，讲宗者坏之也。

或问：“讲以明宗，曷言乎坏之也？”

予曰：“经、律、论有义路，不讲则不明。宗门无义路，讲之则反晦，将使其参而自得之耳。故曰：‘任从沧海变，终不为君通。’又曰：‘我若与汝说破，汝向后骂我在。’今讲者翻成套子话矣。西来意不明，正坐此耳。”

---

① 养道，指开悟后养护性德，净除微细无明习气。

② 造道，指深参力究以期悟道。造，达到。

教人参禅

参禅人之误，教参禅者误之也。

或问：“教人参禅，是欲起直指之道于残灯将烬之日，曷言乎误之也？”

予曰：“道虽人人本具，而亦人人所难。苟非利根上智，卒莫边岸。奈何概以施之？譬如募士者，得孱孱懦怯，仅可执旗司鼓，而授之以朱亥之锤、云长之刀、典韦之戟，其不振掉而颠蹶者几希矣，安望其有斩将擒酋、攻城破垒之功乎？其或自亦才离‘上大人，丘乙己’[①]，而教人以制科文字，亦舛矣。”

或问：“于子何如？”

答曰：“老僧正读‘上大人’未熟在。”

《肇论》

空印驳肇公《物不迁论》，予昔为之解。今复思之：空印胡由而为此驳？其由有二：一者不察来意，二者太执常法。

不察来意者，若人问：“物何故不迁？”则应答云：“以性空故。”今彼以昔物不至今为物迁，而漫然折以性空。性空虽是圣语，然施于此，则笼统之谈，非对机破的之论也。得无似作文者，辞句虽佳而不切于本题者乎？

太执常法者，僧问大珠：“如何是大涅槃？”珠云：“不造生死业。”此常法也。又问：“如何是生死业？”珠云：“求大涅槃是生死业。”在常法，必答以“随妄而行是生死业”矣。今乃即以求大涅槃为生死业，与肇公即以物不至今为不迁，意正同也，故无以驳为也。

---

① 古时学童习字，一般最先临写“上大人，孔乙己”等字。故以“上大人”喻极浅显的文字。

又空印谓："圭峰不当以达摩直指之禅为六度之一。"圭峰何处有此语？其所著《禅源诠》云："达摩未到，诸家所解，皆是四禅八定之禅。南岳、天台所立教义虽极圆妙，然其趋入门户次第，亦只是前之诸禅。唯达摩所传，顿同佛体，迥异诸门。"其说如此明显。而曰以直指禅为六度禅，则吾所未谙也。

虽然，空印驳肇公之论不迁，呵圭峰之议初祖，则诚过矣。至其谓圭峰不当以荷泽为独绍曹溪，天台门下所论或多不出于大师之口，此二说者确论也。

《华严》论疏[1]

或问：《肇论》已闻命矣。又一居士力诋清凉者，何如？

予谓：彼居士唯崇枣柏之《论》。其诋清凉者，言不当以信、解、行、证，分裂全经，大失经旨。不思经开信、住、行、向、地、等，其分裂也抑又甚矣，然则佛亦非欤？夫行布、圆融，一而二、二而一者也。必去行布，则圆融何物？因该果海，果彻因源。则先后同归，首尾一贯，无缝无罅，何处觅其分裂也？况论有论体，疏有疏体。发明大意，莫尚乎《论》。委曲发明，穷深极微，《疏钞》之功不可思议。二大士者，皆羽翼《华严》之贤圣，不可得而轩轾者也。

予尝有书达居士，居士不答，未知其允否，因记之。

评议先贤

予既叙《肇论》、《杂华》[2]二事。或曰："先贤不可评议乎？"予曰："非然也。'今人未必不如古人'，昔有是言矣。然吾尝思之，

① "论"，指李长者《新华严经论》。"疏"、"疏钞"，指清凉国师《华严经疏》、《华严经随疏演义钞》。

② 《杂华》，为《华严经》之异名。

《三百篇》多出于郊野闾阎之歌咏，而后人以才华鸣世者不能及。六群比丘，圣众所不齿，而贤于佛灭度后马鸣、龙树。则古人何可轻也？空印之评，其太过者，只在《物不迁》，及圭峰论达摩两处耳，非讥贬清凉者比也。吾见有叱辱温陵者；骂詈长水者；崇尚天台，则尽毁诸家，无一可其意者；勘妙喜为未悟者；藐中峰为文字知识者；又其甚，有谓六祖不及永嘉，而遭其挫折一上者。是安可以不辨也？嗟乎！古人往矣，今人犹存。吾何苦为过去者争闲气，而取见存者之不悦乎？顾理有当言，不容终默者，余非所恤也。”

游名山不愿西方

游五台者曰文殊在，游峨嵋者曰普贤在，游普陀者曰观世音在。独不曰西方极乐世界有弥陀在乎？又不曰三大士者徒仰嘉名。阿弥陀佛现在说法，亲炙休光之为愈乎？又不曰跋涉三山，累年月而后到。信心念佛，一弹指而往生乎？大可叹也。

非理募化

云栖僧约，非理募化者出院。

一僧曰：“此不足禁，禁之则缺众生福田。非理募化，虽其人自负过愆，而众生获破悭舍财之益。世僧假佛为名以营生，佛何曾为此辈出一禁约乎？”

予曰：“子言则诚善矣，然知其一，未知其二。非理募化者，瞒因昧果。施者知之，因而退心，后遂不施。安在其能破悭也？佛世有诸弟子自远游归，所过聚落，望而闭户。问故，则畏僧之募化也。因以白佛，佛乃种种呵责。何言其不禁约也？慎之哉！”

妄拈古德机缘（一）

云栖僧约，妄拈古德机缘者出院。

一僧云："此不必禁，禁之则断般若缘。彼谤《法华》者，地狱罪毕，还以谤故，植缘《法华》。况妄拈者非谤乎？"

予曰："子言则诚善矣，然知其一，未知其二。谤《法华》者，出地狱而植善缘。孰若信敬《法华》者，不入地狱而即植善缘乎？又谓妄拈非谤，而不思无知臆谈皆名谤大般若。是故漫述师言者，被点简云：'先师无此语，莫谤先师好。'彼尊师也，非谤也。错答一转语者，堕野狐身。彼错也，非谤也。何二人皆成罪戾？古人一问一答，皆从真实了悟中来。今人驰骋口头三昧，明眼人前，似药汞之入红炉，妖邪之遇白泽[1]耳。若不禁止，东竖一拳，西下一喝，此作一偈，彼说一颂。如疯如狂，如戏如谑。虚头炽而实践亡。子以为宗门复兴，吾以为佛法大坏也。"

妄拈古德机缘（二）

僧不悦，曰："审如是，古德机缘，更不可开口一评量乎？"曰："只禁妄拈，未尝言不可拈也。二僧同起卷帘，古德云：'一得一失。'子试评量，得失谁在？"僧无语。予曰："昔人有言：'十回被师家问，九回答不得，未为害。但忌无知妄谈，则终无升进耳。'慎之哉！"

直言

前僧欲除募化、妄拈二禁，予不允，僧去。

又一僧云："云栖半月直言，逐日直言，适起争端耳。除直言，乃所以为直言也。"

予谓："汝非僧乎？僧宜从佛。而佛制九旬结夏，夏满之日，名僧自恣日、佛欢喜日。任僧举过，更无隐讳，故名自恣。云栖半月直言，据此也。佛喜而子独不喜，可乎？律载僧有过，旁僧白佛。佛召本僧，种种呵责，因制为律。云栖逐日直言，据此也。佛容其举过，而子独不容，可

① 白泽，古代传说中的神兽。

乎？且世法犹云：‘君有诤臣，父有诤子，士有诤友。’故曰：‘兴王赏直谏之臣，圣主立诽谤之木。’夫子以知过为幸，仲由以闻过为喜。况为僧修出世法，可不须友以成其德乎？子恶直言，则谗谄面谀之人至矣。拒谏饰非，损德败业，非小失也。慎之哉！”

心 迹

包孝肃公[①]终日正色，人以其笑比黄河清。秦会之[②]亦罕有笑容，一破颜于“溪水涸来”之对。外貌虽同，而中则天壤矣。

神鼎諲禅师门庭高峻，衲子非久参上士，无敢登其门。后之禅和亦有然者。临济、德山动辄棒喝，如风如雷。后之禅和亦有然者。黄龙、妙喜升座，则诟骂诸方。后之禅和亦有然者。其同异何如哉？

僧务外学

儒者之学，以《六经》、《论》、《孟》等书为准的，而《老》、《庄》乃至佛经禁置不学者，业有专攻，其正理也，不足怪也。为僧亦然。乃不读佛经而读儒书。读儒书犹未为不可，又至于读《庄》、《老》。稍明敏者，又从而注释之，又从而学诗、学文、学字、学尺牍。种种皆法门之衰相也，弗可挽矣。

僧务杂术（一）

僧又有作地理师者，作卜筮师者，作风鉴师者，作医药师者，作女科医药师者，作符水炉火烧炼师者，末法之弊极矣。

或曰：“百丈大师令司马头陀择地，可作五百僧道场者，而得沩山，是地理家事。既而令择沩山主人，得大祐禅师，是风鉴家事。则何如？”

---

① 包孝肃公，即宋代名臣包拯，谥“孝肃”。

② 秦会之，即南宋奸臣秦桧，字会之。

噫！此古圣贤为传法利生之大机缘，非世人所测识者。而百丈、司马，是何等人品，今之术士可以借口也与哉？

僧务杂术（二）

或曰："杂术固非僧务。医以全生，宜若无碍焉。"

予谓杂术乱心，则概所当舍。如其救济为怀，则亦万行之一端。而术倘不精，虽曰全生，反以伤生，则大为不可。近有僧行灸法者，其法和药作饼，置艾炷于其上而燃之，云治万病。此不知出自何书，传自何人？夫切肌而察穴，循穴而入内，灼艾之常法也。隔饼而灸，有痛苦而无功能者也。而师行焉，弟子绍焉，不自知其业之深且重也。

周柳翁

周柳翁谓予曰："今日释门，须是斫三人头，悬之藁街，而后佛法始振矣。"时某官在坐，问："三人为谁？"答曰："其一某，其二某。"问其三，直答曰："老兄是也。"某官盖此翁平日所素厚者，问故。则曰："公托名阿练若，而心在含元殿故也。"某官不之瞋，作而曰："至言也。"此翁以刚直不容于时，至于僧事，亦正气凛凛若此，可畏也，可敬也。今僧实居阿练若，而有发愿愿来生作御史者，可愧死矣。

沸汤施食

有自称西域沙门，作焰口施食法师者，其洒净也不用水，燃沸汤于瓶，以手擎而洒之，着人面不热。人异之，请施食者络绎。予以为此甚不足贵也。世之号"端公太保"者，尚能以红铁链缠束其肢体，利锋刃刺入于咽喉。况此沸汤，特其小小者耳。夫佛制施食，本为饿鬼饮食至口即成火炭，故作《甘露水真言》等，以灭其热恼，使得清凉。奈何其用沸汤也？此何佛所说？何经所载？惑世诬民，莫斯为甚矣。或谓："其能化沸汤为冷泉，故不必用水。"审如是，则亦能化臭腐以为沉檀，而不必用香矣。化黑暗以为光明，而不必用灯矣。化瓦砾以为枣栗，而不必用果矣。化草芥以为牡丹、芍药，而不必用花矣。化泥土以为稻麦黍稷，而不必用斛食矣。今何为香、花、灯、果、斛食，一一如常法具办，而独于洒净一事则用沸汤乎？明理者辨之。

肉刑

肉刑起于何时，其果圣人之意乎哉？或曰："《尚书》言之矣。"然言之而未详也。抑后世欲威民者为之也。夫炮烙罪人，商纣之所以危身也。凿人目，剥人面皮，吴皓之所以覆国也。复有沸油盐于鼎俎，置人于中而烹之者，齐、楚等君所以终至于灭亡也。而谓圣人为之乎？或又曰："'其人天且劓'，《周易》亦言之矣。"然《易》，经也，非律也。卜筮之书也，非刑书也。所以前民用，非所以罚民罪也。"天且劓"，象也，非真也。

且肉刑至汉文帝而始除。万世而下，其以文帝为非乎？以文帝为贤乎？如以为贤，则肉刑之非，可知矣。虽然，帝则诚贤矣，而有遗恨焉，宫刑之未除也。嗟乎痛哉！难言也。业报之循环，不可息也。何时得见龙华之世也？

心、意、识

讲者数辈，争论心、意、识不决。予乃为稽诸古。《文殊问经》云："心者聚义，意者忆义，识者现知义。"《俱舍论》云："集起名心，筹量名意，了别名识。"《密严经》云："藏是心，执我名意，取诸境界为识。"如是等说，皆小异而大同者也。

永嘉云："损法财，灭功德，莫不由兹心意识。"是故教乘中须一一究审，不可混淆。宗门直指心源，则一念不生全体现，又何必琐琐分别争论为也？

制心

或问："心念纷飞，当作何方便？"

予曰："佛言心者，制之一处，无事不办。"

或曰："得无类告子[①]之强制其心而不动乎？"

"是不然。告子之不动心，念起即遏，遏捺令静。今之制心，是制使归于一处，不杂用心。则彼是灰心不起，此是用心不二。彼是豁达空，此是思惟修。两不同途，未可并论。一处功成，则随其所习百千三昧靡不具足，故曰无事不办。彼之强制，只办得一味顽定，何能有此功德？虽然，此犹是学人初做工夫方便，非为究竟。本来无一物，何处惹尘埃。安所云制？又安求所谓处也？"

或曰："本来无一物，何处惹尘埃。则全是空寂境界，却正同于告子之不动心矣。"

曰："告子遏捺其心，使之不动。曹溪无心可动，不须遏捺。乌得同？"

禅宗、净土迟速

一僧专修念佛法门。一僧以禅自负，谓念佛者曰："汝念佛，必待生西方已，见阿弥陀佛，然后得悟。我参禅者，现生便得悟去，迟速较然矣。汝罢念而参可也。"僧莫能决，举以问予。予曰："根有利钝，力有勤惰，存乎其人。则彼此互为迟速，未可是此而非彼也。喻如二人同趋宝所，一人乘马，一人乘船，同日起程，而到之迟速未可定也，则利钝、勤惰之说也。参禅、念佛，亦复如是。语其迟，念佛人有累劫莲花始开，参禅人亦有多生勤苦不能见性者矣。语其速，参禅人有当下了悟，不历僧祇获法身；念佛人亦有现生打彻，临终上上品生者矣。古云：如人涉远，以到为期，不取途中强分难易。"

---

① 告子，战国时人，其"不动心"之说，见《孟子·公孙丑上》。

《六祖坛经》

六祖示不识字，一生靡事笔研[1]。《坛经》皆他人记录，故多讹误。其“十万八千”、“东方西方”等说，久已辩明。中又云：“但修十善，何须更愿往生？”夫十善，生天之因也。无佛出世，轮王乃以十善化度众生。六祖不教人生西方见佛，而但使生天，可乎？其不足信明矣。故知执《坛经》而非净土者，谬之甚者也。

居山

古云：“大隐居廛，小隐居山。”遂有甘心汩没于尘俗者。不知居廛者，混俗和光，闹中得静。有道之士则然，非初心所宜也。

或曰：永嘉谓：“未得道而先居山，但见其山，必忘其道。”是不许居山也。

此各有说。予赞居山，为汩没于尘俗者诫也。而永嘉所言，自是正理。出家儿大事未明，千里万里寻师访道，亲近知识，朝参暮请。岂得蒙昧无知，作守山鬼乎？故知行脚在前，居山在后可也，则亦不悖乎永嘉之言也。

佛性

经言：“蠢动含灵，皆有佛性。”孟子之辟告子也，曰：“然则犬之性犹牛之性，牛之性犹人之性欤？”有执经言而非孟子。予以为不然。

“皆有佛性”者，出世尽理之言。人畜不同者，世间见在之论。两不相碍。是故极本穷源，则蝼蚁、蠛蠓，直下与三世诸佛平等不二。据今见在，则人通万变，畜唯一知，何容并视？岂唯人与畜殊。彼犬以司夜，有警则吠。若夫牛，即发扃钻穴，逾墙斩关，且安然如不闻见矣。犬、牛之

[1] 笔研，即笔砚。

性，果不齐也，而况于人乎？

万材同一木也，而梧檟枳棘自殊。百川同一水也，而江湖沟渠各别。同而未尝不异，异而未尝不同者也。如执而不通，则世尊成正觉时，普见一切众生成正觉，今日何以尚有众生？

僧畜僮仆

僧有畜僮仆，供使令者。夫出家人有弟子可服役，奚以僮仆为？或曰："弟子为求道而来，非执役人也。"噫！夫子之适国也，一则曰冉有仆，一则曰樊迟御。渊明之赴友人召也，一门生、二子，舁其篮舆。后世图而绘之，以为高致。今出家为僧，乃宠爱其弟子，如富贵家儿。而另以钱买僮仆，供爨负薪，张伞执刺。末法之弊，一至是乎！

文文山①

文山六歌，有"来生业缘在，骨肉当如故"之句，是信有三世矣。特不知宿业因缘之至也，则聚为一家。宿业因缘之毕也，则散为歧路。如鸟宿林，天明而为东西南北鸟矣，安保其如故也？文山节义才学，表表百世，而此言乃似"七月七日长生殿"语，则未尝留心内典之故也。惜哉！

出家四料简

有在家出家者，有出家在家者，有在家在家者，有出家出家者。

处于族舍，具有父母妻子，而心恒在道，不染世尘者，在家出家者也。

处于伽蓝，无父母妻子之累，而营营名利，无异俗人者，出家在家者也。

处于俗舍，终身缠缚，无一念解脱者，在家在家者也。

处于伽蓝，终身精进，无一念退惰者，出家出家者也。

① 南宋忠臣文天祥，号文山。

故古人有身心出家四句，意正如此。虽然，出家出家者，上士也无论矣。与其为出家在家者，宁为在家在家者。何以故？袈裟下失人身，下之又下者也。

时光不可空过（一）

世人耽着处，不舍昼夜。曰：“昼短苦夜长，何不秉烛游？”耽赏玩也。“百年三万六千日，一日须倾三百杯”，耽曲蘖也。“野客吟残半夜灯”，耽诗赋也。“长夏唯消一局棋”，耽博弈也。

古有明训曰：“是日已过，命亦随减。当勤精进，如救头燃。”今出家儿，耽曲蘖者固少，而前后三事或未免焉。将好光阴蓦然空过，岂不大可惜哉！

时光不可空过（二）

先德示众云：“汝等出家，未曾立脚得定，忽已过三、四十年矣。”我等闻此真恳痛切之语，所当心战而毛竖者。乃有都将青春壮色，勤勤作有为事业。或奔南走北，言我参礼名山。或装塑修造，曰我兴崇三宝。或聚众起会，曰我助扬法化。此虽名色亦皆好事，非上所云赏玩、曲蘖等比，而其为空过一也。一朝猛省前非，忽已龙钟衰朽，悔无及矣。故曰：“少壮不努力，老大徒伤悲。”呜呼！更有终身安然而不伤悲者。

蔬食上宾

一贵人齿高而爵尊，有上宾至，留饭。宾意其盛馔也。则粝饭及菜羹一器而已，无兼味。宾大叹服。今富家待客，烹炮煎炙羽毛鳞介等种种众生，大非也。

或难曰：“《易》言‘大烹以养圣贤’者，何也？”

噫！独不闻“二簋可用飨”，亦《易》之明示乎？而僧家虽不宰杀，素馔多品，亦非所宜也。

或又难："《盂兰盆》'尽世甘美，以供贤圣僧'者，何也？"

噫！独不闻贫母以残汁奉辟支，而感生天之福，亦内典之明示乎？在心不在物故也。

李卓吾（一）

或问：李卓吾[①]弃荣削发，著述传海内，子以为何如人？

答曰：卓吾超逸之才，豪雄之气，吾重之。然可重在此，可惜亦在此。夫人具如是才气，而不以圣言为量、常道为凭，镇之以厚德，持之以小心，则必好为惊世矫俗之论以自愉快。试举一二：

卓吾以世界人物俱肇始于阴阳，而以"太极生阴阳"为妄语。盖据《易传》"有天地然后有万物"，而以天阴地阳、男阴女阳为最初之元本，更无先之者。不思"《易》有太极，是生两仪"，同出夫子传《易》之言。而一为至论，一为妄语，何也？

乃至以秦皇之暴虐为第一君，以冯道之失节为大豪杰，以荆轲、聂政之杀身为最得死所。而古称贤人君子者，往往反摘其瑕颣。甚而排场戏剧之说，亦复以《琵琶》、《荆钗》守义持节为勉强，而《西厢》拜月为顺天性之常。

噫！《大学》言："好人所恶，恶人所好，灾必逮夫身。"卓吾之谓也。惜哉！

李卓吾（二）

或曰：子以成败论人物乎？

曰：非然也。夫子记子路"不得其死"，非不贤子路也，非不爱子路也。行行兼人，有取死之道也。卓吾负子路之勇，又不持斋素而事宰杀，

---

① 李卓吾，即明代文学家李贽，一度剃发为僧。后因倡异说而被逮入狱，自杀身亡。

不处山林而游朝市，不潜心内典而著述外书。即正首丘[①]，吾必以为幸而免也。虽然，其所立遗约，训诲徒众者，皆教以苦行清修，深居而简出，为僧者当法也。苏子瞻讥评范增，而许以人杰。予于卓吾亦云。

《中庸》“性”、“道”、“教”义

妙喜以《中庸》“性”、“道”、“教”[②]，配清净法身、圆满报身、千百亿化身，体贴和合，可谓巧妙。细究之，则一时比拟之权辞，非万世不易之定论也，作实法会则不可。何也？彼以仁、义、礼、智言性，岂不清净？然非法身纤尘不立之清净也。彼以事物当然之理言道，岂不圆满？然非报身富有万德之圆满也。彼以创制立法、化民成俗为教，岂无千百亿妙用？然一身之妙用，非分身千百亿之妙用也。大同而小异，不可以不察也。

或曰：仁、义、礼、智，孟子之言也。《中庸》只言天命而已。

予谓：“至诚能尽其性”，而继之以“宽裕温柔”十六字[③]，非仁、义、礼、智而何？故曰孟轲受业子思之门人也。不可不察也。

赵清献[④]

公尝自言：“昼之所为，夜必焚香告天，不敢告者则不为也。”吾以为如是之人乃可学道。后得法于蒋山泉禅师，有“一声霹雳顶门开，唤起

---

① 正首丘，在自己的家乡命终并得以安葬，此指善终。李贽为泉州晋江人，在狱中自杀后葬于通州北门外。

② 《中庸》云：“天命之谓性，率性之谓道，修道之谓教。”

③ 宽裕温柔、发强刚毅、斋庄中正、文理密察。《中庸》云：“宽裕温柔，足以有容也。发强刚毅，足以有执也。斋庄中正，足以有敬也。文理密察，足以有别也。”

④ 赵清献，即宋代居士赵抃，字悦道，进士及第，参法泉禅师有悟。官至太子少保，谥曰“清献”。

从前自家底”之句。以如是精诚之心地，而参扣自心，其得悟非偶然也。若夫身虽归佛，心不合天，只是游戏法门而已。

经 债

乌镇利济寺，有僧师徒二人，俱称谨厚。托以经忏者日益众，因致饶裕。而吝啬，不自享用，亦不布施。后得疾，族人迎归调治，俄而谢世，平生积贮尽为族有。十年后，现梦于所亲曰：“经忏未完者，阴府考较甚急，苦不可言。人世所传闪电光中认字读还，信不诬也。”笔之，以诫夫应缘者。

净土寿终

或问：第二愿云：“国中天人寿终，更无生三恶道者。”则有生有死，特不堕落耳。何谓生彼国者皆无量寿？

曰：后不云乎：“国中天人，寿皆无量。除其本愿，愿出度生者。”《十疑论》亦曰：“生彼国土，得无生忍已，还来此世救苦众生。”则悲愿行化，非此土死生比也。

龙舒往生

或问：居士临终立化，其往生之祥，昭灼如是。而所辑《大弥陀经》不免抄前着后，抄后着前，此一失也。又宋景濂谓：“居士于《金刚经》不用昭明三十二分，无论矣。亦不依天亲、无著所定，而另为品第。”此二失也。似于《观经》“读诵大乘”往生正因未协，而立化者何？

答：此虽有过，然其平日念佛求生，至真至切，至诚至笃。自利利他，功德非细。小疵不足掩其大善。尚有带业往生者，何疑于龙舒？或其品位不能与上上流，则未可知矣。

直受菩萨戒

予著《戒疏发隐》中，言："必先受五戒、十戒、二百五十戒，然后受菩萨十重、四十八轻戒。"有讲师愤然不平曰："何以不教人直受菩萨戒，而迂曲如是？佛记末法中有魔王混入吾法而坏吾法。今其人矣！"予不答。讲师卒，其徒理前语，欲集诸僧、诸宰官居士等，设大会而作辩难。予亦不答。有代予答者，曰："无以为也。不观彼所引《菩萨善戒经》乎？经云：'譬如重楼四级，自下而上，次第历然，不可躐等。受戒亦然。'经语也，无以为也。"其人乃止。

《刑 戒》

大长者吕叔简作《刑戒》。邹南皋先生梓之，予跋之。兹传闻一事甚奇：某官者，素酷暴，动辄行笞数十下，酸楚之声震地，若罔闻者。有道人排闼入，直立厅事，瞋目而指之。某官大怒，呼左右极力笞之。忽后堂大叫："公子为鬼击，几毙！"某官张皇退堂入内。则其子自言："若有鬼神巨箠箠我，皮破肉烂，血渍双股，痛不可忍。"急遣人至厅，被笞人已失所在。乃号啕大哭，举身自掷，头面皆损。噫！彼道人者，其天神乎？人皆有父母，人之子，己之子，均子也。奈何己子如珍，他子如草，于心安乎？又一尊官爱幼子，每日令屠者进一猪胃。胃瘦则大怒，笞责，屠伤重，调治两月乃愈。有居家严刑以待婢仆，亦复如是。愚谓《刑戒》一书，当布之四方，传之百世可也。

不愿西方（一）

或问一僧："公愿生西方否？"曰："吾不愿也。乃所愿，来生着绿袍，一妻一妾而处室也，此即吾之极乐国也。"问者默然，以告予。予谓人各有志，志在富贵，何西方之为？虽然，富贵虽非道人美事，而亦须修顽福以得之。倘不修福，未必得为绿袍郎，而或作绿衣人也。未必配淑女于名门，而或纳六礼于齐人也。犹未也，倘有业焉，且不得为绿衣人，而或为金衣公子之流，事未可知也。且不得纳礼于齐人，而或依栖于圉人、校人、庖人，事未可知也。犹未也，倘业重焉，金衣或变而为赤鳔焉，事未可知也。圉人、校人、庖人，或变而为阿旁焉，事未可知也。悲夫！

不愿西方（二）

又问一僧："公愿生西方否？"曰："吾不愿，亦不不愿。东方有佛，吾往东方。西方有佛，吾往西方。南北上下，亦复如是。吾何定于西方也？"

又问一僧："公愿生西方否？"曰："八金刚抬我过东方吾不来，四天王抬我过西方吾不去。吾何知所谓东西也？"

合而观之，前之一人，汩没于五浊者也。此二人者，一则随生，一则无生。虽然，曰随生，未必其真能作主，而不被业牵也。曰无生，未必其真得无生法忍，而常住寂光也。如未能，则戏论而已。又未能，则大言不惭而已。难矣哉！

平侍者

平侍者久侍大阳[①]，称有悟入。奈何于后，首创异议，徙大阳之塔，出其遗体，行破脑之惨毒。生报虎口，死入泥犁。则知其悟处，不过依稀见解，得少为足而已。何有真悟彻人，而反作此大逆不道之事乎哉？浅解当悟，祸至此极，可戒也。

① 大阳，即宋代曹洞宗警玄禅师，住持郢州大阳山法席。寂后数年，被平侍者发塔，焚毁遗体。平侍者因此被勒令还俗，后被虎所食。见《宗门武库》。

四 果

紫阳真人谓："四果人夺舍投胎，身有败坏，不免离一舍，入一舍。"故其言曰："若解降龙并伏虎，真金起屋几时枯"也。夫初果七返生死，二果名"一往来"，犹可以胎论。三果已名"不来"。而四果则见思惑尽，不受后有，三明六通，号阿罗汉。又何用夺舍为？紫阳仙学超越伦类，《悟真》诸书多谈理性。而为此言，似于内典未甚精究耳。噫！真金起屋，特不枯耳，宁思金不度火也与哉？

《遗教经》

世人临终为言，以示子孙，谓之"遗嘱"，而子孙执之以作凭据，世守而不变者也。况三界大师、四生慈父，说法四十九年，最后之遗嘱乎！为僧者，所当朝诵暮习，师授徒传，终身奉之而不可一日废忘者。乃等之以童蒙之书，置之闲处，不复论究。岂非如来之逆子，佛法之顽民也哉？

《四十二章经》(一)

《四十二章经》译于腾、兰二师，更无再译。今世传二本，大同而小异。余不必论。但其较量设供优劣，藏本则始于凡夫，而终于化其二亲。守遂师解本，则始于恶人，而终于无修无证者。考其文义，藏本颇为未安，遂本文义俱畅。

藏本又云："饭辟支佛，不如化其二亲。"何又言"饭善人功德最大"？既功德为最，何又云"饭善人不如饭一持五戒者"？前后文义自相矛盾。又曰："事天地鬼神，不如孝其二亲。"夫辟支佛尚不及二亲，又何况天地鬼神也？而遂师必无自撰佛经之理，其本必有所自。故知流通藏外者未必无善本，而不必全执藏本以为折衷也。

予著《梵网发隐》，亦得一本于古寺中，与天台疏文符契，于藏本反有参差处。《发隐》"凡例"中已申明之，今更为专凭藏本者告云。

《四十二章经》（二）

昔有南都僧某者，以《四十二章经》来武林[1]，按古例，乞诸士夫各书一条勒石。予兄时以养亲居家，书付之。逾年，有贩其本至杭者，则别易一显宦名矣。又数年，吾兄忽有南通政之命，于书肆得前本，则复易兄名矣。因感叹其事，为诗梓之集中，有“纱笼事[2]非谬”之句。予为兄言：“僧则诚鄙矣陋矣，独不闻翟公榜门杜客语乎？客固不足言，而公亦失厚道矣。”兄谓予：“子之言是也。”遂铲去。噫！僧何苦不汲汲办己躬下事，奔走贵人之门，作闲家具，贻笑于时人也。嗟夫！

五条衣

予初出家时，见五条衣皆另作简便小巧者，略按五条大意而已，盖此原名“作务衣”也。今悉照七条、二十五条之式，虽不失方袍古制，而大有不便。搭此衣只可坐禅、讽经、礼佛，何堪执作运劳？则五条衣成七条用矣。夫子曰：“麻冕，礼也。今也纯，俭，吾从众。”必执反古以为高，则书契既立之后而复为结绳，桌椅既具之后而复为席地，曰吾复古也，可乎？今世有碗箸矣，而食必用钵，又匙不便，更参之以箸，尤为可笑。夫钵存之，不忘佛制可也，而不必泥之为日用也。

《禅门口诀》（一）

大藏有《禅门口诀》一书，中所言类多数息法门，而兼之以“下视脐轮”等语。外签标“智者大师”。而经文下，既非大师，又非灌顶章安、荆溪等诸贤所记，不可信也。且大师自有大小《止观》正文，末后略举治

---

① 武林，即杭州之别称。

② 纱笼事，见《竹窗二笔·吕文正公》。

病一门，与此相似。盖防身之小法，非学佛之大道也。乃高题“口诀”，而借重大师。黄冠道流遂据此以印证己法，乃曰此大师亲口密传之秘诀也。而浅识者，便谓佛法尽在乎是，则其害大矣。岂知禅门亦原无口诀之说乎？不得不辩。

《禅门口诀》（二）

或问：禅门信无口诀乎？

曰：佛法正大光明，一人演之，而百千万亿人天之所共闻也，何口诀之有？无已，则有一焉，夫一言二言，言简而义精者，斯之谓“诀”。连篇累牍，牵枝而引蔓者，非诀也。是故“应无所住而生其心”者，《金刚经》之口诀也。“唯一乘法，无二无三”者，《法华经》之口诀也。“成就慧身，不由他悟”者，《华严经》之口诀也。“执持名号，一心不乱”者，《弥陀经》之口诀也。“是心作佛，是心是佛”者，《十六观经》之口诀也。不此诀之信，而信他诀者，舍璠玙而执碔砆者也。

念佛不见悟人

或问：参禅得悟者相望于册，念佛得悟者何寥寥其未闻也？

噫！盖有之矣，子未之见也。且参禅人得理之后，终不哓哓以自鸣也。龙天推出，然后声振一时，而名垂后世。彼曹溪佩黄梅之心印，苟不失口于风幡，一猎人之守网夫而已。清素受慈明密记，苟非邂逅于荔枝，一丛林之闲老汉而已。子何自而知之？况实心念佛者，志出娑婆，精求净土，念念如救头燃。即其悟本性之弥陀，了唯心之极乐，若终身隐而不出，子亦乌得而知之也？凡上上品生者，皆得悟人也。《往生传》不可不读。

为僧宜孝父母

有为僧不孝父母者，予深责之。

或曰：“出家既已辞亲割爱，责之则反动其恩爱心矣。”

曰："恶！是何言也？大孝释迦尊，累劫报亲恩，积因成正觉。而《梵网》云：'戒虽万行，以孝为宗。'《观经》云：'孝养父母，净业正因。'古人有作堂奉母者、担母乞食者，未尝以恩爱累也。奈何于亲割爱矣，而缔交施主，不绝馈遗；畜养弟子，过于骨肉。是无亲而有亲，出一爱而复入一爱也，何颠倒乃尔？且已受十方供养，饱暖安居，而坐视父母之饥寒寥落，汝安则为之。"

雷霆

苏明允曰："叛父母，亵神明，则雷霆下击之。"雷霆固不能尽击此辈也，然有时而不测也。明允此言，欲使为恶者惧。而漏网雷霆之击者亦众矣，终不能使之惧也。然为恶受报，盖亦多途：有生恶疾而死者，有犯刑宪而死者，有遭虎狼而死者，有死于水溺者，有死于火焚者，有死于刀斧者，有死于砒鸩者，有死于墙崩石压者。其为报一也，杀人以挺与刃之类也，岂必其尽击于雷霆乎？况复有现生受报者，有来生受报者。有身报于阳世者，有魂报于冥司者。毋曰不击于雷霆，而遽称漏网也。

真友

中峰大师警策，有："参禅必待寻师友，敢保工夫一世休。"又曰："纵饶达摩与释迦，拟亲早已成窠臼。"此醍醐至妙之言也，然不可闻于下士也。执此言而自用自专，不复知取友之益，则翻成毒药矣。取友非难，得真友为难。饮食、财帛相征逐者，恶友也。善相劝、恶相规者，好友也。开我以正修行路，示我以最上乘法，为我灯、为我眼、为我导师、为我医王者，真善知识友也，不可一日而远离者也。

学贵专精

古人为学，有三年不窥园者；有闭户不逾槛外者；有得家书，见"平安"二字，即投水不展视者，庶几乎专精不二者矣。而为僧者学出世法，反以世事乱其心乎？吾辈观此，当汗颜悚骨而惕于中矣。

传 灯

《传灯录》所载诸师，如六代相承、五灯分焰，诸大尊宿，皆天下古今第一流人物。所谓“始知周孔外，别自有英豪”者是也，岂易言哉？而今人或得一知半见，或得些少轻安，便自以为大悟大彻。而无眼长老又或以东瓜印子印之，一盲众盲，非徒无益而有害，可胜悼欤！

刘公真菩萨人

刘公讳宽[①]，其治郡也，有过者以蒲鞭示辱。夫人欲试其怒也，使婢故以羹污朝衣。公但曰：“羹烂汝手乎？”终不怒。即此二事，知其真菩萨人，不可企及。且今之治民者，用格外之严刑，尚不能折狱。蒲鞭而民自化之，非大威神力，何以至此？今御下人，小不如意，动辄加刑。羹污朝衣，反恤之而不责，非大慈悲力，何以至此？临朝逼迫，而乃从容易衣，心不动摇，非大禅定力，何以至此？火宅中具如是操略，如是器量，胜出家儿蒲团上三十年工夫矣。吾辈观此，可不愧乎？可不勉乎？

《续原教论》

国初，翰林待诏沈士荣居士作《续原教论》，其“详品名儒学佛”一篇，备举唐宋诸君子，如白香山、苏内翰，以至裴丞相、杨大年等诸公，禅学浅深，最为精核。其言曰：“即裴、杨诸公，不云无悟入，而保养受持则未可知也。岂有身居名利之场，又非果位菩萨，而能无细惑流注者哉？”游戏法门者固不必论矣。我辈身为出家儿者，试静思之。

① 刘宽，东汉名臣。曾任南阳太守，为政温仁多恕。官至太尉，封逯乡侯。见《后汉书·刘宽传》。

三贤女

内人在道称贤者，吾目击三人焉：一曰出家尼严姓者，清修苦行，终身不干谒富贵家。一在家赵姓者，手书《华严经》八十一卷。一在家朱姓者，劝其夫休罢渔业，投身水中。

夫末法僧尼，多游族姓。苦行终身，谁似严者？募化书经，或昧因果。自力自书，谁似赵者？为救众生，不顾身命，终化其夫，谁似朱者？吾谓此三内人，三丈夫也，三大丈夫也。

施食师

焰口施食，启教于阿难，盖“瑜伽部”摄也。瑜伽大兴于唐之金刚智、大广智不空[①]二师，能役使鬼神，移易山海，威神之力不可思议。数传之后，无能嗣之者，所存但施食一法而已。手结印、口诵咒、心作观，三业相应之谓瑜伽，其事非易易也。今印、咒未必精，而况观力乎？则不相应矣。不相应，则不唯不能利生，而亦或反至害己。

昨山中一方外僧病已笃，是晚外正施食，谓看病者言：“有鬼掣我同出就食，辞不往。俄复来云：‘法师不诚，吾辈空返，必有以报之。’于是牵我臂偕行。众持挠钩套索云：‘欲拽此法师下地。’我大怖，失声呼救，一时散去。”越数日僧死。盖未死前，已与诸鬼为伍矣，向非惊叫，台上师危乎哉。

不唯是耳。一僧不诚，被鬼舁至河中欲沉之。一僧失锁衣箧，心存匙钥，诸鬼见饭上皆铁片，遂不得食。一僧晒毡衣未收，值天雨，心念此衣，诸鬼见饭上皆兽毛，遂不得食。各受显报。又一人入冥，见黑房中有僧数百，肌体瘦削，颜色憔悴，似忧苦不堪之状。问之，则皆施食师也。施食非易易事也，信夫！

---

① “大广智”，原本作“广大”。唐代译经家、密教祖师不空金刚，代宗时赐号“大广智三藏”。故为订正。

讲法师

或谓：讲法师有化物之功，无交鬼神之责，其寡过矣乎？

曰：殆有甚焉。施食一法耳，一法犹易精。经论繁多，一一而欲精之亦难矣。故古人业有专攻，如“恭法华”、“善华严”之类是也。今则无经不说，无论不宣，其果超越于先哲乎？遂有师承无自，而臆见自用者；有好为新说，而妄议前贤者；有略加销释，而全无发挥者，皆未免于过也。必其精研有素，博学无方，唯以明道为怀，不图利养于己，庶几有功而无过耳。

或又谓：智者云“为利弘经，亦恒有菩萨之名”者，何也？

噫！此为具菩萨之大悲，而未臻菩萨之实行者言也，非为贪利者言也。不察此意，几许误哉！

一蹉百蹉

古云：“今生若不修，一蹉是百蹉。”一之至百，何蹉之多直至于是？经言：“离恶道得人身难，得人身逢佛法难。”然而逢念佛法门，信受为尤难也。如经所言，蚁子自七佛以来未脱蚁身。安知何日得人身？又何日逢佛法？又何日逢念佛法门而信受也？何止百蹉，盖千蹉万蹉而无穷也，伤哉！

禁屠

世人广杀生命，以供朝夕、备宴赏、奉祭祀，皆谓理所当然。既其当然，则何为旱干水溢而官禁屠宰，然后知屠宰之为非也。虽然，旱灾而小沾，水灾而少霁，已彘肩羊肘高悬市井矣。又杭俗，祈祷观音大士，必请至海会寺。而满城宰杀，诚意何在？深可怪叹。倘其时时戒杀，户户持斋，必能感召天和，雨旸时若，田禾丰穰，海宇清宁。葛天、无怀之风[①]，再见于今日矣。奈何习俗相沿，不可救也。哀哉！

畜鱼鹤

世俗畜小金鱼者饲以虮虾，畜鹤者饲以细鱼。饲鹤则一食动以百计，饲金鱼则一食动以千计。积日而月，积月而年，杀业无边矣。夫养蚕也、孳生六畜也，为饱暖而造此杀业也。鱼与鹤，供一玩视而已。嗟乎！是亦不可以已乎？

今日方闲

吾杭有鲁姓者，忘其名，人以其面麻也，称“鲁麻子”。中年谓其子曰：“吾婚嫁事毕，尔曹亦能自立矣，吾将求闲。”于是备棺椁，凡魂轿、明旌、鼓乐，皆悉营办。诸子衰绖执杖引棺，己肩舆随后，至西湖之别墅，置棺中庭，遣诸子归。榜其门曰“今日方闲”，至死不入城郭。呜呼！亦达矣。夫俗士具有家缘，其忙宜也，脱忙而曰“今日方闲”。出家者本闲也，乃劳形苦志，奔利趋名，终日营营而不知休息者，当榜曰“今日方忙”可也。

入 胎

经言入胎皆在十月之先。而世间传闻者，皆临产之时死彼生此。有供僧山中者，忽见僧直入内室，俄报坐草[②]生子。急往山中探之，则僧已入灭矣。与经言不合，何也？盖入胎于十月之先者其常，而临产入胎者，千万中之一二也。世人唯见一二，而不见千万故也。然早入胎不见现形者何

---

① 葛天氏、无怀氏，上古时期的帝王。其时民风淳朴，为后世儒士及诗人所称颂。

② 古时妇女临产、分娩，称为坐草。

也？或临产入者能现，而早入不能现也。经无明文，不敢妄为之说。众生入胎不可思议，以俟夫天眼圣人决焉。

护 法

人知佛法外护付与王臣，而未知僧之当其护者，不可以不慎也。

护法有三：一曰兴崇梵刹，二曰流通大教，三曰奖掖缁流。曷言乎慎也？

护刹者，梵刹果尔原属寺产，豪强占焉，夺而复之，理也。有如考诸图籍，则疑似不明。传之久远，则张王互易。以势取之可乎？喜舍名为吉祥地。力不敌而与者谓之冤业薮。若僧唯劝化有力大人，以恢复旧刹为大功德主，而不思佛固等视众生。如罗睺罗殃民建刹，即广逾千顷，高凌九霄，栴檀为材，珠玉为饰，佛所悲怜而不喜者也。有过无功，不可不慎，一也。

护教者，其所著述，果尔远合佛心，近得经旨，赞叹而传扬之，理也。有如外道迂谈，胸臆偏见。过为称誉可乎？若僧唯乞诸名公作序、作跋，而不思疑误后学。有过无功，不可不慎，二也。

护僧者，其僧果尔真参真悟，具大知见者，尊而礼之；实心实行，操持敦确者，信而近之，理也。有如虚头禅客，下劣庸流，亦尊之信之可乎？若僧唯亲附贵门，冀其覆庇，而绵纩锦绣以裹痈疽，只益其毒。有过无功，不可不慎，三也。

是则王臣护法，而僧坏法也，悲夫！

儒者辟佛

儒者辟佛，有迹相似而实不同者，不可概论也。

儒有三：有诚实之儒，有偏僻之儒，有超脱之儒。

诚实儒者，于佛原无恶心，但其学以纲常伦理为主，所务在于格致诚正修齐治平，是世间正道也。即佛谈出世法自不相合，不相合势必争，争则或至于谤者，无怪其然也。伊川、晦庵[1]之类是也。

偏僻儒者，禀狂高之性，主先入之言，逞讹谬之谈，穷毁极诋，而不知其为非。张无尽所谓“闻佛似寇仇，见僧如蛇蝎”者是也。

超脱儒者，识精而理明，不唯不辟，而且深信。不唯深信，而且力行。是之谓真儒也。虽然，又有游戏法门，而实无归敬；外为归敬，而中怀异心者，非真儒也。具眼者辨之。

居士搭衣

圆顶方袍，则知三衣僧服也。发其首而僧其衣，非制矣。古人谓反有罪愆，而著为成训。世人不察，僧亦不言，可叹也。予少时见昭庆戒坛，受优婆塞、优婆夷戒者，咸着三衣。盖沿习为风，而不知其非也。此非在家者之过，出家僧不以明告，而唯顺人情，以致此也。故表而出之。

宿命

世有偶知宿命者，非必得道者之宿命通也。古今盖屡有之。

总戎杨君为予言：“亡兄年十三、四时，忽作北人语，云：‘平日只管道南方好，南方好。’展两手云：‘今生此处，来得好，来得好。’问之，则曰：‘我山东某处红庙僧也。’老总戎以为妖，欲扑杀之，遂不敢言。逾年而卒。”

昔灵树世世为僧，不失通。云门三生为国王，因不知宿命。岂云门之贤不及今人乎？故曰偶尔不昧，非通也。今为僧念念在世法中，入胎出胎，安能更记忆前事？求生西方，自应汲汲矣。

龙眼

宗伯陆公寿九十七，而嗜龙眼，龙眼遂价贵一方。又吾乡一老叟，

---

① 北宋理学家程颐，世称“伊川先生”。南宋理学家朱熹，号晦庵。

寿逾宗伯六载，而嗜蒸豚。二老母，一嗜米饮，一嗜川椒，寿俱九十以上。旁观者复效法之。又一老人，清晨服蜜汤一杯。倘其永寿，而诸蜂乏食矣。嗟乎！摄生虽君子所不废，而死生有命，圣谟洋洋。故夫子仅登古稀，岂其养生之无物？颜渊早夭三十，将无箪食以伤生？而有耄耋期颐，负贩于道路者，曾饘粥之不继者也。则知宗伯以积德延寿，龙眼何与焉？又况乎金仙氏[①]之长生也？

烧 炼

或问："烧炼之诓骗，莫不知之，而恒中之者何也？"先圣有言："智者不惑。"中丹客者，智不足也。虽然，世人不足责，出家僧亦有惑之者，为可叹也。夫世人以财为命，而丹砂可化为黄金，虽帝者亦惑于方士之说矣，故在俗家宜受其惑。而出家者不忆佛言乎："白毫相中，八万四千光明。以一分光明，周给末法弟子，尚不能尽。"而奚事烧炼？

苏城一老僧，为兴殿故，日诵《法华》七卷、佛号万声，祈丹事早成者。屡被诓骗，而不退悔，曰："退悔则真仙不可致。"坐是宿志不回，初诚愈确，而卒无一成。夫为兴佛殿故，虽属好心。然此殿非一二万金不可，望丹成以举事，亦左矣。噫！以求丹之心求道，以养丹客之费供事天下善知识。以鼎新佛殿之精诚，返照旷大劫来之天真佛。以七卷《法华》、万声佛号之勤苦，回向西方。则不立一椽，建刹已竟。而乃用心于必不可成之役，尽敬于必不可信之人，惜哉！

《南岳誓愿文》

《大藏》有《南岳禅师立誓愿文》，末后言"愿先得丹而后得道"。盖欲留形住世，长生不死，而现世之中便得成果，不待他生。南岳应化圣贤，若果出其口，必自有故，非凡近所测。若后人所增，则不可信。下士

---

① 金仙氏，佛的别称。

观此，或起异见，是愿文误之也。神鸾焚仙经而修《观经》，南岳修丹道以求佛道，何两不相合如是？彼《南岳止观》，于《起信论》增一“恶”字，而曰“具足一切善恶”，此必非南岳之意，而后人为之者。“恶”字可增，今文何可遽信？其亦《禅门口诀》之类也夫！

天台传佛心印

大藏又有《智者大师传佛心印》[①]一卷。夫佛心印，曰天台传之可也。谓天台独传，而达摩诸师皆不得与焉，不可也。谓师子遇害，其传遂止，而六代传衣俱无其事，不可也。师子之色身可害，而道不可害也。师子之说法已竟，而传法未竟也。皆后人所为尊天台，而不知所以尊也。又后人之言曰：“《法华》，根本也。《华严》，枝叶也。”天台何曾有是言也？又曰：“性具之旨唯一家有，非诸家所能及。”一家之说，亦何示人以不广也？夫性具之理，见于诸经，发于诸祖，不知其几。而独擅一家，非天台所乐闻也。天台，圣师也，望道而未之见者也。其自处也，曰：“损己利人，只登五品。”而后人过为称扬，失天台不自圣之心矣。合前一事观之，故古云：“尽信书则不如无书。”

水陆仪文

水陆仪文，世传起自梁武帝。昔白起以长平一坑至四十万，罪大恶极，久沉地狱，无由出离，致梦于武帝。武帝与志公诸师议拔救之策，知《大藏》有水陆仪文，祷之，则光明满堂。由此举行，传之后世。而今藏并无其文。金山寺之本，亦前后错杂，不见始终头绪。时僧行者，亦复随意所作，各各稍殊。南都所绘上下堂像，随画师所传，奉为定规，颇不的当。而启建道场者，化募资费，累月累年，始克成就。陈设繁文，以致士

① 元代怀则撰《天台传佛心印记》，言：佛祖心印，经迦叶、阿难，至二十四代，传于师子比丘。师子比丘遇难，其传承随之中断。

女老幼纷至沓来，如俗中看旗看春，交足摩肩，男女混乱，日以千计，而不免亵渎圣贤，冲突鬼神。失多而过重，有祸而无功，多致道场不终其事而感恶报，甚可惧也。唯四明志磐法师所辑仪文，至精至密，至简至易。精密而不伤于烦长，简易而不病于缺漏。其本只存四明，诸方皆未之见也。予为订正，重寿诸梓，以广流通。虽然，亦不可易易举，数数举也。易则必至于数，数则自生夫易，由是疏于诚敬，多诸过愆，则求福而反祸矣。幸相与慎之。

师友

越僧定公，中年出家，破衲乞食，云行鸟飞，于名利淡如也。苦志力参“天晴日出”四句，忽有省。时无大知识为之钳锤。有印之者，心不服，咈然去。尝谓予曰：“今世僧谁敢印证我者？”因引释迦如来以作印证。由是得少为足，认鍮作金，乃崇信罗道，注释其所作五部六册等书，遂为时人所呵。向使其得真师胜友，必大有成就。故知寻师访友之功，学道者之要务。而有因无果，丧失初心，良可叹悼！

朝海

僧俗进香南海，或有不由四明正路，而别从大洋，及鳖子门，蹈不测之险者。飓风作，覆舟，溺死数十百人。嗟乎！不远数百里、数千里，虔诚而往参谒，宁非好心？宁非善事？而至于失命，则未必其临终正念何如也。夫经称菩萨无刹不现身，则不须远涉他方。而大慈大悲者，菩萨之所以为菩萨也。但能存菩萨慈悲之心，学菩萨慈悲之行，是不出户庭，而时时常觐普陀山，不面金容，而刻刻亲承观自在矣。更有投入洪涛，谓之舍身，冀菩萨为接引。及其死也，必发瞋起怨，是反成堕落，岂不哀哉？不特此耳，泰山绝顶亦有舍身崖，后贤为之筑垣，大书“矜愚”二字，亦无量阴德矣。

蔑视西方

居士鲍姓者，日诵《法华》、《楞严》，久之知解通利，遂作《西方论》、《答客问》共三篇。初一篇犹谈正理，而稍稍带言西方不足生。次二篇则甚言愿生西方者之非。或劝予辟之。予忆空谷禅师谓："谬人之言，比于樵歌牧唱，不必与辩。"今鲍所论，皆援禅门正理，易以入人，则因而疑误众生，退失往生之愿。为害非细，不得终默矣。

其初一篇，分三等西方：一为文殊、普贤、马鸣、龙树诸菩萨所生之西方；二为远公、永明等诸知识，苏子瞻、杨次公等诸贤者所生之西方；三为凡庸、恶人、畜生等所生之西方。其说近似有理。但九品往生，经有明文，昭如日月之在中天，何须待尔别为三等？一王创制，万国钦崇。山野匹夫，另立科约可乎？其谬一也。

佛明九品者，西方原无二土，而人机不同，故往生者自成其九。鲍之说，是西方原设三等之土，以待三等之人，与经不协，其谬二也。

又言："永、远诸知识、诸贤者往生，实非自利，纯是利他。"夫求生彼国，正为亲近如来，冀求胜益。诸大菩萨且置弗论。只如苏、杨诸贤，岂皆菩萨地尽，特往极乐度生，更不自利者耶？《行愿品颂》云："亲睹如来无量光，现前授我菩提记。"求授记，非自利而何？其谬三也。

又曰："圣凡同体，迷悟而优劣暂分。返照回光，反掌而圣凡迥别。"既其返照，如何翻成"迥别"，又曰"同体"可乎？自语相违，其谬四也。

又曰："毋执我相，欲生彼土。"而佛顾叮咛告诫，劝发求生。是佛教人执我相耶？其谬五也。

至于第二、第三篇，弥加诋毁，其谬更甚。曰："今主法者，唯以净土为事，唯以此事为真。"则净土是假耶？佛说净土是诳语耶？不信有金色世界，《楞严》所呵也。鲍日诵《楞严》，而作此断见，其谬六也。

又云："一心不乱，非执持名号念念专注之谓也。若说执持者，有如云布。亲见数人昼夜念佛，又经几位老善知识印过，后皆入魔罥，不可救拔。”夫执持名号，佛说也。是佛误此数人入魔罥耶？现见不念佛而参禅，亦有着魔者，何也？经言：“念佛往生者，得不退转。”则必入圣流。佛许入圣流，鲍以为入魔罥，其谬七也。

又云：“所谓一心者，乃当人本有之心，本自灵妙，本自具足，除是之外更无别法。”夫经文明说“执持名号，一心不乱”。何得革去上文四字，而说一心？若无经文，空口高谈，如是说心，亦无不可。此则金口所出，真语实语。是佛差说，鲍为改正耶？《法华》云“一心称名观世音菩萨”，又如何解？其谬八也。

又曰：“依此法修，必入邪道。”前曰“入魔罥”，今曰“入邪道”，念佛之为害如此乎？佛何不禁人念佛，而待鲍禁也？其谬九也。

又云：“上古人先劝人得本，后劝往生。”夫念佛往生，原是下学而上达边事。先上达，后下学，于理通乎？宁有先状元及第，位登宰辅，方乃习读《六经》、《论》、《孟》，学做举业文字者乎？其谬十也。

又云：“若佛法止此，只消一卷《弥陀经》足矣。只靠此经，谁不可作人天师？谁不可称善知识？”夫《法华》、《楞严》、《华严》、《般若》等诸大乘经，无日不诵，无日不讲。有谁偏执《弥陀》一经，而扫灭诸经耶？虽然，只恐不曾真实专靠一经耳。专靠一经，得念佛三昧，称善知识，亦何忝乎？十一谬也。

又云：“佛刹无尽，若专教人求生一刹，其余佛刹岂不冷静哉？”宁知尽微尘众生，皆生一刹，不见增多。尽微尘众生，无一生彼刹者，亦不减少。何冷何暖？何静何喧？而作儿童之见、邪僻之说。十二谬也。

千经万论，赞叹西方。千圣万贤，求生彼国。独鲍一人重加毁訾，何其不惧口业也！居士初时信心虔笃，吾甚爱之。今若此，吾甚忧之。

颂古拈古（一）

或问：古人皆有颂古、拈古，子独无，何也？

答曰：不敢也。古人大彻大悟之后，吐半偈，发片言，皆从真实心地大光明藏中自然流出，不假思惟，不烦造作。今人能如是乎？国初尊宿，言公案有二等：如“狗子佛性”、“万法归一”之类是一等。又有最后极则淆讹，谓之脑后一槌，极为难透。予于前“狗子”、“万法”，尚未能无疑，何况最后？故不敢恣其臆见，妄为拈颂也。

颂古拈古（二）

或曰：子其谦乎，盖能而示之以不能乎？

曰：非谦也，是真语实语也。《楞伽》示宗、说二通。而教多显义。宗多密义，故又云“无义味语”。予于教之深玄者，犹未能尽通也，而况于宗门中语乎？复次，宗门问答机缘，虽云无义味语，然有犹存少分义路可思议者。有绝无义路，似无孔铁槌不可钻刺者，有似太虚空不可捉摸者，有似铁蒺藜不可咬嚼者，有似大火聚不可近傍者，有似赫日轮不可着眼者，有似砒霜、鸩羽不可沾唇者，安得妄议？略举古人一二：

世尊拈花，迦叶破颜微笑。我今已能冥会佛心如迦叶否？

客诵《金刚》，六祖即时契悟。我今已能顿了深经如六祖否？

临济见大愚，而曰：“黄檗佛法无多子。”我今已能实见得无多子否？

赵州八十行脚，曰：“只为心头未悄然。”我今已能心头悄然否？

香岩击竹有声，而曰：“一击忘所知。”我今已能忘所知否？

灵云见桃花，而曰：“直至如今更不疑。”我今已能的的到不疑之地否？

高峰被雪岩问：“正睡着无梦时主人。”不能答。我今已能答斯问否？又三年，而于枕子落地处大悟。我今已有此大悟否？

如此类者，不可胜举。倘有一未明，其余皆未必明也，如兜率悦公之谓张无尽是也。

非唯古人，即今人所作，亦不敢轻评其是非，而漫为之贬驳也。何也？人坐于堂上，方能辨堂下人曲直，又未曾系籍圣贤故也。

嗟乎！错答一转语，堕野狐身百劫[①]。笑明眼人答话，倒屙三十年[②]。覆辙昭然，可弗慎诸？

续入藏诸贤著述

古来此方著述入藏者，皆依经论入藏成式，梵僧若干员、汉僧若干员、通佛法宰官若干员，群聚而共议之。有当入而未入者，则元之天目高峰禅师语录，国初之琦楚石禅师语录，皆宝所之遗珍也。近岁又入藏四十余函，而二师语录依然见遗，有不须入者反入焉。则一二时僧，与一二中贵，草草自定，而高明者或不与其事，故也。嗟乎！天台师种种著述，及百年然后得入藏，岂亦时节因缘使之然欤？后更有入藏者，二师之语录其最急矣。特阐而明之。

南岳、天台自言

岳、台二师，俱言："吾以领众，损己利人。"一则只证铁轮，一则仅登五品。权辞欤？抑实语欤？愚谓权实非后学所能测。但在今人，且莫问权，姑以实论。圣师尚尔，况凡夫乎？则转增精进矣。不特二师为然，古人之自处也，有曰："某离师太早，未能尽其妙。"或曰："某早住院，未克臻此。"其慎重类如是。况台师所处，尚不及"信"位。今人即大悟，问其造位，若果入"住"，应便能八相成道否？则宁可自招妄言证圣之大罪耶？

孔子曰："我非生而知之者。"又曰："若圣与仁，则吾岂敢？"又曰："吾有知乎哉？无知也。"即二师意也。彼嘐嘐然高据师位，大言不

---

① "百丈野狐"公案，见《五灯会元》。

② "疏山倒屙"公案，唐末疏山匡仁禅师，因讥嘲师兄香严禅师答语，罹患重疾，倒屙三十年。见《景德传灯录》。

惭者，将超越于二师之上乎？可惧也已。

道讥释（一）

有道者告予曰："我辈冠簪，公等剃削。夫剃削者，应离世绝俗。奈何接踵于长途，广行募化者，罕遇道流，而恒见缁辈也？有手持缘簿，如土地神前之判官者。有鱼击相应，高歌唱和，而谈说因缘，如瞽师者。有扛抬菩萨像、神像，而鼓乐喧阗，赞劝舍施，如歌郎者。有持半片铜铙，而鼓以竹箸，如小儿戏者。有拖铁索，重数十百斤，如罪人者。有举石自击其身，如饮恨诉冤者。有整衣执香，沿途礼拜，挨家逐户，如里甲抄排门册者。清修法门或者有玷乎？"

予无以应，徐而谓曰："募化亦不等，有非理者，有合理者。有因正果正者，有瞒因昧果者。未可一概讥刺也。但其不务修行，而专求利养，为可恨耳。"

因记此，愿相与共戒之。

道讥释（二）

道者又曰："诸宫观道院，及诸神庙，皆我等居也。奈何僧众多住其中，罕见道流住佛寺者。夫归依佛者住寺，归依道者住宫观院庙。今僧居于此，为归依三清诸天尊、诸真、诸神耶？抑欲占夺我等产业耶？"

其言有理，予无以应，徐而曰："韬光，古灵隐也，何道流居之？"

曰："此在家修习全真者寓焉，冠簪者不与也。况剃度一僧主之矣。"

其言有理，予又无以应。

噫！今之为僧者，或栖止丛林，或幽居兰若，或依岩为室，或就树结茅，何所不可？而必附彼羽衣[①]以为居停主人也？

① 羽衣，神仙所着之衣，为道士的代称。

出家利益

古德云："最胜儿，出家好。"俗有恒言曰："一子出家，九族生天。"此皆赞叹出家，而未明言出家之所以为利益也。岂曰不耕不织，而有自然衣食之为利益乎？岂曰不买宅，不赁房，而有自然安居之为利益乎？岂曰王臣护法，信施恭敬，上不役于官，下不扰于民，而有自然清闲逸乐之为利益乎？古有偈曰："施主一粒米，大似须弥山。若还不了道，披毛带角还。"又云："他日阎老子与你打算饭钱，看你将何抵对？"此则出家乃大患所伏，而况利益乎哉？所谓出家之利益者，以其破烦恼，断无明，得无生忍，出生死苦。是则天上、人间之最胜，而父母宗族被其泽也。不然，则虽富积千箱，贵师七帝，何利益之有？吾实大忧大惧，而并以告夫同业者。

世俗许愿

世人祈求子嗣者、祈延寿命者、祈消疾病者、祈解灾难者、祈取功名者、祈安家宅者、祈益资财者，如是等事，第一不可告许宰杀牲牢之愿。此名恶愿，有业无功。纵得遂心，美好一时，苦报在后。乃至许袍、许幡、许造殿堂、许置供器，虽与上之荤祭不同，然大悲平等名佛，正直不偏名神，岂有因贿降福之理乎？纵得遂心，本人命所自致，非许愿力也。

据理而论，唯在广作诸善耳。忠君孝亲，怜贫爱老，救灾恤苦，戒杀放生，种种阴骘，种种方便，随力所能，皆力行之。善功所感，理必降祥。倘不遂心，则应归之天命，委之宿缘，不怨不尤，弥加行善而无退悔。

出世间大孝

世间之孝三，出世间之孝一。

世间之孝：一者承欢侍彩，而甘旨以养其亲[①]。二者登科入仕，而爵禄以荣其亲。三者修德励行，而成圣成贤以显其亲。是三则世间之所谓孝也。

出世间之孝，则劝其亲，斋戒奉道，一心念佛，求愿往生。永别四生，长辞六趣，莲胎托质，亲觐弥陀，得不退转。人子报亲，于是为大。

予昔甫知入道，而二亲云亡，作《自伤不孝文》，以伸悲恨。今见在家、出家二众中有具庆[②]者，于是倍增感慨，而涕泗交零，稽首顿首以劝。

伪造《父母恩重经》

有伪造二经者，题以“父母恩重”等言，中不尽同，而假托古译师名。吾友二人，各刻其一。二友者，忠孝纯正士也，见其劝孝，而不察其伪也。

或曰：取其足以劝孝而已，似不必辨其真伪。

予曰：子但知一利，而不知二害。一利者，诚如子言，劝人行孝，非美事乎？故云一利。二害者何？一者，素不信佛人见之，则弥增其谤：“佛言如是鄙俚，他经可知矣。”遂等视《大藏》甚深无上法宝，重彼愆尤，一害也。二者，素信佛人，徒具信心，未曾博览内典，见此鄙俚之谈，亦复起疑，因谓谤佛者未必皆非，动彼惑障，二害也。害多而利少故也。况劝孝自有《大方便报恩经》，及《盂兰盆经》，种种真实佛说者，流通世间。奚取于伪造者？

修行不在出家

予昔将欲出家，有黄冠语予：“不必出家，只在得好师耳。”予时出家心急，置其语不论。出家后，思彼以延年修养色身为业，得传而留形久

① 承欢侍彩，指儿女尽力给父母晚年生活带来安慰。春秋时楚国隐士老莱子事亲至孝，常穿着五色彩衣，作婴儿戏，让父母开心。甘旨，美味的食物，指在生活上悉心照料父母。

② 具庆，指父母都在世。

住足矣，何必出家？为僧者，欲破惑证智，上求佛果，下化众生，则古德皆舍家离俗而作沙门。又彼若志求金丹大道，亦须出家，则彼之言未为当理。但观今人，有未出家前颇具信心，剃染之后，渐涉世缘，翻成退堕。则反不如居家奉父母、教子孙，得一好师示导正法，依而行之，是如来在家真实弟子。何以假名阿练若为哉？如是，则彼言亦甚有理，又不可不知也。

不朽计

世人将平生所作诗文，汇为一集，乞诸名人序跋之，曰："以此为不朽计也。"

噫！古之人必也名喧寰宇，昭灼于人之耳目者，乃所著述方传之至今。其次焉者，身没之后，极之数十年间，墨之楮者或覆瓿，而劂之木者或资釜矣，安在其不朽也？必也镌之鼎彝，篆之碑碣，数百年之后，存者亦不多见矣。即孔子之文章，二帝三王之典、谟、训、诰，传诸万世无弊，而三灾起时，大地、须弥、诸天宫殿皆悉碎为微尘，荡为太虚，安在其不朽也？

真不朽者，其不生不灭之本心乎！此则先天地而无始，后天地而无终。鸾法师曰："此吾金仙氏之长生也。"予亦曰："此吾大雄氏之所谓不朽也。"何不舍世必朽之闲家具，而求真不朽之正知见也？不此之计，而漫劳其心，其为计也疏矣。

人不宜食众生肉

经言："靴裘等物，皆不应着。"以其日与诸畜相亲近也。夫此特着之身外，况食肉则入于身内乎？今人以犬豕牛羊、鹅鸭鱼鳖为食，终世不觉其非，何也？夫饮食入胃，游溢精气以归于脾，其渣滓败液出大小肠，而华腴乃滋培脏腑，增长肌肉。积而久之，举身皆犬豕牛羊、鹅鸭鱼鳖之身也。父母所生之身，现生即异类矣，来生云乎哉？夫五谷为养，五菜为充，五果为助，《内经》语也。人之所食也亦既足矣，而奚以肉食为？既名曰人，不宜食肉。

三难净土

一人问："释迦如来以足指按地，即成金色世界。佛具如是神力，何不即变此娑婆土石诸山，秽恶充满之处，便成七宝庄严之极乐国，乃必令众生驰驱于十万亿佛土之迢迢也？"

噫！佛不能度无缘，子知之乎？净缘感净土。众生心不净，虽有净土，何由得生？喻如十善生天。即变地狱为天堂，而彼十恶众生，如来垂金色臂牵之，彼终不能一登其阈也。是故刹那金色世界，佛摄神力而依然娑婆矣。

又一人问："经言：'至心念阿弥陀佛一声，灭八十亿劫生死重罪。'斯言论事乎？论理乎？"

噫！经云："一称南无佛，皆已成佛道。"又云："礼佛一拜，从其足跟，至金刚际，一尘一转轮王位。"今正不必论其事之与理，但于"至心"二字上着倒。唯患心之不至，勿患罪之不灭。事如是，理亦如是。理如是，事亦如是。何足疑也。

又一人问："有人一生精勤念佛，临终一念退悔，遂不得生。有人一生积恶，临终发心念佛，遂得往生。则善者何为反受亏，而恶者何为反得利也？"

噫！积恶而临终正念者，千万人中之一人耳。苟非宿世善根，临终痛苦逼迫，昏迷瞀乱，何由而能发起正念乎？善人临终退悔，亦千万人中之一人耳。即有之，必其一生念佛悠悠之徒，非所谓精勤者。精则心无杂乱，勤则心无间歇，何由而生退悔乎？是则为恶者急宜修省，毋妄想临终有此侥幸。真心求净土者，但益自精勤，勿忧临终之退悔也。

念豆佛

僧有募化施主黄豆，每念佛一声，过豆一粒。一人作之，余人效之，号为"豆儿佛师父"。夫世尊教人念佛，制为数珠。何乃不遵佛制，省力事不作，而作此吃力事也？且百八之珠，周则复始，乃至百千万亿而无尽。今一合之豆，周则复始，亦复无尽。而何为念过之豆，置不再用，更换新者？其言曰：“念之至斗至石，送诸庵寺，作腐供众。”亦迂矣。

或曰：古之人有行之者，如《往生集》所载是也。

曰：彼非数豆。旁人计其念佛多不可计，约之当盈两载。今粮舶大者，载米千石。两载则极言其多耳，非数豆如今人也。即实数豆，其心亦不如今人也。

《真诰》

《真诰》一书，他且弗论。如曹操者，乃与古圣君如尧、舜、禹、汤者同列而为天神。吾不能无疑也。或曰：“阎罗王俄登宝殿，则侍卫森严。俄吞铁丸，则肢体焦烂。安知操之不朝在天堂而晚在地狱也？”是不然。阎王者，其在生亦修福亦造罪，故报如是。操之为人，有恶无善，何得罪福双报如阎王乎？或更有说：“非愚所知，据理评之。”若果如斯，胡以寒乱臣贼子之胆，示老猾巨奸之警乎？亦尽信书不如无书之类也已。

现报（一）

报有三：一者今生作恶，现生受报；二者今生作恶，第二生受报；三者今生作恶，第二生未报，多生以后受报。唯善亦然。报之迟速，盖各有缘因。但世人见恶者不报，或更昌隆，乃愤愤不平，未知三世之说故也。夫后之二报，人不及见，唯重现报。今姑记现报数事，目击而非传闻者：

一人挞笞婢仆，动以百数。一日将一仆系颈东柱，系足西柱，使伸缩无路，而痛责不休。其父大怒，遄往解放，而嘱曰：“汝速去！渠若告汝逃亡，我即告渠忤逆。”遂得生还。后此人亦以己子卖与他家，而自身为乡宦守门。

又一人平生笞人如官府，后亦受官刑，毙囹圄中。

一人中家内室也，妄费无算。后子女灭尽，老无依赖，为人缝补经络。

一人贵宦子也，骄奢佚游侈费，不知惭愧。后追逐游僧、丐者，趁食于诸方。

一人毁訾天神，无所顾忌。后为村民所殴，得疾身殒。

一人辱詈如来，及诸贤圣，皆人不忍闻者。俄而客死于外，不得归。

一人瞋母不悉委财帛，折其供事观音大士一臂。后走马湖塘，堕落折臂，几死。

又一人生七女七男。凡生一女，才堕地，即溺杀之。其七男先后相继亦死。男女十四人无一存者，唯老夫老妇相对哭泣而已。

又数人出家者，我慢自贤。凡时人或有言论，一概呵以为非。乃复轻藐先哲，妄加毁訾。后俱不寿，或恶疾死。

姑记之，以警狂傲。

现 报（二）

或问："如来神力不可思议，何不使恶人皆现受恶报，而日兢兢焉不敢为恶也。善人皆现受善报，而日孳孳焉倍复为善也。则无为而天下太平矣。胡虑不及此？"

嗟乎！报之有迟速，众生业报自然如是。虽大圣不能转速而令迟，扭迟而为速也。唯是叮咛诏告以因果之不虚，酬偿之难逭耳。闻而不信，亦末如之何也已矣。

曰："永嘉云：'了则业障本来空。'空则何因果酬偿之有？"

曰："汝今了否？"

曰："未了也。"

"未了应须偿宿债。"

念佛人唯一心不乱

或问："妙喜云：'愚人终日掐数珠求净业。'念佛果愚人所为乎？"

"噫！予昔曾辩之矣。妙喜但言愚人终日掐数珠求净业，不言愚人终日一心不乱求净业也。"

又问："古德偈云：'成佛人稀念佛多，念来岁久却成魔。君今欲得易成佛，无念之心不较多。’无念念佛，奈何以有念念佛？”

曰：“此为散心念佛而不观心者劝发语也，不曰岁久而一心不乱者成魔也。未曾念佛，先忧有念，是犹饥人欲饭，先忧饱胀而不食者矣。”

又问：“六祖云：‘东方人造恶，念佛求生西方。’意旨何如？”

曰：“六祖言恶人念佛求生，不曰善人念佛一心不乱者求生也。且恶人必不念佛，其有念佛者，伪也，非真念也。喻如恶人修十善求天堂。恶人必不修十善，其有修十善者，伪也，非真修也。曾未有善人一心念佛而不生西方者也。”

又问：“古德云：‘舍秽取净，是生死业。’奈何舍娑婆求极乐？”

曰：“彼言舍秽取净者为生死业，不言一心不乱取净土者为生死业也。子未舍秽，先忧取净，与前之忧有念同矣。”

又问：“禅宗云：‘佛之一字，吾不喜闻。’又云：‘佛来也杀，魔来也杀。’则何为念佛？”

“噫！彼言佛之一字吾不喜闻，不言一心不乱四字吾不喜闻也。彼言佛来也杀，魔来也杀，不言一心不乱来亦杀也。夫归元无二，方便多门。是故归家是一，舟车各行。以舟笑车，以车笑舟，俱成戏论。此理自明，无烦赘语矣。”

又问：“近有人言：吾不念佛，良由内有能念之心，外有所念之佛。能所未忘，焉得名道？”

“噫！彼盖以独守空静为道乎？内有能静之心，外有所静之境，不亦能所宛然乎？曷不曰一心不乱，则谁能谁所，何内何外也？吾与尔既修净土，只愁不到一心不乱田地。若一心不乱，任他千种讥、万种谤，当巍巍不动如泰山耳。更何疑哉！”

修福

古有偈：“修慧不修福，罗汉应供薄。修福不修慧，象身挂璎珞。”有专执前之二句者，终日营营，唯勤募化，曰吾造佛也，吾建殿也，吾斋僧也。此虽悉是万行之门，而有二说：一则因果不可不分明，二则己事不可不先办。

或曰：果如子言，则佛像湮没，谁其整之？塔寺崩颓，谁其立之？僧饿于道路而不得食，谁其济之？人人唯办己事，而三宝荒芜矣。

曰：不然，但患一体三宝荒芜耳。世间三宝，自佛法入中国以来，造佛、建殿、斋僧者，时时不休，处处相望，何烦子之私忧而过计也？吾独慨夫僧之营事者，其瞒因昧果、不惧罪福、克减常住、藏匿信施者无论矣。即守分僧，而未谙律学，但知我不私用入己则已，遂乃移东就西，将甲补乙，或挪还急债，或馈送俗家。不知砖钱买瓦、僧粮作堂，枉受辛勤，翻成恶报。是则天堂未就，地狱先成，所谓无功而有祸者也。

中峰大师训众曰："一心为本，万行可以次之，则所谓己事先办者也。己事办而作福事，则所作自然当可矣。"至哉言乎！为僧者当铭之肺腑可也。

勘试

世传钟离真人之于洞宾也，十试而后授以仙道。略记数事：初试以财，次试以色，次试以身命。然此犹世间实行者所能为也。又一真人需才炼药，屡现变异，确乎坚持，至婴儿堕地而失声以败。然此犹世间忘情者所能为也。

乃世尊昔为菩萨，婆罗门乞其夫妇二人以为奴仆。时世尊身为太子，即与其妃，男入男群，女入女群，效忠竭力，备诸苦辛，劳而不怨。又或割身肉以偿鹰，剜千灯以求法。则非唯世间所难，而亦非初心菩萨所及矣。是故舍利弗逢乞眼者，而退大就小。菩萨道之难成如此。

今日当洞宾之试，已十有五双打退。而况为奴仆乎？而况割肉、剜眼诸苦行乎？呜呼！此虽得忍大士境界，非下凡可企。然独不可以是激励其凡心乎？

六群僧

六群僧[①]，如来所呵，诸大弟子所不齿者也。而古称“佛世六群，犹贤于佛灭度后马鸣、龙树诸菩萨等”者，何也？

嗟乎！夫子尝野仲由，攻冉有，小人樊须，具臣由之与求矣。其在今时，则皆卓卓乎希世之贤守令，振古之良宰辅。萧、曹、龚、黄、房、杜、姚、宋、韩、范、富、欧之所未必能及者也。而何疑乎六群？故知初五百年、次五百年、次之又次后五百年，解脱以至斗诤，渐久而渐漓，愈趋而愈下。羽嘉、凤凰、庶鸟，非虚语矣，宁不为之三叹！

虽然，子舆氏之言曰：“豪杰之士，虽无文王犹兴。”果若斯言，则众生之大幸大幸也。予日望之。

简藏、炼磨

一儒者谓予曰：“吾辈负笈从学，必具束修于师，而助馆谷之资于主人。今简藏僧[②]，览常住经典，无所助于常住，而安坐受供，又每季得赊金五钱，此何说也？”

予笑曰：“公犹未知炼磨期中事乎？一冬之期，先致米一石于常住。而昼夜鞭逼念佛，无斯须停息，仍每日必负薪，或远在十余里之外。打七然后暂免。何不移简藏之供，而供此苦功办道之行人乎？时僧颠倒，一至于是。处处皆然，吾亦不知其何说也。”

世 梦

古云：“处世若大梦。”经云：“却来观世间，犹如梦中事。”云

① 佛世僧团有六位比丘不守律仪，结交共聚，多行不如法事，史称“六群僧”，又称“六群比丘”。

② 简藏僧，指长期研读《大藏经》等佛教典籍的僧人。

“若”、云“如”者，不得已而喻言之也。究极而言，则真梦也，非喻也。人生自少而壮，自壮而老，自老而死。俄而入一胞胎也，俄而出一胞胎也，俄而又入又出之无穷已也。而生不知来，死不知去，蒙蒙然，冥冥然，千生万劫而不自知也。俄而沉地狱，俄而为鬼为畜，为人为天。升而沉，沉而升，惶惶然，忙忙然，千生万劫而不自知也，非真梦乎？

古诗云：“枕上片时春梦中，行尽江南数千里。”今被利名牵，往返于万里者，岂必枕上为然也？故知庄生梦蝴蝶，其未梦蝴蝶时亦梦也。夫子梦周公，其未梦周公时亦梦也。旷大劫来，无一时一刻而不在梦中也。破尽无明，朗然大觉，曰：“天上天下，唯吾独尊。”夫是之谓梦醒汉！

性相

相传佛灭后，性、相二宗学者各执所见，至分河饮水。其争如是，孰是而孰非欤？

曰：但执之则皆非，不执则皆是。性者何？相之性也。相者何？性之相也。非判然二也。譬之一身然，身为主，而有耳目口鼻、脏腑百骸，皆身也。是身者，耳目等之身。耳目等者，身之耳目等也。譬之一室然，室为主，而有梁栋椽柱、垣壁户牖等，皆室也。是室者，梁栋等之室。梁栋等者，是室之梁栋等也。夫岂判然为二者哉？不唯不当争，而亦无可争也。

或谓：永嘉云：“入海算沙徒自困。”又曰：“摘叶寻枝我不能。”似乎是性而非相矣。

曰：永嘉无所是非也。性为本而相为末，故云：“但得本，不愁末。”未尝言末为可废也。是故偏言性不可，而偏言相尤不可。偏言性者，急本而缓末，犹为不可中之可。务枝叶而失根原，不可中之不可者也。

大鉴、大通（一）

大鉴能禅师[①]，世称南宗。大通秀禅师[②]，世称北宗。然黄梅[③]衣钵，不付“时时勤拂拭”之大通，而独付“本来无一物”之大鉴。何《宗镜录》谓大鉴只具一只眼，大通则双眼圆明？信如是，何以不得衣钵？夫曹溪亲接黄梅，远承达摩，又远之承迦叶，又远之承释迦。乃永明传道于天台韶国师，而为此说者何也？抑随时救弊之说也。昔人言晋宋以来，竞以禅观相高，而不复知直指人心、见性成佛之旨，故初祖西来。至永明时，又或以为一悟即了，故《宗镜》及《万善同归》等书，力赞修持，则似乎南宗专于顿悟，而北宗顿悟渐修、智行双备，故有只眼、双眼之喻。万松老人独奋笔曰：“此一只眼，是之谓尽大地是沙门一只眼也，是之谓把定乾坤眼也，是之谓顶门金刚眼也。”倘新学辈诸浅见者，执《宗镜》所云，作实法会，则大鉴只是空谛，而大通方始是中道第一义谛，可乎？

或曰：曹溪六代传衣，举世靡不知之。而当是时，何为唯见两京法主，二帝门师，北宗大著于天下，而不及曹溪者，又何也？

曰：曹溪既承印记，秘其衣钵，为猎人守网，潜光匿彩，至于一十八年。大通之道盛行，曹溪之名未显也。迨风幡之对，而后道播万世矣。曹溪潜龙深渊，不自炫耀。大通见龙在田，不自满盈，其言曰：“彼亲传吾师衣钵者也。”盖善知识之相与以有成也如是。

大鉴、大通（二）

予又思宗门赏鉴许可、抑扬与夺，越格超情，不可以世法之是非论也。

石巩之得所传也，曰：“三十年张弓，只射得半个圣人。”曹溪之一只眼，半个圣人之谓也。

---

① 禅宗六祖慧能禅师，谥号“大鉴禅师”。

② 神秀禅师于京城长安、洛阳弘法，深受武后、唐中宗礼敬，谥号“大通禅师”。

③ 黄梅，指禅宗五祖弘忍禅师。

中峰邈高峰之真求赞，赞曰：“我相不思议，佛祖莫能视。独许不肖儿，见得半边鼻。”曹溪之一只眼，半边鼻之谓也。

普化之于临济也，曰：“河阳新妇子，木塔老婆禅。临济小厮儿，却具一只眼。”曹溪之一只眼，即临济之一只眼也。

斋僧钱作僧堂

或曰：“僧粮，僧所食也。僧堂，僧所居也。居、食二者，皆僧受用。奈何以斋僧钱作僧堂，而受火枷之报也？”

此义有二：一者，米粟蔬菜，人以济饥。梁栋墙壁，能济饥否？则物类不相应也。二者，施主作斋，汝今作屋。砖钱买瓦，违信施心，则因果不相应也。

或曰：“别化钱斋僧，可准过否？”

“彼人斋僧，自彼人福，与前人何涉？”

“然则如之何而后可？”

曰：“折僧堂，如数斋僧，而火枷灭，有明征矣。”

又问：“造佛钱作佛殿，总之供佛也，可乎？”

曰：“不可。画栋雕梁，还当得如来相好光明否？”

“造经钱作经厨，总之供经也，可乎？”

曰：“不可。锦囊宝匮，还当得如来金口玉音否？”

如是乃至：“放生钱买池塘，总之济物利生也，可乎？”

曰：“不可。空陂野泽，千顷汪洋，还当得彼时失救垂临鼎镬、将被刀砧百千万亿生灵否？况挪移变换，舛错因果乎？”

又有说焉：“造佛余钱，可用作佛前供器否？”则律有开许之文。

余诸福事无文，慎之慎之，毋恣己见而反招业报也。

楞严圆通

问曰：《楞严》圆通独取耳根，念佛法门曾未入选。奈何后世不遵圣语，而普天之下多从念佛也？

答曰：《弥陀疏钞》已有明辨，而此疑此问关系不小，不厌其烦渎也，更为子详言之。子诚娑婆人也，知有娑婆而已。独不思娑婆而外，有无量无边不可说不可说世界乎？耳根者，透娑婆世界众生之机。念佛者，透不可说不可说世界众生之机也。耳根圆通，一方世界之圆通。念佛圆通，十方世界之圆通也。佛出娑婆，姑就娑婆之所宜者示教，故曰“此方真教体，清净在音闻”，不曰“十方真教体”也。

喻如今日国中百千郡邑士子所习，或在一方多习《易》者，或在一方多习《诗》者，或在一方多习《书》者。《春秋》、《礼记》，亦复如是。统而论之，通国之中最多习者则《周易》也。《周易》者，念佛法门之谓也。

复次，百千郡邑土地所宜，郊野之区，多植谷粟。山林之所，多栽果实。江海之处，多贩鱼盐。绫绵、珠玉，亦复如是。统而论之，通国之中最多尚者，则稻黍菽粟也。稻黍菽粟者，念佛法门之谓也。

子居娑婆，自修耳根，谁得而阻之？但不必是此而非彼。如其执耳根而欲扫除念佛，是犹业余经之士子而欲扫除《周易》，货余物之商民而欲扫除谷粟也，岂理也哉？

天说（一）

一老宿言：“有异域人为天主之教者，子何不辩？”予以为教人敬天，善事也，奚辩焉？老宿曰：“彼欲以此移风易俗，而兼之毁佛谤法，贤士良友多信奉者故也。”因出其书示予。乃略辩其一二。

彼虽崇事天主，而天之说，实所未谙。按经以证，彼所称天主者，忉利天王也，一四天下三十三天之主也。此一四天下，从一数之而至于千，名小千世界，则有千天主矣。又从一小千数之而复至于千，名中千世界，则有百万天主矣。又从一中千数之而复至于千，名大千世界，则有万亿天主矣。统此三千大千世界者，大梵天王是也。彼所称最尊无上之天主，梵天视之，略似周天子视千八百诸侯也。彼所知者，万亿天主中之一耳。余欲界诸天，皆所未知也。又上而色界诸天，又上而无色界诸天，皆所未知也。又言："天主者，无形无色无声。"则所谓天者，理而已矣。何以御臣民，施政令，行赏罚乎？

彼虽聪慧，未读佛经，何怪乎立言之舛也。现前信奉士友，皆正人君子，表表一时，众所仰瞻以为向背者。予安得避逆耳之嫌，而不一罄其忠告乎？唯高明下择刍荛而电察焉。

天说（二）

又问：彼云："《梵网》言：'一切有生皆宿生父母，杀而食之，即杀吾父母。'如是，则人亦不得行婚娶，是妻妾吾父母也。人亦不得置婢仆，是役使吾父母也。人亦不得乘骡马，是凌跨吾父母也。"士人、僧人不能答，如之何？

予曰：《梵网》只是深戒杀生，故发此论。意谓恒沙劫来生生受生，生生必有父母，安知彼非宿世父母乎？盖恐其或己父母，非决其必己父母也。若以辞害意，举一例百，则儒亦有之。《礼》禁同姓为婚，故买妾不知其姓则卜之。彼将曰："卜而非同姓也，则婚之固无害。"此亦曰："娶妻不知其为父母，为非父母，则卜之。卜而非己父母也，则娶之亦无害矣。"《礼》云："倍年以长，则父事之。"今年少居官者何限？其舁轿引车，张盖执戟，必儿童而后可，有长者在焉，是以父母为隶卒也。如其可通行而不碍，佛言独不可通行乎？

夫男女之嫁娶，以至车马僮仆，皆人世之常法，非杀生之惨毒比也。故经只云"一切有命者不得杀"，未尝云一切有命者不得嫁娶、不得使令也。如斯设难，是谓骋小巧之迂谈，而欲破大道之明训也，胡可得也？

复次，彼书杜撰不根之语，未易悉举。如谓："人死其魂常在，无轮回者。"既魂常在，禹、汤、文、武，何不一诫训于桀、纣、幽、厉乎？先秦、两汉、唐、宋诸君，何不一致罚于斯、高、莽、操、李、杨、秦、蔡之流乎？既无轮回，叔子何能托前生为某家子？明道何能忆宿世之藏母钗乎？羊哀化虎，邓艾为牛。如斯之类，班班载于儒书，不一而足。彼皆未知，何怪其言之舛也。

天说（三）

复次，南郊以祀上帝，王制也。曰“钦若昊天”，曰“钦崇天道”，曰“昭事上帝”，曰“上帝临汝”，二帝三王所以宪天而立极者也。

曰“知天”，曰“畏天”，曰“律天”，曰“则天”，曰“富贵在天”，曰“知我其天”，曰“天生德于予”，曰“获罪于天，无所祷也”，是遵王制、集千圣之大成者夫子也。

曰“畏天”，曰“乐天”，曰“知天”，曰“事天”，亚夫子而圣者孟子也。

天之说何所不足，而俟彼之创为新说也？以上所陈，倘谓不然，乞告闻天主：倘予怀妒忌心，立诡异说，故沮坏彼王教。则天主威灵洞照，当使猛烈天神下治之，以饬天讨。

赵定宇作阎王

少冢宰定宇赵公，与云南巡抚陈玉台同年。公以万历丙申三月望日捐馆。时玉台在任，因内人病，扶乩请神。神判以死，因恳乞救援。神云：“五殿阎君方新任，其人刚正，不可干以私，无以为也。”问：“新任何人？”曰：“常熟赵某耳。”俄而讣至，则任期与讣期吻合，陈大惊异。

或曰：“阎王带福带业者为之。定宇盛德士，亦有业乎？”

噫！地藏菩萨言：“我观阎浮提众生，举足动步，无非是罪。”焉得无过？昔闻一僧，有天符召作阎王者。僧惧，大起精进，一心念道，符使遂绝。嗟乎！古称韩擒虎“生为上柱国，死作阎罗王”。又近代传闻郑澹泉司寇死作阎王，杭太守周公死作城隍，此常事也。古德有言：“僧虽有行，不了道者，多作水陆诸神。”岂徒言哉！

弟子为师服

其说有三：一《六祖坛经》，一《释氏要览》，一《百丈清规》。三各差殊，今辩如左：

一、《坛经》云："吾灭度后，莫作世情悲泣雨泪，受人吊问，身着孝服。非我弟子，亦非正法。"

二、《要览》云："考《涅槃》诸经，并无服制。唯《增辉记》引《礼》三服，其三降服。《白虎通》云：'师恩同父母，宜降服。'《释氏丧仪》云：'师恩同父母，宜三年服。'《五杉》云：'师服皆从法服，但布稍粗，纯染黄褐。'《增辉》云：'但染苍皴色，稍异于常耳。'"

三、《清规》云："小师麻布裰，两序苎裰，主丧等生绢裰。众举哀三声，小师幕下哀泣。"

如上所说，据《坛经》，则无服无泣。据《增辉》等，则有服无泣，而服不用麻，但用色黄苍而已。据《清规》，则服泣双行，宛同世俗。

夫为僧者，虽应宗法六祖，但今弟子不忍师亡，多为之服。乃上钦祖训，下顺人情，委曲酌中，依《增辉》作青黄色服之可也。古云："礼可以义起。"更俟高明正焉。

《百丈清规》

因上丧制，知《清规》一书后人增广，非百丈所作也。百丈为曹溪四世嫡孙，其丧制何由不率乃祖攸行，而变其成法乎？盖建立丛林，使一众有所约束，则自百丈始耳。至于制度之冗繁，节文之细琐，使人仆仆尔，碌碌尔，日不暇给，更何从得省缘省事，而悉心穷究此道也？故曰后人好事者为之，非百丈意也。

刚鬣[①]报

僧某素朴实，但愚而自用，凡见称人之善，必微哂，示不足称也。久之反道归俗，与一老媪俱。其死也，致梦报媪曰："吾明日归邻庵矣。"

---

① 刚鬣，古代对祭祀用猪的专称，此指果报转生为猪而遭宰杀。

则有送一彘放生于庵者。媪知其某也，数往讯视，遂闻于人。远近异其事，观者络绎。媪丑之，转送云栖。时云栖放生所窄隘，一山寺愿收养。俄而其徒卖与屠者，杀之田中。噫！受生于畜矣，又不免于刑戮焉，何至此极也？吾辈所当痛心而镂骨者矣。

天说余

予顷为《天说》矣。有客复从而难曰："卜娶妇而非己父母也既可娶，独不曰卜杀生而非己父母也亦可杀乎？不娶而生人之类绝，独不曰去杀而祭祀之礼废乎？"被难者默然，以告予。

予曰：古人有言："卜以决疑，不疑何卜？"同姓不婚，天下古今之大经大法也，故疑而卜之。杀生，天下古今之大过大恶也，断不可为，何疑而待卜也？不娶而人类绝，理则然矣。不杀生而祀典废，独不闻"二簋可用享"、"杀牛之不如禴祭"乎？则祀典固安然不废也。即废焉，是废所当废，除肉刑、禁殉葬之类也，美政也。嗟乎！卜之云者，姑借目前事以权为比例，盖因明通蔽云尔。子便作实法会，真可谓杯酒助欢笑之迂谈，排场供戏谑之诨语也。然使愚夫愚妇入乎耳而存乎心，害非细也。言不可不慎也。

客又难："杀生只断色身，行淫直断慧命。"意谓杀生犹轻。不知所杀者彼之色身，而行杀者一念惨毒之心，自己之慧命断矣，可不悲夫！

山房杂录

云栖大师山房杂录卷一

● 序

《梵网经心地品菩萨戒义疏发隐》序

闻夫心、佛、众生，一而已矣。生本即佛，佛本即心。心自不生，戒将焉用？自迷心而起于惑海，浩尔难穷。乃因心而建以法门，茫乎无量。然而法必有纪，事斯可循。由是无量而约以恒沙，恒沙而约以八万，又约之则从万而千，又约之则从百而十，又约之则六度张其大目，又约之则三学总其宏纲。而复融会乎三，捃束为二，双配故云定慧，单举则号毗尼。斯盖溯流及源，全归此戒。缘名觅体，惟是一心。心摄也，游念敛而湛寂生。心寂也，定力深而慧光发。三学既备，六度自修，无量法门皆举之矣。

大哉戒也，其一切法之宗欤！顾本其类也，有小乘，有大乘。而别其戒也，曰声闻，曰菩萨。一则清修外慎，而身绝非为；一则正观内勤，而心无慝念。一则守己便名无犯，泽匪旁兼；一则利他方表能持，道非有我。一则随事设匡维之制，渐就良模；一则当时陈画一之规，顿周善法。一则精严分齐，局为僧尼；一则剖破藩篱，统该缁素。一则依制止称制止，遵故辙而明近功；一则即律仪超律仪，运神机而树伟绩。

体既如是，用胡不然？其灭恶也，或如朝曦泮冰，迟久而坚凝未动；或如红炉点雪，刹那而影迹无存。其生善也，或如婴儿学语，片言而謇吃连朝；或如大造回春，万卉而萌芽一旦。其度生也，或如流萤烛地，光生跬步，而仅为蚁径之资；或如杲日丽天，晖映虚空，而普作人寰之益。霄壤不足评其胜劣，日劫何所喻其高卑！故知欲入如来乘，必应先受菩萨戒。由此戒而发舒万行，则普贤愿王。由此戒而廓彻孤明，则文殊智母。诸佛所同扬之标帜，千贤所共履之康庄。

大哉菩萨戒也，其一切戒之宗欤！是以舍那面授，妙海亲闻。千花之上慈尊，枝枝衍秀。七佛而来译主，字字传音。惜乎虽具全经，未彰妙疏。缅惟智者，始创微言。洎我愚夫，重披隐义。旷劫波灵台之秘典，何幸躬逢。数圣人道岸之芳尘，深惭踵接。惟冀流通授受，拂古镜以维新。递互承绳，续先灯而广照。各各悟惟心之佛，而恒以戒摄心。人人了是佛之生，而竟以生成佛。若僧若俗，是人是神，不简恶道幽途，无论异形殊类。但知闻法，齐登梵网法门。凡厥有心，尽入舍那心地云尔。

《宝积》二会序

《宝积》二会者，《大宝积经》多会之二也。品第隔，辞致异，联而帙之者何也？阐净土之幽旨也。盖净土一门，有事有理，而事外无理，理外无事。事理一，则心外无土，土外无心也。歧而二之，互执而不融者，皆非也。

其云《无量寿佛会》者，舍秽取净，事也，是即理之事也。其云《文殊般若会》者，无净无秽，理也，是即事之理也。即理，故土一心也，众宝庄严而不滞于相也。即事，故心一土也，一真凝寂而不沦于虚也。以无净秽之心而取舍，炽然取舍，而寂然无所取舍也。生净土者，生自心之净土。悟自心者，悟净土之自心也。知此之谓正解，依此而修之之谓正行。前会主行，后会主解。此其大较也。

融而通之，则前以了法无我而生乐邦，后以随顺实相而住佛国，其解同也。前以系念彼佛为往生正因，后以专称名字为一行三昧，其行等也。从解起行，行起解绝，即解即行，亦二而不二也。况弥陀号“无量寿”，文殊称“不动智”。无量故久而恒如，不动之谓也。不动故寂而能久，无量之谓也。无智外如，无如外智，即智即如，亦二而不二也。

愿诸仁者诵其文，毋低昂其间，深体味之，而得旨于言外。夫然后知净土唯心，唯心净土。兹《宝积》意也，兹性海居士合二会意也。

《楞严摸象记》引

如经所言：有诸盲人，群手摸象。其摸鼻者云："象如箕。"其摸股者云："象如柱。"其摸尾者云："象如帚。"其摸腹者云："象如石。"乃至摸眼则云："如鼓风橐。"摸耳则云："如倒垂叶。"摸蹄则云："如覆地杯。"人执所摸，互相是非，观者捧腹。

今日谈经，何以异是？佛已涅槃，咨询无由。出情识手，为想像摸，彼此角立，如盲讥盲。予实慨焉！知己亦盲，救弊为急，因入盲侣，与众同摸。唯《首楞严》，于诸经中更多疑义，由是诸盲竞共鼓噪，交臂攒指，莫可谁何。爰取是经百有余则，略为剖析，以例全帙。而于余经，间附一二，不复繁举。

昔佛弟子各陈己见。佛谓众言："汝等所说，皆非我意。然各当理，足以利物。"则彼群摸，除悖理者，以理而摸，虽不得象，未尝非象。故不患摸，唯执是患。若虚其中，不主先入，会文切理，理协文顺，厥旨自彰。象之为象，跃如卓如，不于摸外别得一象。如执所摸，坚壁自持，摸之弥勤，失之弥远，只增戏论，成谤法咎，则何益矣！

此特教事，其谈禅者，为摸尤甚。或有摸马谓是象者，或有摸空谓是象者。或有俱摸，谓一切处咸是象者。或于一切，摸之不得，谓无象者。种种异见，未易更仆。愿诸仁者，反摸其眼。得具眼已，象不须摸。

重刻《诸经日诵》序

嘉禾项君，向以坊本《百八般经》入云栖，谓："是经，僧尼道俗晨夕所持诵，而真伪交杂，识者诮焉。幸为我一甄别之，以式初学。"予按其本，勾抹诠次，去伪而存真。复披括经律，及古今人著作，取其最切近者一二，增益之。甫就稿，未较也，以致项君。项君随付剞劂，而同邑许君，又仍其刻刻焉。予近阅一过，见其错误颇众，乃重加订正，别为方册，梓而置之云栖山中，庶善本流布，终成二君之美。其览前之二刻者，当以是为左券云。

云栖流通藏本法宝条约序

流通佛法，非细事也。自夫裁梵夹为方册，以便流通，于是双径、楞严、漏泽、姑苏、新安诸胜地名刹，协心共举者，各有条例行焉，而未及致详于收支、请发轨则。夫收支、请发，正流通要务，苟不严为之防，久而弊生，为害滋大。是法未流通，而流通法者先已沉沦矣，安得漫然无处乎？

且流通有二：一曰真实流通，二曰市贩流通。市贩流通者，聚经为货，鬻货为息，积息为富，如今之书肆然，是商贾之道也。真实流通者，其设心以为非传法无由度生，非传法度生无由报佛恩德，唯冀佛法展转弘扬于无量界、无量世，而外无他图，是之谓真实流通也。真实乃称功德，市贩只益过愆。两者似同而异，可弗慎欤？

乃定约六章，而独于收支、请发谆谆焉。司是任者，幸勿以予言为非，尚永持无渝，以垂未来。庶几乎不负檀越造法，不负王臣护法，不负先佛世尊、今古诸贤圣师说法演法。是为序。

《瑜伽集要施食仪轨》序

瑜伽施食法，藏有多本。其最初唯佛示阿难《陀罗尼》一章而已，而教令诵之二十一遍，即今《变食真言》是也。嗣是则渐增，增而至坊间所称《瑜伽集要》，而详矣尽矣，不可以复增矣。乃时师更附益以外集，繁衍丛沓，浸失古意。举其甚，如梵五供养，夫“布思必”、“度必”等，已皆梵语，何得梵而又梵？如三十五印，夫印必有所受，五十三佛，一佛一印，未委出自何经？遂使强半光阴，闲杂哦咏。而切要处，反速过如流泉。岂不徒劳而无功哉！况板以岁久模糊，先佛字种，漫不可别识。而舍刻就抄者，又于昔贤笺注，删削殆尽。且字种灭，则观何从生？注去，则观虽存，而莫知所以用。近有起而正之者，但后先犹或失次，雅俗尚未全厘，识者病焉。

兹心弦居士包君，发广大心，聚诸劂生，将遍刻经律论藏，以补前人所不及，因举此属予。予依《集要》，而重加参订，以成善本。庶登坛者，知三业相应之谓瑜伽。手之所结，必端必严，毋拈弄舞扬而类戏掉。口之所诵，必真必正，毋扭捏弹咤而淆密语。意之所作，必精必专，毋散心乱想而亏正观。夫然后身与口协，口与意符，意与身会，而以此度生，亦以此自度，功德不可思议。瑜伽行人，愿相与谛审而力行之。

《瑜伽集要图像焰口施食》序

瑜伽之为教也，神变威灵，不可思议。金刚智、大广智[①]不空二师而下，无能继其躅者。以是教函龙藏，渺尔不传，惟施食一法行世。然此经初译，《变食真言》之外无闻焉。再译之，三译之，浸增浸广。至不动师所传，而备且极矣。好事者犹为未足，仍外册附益之，遂敝精于闲文。而印咒尚或疏略，况观门乎？夫瑜伽以相应为义，谓口诵咒、手结印、心作观，三业齐修，而施作佛事，是之谓相应耳。三业主乎一心，心独无观，何取于相应？火定灼乎孤峰，铁想翳乎千粒。观之所系，诚非易易者。

石机常师，两工图翰，乃书其文而像之。俾临文瞩像，不登坛而观已历然，其殆有功于瑜伽矣！吾愿行法之者，专注观心，心运诸手，手协诸口，口根诸心，津济万灵。如是功德当亦不可思议。

---

① “大广智”，原本作“广大”。唐代译经家、密教祖师不空金刚，代宗时赐号“大广智三藏”。故为订正。

《禅关策进》序

禅曷为有关乎？道无内外，无出入，而人之为道也有迷悟。于是大知识关吏，不得不时其启闭，慎其锁钥，严其勘核，俾异言服、私越度者，无所售其奸。而关之不易透，亦已久矣！

予初出家，得一帙于坊间，曰《禅门佛祖纲目》。中所载，多古尊宿自叙其参学时，始之难入，中之做工夫，经历劳苦次第，与终之廓尔神悟。心爱之慕之，愿学焉。既而此书于他处更不再见，乃续阅《五灯》、诸语录、杂传，无论缁素，但实参实悟者，并入前帙。删繁取要，汇之成编，易名曰《禅关策进》。居则置案，行则携囊，一览之，则心志激励，神采焕发，势自鞭逼前进。

或曰："是编也，为未过关者设也。已过关者长往矣，将安用之？"虽然，关之外有重关焉。托伪于鸡声，暂离于虎口，得少为足，是为增上慢人。水未穷，山未尽，警策在手，疾驱而长驰。破最后之幽关，徐而作罢参斋，未晚也。

《高峰大师语录》序

始予乍阅内典，得经论并古今杂著共数帙，中有大师语，惊喜信受，如暗逢炬，至于今犹然。盖自来参究此事，最极精锐，无逾师者，真似纯钢铸就。一回展读，一回激发人意气，俾踊跃淬砺忘倦。虽悟处深玄，不敢以凡臆窥测，而但觉其直截根原，脱落窠臼，近有慈明妙喜之风，远之不下德山、临济诸老。伟哉堂堂乎！可谓照末法之光明幢也。独恨《大藏》未收，坊刻尚鲜，怏怏于胸中者三十年，乃今以其旧本重寿诸梓。

而莲社行人有相顾耳语者，谓予旋转万流，指归净土，奈何复殷勤称赞是编？意者念阿弥陀佛，不及看万法归一耶？遂汹汹摇动。嗟乎！但了念佛是谁，不必问一归何处。兹有人焉，知生我是父，又自疑身从何来。闻者宁不绝倒？古尊宿云："如人涉远，以到为期，不取途中强分难易。”诸仁者，方便门多，归元路一。愿勿以狐疑，玩愒岁时。便应直往疾趋，为到家计。既到家已，千丈岩，七宝池，有智主人二俱不受。

《牧牛图》序

《遗教经》云：“譬如牧牛，执杖视之，不令纵逸，犯人苗稼。”则牧牛之说所自起也。嗣是马祖问石巩：“汝在此何务？”答曰：“牧牛。”又问：“牛作么生牧？”答曰：“一回入草去，蓦鼻拽将来。”则善牧之人也。又大沩安公之在沩山也，曰：“吾依沩山住，不学沩山禅，但牧一头水牯牛。”又白云端公之于郭功辅也，诘之曰：“牛淳乎？”而若自牧，若教他牧，层见叠出于古今者，益彰彰矣。

后乃有绘之乎图，始于未牧，终于双泯，品而列之为十。其牛则如次，初黑继白，以至于无，粲如也。而普明复一一系之以颂。普明，未详何许人，图颂亦不知出一人之手否？今无论。惟是其为图也，象显而意深。其为颂也，言近而旨远。学人持为左券，因之审德稽业，俯察其已臻，仰希其所未到，免使得少为足，以堕于增上慢地，则裨益良多。遂录而重寿诸梓。外更有寻牛以至入廛，亦为图者十，与今大同小异。并及教中分别进修次第，可比例而知者，俱附末简，以便参考。若夫一超直入之士，无劳鞭挽，而天然露地白牛；不落阶级，而刹那能所双绝。则图成滞货，颂成剩语，览之当发一笑。吾无强焉。

《缁门崇行录》序

僧问：“沙门奚事？”曰：“事道。”“事道孰为本？”曰：“德行为本。”僧云：“甚矣，子之固也。利以慧入，钝以福修。沙门者，取慧焉足矣，德行奚为？”予曰：“先民有言：‘德行，本也。’又云：‘士之致远者先器识。’况无上菩提之妙道，而可以受非其器乎哉？狮子之乳，非琉璃瓶贮之则裂。举万钧之鼎，而荷以一叶之舟，不颠趾而溺者几希矣。今沙门稍才敏，则攻训诂、业铅椠如儒生。又上之，则残摭古德之机缘，而逐声响，捕影迹，为明眼者笑。听其言也，超佛祖之先。稽其行也，落凡庸之后。盖末法之弊极矣！”

予为此惧，集古善行，录其要者，以十门罗之。何者？离俗染之谓僧，故“清素”居其首。清而不严，狂士之清也。摄身口意，是诸佛教，故受之以“严正”。严正由师训而成，师者人之模范也，故受之以“尊师”。亲生而后师教，遗其亲，是忘本也。戒虽万行，以孝为宗，故受之以“孝亲”。忠孝无二理，知有亲，不知有君，私也。一人有庆，而我得优游于林泉，君恩莫大焉，故受之以“忠君”。忠尽于上交，而惠乏于下及，则兼济之道亏，故受之以“慈物”。慈近于爱，爱生着，出世之碍也，故受之以“高尚”。高尚非洁身长往而舍众生也，欲其积厚而流光，故受之以“迟重”。迟重而端居无为，不可也，故受之以“艰苦”。劳而无功，则苦难而退。因果不虚，故受之以“感应”终焉。十行修而德备，则任法之器也。地良矣，而后佳种投。心醇矣，而后至言入，无上菩提庶可希冀。不然，一鄙夫耳。人道未全，焉知佛道？即使利根多慧，而慧弥多，障弥重，将安用之？

僧云：“吾法一尘不立，十行何施？”予曰：“五蕴纷纭，四大丛沓，何谓无尘？”僧云：“四大本空，五蕴非有。”予与一掌曰：“学语之流，如麻似粟。未在，更道！”僧无对，艴然而起。予笑曰：“蔽面尘埃，子何不拭？慎之哉！毋升高不自卑。无妄谈般若，自取殃咎。无醉于虚名。修其德，殚其精诚，以致力于道。力极而心通，然后知不拨万行，不受一尘，终日不空，终日不有，夫是之谓真慧。愿吾子究心焉！”

予未闻道，兼薄于德。今为此书，惟务救时弊而酬佛恩耳。明达之士，苟不因人弃言，幸展转以告夫禅者。

《往生集》序

世尊始成正觉，为诸有情，普演佛乘。既而机难尽投，由是于一乘中，示三乘法。而复于三乘中，出净土一门。今去佛日远，情尘日滋，进之不能发神解、超圣阶，退之伥伥乎有沦坠之险，而匪仗此门，其何从疾脱生死？大矣哉！可谓起末世沉疴，必效之灵药也。顾古之效多，今之效鲜，其咎安在？则亦口净土，心娑婆，而坚勇明悟不及前辈云尔。

闻昔有传往生者，岁久灭没，不可复睹。而断章遗迹，班班互载于内外百家之书。予随所见，辄附笔札。仍摘其因果昭灼者，日积之成编，殆存十一于千百而已。今甲申，窃比中峰廛居，掩关于上方。乃取而从其类后先之，又证之以“诸圣同归”，足之以“生存感应”，计百六十有六条，而间为之赞，以发其隐义，题曰《往生集》。俾缁素之流，观于是书，将指而曰：“某也以如是解脱而生。某也以如是纯一而生。某也以如是精诚之极，感格而生。某也以如是大悲大愿而生。某也以如是改过不吝，转业于将堕也而生。某如是上生，某如是中生、下生。”庶几乎考古验今，为净业者左券。

而客有过我者，阅未数传，勃然曰：“净土唯心，心外无土。往生净土，寓言也。子以为真生乎哉？宁不乖于无生之旨！”予俟其色定，徐而谓曰：“谈何容易。如以无生而已矣，一切断灭，不应尚有唯心。果悟无生，则生亦奚碍？生既本无，故终日生而未尝生也。且尔已尽漏心否乎？”对曰：“不能。”“噫！漏心未尽，则生缘未休。生缘未休，则托质有所。茫茫三界大苦海中，不生净土而生何土？六道之匍匐，九品之逍遥，利与害天渊矣，抑未之思欤！饰虚论而争高，吾亦能之，所以弗为者，夫亦惧生于识法耳。行矣！尔诚不以予言为非，即净土而之佛乘，盖未尝间隔丝毫，而奚乖之有？”

客悚然从坐而作，惘然而自失，不觉其汪然泣下而悲且咽也。整衣庄诵之终卷，亟拜，亟请梓焉。梓既成，道其始末如此。

重刊《净土善人咏》序

予向为《往生集》，盖净土善人传也，纪事也。此书则净土善人咏也，奇其事而叹之、赏之、歌颂之之谓也。夫所称“善人”者，非对恶名善之善也，非十善生天之善也。心净而土净，在娑婆则莲花比德，生极乐则莲台托身，超三界，悟无生，以至成等正觉，善中之善，故经云“诸上善人”也。然必形之乎咏者何也？此上以音声为佛事。而是咏也，约而该，质而不俚，褒而核，温厚和平，优优乎有风人之遗焉，诵之能使人兴起也。昔李济效胡曾、周昙而为《咏史》，所叙才二十一人，其人则太略也，又有咏而无述，览之者无所稽其实也。曩予得此于友人，破简蠹帙，瓢瓢欲尽，贮箧中二十稔而重寿诸梓者，恐其遂沦亡也。噫！神栖安养之有赋也，拟归去来之有辞也，中峰、西斋诸怀净土者之有诗也，及济之有史咏也，合而观之，兼美焉独庵之有《善人咏》也！

《中峰禅师净土诗》序

净土之为教大矣！昭揭于经，恢弘于论，穷微极深于诸家之疏、传、辩、议。而羽翼其间者，又从而赋之、辞之、偈颂之、诗之。诗也者，又偈颂之和声协律，委婉游扬，俾人乐而玩，感慨而悲歌，不觉其情谢尘寰而神栖宝域者也。诗之为益于净土亦大矣！自古怀净土诗相望后先，而惟中峰大师百咏，事理兼带，性相圆通，息参禅、念佛之哓诤，定即土即心之平准。涂毒于文鼓，倾耳则五内崩。伏砒于旨肴，染指则命根断。美哉洋洋乎，其诸《阳春》一曲响穷百代者乎！

大中丞省吾金公，盟心净土，乃重授锲人，以广流通，属予序诸首简。予老矣，沉疴枕席，久置笔研。偶斯胜缘，虽心生喜跃，然力不能作一语，爰命童子录其平日所常谈者以应。

《答四十八问》序

净土之教，因地于法藏，肇端于韦提，开陈于灵鹫教主之金言，流衍于匡庐大士之莲社。专一心而向往，历三界以横超，诚哉末法之要津矣！然上根即事契理，固谛信不回。下士有闻斯从，亦无因起惑。唯不上不下，位届中流，乃欲从欲违，志无定向。由是《十疑》通于智者，《或问》启于则公，天鼓谆谆，婆心恋恋。岂曰多言？言所不容已也。而复膏沉膏继，病剧药增。后是二书，能无再述？

有德园居士者，乘宿愿力，起大悲心，代为百千众生，曲申六八难问。山僧不免据款结案，随绳解纷。使彼越烦恼之河者，直决其狐疑。出死生之穴者，顿离于鼠怯。叨陪往哲，共翊先宗云尔。若夫悟心外之无土，则一真湛而万法泯，谁是西方？了土外之无心，则七宝饰而九莲开，何妨本寂。是则居士于廓尔无疑之乡，而幻出问端，似风来水面。山僧于默然无问之地，而梦酬答语，若谷和泉声。虽云兴瓶泻，未敢俦古圣之宏规，而烛照冥消，聊以抉时人之翳目。其或阐提根心，倔强犹昔，断断乎薄净土而不修，守偏空而自足，亦末如之何也已矣。悲夫！

《慈无量集》序

慈、悲、喜、舍，号菩萨四无量心，而“慈”实为四心之冠。《易·文言》曰：“元者，善之长也。”元于人为仁。儒之言仁，佛之言慈，一也。故世出世间，莫尚乎慈。而“无量”云者，昭其慈之广也。

今夫杀人者死，人知之。然而杀禽畜者无死刑，遂快意行杀。不知阴减其寿，冥削其禄，堕泥犁于既没，偿鼎镬于当来。其为刑，殆有甚焉者矣。杀人之子者死，人知之。然而杀已始生之婴儿者无死刑，遂快意行杀。不知无罪杀儿，与杀人之罪同科，是上帝之训也。罪不可逃，刑且加甚，亦彰彰明矣。

善哉王堇甫氏之为是书乎！唯圣作则，以圣经为量，曰“训慈”。贤者述焉，以群贤之论为辅，曰“宣慈”。无征不信，不信民弗从，以历然因果为验，曰“证慈”。物尚当爱，民胡弗仁？衍生生之道，以溺子、堕胎为大戒，曰“本慈”。四录备而慈之用广矣。乃因其问名也，为安名曰《慈无量集》云。

《杀生炯戒》序

曩予有《戒杀放生文》行世，一时崇善诸君子喜传而乐就之。已而朱西宗氏持所撰《杀生炯戒》一编来谒予，乞言以弁。则历历皆今古传记，因果昭灼，可惩可劝者，系其事而绘之乎图。且予著其文也，未及其像也，能喻知文，不能喻不知文者。今兼有之，闺人、孺子目击而心愓矣。昔郑公侠进《流民图》，而云："一经睿览，足可流涕。"睹斯炯戒，自非木石，其谁不发大慈悲心？是则翊予文以传，而俾就者弥众，西宗功德殆过予哉！额手天龙，而为识诸始简。

《自知录》序

予少时见《太微仙君功过格》而大悦，旋梓以施。已而出俗行脚，匍匐于参请。暨归隐深谷，方事禅思，遂无暇及此。今老矣，复得诸乱帙中，悦犹故也。乃稍为删定，更增其未备，而重梓焉。昔仙君谓："凡人宜置籍卧榻，每向晦入息，书其一日功过。积日而月，积月而年，或以功准过，或以过准功，多寡相雠，自知罪福，不必问乎休咎。"至矣哉言乎！先民有云："人苦不自知。唯知其恶，则惧而戢。知其善，则喜而益自勉。不知，则任情肆志，沦胥于禽兽，而亦莫觉其禽兽也。"兹运心举笔，灵台难欺，邪正淑慝，炯乎若明镜之鉴形。不师而严，不友而诤，不赏罚而劝惩，不蓍龟而趋避，不天堂地狱而升沉。驯而致之，其于道也何有！因易其名，曰《自知录》。

是录也，下士得之，行且大笑，莫之能视，奚望其能书？中士得之，必勤而书之。上士得之，但自诸恶不作，众善奉行，书可也，不书可也。何以故？善本当行，非徼福故。恶本不当作，非畏罪故。终日止恶，终日修善，外不见善恶相，内不见能止能修之心，福且不受，罪亦性空，则书将安用？矧二部童子、六斋诸天，并世所称台彭司命、日游夜游、予司夺司、元会节腊等，昭布森列，前我、后我、左右我，明目而瞩我。政使我不书，彼之书固已密茧丝而析秋毫矣。虽然，天下不皆上士。即皆上士，其自知而不书，不失为君子。不自知而不书，非冥顽不灵，则刚愎自用云尔。人间顾可无是录乎？

是故在儒为四端百行，在释为六度万行，在道为三千功、八百行，皆积善之说也。彼罢缘灰念之辈，以自为则无论矣。如借口乎善恶都莫思量，见有勤而书之者，漫呵曰："恶用是矻矻尔烦心为？"则其失非细。嗟乎！世人夏畦于五欲之场，疲神殚思，终其身不惮烦，而独烦于就寝之俄顷，不一整其心虑，亦惑矣。昼勤三省，夜必告天，乃至黑豆白豆，贤智者所不废也。书之庸何伤！

刻冰莲居士《续法喜志》序

凡夫以欲为喜，欲多而厌生。何也？世乐无常，难乎其续也。智人以法为喜，法弥广而喜弥深。何也？真常之乐，取足于性分，相续而无终穷者也。冰莲居士初志《法喜》四卷示予，予重寿诸梓。已而又为四卷续之，征言于予。予随喜无倦，作而曰：斯志岂惟续于今之四卷而已？千百世之后，闻法悦心者，当代不乏人，积而为千百卷，何可量也？唯居士寓形欲界，而怡神法窟，不为一身喜、一时喜，而为天下后世喜，其用心亦普矣。是故法无尽，喜无尽，续无尽，而居士之功德亦无尽。

《无幻禅师语录》序

予固非知禅者，其于古尊宿升堂、入室、示众、小参，乃至拈提、赞颂，种种著述，类而成编者，未尝不庄诵而乐玩之也。若其奥旨微机，通玄入要，主宾互换，人境交夺，明暗相参，杀活自在，脱义路，超情量，非予劣智所能测识者，不敢妄为之说也。

兹无幻古湛禅师既谢世，门人录其语为帙，将锓梓以传，征序于予。予未识禅师之面，而幸获睹禅师之遗言，犹面也。合掌焚香，书此以弁其卷。

幻有禅师《闲谈》《晚话》二编序

予昔参笑岩和尚于京师，幻有兄侍焉。无何，予以病附饷船南还。而幻有兄侍和尚最久，已而遍历诸方，归老于龙池。顾予衰耄，卧疾深谷，沾沾自濡不足。幻有兄方慨然以建法幢、立宗旨为己任，走使千里，遗我《闲谈》、《晚话》二编，征言以弁。昔人谓："驱除杂语言。"而此编谆谆皆切要语，闲谈固如是耶？得非因慈悲故，故有落草之谈耶？又德山云：“今夜不答话，问话者三十棒。”兹乃终宵挥麈，亹亹酬应忘倦，是且与德山相去多少？即谓德山答语如雷，幻有不说一字亦可也。岩师往矣，门庭有人。予何幸乐观其盛！

《直道录》序

《语》云：“斯民也，三代之所以直道而行也。”又曰：“人之生也直。”又曰：“古之愚也直。”生理本直，则无论智愚，而此中耿耿不昧者，三代之民心也。直道也，亦太古无怀、葛天氏之民心也。直道也，亦太古之太古，劫初以来光音氏之民心也。直道也，虽欲曲而不可得也。

用是上下古今，凡史传之所记录，耳目之所见闻，千百中摘其一二。或共所称誉赞奖，而不觉其非者，吾抑之。或共所排击贬驳，而不觉其是者，吾扬之。其扬也，非敢为佞也。其抑也，非敢于无过中求过而为是刻也。民心之直道，盖振古如兹也。倘以为是，唯有道者印焉。苟为不然，幸有以教我。

《竹窗三笔》序

古有《容斋随笔》，予效之竹窗之下。时有所感，笔焉。时有所见，笔焉。从初至再，成二帙矣。兹度八旬，颇知七十九年之非，而自觉其心之未悄然也。奈何久仆乐生之堂，无能勤赵老之屦。于是一榻而走千山，寸晷而游神于百世，所感所见，积之岁月，忽复成帙。虽东语西话，宾叩主酬，种种不一，要归于整饬行门，平治心地而已。余如世谛中事，无关于法化，无补于修进者，则不暇及焉。噫！吾耄矣，胡不囊括瓶守，而喋喋乃尔？噫！吾耄矣，斜阳剩月，能几何时？此而不言，更待何日？苟有利于民物，他何恤为！因以付管城子。

《谚谟曲典》序

世谛之言，符于实相。刍荛之言，择于圣人。是故禹拜昌言，而舜察迩言。拜昌言易，察迩言为尤难。人忽之，舜察之，此其所以称大知也。谋臣以牛后悟主，衲僧以饭袋得心。则不必圣经贤传、锦字瑶编，取其足以利人而已。至于排场戏曲，古诗、古乐府之余音也。盛行于元，流通于今日。慧业文人，与庸夫孺子，所共传唱而愉情者也。奈何淫荡猥媟之语杂于其间，人只以侑壶觞，供笑谑，而不知反而后和，被围而援琴，是日哭而不歌，歌固宣尼平日所不废矣。乃摘其有裨风化者，约为三科：一曰忠孝节义，二曰感慨悲歌，三曰警悟解脱。庶几旁敲暗击，亦娑婆世界以音声为佛事，先以欲钩牵，后令入佛智之一端也。

噫！抱七年之沉疴者，俟黄于牛喉，割胆于蚺腹，采云母于广连之阴谷，凿空青于越嶲之铜阿，不胜其得之之难。而疗病者，顾昭昭乎目前。古所谓善为医者，遍地皆良药也。宝训日陈于闹市，金诰时播于梨园。孰为谚乎？孰为曲乎？吾于是谟之典之。

● 跋

《佛说无量寿经》跋

世传《大弥陀经》，龙舒王居士会四译经文而成之者也。四译者，初译于汉迦娄支谶，曰《无量清净平等觉经》；次译于曹魏康僧铠，曰《无量寿经》；次译于吴支谦，曰《阿弥陀经》；次译于宋法贤，曰《无量寿庄严经》。而菩提流志附译于《宝积》，曰《无量寿如来会》，则居士所未及者。

居士之会四译也，言简而义周，辞顺而理显，诚哉大有功于净土矣。

惜其中颇有未安，如四十八愿，不得不一为整顿。盖汉译只开二十四愿。四十八愿肇始于魏译，而法贤、流志二师因之。吴译从汉，亦二十四。然四十八愿，今古流通，自应宗祖魏译。奈何居士叙愿，较之魏译，或前着后，或后着前，次第紊乱。以参三译，亦各不协。夫译经必据梵本，居士凭何梵本而别为次第乎？于理虽似无妨，于译法大为不顺。用是重录魏译，以付剞劂，庶俾后人知有古文在也。

又魏译，三辈往生，皆曰发菩提心。居士乃惟中辈有之，下曰不发，上竟无文。全缺差殊，未审何意？

居士神超宝域，身入圣流，殆必成心已亡，虚怀不碍。区区效忠之悃，谅其鉴之矣。

董玄宰书《法华经》跋

董太史为其尊人手书《妙法莲华经》七卷，持示予。予忆劝善书云：有人入冥，见冥府诸王及官吏等最重《金刚般若》、《妙法莲华》二经。夫如来一代时教，至《般若》乃荡空群相，然后会归于一乘《法华》之实相。故《法华》者，圣道成终也。太史先是既书《金刚般若》，今复书此经。凭斯大功德力追厥先亡，岂惟不滞冥途，当必超登净域矣。况乎运入神之笔精，显甚深之佛智，而根本于终天罔极之孝思，是三绝也。今古秘宝，今古秘宝。

绣《法华经》跋（包孝廉心弦请题）

昔人谓：“准老金刚眼，在无尽笔尖儿上。”何期今日一乘实相正法眼藏，乃在闺闱中针尖儿上。而居士以是黼黻先猷，孝亦大矣。夫草木画像，尚云作佛根因。况锦绣成文，岂非真法供养？居士其宝之。

《佛遗教经论疏节要》跋

佛云：“吾言如蜜，中边皆甜。”又云：“治世语言，皆即实相。”

故三祖不难至道，而嫌拣择，有以也。今时人喜玄，一大藏教，凡入理深谈，竞互传诵。至平易切近处，或弁髦之。抑拣蜜于中边，而实相顾不遍耶？嗟乎！最后叮咛，言犹在人耳也。镂骨铭肌共报恩，于是乎刻遗教。

唐译《地藏经》跋（比丘性安请题）

《地藏经》译于唐实叉难陀。而时本译人为法灯、法炬，不著世代，不载里族，于藏无所考。虽小异大同，理固无伤。而核实传信，必应有据。乃比丘性安者，承先志刻唐译易之，其详具如冢宰陆公序矣。

或谓：是经谆谆乎众生因果、地狱名相，无复玄论，不足新世耳目，恶用是订正为？

噫！布帛菽粟，平时不如明珠，凶年则为至宝。救末法之凶年，是经其可少耶？若夫众生度尽，方证菩提。地狱未空，誓不成佛。探玄上士试终身味之。

合刻《行愿品》《弥陀经》跋

二经合刻者何？良由《行愿》一品，当全部《华严》大经，而中云：愿命终时，于安乐国莲花化生，面见弥陀，授记作佛。故特合为一帙，普愿法界众生信受奉行者，生唯心华藏之宝莲池，见本性舍那之无量寿，修四字十玄之圆满修多罗，证九品一乘之无上等正觉。

较正《金刚般若波罗蜜经》跋

《金刚般若》时本有三十二分，藏本原无，近刻者多去分。

或曰：三十二分，沿习已久，而中峰为赵松雪略释，亦仍彼分。

或曰：天亲、无著二菩萨，有十八住、二十七疑，盍择于斯二者而用之？

愚意讲解家宜遵二菩萨所定，至于受持读诵，既去分，不若并住与疑俱置不用，而单存本文之为得也。

又诸本句字，亦复互有参差，莫之画一，学者病焉。蒋子茂浙、茂濾，将重刻是经，以报罔极之恩，屡叩予为一较正。因于末简识之。

《梵网经》跋（钱居士仰山请题）

《梵网》全帙，古称百有一十二卷，六十一品。今所存《心地》一品，而分上下。下乃详陈戒相，先之十重，继之四十八轻，号菩萨戒。盖通缁素，均王臣，普六道圣凡众生之所同禀也。兹开元葺古戒坛，焕然维新，将镂是经置之坛前，以永范来学。仰山居士钱广诏等，来征予言。予唯秘阁张君名镃者，曾疏诸经首，辞工而意甚切至。予何言哉？宜重勒彼文，而以予言识岁月于石末。

《龙舒净土文》题辞

海虞天池居士严公，厥冢子朴，自幼谆谨天植，敦伦乐善，戒杀放生，修种种懿行，以二十五岁卒。卒之前一日，居士谓曰：“尔于斯时，毋杂思，但一心念佛。”朴应曰：“诺。”又谓曰：“尔忆三人生兜率事乎？若生安养，愿报我。”朴应曰：“诺。”又谓曰：“从今吾亦一心念佛。”朴喜曰：“审如是，儿无复虑矣。”正容合掌而逝。简其遗笥，得所刻《龙舒净土文》板，乃取而印施以助往生。

袾宏曰：朴之亡世有二疑：应寿不寿，一也。应报不报，二也。寿夭属乎前缘。仁者寿，仁莫如回，而回且夭矣。又生矣，而不报何害？逐逐然必报，是鬼神活计耳。但信龙舒语，复奚疑焉！

跋真实居士《云栖兰若志》

大司成冯公为云栖作志未结。长子权奇书其后云：“此先君手稿也，欲了未了，可言未言，幸与海内大德酌存之。”愚以为未了未言固无害。例如《华严》仅八十卷，文未足而意已足矣。但所云：“或疑师不绍西来之宗，而扬西归之教。”于此二句阁笔，引而不发，跃如也。今不必续貂，只请诸方此处下一转语。

书《净土会语》后

（苏郡以《答曹鲁川》二书合刻，名《净土会语》）

鲁川崇尚《华严》，是其盛心，本不欲辩。但以其尊《华严》而抑净土，抑之又抑，痛抑之不少置，则不得不辩。夫舍那、释迦、弥陀，同而异、异而同者也。鲁川已知同异不可偏执，而复定执为异，又鄙之薄之。以《华严》自负，不应如是，其可疑一也。普贤为华严长子，《行愿品》有十大愿王导归极乐。而曰《华严》未尝言及西方可乎？以《华严》自负，不应如是，其可疑二也。入华严法界不思议解脱，则婆须、无厌，悉皆参请，而乃不亲万德之弥陀。众艺童音靡不演唱，而乃羞称四字之嘉号。以《华严》自负，不应如是，其可疑三也。疑者何？疑鲁川通《华严》而似乎未大通也，故不得不辩。况佛以大慈悯念末世，说此净土法门，鲁川尽力排之。诚恐华严不得入，净土不得生，两皆失之，误人不小，亦不得不辩。

《净土疑辩》跋

微休居士鸣道，学于靖江，有武城弦歌之风。既致政，厉精《华严》。镂梵本为方册，以便读学。而复弘赞净土，刻予所著《疑辩》，广为流通。夫尚志十玄之门，神栖九莲之域，可谓深契普贤愿王，妙入毗卢性海者矣！惜早逝，不令曹鲁川见之。

书《放生卷》后

曩余三十有五，为文谓生日不宜杀生。既而五十，为偈谓生日不宜庆生。今兹十易暑寒，一周甲子矣。诸君子知余，又重爱余，不陈仪，以放生庆生。

或曰：“不杀得矣，如不庆何？”噫！如是庆生，庆万物之生也，余惟恐人之不庆生也。

或曰："鸟未舒其翼，弋者候于林。鱼未扬其鬣，渔者盈于滨。虽曰苏之，其实枯之。恶在其能放也？"噫！翔空入渊，遂厥生者，不知其几也。重罹乎钩矢，百未之能一耳。方其献俘于猎师，待烹于庖人，卜兆于馋夫之腹中，死门甘伏。倏焉解之，虽未保所终，而脱刀锯，逃鼎镬，譬之临刑遇赦，其乐为何如也！

且西湖歌舞，岁无休时。假令诸君子春花秋月，朝宴而暮集，一举箸则万钱，一染指则千命。乃今易腥以素，转杀为生，较其得失，奚啻霄壤？不谓之胜举，吾不信也。于是迭咏为《放生卷》，系之辞曰：

上帝好生，下民伤生。舍财救生，图财捕生。由二念生，故有众生。生无所生，亦无能生。无生不生，是名放生。

题《杀生炯戒》

论禽

鸡之育其雏也，鹰隼下于空，则奋翼而号呼以护其子。今人爱子亦然，乃日俟其雏之肥以腯也而杀食之可乎？鸡特力不能敌人，而恨可知矣。况复食鸡之不足而食鹅鸭，食鹅鸭之不足而食及于飞空之雀鸽。人生食只一饱，何无厌一至于是？悲夫！

论兽

虎食群兽，人共恶而捕之戮之，然虎有经旬月而不得一兽之食者。人烹宰无虚日，牛羊犬豕麂鹿獐兔之类不知其几也，人之当捕而戮也甚于虎矣。悲夫！

论鳞介

人自谓应食肉，不知彼此相食者，皆强陵弱也。故虎强于人则食人，然虎有时为人所食，犹迭相胜负也。谁有能食龙者？弱之肉，强之食，宁不信然？是故龙不可凌矣。鱼可凌也而食之，鳅也、鳝也、鳗也、螺蛤虾蟹龟鳖也可凌也而食之，盖与螳螂食蝉、雀食螳螂等耳，人也而甘心乎螳螂。悲夫！

论虫

蜂蚁之勿杀易矣。蚕则为用甚大，自古及今莫之能废也，如之何？噫！夏之衣可葛也，冬之衣可花也，冕可麻，袍可布也，蚕奈何其不可废也？罗绮严身，盖只取其华饰耳，不罗绮固无害。而乃纳百千万亿生灵于镬汤之中，抽其肠肚，以为吾严身之具，忍乎哉！或又曰：蜂蚁之勿杀宜矣，蚊虱咂我如之何？噫！蚊可帐而避也，虱可放也，奈何蚊虱之必不可贷也？悲夫！

《刑戒》跋

有大长者吕叔简氏，作《筮仕要诀》。邹南皋先生刻石以广其传。中《刑戒》八章，尤为洞晰隐微，谆切恳苦。予三复之，合掌起敬，三赞三叹而不能已。盖予固有是心，而言非其分，兹何幸得闻仁人君子千古曾无道及之至训乎！岂独筮仕，初官而历久任，一命而至三公，不可一日而不兢兢于怀也。何也？筮仕之始，刑人未惯也，乍而临之，必有惊伤惨戚之情焉。今日习之，明日习之，挞人如击土石矣。又习之，杀人如刈草菅矣。嗟乎！一芒触而肤粟，片发拔而色变。己之身，人之身，疾痛疴痒宁有二乎？而昧昧残毒何一至于是？人有恒谈："刑官无后。"诚守是戒，我知其必后而繁且长也。昔有子为刑官，母记之曰："天道昭昭，人不可妄杀，吾不意老见壮子被刑戮也。"已而果然，则不守是戒者之明验也。例而推之，治国治家，待人待物，皆然也。佛菩萨之慈悲不过是也。遂忘其非分而重梓焉。

题阶梯声光誉师

创业难，善继为尤难。善继难，继而传之永远勿失也为尤难。阶梯建始于古潭老师，恢而弘之者声光誉禅师也。予昔邂逅于京邸。已而年弥久，交弥亲。腊弥长，德弥进。既增辉于前，而复思贻谋于后，于是汇辑其山颠末委细，而类之为册，以授诸徒。后之人尚念其苦心，慎守世业，而精修道业，异日徜徉于七宝阶道，进步于千仞梯头，俾潭源流衍而不穷，光明照烛而无尽也。懋之哉！

跋《长庆集警悟选》

香山居士《长庆集》，今所传凡七十一卷。中为诗三十有八，大都雅澹平易，不刻意而意已独至。乃予更摘取其明了解脱，足于人世间警策懦顽、悟觉迷醉者，别为一小帙，名《警悟选》。若《琵琶》、《长恨》等，虽感慨讽谕，无忝风雅，而以模情写思，备极妍巧，恐失其旨者则翻滋欲本，姑置弗录。唯此百篇，试展卷而诵之咏之，长歌而细味之，未必非大睡梦床前两部鼓吹，入乎耳，动乎心，恍然而寤，了然拭目乎明空皎日之下也，不亦快乎！居士之自道也，曰："达哉达哉白乐天。"是谓真语实语。

重刻西崖先生《拟古乐府》跋

予少时读书月塘庵，友人周春江者，示予以西崖先生《拟古乐府》，仅半帙。且咏且叹，作而曰："此古今绝唱也。"予后偶获全书，宝而藏之有年矣，恐遂沦没，乃重录而寿之梓。夫诗亡也而有乐府，乐府之渐变也而有歌曲。歌曲无论，即魏、汉、隋、唐以来所称乐府，乃至周、柳、秦、苏诸名家词调，虽各穷藻丽、擅工巧，伟哉鸣当时而声后世。然大都摹情写思，缘物缀景。可以裨世道、淑人心者，千一而已。此诸篇什，一一从先生大学问中发而为大议论，岂惟雄盻百代，盖直追《风》《雅》以前，天壤间殆不可多见者。顾自云《拟古乐府》，古乐府安足拟先生欤！

或曰：子禅人也，是编非经律论，非尊宿注疏语录文字，是世谛中言也，奚以刻为？

噫！子独不观雪窦老人颂古乎？识者品题谓颂古之圣。今先生特未知究心禅道与否，假使参禅有悟，时而出之一拈一评一偈一句，其见力、笔力、断案力、擒纵杀活神奇变幻不思议力，当必与雪老驰骋上下，可无传乎哉？乃重录而寿之梓。

《栗斋先生遗稿》跋

张太史阳和公著《栗斋先生传》，中所纪录，率多称先生孝友廉节，以古圣贤道学为己任，而文字其绪余也。然中所论议歌咏，又率多理性之谈，曾不驰妍竞华，亦不徒放情于山水竹木而已。如《太极》、《春秋》、《河图》等篇，历孔子而下，颜、曾、思、孟，至濂溪、二程、横渠、晦庵诸名儒，各有赞颂，阐发幽秘。间附一二题赠游览，亦罔弗会归身心，终不为闲漫语。噫！古谓醇明笃实之君子者非耶？

僧智瑞者，持先生传，并杂著、诗辞若干首，诣予请梓。予取其半梓之，名曰《栗斋先生遗稿》。智瑞于先生世孙，于予则法孙也，亦复赋性醇笃，有先生之风。乃能捐衣钵，充剞劂之费，以光扬其上世之美。而太史与予分深，又不妄语人也。因识之末简。

读周高士行实

予往年过平湖，憩圆珠圩塔寺。时高士馆于五台陆公，闻予至甚喜，具威仪，趋舟致敬来访。后予适越，与一时道学诸君子剧谈止观玄义，复邂逅，宿能仁堂中，先后语意颇符合，相信弥固。乃予礼清凉，历燕京，寻匡庐之旧社，自白下南还，而高士墓柏拱矣。

高士以仲尼、颜子之心地，雅志内典，而名且未成，寿不满半百，兼以无后。世眼观之，可谓佛法无灵验矣。夫学佛者果志于名、寿、子孙也，谓之无灵验亦宜。而高士固已等成败，齐彭殇，均续断。则漫尔一期之报，真浮沤起灭于沧海耳，夫焉足重轻？噫！我观高士，岂不尊荣寿考，而蕃胤百世乎哉！梦幻界中未必无悟之者。

为六梦居士书扇

莲之为花也，得水而生，得火而萎。今花从火生，谁复能萎之者？夫莲以水为命，而曰火生，厥旨安在？岂不以大红聚炉，即清凉沼。盖法尔如是，非神通使然。惟宜过量人，领此希有事。虽然，悟火之有莲，而幻抽幻添，调护之功不废，则此火号作阳和。恃莲之出火，而任燔任熄，上慢之心一生，则此火名为毒焰。是知火称发育，而亦解焦枯，与水本滋成，而兼能汜没，二弊等耳，可弗慎欤？居士以至诚心，索增长火莲之策于山野。山野不孤来问，寐语喋喋。若夫“水火不相关”一句，居士必已自道。

● 记

复古云栖寺记

予始入梵山之云栖也，父老谓予：兹寺为洪水漂荡，计今将百年。彼时无力营葺，墟其地，庐于半道，曰“栖真别院”。予犹及见一僧居之。而“栖真”系在册籍，“云栖”则山氓野樵所常称也。予仍其便，以“云栖”名庵，盖三十余稔矣。逮阅《咸淳临安旧志》，则“云栖”者，宋艺祖乾德五年，吴越国王钱氏所建。至英宗治平二年，乃易之以“栖真”。详见“钱塘寺观类”中第十五叶。予仍“云栖”，暗与古合，事固有适然者。曩嘉、隆之季，万历之初，修郡志者，据近而不稽远。今复焉，无亦宿缘使之然欤！予既有感于无心合古，又重有感于古今沿革靡常，寥寥乎灵踪胜迹久沦而未彰者何限也？吾郡古曰“杭州”，已而曰“临安”。后复为杭，曰“古杭”。今寺亦尔。因额以“古云栖寺”，而识其岁月云。

重修云栖禅院记

杭府治南连大江，西引明圣二湖，万山绕湖而络绎江浒。溯江西上行二十余里，山名“五云”。先是山之巅有五色瑞云盘旋其上，因以名山。已而五云飞集山西坞中，经久不散，时人异之，号为“云栖坞”。宋乾德五年，有僧结庵以居。坞多虎，僧至，虎辄驯伏，世称“伏虎禅师”者是也。吴越王钱氏为之建寺，而云栖于是创始矣。禅师一号“大扇和尚”，讳志逢，初筑室五云之顶。天禧中，降敕赐“真济院”，遂并辟云栖、天池二院，而成三刹。后治平二年，改号“栖真”。今曰“云栖”者，复古也。

云栖居五云之西，径曲林幽，四山围合，苍翠枞然。东冈而上有壁观峰，峰下出泉，名青龙泉。迤逦下中峰之傍，复出一泉，名圣义泉。又下而西冈之麓，复出一泉，名金液泉。笕引涓涓，洁洌甘芳，汲灌不竭。独以荒僻寥落，人迹罕至，非忘形死心者莫能居焉。绍兴初，有余知阁者，扈跸南渡，隐于寺侧，后舍宅归寺。圣朝弘治七年，霖雨发洪，庐宇经像随水漂荡。僧稍稍散去，颓耋者僦居民庄，而故院遂蓁莽。父老过之，伤感垂涕。卫将军玉溪杨公，暨子念堂君，雅向三宝，时募僧重修，而频苦虎患，居无何即引去。

隆庆五年，袾宏行脚南还，爱其岑寂，孤形只钵，趺坐圮壁间。太学生陈如玉、李绣等，为之构静室三楹。而宏昼与野鹿主宾，夜与鸣泉唱和，悠然若将终身，村之民怪其能久居也。环村四十里，岁伤于虎者不下二十人，而鸡犬不与焉。宏乃发悲悬，讽经千卷，设瑜伽施食津济之，自是虎不伤人。适岁亢旱，祷于山，偶时雨霆。村之民又大悦，而庆其得安居也。相与累累然肩材木而至，曰：“兹吾祖所植也。”荷锄镬，发其尘坌之础礎，而指之曰：“兹云栖寺之故物也。禅师福吾村，吾愿鼎新寺之遗址，以永吾一境之香火。”由是不日而成兰若。外无崇门，中无大殿，惟禅堂处僧，法堂以奉经律而已。

宏自惟迂疏陋劣，寸长无称，抱病入山，分与草木同腐。顷值幻缘，兴此废坠，恶容坐食，不思所以上报佛恩而下酬檀信乎？顾生平尚真实而贱浮夸，甘穷约而羞名利。因共一二同志相砥砺，力行古道。盟而后进，犯而必退。大都主之以净土，而冬专坐禅，余兼讲诵。日有程，月有稽，岁有表，凛凛乎使无赖者不得参乎其间。虽于法门无大裨益，庶几救末学之弊，以俟后之知识云尔。宏，沈氏子，字佛慧，号莲池，仁和人。是为记。

重修上方寺凿放生池记

武林自宋跸南驻，环湖山禅、讲、律寺，粲然棊布星列，而郭以内称焉，迨今多半沦没，至不可考诸传志。有上方寺者，背倚城垣，左右掖涌金、钱塘二门，前通西井官道。盖肇建后梁贞明七年，而国朝景泰四年，僧以难事作，散去，寺随废，渐蚕食为民居。仅存者什一，优婆塞沈善能者庐其中。嘉靖二十三年，尚宝卿六桥徐公，得请于官，佃为圃。公无子，以畀女，遗命还寺。女孝且贤，持契归王氏，遵父嘱，以畀云栖，遂复为僧地如初。无何，王谢世。居士化卿宋君，闻其义而高之。化卿以世禄之裔，砥德砺行，乐善不厌，乃输金赠二子，更与之契。予亦罄衣资，偕善信，旁赎其故址若干。向明正位，别为回廊，旋所向，面城而门，取幽寂也。期世世承事三宝，因谂于众曰："唯上方弹丸重兴，伶仃衰微，何修何营而俾久远？"

或议："辟草莱，轮奂其殿堂，群之以僧，僧多则常住。"予以为不然。时丁末法，塔寺靡坚。试屈指而计，凡三门乎阛阓者，楗椎之庭，不为鐍罍之所能几？僧虽多而行寡，奚以多为？顾兹地邻城，城邻湖，湖外高而城内卑，随锄成流，亢阳所不能涸，因而池之良便。以池放生，以隙地之敞室，稍葺其莛楹，守以二三诚信衲子，早暮禅诵。庶几上祝皇图，下济含识，得之一举矣。或谓："物如尘如沙，池一勺耳，容有限，奈何？"而庸知夫凿斯池也，为之兆也，弄引也。引而伸之，而又伸之，汪然遍域中矣。昔子产之畜鱼，一勺也。使郑之人若大夫、若士、若民皆然，郑之与国若燕、赵、齐、楚辈皆然，则池无量，所畜无量。不然，西湖古放生池也，谓普容天壤间物，宁有是乎哉？

化卿曰："唯唯。"与其仲直卿、诸贤士夫、诸比丘、净人，有呈财者，裹粮者，疏其壂而锹者、畚者、梩者，枯横泉之挠而戽者、橰者、埭者，固堤防之浸淫崩颓而埤者、埵者、磜者、礟者，捍狸与獭而蔽者，闲其外侮而版筑者，忧其暑寒而上为之庥、下为之窨者。皇皇乎昼胼宵胝，劳不知息，兼工再阅月而池成。于时在筌而释，当釜而逸，洋焉悠焉，出而游焉，一勺之内，足其从容也。

予喜且惧，稽首而告于十方如来、主池神、主伽蓝神，愿以佛力、法力、贤圣力、诸神誓愿力，慈护而威临之。从于今日，尽未来际，常为鳞介诸水族等栖止安宅。

又稽首而告于现住僧、后后住僧，愿以戒力、悲智力，念流水之苦躬而泽焦殢，天台之抗章而断簄梁，智觉之负辜成仁、蹈白刃而不悔，尚永持无斁，以风四方。敢有叛先盟，师陶朱，媒利于网罟，或倍众而售之乎白衣，是名违佛律，犯波罗夷。诸所称释子者，鸣以羯磨，擯擯绝之，勿共住。即朋比而阿，神必阴絷其魂，显僇其形，无能逃者。脱免焉，其报尽也，堕泥犁中，婴万苦无竟。所以者何？好生恶死，天道也，人情也。前人捐难舍之赀，役所爱之身，创五浊世不恒见之胜举，以生必死之命，置之安全。后人忍不一深思之，而惟便其私图？于天道逆，于人情不祥。从逆凶，不祥者灾逮。鼓桴形影，感应自然，非危言怖之也。

化卿及诸大众踊跃欢喜，叹未曾有，作而曰："善哉！是缁与素之龟镜也，不可使无闻于末法也。"而碑上方。

颂曰：始举为兴灭，而兼得放生。岂唯灭不灭，生亦无生相。生灭俱灭已，寂灭何有方。以明超于方，无方中说上。无方说西方，其意亦如是。作寺作池人，愿共了斯旨。

万历二十八年普门示现日记。

北门长寿庵放生池记

西湖古放生池也，法久而敝，实亡名存。敝之久而安焉，恒产乎水族，并迷其名若罔闻者。岁在乙未，予演《圆觉》于佛国山之南屏。南屏故有池，当其三门。一时主会诸名公，捐赀赎而出之，植莲其中，断渔业。人由是知放生池为武林旧事。

既而予复凿池上方。既而北门有园，园有池，复赎之。园距上方南北相望者半拘卢舍，而城之内有二放生池矣。顷予碑上方，谓以是为之兆，兆且引而蔓延之。顾予德微年衰，不足以风，未知继此而兴起者更几池也？上方苦隘，仅为池，余少丛竹，羽虫之获逭其生者聊以依止。兹颇闲旷，池联比，扩之，则瀸然成浸。水涵而土出，垒之，则嶐然成山。循而界之，则幽然成径。相其宜而树之竹木，则郁然荫而成林，将使嚶嚶洋洋，乐而相忘。虽无由拟飞泳亭之万一，而犹冀想像其遗踪，则上方所不逮也。

园以东，为兴福禅院。旋而南，为养济院。又旋而西，为得一道院。养济昔号悲田，圣主贤臣哀茕民之颠连而无告者设也。今之困矰饵，伏质于刀砧，必不可逃而待烹，其无告尤甚。贸而畜之池，纵之林，俾终保残寿，悲孰加焉？佛示三福，云“慈心不杀”。而五福于《箕畴》，亦寿为其最。濒杀而重寿之，福孰加焉？天地之大德曰生，舜之德曰好生，德一而已，上清下宁，侯王所以配两间之久长、贞万物之寿命者恒于斯，得孰加焉？儒、道、释三圣人之伟迹，鼎峙夫三方，若环拱然，而园介乎其中。是曲阜之仁里，摩竭之慈室，西华长生葆真之灵宅，天合而冥邻也，岂偶然之故欤！

夫救生之灭也而有生，求其生而未尝生也而无生。无生然后无不生，则生灭一。生灭一，则福兴于无相，悲济于无缘。福不可得，悲不可得，一亦不可得。唯法性常住，不断不续，同于虚空。彼《梵网》以放生为常住法，常住者，金刚身无量寿也。乃庵其园曰“长寿”。而园有荒庐数楹，饬治之，为供接引导师，及当来慈氏尊像。盖津梁所放一切含灵，先生安养，息轮回苦，后于龙华而得授记也。庐止是，无增多，以净戒僧守之。守之之方，具如《上方记》中语。时里之父老闻予言，前执予手，歔然太息曰：“园之源，吾弗知之矣。吾犹及见二禅人居焉。向稔其古为伽蓝，而业已蔬圃，莫返厥初。吾何图重睹今日也！”

是役也，始其事者，予与化卿宋君。而诸上善人乐助而成斯美利者，得例书碑左云。

万历二十八年岁次庚子佛诞日记。

嘉善沈定凡放生池记

予既凿放生二池于郡城矣，未有继者。而盐官、秀水、湖、松、苏、常诸上善人，从而应和者颇众。今嘉善沈君豫昌，来告予曰："唯昌家积善，奉三宝。自宋历元，有百五府君者，好施，旦至通衢，寒者衣之，饥者食之，率以为常，不倦。次有南宗者，舍俗出家，结庐麟湖，感陆地生莲，遂以'净莲'名庵，庵至今存，即百五府君行施处也。先妣陆孺人，修净土行，亦好施。昌缵祖德，奉母仪，为善唯力。壬寅长至日，请《楞严》诸经，满载以还，过芦洲，且行且诵。洲四面水，篙罟之所交会。是时群渔掉帘合围，冀截流罄取。中夜守帘者见红光自围中起，及晨举网，遂只鳞不获，盖鱼闻经声化去。愚兄弟睹此神异，由是环洲为放生池，筑庵其中，主之以行僧。董太史颜其额曰'水月禅居'云。"予闻此语，念同志之友未得于近，而先得于远，远之又远，功德无量矣。为之记。

香光室奉安弥陀圣像记

云栖供弥陀接引众生立像一躯。本如居士见其端正严好，嘱予命工肖而刻之。甫成，其仲君自桐城来迎。予以金漆未固，舁而舟，虑或有损，于是易本像以行，而新像留山中。仲君扶像至北关，将买舟。而舟人夜梦金色丈夫求载，觉而需其至，意必大贵人也，凡问者皆弗允。乃仲君问亦弗允，既而知其有圣像也，又审而知其为像之伫立者也，则大喜，谓符所梦。至京口，将易舟入江，彼舟人复梦如前。无何，像抵家，奉安于香光室。正虑无贤僧守，而僧大海者适至。海固严净毗尼，足不逾阈，居七年，预知去时，邀居士言别，以七月朔日坐逝，远近从而感化者甚众。海亡，又虑无继之者，得慧光焉。光之贤，海之侣也。

夫梦于舟人，奇矣。联而入梦，不益奇乎？始得大海，难矣。继之以慧光，不益难乎？兼而有之，得未曾有。所以感之者，弥陀之威神。而所以感弥陀之威神者，居士之精诚也。《楞严》云："忆佛念佛，现前当来，必定见佛。"又言："如染香人，身有香气，此则名曰香光庄严。"今可谓见佛不待当来，而香光已成庄严矣。因捃摭其先后，而为之记。

背盟恶报记

瑜伽之教，自金刚智、不空而下，无传焉。兹流通末世，只施食一法，而习久弊生，浸失古意，予为较而正之。比丘某来从予学。予曰："子学是，应三自誓：不改师承，不受赚，不退大恭敬心。所以者何？三业相应，故名瑜伽。今闲文杂沓，宛类歌谣。唇舌翻腾，几同戏剧。杜作三十五印，考之出自何经？盖惟务悦人，不知其叛道矣。真言密意，字种玄机，作观运心，了不加察，乌在其相应也？慎之哉！"某唯唯，起向三宝立誓。无何，悉反之。游口召请，不避昏夜。行坐结印，杂以笑谈。一夕忽昏不知人，日益炽，遂不能言。鸣叫如鸟鹊，自啮手指碎啖之，逢食奔往夺取连咽如饿鬼。旁观者为泣下，而某自若也，浃月而逝。某背厥初心，三誓三犯，今日之报岂徒然哉？因笔以警来者。

先考妣遗行记（有序）

不孝年二十七，先府君见背。既而男祖植殇，既而妇张氏卒，续娶汤氏。既而先妣周孺人亦见背，不孝乃出家，时年三十有二。今七十三，计之，则出家四十年有奇矣。弟二人俱亡。问诸侄以先府君事，曰不知。问志铭在乎？曰未见。盖先府君得子秋暮，不孝出家，二弟复早世故也。不孝自惟身虽出家，而二尊人懿德芳范，胡可不使子孙知之？因记如左。

记曰：先府君姓沈氏，讳德鉴，字用昭，别号明斋。世为仁和人，贯籍庆春门外之新塘。永乐间徙入城，宅于平安一图忠清里。高祖某，妣徐氏。曾祖某，妣王氏。祖林，妣周氏。考智，以耆德授冠带，是为松轩翁，妣金氏。松轩翁二子，长曰月岩公，次为先府君。女一，适郁友梅公。不孝生晚，松轩翁不及面，惟见金孺人。然闻于先府君，而知松轩翁殆无怀、葛天之民焉。有盗者白日入室，脱衣将裹所得。松轩翁适出，盗弃衣而逃。松轩翁追呼还其衣曰："吾不忍子无得而反失也。"人笑以为痴。其淳庞类如此。

松轩翁卒，先府君与月岩公商京师。未几，家被回禄。时延烧盐、菜二桥，上下计千有余家。沈氏屋宇、资具悉煨烬无孑遗，惟基地仅存。先府君倾赀营构一新，重垣石门，坚固周密，盖惩于火也。工毕，虚正楼以奉金孺人、月岩公及三洲公兄弟姊妹，而自处于偏房，不孝兄弟三人始生。先府君天性孝友，不惟事父母竭力，而事兄如父，事嫂如母，视犹子厚于亲子。与月岩公同居，白首无间言，朝暮曲尽甘旨。三洲公得安心学业，成进士，举家属官北部。先府君米盐酒脯等以时运入惟谨。后不孝兄弟渐长，居隘，不能容，乃出而买宅于菜市桥西，去祖居数百步。不孝时年十有七也。

先府君虽不仕，而博闻强记，善真草书，旁涉阴阳医卜、诸裨官方技，靡不通晓。居常以谚语中格言训不孝于儿童。如戒自足，曰："学到老，不会到老。"崇宽大，曰："忍难忍事，恕不明人。"教敛戢，曰："带一官字者慎勿为。"谓领官钱、织官段、作官保，乃至入官府为吏书，交结官人，嘱托公事之类是也。不孝信受奉行，至于今日。知其所不足，力行慈忍，不敢亲近王臣。虽佛制，亦庭训也。其居家，自少至老，惟恭惟巽，曾不与人争一言，兴一讼。家僮为凶悍所殴，垂毙。或劝舁至彼，责以保辜。拒不允，曰："一动不如一静，即死亦命也。"伯母王氏，嫂焦氏，咸孀居。王无子，焦有子窘甚，皆迎归，生养死葬如礼。三洲公有弟和叔，与不孝情义笃至。月岩公随任，和叔孤然旧宅中，得瘵疾。先府君日夕奔驰，百计治疗，竟不起，哀悼无已焉。平生教不孝习学甚殷，而进取成败一任其自致，不行贿，不寄托贵族，不投礼有司之门墙。不孝犹忆年十六时，发愤读书于黄泥阪之田舍。先府君觉其勤苦，以书来云："功名富贵亦有天命，不可太执。"不孝捧读流涕，报书曰："儿负重行远，诚万不及人。至于殚精文事，殊不困，幸大人无虑。"呜呼！言犹在吾耳也。三洲公既贵，白先府君，欲援恩例授官如松轩翁。则坚辞曰："吾齿德不逾乡人也。"故布衣终其身焉。

先妣周孺人，与先府君生同年同月。先府君为七月十四，先妣十七。其卒也，先府君享年七十一，为嘉靖辛酉。先妣七十五，相隔凡四载，而同为六月二十一日，亦奇矣。先妣性柔婉质实，佐先府君随顺不二。事倪恭人如事姑，倪性刚直，或不怿，发之言面，先妣怡然承之。以是妯娌成至爱，及没齿如同胞。倪恭人有幼男女，不能兼育，三洲公育于先妣枕席。三洲公弱冠，而不孝方幼，梳栉等皆倪恭人抚之，盖交相育云。所奉孀伯妣王氏，昼不饮，惟入寝拥衾坐床上，先妣进酒一巨觞，饮竟，乃陶然而卧，率以为常。或家冗稍迟迟，则微声呼二娘子。先妣疾趋进觞，乃喜动颜色曰："吾何能报二娘子也？"如是三十六年如一夕，他可知矣。平生衣敝食残，好衣岁久败于箧中。好食奉翁姑，下及诸子，己未尝啖也。婢仆或为煎煮浣濯，左右服役，称谢不绝口。不孝侍慈帏，自知人事，以至属纩，逮二十年，曾不闻叱詈下人之声。年七十二得疾，不孝劝念佛，初诿不能，后入佛室，大喜赞叹，由是高声念佛不辍。疾久，昏昏如迷，然无诸痛苦。日起坐，食饮不废。忽晨餐，放匕箸，垂臂不语。急扶掖归榻，药入口不受，吉祥而逝。乃启先府君圹，合葬仙芝岭松轩翁之傍。

先府君初多男不育，仅存不孝兄弟三人：长不孝，仲曰淞，季曰澜，二俱庶母孙出。女二：长适许孟祯，周出。次适孙文学培，孙出。不孝娶张，继汤。淞娶耿，继张。澜娶杨，继钟。不孝子一，即祖植，张出。淞孝友天植，子亦殇，无后。澜举己卯乡荐，未官而卒，子五：曰祖模、曰世楷、曰文彬、曰良栋、曰良枢。孙男四：曰大绶、大绮，彬出。曰贵，栋出。曰焕文，枢出。不孝妇汤氏，十九守志，今六十，亦落发为尼僧，无出。盖曾孙男现前四人而已。《易》曰积善余庆，理或绳绳未量也。

不孝出家久，衰耄寝疾，伏枕命笔于侍人。往事多忘，此其大略云尔。时万历三十五年岁次丁未孟冬十五日。

袾宏曰：予生晚，曾祖而上无考矣，祖父则稔知之。使子孙世守焉，贫可也，贱可也，贵无忝于善人后也。使乡之人愿相若焉，无保伍可也，无官府律令可也，以比屋皆善人也。予禀戒不妄语，又平生耻谀墓者，况敢诬其尊人乎？诸所纪述，真实不虚，后人其勉之。

附：

自伤不孝文

禅宴之暇，偶阅《鲁论》，至：“父母之年，不可不知也。一则以喜，一则以惧。”不觉大愧且骇，汗浃背。追念二严君六十时，不肖茫然无喜惧心。俄而七十，有喜心，无惧心。遂三昼夜不寐，自惟平生非不孝人，夫子此言又非甚高难行之语，奚为乃尔？反覆思之，而得其说。

盖二严君齐年四十有五而生不肖，先所举子皆不育，备极钟爱无论已。五、六岁前，日事梨栗，不知所谓孝也。七岁入小学，日事数行墨，联对学书，不知所谓孝也。九岁渐通经义，知孝而不知所以行。十七为诸生，日事进取，孝悌忠信朝夕讲究，为文辞靡不辨晳，知所以行孝，而不能行。二十七先父见背。然不孝儿童时自要，年立不举于乡，年不惑不第于春官，则山林而已。于是仕心顿轻，力行孝道，读书于寝帏之旁，把笔膝下，以三年为期，得则禄养，不得则理前愿。三十竟不成名，明年丁母忧，因决志剃染。

乃知二十年劳心焦思，惟以纡青紫荣贵其亲之谓孝，真孝则不知不行，行且弗力，甫力行之而无及矣。人生世间大约类此。其有登科入仕者，又日事官职，逮解绶归田，而风木之恨亦略与不肖等，岂不大可哀哉！

顾不肖何敢以一己例天下之仁人孝子？姑为此自责，使览者惕然动于中，及时行孝，毋贻后悔。不肖真诚恳苦之心，惟天地神明鉴之，惟夫子在天之灵鉴之。

张内人志铭

硕人姓张氏，仁和人。曾祖信，祖镇，父峰泉公文赞，母凌氏。张为邑故家，世有淳行。峰泉公尤简直朴茂，以古德重乡闾间。硕人其第三女也，自幼颖异，不漫意嬉笑。年十四，罹母孺人之忧，昼夜哭，备极酸楚，闻者为伤之。已而代总家政，练事体如成人，内外斩斩。峰泉公以是特钟爱之，曰："是女德性才识俱不寻常，吾必以配奇俊。"十九归莲池居士。五年生子祖植，殇亡。又五年以疾卒，事居士凡十年。居士追惟十年间事，恍焉一梦。顾梦中种种大得力于硕人，今虽钟鸣漏尽，而梦境具存，乌得无述乎？

思居士少褊介，颇恣无明。硕人善为周旋，大能当居士意，亦复观居士颜色，时进锥扎，有韦弦之功。居士素懒，摈世事，不以过眼。硕人乃身任劳瘁，无细大，百不以扰居士。居士遂以四大轻安，门生故旧，宴坐清谈，参请熏修，随心自在，不识有人间内顾之虑。居士平居礼佛，硕人躬制幢幡，舍奁资为供养具，不吝。居士平居斋食，硕人每膳必留心蔬品，口不及自奉。居士平居爱购内典，有持至者，不俟居士知，买而进曰："知君所重者此也。"呜呼！是居士不可无硕人也。至于用值空匮，则脱簪珥解衣，无几微见言面。而出纳盈缩势得自由，未尝畔居士私毫发于母党，尤为人所难者。所憾则居士欲忘情顺逆，照了诸幻，行忍辱行。而硕人妍媸白黑，据理折衷，不能无不平之气。居士欲勤行慈忍，刊落绳矩。而硕人家法严明，罕有所假借。以故宽急相形，人多愠之者，居士每不满焉。今乃知其为居士任怨也，怨归己，恩归居士。硕人虽道眼未明，可谓家之贤妻也已。

始居士皈命觉王，硕人尚在疑信，久之发愿施经，又发愿礼大悲，又发愿习大悲《普门品》，又发愿忍辱行慈，誓与居士等。不期抱愿未竟，据尔长往，悲夫！方病革，一一嘱后事，其大要怜居士孤危特甚。居士喟然曰："子且大错大错！"硕人悟，因泣数行下，自此遂不复言。卒前一日，无他语，惟托侍疾者诵大悲圣号。时既困极，奄奄垂绝，忽起腕合掌，口诵大悲，战掉殆不自胜，努力面西，一称名，一作礼。居士曰：“可以已乎。”曰：“我愿此，不为疲也。”礼诵不息，顷之愦乱无所知。逮夜，礼诵如前时，复曰：“吾斋矣，慎毋以腥及我。”天明遂奄然而逝。一时见者惊讶悲叹，有从此念西方不辍口者，有从此永断血味者。噫！硕人信心未几，能具如是操略。固知十念成功，的非虚语。惜其夭年早终，不克了明大事，居士诚恨之痛之。然使所愿不忘，般若种子当有日发生在。况没其身而能俾人兴起，没吾宁矣。寿与夭一期之业报耳，又何论后嗣之有无哉！

硕人生之日为嘉靖丙申四月二十四日，少居士一岁有奇。卒之日为嘉靖癸亥四月六日，凡享年二十有八。今将以某年某月日葬于某山之原，因泣而为之铭。铭曰：

吾佛世尊，指归净土。金口叮咛，其实非误。
猗欤大悲，开摄引路。慈誓弘深，一切普度。
哀哉硕人，尘缘绊络。瞥尔回光，亦得不错。
妇人之身，大人之作。胆丧魂惊，末后一着。
惟此愿王，勿相舍离。百劫千生，尽未来际。
寂寂青山，枯骨斯瘗。鹘臭布衫，不劳挂系。

● 疏

水陆疏

疏为修设水陆胜会以普济众生事：

宏念宿承佛力，微种善根，界处人伦，生逢礼国，幸中年而出俗，闻正法以披缁，悲喜何胜，庆忧交集。而以福轻业重，智浅惑深，痛有漏之难除，叹无明之莫断，四恩罔报，三有奚资，羞称二字三衣，惭负十方诸佛。又复饥荒接岁，疾疫连城。斜日荒郊，漠漠而尸横百里。阴云古道，呜呜而鬼哭三更。拯救未能，伤嗟曷已！既护四生，而弥增恳志。因怜自己，而复悯他人。发广大无边之心，起冥阳兼利之愿。肇始于九月二旬之旦，适当甲子元辰。告成于孟冬十五之宵，正值下元解厄。况兹清众，悉展精诚。兼此信檀，乐为辅助。镕融九会，诵六十万字之雄文。授受千华，讽五十八篇之大戒。十六妙观，秘旨重披。四八愿王，金章再炳。顿空万法，阐《金刚般若》之威神。惟有一乘，演《妙法莲华》之功德。洎乎满散，爰起忏摩。罄七朝之力，五体翘勤。周十卷之文，诸愆殄灭。复次一期之内，午夜之中，按瑜伽焰口之经，施摩竭甘露之斛。

伏愿自亲而疏，以至疏之又疏，若恩若冤，咸皆解脱。从今而古，以至古之又古，无久无近，靡不超升。方沉恶道者，即越苦轮。已生善趣者，益资德本。微该蜎蠕，大及诸天，凡尽豚鱼，圣通四果，人人成等正觉，各各悟大菩提。又愿尧年永寿，舜日长明，阴阳调而风雨时，百谷有丰登之庆，寒暑均而运气协，万民无夭折之虞。又愿国产忠臣，家生孝子，奸欺息于闾里，仁义溢于寰区，户持五戒而人道昌，门修十善而天众盛。又愿恶心之辈，改恶而兴善心。邪见之徒，返邪而归正见。习痴禅者，回痴而入那伽之大定。着狂慧者，歇狂而发实相之真明。谤大乘者，耻小而趣大乘。忽净土者，觉苦而修净土。

宏也自揣凡庸，何敢薄德而求福。不忘精进，惟祈入道以无魔。修行匪滞于半途，参学终成于大悟。现生念佛，而至死不乱一心。临终见佛，而往生高登九品。然后十身圆显，度化遍乎群生。沙界齐周，津梁彻于三世。虚空有尽，我愿无穷。情与无情，同圆种智。

立誓疏

切念世道纯真，古皇垂衣裳而致治。民风杂伪，后王假盟誓以成功。况今佛法衰微，丛林秋晚。执僧事者但图安逸，无复精勤，误众修行，孤佛恩德。若非质之神圣，莫由策其身心。兹某等承领本寺之职，谨以誓言自要：

一、誓愿发真实好心。专为丛林大众修行，不为己身贪图利养。如不然者，一任天神考治。

一、誓愿发至公无私心。不私喜私怒，不私厚私薄。不怕人怪，惟怕天怪。不求合于人心，惟求合于天心。如不然者，一任天神考治。

一、誓愿发勤劳精进心。凡修行有利益事，今废没者，必举行之。凡修行不利益事，今习成者，必革去之。十种条约，恪定遵守。不作虚文，虚应故事，苟且过日，以至败落。如不然者，一任天神考治。

一、誓愿发慈悲顾众心。老者逸之，幼者诲之，劳者抚之，病者恤之，死者哀之。种种爱厚，一视同仁。如不然者，一任天神考治。

唯神鉴之！

禳虎疏

万历二十四年十月，本府钱塘县定北五图，乃至各乡村，虎兽为灾，伤人及畜甚众。本乡某等来求禳解。宏思人虎本同一性，伤害由乎宿冤。捕之则彼此相夷，遣之则自他何别。必须修斋作福，庶可默化潜消。于是云集僧伽，就于本境黄山妙净寺中，启建禳解道场五昼夜，至某日圆满。于中谨备香烛茗果之仪，命僧翘勤顶礼《梁皇忏法》一十二部，终宵设放瑜伽焰口。以此功德，云云。又复祈祷自古伏虎圣贤，牒至诸方山神土地。承斯善利，伏愿前生负虎之命者，悉皆解释怨瞋，不相酬报。今日为虎所噬者，俱得早生善趣，不堕伤亡。人无害虎之心，发慈悲而永除杀业。虎绝伤人之意，尽此报而速脱苦轮。下至微类含灵，咸蒙护庇。远及多生滞魄，俱获超升。人人植菩提因，处处成安乐土。

禳灾疏代余太守

余良枢等，端肃虔恭，敢昭告于娑婆世界释迦如来，乞垂哀悯，愿赐证明。情旨于今万历某年以来，伏逢天行疫疠，百姓半于死亡。岁值饥荒，众生全遭困厄。世医难疗天灾，少谷岂周众匮。匪于上帝之乏慈，亦乃下民而罔善。莫非十恶五逆，致使八难三灾。靡凭三宝之慈悲，曷救苍生之苦恼？良枢等既职民母，当援子殃。由是特发虔心，谨请云栖僧伽二十四员，恭就在城灵芝寺，启建祈禳灾患福国祐民焰口普利道场一期，越七昼夜。择今五月二十五日为始，备陈香供，云集僧伽，就坛看念《金刚般若波罗蜜经》、《梵网经菩萨戒心地品》、《药师琉璃光如来本愿功德经》、《妙法莲华经》、《普贤行愿品》，加讽咒章。所集功德，伏愿佛慈普被，雨旸时若而五谷丰盈。法力冥资，气运调和而三灾顿息。百职弘太平之治，万民庆安乐之年。积善慈以答天恩，行忠孝专祈国祚。

又

万历十几年以来，伏值天道亢旱，风雨不时，人民疫疠，谷米价增，饥色盈城，饿殍满野。痛思为民父母，焉敢坐视漘然？虑今本府，暨及他州，饥馁号呼，昼夜不息，生者瘟瘴少瘥，死者水陆横流。欲祈存殁均沾，必须修斋作福。仰投佛力，救度苍生。云云。伏愿皇图永固，雨顺风调。佛日增辉，民康物阜。

荐先疏

一乘圆顿，荡罪障以全空。三业忏摩，解冤尤而悉殄。举菩萨十重四十八轻之大戒，宣如来九品四十八愿之弘慈。饭僧则集十方大德之威神，施食则济六道含灵之沦溺。如斯利益，使先灵瞋恨断灭，凡被瞋之辈永绝酬偿。杀业潜消，俾罹杀之徒俱蒙解脱。多生而至今世，大过以及微愆，悉凭三宝之资熏，早得六根之清净。往生乐土，亲觐慈尊，莲开上品之花，佛授一生之记。四恩总报，三有均资。法界众生，同圆种智。

重修朱桥缘疏

夫朱桥者，近当徽杭严衢一水之要道，远连江直闽广数省之通途，外涉海潮山浲两流激荡出没之枢机，内系临渊傍崖万户参差安厄之形胜。自圣禅师之始建，历多载而忽倾。洎众善信之更新，仅八年而复毁。前郡主大人余翁，慈悲普发，工役方殷。而适以巨漫滔天，惊涛撼岳，未遂舆梁之绩，姑成略彴之功。不畅本怀，曾遗后嘱，俟彼洪波甫息，续令故业重光。

今父老某人等来诣本山，具陈上事。而我病僧片长不备，百务俱瘝。宁无津济之心，实乏经营之力。辞之甚固，请则弥坚。谓行旅以径阻羊肠，荷担者、车马者载道而兴嗟不一。居民以势伤龙口，流离者、死亡者终岁而受祸盈千。由是上与神谋，下佥众议。人各八分为率，积成万数而周。或一人兼出多人，大功独擅。或多分只缘一分，得福惟均。盖闻借溱洧以乘舆，古称遗爱。渡蝼蚁而编竹，后掇巍科。徐宗仁由此延三纪之龄，程夷伯因兹致五世之贵。佛无诳语，圣有明征。普愿诸上善人，同生无量寿国。

病僧苦辞不获，勉顺众心，今但竭诚，随缘听命。其所化银，本募僧送本境为首善人，眼同收贮。僧不得私藏分文，俗不得克减毫忽。略存欺罔，果报不虚。伽蓝神鉴之，江河神鉴之，天龙八部、赏善罚恶一切神明共鉴之。

云栖大师山房杂录卷二

● 说

潞安浉王祈男，为作积善生男说

《维摩经》云："善心诚实男。"出男体也。《法华·普门品》云："恭敬礼拜观世音菩萨，便生福德智慧之男。"表生男之因也。然菩萨惟欲人为善，则二经一意也。惟愿广发善心，而复敬礼菩萨。则天必降祥，加以菩萨威神默佑，必有大善大福大慧吉祥之男生于王宫矣，宜赠法名曰"广善"云。

又

前既为积善生男之说矣。今又闻建清净之灵坛，集德行之缁侣，诵秘密之真章，长永真固，期之以千日。展此精诚，感通于大士，麟祥抱送，岂远乎哉？更冀敬田、悲田双行千日，所谓戒杀放生，恤贫救苦，种种方便，罔弗兴崇。则悲深而敬益广，善积庆余，功德滋培，笃生贤嗣，不惟具诸厚福，必当享有遐龄。因果不虚，无足疑者。于是再书。

骷髅图说

傅大士云："渐渐鸡皮鹤发，看看行步龙钟。假饶金玉满堂，难免生老病死。任汝千般快乐，无常终是到来。惟有径路修行，但念阿弥陀佛。”大士此语，正所谓“万般将不去，惟有业随身”者也。

如何是“万般将不去”？人生所有官爵、金宝、屋宅、田园、饮食、衣服、玩好，乃至娇妻、爱子。无常到来，哪一件是将得去者？如何是“惟有业随身”？人生所造诸贪瞋痴业，非礼奸淫、恣意宰杀、为子逆父、为臣欺君、克众成家、阴毒害物，种种恶业。无常到来，这都紧紧随着你者。既然如是，若不猛省回头，改恶从善，洗心念佛，岂非徒得人身，虚生浪死？苦哉苦哉！

我观世人，个个皆好念佛。今三等列之：一者极闲人，应当无昼无夜，一心念佛。二者半闲半忙人，应当营事已毕，即便念佛。三者极忙人，应当忙里偷闲，十念念佛。又复富贵之人，衣禄丰足，正好念佛。贫穷之人，安贫守分，正好念佛。有子孙人，得人替力，正好念佛。无子孙人，心无牵挂，正好念佛。无病之人，身力康健，正好念佛。有病之人，知死不久，正好念佛。聪明之人，通经达理，正好念佛。愚钝之人，无杂知见，正好念佛。以要言之，天上人间，四生九有，皆当念佛。

奉劝世人，何不趁此四大未作骷髅时，早早念佛。直待万般将不去，惟有业随身，懊悔无及了也！

劝修作福念佛图说

人天路上，作福为先。生死海中，念佛第一。

人间天上，快乐逍遥，皆因广作诸福，最紧最要，故曰为先。若欲高出人天，速超生死，直登不退，则有念佛往生一门，最尊最胜，故曰第一。偈曰：作福不念佛，福尽还沉沦。念佛不作福，入道多苦辛。无福不念佛，地狱鬼畜群。念佛兼作福，后证两足尊。

○ **作福**（但作一福，福下一点，不论大小多寡）

孝顺父母　忠报君王　装塑佛像　印造经典

斋供僧伽　敬事师长　营修寺宇　流通善法

禁绝宰杀　买放生命　饭食饥民　衣济寒冻

开掘义井	修理桥梁	平砌街道	普施茶汤
看疗病人	给散药饵	伸雪冤枉	出减刑罪
安养衰老	抚育孤孩	埋藏尸骨	给与棺木
饶免债负	义让财产	还他遗失	救济患苦
祈禳灾难	荐拔亡魂	劝和争讼	生全人命

○**念佛**（千声填一圈，白黄红青黑可填五次）

无事身闲者时时勤念，有事缠身者早晚课念，至心发愿，求生净土。平日遇福便作，作讫还念，即以所作之福回向净土，求愿往生。

善人（某甲）受持

归戒图说

归依佛，不堕地狱。我今归依佛。

归依法，不堕饿鬼。我今归依法。

归依僧，不堕旁生。我今归依僧。

一不杀生　凡有命者，不得杀害。

二不偷盗　一针一草，不问不取。

三不邪淫　礼法持身，不犯外色。

四不妄语　妄言、绮语、恶口、两舌，悉禁不说。

五不饮酒　酒名狂药，乱性迷魂，禁不入口。

既受归戒，诸恶莫作，众善奉行，一心念佛求生净土。

诸恶，谓不忠、不孝、不仁、不义，如是诸恶不能尽举，但瞒天昧心等事，便不应作。众善，谓忠、孝、仁、义，如是众善不能尽举，但上顺天理、下合人心等事，便应力行。

念佛，谓一心持念阿弥陀佛万德洪名。每日或念一千、二千，三、五、七千，或至于万，随意多少。凡一千念，则点一圈。先白，次黄，次红，次青。四遍点过，满四十八万，持此佛前证明。乃议微细用心，参入玄境。

弟子（某甲）受持

六斋、月斋图说

六斋　每月六日：初八、十四、十五、廿三、廿九、三十。如遇月小，廿八、廿九当持日斋。

月斋　每年正、五、九三个月，当持月斋。不能三月持斋，必须三月戒杀。

经云：四天王每月六日巡行南赡部洲。初八、廿三，使者巡。十四、廿九，太子巡。十五、三十，天王亲巡。考察人间，何人孝顺父母，何人忠报君王，何人正直公平，何人慈悲方便，何人归依三宝、戒杀持斋、广修众善。如是等人，加福增寿。何人忤逆父母，何人背叛君王，何人欺诈奸巧，何人刚狠暴虐，何人不信三宝、宰杀生命、广造诸恶。如是等人，削福减寿。又正、五、九月，天王分镇南洲，考察罪福。又玉皇天帝，正、五、九月，以大宝镜正照南洲，考察罪福。可不惧哉！可不慎哉！

此六日、此三月，应当斋戒念佛，忏悔修省。其日念佛，或六百，或六千，记点一圈。每月六圈，可用二载。若不能月斋，必守六斋。倘更日日持斋，日日念佛，日日修德，大善大善。

念佛追荐亡灵往生图说

首七念佛	万	千	百
二七念佛	万	千	百
三七念佛	万	千	百
四七念佛	万	千	百
五七念佛	万	千	百
六七念佛	万	千	百
七七念佛	万	千	百
通共念佛	万	千	百

凡人于至亲亡殁，悲伤不已。然亡者无益，生者有损。不若停悲，思为荐济。经言："人死皆于七七日内托生，当即此时作诸功德。"今劝七七请僧诵经之外，更加自己念佛。每日持念一千五百，有余力，或至二、三、四千。七日总计若干，填注七下。七七日满，回向焚化。能令亡者罪障消灭，冤愆解释，早生善趣，不滞冥途。孝子思亲，慈亲忆子，兄弟姊妹、夫妇眷属、师生朋友，念恩欲报，皆可行之。倘其初丧未及见此《图说》，亦可补念十万八千，或更多，随意福资亡者，功德不可思议。

信士某人（信女某氏）为荐亡亲某人持念

戒杀生祀神说

《药师经》言："杀彼众生，呼诸魍魉，请乞福祐，终不可得。"经言如此明白，而世人惑于师巫，或保病、或禳灾、或求财、或求官、或求子，大则用猪犬牛羊，小则用鸡鸭鱼肉，祭献鬼神，希求感应。不知分定于天，鬼神不能移易。其保病病愈者，命自不绝也。其禳灾灾灭者，悔自当脱也。求财、求官、求子，悉亦如是，非鬼神之力也。然而杀他之命，延我之生。将他身宰割烹煮，望我身富贵康宁。天理之所不容，阴律之所不赦。现世减其寿年，死后堕于地狱，来生受其酬报。无功有祸，良可悲哉！

奉劝世人，何不将此献神之费而作善事，或兴崇三宝，或买放生命，或济贫救苦，或砌路修桥，凡诸善事，随力为之。为善延寿，为善消灾，为善万事平安，为善子孙昌盛。知音君子，明理高贤，请试思之。倘刍荛可采，伏乞俯从。幸甚幸甚！

钓弋说

《语》云："子钓而不纲，弋不射宿。"疑有脱文也。何也？圣人者，仁之至也，故尧之仁如天。钓矣弋矣，直不纲不宿耳，是仁有未至也。

或曰："舜德好生，不废四凶之诛。钓弋奚病焉？"不知四凶罪人，鱼与鸟何罪？文王泽及枯骨。枯骨无知，鱼鸟有知，胡孔子不谙物情至是？人馈鱼，子产畜之池中。子产之所畜，孔子之所钓。子产惠人，孔子其忍人耶？赐生而畜，共雉而不食。孔子之仁之德之泽之惠，必不减于尧、舜、文王、子产，明甚。是知中和致，万物育，圣王治世，使鸟兽鱼鳖咸若。弗育弗若，何以为孔子？

然则鲁人猎较，孔子亦猎较，独何欤？曰：孔子当仕，有官职而从王事也，不得已也。若钓弋，则孔子自为之也，于可已而弗已也，故不足信。

意者“子”下或有“曰”字。子曰：“钓而不纲，弋不射宿。”俗习未易挽，姑就其习而为末世示仁术也。盖孔子之言也，非孔子事也。

弭盗说

九月望日，众僧说戒。有出众长跪，自陈其过曰：“某甲犯偷盗。”视之，则居士含虚也。

予曰：“居士素循谨奉法，何以有此？”

居士曰：“非然也。眼盗色，耳盗声，乃至意之盗法也，皆取非其有也，谓之非盗可乎？一针一草亟忏之，心寇炽然，终其身不知忏，是舍攻城据邑之渠魁，而穿窬之察也。愿师弘慈，为我雪罪。”

予曰：“天下之言盗者二：我往彼而取之者，窃盗也。物自来而取之者，攘盗也。居士试思之，眼之盗色，其诸眼至于色，取色而归之眼欤？”

曰：“眼未尝至色也。”

“其诸色至于眼，眼随而取之欤？”

曰：“色未尝至眼也。”

“如是，则非窃也，非攘也。曷为而盗？”

居士曰：“眼不至色，色不至眼，而潜通其间者识也。如青黄等，遇之目，而揽之乎识田，是故识为盗。”

予曰：“证盗者出其赃。是青黄等，试取而出之。”

居士曰：“烂然青黄，昭我心目，是赃也，是故识为盗。”

予曰：“得其赃，当治其盗。色有青黄，而盗青黄者，青欤黄欤？”

居士曰：“识本自无，从缘而有，体性空寂，谁睹青黄？”

予曰："能盗之人既无，所盗之物何有？两悉虚幻，盗果安在？反覆穷之，盗不可得。而子将奚忏？"

居士抚然曰："快哉论！不忏之真忏也，上士其行之矣。中下之士如之何则可？"

予曰："盗之入人室也，必瞰其睡眠。境之入人心也，必乘其昏昧。未有室主惺惺而盗肆其志者，未有心王历历而境得其便者。"

居士大悦称善。

予曰："未善也。止是而足矣，则室主无宴息之日，敌国有终身之防。暂安之计虽得，永固之图未良。必也元恶授首，乱流归降。一人无为，兆民惟康。行盗者绝，捕盗者亡。外户设而不闭，高枕卧其奚妨。"

居士再拜稽首曰："今而后知弭盗之良方。"

释客愠

客有来游云栖者，既辞而归，未半道而返，茫然曰："吾愠矣，吾愠矣。向归也，有儒士遇诸途，问曰：'闻云栖构禅室，众安而修净业有诸？'吾应曰：'有之。'曰：'曩云栖谓天地吾庐矣，今胡旷天地之庐而庐栋宇欤？'吾无以对，是以愠而返。"

云栖曰："彼以言问，子以默对，何谓无对？"客固请。乃告之曰："彼儒也，盍以儒喻。浮云富贵，仲尼之言也。乐道畎亩，伊尹之言也。不观其摄相于鲁，佐时于殷乎？夫无恒者遇也，有主者心也。圣人不能易时，能不易心而已。相鲁之心，佐殷之心，泗滨、莘野之心也，彼其所以大过人者以此。岂曰服章缝以终身，荷犁锄而毕世，然后为仲尼、伊尹乎哉？明于此义，则独宿孤峰，以岩穴为庐，非孑也。群居万指，以海众为庐，非混也。席不暇暖，以云水为庐，非荡也。足不逾阃，以屏榻为庐，非固也。尚友千古，以旷劫为庐，非高也。俯就今时，以目前为庐，非卑也。盖至人洞万遇之梦幻，等一心如虚空。以虚空心，应梦幻遇，其去不追，其来不拒，任运焉尔矣。天地吾庐，意盖如是，岂真瓦霄汉而阶堪舆哉？且知道者患内省之疚，而不患外论之侵。求合乎天，而不必求人之不我议。故自信者不以称讥贰志，正己者不以安危动心。子之愠，亦见理犹未明耶！”

客意于是顿释。

纪 孝

李居士至自兰溪，称其友赵伟为母刲股，母命获延，乞一言以赠。

时有客从旁问曰：“为人子，亲有疾，刲股以进，孝欤？”

曰：“然。”

“身体发肤，受之父母，不敢毁伤，孝欤？”

曰：“然。”

客愕曰：“师言前后矫乱，惑且滋甚。”

曰：“吾明告子，毁伤云者，谓不修其身而罹刑戮，与不慎重其身而折肢败面之谓也，非刲股之谓也。不然，爪蕃而翦，背痛而捶，疡生而针且艾也，皆名不孝矣。夫身既亲之遗，不刑之、戮之、折之、败之以为亲羞，而刲之以为亲寿，不孝者固如是欤？虽然，知刲股为孝则可，必刲股然后孝则不可，执刲股为尽孝之道亦不可。何者？四大非有，五蕴本空。故所刲者与土木等，能刲者与虚空等，母子之恩情与梦事等，毁伤不毁伤与沤之生灭等。如是，则不损一毛而称大孝。”

彼居士既归心内教，其幸以予言思之。

闽陈居士广缙字说

职官九品，人世之缙绅也。莲台九品，净土之缙绅也。“济济多士”、“诸上善人”，其义一也。然则生净土亦求名乎？众生执恋娑婆，如来标示净土，且令舍劣取胜，亦因其势而利导之耳。无土而土，无生而生，无品而品，夫是之谓极品。

江居士广宥字说

宥，空也，宜号“空有居士”。庞老云：“但愿空诸所有，慎勿实诸所无。”世间万事皆悉虚幻，本来是无。故愿空之，慎勿实之也。知有非有，妄想自消。诸妄既消，不真何待？

自闻说（为江右王万基广惛）

惛，回顾也，回光反顾义也。《楞严》云：“将闻持佛佛，何不自闻闻。”故字“自闻”。又云：“旋汝倒闻机。”又云：“反闻闻自性。”皆此意也。因拟而为半偈曰：“将念念弥陀，随应自念念。”

字张翁三子说

清溪张先生有子三人。名其长以“省”，曰：“是子盲于眼，省者，为其少目也。”名其次以“劣”，曰：“是子短于身，劣者，为其少力也。”名其季以“步”，曰：“是子诸相始足，步者，少自此止也。”因见予曰：“仆三子命名如是，幸为我字之。”

予乃于省也字之“汝明”。夫一无所见者，斯能发天下之真见。省，无目而有目矣，故受之以明。于劣也字之“汝胜”。夫养勇于怯者，斯能成天下之大勇。劣，无力而有力矣，故受之以胜。于步也字之“汝进”。夫有目斯能照矣，有力斯能行矣。能照则进不迷，能行则进不阻，大有所为，非此子其谁与？故受之以进。

清溪公博学好礼，力行古道，孝慈廉介之行，推重于乡评。我知其昌厥后也，三子虽赋形不齐也庸何伤？于是乎为之说。

● 偈颂

慈圣皇太后遣内侍问法要，敬以偈对

尊荣豪贵者，由宿植善因。因胜果必隆，今成大福聚。深达罪福相，果中更植因。喻如锦上花，重重美无尽。如是修福已，复应慎观察。修福不修慧，终非解脱因。福慧二俱修，世出世第一。众生真慧性，皆以杂念昏。修慧之要门，但一心念佛。念极心清净，心净土亦净。莲台最上品，于中而受生。见佛悟无生，究竟成佛道。三界无伦匹，是名大尊贵。

《法华疏》偈

惟《妙法华》，盛传震旦。有信比丘，欲重梓之，诣彼逃名，大居士所，求于疏文，募化四众。居士作偈，以文属我。我亦无文，而作偈曰：此《法华经》，板百二十。计一板值，正十二铢。积六十金，板则成就。我见巨室，服玩宴乐，少分之费，足构全经。云何世人，为彼弗惜，为此则吝，而于其中，颠倒行事。昔佛明诲，能于末法，演说此经，尽世难事，难中之难，所不能及。我谓末法，能刻此经，亦复如是。嗟乎此经，书者名笔，模者名木，镂者名刃，成者为字，而今此经，当在何处？明星荧荧，所不能证。双林寥寥，所不能灭。丈六尺身，所不能缩。千丈遍界，所不能舒。药王焚身，所不能供。大牛之车，所不能载。火宅炽焰，所不能烧。观音千眼，所不能睹。恶魔众类，所不能伤。诸陀罗尼，所不能护。久持法达，所不能诵。亡句曹溪，所不能泯。嗟乎此经，若为刻之？是故我说，能刻此经，是为甚难。愿闻难者，共成所难。

劝修四料简

作福不念佛，福尽还沉沦。念佛不作福，入道多苦辛。无福不念佛，地狱鬼畜群。念佛兼作福，后证两足尊。

五十初度自咏（六偈）

我见世人作生日，僧道设斋俗设席。设斋我亦畏奔波，一榻萧然坐虚室。念念回光不背恩，是则名为作生日。

我见世人贺生日，酒脯金珠并绮縠。更饶锦字满华堂，衲僧分上毫无益。降魔高竖太平旗，是则名为贺生日。

我见世人避生日，裹粮潜形入山谷。怪我翻从山谷来，六街三市无人识。觅伊生处了然无，是则名为避生日。

我见世人认生日，形骸初向胞胎出。便道身心自此成，昧却明珠扪影迹。豁然父母未生前，是则名为认生日。

我见世人数生日，一二三岁乃至百。从头甲己又庚壬，却是空中论鸟迹。了知四十九年非，是则名为数生日。

我见世人怕生日，一年年老无常逼。趁时作乐何太痴，炼形永世终无实。请君努力悟无生，是则名为怕生日。

示广位

病从身生，身从业生。不造诸业，祸消福增。娑婆念佛，极乐标名。一心不乱，上品位登。

示广照

不须索偈，偈亦性空。真照不灭，是汝己躬。

示大闻

持戒念佛，乞食支命。如是做去，法语已竟。

因性灵示众

聋哑痴僧，名曰性灵。世间好恶，何足评论。是非长短，何必强分。以此不说，即杜祸门。以此勿听，即塞谤门。以此不疑，成就信门。人能学我，万祸无侵。再或精进，圣道可成。

僧大文求偈，字“无外”，号“含空”

万象之中，唯空为大。空在我心，眇如一芥。大哉心乎，谁与对待？无对待故，是以无外。

示大琸

有生必有死，长短安足论。今得圆僧相，平生愿已满。当生大欢喜，切勿怀忧恼。万缘俱放下，但一心念佛。注想极乐国，上品莲花生。见佛悟无生，还来度一切。

僧自恣日偈

有过如病人，举过如医王。讳病而恶医，是名大愚痴。

为恶口比丘忏罪

口出秽语，如流蛆虫。尔身如厕，屎尿所从。死在地狱，号曰烊铜。犁耕拔舌，痛彻心胸。报满为人，下贱贫穷。声哑口臭，无辜招凶。言纵有理，人不听从。呜呼哀哉，铭刻于中。

“性祥”更“性常”求语

作善致祥，善灭祥灭。有物永存，绵彼旷劫。非善非恶，非祥非殃。是故舍幻，住于真常。

新春日示众

今日贺新春，岁时重换却。昨日作么生，十二月廿八。

宿地藏院

济宁城，地藏院，隐隐犹闻发弘愿。巧禅和空钵还家，痴道人卖衣买面。吃面人，休乱咽，照管胸中石头片。

还俗僧复祝发入灵隐

数年佛殿蔓延，一瞬魔宫震肃。即非新起规模，原是本来面目。

答台州王敬所侍郎

问：“夜来床头老鼠唧唧，说尽一部《华严经》。”师云：“猫儿突出时如何？”王无语。师自代云：“走却法师，留下讲案。”因书颂曰：

老鼠唧唧，《华严》历历。奇哉王侍郎，却被畜生惑。猫儿突出画堂前，床头说法无消息。无消息，大方广佛华严经，世主妙严品第一。

采蕨叹

云栖主人爱食蕨，衲子山前群采折。采归食已洗足坐，切切唤我谈心诀。心诀何须待我谈，蹉过山前好时节。蕨，蕨，竖起拳头向汝说。

七 夕

旧年今日乞巧，生铁犁头笑倒。一拳打破死生关，露出堂堂狮子貌。

放螺蛳有感

盘盘曲曲，深深密密。出门则带水拖泥，闭户则泯踪绝迹。险遭玉鼎调和，几被金针挑剔。今来复入波涛，但愿永离罗织。休嫌肢体廉纤，莫怪廊房窄塞。若知圆觉作伽蓝，眼前便是金刚窟。

走马灯

因缘动暖湿坚，和合青黄赤白。灵明一点无亏，轮转千回不歇。圆融首尾交参，行布后先莫越。且道劫劫波波，谁是到家时节？咦！一回火灭烟消，管取安闲寂默。是则是，恐汝黑暗里坐。觑破向上机关，任取光辉洞彻。

示省吾

曾子吾省吾，庄生吾丧我。庄若犯异端，夫子亦难躲。意必固我四皆无，无我丧我同一伙。

示沈居士见衡

五十年前咏见衡，一似描形不识面。要将无见当玄修，野狐伪作金毛现。愿依夫子真实言，念念存诚心不变。一朝悟取首楞严，见见之时非是见。

向偈附此，以戒妄言：

跨上白牛车，尺木横当面。顶门眼圆睁，正见时时现。千程复万程，永劫何曾变。毕竟是甚么来？黑脸胡僧坐壁边，一物不存如是见。

古语四颂

大音希声

空谷幽然也，一呼而响应十方。雷霆寂然也，一鼓而震惊百里。若夫春禽昼啼，秋虫夜鸣，繁其声者，小音而已矣。故世尊默然良久，而外道谓开我迷云。空生宴坐不言，而帝释云善说般若。大音希声，非此之谓乎？颂曰：

不音之音，名曰至音。沉沉寂寂，吼动乾坤。无叩而鸣，古人所箴。学道之士，默以养真。

大器晚成

楩梓在山，千岁而巨材成室。干将铸冶，九载而神光烛天。若夫槿花早发，而萎不终朝。蜉蝣易生，而寿不逾夕。速其成者，小器而已矣。故长庆七破蒲团，而卷帘大悟。赵州八旬行脚，而杰出丛林。大器晚成，非此之谓乎？颂曰：

不器之器，名曰上器。积厚养深，一出名世。欲速不达，古人所刺。学道之士，静以俟势。

大智如愚

连城之璧，隐顽石而藏辉。照乘之珠，孕深渊而秘彩。若夫象以齿而焚身，翠因毛而殒命。炫其智者，小智而已矣。故曹溪妙契五祖，而执劳负辛以韬光。慈明亲见汾阳，而含垢忍耻以匿迹。大智如愚，非此之谓乎？颂曰：

不智之智，名曰真智。蠢然其容，灵辉内炽。用察为明，古人所忌。学道之士，晦以混世。

大巧若拙

骐骥负千里之能，而迹滥驽骀。栴檀值大千之价，而形同枯木。若夫振螳臂于齐轮，呈驴技于黔虎。售其巧者，小巧而已矣。故马师具大机大用，而初守钝于磨砖。香岩能答十答百，而终甘心乎学圃。大巧若拙，非此之谓乎？颂曰：

不巧之巧，名曰极巧。一事无能，万法俱了。露才扬己，古人所少。学道之士，朴以自保。

赞 铭

多宝如来赞

非玉非金银，非珠犀玛瑙。猗顿失其富，海藏惭乏少。普应众生求，是名曰多宝。

包氏绣《法华经》赞

四十九年间，开示佛知见。得此一毫端，一切尘中现。人皆用笔墨，尔则针和线。叶叶莲花生，字字光明遍。心相本无形，即境能通变。我以笔为舌，今用斯为荐。共结菩提因，永转空王殿。

虚谷师像赞

抚松携琴，悠然自适。外仪堂堂，内心寂寂。寂而能应，是名虚谷。

般舟心灯广传监寺像赞

流动兮如舟，亮达兮如灯。老而不倦兮，如舟长行、灯长明，是之谓传法度众生。

大司成真实居士冯公禅像赞

古有冯公，殚心梵夹，续庆喜风，轻财护法。今有冯公，朝市林泉，被达磨衣，跏趺入禅。先后二公，殊行一轨，似空合空，如水投水。是之谓惟有真实，复何论乎皮髓。

方伯吴本如居士像赞

其心直，其容愉。其愿广，其怀虚。恩加藩臬，功被释儒。洁心饫羊公之菜，礼贤驻文侯之车。解脱岸东坡之帻，圆明握龙舒之珠。护法也不妨政教，安禅也时亲簿书。本来面目自如如。

许都阃元真像赞

将军身，菩萨心。剑戟场，栴檀林。不离幻我，得自性之元真。

陈居士养源像赞

孝悌躬修，温良世守。请额者则曰俨太丘万石之风，议谥者则曰兼仲尼德容之有。而复归心觉路，积行檀门，尚志乎净名、庞叟。是谓圣代之醇儒，乐邦之善友。

履素吴仲虚居士像赞

敏而无骄，积而能施，学优而倦于仕，生存守道而饬躬，临行以理而正志。诚哉素不染尘，虚不留滓，夫是之谓寰中开士。

读《刘母贞寿编》

贞以节称，寿以仁植。誉播乡评，荣来帝锡。孝哉令子，光扬母德。

江阴冯居士像赞

貌古而心亦古，学优而禄未优。晚荣章服，老贲园丘。非声色货利能移志，唯琴书竹石以消忧。是则敦儒道乃士林之逸品，修净业实莲土之高流。

兰谷居士郁公像赞

其心真，其行笃，其念佛惟日不足。潜德自生辉，兰香在幽谷。

画像自赞

瘦若枯柴，衰如落叶。呆比盲龟，拙同跛鳖。无道可尊，无法可说。问渠趺坐何为？但念阿弥陀佛。

又（柳纂法幢上人请题）

依肉像，出纸像。纸像固不真，肉像还成妄。哪个是云栖和尚？

又（愿禅人请题）

十画九不像，恼杀丹青匠。庶几此近之，权留作供养。若道这便是，依然成两样。不两样，三十棒。

石像自赞

这老汉，顽如石。硉矶兮臞容，硍硠兮瘦骨。守痴呆矻矻乎孤危，没伎俩硁硁乎固执。坚以实，镌不得。打摹人，徒白黑。

诸铭具载《共住规约集》

● 诗歌

警悟四首（有序）

“屋可蔽风雨”，慈受深禅师作也。予以衣、食、器三，足之成四，黏置座右，用以自警，非敢闻于贤者也。

原 作：

屋可蔽风雨，何苦斗华丽。尧舜古圣君，光宅天下被，茅茨未尝翦，土阶亦不砌。不知尔何人，鳞鳞居大第？

今 拟：

食可充饥肠，何苦尚腴靡。孔颜古圣师，悦心饱义理，一箪复一瓢，饭蔬食饮水。不知尔何人，肥甘满砧几？

器可足使令，何苦作淫巧。释迦三界师，万德备天藻，一持钵多罗，四缀犹未了。不知尔何人，杯箸严七宝？

衣可盖形体，何苦竞文饰。迦叶首传灯，闻誉千古溢，头陀百结鹑，老死终弗易。不知尔何人，遍身皆绮縠？

斋 僧

斋僧本善缘，因果非细事。或侵或挪移，恶报由此致。不见火枷烧，焦槛垂后世。

起 会

起会本善缘，慎勿图利己。图利而起会，会起殃亦起。宝池诸上人，此会佳无比。

修造

修造本善缘，罪福于中伏。即此造天堂，即此造地狱。暂时夸壮观，后悔不能赎。

装塑

装塑本善缘，莫以佛为货。克取佛身钱，一过是百过。自己好佛堂，冷落无人坐。

说戒

说戒本善缘，须己戒明备。如瞽引诸盲，彼此共颠坠。况复王制严，违制先得罪。

讲经

讲经本善缘，应观年与解。年少解未精，韫匮时有待。速成不坚牢，早发还先败。

即事（十首）

为众司兰若，掉头出三门。应募典厨局，踊跃如飙奔。昼烹兼夜炮，仆仆甘劳辛。嗟哉复嗟哉，净秽胡不分？

参访乡邑间，动以路遥辞。应缘疆域外，束装疾驱驰。山水几登涉，饥渴浑忘时。嗟哉复嗟哉，轻重真弗思。

东邻有家士，身恒处伽蓝。西邻出家儿，心惟恋尘寰。舍离清净众，善友呼不还。嗟哉复嗟哉，贤愚隔天渊。

先时出火宅，妻子如仇雠。少时返火宅，恩爱仍绸缪。忘失最初心，黄金变成鍮。嗟哉复嗟哉，升堕谁之尤？

古闻久积德，皓首犹陆沉。今见小有才，年少而自尊。堂堂据高位，如雏强凌云。嗟哉复嗟哉，止进由人心。

大圣垂金口，为度诸有情。痴僧习古教，资之以营生。所得极微鲜，所失如丘陵。嗟哉复嗟哉，贵贱淆其评。

习听无生法，如啮木札羹。一闻长生术，酷嗜努力行。弃彼吠琉璃，坚持沼中冰。嗟哉复嗟哉，取舍难为情。

昔人悯后学，注疏通蒙求。今人背古德，笑斥同谣讴。千贤尽成非，惟己与佛俦。嗟哉复嗟哉，妍丑曾无羞。

春开讲演席，挂钵声相鸣。秋结禅那期，孤存二三僧。终身披舆图，曾不举足行。嗟哉复嗟哉，真赝何时明？

堂堂圆颅客，临终儿女颜。袅袅蛾眉流，坐脱如入禅。古来僧化俗，今俗为僧先。嗟哉复嗟哉，主宾诚倒颠。

义不可背

两情始相欢，结义重金石。一朝变故生，背弃已如掷。嗟哉禽兽心，鬼神瞰其侧。不见汉曾孙，故剑殷勤觅。毋以新情牵，顿令旧情失。新旧总归空，大梦何时极？愿言尽此身，同生极乐国。

恩不可忘

壮士有烈心，不忘报一饭。况复知道者，忍作瞒心汉？颠危赖扶持，过眼不相看。试于静夜思，宁不愧流汗？平生是男儿，方寸常自勘。毕竟了此恩，同登极乐岸。

情不可系

古称君子交，汪汪澹如水。非彼情独疏，见道者如此。明皇得太真，漆胶谁能比？伤心马嵬驿，一别千年矣。恩爱竟何存，空花眼前美。痛哉无始来，四海别离泪！大苦永弃捐，同归极乐会。

怨不可藏

袁盎杀晁错，遂成千古冤。脱令无盎计，错岂终长年？大命非人为，冥冥使之然。四大自生死，于我何与焉。圣哉黄面叟，谈笑锥刀前。冤亲本平等，同游极乐天。

示孙居士无高

人苦凡夫名，超之欲入圣。操此上人心，穷高不知病。我观圣与凡，无欠亦无剩。廓然平等门，高下何足竞。抑之又抑之，乃见真如性。

读渊明诗有感因拟

渊明《责子》诗云："白发被双鬓，肌肤不复实。虽有五男儿，总不好纸笔。阿舒年十六，懒惰固无匹。阿宣行志学，而不爱文术。雍端年十三，不识六与七。通子垂九龄，但觅梨与栗。天运苟如此，且进杯中物。"

发肤日衰毁，所遭仍更奇。彩衣何翩翩，不殊五男儿。中年强力者，乃至旄与倪。聪明负耳目，灵林两相齐（性灵病聋，大林病瞽）。空山乏纸笔，幸喜多栗梨。稍知六与七，傲然超等夷。一饱无复事，念此堪涕洟。达哉陶彭泽，忘忧且衔杯。我亦巧作喻，如病宁废医。膏肓不可治，强治徒劳疲。何以代杯酒，高歌聊自怡。

乞身

一日十二时，十一在床卧。半时彳亍行，半时蹲踞坐。形骸久尫羸，心神复摧挫。如春冰欲泮，如残月将堕。置我无何乡，恳祈诸上座。

有 感

终日我求去，终日人求来。来者理若是，去者何为哉？去者理若是，来者真痴呆。法食四料简，详审毋张乖。

示牙虫

忆昔甫幼冲，斯齿为尔食。工如匠凿山，狡如狐处窟。觅之不可见，驱之不可出。残缺我门户，崩颓我垣壁。比邻失所侣，配偶亡其匹。几年百之半，已落三之一。或陈戟刺方，或献火攻策。客怜而教我，我笑而谢客。只因咀嚼碍，所以讨治急。段食弃如唾，水饮甘如蜜。此乐常有余，彼害奚足戚。殷勤报尔虫，安隐寓吾室。佛尚舍全身，吾何吝纤骨？吾骨及尔躬，二俱是幻色。

驱乌叹

万树喧啼乌，好鸟绝音响。毒啄所残害，惨酷甚罗网。身在袈裟下，能无慈悲想？嗟此浊恶林，我愿生安养！

行脚歌

路过安山驿，阻雨，宿千佛阁，闻众笑声，书此以警。

挑包顶笠辞乡曲，才出门时又愁宿。长伸两脚旅邪眠，梦醒惟思一瓯粥。粥罢抽单问路行，午斋念念生饥腹。从朝至暮只如斯，不知身是沙门属。安山风雨阻征途，千佛楼前憩劳足。饱饭嬉然百不忧，时闻笑语声相续。问渠行脚事如何，面面相看口如木。生死事大非等闲，瞎走狂游恐非福。莫道平生只自知，阎家老眼明如烛。一朝打算草鞋钱，只恐笑声翻作哭。

乔村瞽

过乔村，斋于村民某家。众方列坐受食，有丐而瞽者，策杖徐至，从容言曰："饭不敢望，乞少汤饮。"辞貌高古，殆隐者也。感而赋此。

乔村瞽，何其贤。百结伶仃兮，意气闲闲。辞多受少兮，心绝攀援。谁云无目兮，双眸烛天。彼持钵而登垄兮，胡不为之汗颜？洁其名而污其行者有矣，明于目而盲于心者皆然。吁嗟乎！乔村瞽，何其贤。

跛脚法师歌自嘲

跛脚法师胡以名，良由能说不能行。我今行说两俱拙，不应无实当斯称。春王正月才过十，午间随例入浴室。失足俄沉百沸汤，不起床敷五十日。疮痍甫平筋力疲，左长右短行参差。东行夹辅二童子，西行交倚双筇枝。是故此师名跛脚，跛去跛来人笑杀。笑杀平生好放生，善因恶果理难合。颇有市肆旃陀罗，刲羊击牛烹凫鹅，鳖鳝蟹蛤杀无数，而反康豫无纤疴。放生诚有长寿理，因果无差休乱拟。我昔杀业今须偿，身痛心生大欢喜。旁人问我喜者何，我以此脚成蹉跎。趋奔无始至今日，步步趁入无明窠。或趋名兮据高位，冲寒踏遍金阶地。或趋利兮走天涯，历尽燕秦并楚魏。或趋豪势候门墙，不减立雪之游杨。或趋女色越垣阃，由此暮夜遭伤亡。或趋檀施求无已，匍匐泥涂没其趾。或趋友朋时往来，破夏践殒诸虫蚁。或趋五岳及三山，南驰北骛芒鞋穿。所以如来苦呵责，举足动足皆冤愆。幸哉今跛损成益，思欲闲行行不得。潜形敛迹守林峦，多种狂心一朝息。客来恕我不起延，兀兀似入磨砖禅。闭门无事且高枕，欲学翠色烟岚眠。只愁此脚不终疾，趋奔万境仍如昔。愿君不跛如跛人，胜彼长年掩关客。

自恣有感

古自恣，协金兰。今自恣，生棘刺。口谈地狱忿起争，目对毗尼盲不视。何怪乎正法衰，魔军炽。云栖主人发长叹，一则伤我心，一则慰我志。君不见，爱礼故存羊，宣尼曾告端木赐。

华亭万竹林元宵有感

庭前爆竹声初歇，又是上元灯火节。弹指流光去不停，衲衣下事何时决？细寻思，堪痛切，各各这回须猛烈。提起陈年旧话头，直教打破疑团彻。

鬼子母揭钵图

鬼母失儿情太戚，天上人间求未得。钵盂指示空睹形，尽其神力不能出。回光省过大归依，刹那母子重相识。重相识，迟八刻。自家怀里抱婴儿，何必向如来膝下殷勤觅。

答头陀袁希贤

须知有念终无念，千丈绮罗无一线。谁识无情却有情，庭前铁树发新英。无亦非，有亦非，偏南倚北莫相讥。无亦是，有亦是，东行西去随我意。君不见，虚空本自绝中边，东西南北何曾异。

观螟蛉二章

螟蛉螟蛉何其灵，得种归来兮呼謦謦，非己所生兮肖己形。巧矣乎！人不如螟蛉。

螟蛉螟蛉何其冥，不惮劬劳兮育而婴，羽翼既成兮去不停。悲矣乎！人亦如螟蛉。

擯 僧

擯之出，牵之入，不解此意堪太息。本人抱恨旁人讥，讥议云栖多是非。是非两忘岂不好，摄折门中胡可少？君不见，祇园庭无长臂踪，杏坛鸣鼓犹冬冬。

值夜叹

堂内身，堂外身，薄皮裹血痛痒均。堂内蚊，堂外蚊，逢人则啖无疏亲。吁嗟兮！堂内之身帐复帐，素肤绰约如天上。堂外之身赤骺眠，肢体班驳珊瑚鲜。秦人歌，赵人哭。法门平等兮，何不损有余补不足？寄语执事僧，古人曾有嘱：我愿君王心，化作光明烛。

上方开放生池

寺放生，人所居。池放生，鱼所庐。怀吾居，爱吾庐，僧生情不殊。奈之何造寺不惮劳与劬，开池楸然眉不舒。安知鱼之不为人，人之不为鱼，而但知居之可怀兮，何太愚！

即 事

沉疴惮应酬，颓龄倦趋步。蓬门深谷中，高车忽相顾。非敢傲王侯，不欲为妾妇。知我必见原，罪我则生怒。知我与罪我，如电亦如露。劳他介绍人，切切怀忧怖。君不见，衔花岩下老古锥，无暇抬头拭涕吐。

有 感

士俗不可医，只为居无竹。种竹若成竿，俗士应不俗。惟人号曰呆，呆毒从胎来。封结甚牢固，千圣无能开。世间倘有医呆术，何由败家与亡国！

云栖积雪（有序）

云栖四面皆山，积雪之后，真银色世界也。有禅者谓：“今居秽土求净邦，还许出秽韵求净偈否？”予可之。因出韵云：狗、丑、韭、酒、纽。偈毕，禅者大悦，合掌曰：“善哉！诚然乎不越娑婆是名安养。”

万山无人纵鹰狗，顽石高低尽遮丑。糁遍苔痕白似毡，压翻莆叶青如韭。寒膏时煮竹炉茶，洁体不陪金帐酒。水晶城外一声梆，玉关顿地开银纽。

腐渣叹

水溺其体兮，磨碎其骨。拔其精华兮，剩其滓质。劳人力而成兮，人复厌之而不食。暴殄天物兮，是谁之责？不如炒作豆豉兮，物不损而人益。

送吴方伯蕴庵之任太常

吾翁与浙何多缘，黄堂藩臬恩绵联。浙人失翁如失母，翁独登比如登仙。仙凡路杳奚足恨，会见日月扬中天。甘棠遗爱被泉石，紫薇花共优昙鲜。

沈居士广珊八十

我适生年八十一，君逢初度齐八十。我生正月二十二，君生先我才一日。筵前罗绮粲如花，门外宾朋密如织。世间祝寿比冈陵，我祝惟期安乐国。国中教主阿弥陀，超出人天寿无极。愿君忆念似慈亲，老去光阴莫虚掷。

雪弥勒（得“红”字）

巧塑天花屑，逡巡出圣躬。曾闻兜率院，今见水晶宫。玉液滋蟠腹，银光溢笑容。已空凡世黑，何必太阳红。

万历钱

顽铜初出冶，大宝已成文。外示团圆相，中存方正心。见逢三九运，更祝十千春。独有林间子，无卿亦不贫。

答张居士次韵

真诚学道人，惟图道眼亲。在地离纤土，居廛绝四邻。空花非有质，明镜本无尘。但自心成佛，何妨迹是民。

答詹恤部赴潼关备兵次韵

心是矜刑日，身当讨贼年。慈威机迭运，文武事非悬。剑气初侵斗，琴声欲堕蝉。伫看边烧熄，重话绿萝前。

附原唱：

忆问《楞伽》日，蹉跎又六年。谈将千里隔，影共一灯悬。野色通江岛，秋声入暮蝉。遥遥尘役者，几度法堂前。

题涅槃堂（有序）

真歇了禅师有《涅槃堂诗》一律，凄惋警切，令人悲感兴起。予乃续成四律，置之堂中，未必非病僧药石云。

原 作：

访旧论怀实可伤，经年独卧涅槃堂。门无过客窗无纸，炉有寒灰席有霜。病后始知身是苦，健时多半为人忙。老僧自有安闲法，八苦交煎总不妨。

今和：

幻质宁知有败伤，举头惊到涅槃堂。一生尽也残更梦，万虑灰来皎日霜。过去业多心主乱，前趋路险脚跟忙。而今欲问安闲法，临渴开池事已妨。

徒入空门最可伤，涅槃今是试僧堂。炎烧五内鱼游釜，痛切诸根草被霜。独抱痴禅成底事，旁修外术枉干忙。人人道有安闲法，争奈临行一句妨。

脱体无依绝毁伤，沉疴终日自堂堂。心灯破暗明如月，慧剑降魔凛似霜。药病两非何足辩，死生双幻不须忙。从谁更觅安闲法，才说安闲便有妨。

宗乘净人落发

年少崭然远利名，出家何幸得成僧。丹台顿断丝千缕，佛殿新除草万茎。无见顶𩕳全显露，本来面目倍分明。宗门正启罗英杰，及第须登最上乘。

山阴兴浦庵次韵酬张阳和太史

玉殿传胪第一人，杖藜今到衲僧门。剡溪兴在连宵宿，莲社情多尽日论。定水净除心地垢，慧灯高烁性天昏。一朝勘破香岩钵，双报君恩与佛恩。

张太史构山房见留再用前韵奉谢

七尺蘅茆百结鹑，安贫无事谒侯门。因过古寺酬先约，却荷仙舟接素论。出岫闲云难驻迹，埋尘宝镜欲磨昏。青山且辟维摩室，他日从来谢此恩。

兴浦庵夜话用前韵寄张大华

今代衣冠太古心，慎言常锁是非门。参禅志已齐张拙，好学名堪入《鲁论》。莲棹两移来白社，绳床几度坐黄昏。他年定慧功成日，须念从前止观恩。

兴浦庵夜话用前韵寄王龙溪武部

道学权衡正属君，绛帷风动马融门。三家古教随缘说，二字良知极口论。静力偏从忙里得，壮怀不为老来昏。阳明洞水今方涸，霖雨苍生莫负恩。

兴浦庵夜话用前韵寄王泗源

早结仙游出世尘，又从庭训入黉门。扬州梦断琼花兴，海浦情牵贝叶论。摄念仅能收掉举，体心方可破迷昏。休将止观颟顸语，孤负天台教主恩。

净慈讲《圆觉经》，雪中送别皖城刘景孟方伯

薇垣瑞彩动南屏，佛国重开了义经。千指饱分香积界，一官清沁玉围城。现身宛是初玄度，弘道惭非旧永明。歌呗满途休恨别，行看霖雨慰苍生。

次韵答朱春城太守

孔老依稀未识真，千家异计等微尘。一乘堂奥迷心眼，三界囹圄锁幻身。金紫光中荒白业，椠铅丛里失青春。十年前得逢知己，早作空王幕下宾。

附原唱：

访道东归似悟真，又辞火宅出红尘。雪鸿到地虽留迹，天女飞花不着身。面壁九年心尚炯，放生一疏物皆春。独怜盛世无知己，未必金丹误洞宾。

次韵答王百谷居士

人世真嗟事倒颠，彭殇徒自各论年。繁华冷淡灯前戏，会合分离梦里缘。紫燕情多悲旧垒，青蚨恩重托飞钱。知君已释琵琶恨，锦字新题七宝莲。

附原唱：

六十高僧雪满颠，泥涂老叟亦齐年。可容凡侣为禅侣，已罢尘缘结净缘。施食每分香积饭，放生何惜鹤林钱。庭前一亩沧浪水，也学东林种白莲。

山　居

平生命坐太孤星，峭似高峰冷似冰。自主自宾还自仆，空庵空榻复空铛。藤萝入户无人翦，灯火消烟借月明。独有纤毫孤未尽，白云时至伴幽清。

赠东曙上人

乾坤大夜正茫茫，云拥金轮起震方。万里乍惊天眼豁，千山初现佛头苍。繁星丽月难呈彩，毒雾坚冰敢恃强。伫看升腾当午运，普周群有沐恩光。

拟首尾吟（四首）

莲池非是爱栽莲，莲是花中大觉仙。花发莲生因带果，莲成花落实摧权。展开千叶全机现，摄入孤房众德圆。醒尽长安红紫梦，莲池非是爱栽莲。

莲池非是爱栽莲，莲是花中混俗仙。内协鱼龙成净侣，外连萍藻结良缘。画船箫鼓凉风夜，青笠丝纶细雨天。身在污泥浑不染，莲池非是爱栽莲。

莲池非是爱栽莲，莲是花中忍辱仙。幸自深根埋浊土，从他名卉占高原。颜开赫日烘偏艳，实坠秋霜凛倍坚。一点翠心含造化，莲池非是爱栽莲。

莲池非是爱栽莲，莲是花中解脱仙。洁体迥离红粉鬓，清香不恋绮罗筵。密通千孔除诸碍，秀出孤标绝众缠。碧水青天长自在，莲池非是爱栽莲。

拟古四首

畏寒时欲夏，苦热复思冬。妄想能消灭，安身处处同。

忖得翻成失，拟东仍复西。未来杳无定，何必预劳思。

蚕出桑抽叶，蜂饥树给花。有人斯有禄，贫者不须嗟。

草食胜空腹，茆堂过露居。人生解知足，烦恼一时除。

赠别楚僧真愚

世人重如愚，真愚世所弃。只恐愚不真，愚真道成易。

宿东昌谢居士家有感（憨山大师拈作悟道偈）

二十年前事可疑，三千里外遇何奇。焚香掷戟浑如梦，魔佛空争是与非。

怀古六首

陶 朱 战罢潢池鬓已皤，绿蓑青箬任烟波。功成莫谓长安乐，安乐须知患更多。

留 侯 魂惊博浪命如丝，谁料终成帝者师。万户满心方解组，赤松嫌我已归迟。

穆 生 鲸肠鼹腹量难平，常感君王设醴情。故谷小溪春溜碧，欲烹新茗涤余酲。

两 疏 十年联袂事春宫，呫哔经生伎已穷。今日九天云雨近，何须蝼蚓伴神龙。

子 陵 不脱芒鞋入帝阍，一衾春梦眷怀深。星台只恐章频上，未必时时念故人。

渊 明 尘网依依三十春，昨非今是不须论。息交岂独忘知己，为爱吾庐夏木阴。

雪狮子

扫聚成形势便雄，通身皎洁玉光浓。幻装也解惊群兽，不是寻常一色功。

芡实（俗名鸡头）

懒向人间报五更，昂藏野水足平生。不须罔象深深觅，突出明珠本现成。

牵牛花

朝着青衫午着绯，夕阳无复午时衣。荣光过眼真成梦，巢父从来不饮溪。

旧溪丁先生别号

溪水本无新与旧，久居方表旧溪名。自从认得溪边主，不趁桃花入武陵。

云栖六景

回耀峰

东方初出渐当阳，使得人间万事忙。转轴西来山欲暮，宝光依旧映纱窗。

宝刀巃

从来利刃号吹毛，万树松丝系独牢。莫谓钝根亏断德，此中原是活人刀。

壁观峰

九年少室坐岑崟，此地何人更效颦。拂袖便归千嶂外，不来从尔问安心。

青龙泉

百竿青笕出流泉，飞舞东西起复眠。玉乳不知来处远，只疑香积有龙涎。

圣义泉

不依双岫不中峦，湛出当央第一泉。只恐老胡犹不肯，从教千里自涓涓。

金液泉

安养池中宝似绵，玉洄珠溜正潺湲。何年分得金刚种，来作云栖一派泉。

诗 石（三首）

掘地得断碑，题曰“宋随龙余知阁宅界”。旁烂石隐隐有诗。盖护宋跸南来，因家此，后乃舍宅为寺，想见其人高士也。以意补葺石上诗，录如左：

几年魂绕浙城西，十里荷花漾锦陂。踏遍两峰三竺路，又随青嶂入云栖。

千里旌旗拥六飞，投簪欲上钓鱼矶。无端忽被闲云引，回耀峰前掩竹扉。

洛邑名园歌舞沉，乱鸦啼破几黄昏。何人学得香山老，千载精庐有梵音。

示骑驴者

双耳披风老敝驴，长途力倦步行徐。低声说与扬鞭者，一念差来尔即渠。

勉智清

病瞋艾火恩成怨，蝇入窗棂暗作明。寄与云栖清侍者，好从闲夜自评论。

赠若愚

眼洞秋毫看更拙，耳聆斗蚁听还迟。不因米价探消息，争识王椽不是痴。

赠捷堂胜上人

擒却魔王得胜回，普天齐树纳降旗。千门万户欢声溢，正是将军报捷时。

题牛头山庵

峥嵘头角入青云，尾激东南大海浑。背上无人吹牧笛，老僧聊借作蒲茵。

九日登高自述

胸中一点云俱尽，头上千茎雪未消。老步只宜平直去，不知何意又登高。

兴浦庵示禅者兼寄张太史阳和

雪山大士轮王子，麻麦支身乐有余。何事钵盂三度湿，更教学士解金鱼。

寄钱孝廉正峰

知君觅句为陶情，别有仙方药更灵。谁信鼻端纤点白，妙过江上数峰青。

偶成十首

孤峰千仞立江心，八面洪涛愁杀人。奈是根深自坚固，几回经古又逢今。
素履难欺自反寻，死生祸福等浮尘。了知心与天心合，笑听干戈逼耳根。
剑戟林中树法幢，大人境界不寻常。翻思南岳颠危日，千载恩深恨未偿。
烨烨黄金瑞吐花，钳锤炉炭任交加。临机何事浑无怯，体白纯真不杂沙。
昭代丛林遍幅员，百千龙象正联翩。平原蓦地生波者，却是渠侬眼未宽。
沮溺当年笑仲尼，仲尼亦恐解幽栖。应怜古德淆讹处，未许旁人取次知。
落魄平生倦倚攀，赤条条地任孤寒。休因萝蔓依他活，千尺乔松一例看。
由来直道世难行，枉道求容我不能。万里滔滔大江水，从教百折也东倾。
木石岩居老此身，招提忽就本无心。如何水月空花境，恼得时人眼不禁。
二十年来破衲衣，终朝相伴不相离。会当乞食王城也，寄与时人更莫疑。

有感二首（有序）

山中一鸲鹆，昼则飞行，饮啄自如，夜则归宿。人以其能诵佛名也，笼而致之中使，至则缄口不语，复遣还山。适有载法师某入京师者，感之赋此。

能言好鸟陪雕辇，乐说高僧逐画船。深谷无人问灵哑（寺有哑沙弥，字性灵），一龛闲卧不知年。

好鸟知几顿绝言，不才仍得返林泉。凭谁寄语船中客，此事劳君入讲筵。

王峤海居士广宣解银带为贽，以铜炉答之

玉带虽珍体不坚，朱提百炼色弥鲜。头陀未舍云山衲，唯有炉分劫外烟。

南关罗主政索题憩石园绝句

重华帝子居成侣，五柳先生醉作茵。今日使君无米癖，息机聊尔寄闲身。

示智音至伏牛山

伏牛此去三千里，终日骑牛却外寻。短笛一声春正好，知音犹恐未知音。

客有造谤者，怜其愚，示偈三首

皮毛脱尽肉消磨，体露堂堂白似珂。枯槁已非尘世相，从他称誉与讥呵。
枯骨群衔莫笑痴，淡中滋味少人知。一回咬彻金刚髓，何必肥甘始疗饥。
王宫太子雪山僧，尊贵由来习自成。千二百人随左右，也应都是为虚名。

除夕上堂，有出“多娑婆”三韵索偈者，口占二首

六字真经摄义多，总持一似唱也娑。自从蓦直西方去，闲杀台山指路婆。
苦行无能学杜多，衲衣终岁尚娑娑。明朝又是新年也，借得婆衫却拜婆。

雪中掩关示乞戒者

六花装就玉乾坤，室有维摩示疾身。一夜毗尼谈未了，独怜孤负老婆心。

挽心灯广传比丘

六十余年照世来，炷残膏尽梦初回。谁言入灭光沉没，灼地辉天正不埋。

兄三洲公佃舍无门洞黄龙庵不受还归常住，小诗见意

莲花随水便为池，不染黄龙洞口泥。郁郁香林真种在，依然旧果发新

枝。（常住师号香林，名真果。）

● 附（此下系大师未出家时作，在家弟子陈如玉笔记）

西湖晚渡

买棹入平隍，翩翩万柳傍。乱烟迷野色，残照映湖光。骇鹿呼群切，寒鸦择树忙。诗成天欲暝，新月下前塘。

次高瑞南韵（二首）

肉身本传舍，迷人自难晓。障缘苦萦牵，烦恼何时了。知君起大慧，心似木已槁。跳出醉梦关，西方孰云杳。借问何能然？灯花发枯草。

人生似春宵，繁华奈将晓。君从闹里逃，一笑大事了。炼形且多奇，朱颜讵能槁。我欲传禁方，天机恐深杳。聊将愿学心，殷勤付诗草。

和高瑞南咏时事（时嘉靖乙卯）

海上妖氛万里浮，年来闾巷尽戈矛。干城武士浑无策，投笔书生竟觅侯。乐土嗟今民力惫，战场何日泪痕收。穷檐固有匡时手，姓字凭谁达帝州。

题灵隐寺前老松

北海苍龙旧有愆，谪来尘世不知年。万重云裹遗踪在，千仞溪边舞爪悬。豪气自能蟠宇宙，灵胎岂得老林泉。他朝吸取清流去，散作甘霖遍九天。

田节妇歌

旧时窗下青鸾剖，母为红颜儿襁褓。高堂今日罗绮筵，母为白头儿壮年。铁石心，四十载，虚空有尽情无改。抚遗婴，现头角，为报幽冥已如约。吁嗟乎！一生身世真辛苦，换得芳名照千古。眼中似母能几人，荻笔熊丸传里寻。

丝桐余响

道人鼓琴不会按，平淡平淡复平淡。平平淡淡信手弹，自觉心头脱羁绊。曲终展卷写新诗，带得余音笔端散。谩说丝桐解绕梁，却笑今朝在书案。

题《三教图》

胡须秀才书一卷，白头老子丹一片，碧眼胡僧袒一肩，相看相聚还相恋。不知说甚的，万古常不厌。想是同根生，血脉原无间。后代儿孙情渐离，各分门户生仇怨。但请高明玩此图，寻取当年宗祖面。

蓝 田

蔼蔼平畦瑞起烟，山翁怀玉正高眠。春深莫讶犁锄静，不是人间稻黍田。

此予为父执蓝田陈先生作也。先生子名如玉者，乃于万历辛亥午日，持此诗恳予重书，追忆之，盖四十八年于兹矣。夫先生以熟仁之田，种比德之玉。诗之作也，田尚腴，玉始立。今玉已从心，而顽石之寿复逾其七，田安在哉？时移物迁，惘然如梦中过耳。漫漫长夜，梦觉何期，因有感而识焉。

一字至七字与长兄三洲公分咏风花雪月

花，千枝，万葩。红灿锦，彩铺霞。陪罗绮席，恋王孙家。晓露新妆湿，春风舞袖斜。青帝俄归幻化，玉容已付尘沙。洛阳园上无颜色，西土池中有物华。

月，时圆，时缺。玉钩悬，银镜彻。燃昏衢灯，生虚室白。斜穿鹤鹳巢，直透蛟龙穴。无端云雾盘旋，顿把本来磨灭。扫开万里黑朦胧，依旧一天光皎洁。

出家别室人汤

君不见，东家妇，健如虎，腹孕常将年月数，昨宵犹自倚门闾，今朝命已归黄土。又不见，西家子，猛如龙，黄昏饱饭睡正浓，游魂一去不复返，五更命已属阎翁。目前人，尚如此，远地他方哪可指？闲将亲友细推寻，年去月来多少死。方信得，紫阳诗，语的言真不可欺，昨日街头犹走马，今朝棺里已眠尸。伶俐人，休瞌睡，别人与我同一类，狐兔相看不较多，现前放着傍州例。钻马腹，入牛胎，地狱心酸实可哀，若还要得人身复，东海捞针慢打挨。我作歌，真苦切，眼中滴滴流鲜血，一世交情数句言，从与不从君自决。

云栖大师遗稿

云栖大师遗稿卷一

● 书 一

答荆王

予系樊笼，不能览名山之胜。具香敬，命香火僧可性朝礼云栖，请领法名，以种来因云。计请法名：荆王、荆妃李、次妃周、荆世子、第四子长阳、第五子宝阳、第六子复阳、三侍长理珍。

法名如命奉上。处尊荣之地，不昧宿因，投诚内教。更精修净土，求愿往生，即樊笼成大解脱境界矣。

答樊山王

窃伏江汉，稔闻夙德，欲屡通心。恐石头故事，无益悬驰，脱有浮湛，为人增业耳。大师以一人兼三藏之正权，出兹手眼，利尽人天。一切有情，次第归正。上佐皇朝沕穆之风，内合佛祖泥洹之旨。现机密行，弟子固早悉之矣。盖由世缘未了，至道待时，迹混小王，暂栖弘应，以图不负佛祖。苟有藉手禅门，旋颜乐国，则此夺胎五浊，更起三生，实弟子之方便，亦隐俗之微指也。大师成就法界巨细功德，久具佛眼，玄识默会，必知傅大士之不诬，陈智者之有据。则弟子以所著似上，倘得目击而道存乎？偶庐山禅者定虚入浙，一念附呈。至于定虚之与弟子，夙有金针投钵之缘。弟子家居所作所为，及平素驰仰慈德者，定虚自能谈，兹不赘语。伏惟鉴念。季秋五日，弟子钰手书。

远荷德音，兼以佳刻。捧读初赞，盖古今一息，生佛等观，虽未卒业，而卓然之见已概得之矣。又于定虚师处得闻高范懿行，千里如面，曷胜庆快！岂非乘夙愿力，示迹王家，而弘度末法者耶？定虚行甚促，不及致详，聊奉山刻数种备一览。

答龙池一心禅师

弟寓京师普照，计俟瞑目矣。自戊申春，被诸徒捉归还龙池。方冬底，已是气衰力弱，务要强我再据胡床，胡说乱说，谓之上堂、小参等，随说随记。至庚戌冬，因病顾之，已累帙，分而为二，曰闲谈、曰晚话。缘小故，匍匐入城，遇吴之矩诸公索语，出示，见故勉刻与诸方共之。然弟惭无福，兹言也，诸方信否未可必。念当斯世，所难遇者，具金刚正眼，兼罕得亡性命底汉子出头为我印正，作倡导语，与诸方增信，是歉。忝吾兄乃同参，故走徒祈一言为引，庶曹源涸而仍流，觉树枯而再茂云。幸弗吝教之，极荷极荷！

忆与吾兄参笑岩和尚于京师柳巷，三十年于兹矣。而兄佩单传之印，倡导东南。废朽卧疾深林，如在井底遥闻雷霆之声而已。惭愧惭愧！向辱手书，兼以诸刻，忻畅夙怀。缘乏便人，久疏音问，偶以贵邑人至，聊寄寸楮，以代问安。谅之谅之。

又

老病残躯，终日床席。忽承谈话远遗，强力略展一二，爽豁鄙怀。惜困甚，未能卒业。久禁笔砚，序引不能奉命。但佛灯久晦，几欲熄灭，而吾兄以振起先宗为己任，弟何敢辞？今实病剧，姑迟迟云尔。

答潞安交光法师

久闻吾师以鸿儒望族，科第世家，而能顿裂樊笼，高蹈方外。必卓然有见于竭生死、尽性能者，惟佛堪依，是以披剃居山，清修化世。兼闻一方缁素缙绅靡不宗仰，然犹未详见谛何似，每欲发心参访，辄为缘业所羁，恒以祜薄障深为恨。五载前，忽于蒲之山阴殿下边得师《弥陀疏钞》读之，见其一文一字，彻上彻下，尽其表里精粗。视昔人或偏于事，或偏于理者，皆当北面矣。且其文固随经简约，而义则汪然浩然莫可涯涘，其于佛之法藏总持殆尽。然则我师祖关得髓、教海穷源者乎？抑或法身大士应现指迷者乎？何尽其意味如此哉！于是率山阴南向稽首再拜，即日命工重刻广施。第鉴之《楞严疏》刻，已刻成矣，为潞人所督，匆匆北行，不及叙其颠末。无何，蒲中《弥陀疏》板亦成，寄百部于潞，以献之沛千岁。千岁披阅，极其尊称，随以散施缁素知音者，而王公大人、缙绅善信，莫不喜奉，亦潞所未有之胜事也。缘是鉴于我师益深倾渴神驰，莫可为喻。仰间忽值无外师受托朝海之便，闻千岁亦有师问讯礼数，因附寸楮，代参座前，兼奉僭刻《楞严》著疏，计十二册。百叩乞师海印照临，是非莫隐。更祈不吝回音，遥为示教，则百城不举足，而万里如面侍矣，幸甚幸甚！临楮不胜驰仰之至，统希慇鉴，诸不尽。

重蒙佳刻远颁，乍阅一二，已觉精粹微密，如获异宝，忻感忻感。来师返旆甚促，未及遍观，尚俟虚心卒业，以扬法施。不肖年衰，况复山川迢递，虽不能亲炙，而神交万里矣。

又

前自无外师北旋，拜领手翰，如面慈颜，亲领法语。乃云尚未卒业，故无印证可否。三叹至人珍重，不轻臆断也如此。然日夕南悬，未聆音耗，想无风便故尔也。且于无外转付我师佳刻，开发鄙心蒙昧者极多，不胜缕谢。独于论《楞严》处，有一二可以请益，别载副启，乞师静阅后务示回音，至祝至祝。我师《弥陀疏钞》，极为时机洪益。当时极力奖山阴元峰重刻，印百部献渖国主。凡遇学人及知音居士，极口称赞，令熟阅之，以种西升缘种。今秋八月间，一方缙绅宗室及士庶，恳请鉴于今冬立百八期，升座细讲师之《疏钞》。独惧我师该博精深，旨趣微奥，恐不胜任，勉强领荷，业已成矣。拟于九月半间祝香于师，乞我师遥为加被万万，诸不尽。

伏读我师刻中，论《楞严》征心处，有云："若论妄心，实在身内。"愕然惊悚。斯言若是，则鉴注全差矣。重复披玩经意，最初所征者，元是征妄心，非征真心也。其言不在内、不在外、不在中间等，正说妄心，非说真心。然此义人多易迷，正以真心亦有三不在义，彼则别有其义，所谓宗同而因别也。然妄心以无体为因，真心以体遍为因。试立量云：妄心是有法，不在内、不在外、不在中间为宗。因云：无体故。又量云：真心是有法，不在内、不在外、不在中间为宗。因云：体遍故。是则宗虽似同，而因实天渊也。故斯经破妄心，则云"无处"、"无体"，名毕竟破也。他经于真心虽不立处，而实不破体，以体实有，非可毕竟破也。《圆觉》云"诸幻灭尽，非幻不灭"是也。十家注解，差处固多，至于经初所征之心，皆知征破妄心而已。独"或问"错误，与师见乃同，虽已入藏，不可从也。至于妄心实在于内，惟人天教中独有此执，全是生死深根。小乘有学但存此疑，而无学位中全证我空，彻悟妄心无体，而不在内也。若曰实在，则为有体。又曰于内，并其有处。体、处俱有，何以谓之妄心？经云："一迷为心，决定惑为色身之内。"夫既谓之惑者，表其元不在内，而误执在内也。若实在内，何以谓之惑哉？盖众生所执在内我心，如龟毛兔角，毕竟无体，故名我空也。此是小乘证极，大乘初门，故《涅槃》名此为半字教也。然师心或见教中有去后来先之说，而言八识为一期果报之主，结命于身中，故言实在于内耶？此是法相宗中，如来顺世间法相而谈，到《般若》已即破尽，何况顿、圆？故《般若》谓“寿者相”，即谓此也。当知八识中，有一分真、一分妄，其真即遍法界真心，其妄即身中性命主宰。既谓之妄，岂是实有耶？盖性命在于身中，如月影在于水中，脱体全似，而毕竟实无。正因诈伪如此，所以人乘、仙乘、天乘皆沉醉于此，不达全空，虚费许多功力，三界尚不能出，敢望佛道？是诚可怜愍也。又当知众生具足真心，而亦具足无明，如金在矿，故现前无有纯真之心，盖纯真即当失众生名。极而言之，惟除如来一位，如出矿之金。等觉以下，犹在众生之数，以犹有少分无明未全尽也。故众生其心名“如来藏心”，即八识别名。盖“如来”二字即其具足之真，而“藏”之一字即其具足之妄。故佛终实诸经，皆作此说，然但泛言显为深意，而不曾说破众生现前那个即是。惟《楞严》分明说破，即是六根中无分别见闻觉知是也。若有分别见闻觉知，即是前六识心。故愚者难分识与根也。又当知法相宗中，菩萨虽知有赖耶胜心，却全不知六根中具如来藏心即是黎耶实体。以彼教中将六根目为色法，作所缘唯识，不作最胜唯识也。《楞严》最初征处，呵非推明无体等文，全破前六识心，次指眼根中见性为心十番显胜，乃至推广四科七大，皆发明如来藏心而已。此《楞严》以前从来未说之旨，故经云“真非真恐迷，我常不开演”是也。然不是未说如来藏心，但是从来未说六根即是藏心，此正《楞严》独异诸经处也。此旨泄后，非但教中无有秘密，即宗中无复可藏隐处。诸大老所以忌《楞严笺注》，意在此也。故此经文虽十卷之多，而始终惟“破识指根”四字而已，故始令眼根中悟，一悟一切悟，终令耳根中入，一入一切入也。故五卷云：“汝今欲知俱生无明，生死结根。惟汝六根，更非他物。”此即因黎耶中有一分妄故也。又云：“汝复欲证菩提涅槃，安乐解脱，寂静妙常。亦汝六根，更非他物。”此即因黎耶具足全真故也。以是诸祖多言“不离身中”、“不离当处”，乃至“面门出入”，皆谓六根，非谓色身五脏中也。至于“不容拟议”、“不许卜度”，皆拨六识，岂复有异旨哉？此略辩别，详在《疏》中。不知吾师高见以为何如？鉴尝南仰尊师同佛，非敢我慢逞辩，但念生死关系匪轻，至人难遇，不敢错过。所言是非，望师明断，不留回互。幸甚！

来谕妄心不在内、外、中间，甚为精确。又尊制《正脉疏》所论妄心，亦无不精确。但鄙见云妄亦可在内者，为正在迷时言也，非的论心体也，故云“亦可”，“亦”之一字意自明矣。其中又引水冰为喻，虽本自无体，然方其冰时，岂不坚凝一处而失其流动之性乎？妄可言内，亦犹是也，非实以为内也。试以一事验之：人正熟睡，欲觉之者，必手挃其身而后觉乎，抑亦手挃虚空而能使之觉乎？必近其身呼之而后觉乎，抑亦远离其身他处呼之而能使之觉乎？此其理自明也。经云：“一迷为心，决定惑为色身之内。”虽然是惑，然正惑时，岂不明明在内？而下即云：“虽在色身之内，不妨体遍十方。正遍十方，不妨现在身内。”则意自明也。尊《疏》自是经之正旨，鄙见傍出，愿无疑焉。若不傍出此意，外儒相难，无以应之。来云妄心不在内为宗，因云以无体故。今云妄心亦在内为宗，因云以正迷故。冰亦坚凝为宗，因云以正结故。正结之时，明明坚凝，不妨坚凝无体，全体是水。则二意互相成不相违也。

答苏州曹鲁川邑令

久不奉面命，歉歉。乃时时获翻刻教，迪我孔多，慰谢慰谢！南企法云，殊切瞻依。适敝郡断凡悟上人祗趋坛下，为求法故，附此候安。不佞缪迂，近守东鲁，远宗西竺，乃于儒释之书为蠹鱼者，四十年于兹矣。亦尝奉教于诸达者，有所蓄积，冀正之于大善知识，兹因断凡之来布之也。

夫释尊有三藏十二部教，所谓于广大海，张众多网。又所谓大囷小囷也者，只宜谈大以该小，讵可举一而废多？比吾党中有倡为历劫成圣，必渐无顿之说者。夫渐亦圣说，未尝不是，而以渐废顿，左矣。尊者内秘顿圆，而外显净土法门，诸佛有然，无足疑者。岂近来听众，不无如《法华》所说“初闻佛法，遇便信受，思惟取证”者？直欲以弥陀一圣，而尽废十五王子。以净土一经，而尽废三藏十二部。则不佞之所不愿闻者也。时虽末法，而斯人之机，岂无巧钝？有如释尊为迦叶、为憍陈如，其说如此。为善财、为龙女，其说如彼。二十五圣，各证圆通，文殊所称又如彼。正所谓：“昨日定，今日不定。”又所谓：“说我是空，且不是空。说我是有，且不是有。”此所以为善无常主，活泼泼地，如水上按壶卢然，非死煞法也。倘钉桩守窟，焉利人天？所愿尊者为大众衍净教，遇利根指上乘。圆融通达，不滞方隅，俾鹏鷃并适，不亦尽美尽善乎哉！

又《佛华严》乃无上一乘圆教，如来称性之极谈。非教非宗，而即宗即教。不空不有，而无垢无净。是在《法华》犹较一筹，若余乘似难与之絜长比短也者。尊者乃与《弥陀经》并称，已似未妥。因此遂有著论腾之，驾净土于《华严》之上者。朱紫递淆之谓何？鹿马互指又何说也？此而无人言之，天下后世必有“秦无人焉”之嗤。亦愿尊者为净土根人说净土，为《华严》根人说《华严》，毋相诮，亦毋相滥，乃为流通佛乘，乃为五教并陈，三根尽摄。奈之何必刻舟而求剑，且弹雀而走鹞也？

若夫《华严》一经，有信、解、行、证四法。善说此法者，宜莫如方山。今其言具在，可覆也。爰有清凉，人号为“华严菩萨”，而实不会《华严》义旨。草草将全经裂为四分，以隶四法。舍那妙义，委之草莽矣。亦愿尊者辨黑白，分泾渭，揭杲日于义天。

嗟嗟！今之时，缁素中高流，日就凋谢。不佞之所仰重于尊者，如泰嵩然。故不以赞而以规，知尊者无我，而不佞亦非为我，故谆谆言之，惟尊者亮之。

久闻居士精意《华严》，极怀敬仰。兹接手教殷勤，直欲尽法界众生，而纳之一乘性海，是普贤大愿也。然不肖虽崇尚净土，而实则崇尚《华严》，不异于居士。夫《华严》具无量门。求生净土，《华严》无量门中之一门耳。就时之机，盖由此一门而入《华严》，非举此一门而废《华严》也。

又来谕谓不肖“以《弥陀》与《华严》并称，因此遂有著论，驾净土于《华严》之上者”。此论谁作乎？《华严》如天子，谁有驾诸侯王、大臣、百官于天子之上者乎？然不肖亦未尝并称也。《疏钞》中特谓《华严》圆极，《弥陀经》得圆少分，是《华严》之眷属流类，非并也。古称《华严》之与余经，喻如杲日丽天，夺众星之耀；须弥横海，落群峰之高。夫焉有并之者？此不待论也。

又来谕谓：“宜随机演教，为宜净土人说净土，为宜《华严》人说《华严》。”此意甚妙。然中有二义：一者，千机并育，乃如来出世事，非不肖所能。故曹溪专直指之禅，岂其不通余教？远公擅东林之社，亦非只接钝根。至于云门、法眼、曹洞、沩仰、临济，虽五宗同出一源，而亦授受稍别。门庭施设，理自应尔，无足怪者。况不肖凡品乎？若其妄效古人，昨日定，今日不定，而漫无师承，变乱不一。名曰利人，实误人矣。何以故？我为法王，于法自在。平民自号国王，不可不慎也。二者，说《华严》则该净土，说净土亦通《华严》。是以说《华严》者自说《华严》，说净土者自说净土，固并行而不相悖。今人但知《华严》广于极乐，而不知弥陀即是遮那也。

又来谕：“清凉不会《华严》义旨，而裂全经为四分，以属四法。”夫信、解、行、证，虽贯彻全经。而经文从始至终，亦有自然之次第，非清凉强为割截也。其贯彻也，所谓圆融。其次第也，所谓行布。即行布而圆融，四分何害？使无行布，圆融何物？必去行布而圆融，则不圆融矣。且信、住、行、向、地，以至等、妙，佛亦自裂全经为五十二段乎？何不将五十二段一句说尽，而为此多卷之文乎？因该果海，果彻因源。因果未尝不同时，而亦未尝不因自因，果自果也。何必定执八十卷经束作一块，都卢是个无孔铁锤，而后谓之圆融乎？定执一块，不许分开，即死煞法，即钉桩，即守窟，安在其为活泼泼也？

方山之论，自是千古雄谈。而论有论体，疏有疏体。统明大义，则方山专美于前。极深探赜，穷微尽玄，则方山得清凉而始为大备。岂独方山，即杜顺而至贤首诸祖，亦复得清凉而大备。岂独华严诸祖，即三藏十二部、百家论疏，亦复得清凉而大备。温陵解《华严》，以方山为主，清凉为助，已为失宜。而居士顾訾之，此不肖之所未解也。

又龙树于龙宫诵出《华严》，而愿生极乐。普贤为《华严》长子，而愿生极乐。文殊与普贤，同佐遮那，号“华严三圣”，而愿生极乐。咸有明据，皎如日星。居士将提倡《华严》以风四方，而与文殊、普贤、龙树违背，此又不肖之所未解也。况方山列十种净土，极乐虽曰是权，而《华严》权实融通，理事无碍，事事无碍。故淫房、杀地，无非清净道场，而况七宝庄严之极乐乎？婆须、无厌，皆是古佛作用，而况万德具足之弥陀乎？居士游戏于《华严》无碍门中，而碍净土，此又不肖之所未解也。

不肖与居士，同为华藏莫逆良友，而居士不察。区区之心，复欲拉居士为莲胎骨肉弟兄，而望居士之不我外也。居士爱我，不赞而规。今妄有所规，亦犹居士之爱我也。病笔略申梗概，殊未尽意，惟鉴之谅之。

又

敝郡断凡上人索书上谒，附致悃素。顾承来翰，规切究竟，殷殷亟也，荷荷谢谢！

来翰云：“《华严》具无量门。求生净土，《华严》无量门中之一门。就时之机，由此一门而入《华严》，非举一门而废《华严》。”又谓：“《华严》圆极，无可驾于其上者。”并为确论。第《华严》是法身佛说，一乘妙义，迥异诸经。而人多与释迦经一目之。故疏此经者，贤首爰肇其端，方山深契其旨。在清凉则择焉而弗精，在温陵则语焉而未详。至有撰为《纶贯》者，抑末矣。温陵云：“方山为正，清凉为助。”此见最卓。而尊者以为失宜，似未知温陵，亦未知方山者。

诸不了义经论，及别行《普贤行愿品》，与《起信》等论，皆称说净土。此岂无因？然《华严经》中未尝及之。即方山所第十净土更晰也。《法华》鳞差十六王子，内有弥陀，未尝定为一尊。其赞持经功德，旁援安乐，实说女人因果。《首楞严》二十五圣证圆通，文殊无所轩轾，但云“方便有多门”，又云“顺逆皆方便”。然继以“迟速不同伦”，则于无轩轾中，又未尝无所指归也者。故要极于普门，而不推诩夫势至，更加贬剥曰“无常”、曰“生灭”。

若夫释尊只说大小《弥陀》，不啻足矣，胡为乎纷纷然三藏十二部为乎？贤首、清凉诸师，亟标“小”、“始”、“终”、“顿”、“圆”五教，佥以为允，而未尝品及净土。心宗家流，尤所荡扫。大鉴之言，且未及诠。更拈一二：如志公曰：“智者知心是佛，愚人乐往西方。”如齐己禅师曰：“惟有径路修行，依旧打之绕。但念阿弥陀佛，念得不济事。”又曰：“你诸人日夕在径路中往来，因恁么当面蹉过阿弥陀佛？”又曰：“其或准前舍父逃去，流落他乡，东撞西磕，苦哉阿弥陀佛！”此之三言，或以为苛。然岂无谓而彼言之？亦必有道矣。

古德云：“一切众生，自已迷悟不同。迷心外见，修行觅佛，未悟自性，即是小乘。”又有云：“直下顿了此心本来是佛，无一法可得，此是无上道，此是真如佛。学道人，只怕一念有，与道隔矣。”又有云：“目前无法，意在目前，他不是目前法。若向佛祖边学，此人未具眼在。何不向生死中定当？何处更拟佛拟祖替汝生死？有智人笑汝在！”所以达者亟道：“祇劫辛苦修行，不如一念得无生法忍。”又道：“一念缘起无生，超出三乘权学。”况毋论三乘、一乘，要之无我、我所。今之往生净土也者，我为能生，土为所生。自他历然，生灭宛然，忻厌纷然，所未及悉。顾从来谈莲乘者，必曰“花开见佛悟无生”。盖必待往生而见弥陀，始从观音，若势至，抑或弥陀，诲以无生，此时方悟。岂其上品绝少，中下滋多，滞在祇劫，似为迂迟。矧欲修净土，亦须先修有无等四四十六观门。试问所观者是何轨则？能观者还有几人？所以念佛者如牛毛，往生者如麟角。何似反而求之，自有余佛在也。

彼寒山之勖丰干，谓：“往五台礼文殊，不是我同流。”此在通达佛道者，出词吐气自别。且也一切佛道以《金刚般若》为入门，以《佛华严》为究竟。《金刚》则曰：“实无少法可得。”而《佛华严》所称佛地二愚，一则曰“微细所知愚”，一则曰“极微细所知愚”。所以阿难自道“不历僧祇获法身”，识者犹且呵之，故或曰“佛疮”，或曰“佛魔”。文殊瞥起佛见，未免贬向二铁围。嗟嗟！见河能漂香象，智主不受功德。道人心无住处，踪迹不可寻。故不历权乘，独秉一乘，此则不佞之所为惓惓者也。

彼诸佛诸祖，为一分执着我识下劣众生，以及小乘弟子，惟依一意识，计以现在色心等为染净依者。悯其四大既离，一灵无归，如失水鱼，踯躅就毙。故不得不将错净土而安置之，此亦化城之类也。传有之：“若能悟法性身、法性土，要归于无物，是真佛土。”若华严性海所现全身，如人身中有八万四千毛孔，东药师，西弥陀，各各在一毛孔中说法度生。人若涣毛孔，彻全身，未尝不可。倘抛撮全身入一毛孔，不但海沤倒置，而蝇投窗纸，其谓之何？

昨不佞手疏所云：“为宜净土人说净土，为宜《华严》人说《华严》。”自谓不悖诸佛法门，亦是为尊者赤心片片。尊者乃欲携我莲胎，则昔人所云“若捉物入迷津”，与夫“弃金担草”之谓矣。更稽之古人有云：“若欲究竟此事，须向高高山顶立，深深海底行。若闺阁中软暖物舍不得，有恁么用处？”又有云：“诸经所称无瞋恨行，此之瞋恨非凡情可比。恨者，恨一切众生皆有如来智慧福相而不自觉。瞋者，瞋吾度脱之未至也。”以故自觉觉他，有世间智，有出世间智，有世出世间上上智。举以语人，得无违拒，庶几能利益于人。

溯昔三教圣人，出兴于世，无不为一大事。且观时节因缘，偏者补之，弊者救之，微者显之，要之以心性开示于人已耳。以今天下拘儒株守传注，旷士溺意虚玄。余之手木槵而口弥陀者，自通道大都，迨穷村僻巷，居相望而肩相摩也。尊者又从而和之，非所谓顺世情之教，波随而风偃者乎？是在不佞不能无疑。

而来翰乃称："虽崇净土，实尚《华严》。"又云："由此净土一门而入《华严》。"此如古德所云："但为弘实，而众生不信。须为实施权，以浅助深。"又云："用与适时，口虽说权，内不违实，但使含生得权实诸益也者。"则不佞诚契之，祗领之，且羡且慰矣。乃会下听众，自杭过苏者，时时有之，罔弗津津九品。间与之言，少涉上乘，则骇心瞠目，或更笑之。此其过在弟子耶？在师耶？大丈夫气宇冲天，而度生为急。若出世矣、开堂矣、敷座矣，不具大人作略，只作闾巷老斋公斋婆举止。忽被伶俐人问着，或明眼人拶着，拟向北斗里潜身耶？抑铁围山里潜身耶？不见道："若是大鹏金翅鸟，奋迅百千由旬。蹑影神驹，驰骤四方八极。断不取次啖啄，亦不随便埋身，且总不依倚。"佛法大事，非同小可，愿尊者重厝意焉。

来翰又云"弥陀不异遮那"，是也。第化境、化仪，各各差殊。盖诸佛教义，通宗因缘。既堕因缘，岂无大小，定有深浅。故谓诸佛为异，则千佛、一佛，不可谓异。谓诸佛为同，则遍照、能仁二尊，亦自不同。古人以为一切诸法同异重重。不可一向全同，不可一向全异。不可以全同作全异，不可以全异作全同。迷此同异二门，则智不自在。如云："拟向白雪、芦花处觅，则以温州橘皮作火得乎？"首山念有云："夫为宗师，须具择法眼始得。"所以古来有拈古、颂古，又有别古、憋古。如云："至道无难，唯嫌拣择。"又云："至道最难，须要拣择。"所以《华严》第八地，曰寂灭真境现前矣，犹云应起无量差别智，又云观察分别诸法门，此非作而致其情也。我之鉴觉自性，本自圆明。如大宝镜，胡汉不分而分。如如意珠，青黄不异而异。若是于诸法中不生二解人，何尝离却拣择别求？明白这些道理，便是拣择不拣择。所谓善巧分别清净智，非耶？

方山为论，清凉为疏，皆综佛乘，共阐圆宗。虽论有论体，疏有疏体。然惟其义，不惟其文。文或殊，而义则一耳。如以其义，则见地迥别。清凉演说诸经，真善知识。惟于《华严》，其句训而字释，岂无补于舍那？其挈领而引维，实弗逮夫枣柏。清凉、枣柏之区别弗明，则卢舍那经之旨要终晦。所谓信、解、行、证四法，裂全经而瓜豆之，此其大者，自余更多。不佞谓之择焉弗精，非无以也。倘以为未然，请更质之于枣柏大士。

辱惠书，累累及二千言，玄词妙辩，汪濊层叠，诚羡之仰之。然窃以为爱我深而辞太费也。果欲扬禅宗，抑净土，不消多语。曷不曰："三世诸佛，被我一口吞尽。既一佛不立，何人更是阿弥陀？"又曷不曰："若人识得心，大地无寸土。既寸土皆无，何方更有极乐国？"只此两语，来谕二千言，摄无不尽矣。兹拟一一酬对，则恐犯斗争。不对，则大道所关，不可终默，敢略陈之。

来谕谓："清凉择焉而未精。"愚意不知清凉择《华严》未精耶？抑亦居士择清凉未精耶？

又来谕谓："不了义经，乃谈说净土。"而以《行愿品》、《起信论》当之。《起信》且止。《行愿》以一品而摄八十卷之全经，自古及今，谁敢议其不了义者？居士独尚《华严》，而非《行愿》。《行愿》不了义，则《华严》亦不了义矣。

又来谕谓："《法华》记往生净土，为女人因果。"则龙女成佛，亦只是女人因果耶？谓："弥陀乃十六王子之一。"则毗卢遮那，亦只是二十重华藏之第十三耶？居士独尊毗卢，奈何毗卢与弥陀等也。

又来谕谓："《楞严》取观音，遗势至，复贬为无常、生灭。"则憍陈如悟"客尘"二字，可谓达无常，契不生灭矣，何不入圆通之选？诚曰"观音登科，势至下第"。岂不闻龙门点额之喻，为齐东野人之语耶？

又来谕谓齐己禅师，将古人念佛偈，逐句着语。其曰"惟有径路修行"，则着云"依旧打之绕"。其曰"但念阿弥陀佛"，则着云"念得不济事"。居士达禅宗，何不知此是宗师家直下为人解粘去缚，乃作实法会，而死在句下耶？果尔，古人有言"踏毗卢顶上行"，则不但弥陀不济事，毗卢亦不济事耶？此等语言，语录、传记中，百千万亿。老朽四十年前，亦曾用以快其唇吻，雄其笔札。后知惭愧，不敢复然，至于今犹赧赧也。又齐己谓："求西方者，舍父逃逝，流落他乡，东撞西磕，苦哉阿弥陀佛！”往应之曰：“即今却是如子忆母，还归本乡，舍东得西，乐哉阿弥陀佛！”且道此语与齐已所说，相去多少？

又来谕谓：“多劫修行，不如一念得无生法忍。”居士已得无生法忍否？如得，则不应以我为能生，以土为所生。何则？即心是土，谁为能生？即土是心，谁为所生？不见能生所生而往生，故终日生而未尝生也，乃所以为真无生也。必不许生而后谓之无生，是断灭空也，非无生之旨也。

又来谕谓：“必待花开见佛，方悟无生，则为迂迟。”居士达禅宗，岂不知从迷得悟，如睡梦觉，如莲花开。念佛人有现生见性者，是花开顷刻也。有生后见性者，是花开久远也。机有利钝，功有勤怠，故花开有迟速，安得概以为迂迟耶？

又来谕谓“遮那与弥陀不同”，而喻华藏以全身，喻西方以毛孔。生西方者，如撮全身入毛孔，为海沤倒置。夫大小之喻则然矣。第居士通华严宗，奈何只许小入大，不许大入小？且大小相入，特《华严》十玄门之一玄耳。举华藏不可说不可说无尽世界，而入极乐国一莲花中，尚不盈花之一叶，叶之一芥子地，则何伤乎全身之入毛孔也！

又来谕谓荒山僧“但问以上乘，便骇心瞠目”。居士向谓：“宜《华严》者语以《华严》，宜净土者语以净土。”今此钝根辈，正宜净土，何为不与应病之药而强聒之耶？

又来谕谓老朽“既出世开堂，不具大人作略，而作闾巷老斋公斋婆举止。设被伶俐人问着，明眼人拶着，向北斗里潜身耶？铁围里潜身耶？”老朽曾不敢当出世之名，自应无有大人之略，姑置弗论。而以修净土者，鄙之斋公斋婆。则古人所谓：“非鄙愚夫愚妇，是鄙文殊、普贤、马鸣、龙树也。”岂独文殊、普贤、马鸣、龙树，凡远祖、善导、天台、永明、清凉、圭峰、圆照、真歇、黄龙、慈受、中峰、天如等，诸菩萨、诸善知识，悉斋公斋婆耶？刘遗民、白少傅、柳柳州、文潞公、苏长公、杨无为、陈莹中等诸大君子，悉斋公斋婆耶？就令斋公斋婆，但念佛往生者，即得不退转地，亦安可鄙耶！且斋公斋婆，庸呆下劣，而谨守规模者是也，愚也。若夫聪明才辩，妄谈般若，吃得肉已饱，来寻僧说禅者，魔也。愚贵安愚，吾诚自揣矣，宁为老斋公、老斋婆，无为老魔民、老魔女也。至于所称伶俐人、明眼人者，来问着拶着。则彼斋公斋婆，不须高登北斗，远觅铁围。只就伶俐汉咽喉处安单，明眼者瞳仁上敷座。何以故？且教伊暂闭口头三昧，回光返照故。抑居士尚《华严》，而力诋净土。老朽业净土，而极赞《华严》。居士静中试一思之，是果何为而然乎？

又来谕谓劝己求生净土，喻如“弃金担麻”，是颠倒行事，大相屈辱也。但此喻尚未亲切。今代作一喻：如农人投刺于大富长者之门，延之入彼田舍，闻者皆笑之。农人不知进退，更扫径谋重请焉。笑之者曰：“主人向者不汝责，幸矣，欲为冯妇乎？”农人曰：“吾见诸富室，有为富而不仁者，有外富而中贫者，有未富而先骄者，有典库于富人之门而自以为富者。且金谷、郿坞，于今安在哉？而吾以田舍翁，享太平之乐，故忘己之卑贱，怜而为此。今知过矣，今知过矣！”于是相与大笑散去。

答四川黄慎轩太史

八月一日，净土弟子黄辉，稽首奉书莲池和上大导师侍者：师殆远公后身耶？抑净土菩萨乘本愿力示现摄化耶？辉向往久矣。西皈津梁幸尔同世，恨宿业滞钝，不能仰接。阿弥陀佛之愿，比岁信力稍深。始知参学捷径，唯此一着。如来金口，语语在耳。但恨冠绂为拘，未能顿弃，何由暂到武林拈一瓣香耶？敝邑贵比丘来京，云常侍法座，承体力康甚，朝夕唱导，曾无厌倦。甚慰縣縣！贵有师明海，即生身父，铸有白衣大士一尊，云欲奉还吾邑。辉谓之曰：“云栖净境，即弥勒内院何必胜之？但发心向彼，使大众顶礼，应时放无量宝光接引海公往生必矣。”贵立忻然。因资之令速往了愿，且贪得此便，一通积怀于吾师耳。弟子宦情冷甚，徒以蜀土绝无师友，京师知游多胜己者，时时提发，日有减省，暂纡章绂，实同寄栖。前年妻死，已不复娶。有子一人，已举一孙，留之家中，令奉养家大夫。今只身泊此，浮家泛宅，便同庵院。虽尘劳纷拏，不敢暂忘此一大事因缘。犹忆己丑秋，梦登一宝塔，同年友焦弱侯氏，手持一卷见示，乃吾师《戒杀放生文》也。梦中乞之，遂以见赠。是日遂断杀生，见生物即为赎放。或稍有余力，即斥买生物放之。又重刻此文于敝邑，以施诸人。即此一事，于吾师缘自不薄，但未得见师耳。同年陶周望氏，亦与辉同发心者，闻近来愈加精进，虽参未即彻，乃其根器决可上品往生者。弟子犹尔，言之惭愧。愿吾师俯垂接引，凡朝夕顶礼疏中，幸为附入“黄辉”名字，或称“幻如”，则自定法名也。更冀于无量寿如来，观音、势至二大士前，为弟子证此信心。以和上悲智祝愿，慈光加被，永断烦恼痴迷，作不退转大心众生，尽未来际为净土眷属。弟子不能耳闻，犹能以心闻之也。海公父子在敝邑亦自希有，师幸特为贵一加提撕。辉已语渠，尽此报命，毋出云栖。但渠以海公所造一大藏法宝，本意送归敝邑，欲了此而后可耳。欲寄薄俸充一蔬馔，而贵孤身不便，姑俟后信以往。杭人北来相续，愿时惠法语，长养信苗。馀唯为佛为法为众生自重。弟子辉稽首和南。

正月一日，弟子黄辉顿首和南。递中承示所著数种，并于友人处见《菩萨戒义疏发隐》，真如亲奉教音也。弟子十二时中不敢不勉，座右书云：“心净则佛土净，不净身口意三业，方寸悉是秽恶，何由往生？未有离心而取土者也。参禅既未得彻，若不常常觉照，痛与一刀两断，何由清净三业耶？”此日用工夫，不知渊匠以为何如耳？便中更教之。新刻《思益经》一部，奉览。弟子甚欲受大戒而未能也，所谓识法者惧耳。吴本如说法候安好，良慰远怀。伏惟为法为众生自重。

手书至，知为道真恳，日倍月增，喜慰喜慰！复见座右数语，尤为警切。愿常如是用心，净之又净，净极光通达，自性弥陀不求而自获矣，何虑参之不彻也？寄来《思益经》领入，前寄金书《弥陀经》亦领入。草草不宣。

又

徐君向京师来，寄扇二柄，有尊作《怀净土诗》各一章，领讫。顷者春元，谢青莲言《弥陀经》“专持名号”以下数句，述尊意为问。有覆青莲语，未知达否？此经藏本，罗什初译，玄奘次译，并《海东疏》，俱无此数句，无可疑者。外新刻《禅关》、《竹窗》共二册附览，不尽。

又

正月廿五日，弟子黄辉顿首和南莲池大和上老师侍者：前承惠寄近刻种种法施，则窥福慧二严，精进无量。汤锅失足，当是重报轻受，抑亦虚空棒喝耶？吾师于此所得不少矣。《禅关策进》一书，尤强人意。弟子每怀此念，岂知师已先之，领诵踊跃，不自胜任。陶周望同年真兄弟，今复作法门畏友，数年之别，一旦倾倒，遂得闻提奖馀论，欢喜可言。所不同者，渠密迩化城，得亲宝所，受持菩萨大戒。而弟子匏系一官，莫能傅翼暂往耳。庄诵所著《发隐》，真智者大师功臣也。去圣时遥，众生根浅，不复知木叉何物。佛入灭时，固敕弟子依戒而住。况末法浇讹，习业深厚，福浅乎蝉翼，而罪高乎须弥耶？窃意佛菩萨不舍众生，示现对症之药，于今日无如戒亟者。吾师乘愿力来，以净土普摄诸根，而策之以禅，防之以戒，可谓慈悲无量，广大悉备矣。弟子业于廿八年正月十五日受居士五戒，今复欲受持菩萨大戒，而去师苦远，欲遥申禀承，不知可否？对经像前受戒，虽有明文，而相好难求，恐非微劣所能趣致。吾师虽在千里之外，而一念净信，乐邦只尺，用是特为控请，伏唯和上尊裁。如俯念翘诚，惠然垂悯，许其受持，愿便中早赐肯语，俾驰疏上闻，约疏至之期，遥礼和上，敬当尽形供奉焉。如谓戒本无此明文，难轻听许，弟子当痛忏宿障今愆，以俟时缘。虽不敢遂受，亦愿依持务尽此心耳。今具俸银十两，备阿阇黎以下大众一斋，伏冀大慈鉴纳。弟子临书无任皈依恳切之至！弟子辉稽首和南。

《阿弥陀经疏钞》，故居士程康伯业翻刻，与《戒疏发隐》同时工完，而康伯遂化。渠初刻时，弟子实怂臾之，欲其流通都下。今有欲赍版以南者，云出康伯本意。不知康伯诀时，固谓此版当随瑞像而住。盖渠曾仿栴檀瑞像，募铸肖甚，初意欲奉以南，今既留慈慧寺矣，即原铸处也。板留此与否尚未定，倘不可留，此间当更图刻之，亦自不难。《发隐》闻新有更定，当依定本也。弟子护法一念不敢不诚，前承师赐柱石法门之嘱，故喋喋及此耳。往时专意净土，期一相深入。去年春始提话头，虽屡开解路，终是意识转换，非直下了当也，然弟子亦殊不敢少自退屈。石篑聚首合并之益不少。但尘劳无穷，身名累缀，当由前因杂乱、业障深厚耶？虽知不拣静闹，随处下手，终是工夫间断，未能纯一。正尔惭愧忏悔，所以持戒一念弥觉殷重耳。师何以开之，使速出迷途耶？此间行履，葛屺瞻居士当能言之。葛公信向，良不易得，此还更领新益，可谓多生胜缘，弟子甚羡之，而不得从也。然所欲禀承者，岂在形貌口耳哉？去秋蜘蛛闻名立化，亦大奇事，业为建一小塔，作文志之。刻成，当付后信寄上。范子乔出京，曾为书一戒杀手卷，为从人窃赀，弃卷于武当龙湫中。竟以神龟引路，复得之，卷殊不濡，人以为异。子乔还杭，或有顶礼因缘，必能自说其详。此皆吾师慈善力所加被也，敢忘大恩？但未知所报耳！诸唯为法为众生自爱。正月廿五日，弟子黄辉再稽首和南。

愿遥受菩萨大戒，此意甚正，无不可者。即不得好相亦无害，难在好心耳。末世好相难得，有心取相而求必得，反有发魔事者。但办好心，勿生疑二，随何月望日为期可也。又云尘劳杂乱。但随缘且战且守，居士善根深厚，当有大如意日在，毋忧也。

与黄慎轩太史、王墨池主政诸居士

杭州右卫应袭杨君名志者，入京袭职，聊附寸楮。志故父贵州都阃杨国柱，其人身虽武弁，而行出乎士君子，清廉慈惠，时辈罕及，而忠义愤激，素所自期。故不肖与之交游甚久，而敬之特深。向以讨杨应龙战没，不肖痛伤无已。而报曰被虏。若非天殄丑夷，尽空其巢穴，则国柱存亡未决，而含冤负枉何日白也？今心迹已明，公论已定。恐犹有未知其详者，不惜为一陈之。外山刻数种附上，不尽。

附黄太史回书：

杨生持书至，奉教如面。忠臣孤自宜优录，在事者已为别作一目矣。襄阳本数句，查奘译及《海东疏》皆无之，始信师前所言非草草者，甚愧前云云之谬也。《疏钞》刻已将完，从此流通，尽法界成青莲花，岂不大满意事耶？东朝且建，言去有词，旦夕大典克就，便可抗疏归养。但相去弥远，不能相闻，唯有此心往来左右耳。老父久持十斋，近闻已断荤两月，倘遂长斋，皆馀教所感动也，沾佩何已！乡人云：屠者市一猪，明将烹之。豕人跪乞命，泪下如雨。因走入仓底，鞭不可出。老父闻之，亟以钱赎焉。猪乃自出，随小力还，人皆叹诧。斋因如此，亦奇矣。家书尚未至，然乡人非妄语者。老父天性仁慈，得尔助发，亦不偶然。便邮中幸惠法语一二则，使辉得持归为寿，世上何物可比耶？直还倦甚，杨生索书亟，草草怖悰，不尽千一。九月廿七日，弟子黄辉顿首和南。

答桐城吴观我太史广瀹

岁杪，从舍侄用先询知，人天药树，经霜弥茂，昏衢慧日，候乃再中。敬用合十，普为横目叹未曾有。病室中所徼和尚法施，入耳熏心，不啻九里之润。恨广瀹皮下无血，不能从千里外觌面承当耳。《皇明护法录》，仰见我师深心慈摄，平等遍周。而杨宗伯所注三篇，又能标揭道岸，以晓缝掖之盲，于末法中可谓救时针砭。广瀹不揣愚陋，扬厉末简，转授梓人，使此土阐提稍为短气，或亦大师法海之一滴也。兹因家舅广寓省觐函丈，籍用四牍，敬上起居。别具放生净赀，聊与大师证第八地无功用时作少随喜，万惟和尚纳小儿之供，而宽后夫之诛。广瀹不既瞻恋悲仰之至！

新正十日大吐，几至委顿。越数日，又夜起一跌，至今循墙而走也。神疲力倦，头眩目昏。日已衔山，殆将不久。乃蒙远寄放生银，收入谢谢。杨宗伯《护法录注》，诚如来谕有大功于末法。而一跋撮三篇之旨趣，融贯会通，转更深妙矣。又闻置田为放生之费。旧有十金，拟作福事，偶值此良缘，谨附镜吾奉上。

复次，镜吾来道尊意，以所受戒或有缺失为忏。古有乘戒缓急四料拣，乘急戒缓，大胜戒急乘缓者。窃怪尊目不能览阅，何得行文非但识见之卓荦，而宏博典赡，高古渊邃，似手不停披于百家之编者，非人所能及也。愿回此过人一段灵照，照了自心，必有悟入，则今日大聪明转成真智慧矣，何虑戒之缺失也。

又

广瀹每从舍侄询知福履亨嘉，法润广被，则为众生合掌踊跃，叹未曾有也。广瀹未死赤心，不能用以鞭癖，更用刍狗，牵引葛藤，负罪良厚。和尚不加痛棒，过矜诩之，盖慈母之育婴儿，一闻谚诃，辄为抚掌。广瀹岂敢贪于提奖，妄自以为有所得当耶？惟是慈翰尚有未尽之诺，则渴者之思甘露，又不啻日以为岁矣。兹舍弟应宠顶谒法座，敬附寸牍，以导巾瓶，且请究清净明诲，庶几未来生死长夜永奉智光，真旷劫中不思议事也。临楮翘诚，五体投地。

来谕更欲究竟未尽。前所著书广大悉备，亦无不尽。所未尽者不在此书，而在一心。良由悬河之辩，弥天之辞，无不自妙明真心流出尔。《金刚钞》，青龙亹亹数万言，而得者乃在龙潭吹灭一灯之顷，故曰所未尽者在一心也。究竟此心，即罔弗究竟矣。或不相应，一心念佛，至要至要。

又

来书云："兢兢以未获了明此一大事为忧，为甚忧。"此人情所谓不足忧者也，即此是入道正因，愿一心本参而已。又《浮山册》中，诸名公俱称述"观棋黑白"语为上妙玄谈。此语虽传诵千古，而远老深深处不在此。此等今日聪明人亦能为之。即"九带"等，亦不须穿凿求会，但做远老安乐工夫耳。有如是工夫，方有如是证悟。古德谓："只愁不成佛，不愁佛不解语。"至哉言也！幸留意焉。

又

在家戒有缺杂，亦无足怪。当知戒缓乘急，古有明论。惟愿二六时中，刻刻参究此事，断尽诸缘，制心一处，必期打彻而已。

又

无业而病，病属先业。现生偿此，并多生之业偿之矣，所谓重报轻受者也，应生欢喜而勿烦恼。世事以疾而废，因废世事，得修道业，又所谓因祸而得福者也，亦应生欢喜而勿烦恼。惟宜尽放万缘，一心内照。

答方伯本如吴公

癸丑冬初离武林，犹谓入觐后尚可趋侍法筵也，不意滥叨蜀抚之命。彼时即具疏乞休，弗遂。为蜀中猓夷叛乱，严旨督促，星驰赴任。拮据兵事一载，方得克敌。顷渠魁业已授首，而胁从宽其尽诛，地方已得宁息矣，此皆三宝加被之力也。俟卷甲休兵之后，再疏告归。得遂私愿，当携筇杖问讯莲座之下也。迩来道履，想益清吉，惟愿常住在世，永作人天眼目耳。万里遥天，曷胜思慕！敬修寸楮怖臆，外具紫花布一端、暑袜一双，略将远念，幸炤入不尽。小儿大琙，嘱笔顶礼。弟子求赐起法名示来，至恳。右启莲池大师法座。正月十一日，弟子吴用先和南。

数年恩泽，双被缁素，盖去后常见思矣。又令郎器宇豁达，自非凡品，更宜韫高明以沉潜，养刚大于慈忍，日后成就，有不可量者。

答嘉兴包心弦孝廉

日奉吾师手札，以烧舟事而示之，悲智并行，真大法施也，敢不佩服？第念前辈如永明禅师，当其取钱买生时，宁知王法？及其临刑谈笑时，宁知世法？一切葛藤尽斩，乃得宗镜高悬，至今在照摄之内。弟子生死二字颇似勘明，况于利衰毁誉？盖众生之梦酣矣，不竭力唤醒，宁肯回头？即如放生一节，救得一命，亦只完得一念慈悲。而渔人网利，不知业报，吾师谓其落地狱乎，不落地狱乎？与其恶趣拔之，何若人趣中以逼迫巧方便而拔之乎？焚舟一只是真，乃小价管园人物，又朽敝不堪，故借此以吓人耳目，不谓人遂相传至入师静听中也。师谓有悲不可无智。弟子则以有智，有似愚之智，不智不能运悲，不愚不能成智。若大家怕是非，只管一己，毕竟度众生心未切未大耳。吾师以为何如？

读来书，知有菩萨大心愿大力量，可敬可羡。但所称菩萨者，不拘常法，而唯贵在利生，然亦未尝不审机宜、酌时势，故曰有悲有智，非一味果敢必行而无复顾忌之谓也。如孔子在世，非菩萨儒乎？而伊尹放君，柳下惠不羞污君。夫敬君而无慢也，择君而后事也，常法也。尹、惠不拘常法，可谓菩萨矣。然孔子当鲁哀之暗，何不放之？而乃曰："事君尽礼。"问阵之君，受女乐之君，何不事之？而乃飘然远去。将孔子非菩萨耶？

来书云永明寿禅师以官钱放生，今居士能以楞严常住钱放生乎？又云永明临刑，谈笑自若。夫生死亦大矣，谈笑临刑之事，未可易言也。菩萨舍头目髓脑，如弃敝履。今有乞头目髓脑于居士者，能任其割截斫刺，而安乐自如，一无所动于中乎？

又云人中治之，胜地狱中拔之。然众生造地狱者，不特一渔耳。即乡闾中子孙忤父母者，豪强欺压小民者，奸徒种种为恶害人者，官司所未获，刑宪所未施。居士能执而戮之，以免其地狱乎？

又云有智，有似愚之智。既曰似愚之智，则毕竟智矣，非愚也。宁无似愚而真愚者乎？今僧有拖百斤铁索而募缘者，有木鱼一向化银五千而募缘者，皆可谓似愚之智乎？

又云烧舟者是管园人物。夫加以美名，歆动其心，安知不因而生事乎？徙木者酬金，商君所以兴，亦所以败也。告讦者锡爵，天后所以盛，亦所以衰也。何也？其渐不可长也。又云渔舟朽敝，烧之盖借以警众。然则渔人之老疾者，亦可杀之而借以警众乎？

孔子曰："君子知微知彰，知柔知刚。"如高见，是知彰知刚，不知微与柔矣。孔子曰："临事而惧。"如高见，是北宫之无惧为主矣。孔子无可无不可。如高见，少正卯可诛，可诛者尚众也，孔子何不一于可，并诛三家乎？居士是真实心欲行菩萨道者，吾爱之重之。恐其太执，为是喋喋。幸高明详察焉。

答湖广汪静峰中丞

> 可受以湘潭鄙人，作簿书俗吏。不识宿世何缘，颇知皈依三宝。然少年为金华令，往来严陵江上，密迩法筵，不知就问。比思就问，而山川已隔。今逐逐风尘老矣，生与至人同此世界，奈何不一望见门墙？静夜思之，形影可惭。兹有社友元闻邢三敬发心来参请，谨附通姓名于执事。倘辱光明之下照，斯亦千里之如面也。外具《金刚》篆刻一部，奉尘清览。《楞严依释》一部请教。遥望海云，五体投地。

《楞严依释》，有姑苏袁居士曾寄。见其阐扬经旨，融贯畅快。今更远颁，重睹奇珍，曷胜庆幸。又蒙篆刻，并谢不宣。

再白，宏以老疾沉困，闭户缄言。而大居士妙释远来，有不容终默者。愚意此且未须付梓。盖尊龄知命，而已具如是见解，稍迟迟必更有新得矣。夫子七十从心，赵州八旬行脚故也。狂瞽之言，伏希照谅。

答绍兴王墨池京兆

五云深处，道侣骈集，已是此方极乐世界。恨鄙人业重，堕落富贵场中，无缘时时从丈席聆提诲耳。此事虽不间闲忙静闹，却应酬过烦，不知不觉当面蹉过。业居普贤示现地，尚未能行普贤行。总之命根难断，大事未彻，种种修持都是业因。年已五十余矣，日复一日，钝置乃尔，不胜悲痛！大师何以策之？海内士友同志半就凋落，里中潜修密诣，只得一石篑兄，而今又逝矣。大师座下高足，谁当首属？法雨弥天，儿孙满地，自不乏人。必欲具超师之智，担荷此事，恐亦未必能多得也，奈何？近日四方居士中参礼师门，倘有可堪语此事者乎，乞指示以便访参。弟子蠢劣无足数，日夕孜孜唯有究明本地一着，与觐礼善知识一段渴怀耳。愿老师垂教。

得书，知日夕提究此事，甚慰远怀。近时颇有留心此事者，但空谈者多，实造者少，为可叹耳。古人亦多忙冗中得之者，根难测故，愿加意不退为望。

答江西郭青螺司马

仆始深信西方净土若此妙明，亦若此简易。最后得师所著《弥陀经疏钞》读之，又知妙明处不落顽空，简易中不入浅俗，远师以来一人而已。仆近留鬼方，讨夜郎，兵戈丛中，佛力为多。竟无术脱去尘沙，归镜云栖。敬遣一介上起居，薄将不腆以饭从者。即日三四小儿入留都，道钱塘，肃诚顶礼，幸有以教之，即所以教仆也。

万里德音，忽被枯朽，感庆可言。贤公子倘临荒坞，区区之心，欲劝以佛道、人伦不碍交尽。无论形分缁素，只贵了明心地而已。不审当尊意否也？

答湖广曾金简仪部

数年之中，得再瞻法座，获承印可，不啻游乐邦，亲蒙导师授记，感如之何！昨不自揣，谬以《楞伽》《楞严》《金刚》三宗通，请正大方，冀幸明眼宗师有以钳锤我也。或得一言半句互相切劘，岂徒不肖之幸，实无量众生之幸也。不肖白衣，岂宜妄与教典？六祖有言："佛性本无南北獦獠之别。"往见月川、憨山，每引宗语证经，有当不当，窃不以为然。自己亥坐少林四十余日，偶闻钟声，忽有省入，始信一切世谛语言，总与实相不相违背，何独于佛语而二之？遂以权为实，以实为权，无不可者。若宗、教屹然分为二途，于佛语中自分浅深，难以通矣。故宗、教分则诤，通则无诤。不肖亦欲同归无诤，大师其谓之何？别具二序，为高徒绍觉结缘冥冥之中。幸批示可否，尤感。

昨春造诣门屏，冀领矩诲。适值尊足有恙，坐卧相对，已结胜缘。接谈数语，不啻游极乐聆法音也，感如之何！夜共高足慧文论经，豁我心目。足知门下龙象，踵接肩摩，未易缕指。别法席，出游净慈，适陶石梁春元以令徒绍觉所著《因明论》、《成唯识论》二解，命为之序。不辞浅陋，僭题篇端。更托石梁请正门下，乃可授梓，不知曾达此意否？如有未当，幸为改正是望。如生谬为《楞严》《楞伽》《金刚》三宗通，粗浅简略，知为作家所笑。然欲藉是种般若因，稍备净土资粮，固不自觉其丑。唯大师具眼，知我负堕处，恳乞指示，以便改图。且愿笔之首简，指迷来学，岂但有裨生一人已也。至祷至祷！兹寄上《楞伽》、《心经》、《东游》草呈览。外《金刚》中有未善，已改刻，续托周丈寄上。余不多及。

周君寄至《楞伽》《心学》《东游》三刻，卧疾沉困，兼复行促，才染指，已知有深味矣。荷虚怀使言，容更详览，倘有愚见，日后便中呈上。观缘、因明二序，发明二论旨趣，言简意尽，足名妙解。彼僧博览强记，亦诚可佳，序文大为得体矣。

答嘉兴郡伯槐庭蔡公

惟我大师，慈悲救人，一洗狂荡，直归安养，真阿弥陀化身也。弟子信心颇切，净业难纯，毕此一生以报师恩，如韩信背水阵，欲退不可得矣。乞赐常寂光中阴加护祐，切祷切祷！外刻经请正。《千佛名经》末卷原有颠倒，藏板亦有差错。因缘会合，知在何日？

遗泽覃布，人切去思。忽接手书，不胜忻忭。承谕《千佛名经》与藏本及苏州本略有小异，然佛名并无不同，余小异不足辨。八旬衰朽，命若风灯，未知重得睹光仪否也。

答昆山王孟夙居士广钺

弟子王广钺百稽首大师法座下：弟子服官四载，未通一启于法座。则以积疲之邑，当连灾之后，终日以救荒为事，无米难炊，拮据良苦，且以为徒事尺牍候问，不如遵行大师之教。是以请粟发赈，煮粥以活饥民，不遗余力。间有冤狱成案难翻者，弟子焚香告天，必为洗白，上官亦往往谅而从之。四年之内，俸入不能糊家人之口。此弟子服官大略也。到任时原不携带妻子，曾携一妾，昨岁因其悍而善遣之，觉此身轻快，得瞻礼大士，每日诵《弥陀经》一卷而出，偷闲阅《楞严》、庞居士等录。盖弟子虽有志，多生习气尚未除，是以时时提醒，惟恐退堕。常思挂冠，专心净业，而婚嫁未毕，又恐静坐时亦有未安，且挨日子过去。此生穷通，付之时命。悟道迟早，听之机缘。乞大师一言教之。法体康胜，时从李长蘅、王弱生处得之，欣慰欣慰。《牧牛图》嘱语，弟子已有，倘有近刻，乞惠赐以便捧诵。俸金二两，奉上为大师制禅衣，幸鉴其诚而纳之。临启不胜瞻仰之至！

如是守官，如是爱民，如是申冤救苦，足称宦途菩萨矣。中云："此生穷通，付之时命。悟道迟早，听之机缘。”可谓确论。今虽世事未了，但得一时之暇，毋令放过，即便提撕本参，久久自有入处耳。

答太仓王弱生驾部广峣

前承老师指引，提“念佛是谁”话。碌碌尘中，不能着实奉行，但偶一举起，旋觉有平日本子上看得，知识边听得，一种相似光景来扰。若尽数扫去，则又如铜山铁壁茫然无下手处。不知此处有何方便得有入处？望老师慈悯，指示一言，以开迷云。

既当任有官，宜以王事为急务。道念未得十分相应，此自然之理，无足怪者，但在得暇便提撕耳。来云目览耳记悉尽扫去，又茫然无下手处。然万缘虽尽剿绝，而话头孤然独存，安得无下手处耶？至真无下手处，却正是下手处也。

又

来谕，诗及制义二俱佳妙。其语话诸篇，深究物理，切中事情，真冥途之宝炬，翳眼之金锦也。又所问净土事，盖入道多门，不劝修净土亦不妨。但在今时则大有说。古之不务净土者，实用心于禅，禅成则净土亦成也。今之不务净土者，实不用心于禅，口谈禅以自高，禅与净土两无成也。然净土乃释迦如来金口亲劝，十方恒沙如来广长舌之所共劝，文殊、普贤、马鸣、龙树、天台、清凉、永明等无量大圣大贤之所共劝。惟达摩而下创立禅宗，不劝净土，以正欲扶起单传直指之道，更说净土，则此道不显，盖门庭施设理应如是，又时节因缘亦应尔也。至于讲师，无有不劝者。良由教中或专说净土，或带说净土，经论语录彰彰如日月之在中天。讲师所习者教，故演畅其义以普告世人，正其职分所当为。讲师不劝净土者，千百中只一二耳。吾乡向有得法师，今有此师，及此师之门人而已，馀不多见也。又《楞严经·势至品》念佛不入圆通，此一疑不可不辩，有旧刻二段附览。

又

来书云："世累所羁，不能一洗凡俗。"然世未足称累也。世间法，如为子而事亲以孝，为臣而事君以忠，乃至人伦庶物，一一与道非碍。所贵者，任理随缘，无心顺应而已。科场近，且自一心举业。登第之日，发大誓愿，必不以富贵利达负其所学，期如古昔名臣，是谓济世。必不以富贵利达迷失正念，务了明此一段大事因缘，是谓出世。如是，则士大夫皆可即宦游而参禅，不离俗而入道者也。幸留心焉。

云栖大师遗稿卷二

● 书二

答钱养淳州守广霈

弟子钱广霈顿首大师法座前：弟子愚蒙，习气浓厚。清夜省念，愆过实多。如精修净业，必藉简缘，而人事牵连，割截不下。虽或阔略，后事成悔，反觉不安。意欲寻一静室，拉一道人，尽抛俗事，专心念诵。而向平之愿未毕，不惟儿女债缠，兼亦心绪萦挂，地僻心驰，远亦何益？俟婚嫁可毕，必须五六年光景。河清难俟，人寿几何。两战未降，何缘取胜？乞师指示。又为幼儿顽劣，塾师无功，今将自训之，又多一累。若失此不教，或致无成，岂不悔之大者？是为难克耳。近阅经疏，虽略依文通解，然于心地不融，如视地未明，终疑措足。偶阅天台《观心论疏》，统说止观，大纲既明，条目毕具，如饮河自足，不烦他求，上根可以圆观，中下亦可兼修，真符《楞严》，而人尤易晓，似于下手最切，意图允蹈。第如前俗缘所绊，未便自由，着意行之，其事何若？乞师指示。又阅中峰《三时系念法门》，甚于知识开发，提醒有赖，恨无同志襄成。今放生会中只念《往生》小咒，郑重聚集，殊无一毫着己，岂不可惜？此日即以此法行之。但湖舫不便，若就池中小庵建立此会，甚大幸也。一会染神，千劫下种。然须择戒行精洁，音吐清亮，文义通彻者一人为法师，可以起信慕，可以动听竦。如以凡庸尸之，徒增笑柄，不可为也。如只敛钱赎生，行之而善，或致人天小果，况法未必善乎？愚见如此，倘在可行，以老师命令行之，必有兴起感发者。第会首供事节目必当斟酌耳，旧例潦草，似少碍也。又见《中峰广录》劝人拍盲坐断，以悟为期。固知此老吃紧为人，然观其制作风雅，又非痴坐者。岂先以定动，后以慧拔乎？愚以为必先悟后修，行起解绝，始为允当。或有以禅得道，必其夙慧使然，如人于静中能忆往事，冗迫则不能也。若识田无此种子，而欲一坐成功，是贱农守一斥卤，欲嘉谷自生自获，虽勤何有哉？且善巧方便多在教中。用兵必看孙吴，作文必资经传耳，所谓记得古诗千百首，不会吟来也会吟。古禅未必尽通三藏，然亦有于公案寻求而得悟。悟不于公案，亦不外于公案，互相激发使之然也。不知是否？乞师指示。

来谕道念、家缘两战未降。今但于婚嫁等事，随力随分，一无强为，即与道念无碍，不两战也。若于观心契合，便即下手。必待俗缘了，则无时可了。

又

但自坚持本参，不必急求解悟。譬如行路者，行之不已，自有到家时耳。至于世务，亦势不能强断，但识破虚幻，随缘顺应，一味将就，则心自闲，功自进矣。

答翁周埜大参广霖

别师十四月，在任十一月矣。梧州古以为迁人地，传闻瘴疠，不若是甚也。惟是乍寒乍热，阴雾时有，难于调摄。同来者更相警戒，幸保无恙。獠夷不惊，民风鄙陋。凡事宽平，刑罚置而不用，尽可全养慈悲之心。每念久习儒言，未明儒理。《语》曰：“未知生，焉知死。”今当何以知生？立身处家，居官做事，非不公明平恕，克己爱人。恐只是小小修持，答应世务而已，腊月三十夜用不着，惘惘沉沦，奈何哉？望老师慈悲指示。外具檀速二香供佛供师，伏惟涵纳。九月十五日，翁汝进广霖顿首。

来谕生死。儒言知生，明生死也。佛言无生，出生死也。明而不出者有之矣，未有出而不明者也。经论所陈出生死法，固有多门。约而言之，参禅、念佛两种法门而已。今各奉一书，请择于斯二者。

答江阴尹澹如中翰广寤

弟子自受戒来，如失路之夫，暗中摸索，忽得长明灯，光烛前途，令不颠陨。惟是尘劳未息，业障未除，不得直趋正觉，以不负吾师大慈耳。弟子于世味元澹，视一官如敝屣，只是爱网缠缚，解脱无期。若真正上根人，便能不离当下而证真如。亦是发愿未真，故浮游生死岸头，受此恐怖烦恼。吾师幸不吝针砭，起我膏肓。无常迅速，念此五内酸裂。东望依依，伫有慈示。不宣。

人在尘中，尘劳自所不免。既世味澹然，官况萧然，加以正念了然，便是即尘劳为佛事矣。

答嘉兴包仪甫邑令大爔

既受职，当以仁民为第一事。而庶务才毕，便接本参，则案牍边无非道场也。

又

弟子才拙性迂，此土又夙号难治，朝夕冰兢，幸免渊坠。而福德凉薄，涝旱频仍，下有必不堪竭之脂膏，上有必不容宽之赋额，抚字催科到此种种呈拙。惟是内不失己，外不负民，颇用自矢，吾师光明藏中或垂悲摄耳。前承手示，案牍之暇，即接本参，自是直截宗旨。所愧劣根，二六时中，常多逗漏。犹望师大慈冥被，使不至堕落坑堑也。

“内不失己，外不负民”，只此两言，循吏之道竭尽无遗矣。带事修禅，此平常人所难，况复宰职之冗剧者乎？然始觉其难，后证其易矣。卧疾沉困，不能及其余，幸谅。

答嘉定娄子柔居士广绂

八月八日，戒弟子娄坚广绂，顿首和南本师和尚导师法座下：广绂久切向往，幸于春暮获遂顶谒。初心只欲受伊蒲戒而已，过蒙提奖，为说大戒，临别又承法施种种。此生或不沦坠，敢忘师慈？尝悼世缘障重，既苦终鲜，复艰胤嗣，慈母悬悬，未容摆脱。两月前得举一男，今当不计后来成长，遂绝房室，一意净严，庶几不负接引。但恨禀性素慈，而偏深嫉恶，亦知颠倒分别，挂碍匪轻，虽痛自刻责，而遇有不平，辄复背觉。惭悚如何！会友人入山，附讯起居，不觉此心已驰于五云之麓矣。秋气渐高，伏惟为法为众生倍万珍重。

好善疾恶，人情也。恶而不疾，是同恶也。今谓疾恶一事，而分二心，恐己亦有是恶而疾之。疾之者，以为戒也，可也。但见彼之恶而疾之，又疾之已甚，不可也。若立朝临民则小异，司黜陟之柄，操赏罚之权，宁有任其恶而不黜不罚者乎？则一以直心行之，因物付物，终日疾恶而己不与也。更详之。

答常熟严天池郡守

小儿严楞，钝根汉也，沉溺世乐，殊无自超意，天幸近罹家难，稍稍动心。潋因令之亲近有道，尚洒以甘露，醒其尘劳乎！仍希留彼旬月，重沾法香。即师不与一言，已自声如雷矣。舍亲王季和，大贤也，有为而投师，是其不幸中至幸。以朕见观，此兄似应以宰官身淑世者，不审法眼视之若何？谅迎机之训，虚往实归耳。

令郎沉厚简默，想因世缘之变，所谓动心忍性，增益其所不能矣。王季和，为二兄及诸契友力挽而去。谨覆。

又

人生闲忙，亦有分定。必待极闲而后办道，终无日矣。忙里取闲，得一时空，便收拾散乱之心，摄归正念，久之自然有得。

答袁沧孺治中广淏

居恒思念佛法门乃彻上彻下工夫，不碍摄心常念，亦不碍读诵研穷，弟子所深喜者。惟台宗玄义、止观，其究竟亦只是念佛，故智者大师以十六观归于三观，厥旨甚深，其理甚妙。老师禅观之余，祈以法语数行，见示用功之要。如来世尊勤恳一生，只要众生开示悟入佛之知见。老师用心与佛无二，如弟子庸暗，未识可入此道否？愿以慈誓摄我，早令开悟，当生生世世为法眷弟子也。

禅宗、净土，殊途同归，所谓参禅只为明生死，念佛惟图了生死，而要在一门深入。近时性敏者喜谈禅，徒取快于口吻。而守钝念佛者，又浮念不复观心。往往双失之。高见盖灼然不惑矣，今惟在守定而时时切念勿忘耳。

答福建陈价夫居士广缙

缙向谓西生观法至简易行，及观《弥陀疏钞》，始悟百径千门，元无异证。尘莽境夺，又复苦难。回思狗骨如山，吒波不远，则又懼然发竖，眩目瞠心。荡漾无依，主宾混战，如弟子者，最可哀怜。拽鼻不回，频愁落草。入廛未得，何日忘牛。伏愿和尚慈悲，直拨病根，痛加鞭策。

来谕入廛垂手，是得道以后事，诚远矣。若古所谓：“一回入草去，蓦鼻拽将来。”此正今日事，不可诿之难也。读书作文时，仰事俯育时，作主作宾时，乃至登科入仕，上事君，下治民时。其入草拽回，时时所可致力者，其力行之。

又

诸作具见旷世逸才，今回心此个门中，非夙有深根，何以至是！当时时返照此一片英华从何处流出，则不负平生矣。

附陈居士回书：

参授以来，忽忽又经五载，颟顸漫浪，虚度岁时。伏读慈诲云：“但看此一段英华从何处流出。”只此半偈，便足征心。反覆寻求，莫知厥绪。埋头没脑，沦溺可悲。尚冀慈恩，惓惓开导。

答桐城孙镜吾居士广宇

佛说《普门品》，应以比丘身得度者，即现比丘身而为说法。老师大悲，菩萨再来身也，乘大愿船，泛生死海，不着此岸，不留彼岸，不住中流，惟以济度为事，使末法众生一启口而往生，随根器而摄入。师之功德，赞不可尽。迩者复疏钞《弥陀》，又于方便中作最殊胜方便，只此四字旋乾转坤，所谓十世古今，始终不离于当念。渴欲领教，无由先容。兹惟铸造四十八愿佛相，欲迎奉他方净土供养，商议靡定。近会三德师云：“云栖二六时中常礼四十八愿，若得此像供养最妙。”翼即遍告宰官及四辈人等，莫不欢忻鼓舞，同声赞叹，曰因果相对，三宝相称。岂善知识之感招，抑弟子于老师有夙缘耶？不识老师肯容纳否？专候法音，倘得不弃，弟子幸甚，此土众生幸甚。

末法谈禅便厌闻净土。居士究心祖意，而复栖神乐邦，可谓事理融通，见处圆彻矣。来谕圣像，举众欢喜。倘临敝境，幸遣使预示，以便奉迎也。

又

众生无始无终亦无尽，即世界众生成佛如雨点，而众生终不见减，诸佛终不见增，此是实说。“无始无终无尽”数字极妙，此是不可思议境界。称理，则众生即佛，佛即众生。

又

三教一家，不可谓不同。虽云一家，然一家之中，有祖孙父子，亦不可谓尽同。必欲约而同之，使无毫发之异，则坏世相，为害不浅矣。如一株树然，有根有枝有叶，终不可以枝叶而认作根也。

答虞德园铨部

利马窦回柬，灼然是京城一士夫代作。向实义、畸人二书，其语雷堆艰涩。今柬条达明利，推敲藻绘，与前不类。知邪说入人，有深信而力为之羽翼者。然格之以理，实浅陋可笑，而文亦太长可厌。盖信从此魔者，必非智人也。且韩、欧之辩才，程、朱之道学，无能摧佛，而况蠢尔幺魔乎？此幺魔不足辩，独甘心羽翼之者可叹也。倘其说日炽，以至名公皆为所惑，废朽当不惜病躯，不避口业，起而救之。今姑等之渔歌牧唱、蚊喧蛙叫而已。

又

承慰感感。但昔分双筇毕命，今安行数载，住亦宜矣。卧而俟天年之尽，诚甘之。虽越人能生死人，非所敢望也。池成有期，功德无量。

答会稽陶石篑太史

既看“万法”公案，“归何处”、“念是谁”，更无二意。一透则双透，幸专心焉。本寺碑文，虚左以待名笔久矣。倘允，则山门无尽光明也，何幸如之。面悉不一。

又

闻新春放生于戈山，诸上善人云集，胜西湖之会远矣。前王云来南都之役，其心盖为佛法，本无他意。偶尔构难，而越地物论交作，王甚病之。居士人望，或能一言为解，则其谤渐平矣，庶云来不退转融光修造功德也，故为此恳，乞留心焉。幸甚幸甚。

又

心本不在内、外、中间，今聊借身中摄念则可，然不须定守脐下也。又参一句死话头甚善，非死不活，恐时人未信耳。又念及法门，引古相慰，愧无能当。然在居士，则护法至切至恳之情为何如也！

又

令弟归，已托道意，俄得专人再覆。必不劳见顾也，不肖亦无能为世谛之饯矣。山刻数种奉上，惟检置是幸。《禅关策进》，皆古人实剥剥地把稳做工夫，与后贤作样子。今愿守定本参，以期正悟。中峰国师云：“一个死话头，悟来方庆快。”至哉言也！幸留意焉。

又

正着一僧来候，想途中蹉过矣。荒坞无物可充一贶之敬，反蒙多种佳贶，何可当也。天道多寒，千万保重，先佛王臣之托，正在居士耳。适匆匆封山刻，失《竹窗随笔》一书，今补上二帙。此书虽一时漫作，无高论玄语，然皆切于身心性命之实。时一披阅，以备药笼中物。新刻才较，未能多致也。使回附谢，不尽欲言。

又

葛水鉴寄手书，知贵体入都康平，喜慰喜慰。参话头是古人已试成法，倘一时未得发明，幸坚持宁耐，毋以欲速之心乘之。

答苏州管东溟佥宪

浙僧归自天池讲席，道居士激发四众，情恳语到，大率以真实修证为事。既而易讲以禅，从者十一，去而不顾者十九。盖山野常时窃叹正法荒芜，祖灯欲烬，不度德，不量力，辄以蚊负山，颠蹶不振。左右顾视，复寥寥然鲜外护者。安得承宿愿，锐然起而维之，不负灵山之嘱，如居士者乎？所欲言者，反正于积弊之后，必违俗而易生怨。愿高明优容，徐而理之，则法门幸甚。

又

二曾生至，持尊翰并《蠡测》正附见示。略展卷一二纸，知问答必有穷玄极微之论，而疾适作，未及卒业。友人见者惊诧希有，持去未归。二生还吴期促，且致谢悬，尚容再报不尽。

答江西王性海大行广揄

王墨池寄来书，中间备陈时事不佳，宜可内秘。知爱我之至，亦复知我之深，盖此意彼此同之也。久别，时切想念，而山中众友无不依依瞻恋，何时得一至为慰。朱茂正近为魔娆，而所云魔者，非负贩辈，乃衣冠中人，可叹可叹。独幸一二当道怜而济之，是世间善人未尽无也，则又为一快。

又

别久更无音问，僧来者或云迁官京邸，或云仍使四方，未见的实，不敢致书。意念之深，则笔札不能尽也。兹以明宗应南刘公之请，想盘桓未归，或得相遇，因一达积悃，区区真实不欺之心，必照谅无疑也。外山刻三册侑缄，不尽。

答江西谢青莲孝廉广钐

提话头是宗门发悟最紧切工夫。修净土人，即以一声佛号做个话头，此妙法也。但心粗气浮则未能相应，须是沉潜反照，至于力极势穷，乃有囮地一声消息。

又

来谕从前知解一切放舍，惟默默体究话头，甚善甚善。但恐话头未彻，知解复生，须防之耳。

答福建王峤海司理广宣

闻大作佛事，化家为庵，真不愧菩萨行门，有出家所不能及者。而歉云劝化世俗，于宗门毫无所得。今亦不须另求宗门，请依天如《或问》所言，但将一句阿弥陀佛做个话头，若能专志不分，禅宗、净土一举两得矣。

答杭严道宇所何公

蒙委较正《思益经》已竟，又蒙谕天竺事。谨陈白如左：

唯我公祖乘宿愿力，现宰官身，以大慈悲心悯念末法僧徒少持戒行，捕其尤者而置之法，俾有罪者自新，无罪者加勉。是所以安僧，非所以病僧也。今兹发奸摘伏，万口称快，威行域中矣。而继承尊谕，将申明佛制，以开导而渐摩之。是则雪霜之后，煦以阳和。杀伐既张，绥以文德。义之尽，仁之至，护法之功莫斯为甚矣。

但宏衰病伶仃，偷生岩穴，兼之跛躄，步履须人，其何能励精效劳以副委任责成之至意乎？况今处士以横议被逮，时僧以傲世取尤。以势揆之，亦所当避。因别思所以称台旨者，忆昔唐文皇以《遗教经》普施天下州郡，今此经本山重梓，加以鄙见补注。愚意不若流通此经，概南北两山、城内外寺院庵堂，大者与十册，中者与五册，小者与一册，人各受持，不得违犯，或能有裨于万一也。

答苏州赵念莪邑令广掖

读来书，见为民为道两尽厥心，即此一念是菩萨愿行，忻慰忻慰。世、出世间，理本无分，而事必微碍。若大悟之后，方乃打成一片。今但随缘顺世，不忘觉照而已。临民听讼，已知大慈深渥，不必更问。祭享大典，种种宰割，力不能救，持咒念佛以为津济，经所开许，无不可者。圣谕注释颇多，独此演义至为精详，真可近利一方，远传百世矣。

答陈敬亭方伯

长者以二十二日发书，龙田公来柬亦云即日，而二十六日薄暮始至荒山，盖持书人怠缓如此。山野顷有此心，而度不易举，辄中止。昨闻命，终夕惶惶，不能成寐。复虑饥民数多，而舍粥处所不广，及无给散方略，则推排蹴踘，甚为不便。四、五处犹少，须按十门作十处，十人主之。山野只可认一处。有道行、无私心僧更得八、九人共成之方好，乞尊裁。雨稍止即当入城，再请教示。草覆不宣。

答金省吾中丞

昨谕《鵮巢图》，此古圣师禅定中不思议境界，与如来鹊巢顶上正相似。机忘识尽、心如木石者然后臻此，岂不肖凡夫僧所能测哉？未达其境，不敢妄谈也。

答宋化卿居士

《医录》中多用补中、十全、六味、八味四方。今所服者，十全大补加减也。丹溪以阴常不足，阳常有余，而创为补阴丸。今率依之，以治虚损，误人性命多矣。故曰《医录》见识胜丹溪也。

又

昨晚复得书，知原差及云居僧俱受责。此事但得辨明是误，俾隶惧而官悔足矣。世间错误恒有，即阴府亦有误追者，勿加反责可也。劳烦护法则至深且切矣。纬真事正在疑信，今闻已的，不胜伤感。连年说要受菩萨戒，而卒为空言。因循之害如此，可叹可叹！

答福建许元真都阃广靖

闻在白云洞如法净住，甚喜甚慰。无论道成，即此已是人间极乐国矣。愿一志清修，更勿起丝毫宦情也。光阴有限，即封侯万里，不如坐进此道耳。张明初剃发，信是解脱高风，但先须处分家事，乃仓卒行事，以致干谒公门，虽于大理无妨，而世论则不惬矣。此事且置。为今之计，已剃发者贵慎终如始，不剃发者贵即俗而真，各各一志精进，务在破惑证智，明悟自心，以了此大事而已。发之有无不必论也。

答湖州董浔阳宗伯

心本不生，缘合而生。心本不死，缘散而死。似有生死，原无去来。于斯会得，生顺死安，常寂常照。如或未能，便当全身放下，密密持念一句阿弥陀佛，求生净土。假使诸缘未尽，寿命未终，倍应念佛，有大利益。古云：念佛法门，此是金仙氏之长生也。

答苏州郑白生诸居士

诸篇甚佳，但人各执所见，未易以口舌争也。争之弥切，执之逾坚，于事何益？不若付之不问，将此心力做自己分上实落工夫为妙。

答安庆吴始光兵部

辱远惠感感。贱足以正月十日汤厄，今虽全愈，而步履无力，只可于室中行耳。新刻《竹窗》、《禅关》二书，各奉二册。《竹窗》非今时话谈之类，中皆身心性命切要语。其《禅关》，则古人真实做工夫证验因缘，谆谆然无非教人参究话头以期正悟，幸详览焉。外又《禅海》、《山房》、《放生文》各一册，墨刻经像七幅，以备施诸相识。又五台木箸一双，愿举手见文殊于清凉云尔。病中草草，不尽。

答余姚孙居士大珩（今出家号死心）

若净土起信，则看教宜专本经《疏钞》，而他经次之。其看《疏钞》，莫作一气读毕，宜少看，而以多日毕之。盖细细玩味，然后深信净土为修行至要之门。古人谓："生死海中，念佛第一。"非虚言也。

又

既高声、默念、金刚持，皆无益而反损。今当于妄想纷飞时，只轻轻举佛一声即住了，看他是谁念佛。久之念起，又如是举、如是看。念若不起，只看着。其举业文字等俱歇下，歇下亦于举业无妨。

答松江徐警庵郡守广沩

诸症既三十余，愚意自今不宜服药太多，不宜服药太杂，宜稍稍服平和美剂。而节饮食、慎起居之外，当空其心，万缘放下，勿思虑，勿忧愁，勿瞋恼，安静以养之可也。

答浒墅关张主政

来谕愧不敢当，但一一以真诚见示，又何敢辞也。所需名曰“广原”。戒则五戒中全持、半持、少分持，随力所及。曰“广原”者，良以病从身生，身从业生，业从心生，心从何生？愿酬应之暇，案牍之余，时一回光内照，探其原本。探之不已，久久必有所得。

答湖州茅孝若居士广儆

尊君之变，不肖自应竭其愚诚，以佛事为吊慰。但衰病之身，兼以汤厄，伶仃艰危，几殆获免。顷作《跛脚法师歌》，誓禁步履，为杜门计，唯除湖社放生时间一出耳。孝子至极之怀，非不知之，实不得如命矣。然尊君苦无大过，杀生之举亦非出其本意，请自节哀苦。无已，则有一焉，手书《金刚经》一卷，功德不可思议。不肖不至无害，至亦无益。不肖与孝若相知，贵相知心也。

答常熟瞿元初居士广阮

若时迫，不及满千善之数，当至心发愿，愿登科入仕，加倍加倍广行诸善，决不为保护己官而听一不合天理之嘱托，决不为保护己官而行一不义之事，决不为保护己官而殃一无辜之民，决不为保护己官而明知冤枉不为申雪，决不为保护己官而歇了当为之大利益功德。能然者，即此是千善，即此是万善，即此是万万善。

答德清许廓如居士广钺

来问摄心用观，坐立想像等，此俱随人无定。但常观无间，非尘缘未了者所能为。虽不能常观，亦是工夫，毋用为虑。又尘缘中观法难成，不如直以学业、家业得暇之时，即便默默执持名号，只贵字字分明，句句亲切，心则自摄，若久之不退，三昧成就，即此是观。

答福建袁孝廉

婴儿曾不欠少圆明寂照之体，但迷而不发耳。何止婴儿，凡人自幼而壮，自壮而老，自老而死，无不在迷，此圆明寂照之体有而不现，非无也。至于曹溪水、赵州茶，且不必以胸臆强解，只顾本参以求正悟。何谓本参？若于念佛法门信得及，但参“是谁念佛”，所谓本参也。

答湖广刘守复居士广曙

得书，知闭关谢事，息心念道，甚慰甚慰。明春西湖之约，可谓八旬行脚，今之赵州矣。虽然，倘贵体倦游，则不须执也，惟在切切用心为要务耳。

又

凡夫放心。初学摄心，后乃得心。摄心非只一法，功高易进，念佛为先。古云："余门学道，如蚁子上于高山。念佛往生，似风帆行于顺水。"想起时，不须别作除灭，但举"阿弥陀佛"四字，尽力挨拶，便是摄心工夫。忽然悟去，名曰得心。昔一友人谓予曰："今人见六祖道：'本来无一物，何处惹尘埃。'便将神秀'时时勤拂拭'之句，藐视如一茎草。不知时时拂拭，正学者今日事也。"予深善其说。昨聆高论，正与此合，因及之。

答苏州袁心远居士广绶

畏死者，以未悟本来无生故也。本自无生，焉得有死，何畏之有？然无生未易卒悟。今唯当专诚念佛，久久念至一心不乱，必得开悟。就令不悟，而一生念力，临终自知死去必生净土，则如流落他乡，得归故里，阿弥陀佛垂手接引往生，欢喜无量，何畏之有！

答余杭王中泉居士

读来书，大惊大伤，嗟呀不能已，云何善人而得如是报也？思之，想贵命中只应一子，此二郎君者，必有宿因。其来也，索债负者，非绍箕裘者也。故今生为之长养成人，为之教导成业，为之姻聘成其室家，色色完备，所索已竟，则飘然而去。彼父子之情已枯竭无余矣，此正不必苦苦追忆而悲思也。然理则明知，情犹计执，岂能豁尔顿脱？须时时得良友智人相伴，开慰解释，及时时看内典，说世界空花，人生一梦，眷属暂时相守，俄顷即散。以此破惑，令心放下。慎勿孤居寂寥，展转哀悼，而损自身也。

答梵邦广竺

望八之人，夕阳西去，光阴几何，今一切休罢。其像赞等，若在不思议心中流出则可，倘举笔运意而后成，则为累多矣，谅之。生死事大，余不悉。

答嘉兴朱君升孝廉

承念深感。老衰时在病中，或时稍安康耳，残阳西去，终光景无多也。世间万事皆属前缘，如梦如幻，惟随缘顺受，勿以动心，即尘中解脱门也。

答绍兴张居士

营静室同修净业，此世间最上事也。然室不必全美，足供佛，及行坐礼拜即已。亦不必候家事俱了，日出事生，欲了固无了日也，随即下手，已迟迟矣。生死海中，念佛法门最为第一，宜尽心焉。

答休宁吴伯阳居士（今出家名广俵）

《楞严》分别真妄处，曾不谈及观想西方、执持名号等事。何为全没干涉，而无风起浪，贬他是妄？若言妄者，坐禅亦妄，持戒亦妄，讲经亦妄，乃至得菩提、入涅槃亦妄。可自一心念佛，莫生疑也。

答通州孙居士广谅

来问出世真谛。夫世即出世，则不须求出。真非妄外，则何用觅真。此意未会，则莫若一心念佛，念极而悟。悟则无论，纵不大悟，而离此娑婆，生彼净土，即是出世。消灭杂念，纯一正念，即是真谛。今亦不管出不出、真不真，但工夫做到一心，自然了当矣。

答徽州吴居士大潚

见做举业，如何怪得功夫不成片。举业之暇，即摄归正念。举业歇时，方可纯一用心，不须两念交驰。且做举业，而置得失于度外，视之如梦幻泡影可也。

答吴居士大澈

念佛即是持咒。念佛得力后，对境自如，作厌离想，即是解脱初门。但目前如何便得自在？久持不退，自有相应时也。

答张杏苑居士广经

所问云门语，不须究他说“教外别传”，只看他说：“须退步向自己脚跟下推寻，是个甚么道理？”其推寻今亦不难，既信念佛，但内看念佛的是谁，便是脚跟下推寻也。久之，则《正讹》中所云“最后穷玄极微一段事”，不患其不得矣。

答徽州金居士广暲

非必宿业为障，亦是宿习使然。宿习久在多生，道念始于今日，孤军未胜勍敌，理自然也。久远不退，事必办矣。直论，则无问在家出家，悟心则已。就世间论，则在家者一切事奉天理行去，而荣枯得失尽付前缘，如梦如幻，如泡如影，勿以动念，是名真行。

答陕西张心虞邑令

读《致曲》一编，具见公学问直捷简要，曰诚曰仁，全从心地下功，而又能即本体便为工夫，尤是履真践实，非空事浮言者，主持道学何以尚焉！若所言儒释之疑，兹以宋刘学士《三教平心论》并本朝沈待诏《续原教论》二书奉上，其论儒释颇为明尽，幸一览。又奉《楞严经》一部，此经恐洙泗、濂、洛所未及道，亦非老、庄所可并论，愿平心细心长远心观之。公虽克绍儒宗，而下询葑菲，感公真诚，故不敢隐。

答金居士广聚

来问曰“末后紧关”，曰“甚深之旨”，曰“本地相应”，曰“直提指斯事”。紧也、深也、本也、直也，皆切问也，然只在近思而已。除此灵知炯炯外，皆缓耳、浅耳、末耳、曲耳。诚即此念佛一念所起觑得破，管取大事了毕。又不可见如是说，便作思惟卜度，穿凿求通，则反失之矣。但念念体究，真积力久而自得之，方是证悟。

答檀林广玄

耆宿未见了了，不足恐怖，盖彼心力实不曾用尽耳。今既有疾，亦不必以勉强勇作。但依经中“执持名号，一心不乱”。一味省缘，可省便省，不得已者然后应之，自然工夫得力矣。

答吴居士广镜

武夷山中，信是修道之所。既信念佛，但内看念佛的是谁，便是脚跟下推寻也。又尊堂暮景，不审有贤昆仲奉事否？如无其人，不可远离膝下。然自奉亲之外，万事俱束高阁，则庭帏即泉石也。

答余姚韩清泰居士广梵

来问一门深入之旨，彼盖为门庭各别者言。今念佛者即在念佛上参，依旧是一门，非二事也。若参究不便，则蓦直念去亦得。复设一喻，如习举业者，《易》与《诗》等二门也，则诚不可兼，以无双经入试故。只《易》一经，或读文，或解理，可云二门否？未闻解理之悖于读文而不可兼也。

答湖州钱叔达居士广润（后出家号具蒙）

令郎书返璧。虽逢厄难，顿绝诸缘，一心念道，则因祸而致福矣。《易》曰："鼎颠趾，利出否。"此之谓也。

答嘉兴孙无高居士广抑

得书，知留心戒学，喜慰喜慰。世路中岂能全免戏论，久之自当渐化。所问"绮语"，则华饰而乏情实，及淫词艳曲荡人心虑者皆是。而经中所称"妄语"，正指凡夫妄号圣人。余皆小妄，名戒不精，不名破戒。法门无量，约之不出戒、定、慧三。当遵《楞严》"摄心为戒，因戒生定，因定发慧"。此三语者可终身行之也。

又

抱疾穷山，虽相念，无便通一音问。顷闻世缘已偶，甚慰。得书，又知在世缘中不忘信力，尤惬远怀耳。盖处世须是随缘，不必断尽世缘然后为道，但外顺人情，中存智眼，久之自有所得。

又

蒙吊慎初，谢谢。凡称系籍本山，而黩货诸方，非缁门之良也。倘有之，愿简察焉。

又

久别正忆念，而守山以书至，始知就馆周氏。新科又在迩矣，无暇力究此道，惟存之不忘、志之不退可也。

又

日课就帖上略注。以今尚有举业，其净修，惟贵简约直捷，未可繁多。如《观音文》、《金刚经》无暇诵持，则一味念佛亦自功德不少耳。

答余姚蒋居士广秩

亡者存日既具信根，临终不失正念，天人招之，非夙善何以及此？况更为礼忏以助之乎？不必悲伤，当生庆悦矣。其诵经十万之数，虽不补完，亦于亡者无过。为补之，则存亡两利矣。

答张百户广湉

妄念是病，念佛是药。久病非片剂所能疗，积妄非暂念所能除，其理一也。莫管他妄念纷飞，只贵在念佛精切，字字分明，句句接续，极力执持，方有趋向分。所谓真积力久，而一旦豁然。喻如磨杵作针、炼铁成钢者，定不诬也。入道多门，惟此一门最为捷径，不可忽，不可忽。

答吴江盛如林居士广霆

念佛喻医药，看教喻医书。念佛要矣，教亦须明。今当二六时中，八九分念佛，一二分看教可也。

答楚僧若无

老病沉困，不能详览。种种议论，略涉一二，大都明切畅快。虽然，不若置之，且尽心尽力做真实工夫为是。

答徽州吴季立居士大洲

不必忧罪业深，不必疑根性钝。经云：“至心念阿弥陀佛一声，灭八十亿劫生死重罪。”何疑乎业深？又古圣云：“惟有径路修行，但念阿弥陀佛。”何忧乎根钝？见方友，即以此告之。

答闻子与居士大晟

禅、教如目足相资，但以修禅为主，而明教辅之可也。

与绍兴王龙溪进士

居士禹门早跃，破桃浪之千层。海藏今开，护竺坟之万轴。说法则口施甘雨，咀玄则颔孕灵珠。盖现头角于吾宗久矣。兹欲借任公之钓钓居士，恐居士鼓鬣扬威，搅浑沧海去也。昔日虎溪一笑，声震寰区。今到龙溪，重堪绝倒。然虽如是，有一溪，朝游猛虎，暮隐狞龙，且道唤作甚么溪始得？老维摩不吝辩才，示一转语。

与苏州刘罗阳居士

曩启专以念佛求生净土奉劝。然此道至玄至妙，亦复至简至易，以简易故，高明者忽焉。夫生死不离一念，乃至世出世间万法皆不离一念。今即以此念念佛，何等切近精实。若觑破此念起处，即是自性弥陀，即是祖师西来意。纵令不悟，乘此念力往生极乐，且横截生死，不受轮回，终当大悟耳。愿翁放下万缘，十二时中念念提撕，是所至望。

与江阴冯�居居士

来谕良有理，盖衙门清冷则不损慈悲，为民造福则无非佛法。不肖以此意劝令郎从亲之令，渠辞以疾病不堪涉事，欲保养寿命以久久承欢于膝下。其言亦有理，又不敢苦迫也。更愿高明裁之。

又

七十古稀，百年能几？今此暮景，正宜放开怀抱，看破世间宛如一场戏剧，何有真实。但以一声阿弥陀佛消遣光阴，但以西方极乐世界为我家舍。我今念佛，日后当生西方，何幸如之！发大欢喜，莫生烦恼。倘遇不如意事，即便拨转心头，这一声佛急急提念，却回光返照："我是阿弥陀佛世界中人，奈何与世人一般见识？"回瞋作喜，一心念佛。此是智慧中人大安乐大解脱法门也。

与江阴冯泰衢孝廉广寂（今出家号常惺）

闻尊翁小有不安，此正宜奉侍左右。又出外静修，亦不必期定年载，或以时省觐庭闱，无不可者。古人所谓"杖策不妨时往来"者是也。但得心中放下，则往来如不往来。若期定，则反成滞碍矣。《疏钞》、《法喜》二部俱领。流通至教，功德无量。天王补心丸，阴药多而寒凉，若胃健人可服，胃弱者非所宜也，附覆。

又

前有柬言不必执定远离，想已达听。经云："内修菩萨行，外现声闻身。"今日内怀出世心，外现世间法可也。如此，则家室心安，已得出入自在。不作意解脱，乃所以为解脱也。附新刻《乐邦文类》一册、《是非关》一册。

又

希古传示手书，其事无不可者，然亦不须绝口不语。修行也要议论，彼此穷究耳。病答不尽。

又

闻道体轻安，道念坚固。但尊翁小有疾患，此老人之常，宜时时悦其意为要事耳。又如命奉剃刀一柄，此意亦甚佳。佛道、人道两全而不失，古之人有行之者，唐杜丞相之类是也。又近时颇尚参禅，虽可喜，亦大可虞，又有执禅非净土者。唯愿笃信，不为摇动，方有成功。

与常惺广寂

来谕说戒事。一者衰病之身，非力所堪。二者向有古心故事，又势所必不可。无已，只应佛前礼拜自受而已。若疑菩萨戒有自受之文，比丘戒无之。今解曰：平常不禁戒坛，坛开而故不往受，乃自受，则诚有过。今国有明禁，而佛前自受，正理所宜然，不必疑也。此事断断不为，特此复。

又

方上传来常惺不剃发，或将罢道。予斥以为不然，彼自有故，我知之。一者令子方十二三岁，正教育紧要之时，二者一女未嫁耳。不可据其迹而生谤也。闻此急欲达知，苦无便人，今幸大望来。愚意令爱早早毕姻，令郎及师挈之来我山中，隔两三个月，回家省母一次，并自回一整家业。庶几世事既不废，而谤言亦无由兴也。高明裁之。

与嘉兴朱西宗居士广振

人之处世，遇顺境者，其情愉以安。遇逆境者，其情忧以危。然而顺未足为幸，逆未足为不幸也。溺于意之所便，则出世之心不生。戚戚乎不得志，夫然后厌身世之桎梏而求以出世。是故万苦交于前，但以正智观察苦从何生，从身生。身从何生，从业生。业从何生，从惑生。因惑造业，因业成身，因身受苦。但能破惑，一切空寂。敢问所以破惑之方，只须就本参话头上理会念佛的是谁，捉败此疑，诸惑皆破。思之毋忽。

又

入试不得作意奇古，亦不得作意平实。惟在据理发挥，理尽而止。据力驰骋，力尽而止。使好奇古者不能病我以为庸，尚平实者不能嫌我以为怪。读之者快于口，览之者悦于目。虽欲舍之，自不容舍。则万选青钱，必胜之策也。幸留心焉。

又

别后怀想甚殷，得书为慰。第弥加修进，困心衡虑，皆发悟之机也。勿萦勿滞，令胸次畅然，乃见学力。山中新刻甫成，未有开讲之期，附复。

又

得书知自金陵归，喜慰喜慰。但不知旧疾已全愈否？所云谤事祸起。某学未充，德未修，急欲为法师。不肖好心曲成之，留之本山讲经，欲使且讲且习，兼修德行。彼薄视之，径与同志者谋，自于彼处忽尔开讲。击梆募缘，又扬言不肖亲在彼讲。不得已，往呵之。彼发恶心云云。闻者不平，群起而置之官，实非不肖意。方力为之救解，而彼党及不知其详者谣言百出，此谤之所由来也。不肖因叹平生百事，九十九回忍辱，一事不忍，便成烦恼。亦以一时执着师当训徒，不奈顽悖。思为缁门一整清规，而五浊恶世真不可为。如不肖者，可谓不度而无惭矣，可胜悼哉？聊为知己一白耳，诸俟面晤以悉。

又

得书怅然，不肖亦复助臂者全无，操戈者时有，艰危之势想同之也。世间境界大略如是，宜归之前缘，以理自遣，而倍加敬慎，不可便为远离计。

又

尊公不以财产而以清高之节遗子孙，信是美事。但目前之急谁则当之？陈冯云云，此二事不知作何究竟也。人便附致薄仪五星，烦于尊公墓上奠一盂水，增一丸泥，以表清高之节云尔。万不可却，却则外我甚矣。

又

闻贵恙，甚念之忧之。夫抱此疾者，宜以保养身命为极大第一义，人间事皆将就应得去即休。必欲事事尽礼，劳伤则疾必发矣。宜万缘放下，一心内视可也。

又

闻病，今开三法：一曰对治，病既生于劳郁，当以逸治劳，以舒治郁。逸非懒惰不简之谓也，万缘尽废，如初生孩子，六识不行，是之谓逸。舒非散放无忌之谓也，知身世如幻梦，随缘顺受，不被境瞒，和即今病之愈否、身之生死一并放下，是之谓舒。二曰调摄，调摄在节饮食、慎药饵。饮食不待论矣，药饵不宜多服。知柏、芩连等苦寒之剂，使金寒水冷，阴未能滋，火未能降，而胃气先败，食不下咽，或洞泄，危矣，宜与高明议之。三曰正念，即前所告，苦从身生，身从业生等。病即苦中之一，其展转相因，亦复如是。应孜孜密密日夕体究，究之不得，只消提一句本参念佛话头，回光自看，识得此念下落，则惑自破，惑破则展转消灭，亦复如是。只此三事，宜力行之。

又

须信万事是宿缘，不但顺逆穷通，乃至生死，都抛却大海，莫起忧怖。收拾身心，返观内照本参话头。切记切记。

又

念佛非只明心，亦无病不治。倘有劝进道术者，不必信受，恐失正知见。特预陈之。

又

尊恙至是，亦甚危矣。宜以所欲言事尽底书付令郎及尊堂，令胸中都无牵挂，一心正念。若平日于念佛法门信得及，便可心目内照四字佛名，历历明明，无间无断。从其今日明日去亦可，设或不去，活到一百二十岁亦可。此为要紧语，朋友平生相交正在此处，他皆小事，不暇及也。切不可贪生怕死，而误大事。

与嘉兴朱元厚居士大升

七月相会，尊翁声哑形脱，知病已笃。昨闻讣，哀悼不可言。可速于七七日内，与作好功德，不必僧多，即一僧至心诵经亦得。

与苏州郑白生居士广寿

圣初来，始知令兄之讣。诸善友得无有退心乎？夫尚山斋而夭，人将谓斋能夭人，人不可持斋矣。然则颜子仁而夭，亦将谓仁能夭人，人不可为仁乎？尚山七月半在荒山，九月而奄忽。人命无常如此，正当感叹，倍复精进耳。又肉食、菜食，肥瘠或有之，寿夭不系也。传语诸友，幸甚。

又

再答曹鲁川书，在圣初处，不知曾览否？其中恐辞太峻，因鲁川深达《华严》旨趣者，必乐闻说论故也。

与王居士大琸

贵恙宜将身外事并此身四肢百骸尽情放下，使空无一物。若必不可歇者，权且歇下，待后处之。妄想炽不能制，当念佛数声压伏之。世间荣华富贵，亦不过片时间事。厄难苦恼，亦不过片时间事，倏忽便无。且万般皆属前缘，非人力所能奈何者也。尽情放下，一心念佛。至嘱至嘱。

与嘉兴许太微昆仲

孝子于其亲之亡也，虽与之俱亡，犹未尽其无穷之心。而古人毁不灭性，勉强于极哀之中而节其哀者何也？良由我今此身即父母之身也，以此身修德立行，是吾亲常存而不亡也。不爱其身，而过哀成疾，使吾亲有知，则反贻其忧，是悲有余而智不足矣。孝子当局，我愚傍观，愿勿弃葑菲而深思之。宅上一门孝友，人世所希。废朽敬之爱之，故狂言至此。

与洪清远给谏广揞

大郎在山中，意欲相留消遣数日，恐二尊人悬念。又闻二郎病疡，不获终试，此所谓莫之为而为者也。两郎君皆美器，幸勿为过去无益之嗟，惟期振将来必胜之策。

与闻檀庵居士大晙

古德赠人以言。此行入仕莅政已在旦夕，护法一事试略陈之。盖闻佛法外护付与王臣，但今之护法有矫枉过正，处置失宜者。遂致缁侣乐于庵居，苍生哭于原野。释子荣其鞶带，儒生褫其冠衿。岂不大可伤哉！惟我居士素仁者，今当以忠君爱民为处官之正务，次乃及于护法。护其理，不溺于其迹。护其正，不牵于其情。护其贤者，不护其不肖者。是之谓真护法也，尚留神焉。

与秦明中居士

法门无量，要在明心。明心要门，无如念佛。读作之暇，或心烦时，静坐念佛，甚有利益。一念在佛，杂念退休，心空境寂，妙当何如。愿无易而忽之。

与吴江秦任南居士广俍

所云开幽暗，解业缚。若会，则幽暗即是光明，业缚无非解脱。如不会，但时时摄心念佛，久久静定，自能发慧。

又

修行亦不必烦劳，要紧在得自本心耳。然不可见恁么说，便拟拱手现成。所谓摄念体究者不可忽也。摄念、体究亦非二法。摄之不已，心将自明。正体究时，即是收摄。但肯信行，俱获大益。

与秦任南诸郎君

昔人云："德行本也，文艺末也，本端而末正。"则德行又文艺之资也。三位俱素质醇良，但今时习俗浇漓，易以移人。有志之士，当砥柱中流，不为所夺。他时后日出而有为，必作光明俊伟人物，不堕常流耳。

又

贪、瞋、痴号三毒，而瞋之为毒尤甚。一僧以勤俭力积，二十年成千金之产。偶与邻僧小事起争涉讼，旬日之间，废千金产都尽。二十年所蓄，荡于旬日。一朝之忿，忘其身以及其亲，岂不诚然乎哉！一念瞋心起，八万障门开，故曰忍辱波罗蜜。

与苏州蔡坦如居士大玘

读书、当家、求子，皆人世间正事，但要不为所累。然三事非能累人，人自累耳。何也？读书虽做举业，至于得失，委之前缘，不生喜戚，则何累？当家虽营生计，而随缘随分，过得即休，无求富心，无好胜心，则何累？求子，虽无后为大，而不娶者乃为不孝，帝王亦有无子而藩枝入承大统者，岂无娶妾之资乎？有无不以动心，则何累？又复当知此三事者，虽曰正事，亦实虚幻，如水中月，如梦中境。即于是中忙里偷闲，时时省觉，回顾正念。一朝惑破，方始帖然矣。

与湖州钱孺愿居士大琨（时发愿行三千善）

古云："人有善愿，天必从之。"又云："人定亦能胜天。"还带而位至三公，渡蚁而名题首选。但决志行善而已。

与李景山总戎广铸

昨西湖送生金不遇。今有一言相劝，令孙事千万息灭哀苦，放下放下。何以故？此即前孙重来讨债，今若哀苦，彼必重来，依旧不育，飘然而去，重增悲恼。若放下息苦，彼则绝望不来，当有真子真孙至矣。千万息苦，放下放下，至嘱至嘱。但不退心，力行阴德，自获善报。

与钱居士广云

被人世之流言事小，笃天伦之至爱事大。为手足之情恋恋，致功名之路迟迟，此圣贤心地也。百口难诬方寸真，一忍能消千种障。都君之忘怀盖井，弘公之不问射牛，高出寻常万万矣，念之哉！

与徽州吴居士大瞻

积善之家，必有余庆。人怀善愿，天必从之。必崇其福，必永其寿，必遂其名，必昌其后。但自勤修善功，不必问乎休咎。

与陈春阳居士

念佛涉于事相，此谬人臆说，不足信也。有《净土疑辩》，曾送览否？今再奉一本。又《楞严·势至圆通章》云："不假方便，自得心开。"岂得无由发明乎？幸更一观之。又昨论天台《禅门口诀》，有答宋化卿为令亲索《口诀》书录上，此书实非天台正旨、禅门大道，不可因"口诀"二字，生奇特想。天台自有正修行文，禅门自有真祖师意，何乃弃黄金而宝铜铁，进士科不应而应三考也？闻放生舟中亦论及此，有劝我行持者，虽好心爱我，非我所愿也。幸转达之令亲。

与汤邻初郡丞

忆童稚交情，恍然如昨，而彼此白首矣。浮生梦幻，良可浩叹。江右二曾君来谒之便，因致旷别之感。

与查虞皋大参

曾氏伯仲，奇士也，其构难亦奇。难作而出百死得一生，居然正其志也，为益奇。但不自觉其奇之过而伤于激，为时所恶。其心则可原可悯，使不终落落，后登仕籍，必当有所建明，不负昔日受知于门下也。昨日来山中，即拟晋谒，而以雨阻迟迟至今。不肖又病体不能与之俱，歉歉。外山刻二种附上，不尽。

与南城吴念慈居士广翊

入道多门，直捷简要无如念佛。念佛一门，上度最胜利根，下至极愚极钝，盖是彻上彻下之道，勿以俗见摇惑。古来尊宿教人看话头，起疑情，以期大悟。或看“无”字，或看“万法”等，不一而足。今试比例，假如“万法归一，一归何处”，与“念佛是谁”极相似。若于是谁处倒断，一归何处，不着问人自豁然矣。古人谓：“念佛人欲参禅，不须别举话头。”正此意也。念佛数声，回光自看这念佛的是谁。如此用心，勿忘勿助，久之当自有省。如或不能，直念亦可，使其念不离佛，佛不离念，念极心空，感应道交，现前见佛，理必然矣。

与江西黄彭池司理

夫病从身生，身从业生，业从心生。心空则业空，业空则身空。身且空，病安从生？愿空其心，即大忤意事，亦付之如梦如幻如泡如影，怡然坦然不以介意，但回光内照。不惟却病，而道从此入矣。

与太仓王子颙孝廉智第

贵宅世修盛德，何为尊体构斯剧疾，得无宿业使之然乎？疾病之由，多从杀生中来，故偏重放生也。今更有所陈。良以外僧代忏，与内心自忏，功德悬殊。愿空其心，尽罢一切诸缘，于空心中单念一声阿弥陀佛。所云念者，不必启口动舌，但默默以心眼返照，一字一字分明，一句一句接续，从朝至暮，从暮至朝，心心靡间。若有痛苦，忍之耐之，一心顾念。经云：“至心念佛一声，灭八十亿劫生死重罪。”故功悬殊也。

与湖州顾居士广佐

老人三事：一、佛言人命存于呼吸，为一切人言也，况八十者乎？家事当处置皆悉处置，当嘱付皆悉嘱付，常令心无一事。二、除大事外，其余琐细诸事亦悉屏却。三、除大小诸事外，又有过、现、未来浮游乱想，灭之则复生，驱之则愈至，即当猛提正念与之斗战。暂时不胜，不可退心，久久行持，自然群魔殄尽，天下太平矣。以上虽分三项，总之皆属妄想，如梦中事，如镜中影，如水中月，尽空无实，迷惑世人，须以正智破惑。

与钱居士广艺

病从身生，身从业生，业从心生。心空则业空，业空则身空，身空则病空。万缘放下，一心正念。一心正念者，但置一声佛于清净心中也。

与洪居士大懋

《疏》云："观虽十六，言佛便周。"但观一佛成，往生已上上品矣。但此一时且一意举业，待夺锦标回，重整前愿未晚耳。

与谢居士广伕

尊翁虽逝，人子之身即父母遗体也。以此遗体一心念佛，是报亲恩大方便，亦即是自己超生死最上大方便也。

与智真侍者

特嘱付李二道者伴你同回，如何先打发他，自却担阁？出家当远离恩爱，唯除父母时或一看而已，此外探亲望眷、访友交朋皆所不宜。我今年迈，在世无多。汝虽年幼，而非长寿人，亦在世无多。不及时进一步，唐丧光阴，后悔无及矣。可细思之，速回，更不可再游衍也。

与甥许东湖

近日服药何如？昨想人世无常，光阴迅速。至亲骨肉中，至诚忠厚者，东湖一人而已。宜省此意，悟人生梦幻，万事虚假。穷通得失，付之宿缘。开怀解忧，徜徉自得。付家诸子，忙里偷闲，愠中作乐，念佛消遣，以终天年，斯名智人。毋徒自苦，终何益也？

与三文学论文

三君佳作，大略俱是用意精深，而措语尚滞，未得语意圆融，使阅之者不费思量，一经眼便击节叹赏耳，得无拟时大过致然耶？愚以为不必故起心迎合时好，但贵潜心看书，使见地了了，而多读以辅之，多作以熟之，一旦豁然贯通，则落笔时横倾竖泻，滚滚不穷，自然成章，无艰难劳苦之态，不拟时而自合于时矣。隋珠、和璧，真宝自然，亦何患其不售也。

云栖大师遗稿卷三

● 答 问

答闻谷广印

问：古人已禀单传直指，后修净业而欲往生者，为是悟后随愿起行耶？为是未悟，二行兼修耶？若兼修者，堕偷心、歧路心，工夫哪得成片耶？若已悟，则尘尘华藏，在在莲邦，十方无不可者，何独乐生西方耶？

答：真信净土，决志往生者，不论已悟、未悟。其从事单传直指而未悟者，虽日以参禅为务，不妨发愿往生，以未能不受后有，毕竟有生处故，不是偷心、歧路心也。其已悟者，古人云："汝将谓一悟便可上齐诸佛乎？"故普贤为华严长子，虽尘尘华藏，在在莲邦，而《行愿品》必拳拳乎以往生安乐为言也。已悟尚然，未悟可知矣。

问：参禅贵一心不生，念佛贵净念相继。兹参究念佛一门，意在妙悟而得往生也。今念时虽心佛分明，参时即二俱坐断。断故参功渐胜，念力渐微，则他时焉得亦悟亦生耶？

答：一念不生，是禅非参。起念下疑，乃名曰参。《楞严》云"又以此心反覆研究"等是也。念时、参时，俱属有念，亦不相悖。

问：即心即佛，不外驰求之理，信得及，见得彻了。为便随缘消业，勿造新殃，任运腾腾，以待夫识干自得耶？为当更起疑情，穷参力究以求妙悟耶？

答：即心即佛，若真信得及，真见得彻，千了百当，更无疑滞者，方可任运过时。如其不然，未可放参。

问：参禅暂有诸念不生时，其话头便提不起，亦亚不落。及应缘时，若管带，又被古人斥呵。任之，不能相续。只此动静两间，如何提究，疾得相应？

答：暂时念止，非为究竟。话头提不起仍要提起，水未穷，山未尽，不得舍舟楫而驻车马也。

问：永嘉云："谁无念，谁无生。"云居齐云："不断分别，不舍心相。"此似悟后有念想也。又涌泉不许走作，仰山鬼神不知，及石霜一念万年等，竟是悟后无想也。岂应缘有而离缘无耶？有无二义，愿垂一决。

答：大悟，则有念亦可，无念亦可。所谓"入息不居阴界，出息不涉众缘"是也。

问：永明云："先以闻解信入，后以无思契同。一入信门，便登祖位。"夫祖位甚深，闻解便可登乎？况云门已透法身，洞上必令尽识，是证非解也。兹解位称祖，当必有深义耶？

答：永明说"先以闻解信入"，却又说"后以无思契同"，契同，则法身透矣，情识尽矣。是亦解亦证，绍祖位不亦宜乎？

问：初祖示《楞伽》以印心，黄梅令读《金刚》而见性，乃至俱胝《准提》，首山《法华》，似参禅不碍于持诵。而药山不许看经，赵州不喜念佛，乃至高峰曰"话头绵密便是一卷不断头的经"，又似禁绝诵持，而贵在单提。印从来以参话为主，兼持《华严》及念佛为课。今欲止其课，一其参，惟存愿力，未知得否？

答：不碍持诵，不许持诵，古人因时制宜，随机施教，乃各有见，不可相非。今欲止其课，一其参，何不可之有？

问："但愁不作佛，莫愁佛不解语"，古训也。又"切勿断却言语，烧得舍利多，不如答我一转语"，亦古训也。今之学者不务实修，而务机锋转语，诚过矣。然自知未悟，时切提撕，只因见地未明，恐是盲修瞎炼，故于师资道友间问答酬唱，此亦无伤乎？倘学地不通商量，必俟悟后吐语，则见地尚亏，从谁起行耶？况陶熔理性，决择是非，如三登九上，一句千山，俱悟前耶？

答：不务实修实证，而以口头三昧逞机锋、斗胜负，此言语不可有也。真为生死，心地未明，而互相辩论，互相酬唱，此言语不可无也。三登九上，一句千山，不论未悟以前，即既悟以后，尚有最后重关，参求决择之功未可便止。

问：见自性者得自由于生死，作得主者能转业于临终。彼诸祖得自由者弗论，其草堂青、承天印禅师等，哪隔世便迷耶？岂悟有浅深，习有重轻乎？抑亦大悲增上，本高迹下，而人自不知乎？不然，学者奚取信于见性法门耶？

答：草堂辈毕竟是见性尚未到大了当处。古人云："识心见性，当如南泉、赵州。履实践真，当如雪峰、玄沙。"此诸大老宁有后身堕落者乎？诚如来问，当是悟有浅深，未可作本高迹下故为示现论。

答雪峤圆信（信时具陈行脚）

曾为浪子偏怜客，一段苦心具见之矣。虽然，前之所得，拈向一边。百尺竿头，更须进步。

雪峤呈偈着语

不解西方不学禅，　低声低声。
偶来尘世只随缘。　解也，学也。
三间茅屋傍溪住，　溪深路滑。
两扇竹窗关月眠。　春色满园关不住。
碎尽衲衣哪有结，　争似寸丝不挂？
养长头发欲成颠。　成颠亦不恶。
自从会得吾师意，　胡饼里讨汁。
白雪飘飘六月天。　夏行冬令，寒暑不正。

见处则高矣美矣，更愿少作诗偈，以头陀行住双髻山，续祖慧命。

乞师垂语，令我可以除、可以进。

除者，除去有所得心。进者，进到不可到处。

答知希广贯

问：宗家有云："即心即境，即境即心。"如云即心即境，则心之所及，境必从之。乃世间尽有心然而境不然者，比如习举业之人，谁不思登第？然或终身铅椠，毕力竭心，而不得一青紫，其即心即境之说何在也？如云即境即心，则一切众生之心本无不同，乃其所见之境尽有不同者。比如泰山日观峰，早见海中日出，其大如箕，其声如雷。只一日耳，云何此境独现彼方？如此，则境自彼方之境，与此方众生之心毫无交涉，乌得谓即境即心也？

答：心境不可以俗事为难。如境但以观日言，则水一也，天见是琉璃，人见是水，鬼见是脓血，皆此类也。心但以登第言，则古人谓："贪财人时时想念在财，与我想出一锭金得么？"皆此类也。心迹之判明矣，如何是即心即境？请更参，莫问人。

答僧海光

问：我今不在东，不在西，不在南，不在北，不在上，不在下，一切无在。我今亦在东，亦在西，亦在南，亦在北，亦在上，亦在下，无不周遍。特来求付衣，求授具足戒。偈曰：菩提本有树，明镜亦是台。本来有一物，原不惹尘埃。

答：汝若一切无在，何人受衣？汝若周遍一切，衣居何地？汝若一切无在，则本自无体，安用戒为？汝若周遍一切，则本自无欠，何求具足？"菩提有树，明镜有台，本来有物"，前三句翻破曹溪。"原不惹尘埃"，后一句依旧落他窠臼。何不道：本来有一物，任使惹尘埃。

答僧爱贤

问：作恶堕三途，为善生人天，念佛生净土，参禅悟自心。敢问四俱不为，未审此人落于何处？

答：不作恶，不为善，不念佛，不参禅。不是无位真人，必作飘家浪子。且问即今是哪一种？

答常惺广寂

能作梦幻泡影观者，超出梦幻泡影人也。不作梦幻泡影观者，正梦中人也。

又

若曰出梦之人，则吾岂敢？盖正在梦中，但比之恣情鼾睡少异，乃竭力抖擞以求梦醒人耳。

答周海门少参

问：向上一则，往往宗师遇如是人，不令放过。如鸟窠大师以“诸恶莫作，众善奉行”为训，而或有时拈吹布毛。即此一吹，善耶？恶耶？与莫作、奉行之旨，同耶？别耶？明眼者便自瞥地，不明者分为两截。不知禅师于此如何剖破？望明白示我，莫谓非如是人难闻如是事也。

答：诸恶莫作，众善奉行，当下布毛满地，何待拈吹。哪更说同说别？直饶是同，早已成两橛去也。鸟窠初不曾钝置白公，偏厚侍者。然虽如是，于前言不会玄旨，只么止恶行善，亦不误人。若向古人道“如来不断性恶”，及“兀兀不修善”等处错会，为祸不小。

问：向古人“兀兀不修善”处错会，为祸不小。即如向“诸善奉行”处，亦有错会者无？若错会，为祸大小，请一开示。

答：前错会，祸在三途。后错会，祸在人天。

问：三途果是恶道，人天亦是小果。离此二处，毕竟向甚么处安身立命？

答：无可安立处，是安身立命处。

问：于前言不会玄旨，只么止恶行善，亦不误人。若遇会旨人来，如何接授？

答：不须改题目，只在会行文。众善是谁奉行？诸恶是谁不作？

问：既识阿谁，何善何恶？如月在川，何分清浊。不作、奉行，亦是亦错。莫漫行文，认取题目。

答：月虽皎洁，水清浊而影别昏明。心本昭灵，事善恶而迹分升堕。岂得以月体本无清浊，而故云浊水为佳？心体本无善恶，而遂云恶事不碍？既存空见，便悖圆宗。识渠善恶双亡，正好止恶行善。定禁止恶行善，犹是识渠未真。即今莅政，岂不发政施仁，革奸去弊，依旧落在止恶行善。步步行有，口口谈空，此今日聪明人参禅之大病也。

或曰：当今士夫率多喜高玄之谈，厌平实之论。子何谆谆然不舍“止恶行善”之一语乎？予谓正惟喜处欲其厌，厌处欲其喜耳。近世挥麈谈禅者率多其人，实证实悟者希得一二。予矫此弊，不得不然。实则古人垂一则语，彻上彻下。只如“诸恶不作，众善奉行”。浅言之，则仅仅避恶名行善，三家村里守分良民亦如是。极言之，则纤恶净尽，万善周圆，天中天，圣中圣，如来世尊亦如是。若定执止恶行善为示钝根，拈吹布毛为示利根，则误矣。

答杭严道弘台王公

问：玄教三问主人翁，云云。一时茫昧，未知所对。归来默默体认，益增惶惑。试反之白昼，闲时颇能提醒，一遇事，便觉不得力。倘事冗，更觉不得力。试反之梦寐，白昼发一猛勇念，梦中便有照应处。白昼有一懒散念，梦中亦有照应处。总之意至而惺，意尽而弛。昼也，梦也，若合符然。此尚可发决定志，着力向上。至所云：“非寤非梦主人翁何在？”

则弟子诚大惑不解矣。若谓此时无主人翁耶？一呼即寤，亮亦不远。若谓此时有主人翁耶？主人翁毕竟何在？腊月三十日后，未审如梦中光景耶？抑如非寤非梦中光景耶？若如梦中光景，不过意想所结，亮非究竟处。若如非寤非梦中光景，则灭后全无灵通，平日之解悟修持何用？若谓灭后即往生别处，吾儒正心诚意工夫，存顺没宁，尽受用不尽，又何必西方圣人之教也？希大慈一一指教。

答：来谕雪岩室中三问，其第三非梦非寤处，直得利根如高峰者，无言可对，无理可伸，念兹在兹，六年而后大彻。盖此事不可抛弃，亦不可穿凿。不可玩愒日时，亦不可急求速效，又不可自生意见，又不可求人解说。惟是置之怀抱，孜孜而参，密密而究，真积力久，一朝狭路相逢，磕着撞着，回避不及，霍然如大寐之得醒耳。又云："若灭后即往生别处，则吾儒正心诚意，存顺没宁，尽受用不尽，何必西方？"此数语甚有见。当知高峰六年疑彻处，必有出于正心诚意之外者。昔人云："始知周孔外，别自有英豪。"定不虚也。明公既以此事体认反观，日后必有大发明在。忻慰忻慰。

答何武峨给谏

问：本来受病处作何铲除？目前下手处有何方法？

答：知病是幻，不须铲除。无下手处，正好下手。

问：法门有戒、定、慧，如何谓无下手？初学必求下手之方，斯可由渐入顿。且居官者，刑杀在所不免，此皆佛家所禁，今欲皈依三宝，宜弃职归山否？

答：下学上达，则摄心为入门之要，心净而病自除矣。见机得杀，经有明文。带职悟心，古多高士。

问：带职修行，除念佛外，以何者为摄心之要？心有昏聩、散乱二种难除，再求明教，

答：经云："归元无二路，方便有多门。"略开为三，随意行持。

念佛门：念佛一门，止观双备。

止观门：以止止散，以观观昏。

参禅门：以悟为则，而止观亦具其中。

答虞德园铨部

问：淳熙呻吟间，忽忆得慧日禅师一则公案，敬问大师。昔慧日落发，不披袈裟，不受具戒，求礼神光和尚。光曰："我非汝师，汝礼西院去。"师携一小青竹杖，入西院法堂。院曰："入涅槃堂去。"师应诺，轮竹杖而入。时有五百许僧染时疾，师以杖次第点之，随点而起。不知是病僧起？是慧日起？不知竹杖头上带得多少麻黄桂枝汤来，何不一点使他顿起，作甚次第？自家无眼寻师，觅人指点，作么生点得人？不受具戒，木头无异。若竹杖在木头根前起得病人，南山松稍压动竹杖便是太医院否？有的说慧日是再来人，故西院径指他入涅槃堂起病，他与五百僧往日有缘。然则五百僧依西院而住，西院与他没缘耶？西院竹杖此时又在哪里？假如今日大师受郡公之请，入城救疫，还携得竹杖来否？千万病人纵横淫房酒肆前，一条竹杖还次第点得到否？况乎大师戒光已满，师德已全，除竹杖外更有诸神通妙用否？仰愿对众举扬，即将慧日一条竹杖轮入五蕴毒中，先把虞淳熙一点点起，然后尽虚空遍法界弹指声中不妨次第点到，其中哪得有病人在？或者别有一路施设，连竹杖子也病起来，门前嵬嵬成窝立，地上僵尸藉草横。这个却是轻安强健境界，大师亦须为淳熙道破始得。

答：慧日自甘穷子，舍己从人。西院屈陷平民，将生就死。可惜五百僧只解点着便行，曾无一二高卧不起，令慧日显异惑众，祸及儿孙。郡主深切民瘼，我山僧急趋时难，仓卒中失带了竹杖子，不免奋空拳向居士痈肿上劈地一下，敢保沉疴溃散，毒血淋漓，万脉流通，百骸舒畅。虽然如是，云何一人能令众起？不见道："阳回片叶，春满千林。"这事且止，只如终日把竹杖子东指西挥，不如一直在木头上朝持暮守，守来守去，忽然枯木重花，便是死人再活，说甚么竹木，管取尽大地草木丛林悉皆成佛去也。何以故？青青物外虚空体，即是如今坚实心。

答郡伯袭溪余公

问：《金刚经》盛言受持读诵、为人解说，功德胜如供养百千万亿那由他佛。今因是语，而一涉于目，稍形于论，便自执为功德。然此经以无相无住为宗，专为破除一切功德相故。梁武诸人自谓功德无量，达摩直以无功德断之矣。若谓一诵解间，功德胜佛，似非经之本旨。意者经中之言，所以欣动末世众生耶？抑经之玄旨别有说耶？有谓《金刚经》发明心地。又谓看《金刚经》便明“艮背”四言。又谓本元真实，不剥不蚀，谓之金刚。是耶非耶？伏愿剖悉示之。

答：初疑持经功德如是最胜，乃至过于供养诸佛。不见经中道：“一切诸佛，及诸佛阿耨多罗三藐三菩提法，皆从此经出。”则此经是诸佛之母，功德岂不最胜？又疑以无相无住为宗，不应赞叹功德，似乎住相。不知此功德乃无功德之功德，是之谓真功德也。又疑达摩呵武帝所作功德，然达摩所呵是福德，非功德也。福德、功德有别。帝问：“朕即位以来，造寺写经等不计其数，有功德否？”达摩云：“实无功德。此是人天小果，有漏之因。功德在法身中，不在修福。”则福德、功德自判然矣。而复有“持戒修福”之语者何？良由作福不住福相，即福便成功德，不得等之事福。故经中破除事福，不破除功德也。但知此功德亦不住着，则依旧不失无相无住宗旨耳。且所谓读诵此经者，不是念得一卷两卷句字，所谓解说此经者，不是讲得一座两座文义，便唤作受持也。若真受持，其功德恶可思议？此是如理实说，非是歆动世人，亦非故立玄旨。

此金刚者，不垢不净，不增不减，不去不来，不一不异，即是本元真实，即是本来心地。于此悟彻，无一不彻，岂独“艮背”四言而已？夫“艮其背，不获其身”，只是无我相。“行其庭，不见其人”，只是无人相。尚有众生、寿者。则知《金刚》该“艮背”四言，“艮背”得《金刚》半偈。而昔人谓：“看一部《华严经》，不如看一《艮卦》。”可谓失言矣。夫《华严》具无量法门，《金刚般若》虽至精至妙，犹是《华严》无量法门中一法门耳。《华严》如天子，《金刚般若》者，文武百职中之一职也。而《艮卦》未尽《般若》，乃欲胜乎《华严》，是犹小臣未与卿相之列，而谓超乎天子，其失可胜言哉！葛藤且止，只今此经毕竟在甚么处？

答王忠铭宗伯

问：喜怒哀乐未发为中。又云中无定体，随时而在。既曰随时，岂专未发？

答：随时乃所为中也。何者？喜怒哀乐之未发，静时中也。发而皆中节，动时中也。故曰随时中也。使有定体，终无发时，则偏于枯寂，云何名中？中也者，非动非静，常动常静，不可思议之极致也。分言之则曰“中和”，合言之则一“中”尽之矣。《中庸》一书不出此意。首云：“天命之谓性。”未发故属天，不属人。其曰性者，性即中也，不妨随时发为率性之道、修道之教、位天地、育万物等。末云：“上天之载，无声无臭，至矣！”其曰“至”者，“至”即“中”也，“中庸其至矣乎”是也。而不妨随时发为三德、五道、九经、经纶、参赞等。此中三教至理无不贯彻。今欲即儒即释，即俗即真，只须向这里具一只眼。

答钱养淳州守广霔

问：此心放逸来久，虽以念佛摄持，暂得还失，如何保任？

答：久反之地，非一战所可收功。惟在坚勇不退，直待心地开明，自然一得永得。

问：猿方着锁，旋即昏沉。惺惺策发，随复散乱。云何降伏？

答：寂寂治散乱，散去则生昏沉。惺惺治昏沉，昏去则生散乱。止观双持，昏散皆退。今只须精明念佛，念无一念曰精，念而返照曰明。精即止，明即观，一念佛而止观备矣。

问：行住坐卧四威仪中，悉可参否？如涉事之时，当有方便能系念否？

答：行住坐卧，皆可用心，而坐时为胜。然始学者，先须行多坐少。

若贪坐，则昏不能退。无事有事皆可用心，而无事为胜。先于静处做，后于动处炼。其涉事方便亦无别法，惟是此念精专耳。初虽难持，久则自然。

问：古以观心为目，经教为日，日光明，目益远瞩。又云枯禅无慧。今一意念佛，可能发慧否？

答：看教如读医书，心地用功如服药。先明医书，自是正理。学道人贵在审辨邪正、大小、偏圆而已。今无暇遍览，只看《楞严》一经亦可。既专修净土，其净土经论诸书俱要一看，却放下文字，一心念佛。至于所云慧者，通晓经教，善演说。而空谈诸口，无得于心者，狂慧也。真参实悟，乃名正慧。明教以后，一心念佛，当发此慧。

问：七处征心，心不在内、外、中间。二祖问安心，心不可得，云安心竟。此非凡夫境界。今欲住对面念如何？

答：莫管七处八处，亦莫管安与不安，亦莫管对面不对面，但只一心念佛。古云："直趋无上菩提，一切是非莫管。"

问：治生产业，皆与实相不相违背。佛法誓在弘济，不爱发肤，而治生情存什一，如何圆解？

答：若一向举扬向上，不但治生产业，即杀盗淫妄，何曾与实相违背？今就世间论，什一是世间常理，亦不碍道。彼欺罔取利者乃不可耳。

问：学道在先须有悟由，所谓顿悟渐修也。历观古今禅宿，固有以傍教说禅为葛藤者，亦有以讨疏寻经为入海算沙者。然而五家宗旨，禅祖语录公案，人人究心。虽云不由他悟，岂非所称缘因者耶？若既无良导，又鲜多闻，枯坐待悟，悟可得否？今年迫日索，遍阅为难，记性不如，览即废忘，是悟由终不可得也，云何能不堕落？此与第四问同，而积疑元只在此，所以烦渎。

答：大意具四问中。又《楞严·势至圆通章》云："忆佛念佛，现前当来必定见佛，不假方便，自得心开。"则念佛岂无悟由？其二十五圣中，此不入圆通之选，自有辩在《疏钞》、诸刻中，勿疑也。

答朱西宗居士

问：苦迫中如何念佛？

答：孔子言终食、造次、颠沛不违仁。此不违工夫虽一时不易到，然作之不止，乃成自然。况久久行持，忽地有个省处，则苦乐逆顺，道在其中。所谓咳唾掉臂，无不是祖师西来意，亦在乎熟之而已矣。

问：观佛广大相好，不能成就。

答：古德谓：“众生心杂，观想难成。大圣悲怜，直劝专持名号。”今且持名，观想姑置勿论。

问：在家戒学难精如何？

答：在家与出家戒，自分疏密。根本不逾，微细处稍有出入亦无害。昔人较量乘戒缓急，而以乘急戒缓者为胜。则知修行固以持戒为要，而见谛理，发明心地，又要中之至要者也，此所谓乘急也。

答王大契居士

问：弟子自看师《戒杀文》，遂持长斋。惟色心炽盛，不能灭除。乞师方便教诲，使观欲乐一如杀生之惨，永拔欲障之罪。

答：杀是苦事，故言惨易。欲是乐事，故言惨难。今为一喻：明明安毒药于恶食中，是杀之惨也。暗暗安毒药于美食中，是欲之惨也。智者自思之耳。

答江广窬居士

问：一心不乱，一日至七日，即得往生。或一日、七日内一心，此后复不一心，可得生否？

答：既能一心以后，心即少散，定不至大散。如颜子三月不违仁，难道三月后便是恶人？此等人心中纵有妄生，如红炉点雪，未至即化，焉得不生？

问：《宗镜录》所云“任运”，何异乎作止任灭之“任”？

答：胡来胡现，汉来汉现，是任运。决之东方则东流，决之西方则西流，是任病。

问：五欲深知不可，又不能断，何故？

答：人有解有悟，此只是解，而未悟故。

问：辟解义何以异？

答：解如千里马之图，辟则牵一千里马至矣。

问：在家人修行，恐终不及出家者。

答：虽是百工居肆以成其事，然在家人能于五欲中证得，如火中之莲，后遇水则愈长。若水中生者，后遇火恐焦耳。

问：在家守戒，如何及得出家人？

答：戒亦只是宝塔一层。

问：初睡醒时，此中正念便不如前。

答：古人云：“醒时十分作得主，梦里一分作不得主。生时十分作得主，死时一分作不得主。”

问：人不信净土，恐只是本来福薄？

答：此言甚是。

问：《华严经》何以菩萨说者多，佛说者少？

答：此是佛加被而说，如宰臣奉命于天子而宣敕，非宰臣所自专也。

问：紫阳终是谤法，当有何报？

答：各有其报。其为儒家贤者，自有人天之福。然既排佛，则闻法为难。

答吴广颖居士

问：持身处世之法，可以终身执守者，求挈领开示。

答：只消依《论语》一言。更出一步，观世如梦、观身如幻可也。

问：儒言知、行，佛言悟、修，无偏废也。禅宗一派只云“悟后便了生死”何耶？

答：悟有大小。言悟后更无修持者，得少为足之徒也，非狂即愚。

问：善恶报应，各在当人之身，六道升沉不可诬矣。乃又有子孙代受其殃庆者何也？

答：子孙受殃者，有恶业人，生极恶家以受其殃，彼此正相当也。庆可例见矣。

问：经称礼拜之福，从膝下至金刚际，一尘一转轮王位。因微果大，人不能信。

答：果核虽微，能发千枝万叶。

问：修行人执劳作务，固其本分。设有色身尫弱者，袖手安坐，摄心念佛，亦可得道往生否？

答：实能一心，不动则可。

问：念佛贵乎念念相续，固矣。然有时不整威仪，反似渎慢。假如脱巾亵服时，裸卧澡浴时，乃至大小便利时，俱可念佛否？

答：默念不妨。

问：菩萨戒总纲一句乞揭示。

答：发广大心为总纲。

问：设有二人焉，一人肉食而不废念佛，一人蔬食而绝不念佛，二者孰优？

答：二者病只一般，念佛者稍胜，胜彼不知有佛故。

问：又有二人焉，一人不曾受戒而不犯，一人曾受戒而犯，罪孰重轻？

答：与前二人同，以虽犯，胜彼不知有戒故。

问：念佛或四字或六字，稍有繁简之分。经文只云“执持名号”，似只四字。今丛林尽从六字，毕竟何者为是？大师自用何法？

答：四字自念，六字随众。

问：终日念佛，遇福则作，吾师明诲也。夫作福时，心在福事，即不在佛号矣。拈一放一，可谓一心不乱乎？

答：明镜本空，物来则现，于镜空何碍。人但事未至而将迎，事已过而留滞，乃为病耳。

答朱白民居士

问：参禅、念佛，可用融通否？

答：若然是两物，用得融通着。

答戴志洁居士

问：所说绝念，实谓妄念。正念无生，岂有可绝？妄绝之后，智境两忘，圆妙光景不可思议。六马可调，正念难持。盘水可捧，妄心难遏。即持之已失其初，况遏之又不能久，兼以梦想颠倒，目触空花。伏望慈悲，拨我迷云，获睹天日。假我慈航，获登彼岸。超度众生，无上功德。

答：既已智境两忘，何须更说持遏？持之不可，遏之不可，何不一心念佛，自然不持而持，不遏而遏。当念认得念人，然后智境两忘，获无生忍，始有趋向分。即此是慈航，即此是彼岸，即此是无上功德。

答孙无高居士广抑

问：近日持戒颇严，虽小德未尽莹，而大德已无犯。此外更有一二语可为终身之铭者乎？

答：昔子贡问一言终身，夫子以“恕”答之。今日“戒”之一言，铭以终身，罄无不尽。所以者何？良以摄心即是戒故。若向心地法门中会得，便一切具足，尚何论戒之持与不持？如其不然，须一一依教奉行。经云：“摄心为戒，因戒生定，因定发慧。”定慧者，佛之全果也。即定而慧，则寂而常照。即慧而定，则照而常寂。常寂常照，名常寂光，而资始于戒。戒之时大矣哉！

戒有多种，优婆塞五戒，沙弥十戒，比丘二百五十戒，菩萨十重、四十八轻戒，乃至三千威仪，八万细行。而约其大纲，则五戒为根本。儒亦时言戒，戒虽未备，而默与佛制合。夫子曰：“君子有三戒。”戒色，则淫戒所摄；戒斗，则杀戒所摄；戒得，则盗戒所摄。淫、杀、盗尤五戒之最要者，故举要以概其余。而“言忠信”、“饮不及乱”，于他处见之，亦以预养此戒而弗使之纵也。但儒之戒疏，佛之戒密。佛制杀戒，微及蜎蠕。而儒只曰无故杀牛羊犬豕等，不曰不杀。只曰钓不纲、弋不宿，不曰不钓不弋。又极之，则才有忿嫉，即杀戒不净。眼取色，耳取声，即盗戒不净。隔壁闻钗钏声，即淫戒不净。至是则身心俱断，事理双尽矣。

今日处家闱中，业公车，行将有社稷民人之寄，其持戒岂能一一与剃发染衣者例论？则微细条章不能全持，未为破戒，惟贵于心学大头脑处着力，一旦脱然悟去，则咳唾掉臂无不是清净毗尼矣。但不可未得谓得，而发狂解，便道饮酒食肉不碍菩提，行盗行淫无妨般若，而堕落魔罗境界耳。果能时时反照，刻刻提撕，向本参念佛话头上做工夫，则不惟日后有发明在，即今目前便自得力，日用中有主宰，不随物转。纵居声色名利之场，妻子眷属日夕相接，不妨与世推移，混俗和光，自然出污泥而不染，是谓尘中大解脱门也。以此自利，以此利他，何往不善？来问所称宜世不染世，益人复益己者，岂外是哉？愿珍重力行之，幸甚。

答沈愚公居士广硕

问：依《禅门口诀》修持如何？

答：此特方便小法门，尚不及《童蒙止观》，未可执为究竟安心法。

● 摘答

（来问文繁不录）

答江山朱居士（二条）

读《直指》一书，可谓握道学之心宗矣，健羡健羡。虽然，若题曰《儒门直指》，吾何敢置喙？今曰《禅门直指》，恐未可也。废朽老疾日甚，衰惫惛慵，无力酬对，姑撮略二条以覆：

一、公只据良知门下诸君子，以“有减无增，一切现成”等语，便欲和会儒、释，而谓达摩直指之禅亦只是如此。宁知佛法不是这个道理，谈何容易。切勿自误误人，为害不小。公大聪明人，当再以平心、虚心、细心、沉着心、虔诚心、真实求出世心，重重徐徐看阅佛菩萨所说经论、诸尊宿所著语录文字，自有理会处，不可草草。

二、《竹窗随笔》有“耳不如目”语，盖为不识字人以耳当目，耳之听受有限，而目之看读无穷也。又推之，目之看读犹有限，而心之悟明更无穷也。此与《楞严》选择六根，各自一意，有何干涉？而广引耳根圆通等文，似以耳根受屈，为彼不平。喻如孔门论仁，独尊颜子。而言志之日，又与曾点。今欲谓颜子受屈，而咎夫子之与点，可乎？且《竹窗》，废朽凡夫语耳，公尚错会其意。况出三界大圣人语，得无错会否？况大慧杲老超格大善知识语，得无错会否？公只就儒门中做个道学宗师，启迪后人，甚妙甚妙。不必援教引宗，评长议短，恐理路玄深，言之未当，反为不美。馀良知寂感、虚空销殒、内守幽闲等，无力悉答，例此可知。昔人有言：“不可以佛法当人情。”亦知高明必不见责，故敢直言。谅之谅之。

答王万基居士广愭（五条）

此所谓遣之又遣之，是极则语。有错会于诸妄想亦不息灭者，遂使甘露醍醐翻成砒鸩，可叹也。今且只做一切时不起妄念工夫，下文待后再理会。（一）

无分别而失照，是名无记，非智也。有分别而照体常寂，亦智也。今莫管分别、不分别，一味顾正念去。（二）

悟有浅深大小。千处万处透，亦随其本所悟处而已。如主一邑，则一邑之千万人皆其统御，推而一郡一国皆然也。直至世尊见明星而大悟，方为了当。（三）

书经忏悔大好。若断源，则须理忏，所谓观罪性空是也。（四）

拈颂古人公案，不无见处有到与未到。今人颇多臆说者，此非大彻不

能披拣，且置之可也。（五）

答余姚蒋居士（二条）

欲为生人根本，断之诚难。有不净观，治其标也。反究欲念起处，治其本也。今只消究念佛者就是。（一）

持名念佛，且专一持名，但礼佛时作观可也。（二）

答朱白民居士（三条）

参禅别无方便，只贵谛信不惑。如沩山所谓“研究至理，以悟为则”而已。（一）

人谓我但求西方，我实求西方而尚未能。人谓我犹参理路，我实参理路而尚未彻。（二）

顶圣眼天之说，亦有不尽然者。尊堂临终一段因缘自是好境界，来报殊胜可知，不必疑也。（三）

答龚广淇居士（三条）

不论在家出家，执持名号，一心不乱。即“执持名号”四字是入头处，“执持”二字莫草草看过。（一）

返照念佛人是谁，与参禅意同。（二）

诸大乘经可看，而以顾正念为主。（三）

答大镜（三条）

塔中二佛，是表物我不分、古今一致，不是二谛。（《法华·宝塔品》）（一）

心以何为宗？令人自参，不许穿凿问人。（二）

以上教意、宗意，不必妄求。但自精勤念佛，念到一心不乱，自当悟

入。（三）

答姜居士（五条）

转身后更有转身。未得不受后有，故求生净土为贵。（一）

念观音无验者有二：一则定业难转，二则念力未精。真善人而被祸者亦有二：一则定业难转，二则心虽善，智不足。（二）

睹善境而复谤者，夙世善根轻浅，常有之，不足为怪。（三）

因境动心，虽似心随境转，试问木人遇境曾有转否？毕竟心外无境，境全是心。（四）

法虽不在藏之存亡，而众生必赖文字入理。经阐佛心，寺彰佛迹，自有缓急轻重。（五）

答吴士瑾居士

五戒杀生为首，在家不杀足矣。若不能断肉食，食三净肉可也。渐入佳境后不食肉，则善之善矣。第二偷盗，此不必论。第三惟禁邪淫，正非所禁。第四妄语亦易持。第五饮酒，如不能持，节省之，亦渐入佳境可也。大抵五戒全持，则为满分优婆塞。半持，则为半分优婆塞。持其一，则为少分优婆塞。亦随人所持无碍。

答吴广颖居士

皮为鼓而供佛，牛亦有功。角为灯而供佛，羊亦灭罪。

答董广曙居士

《易》云：“积善之家，必有余庆。积不善之家，必有余殃。”宅上正积善之家，而反家主有疮疡之灾，家属有疾疫之难者，何也？其故有二：一者小灾免大灾，轻难免重难。正由积善，虽见疮疡、疾疫，而不伤身。若非善功，必有大灾重难，不止如此而已。正当感谢佛天，不可嗟怨。二者善虽积，犹未广大，比之全不修善者则过之，比之万善咸备者则不及也。正当益加为善，不可自足。

答洪大慈居士（三条）

一、我忆十六七时，自期三十不中乡科，则捐举业，隐湖山间。四十不中会试，则亦归隐。乡科官决不可做。今以廿八岁为期，更早矣，何言迟也？又先父母过世，我方敢出家。先母在，即举业可舍，家不可出也。

二、目所睹有改经改监而中者，有改经改监而依然不中者。夫子云："死生有命，富贵在天。"得之不得曰有命，奈何读圣人之书而漠然不信乎？尽人事而听天命，此至言也。

三、莫论清、浓、奇、平种种体格，亦不必迎合主司，趋附时尚，但只要文字好。文字好者，谓与题目相应也。作时文如写真相似，但贵肖像彼人耳。否则虽笔仗之尖耸，颜色之华丽，何益也？

● 杂答

问：世尊默然良久，外道谓开我迷云。空生宴坐不言，帝释云善说般若。

答：良久处欲望开迷，阴霾万里。宴坐边拟闻般若，说竟多时。虽然如是，鞭头得旨、空里飞花者，毕竟见个甚么？

问：自性西方，惟心净土。

答：若直指西方，不但过此娑婆十万亿刹者为非也，说个自性，已涉程途。若实谈净土，不但宝池金地种种庄严者为非也，才道惟心，翻成垢秽。离此二边，作么生是西方净土？

问：净土与禅优劣？

答：归元性无二，方便有多门。今之执禅谤净土者，却不曾真实参究。执净土谤禅者，亦不曾真实念佛。若各各做工夫到彻底穷源处，则知两条门路原不差毫厘也。

问：御魔何法？

答：凡所有相，皆是虚妄。即圣境现前，切不可作圣解。若一执着，便落邪手。况魔境、圣相，终有分别，纵然魔能巧现，明眼者一照，其破绽处历历分明，则彼即饮迹矣。如未能如是，更有捷径法，只是单单坚守正念，任他是圣是魔，一切莫管。

问：病中如何用心排遣？

答：人在病中，凡有四等：为病所使，忘失正念，不知排遣者，愚夫之用心也。虽罹病缘，坚持正念，善巧排遣者，初学之用心也。病忘其病，正念自如，不须排遣者，大贤之用心也。为众生故，示现病身，排遣、不排遣两不必论者，诸佛无所用心之用心也。昔人有言："老僧自有安闲法，八苦交煎总不妨。"此安闲法，愚夫昧不得知，初学知不能用，正大贤分上事。但言之极易，行之极难，勿轻视也。世有狂徒，见他人病，极善开导，或云："四大本空，何病之有？"或云："一切放下，莫着于病。"是则固是，争奈自到病中，都忘却开导他人言语，依旧空不去，放不下，束手无措，甘伏死门而已。我辈观此，应自猛省，务臻实效，莫学虚头。趁四大康健时，讨取个本空，即今目前就要放下。若待病生，方做手脚，所谓寇至筑垣，亦复何及？尝记僧问古德："还有不病者么？"答云："有。"又问："不病者还来看和尚么？"答云："老僧看他有分。"前答"有"字，初学亦知。后答"看他有分"，久参禅客犹恐未彻在。古人此处毕竟是何道理？毕竟得何三昧，病苦之中安闲乃尔？我辈共宜勉之。

问：做工夫必应避喧取静否？

答：工夫最怕拣择。有志于学者，只是一个正念常在胸中，逢静时也如此，逢闹时也如此，凭他静闹变迁，而我这个念头断然无有移易，如是方无间断，谓之善做工夫也。岂不见古人道："智者除心，愚者除境。"

如必嫌喧取静，则境界恐无有静之时，亦无有静之处。夫求静者莫如居深山之中，然深山静矣，而樵斧闻于隔云，牧笛鸣于斜照，则耳畔又安能静也？然樵斧牧笛，或可屏绝之，使不交于吾耳。至于清宵而猿啼虎啸，白昼而鹊噪鸦鸣，则耳畔又安能静也？然猿啼虎啸、鹊噪鸦鸣，或可驱逐之，使不交于吾耳。至于狂风起而万窍怒号，迅雷发而千山震撼，则此时嫌喧取寂者，将屏绝之耶？驱逐之耶？以此推之，境界决无有静之时也，决无有静之处也。学人但患志不猛烈耳，存一猛烈之志，则何之而不可？

问：一心称名时又着求生，不几二念乎？

答：求生须于早晚发愿时。若称名时，一心一念，不可夹杂。譬如举业家，读书作文，其行也。其所以读书作文者为何，要中举、中进士，其愿也。

（以上俱未详问人）

儒家之悟与佛家之悟虽则无异，然根本、枝叶自有浅深。

修行若不向般若上用功，则虽禅定亦化为福。福是有漏之因，天福亦有时尽。

通宗不通教，开口便乱道，故人先宜看教。宗是佛心，教是佛语。

端坐念佛，恐心难摄，不若经行。

参念佛是谁，须是有真疑起。真疑未起，且默念去。

净土非无日月，但佛光大，日月为佛光所掩。

天竺语往往是倒说，如“裓衣”则曰“衣裓”，“到彼岸”则曰“彼岸到”。

《楞严》最有次第，故人宜看。

禅定人，虽愿力不深，亦能往生。然修净业者，信、愿、行，如鼎三足，缺一不可。

人心如破屋，妄想如贼，东逐则西来，南逐则北来。今人能断百思想，已便好了。

宗门语，如世人捉呆，不可作实法会。

庞居士虽见地高于王龙舒，然龙舒实行亦自的确。

《大庄严论》虽未了义，却有益于人。

古人棒喝，适逗人机，一棒一喝便令人悟，非若今人以打人为事。

此云："佛法须让老僧。"彼即礼拜。可见不在神通。通不是道，有道自有通，有通未必有道。只论神通，则神有通，鬼亦有通。道如官，通如车旗服饰。求通原有法，今日追忆往日，往日又追忆，则他生可知，然非是道。

抹杀一蚂蚁，复受一蚁身，彼业未尽，何能转生他道？众生都然，徒令受此杀苦。

法灭之际，人举一茎草，便成枪刃，可以杀人。此时诸法已灭，只留弥陀一句救人。人有念得一句全者，便为世间师。

朱紫阳辈都是贤者，即有异同，彼亦不瞋其人，然不可过为贬驳。

不乱之心，即是无住之心。

《观经》中说佛身广大，人多不信。如蚂蚁穴中，哪知世上有水牯牛？天人已自身长无量。弥勒下生时，人亦身长数十丈。

草木都为鬼神所栖，上各有宫室，在人自不见耳，故木不可轻伐。

在家人教弟子只是耕读，不必定要望以富贵。

人家小儿打爷骂娘，反说他乖，非是教子之法。

念佛法门，说是权则可，说是偏则不可。

如李卓吾作用，恐有害于佛法，无益于佛法。

宫刑不知起于何时，世有尧舜之君方能去。

衙门禁讲，即便撤讲，乃是守法，中止亦何害？

（以上并未详问语）

● 开 示

普劝念佛

夫学佛者，无论庄严形迹，只贵真实修行。在家居士，不必定要缁衣道巾，带发之人，自可常服念佛。不必定要敲鱼击鼓，好静之人，自可寂默念佛。不必定要成群做会，怕事之人，自可闭门念佛。不必定要入寺听经，识字之人，自可依教念佛。千里烧香，不如安坐家堂念佛。供奉邪师，不如孝顺父母念佛。广交魔友，不如独身清净念佛。寄库来生，不如现在作福念佛。许愿保禳，不如悔过自新念佛。习学外道文书，不如一字不识念佛。无知妄谈禅理，不如老实持戒念佛。希求妖鬼灵通，不如正信因果念佛。以要言之，端心灭恶，如是念佛，号曰善人。摄心除散，如是念佛，号曰贤人。悟心断惑，如是念佛，号曰圣人。

又

一劝极闲人念佛。婚嫁都毕，子孙克家，安闲无事，正好尽心尽力念佛。每日念几千声，乃至几万。

一劝半忙闲人念佛。半了不了，或忙或闲，虽不极闲，亦可忙时治事，闲时念佛。每日念几百声，乃至几千。

一劝极忙人念佛。勤劳王事，奔波家业，虽无闲时，也须忙里偷闲念佛。每日晨朝十念，乃至日间或念几百。

普劝念佛往生净土

《弥陀经》言：若人念佛，临命终时，必生彼国。又《观经》言：念佛之人，生彼国者，莲分九品。盖此念佛法门，不论男女僧俗，不论贵贱贤愚，但一心不乱，随其功行大小，九品往生，故知世间无有一人不堪念佛。若人富贵，受用现成，正好念佛。若人贫穷，家小累少，正好念佛。若人有子，宗祀得托，正好念佛。若人无子，孤身自由，正好念佛。若人子孝，安受供养，正好念佛。若人子逆，免生恩爱，正好念佛。若人无病，趁身康健，正好念佛。若人有病，切近无常，正好念佛。若人年老，光景无多，正好念佛。若人年少，精神清利，正好念佛。若人处闲，心无事扰，正好念佛。若人处忙，忙里偷闲，正好念佛。若人出家，逍遥物外，正好念佛。若人在家，知是火宅，正好念佛。若人聪明，通晓净土，正好念佛。若人愚鲁，别无所能，正好念佛。若人持律，律是佛制，正好念佛。若人看经，经是佛说，正好念佛。若人参禅，禅是佛心，正好念佛。若人悟道，悟须佛证，正好念佛。普劝诸人，火急念佛，九品往生，花开见佛。见佛闻法，究竟成佛，始知自心，本来是佛。

水陆会中普示持名念佛三昧（一载《水陆仪文》）

窃惟净土之为教也，肇始于释迦世尊，阐扬于历代贤圣。于是以念佛一门而分四种：曰持名念佛，曰观像念佛，曰观想念佛，曰实相念佛。虽有四种之殊，究竟归乎实相而已。又以前三约之为二：一为观想，一为持名。观想，则《十六观经》言之详矣。此论持名，则《阿弥陀经》云：“闻说阿弥陀佛，执持名号，若一日、二日，乃至七日，一心不乱。其人临命终时，阿弥陀佛与诸圣众现在其前。是人终时，心不颠倒，即得往生阿弥陀佛极乐国土。”此万世持名念佛从出之大原，乃金口所亲宣之妙法也。古德云：“观法理微，众生心杂，杂心修观，观想难成。大圣悲怜，直劝专持名号，良由称名易故，相续即生。”此阐扬持名念佛之功，最为往生净土之要。若其持名深达实相，则与妙观同功，上上品生当不疑矣。

现前诸佛子，如前忏悔门中，二乘圣人、圆心大士，乃至等觉，尚须忏悔。既彼均当忏悔，岂不咸应往生？而况位在凡夫，生居学地者乎？我今奉为六道现前诸佛子等，皆同一心，称佛名号，求生净土。愿佛慈悲，特垂摄济。

普劝戒杀放生（向刻单流通）

人人爱命，物物贪生，何得杀彼形躯，充己口食？或利刃剖腹，或尖刀刺心，或剥皮刮鳞，或断喉劈壳，或滚汤活煮鳖鳝，或盐酒生腌蟹虾。可怜大痛无伸，极苦难忍。造此弥天恶业，结成万世深仇。一日无常，即堕地狱，镬汤炉炭，剑树刀山。受罪毕时，仍作畜类，冤冤对报，命命填还。还毕为人，多病寿夭，或死蛇虎，或死刀兵，或死官刑，或死毒药，皆杀生所感也。

我今泣血稽颡，哀告世人：不敢逼你吃斋，且先劝你戒杀。戒杀之家，善神守护，灾横消除，寿算绵长，子孙贤孝。吉祥种种，难可具陈。若更能随力放生，加持念佛，不但增崇福德，必当随愿往生，永脱轮回，入不退地。

诸仁者，有缘遇此，便请回心，决志受持，莫生疑悔。如不能行，即以转施他人，亦复功德无量。

劝戒过为苦行显异惑众者

近时僧人、道人，砖砌墙围，仅容其身，植立于中，如刀在鞘，如笋在壳。或四面钉钉，如匣床者。有斩断一手，灰布胶漆，示诸人者。有掘地作坑，倒埋其头，双脚向天者。有巨砖自捶其背，至青肿者。有冬寒赤脚，不穿鞋袜者。有吃水为斋，不餐五谷者。有双足立桥栏上拜经，人见之无不惊者。有拖铁索，重百十斤者。如是种种不一。问其故，类多仗此募缘。惑世诬民，非贪即愚，真可怜悯。奉劝高明，遇见此辈，即为开谕，速即舍离如是魔事，力行正道，则佛法中大幸也。

示居士

戒瞋佛言："当知瞋心甚于猛火，劫功德贼，无过瞋恚。"《论语》亦云："一朝之忿，忘其身以及其亲。"噫！可不戒欤？

慎酒佛言："以一酒故，并破四戒。"《礼经》亦云："终日百拜，以去酒祸。"噫！可不慎欤？

择友佛言："亲近善知识，远离恶知识。"先贤亦云："与恶人居，如入鲍鱼之肆，久而不闻其臭，与之俱化矣。"噫！可不择欤？

畏天佛言："天以六斋日，考察人间善恶。"世书亦云："司命、灶神，每月晦日上天，白人罪福。"噫！可不畏欤？

示讲主（二条）

声名显著，守之以敛藏。利养丰饶，守之以俭朴。瞻仰众多，守之以谦下。朋侪嫉忌，守之以和忍。

辩理不得不明，而忌刚躁。折恶不得不严，而忌暴刻。持身不得不庄，而忌高傲。处友不得不和，而忌嘲谑。

训沙弥

莫贪财，学忍辱。戒游戏，勤诵读。远年轻，近耆宿。思古人，麻麦粥。思古人，粪扫服。思古人，树下宿。少苦行，老享福。享福早，寿命促。望出世，听吾嘱。

示在家二众

人生母子夫妻一家眷属，俱是宿世虚缘，暂时会聚，终必别离，不足悲苦。可悲可苦者，乃是空过一生，不念佛耳。今但万缘放下，回光返照念佛，即是一生要紧大事，更无多语。此外只管纯一念佛。其念佛，要字字心上照过，历历分明，时刻切心，不容些须妄想杂念。早晚礼佛时，恳苦发愿求生净土。如此捱到临命终时，自然正念现前，往生阿弥陀佛极乐净土，莲花化生，永离诸苦。

示病人

古人有言："病者众生之良药。"则人于病中当生大欢喜，一切不如意处莫起烦恼。又言："死生有命。"则人于病中当生大解脱，任其死生，莫起恐怖。又过去如幻，现在如幻，未来如幻，尽情放下，单持正念而已。病中千万宁耐，莫怀速愈之躁心，乃所以为速愈之良方也。

又

将家事处置了却，放下万缘，空空地心上只念六字佛名，刻刻不忘，自然业障消灭。业障既消，自然夜卧安宁，身心康健矣。念佛人，要发愿舍此恶世，生彼乐邦。

示耄年居士

色身固有衰羸，法性本无退灭。尽除万累，纯净一心。净心而净土斯成，往生而无生自达。

示临终善女人

男女之体虽殊，灵明之性不二。何言五漏，惟贵一心。一心称念阿弥陀，决定往生安乐国。

示沈少宗伯荐夭求子

○ 荐 夭

凡人生子夭亡，哭之则逾丧考妣，思之则痛绝肝肠。乃多为诵经礼忏，以资冥路，善矣。然诵经要体佛心，礼忏要明己过。佛心者，大慈悲是。己过者，造杀业是。不行慈悲，不断杀业，经忏虽多，功德亦少。略开二事于左，愿力行之：

一、佛制五戒，首重杀生。又云："前世多杀生，今报夭折苦。"为父母者，当取亡儿平日所有衣服庄饰、玩好之物，变卖作银，买放生命，以赎其杀业。庶俾今魂不堕三途，来生得获长寿。

二、凡人生子，三朝、满月、百日、周岁，往往取诸众生宰杀烹炮，陈设宴会。此虽杀由父母，与儿无干，而事起有因，罪亦难免。念亡儿者，永断杀业，庶俾今魂不堕三途，来生得获长寿。

复有二事当戒：

一、小儿每每有擒捉蝇蚋螟蠓之类，或投之蚁聚，或掷之蛛网。孩幼无知，以资戏乐，父母喜而不禁。乃至伤害种种微细虫豸，难以尽言。皆夭命因，不可不戒。

二、孩子无知，或骂父母，或骂尊长，父母喜而不禁。虽属戏掉，皆夭命因，不可不戒。

〇 求 子

凡人求子，或许神福，或作佛事。神福杀生，理甚乖谬，不必言矣。佛事则如前诵经、礼忏，及造佛、造殿、上幡、上袍、斋僧、布施等事。然佛大慈悲，只是要人为善。若但作如上福德而不为善，则虽多费钱帛，未必能满所求。略开二事于后，愿力行之：

一、慈受深禅师《拟寒山诗》云："老翁死却儿，昼夜捶胸哭。痛心彻骨髓，叫云我孤独。何不返思量，恣啖猪羊肉。羊岂不思儿，猪亦有眷属。"然则杀他子，求己子，于理顺乎？于心安乎？永断杀业，必生好子。

二、冯商命该无子，以还妾一事，天送三元。故知无子不必他求，但自广修阴德。积德深厚，必生好子。

复有二事当戒：

一、今人己所生子，抚摩爱惜，如护眼珠。义男女等，视同土芥，恣意鞭挞。己所生子，膏粱肥甘，百味充足。义男女等，饮啖粗恶，或至忍饥。己所生子，绫罗锦绣，备极庄严。义男女等，破衲遮身，不免寒冻。彼亦父母所生子也，奈何偏心不公，一至是乎？天地不容，鬼神怒目，理应无子。纵其得子，子必多凶。不可不戒。

二、有于老年或取少女以为姬妾，我既管她不了，她须怨我特深。怨气所积，损德消福，理应无子。纵其得子，子必不贤。不可不戒。

评曰：荐夭、求子，虽云二事，其实相因。何也？如上为善荐夭，不但济夭，而承斯善力，后生之子当必福慧长年。如上为善求子，不但得子，而承斯善力，先亡之儿亦获超生胜地。一举而两得，故二事相因，宜并行也。

示定庵上人

僧人弃应院而归禅门，譬之儒人弃举业而谈道学也，二俱美事。然归而不修，谈而不行，竟有何益？今见弃应院者，一脚出门，大都投入讲席。不知讲以明教，讲明之后，正贵依教修行。而才入讲席，便学说几个旨意，抄几道标帖，写几行字，题几句诗，描几笔画，妆点几件文具。他时后日讲得经，上得座，便是证果了也，不复知此外更有事在。所谓弃了天罗，又入地网，岂不大可惜哉！且最初弃应院时，皆有一片好心，即此是成佛根本。今但不背初心，莫只以耳闻口说为足，而务实践，参访明师，亲近善友，念念以出世为怀。自始至终，勿为名利羁绊。然后离尔师，舍尔习，乃不虚负。不然，到头亦只是个大应院家风耳。念之！

示孙大珩

参禅人只守一则公案，如参“念佛是谁”，不得又参“万法归一，一归何处”等。若透一则，余尽透矣。若自觉已透，于别则公案还有不尽透处，即是向所守公案还非真透，未免涉情识也。

示大同

古人教亲近明师，求善知识。而善知识实无口传心授秘密法门，只替人解黏去缚，便是秘密。今但执持名号，一心不乱。此八个字，即是解黏去缚秘密法门，即是出生死堂堂大路。朝念暮念，行念坐念，念念相续，自成三昧，莫更他求也。

又

久乱之心一时难定。念佛心不清不必忧，只要工夫深耳，字字句句当心念。

示徐智忆（今出家字元彻）

《遗教》即是佛遗嘱也，但守之如奉王敕，再加二六时中时时念佛，自然处浊乱中而不走失。

示沈广逵

世谛中觉名利恩爱之毕竟成空，便名觑破。真体上觅生老病死而本来无有，即是修持。初机与究竟同归，因该果海。究竟与初机不二，果彻因源。只贵明心，别无异法。

示严大瞰

大事未明，此为何时？尝胆卧薪，寸阴尺璧。暂时不在，如同死人。研穷至理，以悟为则。

示闽中李居士

"参"、"疑"二字不必分解，"疑"则"参"之别名，总是"体究追审"之意。但看念佛是谁，以悟为则而已。又古德云："看话头不得卜度穿凿，亦不得抛向无事甲里，但只恁么看。"此要言也。

示闽县林德润等

作会、劝缘虽是美事，但宜静悄，不宜太盛。何以故？世道俗习奢侈极矣，恐有难事起，智者慎之。

示楚僧真愚等

诸友志念精专，识见高卓，真西方胜侣也。兹有二言相嘱：一者毋住小悟，当期大彻。二者时际末劫，建立法门不宜太广，当宜密修慎行，以俟龙天推出可也。

示似空广伸（五条）

末世无大法师匹休古人者，良由好应期讲经者多，好笃志看经者少，故皆世谛法师而已。今当愈加勉励，惟以精研教理、弘法启迷为一大事。有数语数事开后：

一、饮食、衣服、房屋等，若必求周备，则佛法便不周备。今所买厅可将就住，余屋缓缓为之。古人住居多逐间接起，欲一时齐整，便十分吃力，有妨道业。

一、住此富贵寺中，不可与众房一样行事。凡事须尚简约清淡，方有道气。

一、众房杂居，须谦让温和，不可以法师自处而生我慢。

一、诸相宗文字，如《因明》、《观所缘缘》等，近各有解。可虚心参古酌今，订正一番。

一、处寺中众人瞩目之地，须十分谨慎，循规蹈矩，小心细行，庶免物议。念之念之。

示王智第

心空，则业空、身空、病空。倘有疑心，可尽情放下。经云：“凡所有相，皆是虚妄。”既属虚妄，如空中花，如水上泡，如梦中事，何疑之有？减思虑，戒恼怒，节饮食，慎起居。但时时刻刻将念佛做个话头，勿使忘失，即是觉照常在，惺惺不昧矣。

示明宇大晓

记数太多，束心太急，故发诸疾。但孜孜密密，无间断，无夹杂，即是工夫，不须过分苦行。妄想刚强，久战自服，必无疑也。

示朱大仉

话头不碍静，盖静碍话头耳，贪着静境为乐故也。还须用心话头始得。

示吴大峻

莫管悟与不悟，莫管有无内外中间，莫管止观，莫管与他法门同与不同。既疑情不起，亦莫管是谁不是谁。但执持名号，一心一意，无间无断，纯一不杂做去。

示于广慧

古云：“杂念是病，念佛是药。”念佛正治杂念，而不能治者，因念不亲切也。杂念起时，即用心加功念佛，字字句句精一不二，杂念自息矣。

示王广第

不如直下执持一句阿弥陀佛，尽心尽力念去，无丝毫异念，即是“无”字公案。其“无”字等话头不必提了，纯一念佛。念佛上透，千处万处俱透。

示广耆

庞老云：“十方同聚会，个个学无为。此是选佛场，心空及第归。”未能空心，且勤念佛。念念不已，心当自空。

示秦佩玉

亦不是身内起疑，亦不是空空起疑。以二者较量可否者，是真疑未起也。若真有疑，自不如是。真疑未起，且只正念摄心，不疑不妨。

示吴广绶

既不疑生死，不疑古德公案。何得生大怖畏？何得尚虑疑箭入心也？是所云不疑者，犹有疑也。昔二比丘犯淫杀，维摩一言之下，罪灭无余。今若能如二比丘，则不必论。否则另有一法，经云：“至心念佛一声，灭八十亿劫生死重罪。”若虔诚念佛十万八千，无罪不灭。所罚之咒，如风卷云，如日销露，如一滴投于大海，如片雪点于红炉，净尽灭除，更无踪迹矣。

示四川彭君

应乩者十无一真，皆托名某仙，而实非也。久为之，则能窃人神气。惟佛为三界大师，一心念佛，则群邪自息矣。

示智真侍者

莫贪欲染境，地狱根本故。莫着玩好物，死不随身故。莫游族姓家，丧失清节故。莫交无益友，鲍肆渐染故。莫恃少壮年，人命呼吸故。莫纵一时瞋，后悔无及故。

示僧大某

未见性，而卜度见性境界，甚为无益。惟末后一条，始是切问。且既知禅坐观心，独不曰念佛观心乎？宁有二也？老实做工夫，待见性再理会。

示德彰大微

平日有实落工夫，病中方始得力，今如何强得？虽然，也只是勉强着力做去。

示孙大智

心外无境，心空则境寂。慧从定得，心静则明生。

示建昌黄钦

虚往实归，不若实往虚归更好。庞老云：“但愿空诸所有，慎勿实诸所无。”

示福建林荣（荣具陈所见异境）

经云：“凡所有相，皆是虚妄。”眼见耳闻，悉尽扫除，一心念佛。

示无隅大方

清年美质，当于自家本分事上用心，不可以五字、七字浪费光阴，贻日后之悔也。大事已明，咏吟未晚。

示薛广阅

参究不便，专持亦得。但得一心，自不随境。

示某居士

古德开示最切要语道："随缘消旧业，更莫造新殃。"今目前种种障道者，皆宿缘所使，不必忧恼，但随缘顺受，要紧在更不再种当来业根耳。

示某居士

坚持五戒，一心念佛。孝养父母，亦劝其一心念佛，求愿母子同生净土。随缘度日，来供则受，莫行募化，莫作念佛会。守分修行，即是末法中大善人、真居士也。

示洞庭山翁门石氏（求来世为官）

为官虽好，倚官造业，后生堕落，受苦无量。应当一心念佛，求生净土。直饶位至三公，不若莲登九品。念佛求生净土，胜似为官远之远矣。

示洞庭山许门石氏（求来世为僧）

为僧虽好，僧不修行，后生堕落，受无量苦。应当一心念佛，求生净土。亲近金木雕装之假像，不若亲近现在说法之真佛也。净土为僧，胜过此世界为僧，远之远矣。

示学者

愚人迷而不觉，颠倒行事，生死轮转，无有休息。圣人悲之，教以三学：曰戒，以闲其非；曰定，以摄其乱；曰慧，以破其惑。由是障尽心空，复还觉体，朗然廓然，如大睡之得醒，盖杲日不足喻其精明，昊天不足喻其高广。此佛道大略也。向上更论。

又

今人多好说参悟，好说了生死。不知在此土了悟甚难，谓之竖超三界。斯陀含犹一往一来，况凡人乎？此土众生，多是先生西方，然后了悟。生西方一门，谓之横超三界，万无一失。

示侄孙大绶馆中六章

一、习举业非只要望取科第。读圣贤书，须要学做圣贤。孟子云："达则兼善天下"，是治国、平天下事；"穷则独善其身"，是格物、致知、诚意、正心、修身、齐家事。事不同，而同归于善也。

二、做文字非只要哄试官，叨进取。文字即是本人精神心术。艰险怪异，小人之文也。正大光明，君子之文也。得失自有命在，不可见有艰险怪异而得者，便效之也。

三、从师非只要学文艺，要以德行为本。其师但教我以文艺，而不教我以德行者，非贤师也。若遇贤师，须亲如父母，敬如神明，终身奉事。

四、临文非只要入试场方始矜持。须平日会考，如试官在上，尽诚竭心，不可不完卷，不可苟完卷。

五、看书非只要求新求胜，须顺文顺理。十分中，九分当依朱注。

六、在馆中非只起五更、睡半夜，方是勤学。但清晨至暮夜，月无闲日，日无闲时，禁闲走，省闲话，绝闲事，孳孳汲汲，专精不弛，自然日进。

● 警 策

伤足自规（四条）

一、自今已往，得一时筋骨轻安，行坐随意，即当思及六道众生苦恼，一心正念。

一、自今已往，虽有人恶骂加我者，非言谤我者，乃至批我颊者，唾我面者，悉顺受之，一心正念。

一、自今已往，虽有人忘恩背去者，恩反仇报者，悉顺受之，一心正念。

一、自今已往，虽有使令不如命者，承值不如法者，或以正语，或以巽语，随宜而施，不可则已，勿起瞋恚，一心正念。

自 警（七条）

先民有言，禹惜寸阴。至于众人，当惜分阴。
我今衰残，奚啻惜分。一弹指顷，毋杂用心。

毋杂用心者，谓本参正念外，才起一念杂想，即便扫除，摄归正念，不可时刻延捱。今略开七事，真为生死出家，直欲一生了办，务力守之，时时自警。

一、不得蓄资财，造房屋，买田地，置一切精致好物。即经像等，传自太古，出自名家，皆勿留恋，一心正念。

二、不得作种种非紧要福德缘事，姑俟他日大事已明，作之未晚。今且权置万行门，一心正念。

三、不得于好色起贪爱心，于好味等起贪爱心，于好言赞誉我者起贪爱心。不得于恶色起瞋恼心，于恶味等起瞋恼心，于恶言讥毁我者、恶口骂辱我者、恶拳捶打我者、种种拂逆我者起瞋恼心。乃至过去事或顺或违，未来事或顺或违，皆悉屏绝，坚壁固守，一心正念。

四、不得吟作诗文，书写真草题贴对联，修饰尺牍，泛览外书，议论他人得失长短，乃至教凭臆见而高心著述，禅未悟彻而妄意拈评。缄口结舌，一心正念。

五、不得交结亲朋，应赴请召，游山玩景，杂话闲谈。凡种种世谛中事，除理所当为，决不可已者，余悉休罢，一心正念。

六、不得贪着放逸，恣纵睡眠。大事未明，捍劳忍苦，一心正念。

七、不得与世人竞才竞能，争名争势，未得言得，未证言证，诳称知识，妄自尊高。惟应执卑守愚，终身居学地而自锻炼，常精常进，一心正念。

祩宏初始出家，其立志甚正，其执持所志甚坚。只因禀弱，孤孑远游，未得道而先得疾，乃弗获已，结茆以居。自谓僻坞穷林，或可绝人逃世。何期日久岁深，不觉不知，渐成丛席。虽不敢尊居方丈，我慢自贤，实亦受累不少。今忽八旬，命存风烛，大惊大愧，食寝靡宁。又思一息尚存，胡不老当益壮，纵其身力疲困，犹可心力自强。虽耄耋行脚，难齐古风。而不杂用心，何容自弃？用是再整初诚，重为誓约，一以策己，一以劝人。倘亦有始勤中累如我者乎，幸相与勉之！

老堂警策

佛言："人命无常，促于呼吸。"少年亦尔，何况老乎？我今殷勤来相警策，惟愿大德，勿以人微而轻其语。当观此身，目暗耳聋，发白面皱，背伛腰曲，骨痛筋挛，步履龙钟，精神昏塞。譬诸夕阳西照，光景无多。衰草迎秋，凋零顷刻。故知此身不久，必赴死门，前路茫茫，毕竟何往？大德，诚如己事已办，非愚所知。其或未然，可不猛省无常，战兢惕励，谛思净土，决志往生，放下万缘，一心念佛。

病堂警策

佛言："人命无常，促于呼吸。"平人亦尔，何况病乎？我今殷勤来相警策，惟愿大德，勿以人微而轻其语。当观此身，四大不调，百骸欲散，饮食渐减，医药无灵，便利床敷，呻吟枕席。譬之鱼游釜内，倏忽焦糜。灯在风前，刹那熄灭。故知此身不久，必赴死门，前路茫茫，毕竟何往？大德，诚如己事已办，非愚所知。其或未然，可不猛省无常，战兢惕励，谛思净土，决志往生，放下万缘，一心念佛。

生所警策

佛言："情多想少，流入横生。"故知汝等，昔以暗蔽愚痴，不修正念，今则羽毛鳞介，受此劣形，水陆飞空，种种不一。或投钩矢，或入网罗，命在刀砧，魂飞汤火。幸逢善士，财赎尔身，万死得生，来此胜地。今乞诸圣，假尔灵聪，汝当一心归命三宝：归依佛，归依法，归依僧。（三称。）归依三宝竟，令汝业障消灭，智慧开明，发菩提心，往生西方极乐世界，莲花化生，入不退地。现前大众，为彼畜生一心念佛。

警 众（八条）

我未出家时，于不仁不义、无礼无智的事，即他人导之为，而我自羞惭愧耻，纤毫必不肯为。所以者何？良由吾前世亲近好人，八识田中领纳得好言语，所以今生自然见恶则耻，不肯去做。你们要着实亲近好人，当早晚发愿之时，当愿世世生生亲近善知识。

我出家后，到处参访。时遍融师门庭大振，予至京师叩之，膝行再请。师曰："你可守本分，不要去贪名逐利，不要去攀缘。只要因果分明，一心念佛。"予受教出。同行者大笑，以为这几句话哪个说不出，千里远来，只道有甚高妙处，原来不值半文。予曰："这个正见他好处，我们渴仰企慕远来到此，他却不说玄说妙凌驾我们，只老老实实把自家体认过，切近精实的工夫叮咛开示，故此是他好处。”我至今着实遵守，不曾放失。

十方僧众，贤圣出没，我见之未尝不敬。他未跪，我先跪。他未拜，我先拜。前有方上一僧，人以其丑恶蓝缕，莫不轻藐之。及见吾，乃剧论《楞严》玄旨。你们决不可轻藐人，记取记取。

入道要门，信为第一。恶事非信尚不成就，况善事乎？譬如世间盗贼，时乎败露，官府非不以极刑绳之。迨后释免，依旧不悔。所以者何？他却信得这条门路，不赍一文本钱，自获利无算，所以备受苦痛，决不退悔。今人念佛再不肯真切加功，只是不曾深思谛信。不要说不信净土，只如世尊说“人命在呼吸间”这一句话，于义理不是难解说。你们眼里亲见，耳里亲闻，经过许多榜样。如今要你信得这句话，早是不能够也。你若真实信得这句话，则念佛法门，不必要我费尽力气千叮万嘱，尔自如水赴壑，万牛不能挽矣。即如前日津送亡僧时，你们睹此榜样，当愀然不乐，痛相警策道：“大众！我与你但今日送某僧，明日送某僧，不知不觉轮到自身，此时悔恨无及。须疾忙念佛，时刻不要放过方好。”我见你们自家也说可惜，对人也说可惜。及乎堂中估唱，依然言笑自如。你只不信人命在呼吸间也。

予见新学后生，才把一句佛顿在心头，闲思妄想越觉腾沸，便谓念佛工夫不能摄心。不知汝无量劫来生死根由，如何能得即断？且万念纷飞之际，正是做工夫时节。旋收旋散，旋散旋收，久后工夫纯熟，自然妄念不起。且汝之能觉妄念重者，亏这句佛耳。如不念佛之时，澜翻潮涌刹那不停者，自己岂能觉乎？

念佛有默持，有高声持，有金刚持。然高声觉太费力，默念又易昏沉。只是绵绵密密，声在于唇齿之间，乃谓金刚持。又不可执定，或觉费力，则不妨默持。或觉昏沉，则不妨高声。如今念佛者，只是手打鱼子，随口叫喊，所以不得利益。必须句句出口入耳，声声唤醒自心。譬如一人浓睡，一人唤云：“某人！”则彼即醒矣。所以念佛最能摄心。

今人不肯念佛，只是轻视西方，不知生西方乃是大德大福、大智大慧、大圣大贤的勾当，转娑婆，成净土，不同小可因缘。汝但看此城中，一日一夜死却多少人？不要说生西方，即生天，千百人中尚无一个。其有自负修行者，只是不失人身而已。故我世尊大慈大悲，示此法门，功过乾坤，恩逾父母。粉骨碎身，不足为报。

幼时尚不知念佛，见邻家一老妪每日课佛数千，问云："为何如此？"彼云："先夫往时念佛，去得甚好，故我如此念。先夫去时并无他病，只与人一请而别。"出家人奈何不念佛？

出家人不祥事（三十二条）

一、佛前安坐受人礼拜，不祥。

一、佛前骂人，不祥。

一、法座上呵叱人，及轻口斥前贤错谬，不祥。

一、亵衣受人礼拜，不祥。

一、当食骂人，不祥。

一、对食分别好恶，起憎嫌心，不祥。

一、绫罗锦绮作家常日用衣服，不祥。

一、卧床用重褥重席、绫绢被、纱罗帐，不祥。

一、清晨骂詈人，不祥。

一、憎嫌信施轻少，不祥。

一、买奴仆供役使，如富贵家，不祥。

一、人劳我独逸，不祥。

一、人穷乏我独富饶，不祥。

一、年少作讲法师，作施食师，作住持师，不祥。

一、少年恃小聪明，轻忽老宿，不祥。

一、恃年腊高，轻忽后进，不祥。

一、无故得重施，不祥。

一、人以至诚待我，我以巧诈对之，不祥。

一、好谈他人过失，及隐微事，不祥。

一、以常住公物利济俗家，不祥。

一、宠厚沙弥弟子华衣美食，不祥。

一、出言动辄粗重，令人难当受，不祥。

一、多诸护法，多诸信施，即便妄尊自大，不祥。

一、无病使人出溺器，不祥。

一、病中瞋怒服事人，不祥。

一、着褊衫小解，不祥。

一、逢水旱等，怨恨天地，不祥。

一、欠人债负，闻其死，心生喜悦，不祥。

一、未语先笑，不祥。

一、粗通教理，妄议古人，藐视时人，不祥。

一、具少知见，以宗师自任，不祥。

以上折福折寿，多招殃咎，故云不祥。当相与共戒之。

示住持

破僧粮而构僧屋，善知识难逃热铁之枷。用砖钱而作瓦钱，俗禅和岂免寒冰之狱。招提公物，云何置瓶置壶。大众山银，乃尔买斧买凿。瓶壶注而镬汤沸，斧凿具而刀山成。况夫米丸与铁丸共吞，絮胎与牛胎共处。行因似小，感果良深，可不悲夫！

弃腐渣责词

暴殄天物者必有祸生，轻贱五谷者多遭雷击。狗彘同人饮食，孟氏由之痛心。酒肉侈作池林，商王于是失国。且古人尚咽糟糠，今此腐渣，美非糠比。大士犹餐草果，今此腐渣，甘岂草伦？奈何放纵骄奢，类富家之败子。昏迷颠倒，似襁褓之婴儿。先须封磨以示惩，后必碎锅而永禁。

示值院等（三条）

水陆头尾相连，经忏接续不断。求经次，汲汲如选官。请经师，忙忙如报喜。库头终夜计算，不过是分派应赴钱财。担运逐日奔波，无非是买办道场货物。僧值者但说篱穿屋漏，求住者不为念佛参禅。况复外无当家，内无首座，多众着于名利，何人实为死生？衣食过度丰饶，费用十分繁广。起如此丛林，不知有福否？有业否？我在此丛林住得否？住不得否？此字可功课毕，悦众当堂宣读一遍，当家收了，与众管事及老成明理人速议回报。

弃讲归禅者，易讲寺为禅寺者，传美于古今。变禅作讲，非盛世所宜。兹议纯一修禅，讲事暂止。议可否。

六人代当家，既号当家，自百岁老人，以至沙弥小童，俱要管到。自财帛重物，以至一针一草，俱要管到。自堂内堂外，以至上方、长寿，俱要管到。自破戒犯法，以至小小过失，俱要管到。自本山大众，以至客情外住，俱要管到。且今虽号当家，又不劳列位费力办米办柴，又不劳列位出钱纳粮纳税，又不劳列位当粮长里长，又不劳列位随班祷雨祈晴，只要用心葺理大众修行而已。如其不肯用心，糊涂过日，不思量四十五日内，只得十五日勤劳耳，犹然不采。诚恐龙天见过，伽蓝生瞋，现生折禄减寿，临终落于恶趣矣。可不勉哉！

十可叹

负罪自误误人老疾僧宏，稽颡白言：

惟宏年衰病久，力寡事繁。石火风灯，命存呼吸。向拟长寿庵养疾数月，为悟斋、梵邦、常惺三友接还，不得如愿，一可叹。

三友发心，少焉散去，不终期事。烛空继之，亦复不终。今则六人代之，三班半月，亦非常便。小庵小庙当家，各各圆满一年，整齐交代。独本山如此，二可叹。

一人妄作主宰，掘坏龙山风水，一年死十七人，众若不闻不见。一人妄作主宰，打造后山石墙，隔断来脉，徒坏钱粮，反致藏虎豹而招寇盗，众若不闻不见。三可叹。

半月半月，虽宣读僧约十条、修身十事，乃至厨库等铭，亦成虚应故事，四可叹。

受托念佛不致诚，受托拜经忏不致诚，五可叹。

佛制，不应手接金银。僧不能行，姑以行施折罪。乃只行于经忏，又不是行施，反似抽分，六可叹。

凡出家，先审其原住何所，后逢期散，使有所归。今泛纳不审，七可叹。

合寺不论老少，皆要不违十戒律仪。今受菩萨戒，而行事尚不及沙弥，八可叹。

屡屡分付，不相信从，不一而足。略开数事：分付管事人，宜和合无乖争。分付宿园，毋劳逸不均。分付挑柴、挑米等，俱要上座领众记过。分付有病，要依式挂幕。分付十戒、具戒、大戒，各要行本戒事，不可有名无实。分付放生所，要依时警策。分付老堂，未满八十者，晚课必查随众与否。分付值夜，每早须查勤惰如式，回覆平安与否。分付不得贵价买假香烧，熏坏金像。分付滤水囊用讫，须如式荡濯。分付年少学浅，不该讲经宜查。分付僧值，所言当理者，皆当力行。分付春、夏、秋停止经忏道场，万不得已，请外住于经板堂中行之。今即于本山，而本山僧反多于外住者。分付内楼紧紧封锁，万不得已暂开，今数数开。分付送化亡僧、估唱僧物，各要起大悲怜，生大警悟。今则泛泛然而送化，嘻嘻然而估唱，习为常事，全不动心。九可叹。

复次我今命若风灯，朝不保暮。无信我者，无怜我者，此间如何住得？十可叹。

三可惜

一者，深山穷谷，清净幽闲，既无村中士女喧烦，亦无过往宾客游赏。峰峦攒簇，冬避风寒。林树阴森，夏消炎热。蹉过此时而不修行，是为一可惜。

二者，柴水方便，衣食现成，床帐整齐，医药周足，沐浴次第，灯火荧煌。蹉过此时而不修行，是为二可惜。

三者，宏虽随行逐队，一介凡僧，既不能见性明心，又不能积功累德。但其安分守己，谨慎操持，于此末法之中，亦可充佛祖普庇众生庐舍中之一小椽，亦可助佛祖普渡众生桥梁中之一卷石，亦可备佛祖普疗众生疾病药笼中之一方寸匕。嗟乎！献瓦缶于金谷，取笑旁观。进麦饭于滹沱，宁无小补？蹉过此时而不修行，是为三可惜。

虽然，凡有言说，人不听从，皆由自己德薄福轻故也。但当责己，不敢尤人。倘天假之年，余生未尽，尚当力疾以报佛恩，以酬大众。万历四十三年六月二十八日示。

读云栖老人《十可叹》、《三可惜》，滴滴心血也。一字一泪，可胜悲惜悼哉！世人痴不过母爱其子，虽死亦不瞑目。此老人诚是老婆心切于此。呜呼！世人为儿女痴，菩萨为众生痴，此视众如一子地之肝肠也。其若子若孙，亲蒙其教，至此尚劳老人如此顾复，再四叮咛，即铁石亦当堕泪。若视为寻常，是为大负恩德也。绝无惭愧，灭绝良心者，非人也，岂称佛弟子哉？能时时念诵此语，即是老人法身常住。万历丁巳二月十六日，憨山德清和南识。

● 补 遗

《净土资粮全集》序

庄居士集古今净土经论，择要语类编之，而间附以己意。既成帙，踵门而告予曰："兹《净土资粮全集》也。"说者谓：净土著述简册相望，盖箧有余资，囊有余粮矣，复何籍此？予曰：不然。今夫游万里外，未闻厌资粮之多者。是故旅途而遭困乏，则文钱斗金，粒米廪粟。况夫以百千劫未归之穷子，适十万亿难至之宝邦，何嫌乎功德法财之殷且富，披舆图问道路之频烦耶？殊乡僻邑，购一经一论不胜其艰。使是编广布，人得而读之，一代时教粗知其大端矣。虽然，不挟文钱，不赍粒米，如一念顷，生极乐国，世宁无是人乎？如是人前，说如是编，诚为赘语。苟不尽然，是编与净土诸书并行，安知其无补云。

书《经史海篇直音》后

显考明斋府君，生于弘治辛亥七月十四日，卒于嘉靖辛酉六月二十一日。此书京师携回，今七十年矣。恩天未报，口泽犹存。乃葺其破敝，入于云栖常住，以便初学。愿先灵入四十二种无相之智门，一如善知众艺童子。证四十九年不谈之妙旨，亲见毗卢舍那如来。早离七趣娑婆，高步九莲安养。四恩普报，三有齐资。法界众生，同圆种智。

万历二十七年已亥七月盂兰盆日，比丘孝男袾宏谨识。

答新安汪南明司马书

山野忆昔听《华严》于无门庵，惟居士以大名称遥为作大法筵功德主。于时知居士不惟以文章名海内，而外护缁门，不忘佛嘱，殆乘悲愿而现身仕路者也。居常以未睹光仪为恨，而素性狷僻，又不欲无故而干公卿之门。兹辱枉招，敢以琐怀一白于左右。盖山野窃叹迩来若僧若俗，以言谈道者不无其人，而务亲证者实寡。禅宗一脉，如线欲绝，如风灯欲尽，非过量大人，曷由起古格先风于已坠之日？山野独私心痛之，而解行浅昧，且不能仿佛宋元尊宿之万一。惟居士则何忝于张子韶、杨大年、赵孟頫诸君子。今虽乏缘松萝之会，倘有见谕，幸以手札罄所欲言，庶千里面谈，而苟可以振禅宗于末运，则共报佛恩，功不唐捐矣。

御魔说

太虚之乡，客号无机者，泛舶入海，将拟迹菩萨，求如意珠王而行大施也。乘风顺举，泊一洲下。有少女迎而前，以窈窕之态，柔软之音，敛衽而白曰："客来何从，妾候君久矣。"客计野旷人稀，必妖也，将扼之。女凄然曰："妾早失怙，得人乃字。闻君行菩萨道，窃私心慕之。今相逅，天也，得侍箕帚，即死无恨。"言已，悲感泣下。客素长者，信之不疑，又哀其穷也，因与共载。女则昼操馈爨，夜事缝纴，捍劳忍苦，曾无厌倦。客大喜过望，自谓得贤妇也。一夕女正鼾睡，觇之，则朱发靛颊，鳞其肤，牙森森出吻外。客大骇，高声觉之。女知事露不可掩，忿然曰："吾罗刹也，力能覆若舟，啖若血肉，若宁无惧耶？"客徐应曰："革囊之赘我久矣，尔馁与，当施一饱。夫形骸者，四大之假合。死生者，一报之虚缘。尔饮吾血，饭吾肉，吾无恙也，焉足惧！"遂安坐如故。罗刹巧尽技穷，赴海水而逝，立崖上，犹切齿詈客。客若罔闻者，飘然扬帆至宝所，得珠而归。

如客者，本以至诚之心入海。其待罗刹也，始以诚临之，终以诚临之，泯然无机，卒不为魔困。是故无机则同太虚，虚则魔不能挠，乃至水不能没，火不能焫，风不能摧，一切所不能坏。佛言："我何有心于御象哉？"请告夫御魔者。

放生图说

结社放生，信是美事。然或身忙者难于定期，财歉者苦于随众。而罔利者，或反为预捕多捕以求售。今更立简易一法佐使并行。不拘时日，见即买放，于某月下书某日放生若干。巨生以个数计，细生以斤数计。岁终总算，存以自考。

为之颂曰：人既重其生，物亦爱其命。放生合天心，放生顺佛令。放生冤结解，放生罪垢净。放生免三灾，放生离九横。放生寿命长，放生官禄盛。放生嗣胤昌，放生家门庆。放生无忧恼，放生少疾病。放生观音慈，放生普贤行。放生悟无生，放生生死竟。放生与杀生，果报明如镜。

（巨生，如鸦、雀、龟、鳖及大鱼等。细生，如虾、螺、蛙、蛤及小鱼等。积功累德，当知果报不可思议。）

正月	二月	三月	四月	五月	六月
七月	八月	九月	十月	十一月	十二月

闰月　　　　△一年共放（巨生若干　细生若干）

示阅藏要语

《大藏经》所诠者，不过戒、定、慧而已。然阅藏者二种过失：一者执文字而迷理致，二者识理致而不会心。徒废光阴，只成缘种耳。若能体达戒、定、慧熏修，则一大藏经教。所谓“念念常住，即念百千万亿卷经”者此也。亦复识此戒、定、慧，即是念佛法门。何也？戒乃防非为义，若能一心念佛，诸恶不敢入，即戒也。定乃除散为义，若一心念佛，心不异缘，即定也。慧乃明照为义，若观佛声字字分明，亦观能念所念皆不可得，即慧也。如是念佛，即是戒、定、慧也。何必随文逐字阅此《藏经》？光阴迅速，命不坚久。愿诸人以净业而为急务，甚勿以予言为非而弗听也。

示 众

众等入此深山，本为生死大事。如何忘失初心，渐成世谛？今后应当痛加改革，颛以办道为第一要务。

又

众等初心出家时，初入山求住时，岂无一点好心？而今日久，都迷失了本，不过饮食、衣服、经忏上逐日哄哄，全不觉忘了生死大事。我若不说，罪有所归。说而不从，非吾咎也。

答或问

或问：子言多矣，好名乎？

曰：孟氏有言："我非好辩，不得已也。"予独喜多言哉？顾兹正法衰废，僧习浇漓，思可伤心，谈足流涕。薄德寡行，不以身率之，而徒以言救之，亦知其无益，而自不能已也。况知我罪我，实双存焉，知则成名，罪则成谤。子以为好名，吾以为不避谤耳。嗟夫！

老病谢客帖

衰病日深，渐成风痹。颓龄有限，剧事无涯。恳此陈情，万惟慈谅。

一、尊客枉顾，趋陪应对不能尽礼。

二、安期起会等来相呼召者，皆不能赴。

三、序、跋、诗、颂，一切文词，皆不能作。

四、一切事相托者，皆不能处。

五、诸赐翰札，或时不便，不能答书。

六、病体事事不能简点，诸凡获罪，幸望教示，使得忏谢。

万历丁酉季春朔日，袾宏谨白。

又

顷以老疾相仍，飒然废朽，头眩足痹，目倦耳聋，兼之无力语言，终日枕席。倘辱大人先生舆从下临，或蒙知识道友瓶锡来访，既不能迎送尽礼，又不能应对适宜。乃弗获已，闭门偷安。极知狂悖惰慢，罪何可言？唯冀慈悲怜悯，宽之宥之。宏无任悚栗感激之至！闭户病僧袾宏和南。

又

袾宏老衰风痹，寝疾穷庐，足不能行，耳不能听，口不能语，百事俱废，惟待天年之尽而已。倘蒙大人先达下临，不得接见，万望恕罪。又诸方师德来者，道友亲属来者，尼僧内人来者，皆不得接见。乃至送物者，皆不敢受。统祈谅恕，幸感幸感。老病袾宏谨白。

（有欲枉顾者，知客僧即以此帖奉禀，免致及门而不相见，得傲慢罪。）

答一切书问帖

老病沉困，不能委细作书，幸望慈悲原宥，至感至感。袾宏谨白。

八十辞贺礼帖

唐文皇万乘之主，生日不为乐，况出家为僧者乎？既名曰僧，应与俗别，乃散生日亦行贺礼，尤为不宜。兹议即逢撞十之年，亦勿致贺为是。今宏老病伶仃，朝暮难保。虽知径山不诺明日斋期，而万一苟延，事须预禀，伏幸察我愚衷，俯从所启。瓣香支烛，寸面片糕，以及一鞋一帕，折礼一分一文，皆悉停罢。仰见至爱，万感万感。如不相谅，所赐礼物，决不敢受，决不敢受，决不敢受。老病僧袾宏和南。（又有不行礼物，而潜作经忏道场者，尤为不可。宏叩头百拜，万恳止之。伏乞体谅，幸甚幸甚。）

刘广磐请代日祝贞母项偈

惟愿承三宝力，哀愍加被母氏，克臻上寿。己身长侍慈帏，母子相依，修持净业。报满之日，同愿往生。

答广镐书

孙君至，得书，并礼，谢谢。所谓心随境转，此无始宿习使然，非一刻可了。今莫管妄起不起，只一味看话头，提撕不休，久当自灭，非可袭取也。令郎法名曰“大升”，劝其持不杀戒，增延寿命，并覆覆启。

又（广镐为母堕胎求忏）

古云：“宁可九莲居下品，不来人世受胞胎。”厌患胞胎，但勤念佛。一心念佛，莲花化生。

跋嘉禾项长公石刻《金刚经》

贞玄居士妙书法，不书世书，而书《金刚般若经》，勒之石。其言曰：“吾书是经，以庄严圆满为宗，乞一言以跋。”予老病，久谢铅椠，乃口语来使：“幸为我白居士：般若无形，若为庄严？般若无在，何处圆满？而显其无形，彰其无在者，则石上之点画勾剔也。不离点画勾剔而得性空，是真般若。幸为我白居士。”

学大乘不轻二乘论

空高子问于云栖曰：“大乘当学欤？”曰：“然。”

“二乘不当学欤？”曰：“然。”

“然则二乘可轻欤？”曰：“不可。”

曰："何谓也？"

曰："斯有二义：一则大乘无轻人之心，一则二乘无可轻之理。"

曰："某未达，愿闻其详。"

曰："常不轻菩萨，非所谓大乘者欤？而遍礼四众。言四众，则下劣凡夫皆举之矣，况二乘圣人乎？其言曰：'我不敢轻于汝等，汝等皆当作佛。'此大乘菩萨之用心也。不轻细流，所以沧海成其深。不轻土壤，所以泰华成其高。不轻凡庶，圣人所以成其德。轻世傲物，世之贤者不为，而况号为菩萨者耶？且二乘何如人哉，诸漏已尽，无复烦恼，三明六通，十八神变，是可得而轻否耶？彼轻之者，不知尽几漏，断几烦恼，开几明，彻几通，得几神变耶？以蚊蚋而侮鸾凤，多见其不知量也。将无曰小圣不及大凡，我菩萨之俦乎？夫大乘菩萨之发心也，非为一身谋也，为法界众生求无上道，乃至经恒沙劫修六度万行，心无退怯，以无量无边功德净佛国土，教化众生。而声闻、缘觉，都无是事。此其所以日劫相倍，霄壤顿殊也。今之自附于菩萨而轻二乘者，不知为几众生发心，修几度，行几行，经于几劫，具几功德而净土利生耶？譬之里闬负舂，身无一命之寄，而自谓为公侯，傲然凌其郡邑之守令而弗顾，其不遭挫辱而取败亡者几希矣。"

曰："教中叹大褒圆，弹偏斥小，至谓声闻之人勿与同学、勿与问讯者，又何如？"

曰："甚哉，子之固也！泥于言而失意，几于负圣经矣。彼经所云，佛之大慈，劝进后学，欲墙堑二乘之径，而使普游于大乘之坦途也，非谓二乘之可轻也。犹曰业儒者直学孔子，毋学夷、惠云尔，非谓夷、惠之可轻也。不然，皈依三宝，佛之明训也。二乘非三宝之列乎哉？尤可叹者，今见孤隐独行之辈，即指而曰：此声闻人也。见营事聚众之流，即指而曰：此菩萨人也。噫！涉俗者遽称菩萨，而避喧者便作声闻，抑何待圣贤之浅也。由是生大我慢，起大邪解，自以为是，而鄙薄一切。遇持戒者则非其执相，遇精进者则笑其劳形，遇实行者则谤其愚痴，遇节俭者则讥其朴陋，遇禅寂者则毁其枯槁，遇慎讷者则诮其无知。遂致心日狂而弗收，言弥诞而莫检，身放逸于规矩准绳之外而无所忌惮。人或诘之，则曰：“吾学大乘者也。解圆者不屑乎偏门，悟大者无拘于小节。”嗟夫！窃一时之虚名，而甘万劫之实祸，可胜叹哉！”

“然则为今之计宜何如？”

曰：“学佛之士，当学菩萨，不可一念而发二乘之心，亦不可一念而生轻视二乘之心。”

杂问一章

问：《永嘉集》引“恰恰用心时，恰恰无心用”。解者谓学人用心之际，又要无心。师言此处未说工夫，且显心体。义犹未明，望为详论。

答：凡看经教，不可先看注脚，宜先熟玩正文十句、二十句，乃至百句，务令首尾贯通，然后以注和会。今见学者读正文毕，即便看注，致令理不圆彻，皆由于此。所问二句，今详论之。

夫修行人所以不成圣道，流入偏见者，都缘不识心之本体故耳。执心是有者落常见，执心是无者落断见。离此二路，虽知有无兼带，然又以为有而后无，无而后有，此亦未达心之玄妙者也。岂知“恰恰用心时，恰恰无心用”。“恰恰”，俗言恰好也，不差前后，不隔丝毫，恰恰正好之谓也。恰好正用心时，恰好无心可用。盖正当念虑起处，你试反观，谁为念虑？谁是念虑者？犹云：“当处出生，随处灭尽。”不是用心已毕，少时却乃无心。即时用心，即时无心，不差前后，不隔丝毫，即有而无，乃见心之妙处。若是有智慧人，不执死句，便可再叠二句云：“恰恰无心时，恰恰有心用。”古人语中自具此意，今不言者，省文耳。故曰“无心恰恰用，常用恰恰无”也。故又曰“今说无心处，不与有心殊”也。

惟其心体本来如是，是以下面方说惺、寂工夫，两不可废。偏于寂寂，是不知“无心恰恰用”之理也。偏于惺惺，是不知“常用恰恰无”之理也。故首四句直出心体，立下文止观之张本，以见止观之法全是本地风光，不是于心体之外别立一法，不过用止观以复其寂照之本体耳。此“恰恰”二字下得极妙，分明画出心体，非有千钧笔力不能及此。若不精思默会，只么随文逐句草草看过，千载而下，辜负古人之苦心矣。

以后听教切须细心，虽在讲筵，无忘禅观。庶使心光内灼，而临文之辨益精。圣教外熏，而资神之力弥固。学悟兼济，定慧交通。入理妙门无越于此矣。

大师自责篇

不肖追惟少年未出家时，不知三宝，不信因果，从身口意造诸恶业不待论矣。出家以后，身业之大，虽谨护持，而微细处亦或检点未尽。至于口业，抑又甚焉，或世谛杂谈而忘失正念，或无知臆说而违谬圣经，或纵心极论而触忤时贤，或恣意呵责而恼辱卑幼，如是种种口所造恶何可胜数？至于意业，倍复甚焉。贪欲、瞋嫉、愚痴等念，或乍灭而倏生，或似无而实有，或任运而忘禁，或力制而弥强，如是种种意所造恶何可胜数？以此自知现是具缚凡夫，去道辽远。上之何以续先佛之慧命，下之何以启后学之迷津，迩之何以酬罔极之恩天，远之何以竭群生之苦海？所以终日竟夜，惭愧忧惶。行住坐卧，如在荆棘。又安敢虚消信施，晏然空过而已乎？愿大众悯我真诚，匡我不逮，相劝相规，以共成道业，扶末运于将坠，此不肖耿耿于怀而不能已者。若曰见道已彻，无所藉于师友，则吾岂敢！

云栖大师塔铭颂赞

古杭云栖莲池大师塔铭

欲海横流，三毒炽然，孰能遏狂澜以清烈焰？自非应身大士，又何能醒颠暝而朗长夜？时当后五百年，尤难其人，是于云栖大师深有感焉。

师讳袾宏，字佛慧，别号莲池，志所归也。俗姓沈氏，古杭仁和人，世为名族。父德鉴，号明斋先生。母周氏。师生而颖异，世味澹如。年十七，补邑庠，试屡冠诸生，以学行重一时，于科第犹掇之也。顾师志在出世，每书“生死事大”四字于案头。时从游者日进，即讲艺，必折归佛理，业已栖心净土矣。家戒杀生，祭必素。居常太息曰：“人命过隙耳，浮生几何？吾三十不售，定超然长往矣。何终身事龌龊哉！”前妇张氏生一子，殇，顷妇亦亡。即不欲娶，母强之。议婚汤氏，汤贫女，斋蔬。比有富者欲得师为佳婿，阴间之。师竟纳汤，然意不欲成夫妇礼。年二十七，父丧。三十一，母丧。因涕泣曰：“亲恩罔极，正吾报答时也！”至是而长往之志决矣。

嘉靖乙丑除日，师命汤点茶，捧至案，盏裂。师笑曰：“因缘无不散之理。”明年丙寅，诀汤曰：“恩爱不常，生死莫代。吾往矣，汝自为计。”汤亦洒然曰：“君先往，吾徐行耳。”师乃作“一笔勾”词，竟投西山无门洞性天理和尚祝发，乞昭庆寺无尘玉律师就坛受具。居顷，即单瓢只杖游诸方，遍参知识。北游五台，感文殊放光。至伏牛，随众炼魔。入京师，参遍融、笑岩二大老，皆有开发。过东昌，忽有悟，作偈曰：“二十年前事可疑，三千里外遇何奇。焚香掷戟浑如梦，魔佛空争是与非。”师以母服未阕，乃怀木主以游，每食必供，居必奉，其哀慕如此。至金陵瓦官寺，病几绝，时即欲以就荼毗者。师微曰：“吾一息尚存耳。”乃寝。病间归，越中多禅期，师与会者五，终不知邻单姓字。

隆庆辛未，师乞食梵村，见云栖山水幽寂，遂有终焉之志。山故伏虎禅师刹也。杨国柱、陈如玉等为结茅三楹以栖之。师吊影寒岩，曾绝粮七日，倚壁危坐而已。村多虎，环山四十里，岁伤不下数十人，居民最苦之。师发悲悬，为讽经施食，虎患遂以宁。岁亢旱，村民乞师祷雨。师笑曰：“吾但知念佛，无他术也。”众坚请。师不得已出，乃击木鱼，循田念佛，时雨随注，如足所及。民异之，因相与累累然肩材木，荷锄镬，竞发其地，得礀础，而指之曰：“此云栖寺故物也。师福吾村，吾愿鼎新之，以永吾福。”不日成兰若。然外无崇门，中无大殿。惟禅堂安僧，法堂奉经像，余取蔽风雨耳。自此法道大振，海内衲子归心，遂成丛林。

师悲末法教网灭裂，禅道不明。众生业深垢重，以醍醐而贮秽器，吾所惧也。且佛设三学以化群生，戒为基本。基不立，定慧何依？思行利导，必固本根。第国制，南北戒坛，久禁不行。予即愿振颓纲，亦何敢违宪令？因令众半月半月诵《梵网戒经》，及比丘诸戒品，由是远近皆归。师以精严律制为第一行，著《沙弥要略》、《具戒便蒙》、《梵网经疏发隐》，以发明之。初，师发足操方，从参究念佛得力。至是遂开净土一门，普摄三根，极力主张，乃著《弥陀疏钞》十万余言，融会事理，指归唯心。又忆昔见《高峰语录》，谓自来参究此事，最极精锐，无逾此师之纯钢铸就者，向怀之行脚。唯时师意，并匡山、永明而一之，更录古德机缘中吃紧语，编之曰《禅关策进》，并刻之，以示参究之诀。盖显禅净双修，不出一心，是知师之化权微矣。

梵村旧有朱桥，屡被潮汐冲塌，行者病涉。太守余公良枢，请师倡造。师云：“欲我为者，无论贫富贵贱，人施银八分而止。”独用八者，意取坤土以制水也，微矣。或言：“工大施微，恐难竣事。”师云：“心力多则功自不朽。”不日累千金，鸠工筑基，每下一桩，持咒百遍。潮汐不至者数日，桥竟成。昔钱越王以万弩射之不回，师以一心力当之，何术哉！万历戊子，岁大疫，日毙千人。余公复请师就灵芝寺禳之，疫遂止。净慈僧性莲，请师讲《圆觉经》，听者日数万指，如屏百匝。因赎寺前万工池。后师八十诞辰，又增拓之，合城中上方、长寿两池，皆为放生设。

侍郎王公宗沐问："夜来老鼠唧唧，说尽一部《华严经》。"师云："猫儿突出时如何？"王无语。师自代云："走却法师，留下讲案。"又书颂曰："老鼠唧唧，《华严》历历。奇哉王侍郎，却被畜生惑。猫儿突出画堂前，床头说法无消息。无消息，大方广佛华严经，世主妙严品第一。"

师道价日增，十方衲子如归，师一以慈接之。弟子日集，居日隘，师意不庄严屋宇，聊取安适支阁而已。其设清规益严肃。众有通堂，若精进、若老病、若十方，各别有堂。百执事各有寮，一一具锁钥，启闭以时。各有警策语，依期宣说。夜有巡警，击板念佛，声传山谷，即倦者，眠不安，寝不梦。布萨羯磨，举功过，行赏罚，以进退人，凛若冰霜，威如斧钺。即佛住祇桓，尚有六群扰众。此中无一敢诤而故犯者。虽非尽百丈规绳，而适时救弊，古今丛林，未有如今日之清肃者。具如《僧规约》，及诸警语，赫如也。

极意戒杀生，崇放生，著文久行于世，海内多尊奉之。城内外放生池，岁费计百余金。山中设放生所，其救赎飞走诸生物，充牣于中，众僧减口以养之，岁除刍，约费粟二百石。亦有警策，守者依期往宣白。即羽族善鸣噪者，闻木鱼声，悉寂然而听。宣罢，乃鼓翅喧鸣。非佛性哉？噫！佛说孝名为戒，儒呵有养无敬。师于物养而敬，且有礼者也，非达孝哉？

师道风日播，海内贤豪，无论朝野，靡不归心，闻名而感化者。若大司马宋公应昌、太宰陆公光祖、宫谕张公元忭、大司成冯公梦祯、陶公望龄，并一时诸缙绅先生，次第及门问道者，以百计。皆扣关击节，征究大事，精难义，靡不心折，尽入陶铸。至监司、守相，下车就语，侃侃略无少屈。诸贤豪侯参者，无加礼，不设馔，皆甘粝饭，卧败席，任蛳缘蚊嘬无改容，皆忘形屈势，至则空其所有。非精诚感物，何能至是哉！侍御左公宗郢问："念佛得悟否？"师曰："返闻闻自性，性成无上道，又何疑返念念自性耶？"仁和令樊公良枢问："心杂乱，如何得静？"师曰：

“制之一处，无事不办。”坐中一士曰：“专格一物，是制之一处，办得何事？”师曰：“论格物，只当依朱子豁然贯通去，何事不办得？”或问师：“何不贵前知？”师云：“譬如两人观《琵琶记》，一人不曾经见，一人曾见而预道之。毕竟同观终场，能增减一出否？”今上慈圣皇太后崇重三宝，域内名僧靡不延之。一日偶见师《放生文》，甚嘉叹，遣内侍赍紫袈裟、斋资往供，问法要。师拜受，以偈答之，载别录。

师极意悲幽冥苦趣，自习焰口，时亲设放。尝有见师座上现如来相者，盖观力然也。师天性朴实简淡，无缘饰，虚怀应物。貌温粹，弱不胜衣，而声若洪钟。胸无崖岸，而守若严城，御若坚兵。善藏其用，文理密察。经济洪纤，不遗针芥。即画丛林日用，量施利，酌厚薄，粒米、茎菜无虚费。核因果，明罪福，丝无挂漏。定程规，秋毫不忽。养老病，公众僧，不渗滴水。自有丛林以来，五十年中，未尝妄用一钱。居常数千指，不设化主，听其自至。稍有盈余，辄散施诸山，库无储蓄。凡设斋外，别有果资以供师者，咸纳之，随手任施衣药，救贫病，略无虚日。偶检私记，近七载中，实用五千余金，不属常住，则前此岁岁可知已。师生平惜福，尝著三十二条自警。垂老自浣濯，出溺器，亦不劳侍者。终身衣布素。一麻布帏，乃丁母艰时物，今尚存，他可知已。

总师之操履，以平等大悲摄化一时，非佛言不言，非佛行不行，非佛事不作。佛嘱末世护持正法者，依四安乐行，师实以之。历观从上诸祖，单提正令，未必尽修万行。若夫即万行以彰一心，即尘劳而见佛性者，古今除永明，惟师一人而已。先儒称寂音为僧中班马，予则谓师为法门之周孔也，以荷法即任道也。惟师之才足以经世，悟足以传心，教足以契机，戒足以护法，操足以励世，规足以救弊。至若慈能与乐，悲能拔苦，广运六度，何莫而非妙行耶？出世始终，无一可议者，可谓法门得佛之全体大用者也。悲兹末法，非师曷足以挽颓风、回狂澜于既倒乎？非夫应身大士，朗末法之重昏者，何能至此哉！微密细行，不能殚述，别传详之，兹略掇其行事之梗概。

临终时，预于半月前入城别诸弟子，首及宋守一等，遍及故旧。但曰："吾将他往矣。"人皆莫测。还山，连下堂具茶汤设供，与众话别云："此处吾不住，将他往矣。"众罔知。常规中元济孤，设盂兰盆，各荐先宗。师曰："今岁我不与会矣。"有簿记，师密题之曰"云栖寺值院僧，代为堂上莲池和尚追荐沈氏宗亲"云。过后方见，始知其别语也。七月朔，晚入堂坐，嘱大众曰："我言众不听，我如风中烛，灯尽油干矣。只待一撞一跌，才信我也。"明日要远行，众留之。师作"三可惜"、"十可叹"以警众。时松江居士徐琳等五人在寺，令侍者送遗嘱五本。次夜入丈室，示微疾，瞑目无语。众省觉，报城中诸弟子至，围绕。师复开目云："大众老实念佛，毋捏怪，毋坏我规矩。"众问谁可主丛林，师曰："解行双全者。"又问目前，师曰："姑依戒次。"言讫，面西念佛，端然而逝，是万历四十三年七月初四日午时也。师生于嘉靖乙未，世寿八十有一，僧腊五十。师自卜寺左岭下，遂全身塔于此。其先偶汤氏，亦后师祝发，建孝义庵，为女丛林主，先一载而化，亦塔于寺外之右山。

师得度弟子广孝等，为最初上首。其及门授戒得度者，不下数千计，而在家无与焉。缙绅士君子及门者，亦以千计，而私淑者无与焉。其所著述，除经疏，余杂录如《竹窗三笔》等二十余种行于世，率皆警发语。师素诫弟子贵真修，勿显异，故多灵异不具载。

呜呼！我闻世尊深念末法众生难度，恐断慧命，灵山会上求护正法者，即亲蒙授记亦不敢入，唯地涌之众力任之，且曰："我等末世持经，当具大忍力，大精进力。即有现身此中，亦不自言其本，泄佛密因，但临终阴有以示之耳。"观师之行事，潜神密用，安忍精进之力，岂非地涌之一乎？抑自净土而来乎？不然，从凡夫地，求自利尚不足，安能广行利他，护持正法，始终无缺者乎？是予有感而来者，拾师之行事，以昭来世。其他具诸别传。乃为之铭曰：

三毒焰炽，五热周章，孰能药石，顿使清凉？
欲海横流，波浪滔天，谁能济渡，驾大法船？
惟我大师，实乘愿力，放身其中，随宜调适。
早断爱根，如狮脱索，才出尘劳，便露头角。

开净土门，张法界网，捞漉三根，其赴如响。
以金刚锟，刮瞖眼膜，根本不生，枝叶自落。
大冶红炉，慈悲忍力，入此陶镕，痴狂顿息。
毛孔光明，通身手眼，从无用中，法轮常转。
若非付嘱，定是地涌，岂属寻常，具大勇猛。
师从空来，亦从空去，虽善藏身，欲隐弥露。
钟鼓交参，云霞绮互，塔影高标，法身常住。

时万历四十五年二月望日，前海印沙门德清和南谨撰。

云栖本师行略

师系古杭仁和县人，居会城之忠清里，姓沈氏，世为著族。父讳德鉴，号“明斋先生”，母孺人周氏，均有懿德。师生而颖异，十七岁为诸生，即啧啧有声，德行、文章俱极一时之选。然于名誉纷华澹如也，其所以未抛铅椠者，养亲志耳。故燕居屏几之间，辄书“生死事大，无常迅速”。或长坐不卧，夜以继日。由是同学少年，业已知其非功名之士矣。二十七岁，父丧。三十一岁，母亦丧。越明年，葬事既竣，拜之墓所，殊不胜其风木之悲，因大恸，绝而再苏。复自庆云：“亲恩罔极，此正吾报答之时也，何以拘世之服阕为哉？”意遂决。

时继室汤氏年甫十九，克全妇道。师弗顾也，濒行嘱曰：“从来恩爱不常，设大限到时，伊谁可代？汝自为之计，吾从兹逝矣。”汤亦洒然，绝无牵衣缱绻之态，对曰：“唱随之义，已熟筹之。君先往，吾徐行耳。”师出家，从南五台性天理和尚祝发，受具戒，进菩萨戒。法讳上袾下宏，字佛慧，别号莲池，志西方也。后汤果践前约，为比丘尼，事具本传中。又先师一载而逝，亦大奇矣。

师既得戒，遍访名山，历参知识。时辨融、笑岩两禅师，宗风并振。师往诣入室，多所契合。六载崎岖坎壈，行头陀行，辛苦万状，履险如夷。隆庆五年，孤锡南还。爱云栖山水幽胜，临流趺坐，居然兴在涧之思。窃自念云："吾于此得袈裟地，建草团瓢（音瓢），投老于中足矣。"尚未知其为伏虎禅师之道场也。但见蓁莽萧萧，而断碑遗础，犹埋没于苍苔积藓间。门人陈如玉等，为薙草开林，结庐于上，延师居之。师于是面悬崖而成壁观，闻鸣濑以证圆通，伴杂麏麚，居同木石，将终身焉，不啻泌水衡门，栖迟暂适而已。先是居民多虎患，早夜咆哮，一由旬内，被其害者，岁几二十余人。而犬豕牛羊，难以更仆。师以慈力加被，为诵经持咒，作瑜伽施食，而虎心皆善，自是不复伤人。岁大祲，祷于山灵，雨旸时若。民大悦，以师之福庇一方也，相与踊跃建寺，遂成丛林。详《云栖纪事》，兹不复赘。师之名言法行，散见于群集者，多从笔授，而手泽存焉。其所未闻者，则同门耆宿皆能记之，兹亦不赘。

惟是时当像季，风会愈漓。僧有饮酒食肉，驰猎于声利之场，而恬然不以为异者。良由不谙毗尼，甘自弃于佛海边外也。所谓袈裟底下，一失人身，万劫难复。斯时也，即欲闻三聚、四分之名，终不可得。虽千佛兴慈，莫能救拔，可胜悼哉！师于是删定律仪，先止其淫、杀、盗、妄之根本。发明《梵网》，次折其轻重开遮之隐微。纲举目张，详于指掌。秉降魔之慧剑，乘渡海之慈航，悲智弘深，得未曾有。缘奉国家明禁，虽杜摄授之门，然而行者学戒好修，原无拒理。亦必三衣具足，然后付与应持戒本，令受之于佛像之前，师为证明而已。虑操持之易怠也，则半月诵戒，复千载久废之权衡。恐瑕疵之或覆也，必弘誓当神，凛一念自欺之鈇钺。兼之维那唱名，书记宣约，劝善惩恶，恒在于斯。纵华衮之荣，市朝之辱，不过是已。如是而有不畏神羞，仍庇其隐忒者，吾不信也。故人称云栖布萨之严，杰出诸方，上嘉千古，亶其然乎！是以学戒传衣者，往返于空山穷谷之中，趾错肩摩而无虚日者，有由然矣。

又以禅、教二宗，尚多流弊。禅门恒执理而废事，讲席多歧路以亡羊。甚至窃佛语为词章，以机缘成戏论。如来慧命埒于悬丝，而法轮几于覆辙矣，滔滔皆是。此非学者之过，抑亦唱导者之过也。师实愍焉，以为欲挽颓波，必须方便。因阐净土之一门，用作狂澜之砥柱。疏钞《弥陀》

一经，而性相双融，事理无碍，俾贤知者不沉溺于偏空，而中下之流咸知向往，庶不至如弱丧而忘归耳。于是约诸净侣，纯摄一心，单持名号。远公以莲开待漏，师以香消纪时。轮僧次以巡香，悬过牌而书罚，内外有约，东西有铭，昼夜提撕，以防昏散。果然数十年中，海内向风，其间得念佛三昧者不知其几，而往生法眷亦时时有之。东林千载之后，师一人而已。以故天下名公巨卿、长者居士，洎诸善信，无论百千万人，虽倾心事师，不足为异。独异夫异域缁流，有远涉流沙、险逾弱水，不计岁月之深，而惟愿俄顷之一觐者。既而瞥见慈颜，不觉五体投地，如崩厥角，涕泗潸潸下矣。非至诚之动物也而若是乎！

尝观历朝以来诸大老门庭，其法席之盛，虽赫奕当世，然或四事未敷，不免募诸檀越。本山主伴数百余人，曾无化主，一听其自来。尚有余粮，以供十方贤圣，及诸净室。乃至两目、天台、补陀、双径，移粟饭僧，不计其数，且岁以为常，迄今未已。此震旦丛林前所未有者也。师谓菩萨以檀度为先，故每一受施，随即散之，不择远近亲疏。孤贫疾难，凡有所须，无不与者。岁出银钱，恒以千计。虽种种福田，而三轮空寂，未始有福田之想。独放生一事犹觉惓惓，所谓智不得有无，而起大悲心，师之本性然也。道风遐播，从者如云。至两宫尊信，遣中贵人赠紫衣一袭，斋金若干，问法要。师为开陈要道而拜登焉。使者出，金归常住，衣奉高阁，终其身未敢一挂体也。师尚真实而黜虚浮，敦俭朴而薄华靡，崇戒德而励精修，实践躬行，则八十年来俨然一日。时当道自建牙而下，以逮藩臬诸公，多有奉师一言为蓍龟者。借曰兴隆佛事，孰不遵之？而师之奉法惟谨，若将浼焉，但愿以无事为福。岩扉常锁，恍严夷夏之防。林屋深居，尚切渊冰之戒。即二时粥饭，每至食指千余，凡圣龙蛇，最为繁杂，而一闻磬声，阒如空谷，他可知矣。故隆、万以来，法门之以事波及者，亦往往闻之。独此地青山白云，依然无恙，而流风余韵，身后犹存。诚哉百炼金刚，足为千古模范，不特一代典刑而已。

师于六月廿九日，忽下堂设茶，普请别大众，驾言他往。众以师欲谢客，居长寿庵，习以为常，但漫为劝止，竟不知其所以也。三十日，复设斋呼首座，及众居士，润亦与焉。别如初，不及他语。向晚，仍下堂羯磨，将入观，始还方丈。明发为孟秋朔，润诣关问讯。师曰："正欲见汝。"命之坐，令侍者设茶果，邀法师四人，及徐裕湖诸居士同集。茶讫，谓曰："予将暂别，聊一叙耳。"润等犹然不解其意，恳留愈坚，师颔之而已。是日命执事诸师清理库房各项帐目，皆井井有条，无一未了者。至晚，分嘱语于宰官居士等数人。夜分示疾，闭目偃卧，禁一切饮食，绝口不复言。初三日，大众哀慕，求付嘱。则曰："老实念佛，莫换题目。"初四日，日当午，命扶西向坐，目张端视，顷复闭，安详而逝。面作黄金色，准头双箸下垂，接唇而止。顶中暖气如生，逾时不散。数十里内闻师圆寂，无问老少男女，靡不雨泪滂沱，号泣之声振于林木。呜呼痛哉！世寿八十有一，僧腊五十。

呜呼！师主丛林者数十余年，其因果分明，纤毫莫滥。假以贸烛之钱，偿灯油之值，勿许也。凛凛芳规，昭然具在。未尝构一精舍，容膝及肩，聊蔽风雨而已。未尝更一新服，粗衣破衲，足御寒暑而已。未尝蓄一美器，绳床草具，瓦钵瓷瓯，可供寝食而已。至于庄严佛土，纵使黄金七宝，竭其心力，犹以为歉也。噫！无间然矣。方其未估唱之先，有不谅者，逆师容有厚积。及简所蓄，只碎银六缗。寻常衣履之外，更无长物，惟断简残编数帙已耳。夫然后知师之大光明藏炳照寰宇，岂区区情识所能测哉！

师尝说法南屏，润得躬逢其盛。七众咸臻，四民同集，星驰雾合，每至万人。惟当撤讲下座之时，并执香花，罗拜于道，几无置足之地。是皆结欢喜缘于无量劫前，非一生一世之故也。师之愿海洪深，义天高朗，四心无量，六度齐修，荷担一代时教，以摄授群迷。顾退然以身居学地，虽童稚沙弥，未尝受其一拜。至耄年不能起伏，犹必跏趺合掌，稽首于席，致不安之意焉。唐沙门道宣，兼通三藏，而精于持律。序《法华弘传》，世世宗之。宣谓持律，小乘之学也，不许称为大乘师。枣柏长者，誓宏佛乘，然未始一语及单传心要。洪觉范曰："宣公甘以小乘自居，竟能为百世师者，但博观约取，知宗用妙而已。"唯师亦然，故凡所定条约，立之则极其森严，而行之必存乎慈恕，天下归仁，所由来矣。师之爱人无已，其相接也，若甘雨条风，慈云卿月。即有跳梁强项之夫，但饮之以和，而意自消，不觉其盛气平而雄心下矣。有质疑者，师辞约而义丰，言简而意尽，纵奥旨奇文，一剖而彻。师于三藏十二部，无不再三披阅，悉诣其微。著《戒疏发隐》、《弥陀疏钞》、《禅关策进》、《缁门崇行录》、《戒杀放生文》、《竹窗》等书，并行于世。

师居恒常诫学人曰："盖净土一门，乃十方如来之所共赞，而天台、永明诸大宗匠咸愿往生。有不信者，非吾徒也。"又曰："佛说无量法门，皆标月之指。独是念佛一指，尤为亲切。昧者执之为月，而怪其无照夜之清光，即《楞严》所谓并亡其指者也，悲夫！"又曰："性、相两宗，虽二谛融通，如鸟双翼，然而初学当知先后。"有僧问曰："生死事大，如何得解脱去？"师曰："一心念佛，便得解脱。"曰："念佛是生死门头事，如何一心念佛便得解脱？"师曰："即此便非一心，如何解脱？"客有问于师曰："和尚曷不一提正令，而顾屑屑于葛藤乎？"师诘之曰："子以正令、葛藤，为二为一？"客无以应。或讥师为义学沙门，而末后一句未尝拈出。嗟夫！师既阐西方圣人之教，专在持名，则一心不乱，是即末后句耳。若然，则师已随顺能仁世尊，向舍利弗及释提桓因无量诸天拈出久矣，汝于何处不与闻耶？或艴然而去。师以佛法从缘起，即大通智胜不能外因缘以为教。于今之时节，而欲提唱宗乘，犹适越而北其辕也已。故向上一途，三缄其口，有默谕而无显言，亦若宣尼之性道，有不可得而闻者也。况润之承事门庭最晚，而于群弟子之中又最为庸劣。何敢强所不知，漫浮一事，以重诬先师哉？至于密行隐德，唯师自知。姑叙其见闻之粗迹云尔。

师于嘉靖乙未年正月廿二日卯时降生，万历乙卯年七月初四日午时示寂。本年八月廿三日入塔于宝刀巃之阳，即五云之麓也。伏乞明公大人，真实一言，以垂不朽，则法门幸甚。润等无任泣血稽首哀恳之至。

弟子广润力疾谨述。

祭云栖大师文

释德清（憨山）

维万历四十五年，岁次丁巳，二月癸卯，朔日丙申。前海印沙门德清，谨陈瓣香之供，致祭于云栖大师之灵曰：

呜呼！师本不生，亦无所去，以力持身，顺因缘故。欲海波腾，火宅焰炽，师展愿轮，特来救济。示出尘劳，早归慈父，一登觉路，如白牛步。视爱如唾，观亲若冤，彼蝇聚者，孰不瞿然。法界为家，含灵是宅，物我等观，无二无别。开甘露门，指归净土，鳞甲羽毛，一齐顿赴。悲正法眼，瞖彼戒根，以金刚锟，刮垢剔昏。三千威仪，八万细行，于二六时，悉令清净。身为众目，心为大宅，十方来者，痴狂顿歇。四十余年，法幢高竖，一雨普滋，药草诸树。才沾一滴，枝叶并茂，但有根者，毕竟成就。我观吾师，如狮子王，高卧窟中，群走慞惶。我又观师，如药王树，凡有亲者，必瘳沉痼。嗟哉末法，慧日久沉，师于长夜，持大智灯。佛本无心，心付在师，萨埵无行，行托师持。故师应世，一味无我，即住百劫，于何不可？

呜呼！师以缘现，缘灭即去，悲此群蒙，失所依怙。我数千里，远持瓣香，展布五体，敬礼寂光。师悲同体，以我知音，愿鉴我诚，来格来歆。呜呼尚飨！

云栖大师像赞（五首）

释德清（憨山）

乘愿力来，居堪忍界。开净土门，了慈悲债。建光明幢，秉金刚戒。八十余年半利生，临行落得空无碍。若识吾师住世心，是则名为观自在。

大师有身，不欲全现。故师之心，不能全辨。身如琉璃，心若摩尼。

五色圆现，不即不离。唯身与心，内外光洁。故我赞师，实不可说。

观师之形，不知何因。可望而不可即，可爱而不可亲。若水底之明月，似枝上之阳春。音声色相之外，别有一段精神。唯求之于自心，方始得其真，我何得而称之哉！

我观大师，浑身活泼。诸毛孔中，光明透脱。不见面目，如何描摸。纵饶画得，毕竟不着。宴坐如空，说法如风。捕风捉影，不得其踪。如空中风，见水中影。多少痴人，开眼打盹。

其容寂，其心密。无内外，不出入。百千三昧，眼里空花。一切行门，空中鸟迹。不信分身万像中，痴人只向毫端觅。咦！

得戒和尚云栖大师赞

释智旭（蕅益）

讳袾宏，字佛慧，别号莲池。古杭人，姓沈，少为名儒。三十岁出家，参遍融等大老，密有契悟。住静云栖，不觉成丛席。专修净土，敦尚戒律。不拈机缘，不称方丈，不崇殿阁，不侈衣食。以平易老实，力挽浮风。凡警策大众，开示出生死事，未尝不声泪俱下。放生结缘，施食作福，不计其数。年八十二示寂。旭少为邪师所误，力诋三宝，闻大师《自知录序》，始转邪心。廿四出家，入山作务，见《规约》中有“学戒式”，遂发菩提心，胡跪大师像前，燃香顶受二种戒本，以附私淑之科。赞曰：

宣尼让圣仁，尧舜称犹病，大道旷无涯，如何一蹴尽。
嗟此浇漓时，人各争高峻，言行每相违，欺世同枭獍。
卓哉真导师，慈俗从先进，制作似孔周，谦退如临浚。
悲予发心迟，弗获亲慈训，稽首奉遗容，愿作莲邦胤。

恭述云栖莲池大师智行悲颂

盖云栖大师之应世，八十余年矣。无生中生，无行中行，无说中说，无度中度。赴感既周，乃以法华医王，善巧敕诸穷子。自受用身，虽宝楯金沙，曾不能得其一眄，况余土乎？本不出世，亦无涅槃。但依众生成熟次第，饶益差别。

如皖广瀹优婆塞者，闻师名，则法身父母也。礼师影，则他方佛也。入师文字三昧，则婆竭宫也。熏师波罗提木叉，则海此岸栴檀也。法日而既晡矣，乘急则戒弧脱，福严则智印刓，二翼具存，若斗士之坐甲。茆屋枯间，神光握固，海运长矣！夫我则不暇。若乃融一味、泯二通、证三学、扬四辩、茂五根、弘六度、润七趣、息八苦、导九品、开十玄，明行如日，寂照如水，粹白如玉，调柔如金，负趋如骏，安隐如车，普容博济如地，兼智行悲，垂手堪忍，而反清泰觉王之命，若游吕梁者之忘水也，则云栖无如矣！磁之引铁，隔碍潜通。食金刚者，还至本际。虽承事供养，后而未往，夫非大师平等共相无作口光之所摄取耶？雪峰看经，有瞪目于窗外者，悍其无睹，不知所睹之皆雪峰也。夫知无睹而睹者，师虽示寂，安往而不得鞭影乎？爰作三颂，因上首广一比丘，绕窣堵坡无量匝，长跪叉手，为瀹诵之。凡兹法供，四辈弟子谛听谛听。西方优钵昙轮，微笑音声，如大雷震也。

大智颂

一室千灯，师以为心。清凉宴坐，天目分身。
文龙义虎，载潜载贲。五宗月印，三藏云兴。
烁破虚空，碎如微尘。山流水峙，北斗南辰。
圣凡同体，情器但名。杀活开遮，自在纵横。
观时逗机，九品一乘。佛之知见，无生往生。

六字奢摩，撮土成金。念性真常，得旨归根。
叹顿褒圆，精义入神。宗镜重玄，身名句文。
慧眼法眼，满字潮音。中边情尽，非去来今。
欲海干枯，鸟王翅分。魔军降伏，狮子弦鸣。
般若赀财，孰付孰承？齿归舌在，百草明明。

大行颂

艮童为目，震男为足。舍尔朱轮，推我素毂。
迦文龙种，月珠分握。弘范毗尼，华光冥触。
布萨千年，汉官仪复。施摄维初，生相乃畜。
体妙一如，用滋百福。容膝阿兰，水乳眷属。
香积余熏，慈周异族。秘密头陀，正勤相续。
平等不轻，尾闾百谷。挫锐刳心，镇雕以朴。
座证法空，衣传忍辱。无量寿光，香严漩澓。
散善波澄，轻安调伏。主伴重重，杂花芬郁。
禅土双抛，泯真绝俗。世出世间，蘧庐一宿。
师住非延，师往非促。水鸟树林，万象非独。

大悲颂

同体大悲，师乃出世。智不独醒，行必普济。
譬如舟师，技习工备。泛宅浮家，往来不系。
夫何求哉，彼利己利。觉岸慈航，亦复如是。
遗荣出家，摄以同事。昔着空花，今知倒计。
二共内严，三聚外卫。默摈狮虫，非我族类。
解脱宗通，不离文字。法乳衣珠，辩才无畏。
干慧痴狂，神方对治。事理圆融，念佛三昧。

成熟滋熏，比丘居士。见面闻名，海渐沙被。
悲仰净心，普门遍至。缘合东来，缘毕西逝。
筹室阇维，照未来际。稽首青莲，愍兹四辈。

万历丙辰浴佛日，皖舒优婆塞戒弟子广瀹吴应宾和南谨述。

云栖大师像赞

广瀹吴应宾（观我）

师之目兮，平等一光。师之臂兮，普导群盲。师之舌兮，花开四色。师之身兮，月印千江。戒皮定肉兮，得微妙之心髓。六度四摄兮，作九品之津梁。

云栖大师像赞

弟子宋守一（化卿）

戒德精严，霜清玉洁。内外宗乘，法海奔越。霆轰片语，秋空满月。普应当机，九品登陟。礼足三纪，心髓交彻。即始即终，阿弥陀佛。